Ihr Vorteil als Käufer dieses Buches

Auf der Bonus-Webseite zu diesem Buch finden Sie zusätzliche Informationen und Services. Dazu gehört auch ein kostenloser **Testzugang** zur Online-Fassung Ihres Buches. Und der besondere Vorteil: Wenn Sie Ihr **Online-Buch** auch weiterhin nutzen wollen, erhalten Sie den vollen Zugang zum **Vorzugspreis**.

So nutzen Sie Ihren Vorteil

Halten Sie den unten abgedruckten Zugangscode bereit und gehen Sie auf **www.galileodesign.de**. Dort finden Sie den Kasten **Die Bonus-Seite für Buchkäufer**. Klicken Sie auf **Zur Bonus-Seite/Buch registrieren**, und geben Sie Ihren **Zugangscode** ein. Schon stehen Ihnen die Bonus-Angebote zur Verfügung.

Ihr persönlicher
Zugangscode

dryn-fkxh-zvj2-39se

Andrea Forst

Adobe InDesign CS6

Schritt für Schritt zum perfekten Layout

Galileo Press

Liebe Leserin, lieber Leser,

das Ausrufezeichen auf dem Cover des Buchs steht dort nicht ohne Grund: Denn dieses Buch besteht ausschließlich aus praktischen Beispielen, in denen Sie überall dazu aufgefordert werden, InDesign CS6 selbst auszuprobieren und mit Ihrer Software kreativ zu werden! Sie erstellen Flyer, passen Visitenkarten an, gestalten Postkarten, Kalender, Logos, CD-Cover und noch vieles andere mehr.

Das Schöne daran ist, dass Sie während der Arbeit an den Workshops ganz nebenbei alle wichtigen Werkzeuge und Funktionen von InDesign CS6 kennenlernen. Sie importieren und formatieren Texte, arbeiten mit Zeichen- und Absatzformaten, platzieren Bilder, erstellen Tabellen und nutzen auch fortgeschrittene Funktionen für lange Dokumente wie Bücher und Broschüren. So werden Sie Schritt für Schritt zum InDesign-Profi und gestalten am Ende perfekte Layouts, die handwerklich überzeugen. Wichtiges Hintergrundwissen, das Sie für ein professionelles Arbeiten benötigen, vermittelt die Autorin dabei in kurzen, präzisen Exkursen. So werden Sie während der Arbeit nicht mit lästiger Theorie aufgehalten, sondern können sich ganz auf die Arbeit an Ihren Layouts konzentrieren. Für einen leichten Einstieg können Sie das Buch von vorne nach hinten durcharbeiten. Alternativ nutzen Sie Index und Inhaltsverzeichnis, um einen passenden Workshop für Ihre Aufgabe zu finden. Durch die genauen Anleitungen kommen Sie garantiert immer ans Ziel.

Die farbenfrohen Beispiele im Buch werden Sie dabei schnell zu eigenen Gestaltungsideen inspirieren. Alle Beispieldateien, die Sie für das Durcharbeiten der Workshops benötigen, finden Sie natürlich auf der DVD zum Buch. Am besten kopieren Sie die Dateien aus dem Ordner BEISPIELDATEIEN gleich auf Ihren Computer. Parallel sollten Sie außerdem die Hinweise auf Seite 381 lesen, damit auch wirklich alles reibungslos klappt.

Nun wünsche ich Ihnen viel Spaß beim intuitiven Lernen von InDesign CS6. Sollten Sie Anregungen, Fragen oder Kritik zum Buch haben, so freue ich mich über Ihre Mail.

Katharina Geißler
Lektorat Galileo Design

katharina.geissler@galileo-press.de
www.galileodesign.de

Galileo Press • Rheinwerkallee 4 • 53227 Bonn

Inhalt

Kapitel 3: Einfach gestalten

Kapitel 4: Rund um das Bild

Kapitel 8: Setzen Sie auf Formate

Kapitel 9: Tabellen gestalten

Kapitel 10: Lange Dokumente

Kapitel 11: Überprüfen und exportieren

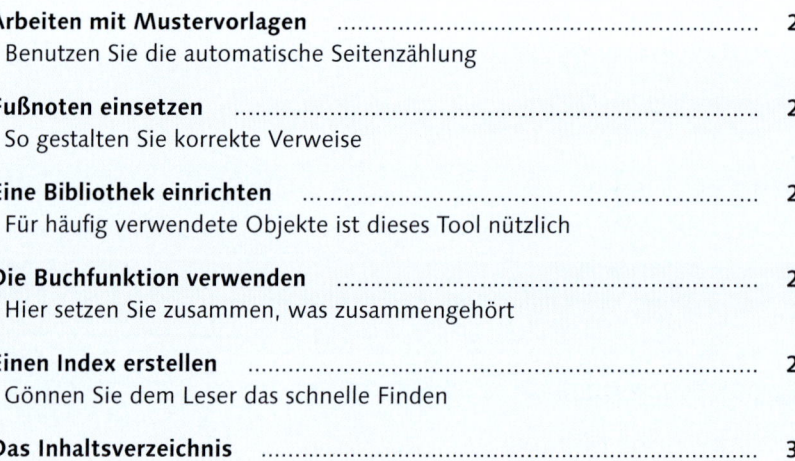

Kapitel 12: Werben und präsentieren

Anhang

InDesign CS6 entdecken

Sicher brennen Sie schon darauf, mit InDesign CS6 loszulegen und Ihre eigenen Druckerzeugnisse zu gestalten, nicht wahr? Dieses Kapitel ist Ihr Einsteig in die Welt von InDesign. Ich zeige Ihnen hier, wie die Arbeitsoberfläche aufgebaut ist, wie Sie sich auf ihr zurechtfinden und sie an Ihre individuellen Bedürfnisse anpassen. Sie öffnen Dokumente und lernen den praktischen Zoom kennen, Sie arbeiten mit Hilfslinien und verstehen das Rahmenkonzept von InDesign CS6. Es ist die Voraussetzung für die Positionierung von Bildern und Texten. Gerüstet mit diesem Basiswissen richten Sie danach mit mir ein neues Dokument ein und speichern eine eigene Dokumentvorgabe. Zuletzt schauen wir auch noch kurz bei den wichtigsten Voreinstellungen vorbei.

InDesign CS6
Alles im Überblick

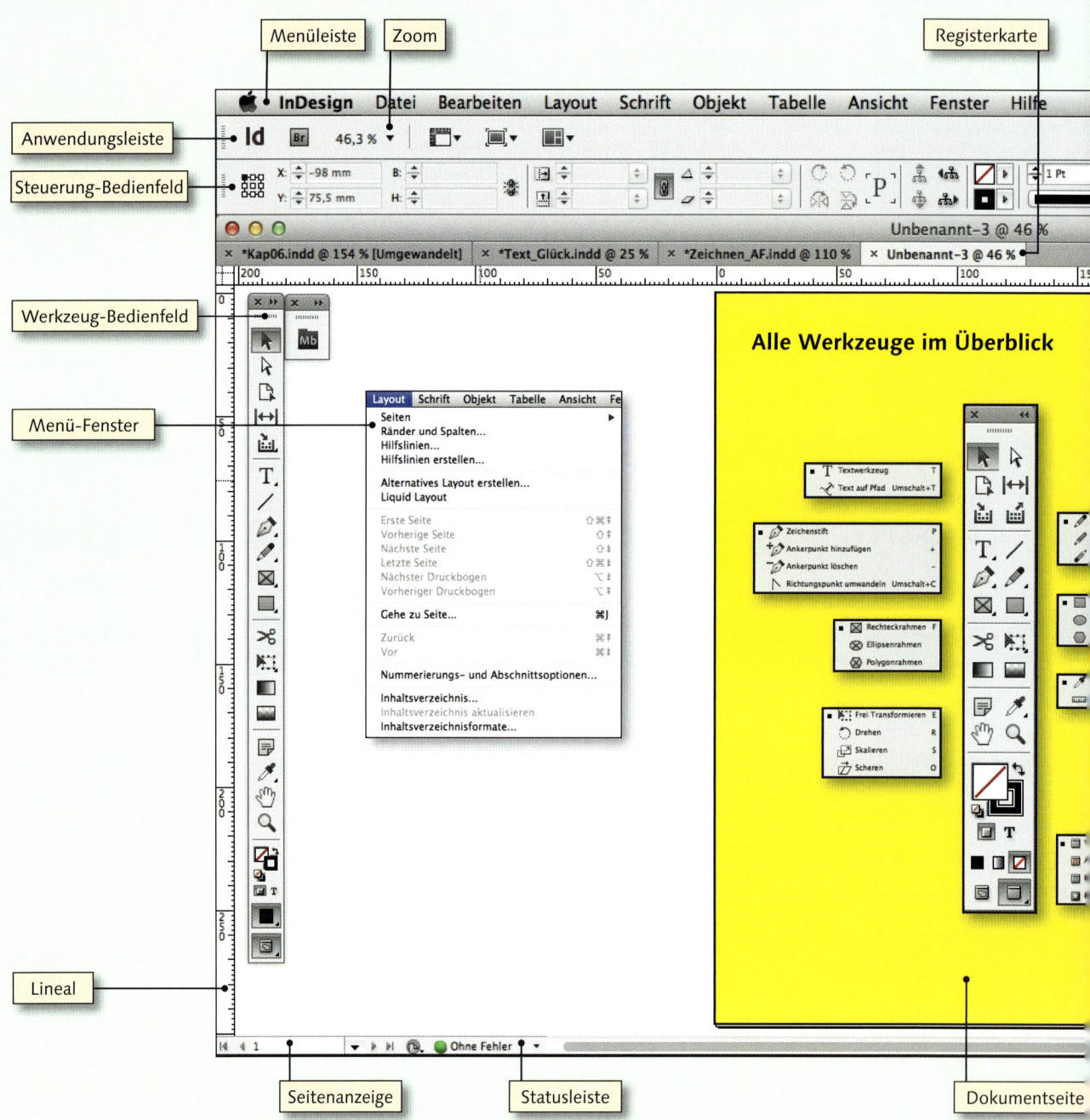

Menüleiste

Zoom

Registerkarte

Anwendungsleiste

Steuerung-Bedienfeld

Werkzeug-Bedienfeld

Menü-Fenster

Lineal

Seitenanzeige

Statusleiste

Dokumentseite

Alle Werkzeuge im Überblick

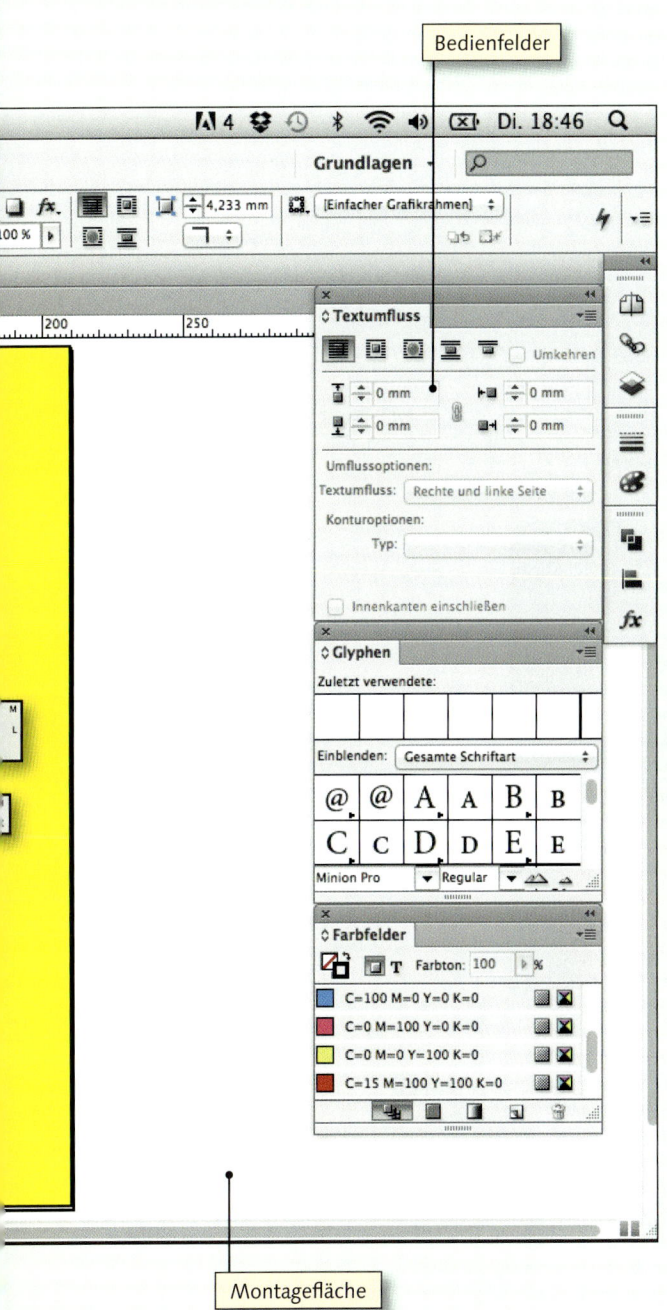

Bedienfelder

Montagefläche

Die Arbeitsoberfläche ist die Schaltzentrale von InDesign CS6. Um effizient arbeiten zu können, sollten Sie Ihre Arbeitsumgebung gut kennen.

Dokumentseite und Montagefläche

Jede Dokumentseite hat rundherum eine Montagefläche zum Ablegen oder Konstruieren von Objekten. Bedenken Sie jedoch, dass die auf der Montagefläche abgelegten Objekte nicht gedruckt und nicht für die Weitergabe gesammelt werden.

Menüleiste

Hier finden Sie fast alle Funktionen, über die das Programm verfügt. Klicken Sie auf ein Menü, dann öffnet sich das dazugehörige Menü-Fenster.

Bedienfelder

In den Bedienfeldern sind viele Funktionen thematisch sortiert. Wählen Sie das gewünschte Bedienfeld über das Menü FENSTER aus.

Steuerung-Bedienfeld

Im Steuerung-Bedienfeld finden Sie kompakt zusammengestellt die wichtigsten Funktionen der einzelnen Bedienfelder. Je nachdem, welches Werkzeug oder Objekt Sie ausgewählt haben, passt sich das Steuerung-Bedienfeld automatisch an.

Werkzeug-Bedienfeld

Es ist immer ein Werkzeug aktiv. Sie bestimmen per Klick auf eines der Werkzeugsymbole, welchen Arbeitsschritt Sie als Nächstes durchführen möchten. Bleiben Sie einige Sekunden auf dem Werkzeug, so wird Ihnen nicht nur sein Name angezeigt, sondern auch das dazugehörige Kürzel.

Arbeitsbereich und Zoom

Immer schön aufgeräumt

Richten Sie sich den Arbeitsbereich so ein, dass Sie schnell auf die Bedienfelder zugreifen können und die Bedienfelder Sie in Ihrer Arbeit nicht behindern. Zoomen Sie danach noch mit mir, und erproben Sie den Vorschaumodus.

Bearbeitungsschritte

- Bedienfelder verschachteln und andocken
- Arbeitsbereich speichern
- Zoomen und Vorschau

[Ordner: 01_Zoom]

Nachher

Vorher

1 Die Bedienfelder finden

Wenn Sie InDesign CS6 zum ersten Mal starten, haben Sie auf dem Bildschirm nur eine kleine Auswahl an Bedienfeldern zur Verfügung.

Im Menü FENSTER finden Sie alle Bedienfelder. Einige Bedienfelder verstecken sich auch noch in einer Untergruppe, die Sie nur durch den Rechtspfeil ❶ öffnen können.

Wählen Sie das gewünschte Bedienfeld aus, wird es auf dem Bildschirm angezeigt, und Sie können sofort die Funktionen nutzen.

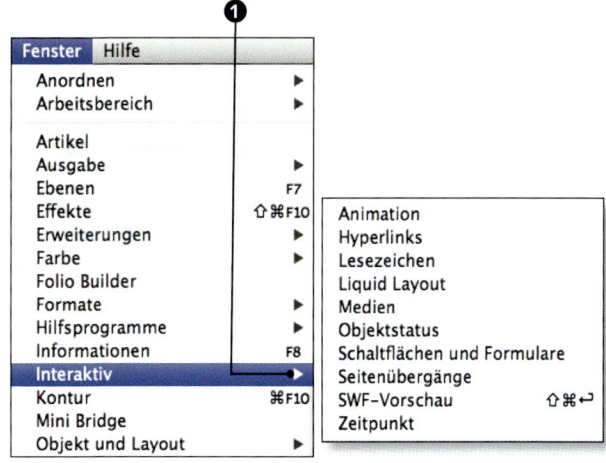

2 Bedienfelder verschachteln

Die ausgewählten Bedienfelder nehmen natürlich viel Platz auf dem Bildschirm ein. Daher bietet InDesign die Möglichkeit des Verschachtelns.

Greifen Sie dazu den »Reiter« ❷ des Bedienfelds, und ziehen Sie ihn mit gedrückter Maustaste auf das Zielbedienfeld. Ziehen Sie so lange, bis eine blaue Linie erscheint, und lassen Sie erst dann die Maustaste los.

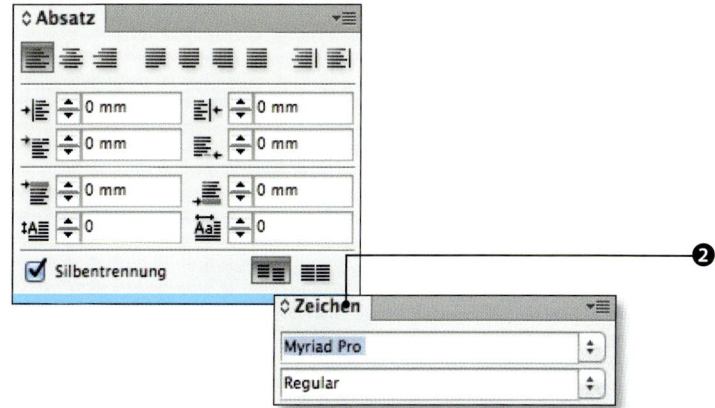

3 Am Seitenrand andocken

Möchten Sie ein Bedienfeld am Bildschirmrand andocken, so müssen Sie den Reiter greifen und ihn an das untere Ende der übrigen Bedienfelder schieben. Achten Sie darauf, dass Sie die kleine blaue Linie erreichen ❹, ansonsten wird das Bedienfeld in eine zweite Spalte gesetzt.

Soll ein Bedienfeld in eine bestehende Gruppe eingefügt werden, dann ziehen Sie den Reiter in die Gruppe ❸. Das Bedienfeld legt sich dann automatisch dort ab.

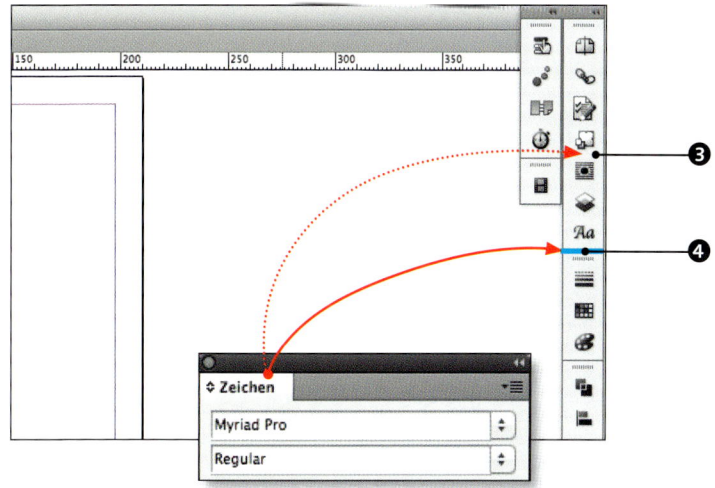

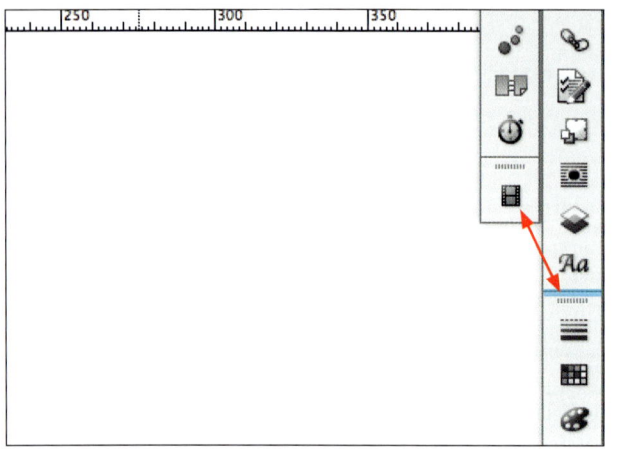

4 Die Bedienfelder arrangieren

Sie sollten sich das Arbeiten mit den Bedienfeldern so einrichten, wie Sie selbst es für sinnvoll halten. Ich kann Ihnen dazu nur Tipps geben. Achten Sie darauf, dass die langen Bedienfelder (SEITEN, VERKNÜPFUNGEN, EBENEN) oben angeordnet sind und dass das Verlauf-Bedienfeld sich nicht in der gleichen Gruppe wie das Farbfelder-Bedienfeld befindet, da Sie häufig beide zusammen benutzen werden.

Durch einfaches Ziehen und Ablegen können Sie die Bedienfeld-Anordnung verändern.

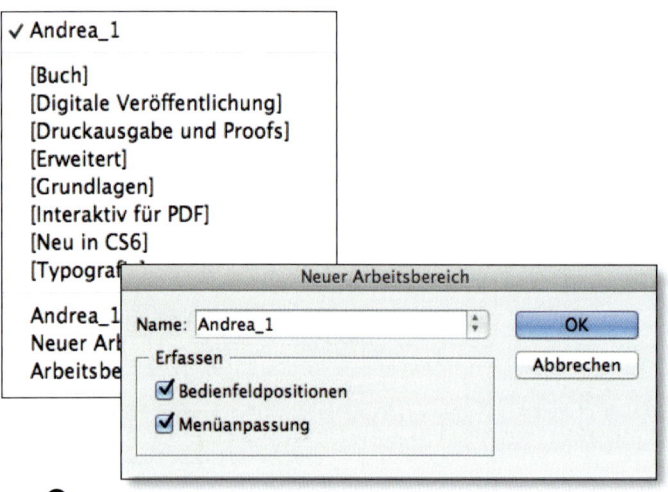

5 Den Arbeitsbereich speichern

Haben Sie die Bedienfelder nach Ihren Wünschen eingerichtet, können Sie diese Anordnung speichern.

Gehen Sie dazu in das Menü FENSTER • ARBEITSBEREICH • NEUER ARBEITSBEREICH, und sichern Sie Ihre Einstellungen unter einem erkennbaren Namen. Ihre Anordnung finden Sie dann im Menü FENSTER • ARBEITSBEREICH • IHR EINGESTELLTER NAME wieder, wie hier in der Abbildung gezeigt.

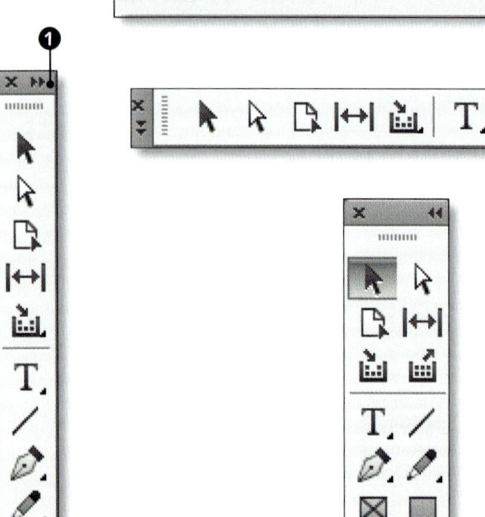

6 Das Werkzeug-Bedienfeld

Auch das Werkzeug-Bedienfeld können Sie nach Ihren persönlichen Wünschen und abhängig vom Platzangebot einrichten. Sie können die Werkzeuge einspaltig, zweispaltig oder, wenn Sie das Bedienfeld zuvor vom Seitenrand lösen, in einer Zeile anzeigen lassen, indem Sie auf den Doppelpfeil oben im Bedienfeld ❶ klicken.

Tipp: Verwenden Sie stets sinnvolle Namen für den eigenen Arbeitsbereich, egal was Sie gerade speichern. Es erleichtert Ihnen später die Arbeit.

7 Ein Dokument öffnen

Öffnen Sie das Dokument »Zoom.indd« über das Menü DATEI oder über den Shortcut ⌘/Strg+O.

Im folgenden Dialog werden Sie gefragt, ob Sie NORMAL (Standard) ❷, das ORIGINAL oder eine KOPIE öffnen möchten. Lassen Sie sich hier nicht verwirren, denn diese Befehle bedeuten nicht, dass mehrere Personen an einer Datei arbeiten können. Sie sind nur für Ihre interne Verwaltung gedacht.

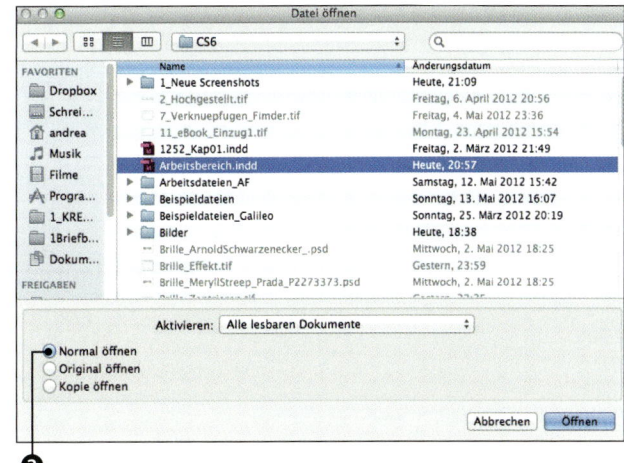

❷

❸   ❹

8 Ein- und Auszoomen

Über das Tastaturkürzel ⌘/Strg+ + oder − zoomen Sie in das Dokument hinein oder wieder hinaus. Alternativ können Sie auch über das Hand-Werkzeug 🖐 zoomen. Aktivieren Sie dafür das Werkzeug, und halten Sie die Maustaste gedrückt. Ein rotes Rechteck ❸ erscheint, und der aktuelle Zoomfaktor ❹ wird anzeigt. Sie können das Rechteck bei gedrückter Maustaste in jede Richtung, auch über mehrere Seiten hinweg verschieben oder über die Pfeiltasten auf Ihrer Tastatur vergrößern oder verkleinern.

9 Der Vorschaumodus

Der Vorschaumodus ist eines der hilfreichsten Tools für das Layout und die Reinzeichnung. Durch Aktivieren der Vorschau 🔲 im Werkzeug-Bedienfeld, durch Drücken der Taste W und seit Version CS4 auch über die Anwendungsleiste ❺ werden alle nicht druckbaren Objekte ausgeblendet. Das betrifft nicht nur Hilfslinien und Objekte, die auf »nicht drucken« gestellt wurden, sondern auch alle Objekte, die über den Seitenrand ragen oder gar daneben stehen.

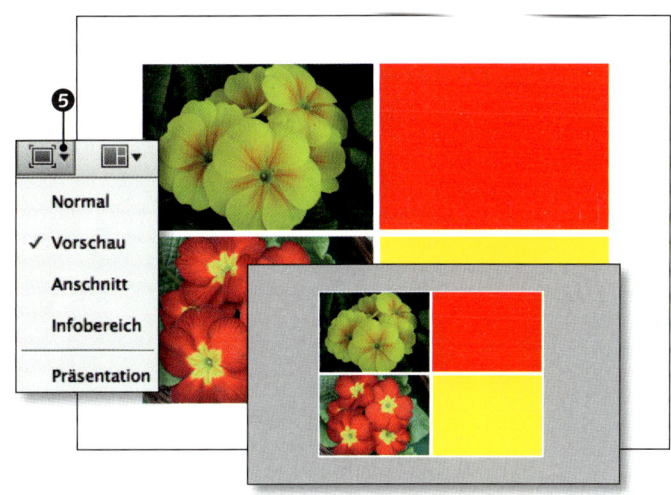

Hilfslinien, Ränder und Lineale

Gestalten Sie millimetergenau

Lineale, Hilfslinien und Ränder sind als Helfer beim Positionieren und Anordnen von Elementen aus der Layoutarbeit nicht wegzudenken. In diesem Workshop möchte ich Ihnen die Organisationstalente daher eingehend vorstellen.

Foto: Andrea Forst

Bearbeitungsschritte

- Lineale einstellen
- Ränder und Spalten einrichten
- Hilfslinien erstellen

1 Die Lineale einrichten

Standardmäßig beginnt das horizontale Lineal auf jeder Seite eines Druckbogens bei null ❶.

Falls Sie dennoch eine andere Einstellung haben möchten, können Sie diese über In-Design/Bearbeiten • Voreinstellungen • Einheiten und Einteilungen • Linealeinheit • Ursprung ändern. Stellen Sie dafür die Vorgabe Seite z.B. auf Druckbogen ❷ um.

In diesem Fenster stellen Sie auch die Maßeinheiten ❸ für die Lineale ein.

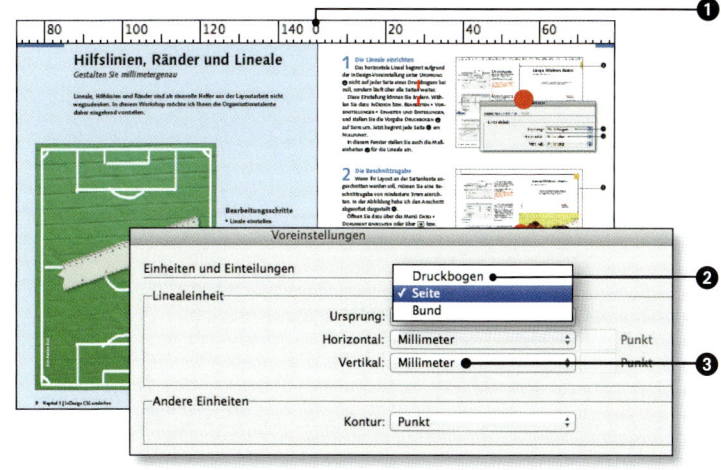

2 Die Beschnittzugabe

Wenn Ihr Layout an der Seitenkante angeschnitten werden soll, müssen Sie eine Beschnittzugabe von mindestens 3 mm einrichten. Das fängt Ungenauigkeiten beim Schneiden der Seiten in der Druckerei ab. Ich habe den sogenannten Anschnitt hier abgesoftet dargestellt ❹. Öffnen Sie dazu über das Menü Datei • Dokument einrichten oder ⌘/Strg+Alt+P den gleichnamigen Dialog, und wählen Sie Mehr Optionen. Geben Sie dort in alle Eingabefelder unter Anschnitt ❺ einen Wert von »3 mm« ein.

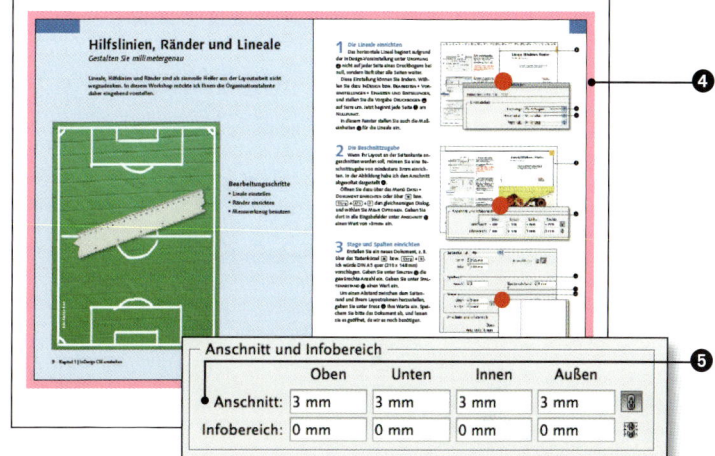

3 Ränder und Spalten

Erstellen Sie ein neues Dokument, z.B. über das Tastenkürzel ⌘/Strg+N. Ich würde DIN A5 quer (210 x 148 mm) vorschlagen. Geben Sie unter Spalten ❻ die gewünschte Anzahl ein. Geben Sie unter Spaltenabstand ❼ einen Wert ein.

Um einen Abstand zwischen dem Seitenrand und Ihrem Layoutrahmen herzustellen, geben Sie unter Ränder ❽ Ihre Werte ein. Speichern Sie bitte das Dokument ab, und lassen Sie es geöffnet, da wir es noch benötigen.

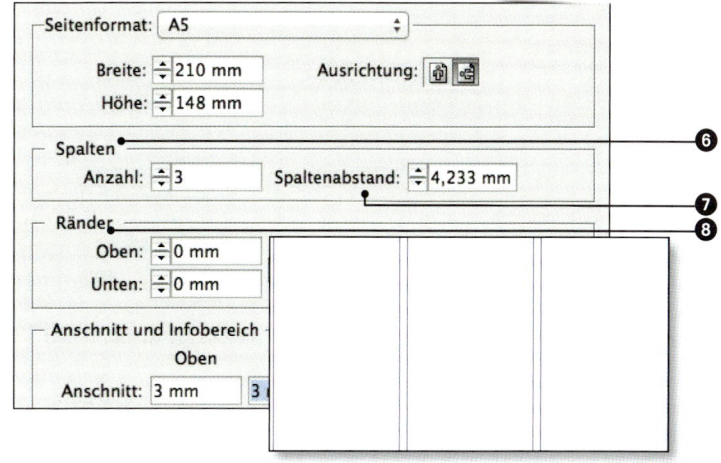

Tipp: Wenn zwei oder mehr Seiten nebeneinander stehen, spricht man von einem Druckbogen.

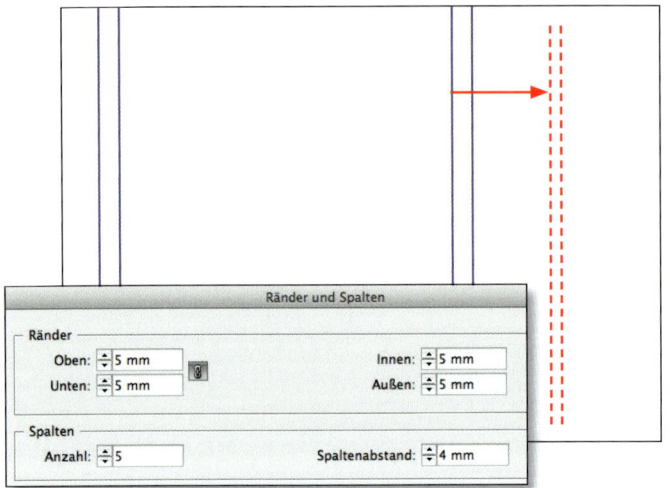

4 Ränder und Spalten ändern

Wir wollen nun aus dem dreispaltigen ein fünfspaltiges Layout machen.

Wählen Sie dazu LAYOUT • RÄNDER UND SPALTEN, und geben Sie unter ANZAHL den Wert »5« ein und für den SPALTENABSTAND »4 mm« ein. Die Größe des Spaltenabstands ist auf diese Weise allerdings nicht veränderbar.

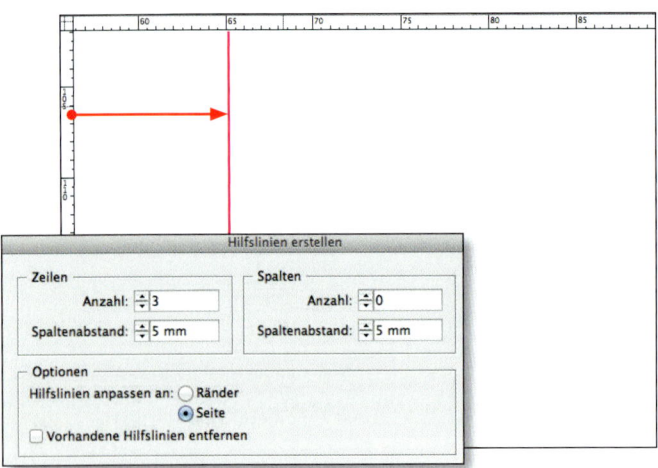

5 Hilfslinien erstellen

Um eine Hilfslinie anzulegen, ziehen Sie sie mit gedrückter Maustaste einfach aus dem horizontalen oder vertikalen Lineal heraus.

Alternativ wählen Sie LAYOUT • HILFSLINIEN ERSTELLEN, und geben die gewünschte Anzahl und den Spaltenabstand ein. Die Hilfslinien werden nun in regelmäßigen Abständen erstellt. Sie haben auf die Verteilung über den Dialog zunächst keinen Einfluss.

6 Hilfslinien positionieren

Haben Sie Hilfslinien erstellt, können Sie sie mit gedrückter Maustaste an die gewünschte Position bringen. Sind die Hilfslinien gesperrt, geht das natürlich nicht. Entsperrt bzw. gesperrt werden Hilfslinien über ANSICHT • RASTER UND HILFSLINIEN • HILFSLINIEN SPERREN.

Wenn Sie besonders exakt arbeiten müssen, können Sie im Steuerung-Bedienfeld auch genaue Koordinaten für Ihre Hilfslinien eingeben.

InDesigns Rahmenkonzept

Spielen Sie mit Rahmen und Bezugspunkten

Wenn Sie mit InDesign CS6 arbeiten, werden Sie feststellen, dass Sie für alles einen Rahmen benötigen. Daher ist es wichtig, dass Sie das Rahmenkonzept von InDesign verinnerlichen. Ich möchte auch Licht in das Dunkel der kleinen Ursprungsquadrate bringen, denn sie sind bei der täglichen Layoutarbeit nützliche Helfer.

Ausgangssituation

- Welcher Rahmen für welchen Inhalt

[Ordner: 02_Rahmen]

Bearbeitungsschritte

- Die unterschiedlichen Rahmen kennenlernen und verstehen

Nachher

Vorher

Ich bin nur ein Blindtext und soll diesen Rahmen etwas ausfüllen.

Foto: Andrea Forst

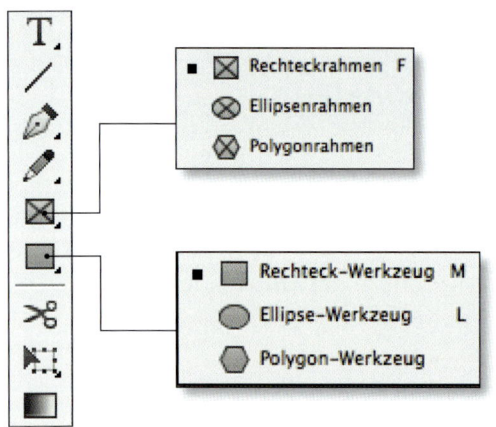

1 Rahmen aufziehen

Wählen Sie aus dem Werkzeug-Bedienfeld den Rechteckrahmen bzw. das Rechteck-Werkzeug ⬜ aus, und ziehen Sie mit gedrückter Maustaste auf der Seite einen Rahmen auf.

Außer diesen beiden Werkzeugen gibt es auch solche für Ellipse und Polygon. Um an diese Werkzeuge zu gelangen, verweilen Sie einige Sekunden mit gedrückter Maustaste auf dem jeweiligen Werkzeug, bis das Untermenü ausklappt und Sie das gewünschte Werkzeug auswählen können.

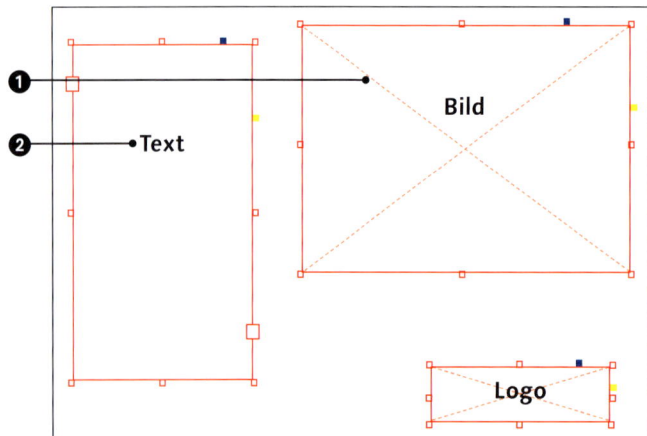

2 Der kleine Unterschied

Sie fragen sich bestimmt, warum es zum Erstellen von Rahmen zwei unterschiedliche Werkzeuge gibt.

Dieses Konzept hat Tradition. Platzhalter für Bilder bekamen früher ein Kreuz ❶, für Text ❷ hat man einen leeren Platzhalter gewählt. Hieran hat sich nichts geändert, und der Grafiker weiß so, was in welchen Rahmen kommt. Beim Rechteckrahmen ⊠ ist also ein Grafikinhalt voreingestellt. Das Rechteck ⬜ hat keinen Inhalt, allerdings standardmäßig eine Kontur.

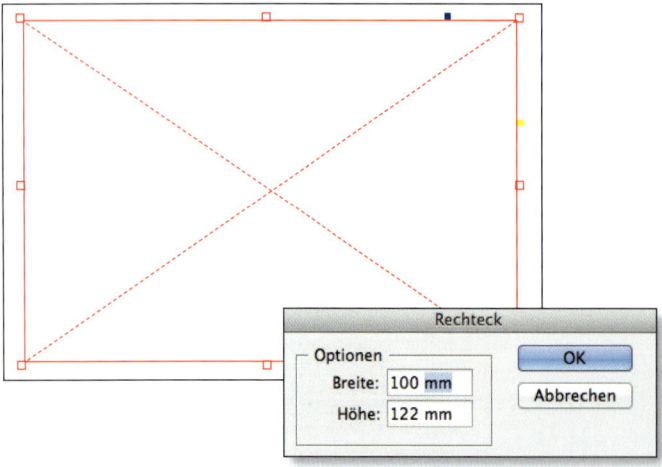

3 Rahmen per Klick aufziehen

Wenn Sie wissen, wie groß Ihr Rahmen genau werden soll, können Sie die Größe eingeben.

Klicken Sie dazu auf das Rechteck ⬜ oder den Rechteckrahmen ⊠ und danach in das Dokument. Der dazugehörige Dialog öffnet sich. Geben Sie in die Eingabefelder Ihr Format ein, und bestätigen Sie die Eingabe.

Tipp: Stellen Sie im Werkzeug-Bedienfeld den Grafikrahmen auf den Rechteckrahmen und das Ellipse-Werkzeug in den Vordergrund. Das erspart unnötiges Suchen.

4 Die Rahmen verstehen

InDesign ist es grundsätzlich egal, was Sie in die verschiedenen Rahmenformen einfügen, d.h., in einen Grafikrahmen lässt sich auch Text eingeben und umgekehrt. Beachten Sie jedoch, dass sich das Aussehen des Rechteckrahmens ❸ ändert, sobald Sie mit dem Textwerkzeug hineinklicken ❹. Der Textrahmen besitzt zusätzliche Symbole, die ich Ihnen im nächsten Kapitel zeigen werde.

Wählen Sie einfach auf Seite 1 mal jeden Rahmen mit dem Auswahlwerkzeug ![Auswahlwerkzeug] aus.

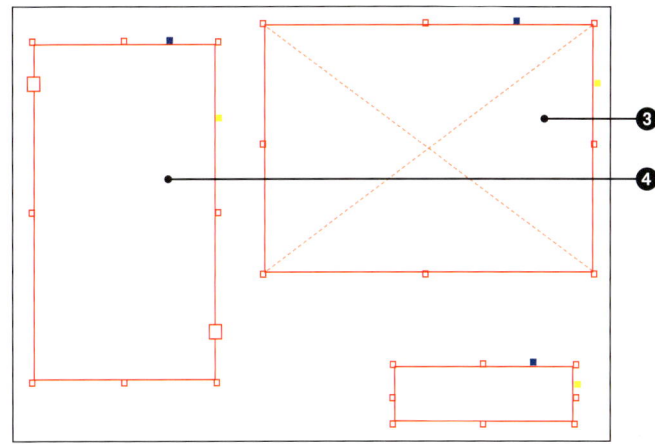

5 Die zauberhaften Quadrate

Eines haben die Rahmen jedoch gemeinsam: Sie besitzen neun Anfasser, die sich als sogenannte Bezugspunkte im Steuerung-Bedienfeld ❺ wiederfinden.

Gehen Sie in der Beispieldatei »Rahmen.indd« auf Seite 2, und klicken Sie mit dem Auswahlwerkzeug ![Auswahlwerkzeug] auf die Seite. Klicken Sie sich nun durch die Bezugspunkte, und lesen Sie dabei die X- und Y-Koordinaten im Steuerung-Bedienfeld ab. Sie erkennen, dass sich mit jeder Veränderung des Bezugspunkts auch die Koordinaten ändern.

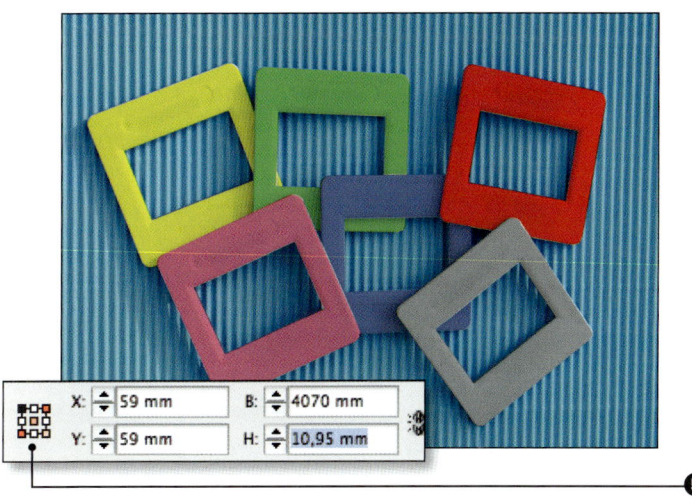

6 Mit Bezugspunkten arbeiten

Auf Seite 3 der Beispieldatei finden Sie einen einsamen Rahmen. Wählen Sie ihn aus, und setzen Sie den Bezugspunkt in die linke obere Ecke. Doppelklicken Sie auf das Skalieren-Werkzeug ![Skalieren-Werkzeug]. Im Skalieren-Dialog geben Sie bei geschlossener Kette ❻ in ein beliebiges Feld »70 %« ein. Der Rahmen wird nun verkleinert am oberen linken Bezugspunkt ausgerichtet. Experimentieren Sie mit den Bezugspunkten, skalieren Sie dabei aber immer wieder neu. Die Veränderung des Bezugspunkts verändert auch die Transformation.

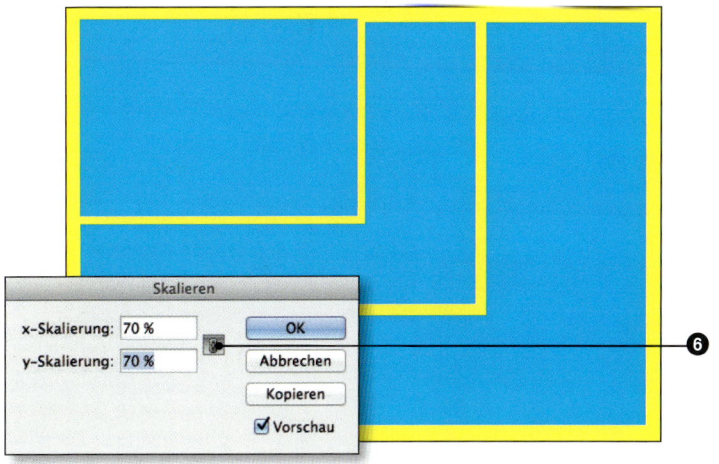

Tipp: Sie finden das Skalieren-Werkzeug, indem Sie einige Sekunden die Maustaste auf z.B. das Frei-Transformieren-Werkzeug ![Frei-Transformieren-Werkzeug] gedrückt halten.

Eine neue Seite einrichten

Vom Megaposter bis zur Briefmarke

Zum Erstellen eines Dokuments ist die Tastenkombination ⌘/Strg+N wohl-
bekannt. Das Dialogfeld, das sich dann öffnet, ist aber leider nicht mehr ganz
so übersichtlich. Lernen Sie in diesem Workshop, wie Sie Schritt für Schritt ein
neues Dokument anlegen und eigene Formate speichern.

Bearbeitungsschritte

- Neue Seite einrichten
- Eigenes Format speichern
  und aufrufen

Foto: Andrea Forst

1 Das normale Dokument

Wählen Sie DATEI • NEU • DOKUMENT, oder drücken Sie ⌘/Strg + N, und schon öffnet sich der Dialog NEUES DOKUMENT.

InDesign CS6 bietet Ihnen hier die Doppelseite ❶ und Ränder ❷ von 12,7 mm an. Auch das Seitenformat und die Ausrichtung sind bereits vorgegeben.

Wenn Sie diese Einstellungen nicht übernehmen möchten, dann deaktivieren Sie z. B. die Doppelseite und geben bei den Rändern ein gewünschtes Maß ein.

2 Eine Seite einrichten

Geben Sie in die Eingabefelder für das Seitenformat ❺ »148 x 105 mm« für eine Postkarte ein. Die DOKUMENTVORGABE ❸ wird Ihnen nun als BENUTZERDEFINIERT angezeigt.

Mit der Schaltfläche MEHR OPTIONEN ❹ (hier bereits aktiviert) öffnen Sie die Eingabefelder für die Beschnittzugabe und den Infobereich ❻. Geben Sie für den ANSCHNITT »3 mm« ein, und ignorieren Sie den INFOBEREICH.

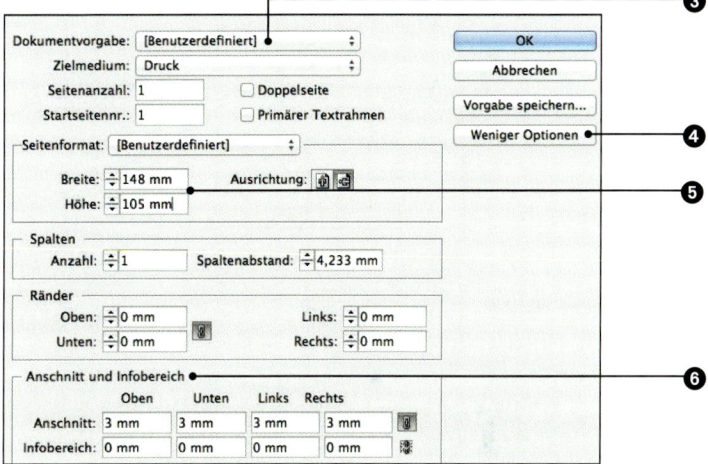

3 Das eigene Format speichern

Seitenformate, die Sie immer wieder brauchen, sollten Sie als Vorgabe speichern. Sie erleichtern sich damit die Arbeit erheblich.

Wählen Sie dazu den Button VORGABE SPEICHERN ❼, und speichern Sie die Vorgabe unter einem sinnvollen Namen ab.

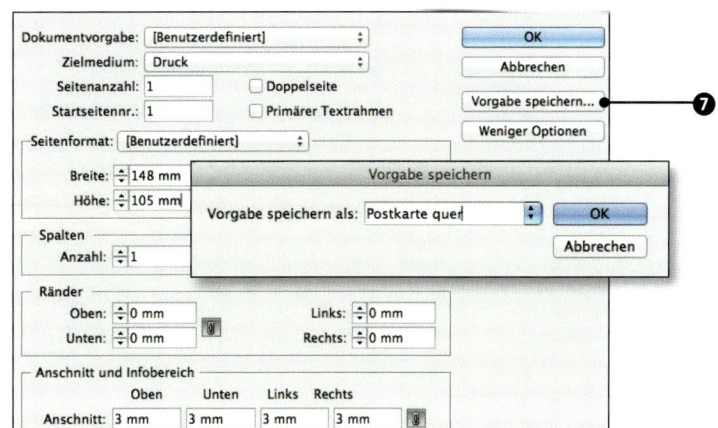

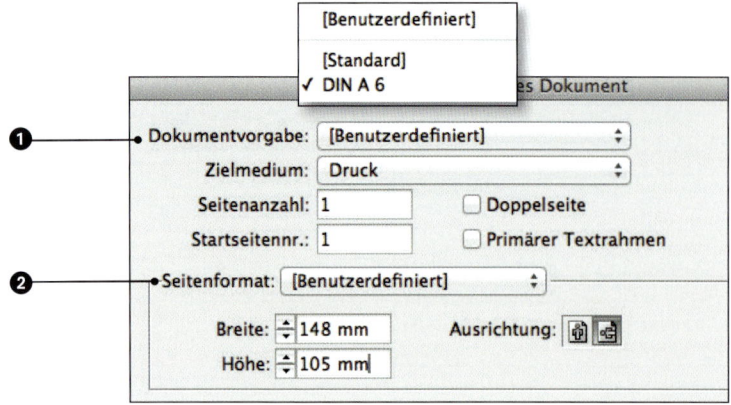

4 Eigene Vorgabe auswählen

Wenn Sie sich im Dialog NEUES DOKU-MENT befinden, können Sie all Ihre individuell abgespeicherten Formate auswählen.

Gehen Sie dazu in das Pop-up-Fenster DOKUMENTVORGABE ❶, und wählen Sie das gewünschte Format aus.

Und noch ein Hinweis: Auch wenn Sie unter SEITENFORMAT ❷ viele Formate finden, so besitzen diese fast immer Seitenränder, mit denen wir Europäer nichts anfangen können.

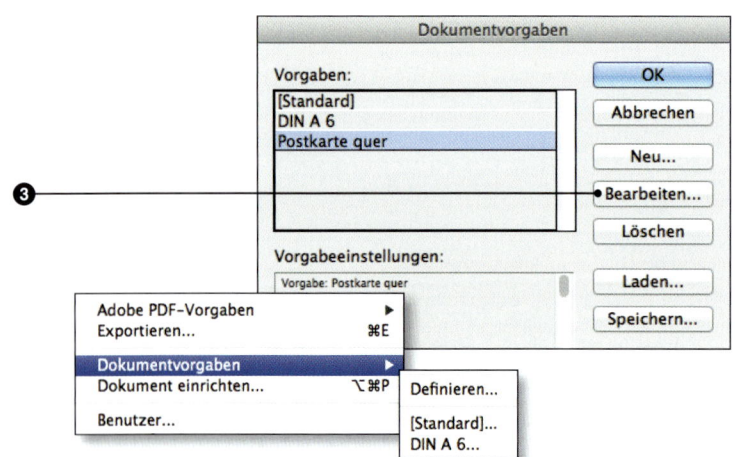

5 Die eigenen Vorgaben ändern

Müssen Sie eine Ihrer Vorgaben ändern, so ist das nicht im Dialog NEUES DOKUMENT möglich, denn hier können Sie nur neue Vorlagen erstellen. Sie müssen stattdessen DATEI • DOKUMENTVORGABEN • DEFINIEREN wählen.

Wählen Sie BEARBEITEN ❸, und suchen Sie die zu ändernde Vorgabe aus. Der gewohnte Dialog wird geöffnet. Nach der Änderung müssen Sie die Vorgabe unter einem anderen Namen abspeichern oder überschreiben.

6 Die Seitengröße

Sie dürfen ein Format von minimal 0,353 mm x 0,353 mm und von maximal 5 486,4 mm x 5 486,4 mm einrichten.

Tipp: Sprechen Sie sich bei Großformaten immer mit dem Druckdienstleister ab, denn meistens werden diese Dokumente in einem verkleinerten Maßstab angelegt.

Die Voreinstellungen

Richten Sie sich InDesign CS6 individuell ein

Voreinstellungen sind für ein komfortables Arbeiten wichtig. Einige sinnvolle Einstellungen möchte ich hier beschreiben, andere werden in den Workshops erklärt. Öffnen Sie das erste Voreinstellungsfenster über InDesign/Bearbeiten • Voreinstellungen • Allgemein oder ⌘/Strg+K.

Einheiten und Einteilungen | Hier bestimmen Sie, in welchen Schritten Sie mit den Pfeiltasten Ihrer Tastatur Objekte verschieben können. Sinnvoll sind Werte von »0,25 mm« für das Verschieben von Objekten. Halten Sie, bevor Sie etwas mit den Pfeiltasten in eine Richtung verschieben, die ⇧-Taste drückt, so erhöht sich der Wert auf »2,50 mm«.

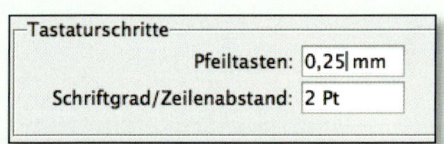

Hilfslinien und Montagefläche | Hierunter verbirgt sich etwas ganz Interessantes: InDesign ist es völlig egal, ob das Objekt über die Montagefläche hinausragt oder nicht. Doch damit nicht genug, Sie können in diesem Fenster unter Montageflächenoptionen die Werte für die Horizontalen und Vertikalen Ränder einrichten.

Wörterbuch | Hier können Sie die sogenannten »99/66«-Anführungszeichen der deutschen Rechtschreibung einstellen oder die französischen Guillemets (» «) auswählen. Diese passen sich in einen Buchtext besser ein, da sie nicht über den Text hinauslaufen und somit die Lesbarkeit nicht behindern.

Rechtschreibung | Stellen Sie hier ein, nach welchen Fehlern InDesign suchen soll, nachdem Sie die Rechtschreibprüfung über Bearbeiten • Rechtschreibprüfung oder ⌘/Strg+I aktiviert haben.

Genial ist die Option Dynamische Rechtschreibprüfung überprüfen: Jeder Fehler wird während der Texteingabe markiert.

Autokorrektur | Hier können Sie, wenn Sie über »zu schnelle Finger« verfügen, Ihre eigenen Fehler automatisch korrigieren lassen. Wählen Sie dafür unter Optionen • Autokorrektur aktivieren, und geben Sie über die Schaltfläche Hinzufügen den Rechtschreibfehler und die Korrektur ein.

Anzeigeleistung | InDesign bietet Ihnen bereits eine sehr gute Vorschau für platzierte Bilder oder Grafiken an. Tun Sie sich einen Gefallen, und belassen Sie die Einstellungen, wie sie sind. Bei der Einstellung Hohe Qualität nehmen Sie sich sonst nur unnötig Rechnerleistung weg.

Gestalten Sie mit Text

Alles dreht sich um Text. Die Gestaltung von Text ist das zentrale Element bei der Arbeit mit InDesign. Daher erfahren Sie in diesem Kapitel, wie Sie den Text für eine Visitenkarte, einen Briefbogen, einen Info-Flyer, einen Kalender und eine Speisekarte gekonnt gestalten.

Sie werden Ihren ersten Text in InDesign schreiben und typografisch korrekt gestalten. Anhand eines Info-Flyers lernen Sie den Einsatz der Spalten kennen, und die Speisekarte zeigt Ihnen den Umgang mit Tabulatoren, Einzügen und Abständen. Für die gelungene Gestaltung bringe ich noch Farbe ins Spiel und zeige Ihnen, wie Sie Ihre Arbeit ausdrucken können.

Text eingeben und formatieren

Entwerfen Sie einen Briefbogen

Nun wollen wir zur Tat schreiten: Sie erstellen Ihren eigenen Briefbogen. Sie werden sehen, wie einfach das ist. Das Tippen muss ich Ihnen nicht erklären, doch wie Sie Text auswählen, die Schriftart und die Größe ändern, möchte ich Ihnen dann doch zeigen.

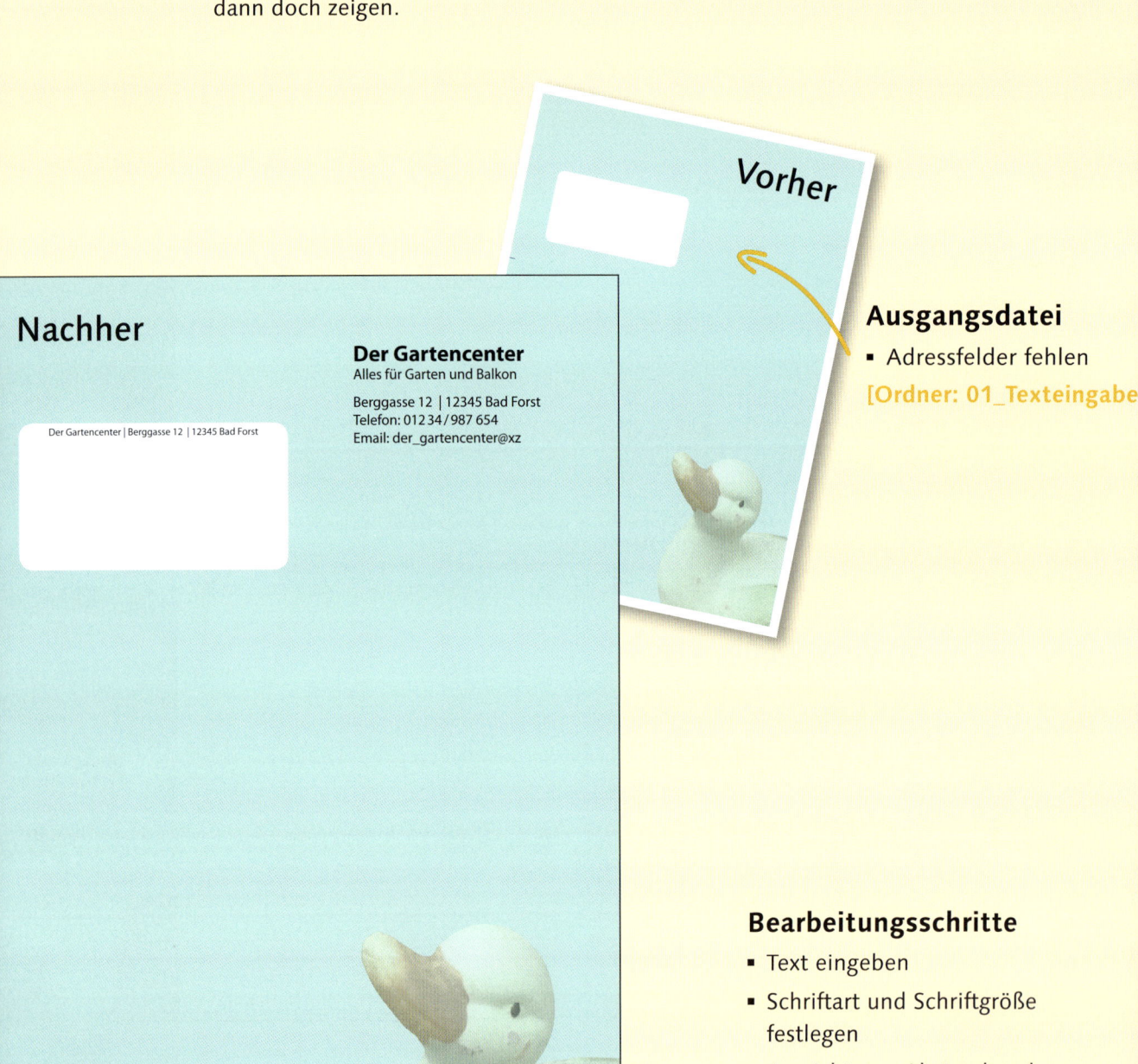

Vorher

Nachher

Der Gartencenter
Alles für Garten und Balkon

Berggasse 12 | 12345 Bad Forst
Telefon: 012 34 / 987 654
Email: der_gartencenter@xz

Der Gartencenter | Berggasse 12 | 12345 Bad Forst

Ausgangsdatei
- Adressfelder fehlen

[Ordner: 01_Texteingabe]

Bearbeitungsschritte
- Text eingeben
- Schriftart und Schriftgröße festlegen
- Ausrichtung, Abstand und Glyphen kennenlernen

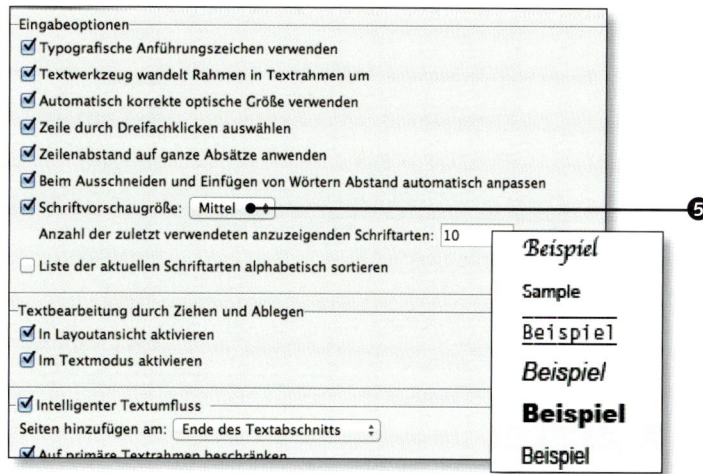

1 Text eingeben

In der Beispieldatei »Briefbogen.indd« habe ich für Sie zwei Textrahmen für Adressfelder eingerichtet. Wenn Sie hier Text eingeben möchten, können Sie anders als im Textprogramm nicht sofort lostippen. Sie müssen vorher das Textwerkzeug ⊤ aus dem Werkzeug-Bedienfeld auswählen und mit ihm in den Textrahmen klicken. Sobald das Texteingabe-Symbol ⌶ blinkt, können Sie Ihren Text schreiben.

Geben Sie in beide Rahmen jetzt Ihre Adressdaten ein.

2 Den Text auswählen

Klicken Sie mit dem Textwerkzeug ⊤ nur einmal in ein Wort, dann blinkt das Texteingabewerkzeug ❶. Klicken Sie jedoch doppelt, wählen Sie das ganze Wort ❷ aus.

Haben Sie in den Voreinstellungen im Fenster EINGABE die Option ZEILE DURCH DREIFACHKLICKEN AUSWÄHLEN ❹ aktiviert, können Sie genau dies tun ❸. Um einen Absatz auszuwählen, wenden Sie den Vierfachklick an. Und wenn Sie den gesamten Text auswählen möchten, nutzen Sie ⌘/Strg+A.

3 Die Schriftvorschau einstellen

Seit der Version CS2 können Sie sich das Aussehen der installierten Schriften im Steuerung-Bedienfeld oder im Zeichen-Bedienfeld präsentieren lassen.

Wählen Sie dafür VOREINSTELLUNGEN • EINGABE, oder drücken Sie ⌘/Strg+K. Im Fenster EINGABE finden Sie die SCHRIFTVORSCHAUGRÖSSE ❺ und ein dazugehöriges Pop-up-Fenster.

Hier können Sie einstellen, in welcher Größe Sie die Schriften angezeigt bekommen möchten.

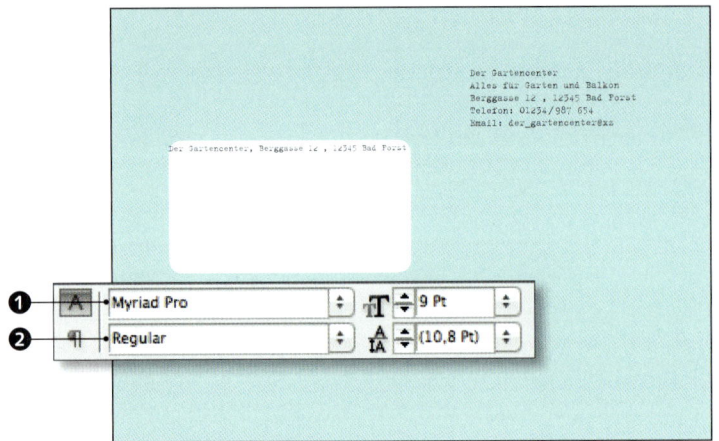

4 Die Schriftart auswählen

Wählen Sie beide Textrahmen mit dem Auswahlwerkzeug ▶ und gedrückter ⬆-Taste aus, und aktivieren Sie dann das Textwerkzeug T im Werkzeug-Bedienfeld.

Jetzt können Sie dem Briefbogen oben im Steuerung-Bedienfeld eine schönere Schrift geben, ohne den Text ausgewählt zu haben.

Wählen Sie in diesem Bedienfeld nun eine andere Schriftart ❶ aus.

5 Welche Schriftgruppe wählen?

Sie stehen vermutlich wie viele andere User vor der Frage: »Was ist ein Open-Type-Font O ❸, ein TrueType-Font Tт ❹ oder ein PostScript-Font a ❺?«

Machen Sie sich hierüber keine Gedanken, denn inzwischen können Sie alle drei Schrifttechnologien ohne Probleme verwenden. Wenn Sie Ihre Dokumente plattformübergreifend an Mac und PC verwenden, rate ich Ihnen jedoch zu OpenType.

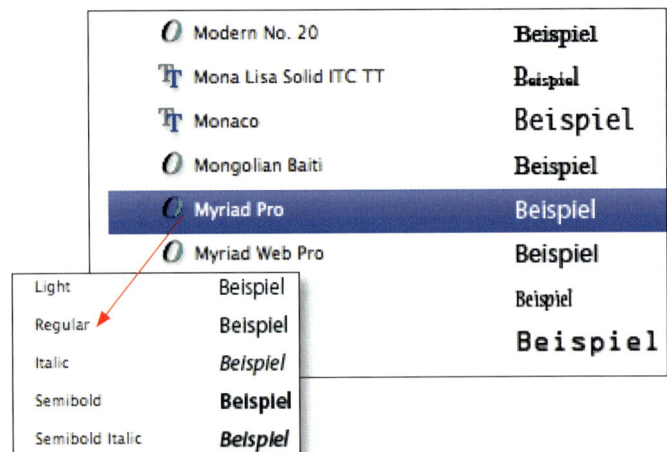

6 Der Schriftschnitt

Der Schriftschnitt beschreibt innerhalb einer Schriftfamilie die »Dickte« (Stärke) der Schrift und die Zeichenneigung, also nichts anderes als Light, Regular, Bold, Italic etc.

Einige Schriften besitzen nicht nur einen Schnitt, sondern haben, wie hier im Beispiel die Myriad Pro, bis zu zwölf Schnitte.

Sie finden diese Schnitte, wenn vorhanden, im Pop-up-Menü ❷ unter der Schriftart.

Tipp: Wenn Sie kein Dokument geöffnet haben, können Sie über das Steuerung-Bedienfeld bei ausgewähltem Textwerkzeug eine Schrift dauerhaft voreinstellen.

7 Die Schriftgröße einstellen

Stellen Sie jetzt die Schriftgröße ein. Wählen Sie dafür zunächst die zu ändernden Zeilen aus. Im Steuerung-Bedienfeld finden Sie mehrere Einstellmöglichkeiten: Mit den Pfeilen ❻ vergrößern oder verkleinern Sie die Schriftgröße um je einen Punkt. Alternativ können Sie im Eingabefeld ❼ die Größe direkt eingeben.

Ich habe für die Absenderzeile »9 Pt«, für den Firmennamen »20 Pt« und für die übrigen Angaben »13 Pt« gewählt.

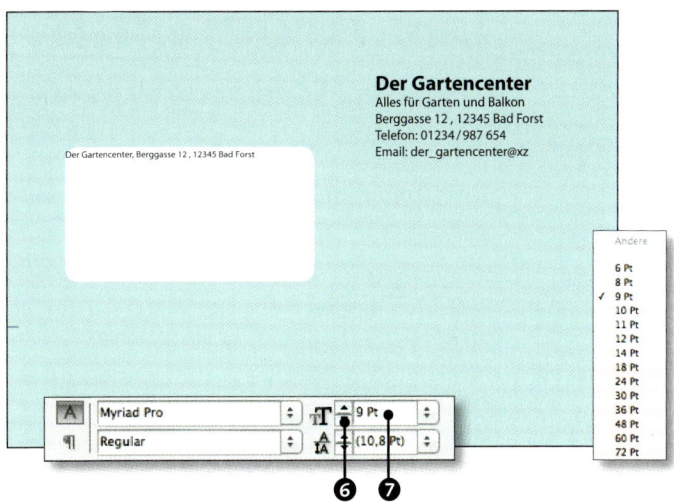

8 Richten Sie den Text aus

Stellen Sie jetzt den Zeilenabstand ein. Wählen Sie dafür zunächst die zu ändernden Zeilen aus. Dazu wechseln Sie im Steuerung-Bedienfeld zu den Absätzen ¶ ❽.

Damit der Absenderblock sich etwas absetzt, geben Sie unter der Zeile »Alles für Garten und Balkon« einen ABSTAND DANACH ❿ von »3 mm« ein.

Der Text im Adressfeld sollte ZENTRIERT ❾ in dem Feld stehen, damit er gut sichtbar ist.

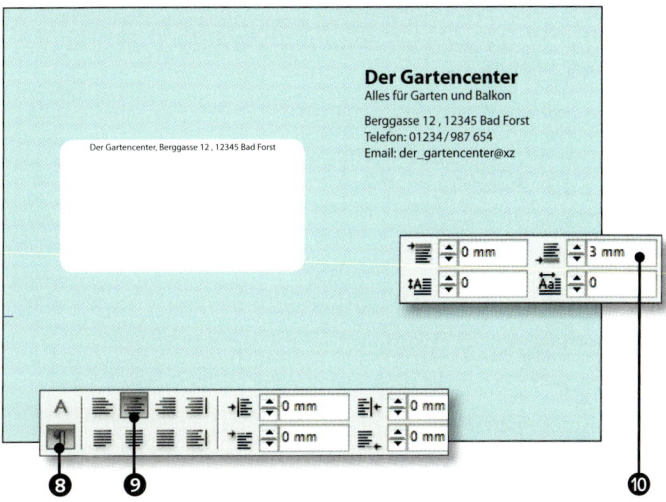

9 Das Glyphen-Bedienfeld

Wir wollen nun die Kommas durch senkrechte Striche ersetzen. Wählen Sie das Textwerkzeug T aus, und markieren Sie nacheinander die Kommas. Ich habe diese für Sie hier rot markiert.

Öffnen Sie das Glyphen-Bedienfeld über FENSTER • SCHRIFT UND TABELLEN • GLYPHEN, und wählen Sie den »Senkrechtstrich« aus. Doppelklicken Sie auf das gewünschte Zeichen, und der Text wird ersetzt. Übrigens: Auch wenn Sie keinen Text ausgewählt haben, können Sie auf diese Weise Glyphen einfügen.

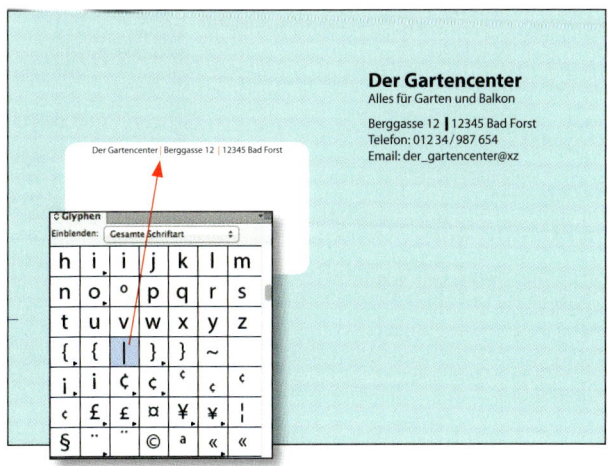

Hinweis: Schriftgrößen werden in der Regel in der Maßeinheit »Punkt« angegeben. 1 Punkt entspricht 0,353 mm.

Die Arbeit mit Textrahmen

Gestalten Sie eine Visitenkarte

Sie haben nun bereits Text eingegeben und auch formatiert. Jetzt ist es an der Zeit, dass ich Sie in das Geheimnis des Textrahmens einführe. Wie Sie bereits im ersten Kapitel erfahren haben, unterscheidet er sich stark von den anderen Rahmen. Lassen Sie uns jetzt mit dem Textrahmen arbeiten: Verketten Sie Rahmen, oder setzen Sie Spalten ein.

Bearbeitungsschritte

- Textrahmen verketten
- Spalten einsetzen

Ausgangsdatei

- Die Anschrift fehlt

[Ordner: 02_Textrahmen]

1 Den Textrahmen verstehen

Neben den bereits bekannten Bezugspunkten besitzt der Textrahmen noch die Symbole für den Texteingang ☐ ❶, den Textausgang ▶ ❸ und den Textüberhang ⊞ ❷.

Diese drei Symbole sind für Ihre Arbeit sehr wichtig. Mit ihrer Hilfe können Sie leicht neue Textrahmen erstellen: Klicken Sie mit dem Auswahlwerkzeug auf eines der Textausgangssymbole und anschließend auf die Zeichenfläche, so erzeugen Sie sofort einen neuen Textrahmen.

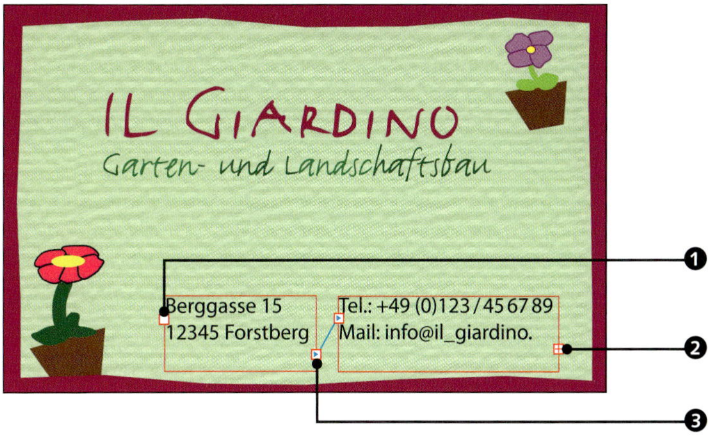

2 Einen Textrahmen aufziehen

Wählen Sie das Textwerkzeug ❹ aus. Am Cursor erscheint das Texteingabesymbol ❻. Wenn Sie den Cursor nun mit gedrückter Maustaste über die Seite 1 ziehen, erstellen Sie einen Textrahmen, der sofort für die Texteingabe zur Verfügung steht.

Platzieren Sie dabei einen Textrahmen an den Hilfslinien ❺, die ich bereits erstellt habe, und geben Sie Text ein. Als Schriftart können Sie eine Ihrer eigenen Schriften auswählen.

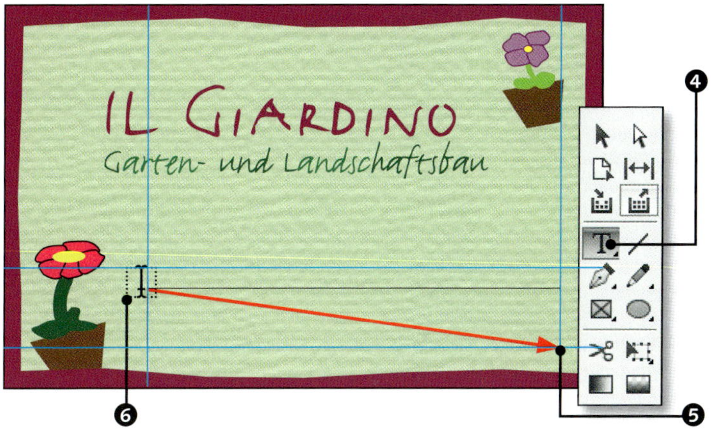

3 Die Textrahmen verketten

Gehen Sie auf Seite 2; dort warten zwei Textrahmen auf Sie. Der linke hat einen Textüberhang ❽.

Klicken Sie nun mit dem Auswahlwerkzeug auf das Textüberhang-Symbol ⊞. Der Cursor zeigt Ihnen mit dem Icon an, dass noch Text existiert, der nicht angezeigt werden kann.

Wenn Sie nun mit dem Auswahlwerkzeug in den rechten Textrahmen ❼ klicken, werden die Textrahmen automatisch verkettet, und der überhängende Text wird eingefügt.

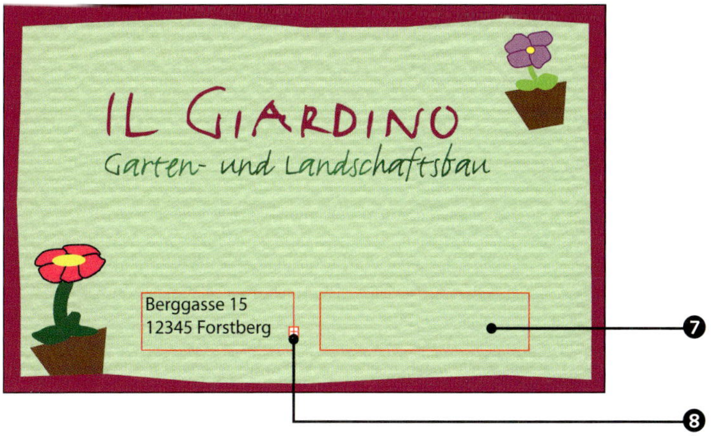

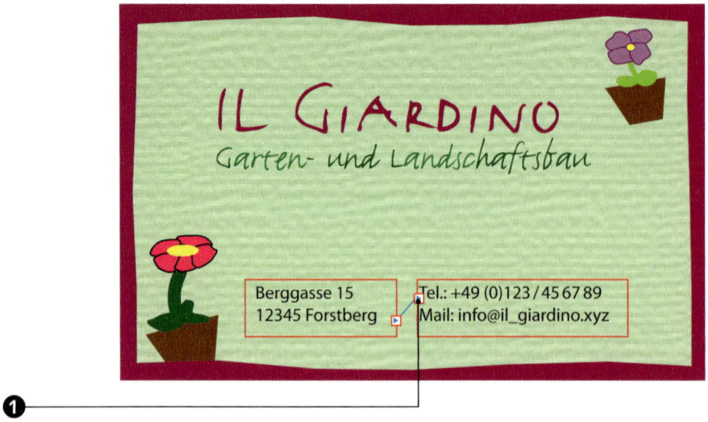

4 Die Verkettung aufheben

Es kann natürlich auch vorkommen, dass Sie die Textrahmen-Verkettung wieder aufheben müssen.

Klicken Sie mit dem Auswahlwerkzeug auf das Texteingangssymbol ❶ des zweiten Rahmens. Der Cursor zeigt Ihnen das Symbol der gesprengten Kette an. Gehen Sie danach in den ersten Textrahmen, und klicken Sie hinein. Die Verkettung ist dadurch aufgehoben.

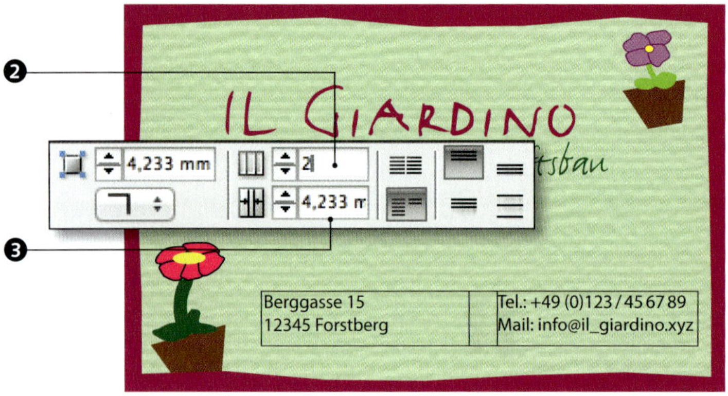

5 Textspalten anwenden

Auf Seite 3 habe ich für Sie einen Textrahmen vorbereitet, den wir gemeinsam in zwei Spalten aufteilen wollen.

Wählen Sie diesen Textrahmen mit dem Auswahlwerkzeug aus, und gehen Sie dann in das Steuerung-Bedienfeld. Dort finden Sie die Eingabefelder für Spalten ❷ und Spaltenabstand ❸.

Unter SPALTEN geben Sie den Wert »2« ein. Den Spaltenabstand bearbeiten wir im nächsten Schritt.

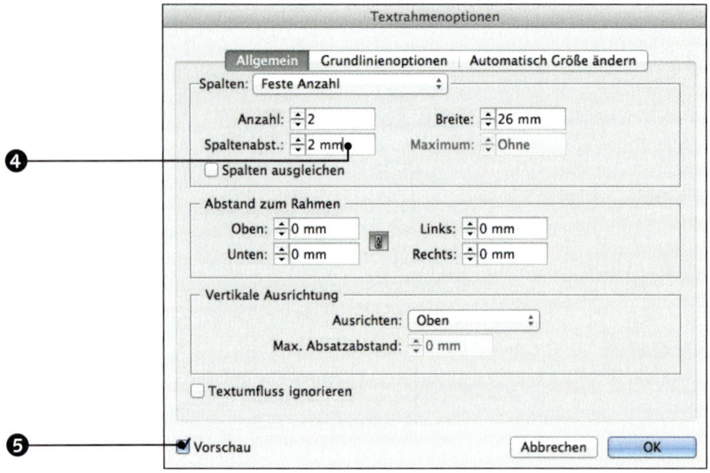

6 Spalten und Spaltenabstand

Eine andere Art, Spalten einzustellen, finden Sie unter den Textrahmenoptionen. Diese haben den Vorteil der VORSCHAU ❺. Man kann, bevor man OK klickt, sich seine Arbeit ansehen.

Wählen Sie dazu das Menü OBJEKT • TEXTRAHMENOPTIONEN aus, oder drücken Sie [⌘]/[Strg]+[B]. Im Bereich SPALTEN verringern Sie den SPALTENABSTAND ❹ auf »2 mm«.

Spalten ganz flexibel
Erstellen Sie einen Info-Flyer

In diesem Workshop möchte ich Ihnen eine andere Variante der Spalten-
erstellung zeigen. Denn seit InDesign CS5 können Sie Spalten auf einzelne
Absätze anwenden. Bei der täglichen Layoutarbeit ist dies ein sehr nützliches
Tool, denn so können Sie mit nur einem einzigen Textrahmen arbeiten.

Bearbeitungsschritte

- Einen Absatz in Spalten teilen
- Eine Überschrift über Spalten laufen lassen

Foto: Hans-Jürgen Pilgerstorfer

Ausgangsdatei

- Der zweite Absatz soll dreispaltig laufen

[Ordner: 03_Spalten]

Variante 1

Im vorangegangenen Workshop haben Sie die Spalte für den gesamten Textrahmen festgelegt. Sie haben den Textrahmen mit dem Auswahlwerkzeug ⊠ ausgewählt und im Steuerung-Bedienfeld die Spaltenanzahl ❶ verändert oder alternativ die Textrahmenoptionen benutzt.

Sollte aber beispielsweise die Überschrift des Textes über beide Spalten laufen, mussten Sie für die Überschrift einen eigenen Textrahmen erstellen.

Absatz in Spalten teilen

Wählen Sie den gewünschten Textabschnitt (Absatz) mit dem Textwerkzeug ⊤ aus. Wählen Sie anschließend im Steuerung-Bedienfeld für den Absatz unter SPALTENSPANNE ❷ die gewünschte Spaltenanzahl aus. Sie können den Textabschnitt IN 2, IN 3 oder IN 4 Spalten teilen. Dadurch bleibt die Überschrift einspaltig, und nur der ausgewählte Text darunter läuft über zwei Spalten.

Der Vorteil dieser Variante ist, dass Sie innerhalb eines Textrahmens ausgewählte Textabschnitte in Spalten aufteilen.

Überschrift über mehrere Spalten laufen lassen

So wie Sie Textabschnitte in Spalten teilen können, so ist es auch möglich, ausgewählten Text über mehrere Spalten laufen zu lassen.

Wählen Sie auf Seite 2 die Überschriften jeweils mit dem Textwerkzeug ⊤ aus, und wählen Sie im Steuerung-Bedienfeld für den Absatz bei SPALTENSPANNE ❸ ÜBER 2 aus. Die Überschriften laufen nun über die Spalten.

Tabulator, Einzug und Abstand

Gestalten Sie einen Leporello für eine Speisekarte

Hier zeige ich Ihnen, wie Sie ein einfaches Leporello-Design erstellen. Wir werden die Absätze mittels ABSTAND DAVOR bzw. DANACH formatieren und setzen den Tabulator und hochgestellte Zeichen ein. Kurz, wir werden aus einem unleserlichen Kundenlayout eine leserliche Speisekarte erstellen.

Bearbeitungsschritte

- Für die Absätze Abstände einsetzen
- Die Laufweite eines Wortes ändern
- Den Tabulator benutzen

Ausgangsdatei
- Der Text ist unleserlich.

[Ordner: 04_Tabulator]

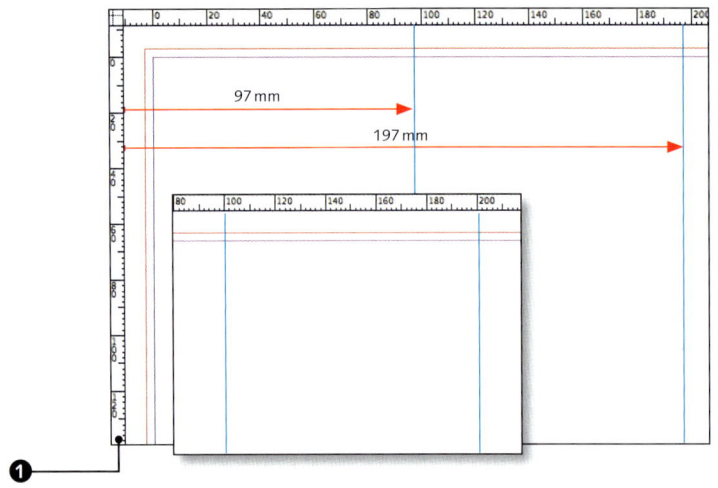

1 Die Leporelloseiten erstellen

Gehen wir vom Format DIN A4 quer aus, so haben Sie 297 mm zur Verfügung. Sie müssen dieses Maß nun durch 3 teilen, wobei die rechte Seite in der Breite etwas schmaler sein muss. Wie das funktioniert, zeige ich hier.

Öffnen Sie die Datei »Speisekarte.indd«. Ziehen Sie auf Seite 1 aus dem vertikalen Lineal ❶ die erste Hilfslinie auf 97 mm und die zweite auf 197 mm. Auf Seite 2 müssen Sie die Hilfslinien bei 100 mm und 200 mm festsetzen, damit sich beide Seiten decken.

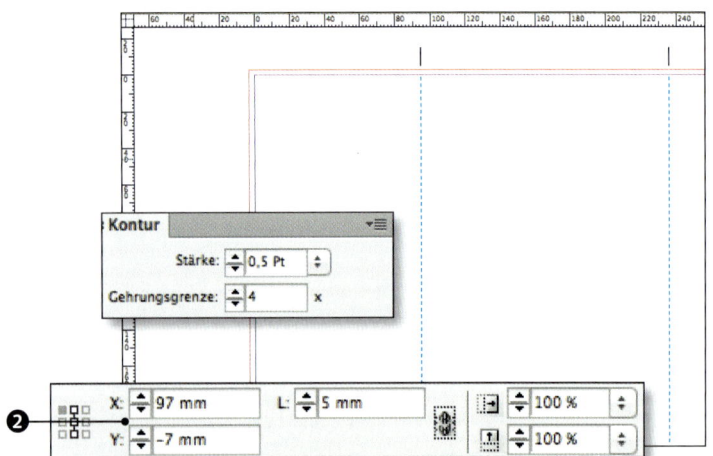

2 Für die Weiterverarbeitung

Wir erstellen nun zwei Linien, die Ihnen helfen, das Papier zu falzen. Daher stehen sie außerhalb des Dokumentformats.

Ziehen Sie dazu mit dem Linienzeichner-Werkzeug ⬚ eine 5 mm lange vertikale Linie mit der Stärke »0,5 pt« auf. Wählen Sie diese anschließend mit dem Auswahlwerkzeug ⬚ aus, und stellen Sie sie auf die X/Y-Koordinaten »97 mm« und »–7 mm« ❷. Erstellen Sie anschließend eine weitere Linie, und positionieren Sie diese an der zweiten Hilfslinie.

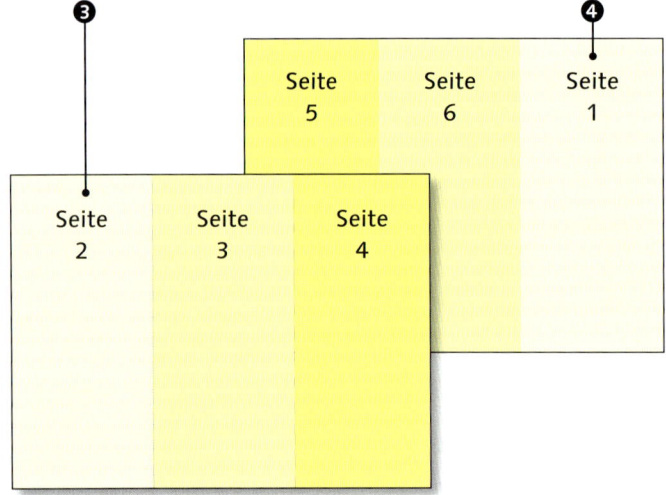

3 Welche Seite steht wo?

Ein Leporello faltet sich anders als eine 4-seitige Karte. Daher sollten Sie sich vor der Layoutarbeit Gedanken machen, welche Seite wo angelegt werden muss.

Falten Sie sich dafür ein Ausschießmuster (also einen Dummie), und nummerieren Sie die Vorderseite ❹ sowie die Rückseite ❸ gemäß der nebenstehenden Abbildung.

»Ausschießen« bedeutet, einzelne Seiten in der richtigen Reihenfolge und Ausrichtung auf einem Druckbogen zu sortieren.

Hinweis: Stellen Sie sich ein Papier oder einen Papierstreifen vor, den Sie wie eine Ziehharmonika gefaltet haben. Dann spricht man von einem Leporello.

4 Der Zeilenabstand

Wenn Sie Text eingeben und den Zeilenabstand nicht verändern, kann dieser je nach Schriftart zu groß oder zu klein sein.

Der sogenannte automatische Zeilenabstand wird im Steuerung-Bedienfeld in Klammern angezeigt. Sie können ihn jedoch beliebig ändern.

Gehen Sie auf Seite 2, und wählen Sie die abgebildete Zeile ❺ mit dem Textwerkzeug T. aus. Geben Sie dann einen Wert, z. B. »19 pt«, in das Eingabefeld für den Zeilenabstand ein.

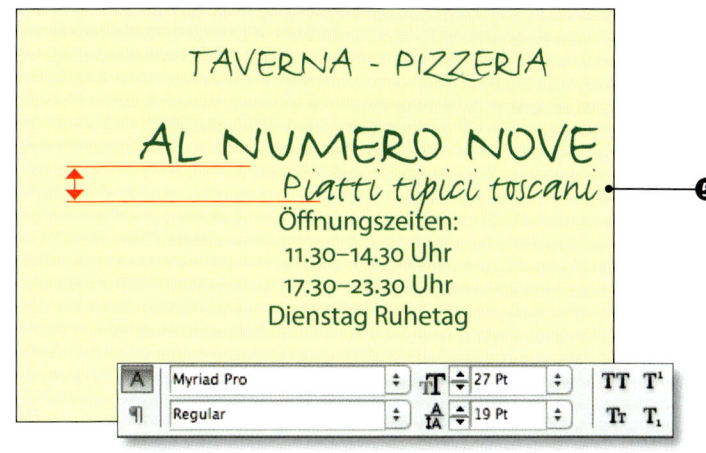

5 Der »Abstand danach«

Sie können zwischen zwei Absätzen einen Abstand festlegen, ohne dass Sie dafür den Zeilenabstand verändern. Dafür empfehle ich Ihnen die Optionen ABSTAND DAVOR bzw. ABSTAND DANACH, zu finden im Steuerung-Bedienfeld für Absatz und natürlich auch im Absatz-Bedienfeld. Sie ersparen sich damit ein Formatieren mithilfe von Leerzeilen.

Wählen Sie die Zeile »Piatti tipici toscani« aus, und geben Sie als ABSTAND DANACH ❻ »40 mm« in das Eingabefeld ein.

6 Kapitälchen und Laufweite

Wählen Sie mit dem Textwerkzeug die Headlines »Pizze« und »Pasta« aus, und klicken Sie im Steuerung-Bedienfeld für Zeichen auf KAPITÄLCHEN ❼. Als Kapitälchen bezeichnet man Buchstaben, die zwar in Versalien gesetzt wurden, aber kleiner sind als der Großbuchstabe selbst.

Mit der Laufweite erhöhen bzw. verringern Sie den Zeichenabstand eines oder mehrerer ausgewählter Wörter. Wählen Sie nacheinander die Wörter »Pizze« und »Pasta« aus, und erhöhen Sie die Laufweite auf »40« ❽.

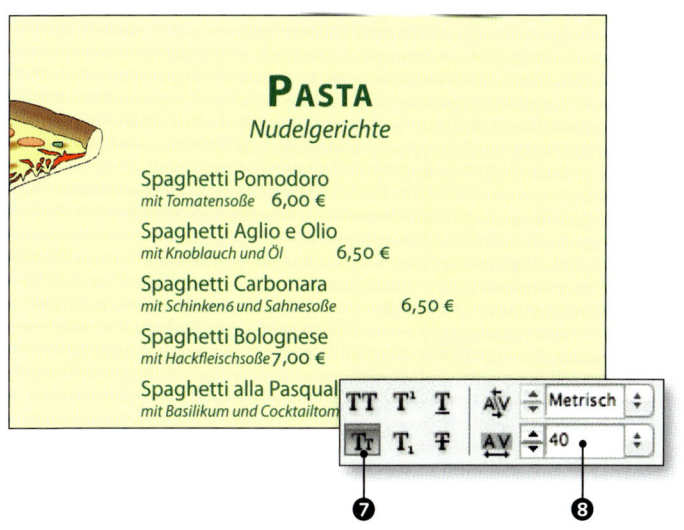

Tipp: In Kapitel 3 beschreibe ich den Umgang mit Seiten detaillierter.

7 Der Tabulator

Für die Lesbarkeit einer solchen Satzarbeit sollten die Preise rechtsbündig stehen. Innerhalb eines Absatzes ist das über Tabulatoren gut zu organisieren.

Sie finden das Tabulatoren-Bedienfeld im Menü SCHRIFT • TABULATOREN. Wählen Sie die gewünschte Zeile ❶ aus. Stellen Sie den Tabulator auf rechts ❷, und klicken Sie im Tabulator-Bedienfeld an die Position ❸, an der die Marke gesetzt werden soll.

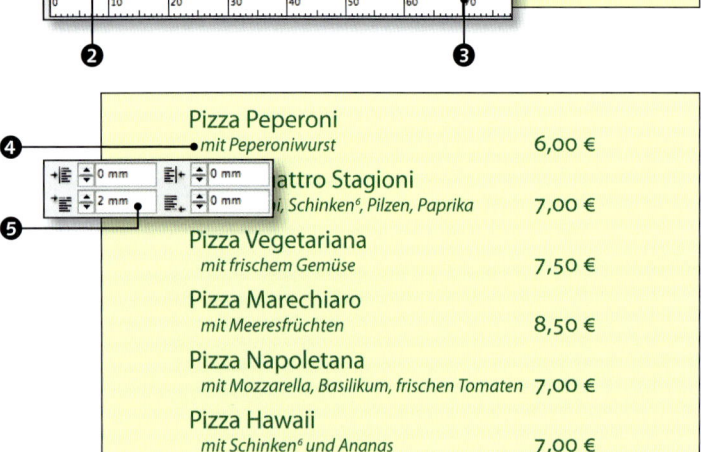

8 Der Einzug

Mithilfe eines Einzugs können Sie einen ausgewählten Absatz oder nur die erste Zeile eines Absatzes weiter in den Textrahmen hineinschieben. Wählen Sie jeweils die zweite Zeile aus ❹, und weisen Sie ihr einen EINZUG LINKS IN ERSTER ZEILE ❺ von »2 mm« zu (Steuerung-Bedienfeld für Zeichen).

9 Die hochstellten Zeichen

Für ein hochgestelltes Zeichen wählen Sie eine Ziffer ❻ aus und klicken anschließend im Steuerung-Bedienfeld für Zeichen oder im Zeichen-Bedienfeld auf HOCHGESTELLT ❼.

InDesign versucht immer die richtigen Zeichen zu finden. Achten Sie darauf, dass Ihre Schriftart auch über solche Zeichen verfügt.

Tipp: Schneller geht das Einstellen des Tabulators, wenn Sie nur den Textrahmen auswählen und über das Tabulator-Bedienfeld das Maß einstellen.

Textformatierung per Pipette

Formatieren Sie Ihren Kalender

Das Erstellen eines Kalenders ist echte Fleißarbeit. Monat, Wochentag und Datum müssen für 12 Monate formatiert werden. InDesign unterstützt Sie aber auch bei einer solchen Aufgabe: Mit der Pipette übertragen Sie Formatierungen einfach »mit einem Wisch«.

Bearbeitungsschritte

- Pipette-Optionen festlegen
- Pipette auf Text anwenden

Foto: Andrea Forst

Nachher

Vorher

August 2012

Ausgangsdatei

- Die Tage sollen anders formatiert werden.

[Ordner: 05_Pipette]

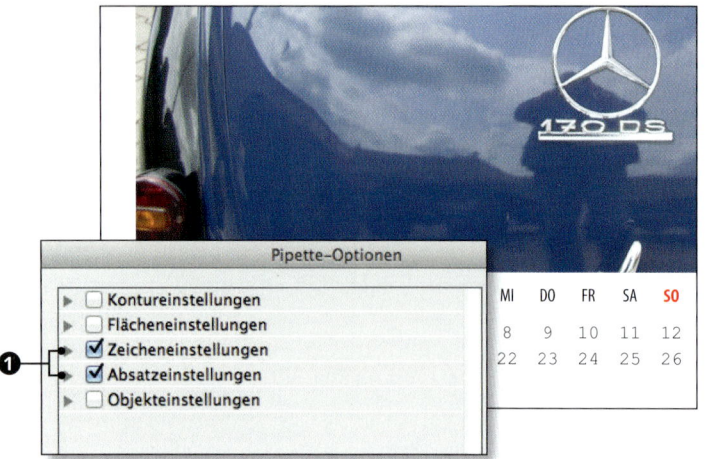

1 Die Pipette-Optionen

Die Formatierung eines Kalenders bedarf einer grundlegenden Planung. Wo sollen Tag und Datum angeordnet sein, wie möchte ich sie formatieren? Haben Sie den Kalender dann grundsätzlich eingerichtet, können Sie mit der schnellen Formatierung beginnen.

Öffnen Sie die Datei »Kalender.indd«. Wenn Schriften fehlen, lesen Sie auf Seite 381, wie sie zu ersetzen sind. Doppelklicken Sie auf die Pipette ✒, und stellen Sie in den Optionen ein, dass die Zeichen- und Absatzeinstellungen ❶ übernommen werden sollen.

2 Informationen aufnehmen

Ziehen Sie die Pipette mit gedrückter Maustaste über ein formatiertes Zeichen, z. B. über die Ziffer 1 ✒.

Die Pipette hat sich jetzt gefüllt ✎, und die aufgenommenen Informationen stehen zur Anwendung zur Verfügung. Dabei müssen Sie weder den Textrahmen noch den Text ausgewählt haben.

3 Die Pipette anwenden

Ziehen Sie die Pipette nun ✎ über die Ziffern von 6 bis 31, die formatiert werden sollen. Lassen Sie dann die Maustaste los. Wie von Zauberhand werden die Zeichen formatiert.

Danach formatieren Sie noch die Sonntage, und fertig ist eine Kalenderseite.

Tipp: Haben Sie versehentlich falsche Informationen in die Pipette geladen, so können Sie diese mit einem Klick auf die Zeichenfläche löschen. Halten Sie dabei jedoch die Alt -Taste gedrückt.

Rund um die Farbe

Holen Sie Farbe in Ihr Dokument

Farbfelder, Farbe und Verlauf sind Ihnen bestimmt schon bekannt. Wenn nicht, erfahren Sie nun, wie leicht die Anwendung ist. Außerdem möchte ich Ihnen zeigen, wie Sie mit nur zwei Farben »bunt« werden können und wie Sie Ihre eigene Farbbibliothek erstellen.

Bearbeitungsschritte

- Neues Farbfeld anlegen
- Einen Verlauf einrichten
- Mischdruckfarben erstellen

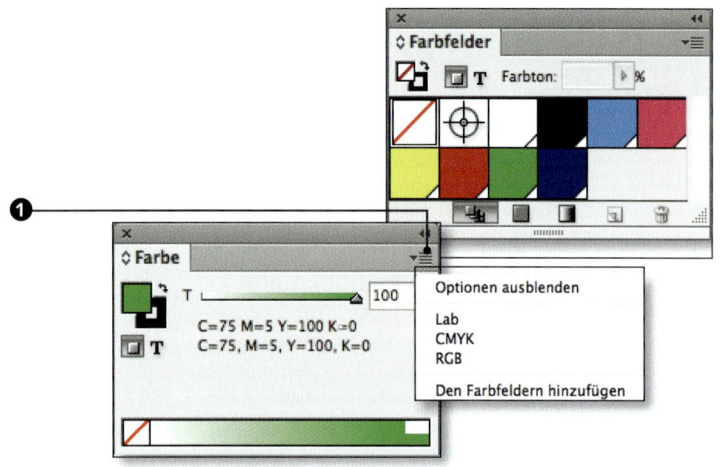

1 Das Farbe-Bedienfeld

Über das Menü FENSTER • FARBE finden Sie die zwei unterschiedlichen Bedienfelder FARBFELDER F5 und FARBE F6.

Im Farbfelder-Bedienfeld werden alle Farben verwaltet. Mit dem Farbe-Bedienfeld können Sie eine Farbe über die Schieberegler selbst mischen. Um diese Farbe anschließend dem Farbfelder-Bedienfeld hinzuzufügen, wählen Sie das Bedienfeldmenü des Farbe-Bedienfelds ❶ und dort die Option DEN FARB-FELDERN HINZUFÜGEN.

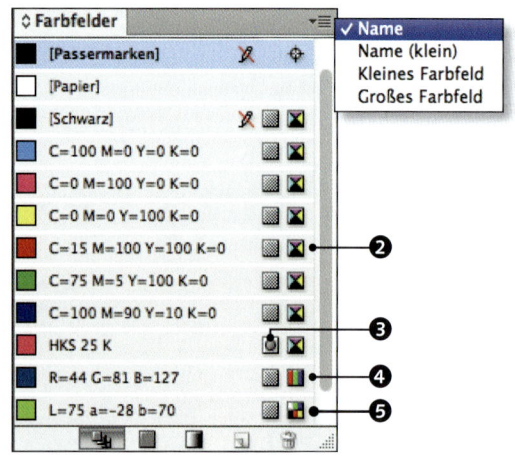

2 Die Symbole der Farben

Sie können sich die Farbfelder in einer Liste anzeigen lassen und dort viele Informationen ablesen. Wählen Sie dazu das Bedienfeldmenü, und suchen Sie die Ansicht NAME aus, denn hier finden Sie die meisten Informationen.

Das Zeichen ❷ steht für CMYK-Farben. Finden Sie davor einen ausgefüllten Punkt ❸, handelt es sich um eine Sonderfarbe. RGB wird durch drei Farben ❹ und LAB ❺ durch sechs Farben gekennzeichnet.

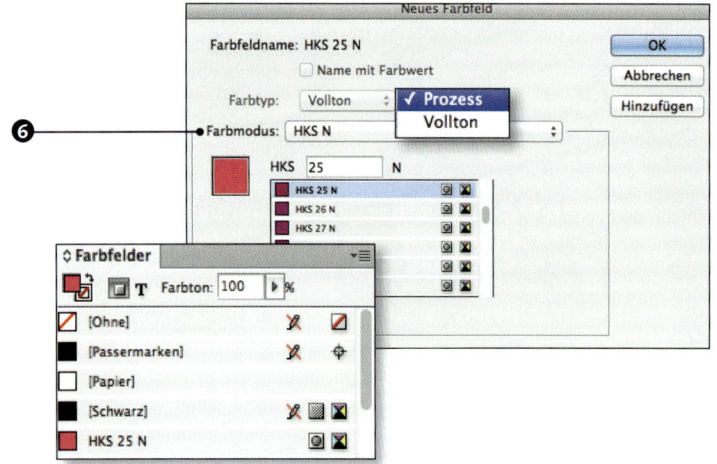

3 Neues Farbfeld

Öffnen Sie das Farbfelder-Bedienfeld, und wählen Sie im Bedienfeldmenü NEUES FARBFELD. Es öffnet sich ein Dialog.

Über das Menü FARBMODUS ❻ können Sie neben den Modi RGB, CMYK und LAB auch die Farbbibliotheken HKS und Pantone einstellen. Wählen Sie die gewünschte Farbe, und bestätigen Sie mit OK. Wenn Sie mehrere Farben erstellen möchten, dann klicken Sie statt OK auf HINZUFÜGEN. Der Dialog steht Ihnen so weiterhin zur Verfügung.

Tipp: Informieren Sie sich in Kapitel 11 über die RGB- und CMYK-Farben.

4 Der Farbwähler

Viele User mischen sich die Farben in Photoshop über den Farbwähler an. Dieses Werkzeug können Sie in InDesign mit einem Doppelklick auf das Kontur/Fläche-Icon im Werkzeug-Bedienfeld öffnen.

Die Farben täuschen: Sie werden im Druck nicht richtig ausgegeben, da die Farbauswahl in RGB ❼ stattfindet.

Ich rate Ihnen daher von dieser Farbauswahl ab. Benutzen Sie lieber das Farbe-Bedienfeld, um eine gewünschte Farbe zu mischen.

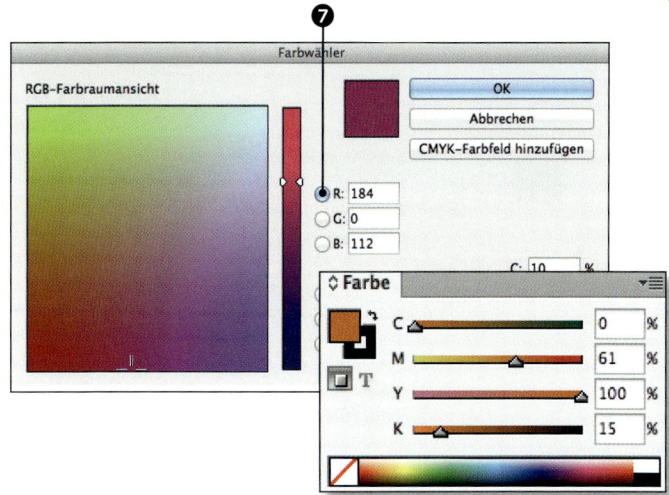

5 Ein neues Verlaufsfeld

Wählen Sie aus dem Bedienfeldmenü des Farbfelder-Bedienfelds NEUES VERLAUFS-FELD.

Im unteren Teil des Dialogs finden Sie den Verlaufsbalken mit zwei »Farbreglern« ❾. Klicken Sie auf einen der Farbregler, können Sie über REGLERFARBE ❽ einen neues Verlaufsfeld erstellen. Wählen Sie z.B. die Farbe »Cyan« für den linken Regler und für den rechten die Farbe »Rot« aus.

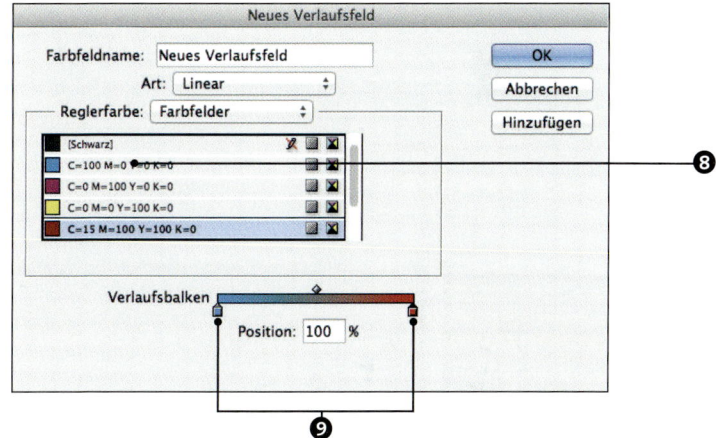

6 Das Verlauf-Bedienfeld

Sie finden das Bedienfeld im Menü FENSTER • FARBE • VERLAUF. Hier stehen Ihnen weitere Optionen zur Verfügung. So können Sie den Winkel des Verlaufs einstellen und den Verlauf umkehren.

Um die Farben zu verändern, ziehen Sie eine Farbe aus den Farbfeldern auf einen der Farbregler. Möchten Sie eine Farbe hinzufügen, ziehen Sie die Farbe unten an den Verlaufsbalken.

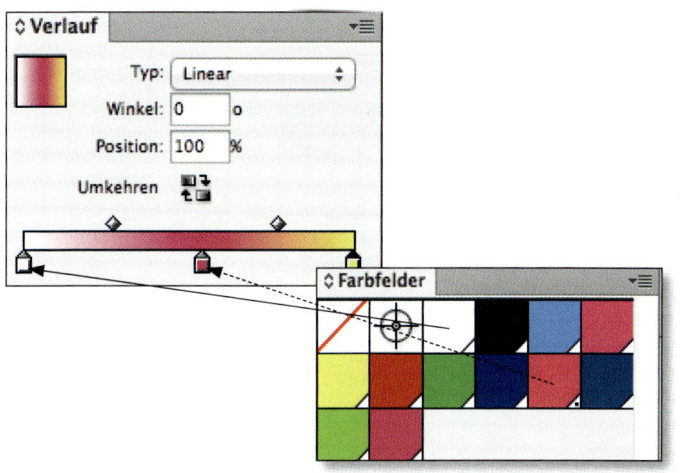

Tipp: Trennen Sie das Verlauf-Bedienfeld aus den Bedienfeldgruppen. So bleibt das Bedienfeld immer sichtbar, und Sie können ohne Probleme Farben in die Farbregler einfügen.

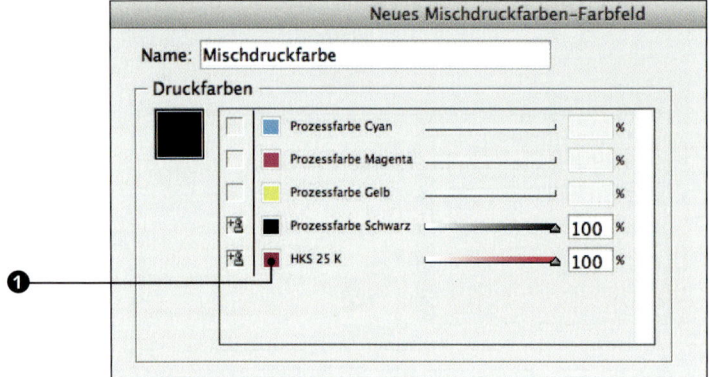

7 Die Mischdruckfarbe

Mit einer Mischdruckfarbe können Sie einen zweifarbigen Prospekt aufwerten, denn dadurch wird eine weitere Farbe erzeugt.

Voraussetzung ist, dass Sie eine Schmuckfarbe (Sonderfarbe) ❶ geladen haben.

Öffnen Sie das Bedienfeldmenü der Farbfelder, und wählen Sie NEUES MISCHDRUCKFARBEN-FARBFELD. Aktivieren Sie in dem Dialog die Schmuckfarbe und eine Farbe Ihrer Wahl, und stellen Sie die Prozentwerte für die zwei Farben ein.

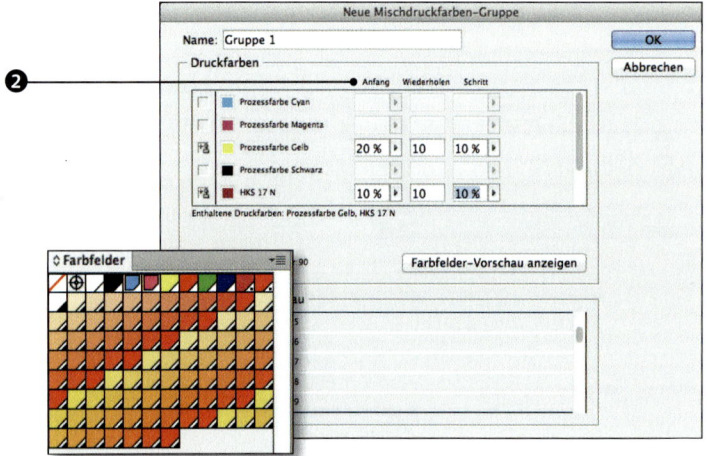

8 Mischdruckfarben-Gruppe

Mit der Mischdruckfarben-Gruppe erstellen Sie nicht, wie oben beschrieben, nur eine zusätzliche Mischdruckfarbe, sondern gleich eine ganze Gruppe. Sie können so aus zwei Farben 90 neue Farbfelder generieren.

Wählen Sie wie oben beschrieben eine Schmuckfarbe und eine weitere Farbe aus.

Unter ANFANG ❷ bestimmen Sie den Farbton, mit dem die Farbe beginnen soll. Durch WIEDERHOLEN bestimmen Sie, wie oft sich die Farbe wiederholen soll, und unter SCHRITT, wie sie sich weiter aufbauen soll.

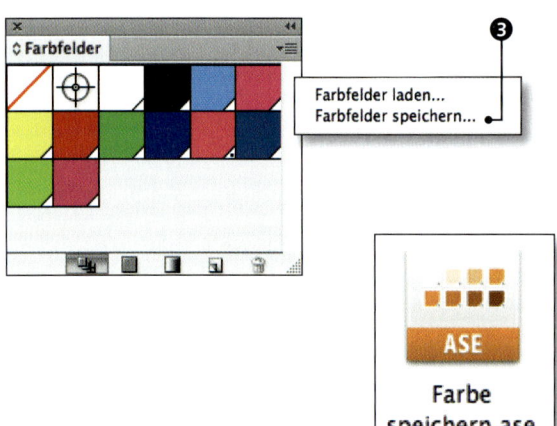

9 Die eigene Farbbibliothek

Sie können Farbfelder (Sonder- und Prozessfarben) für den Austausch speichern und sie in fast allen Adobe-Anwendungen laden.

Wählen Sie dafür die gewünschten Farben im Farbfelder-Bedienfeld aus, und klicken Sie anschließend im Bedienfeldmenü auf die Option FARBFELDER SPEICHERN ❸. Es wird eine .ASE-Datei an dem von Ihnen gewählten Speicherort angelegt.

Um Farben in InDesign laden zu können, klicken Sie im Bedienfeldmenü auf die Option FARBFELDER LADEN.

Hinweis: Sonderfarben sind fertig angemischte Farben und werden im Drucker-Jargon auch als 5. Farbe bezeichnet.

Text und Farbe

Gestalten Sie eine farbige Anzeige

Diese Anzeige sieht zwar ganz nett aus, doch fehlt ihr noch etwas Farbe. Schließlich sollen neue Kunden gewonnen werden. Was Sie über den Einsatz von Farbe in InDesign wissen müssen, habe ich Ihnen im vorangegangenen Workshop gezeigt. Diese Kenntnisse wollen wir jetzt anwenden. Darüber hinaus werden Sie bereits jetzt die Transparenz kennenlernen.

Bearbeitungsschritte

- Schrift farbig gestalten
- Verlauf auf Text einsetzen
- Transparenz-Effekt anwenden

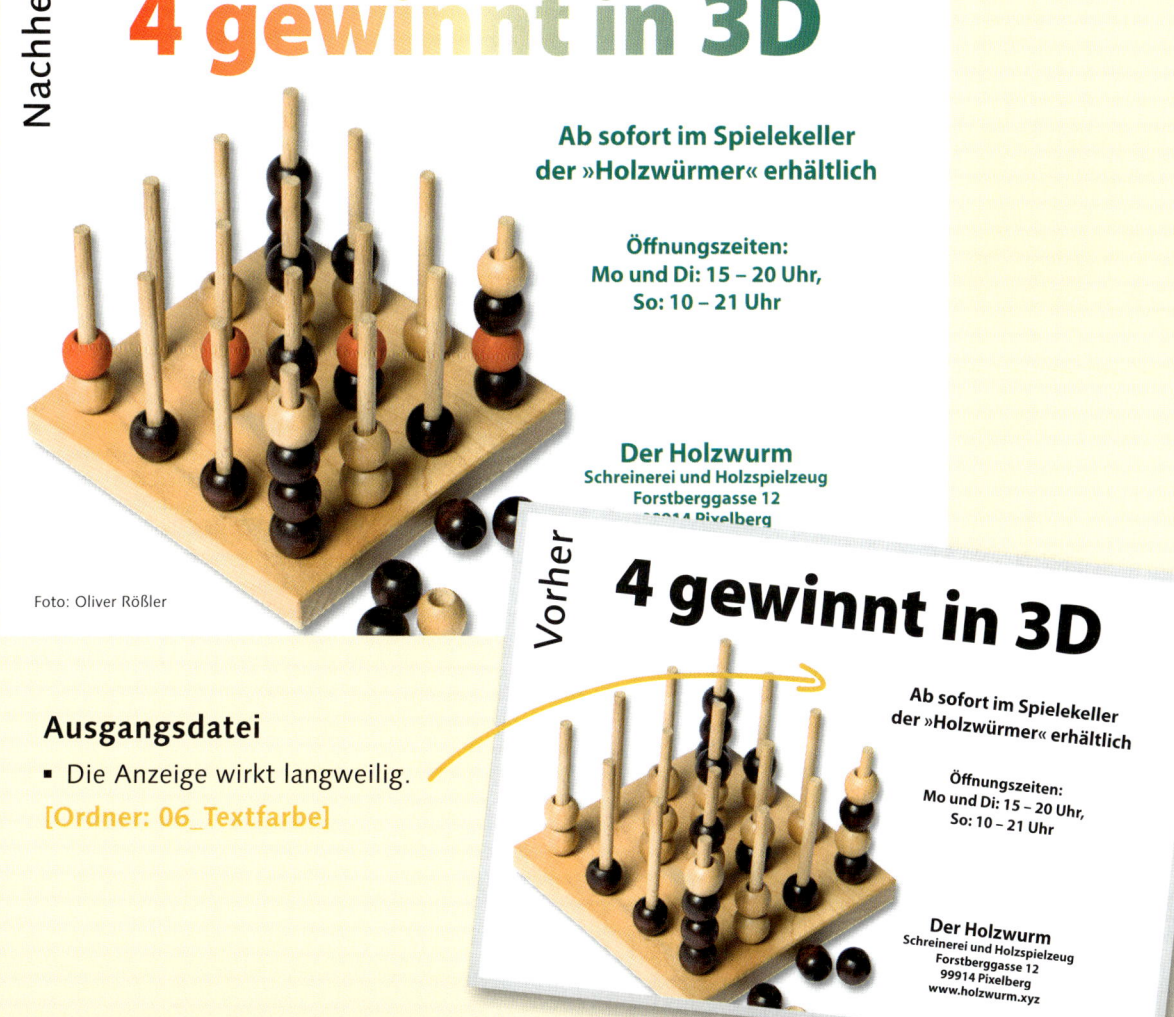

Foto: Oliver Rößler

Ausgangsdatei

- Die Anzeige wirkt langweilig.

[Ordner: 06_Textfarbe]

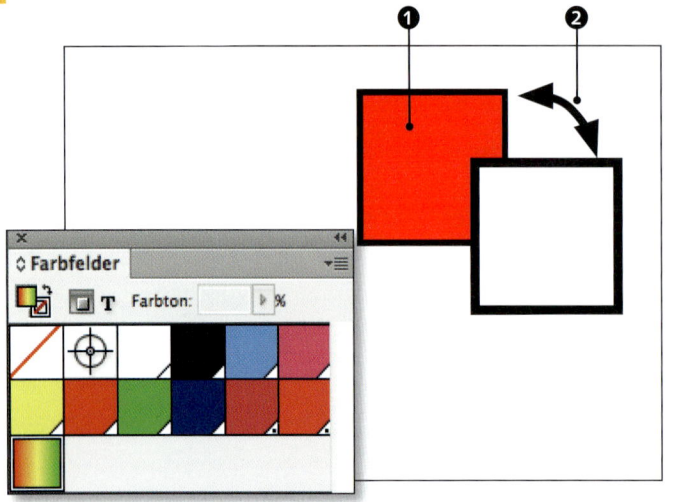

1 Die Werkzeuge für die Farbe

Sie finden in den Werkzeug-, Farbfelder- und Farbe-Bedienfeldern die Symbole für Fläche und Kontur. Bearbeiten können Sie immer nur den Bereich, der sich im Vordergrund befindet. Möchten Sie die Fläche ❶ bearbeiten, klicken Sie auf das Fläche-Symbol. Es wird dann in den Vordergrund geschoben und steht Ihnen zur Verfügung.

Um die Farben von Fläche und Kontur austauschen, klicken Sie auf den Pfeil ❷.

2 Den Text einfärben

Öffnen Sie die Beispieldatei »AZ_4gewinnt.indd«. Verlauf und Farben sind hier bereits erstellt. Wählen Sie den Text rechts aus. Dafür haben Sie zwei Möglichkeiten: Sie können den Text über das Textwerkzeug T. markieren, lassen dann den Textcursor blinken und wählen über ⌘/Strg+A alles aus. Alternativ wählen Sie den Textrahmen mit dem Auswahlwerkzeug ▶ an und klicken auf das Text-Symbol im Farbfelder-Bedienfeld. Wählen Sie z.B. Pantone 335 u aus dem Farbfelder-Bedienfeld aus.

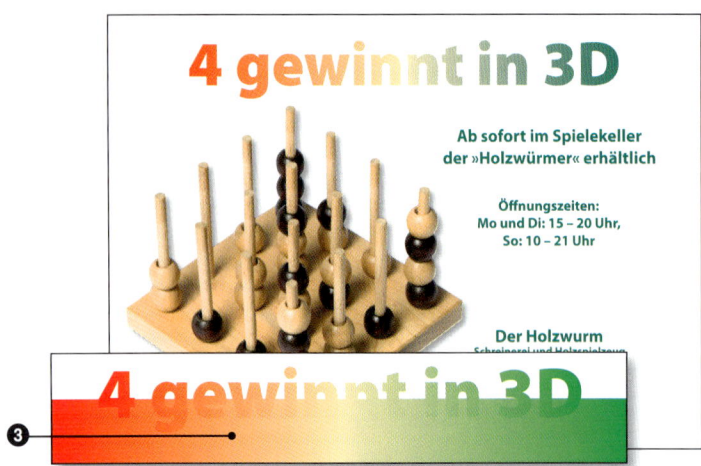

3 Verlauf auf Text

Es ist kein Hexenwerk, einem Text einen Verlauf zu geben, doch sollten Sie Folgendes beachten, damit Sie nicht enttäuscht werden: Wählen Sie die Überschrift mit dem Textwerkzeug aus, und wenden Sie den Verlauf wie ein gewöhnliches Farbfeld an. Sie werden sehen, dass der Verlauf nicht mit meinem Beispiel ❸ übereinstimmt. Das liegt daran, dass der Textrahmen deutlich größer ist als der eigentliche Text. Ziehen Sie den Textrahmen von rechts und links an den Text heran, dann verschiebt sich gleichzeitig auch der Verlauf.

4 Eine Ebene entsperren

Bevor wir uns genauer mit Ebenen beschäftigen, werfen wir hier bereits einen kurzen Blick darauf.

Sie finden das Ebenen-Bedienfeld unter dem Menü FENSTER • EBENEN. In dem Bedienfeld sehen Sie, dass die Ebene »Fläche« ❹ gesperrt ist. Klicken Sie auf das Schloss, wird diese entsperrt.

Klicken Sie anschließend in das Feld für das Schloss der Ebenen »Text« und »Bild« ❺, und sperren Sie diese beiden Ebenen dadurch.

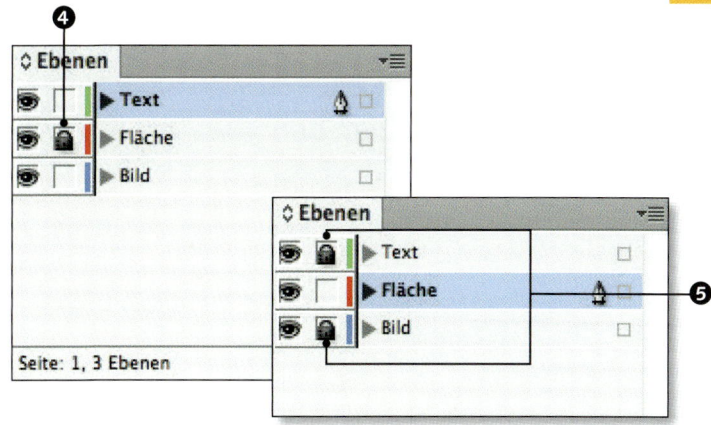

5 Flächen einfärben

Wählen Sie auf der Ebene »Fläche« die bereits erstellten Rahmen aus. Dafür ziehen Sie entweder mit dem Auswahlwerkzeug ▶ über die Seite oder drücken ⌘/Strg+A.

Wenn Sie alles ausgewählt haben, geben Sie den Kugeln über das Farbfelder-Bedienfeld oder über das Steuerung-Bedienfeld die Farbe »Rot«. Klicken Sie dafür auf den Pfeil neben der Flächenfarbe ❻, es öffnet sich das aktuelle Farbfelder-Bedienfeld.

6 Die Deckkraft reduzieren

Die roten Flecken stören leider mehr, als dass sie schön sind.

Wählen Sie die Flächen nochmals aus, und klicken Sie im Steuerung-Bedienfeld auf das Symbol für die Effekte ❽. Im Menüfenster wählen Sie die TRANSPARENZ aus. Unter EINFACHES FÜLLEN stellen Sie bei MODUS • MULTIPLIZIEREN und unter DECKKRAFT ❼ den Wert »60 %« ein.

Jetzt sieht die rote Fläche fast nach einer roten Kugel aus.

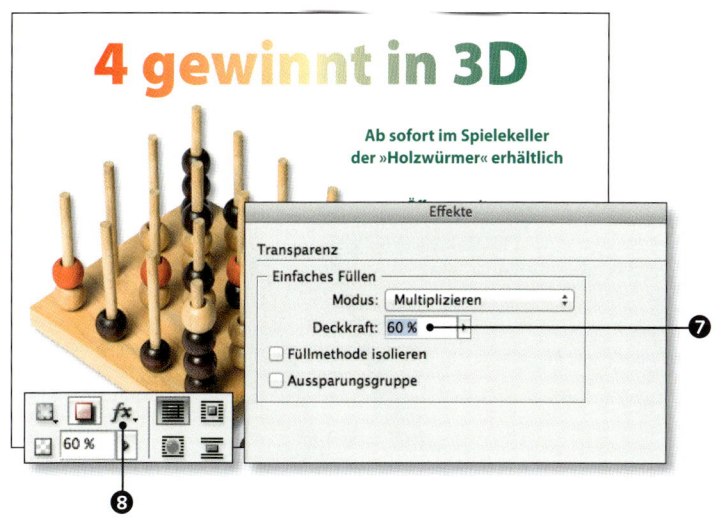

Bringen Sie Farbe aufs Papier

Alles über den Ausdruck Ihrer Layouts

Ich stelle mir oft die Frage, warum der Ausdruck auf dem heimischen Tinten-
strahl- oder Laserdrucker in den meisten Büchern erst am Ende beschrieben wird.
Man will doch seinen Briefbogen sofort ausdrucken! Geht es Ihnen auch so?
Dann folgen Sie mir.

Bearbeitungsschritte

- Dokumente auf einem Laser-
  oder Tintenstrahldrucker ausgeben

Foto: Vera Rücker

1 Den Dialog öffnen

Über DATEI • DRUCKEN oder ⌘/
Strg +P öffnen Sie den Drucken-Dialog.

Im Fenster ALLGEMEIN stellen Sie zunächst
Ihren Drucker ein ❶. Sie können auch die gewünschte Anzahl der Ausdrucke (EXEMPLARE)
vorgeben und einstellen, welche der Seiten ❷
gedruckt werden sollen. Geben Sie dafür Ihre
gwünschten Seiten in das Fenster ein.

Möchten Sie ein doppelseitiges Dokument,
aktivieren Sie DRUCKBÖGEN ❸.

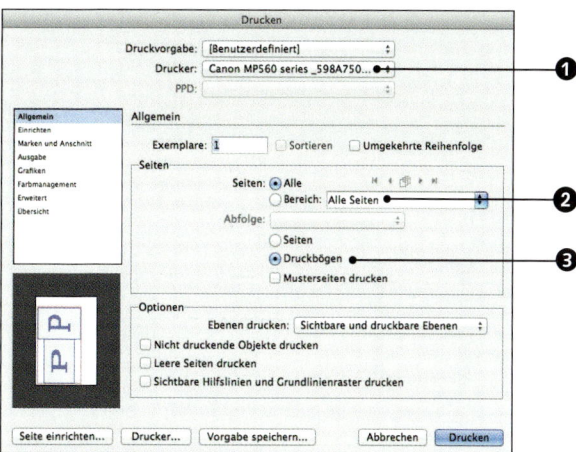

2 Die Konfiguration

Legen Sie im Fenster EINRICHTEN das PA-
PIERFORMAT und die AUSRICHTUNG ❹ fest.

In der Rubrik OPTIONEN können Sie einstellen, ob das Papierformat proportional auf die
Seitengröße skaliert werden soll ❺ und wo
sich der Ausdruck auf der Seite befinden soll.

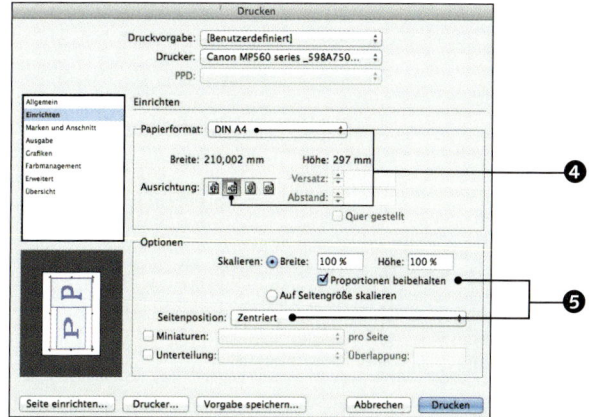

3 Marken und Anschnitt

Wenn Ihr Dokument kleiner als die Seite
ist, müssen Sie es ausschneiden. Da helfen
Schnittmarken weiter.

Aktivieren Sie im Fenster MARKEN UND AN-
SCHNITT die Option SCHNITTMARKEN ❻ und,
wie Sie bereits gelernt haben, auch die Beschnittzugabe ❼. So vermeiden Sie einen stö-
renden Rand an der Seitenkante und dürfen
sich auch ein klein wenig verschneiden.

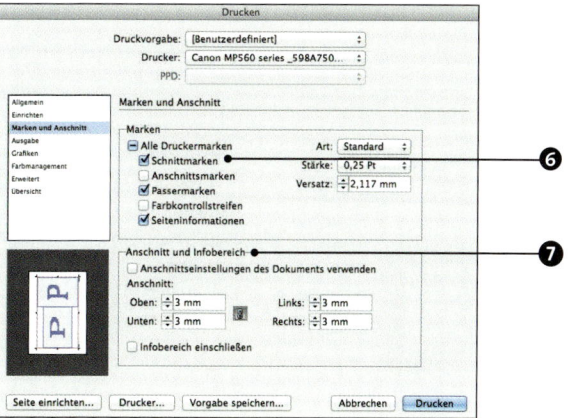

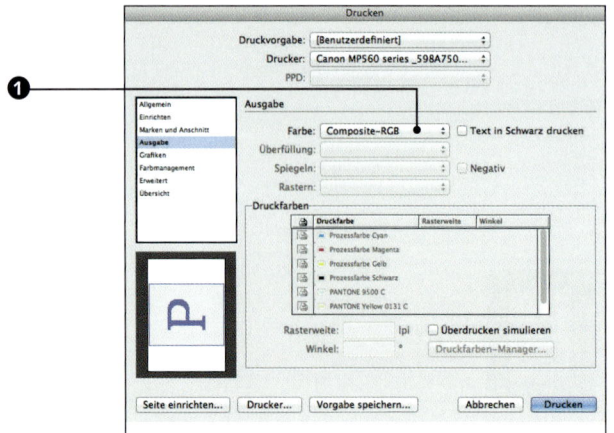

4 Ausgabe

Das Fenster Ausgabe ist nicht von Relevanz. Lassen Sie es einfach so, wie es ist. Ihr Schreibtischdrucker übernimmt alle Aufgaben.

Als Einziges ist hier für Sie Folgendes interessant: Falls Ihr Ducker über die entsprechende Funktion verfügt, so können Sie über Farbe ❶ einstellen, ob in Bunt oder in Graustufen ausgedruckt werden soll.

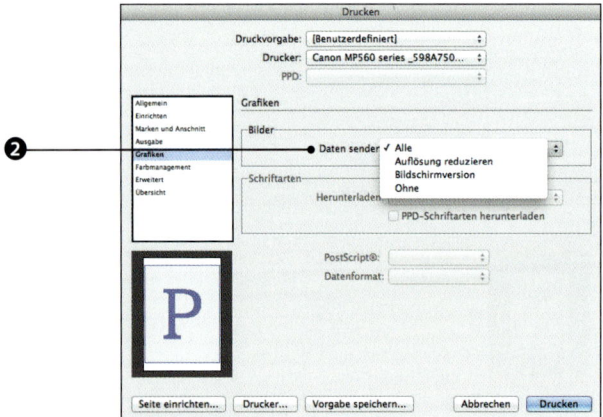

5 Grafiken

Kennen Sie das auch? Sie drucken zweimal das gleiche Dokument, und es sieht anders aus, ohne dass Sie etwas verändert haben. Das liegt daran, wie viele Daten Ihr Drucker gerade verarbeiten kann.

Wenn Sie beispielsweise den Datenversand der Bilder auf Alle ❷ stellen, zwingen Sie Ihren Drucker, die Daten anzunehmen, ob er will oder nicht. Bedenken Sie jedoch, dass der Druckvorgang bei hochaufgelösten Bildern sehr lange dauern kann. Es wird wirklich jedes Pixel an den Drucker geschickt.

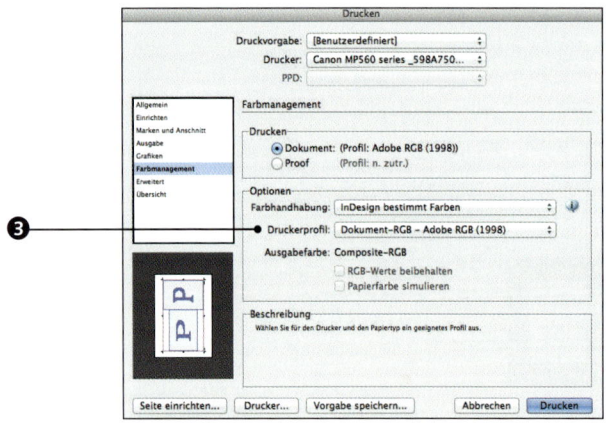

6 Farbmanagement

Dieses Fenster verändert sich abhängig von dem von Ihnen eingestellten Farbmanagement.

Wenn Ihr Drucker über Profile verfügt oder Sie selbst ein Profil hinterlegt haben, dann können Sie hier ein eigenes Druckerprofil ❸ anwählen.

Probieren Sie hier einige Einstellungen aus. Vielleicht besitzt Ihr Drucker ein Ausgabeprofil, das Ihren Ansprüchen gerecht wird.

7 Erweiterte Optionen

Auch dieses Fenster erkläre ich in Kapitel 11. Es ist für Tintenstrahl- oder Laserdrucker nicht von Bedeutung.

Seien Sie jedoch beruhigt, ich komme auf das Thema »Farbmanagement« noch zu sprechen.

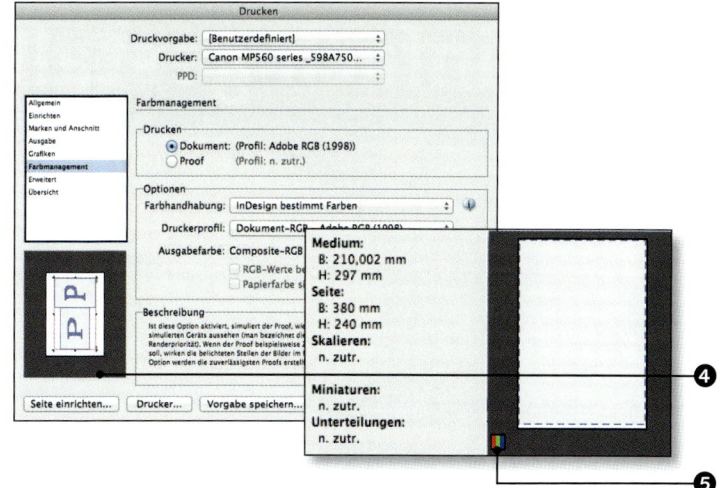

8 Übersicht

Hier können Sie die gerade vorgenommenen Einstellungen ablesen. Es ist außerdem möglich, diese Übersicht abzuspeichern.

InDesign archiviert allerdings diese Informationen auch automatisch im Dokument, um sie beim erneuten Drucken des Dokuments wiederzuverwenden.

Die Übersicht selbst ist ein Textdokument und kann nur nachgelesen werden. Nach einem Klick auf ÜBERSICHT SPEICHERN werden Sie auch nach dem gewünschten Speicherort für die Übersichtsdatei gefragt.

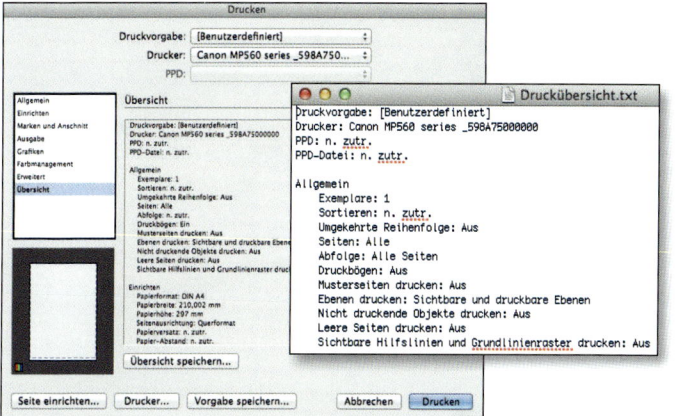

9 Als Vorgabe speichern

Haben Sie umfangreiche Einstellungen vorgenommen, so sollten Sie diese als Druckvorgabe ❻ speichern. Sie können die Einstellungen so immer wieder aufrufen und einsetzen.

Über das Menü DATEI • DRUCKVORGABEN • DEFINIEREN können Sie Ihre Vorgaben ändern und erneut speichern.

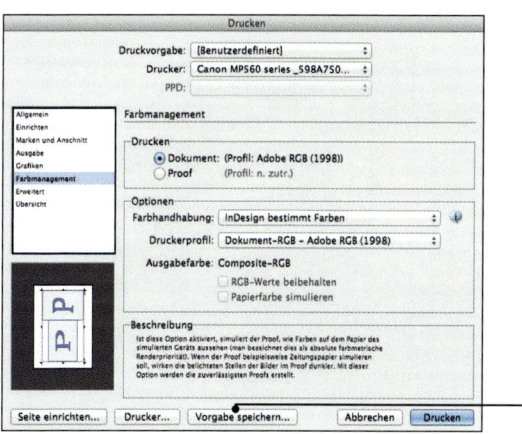

Tipp: Klicken Sie einmal auf die Miniatur ❹ im Drucken-Dialog. Sie springt um und zeigt Ihnen alternativ eine Text-Ansicht oder eine Ansicht für benutzerdefinierte Seiten. Es wird Ihnen ein kleines Icon ❺ angezeigt, das Auskunft über den Ausgabemodus gibt.

Einfach gestalten

Gestalten Sie mit einfachen Hilfsmitteln anspruchsvolle Karten, Flyer und Anzeigen. Diese können dann geschäftlich oder privat eingesetzt werden. In diesem Kapitel zeige ich Ihnen, wie Sie mit der Seitenverwaltung arbeiten, was Sie beim Erstellen einer Postkarte berücksichtigen müssen und wie Sie sich Hilfsmittel zunutze machen, um einfacher eine gute Gestaltung zu erreichen. Lassen Sie sich inspirieren, und werden Sie selbst kreativ!

Von Seiten und Doppelseiten

Ab jetzt kommen Sie mit dem Seiten-Bedienfeld zurecht

In diesem Workshop erkläre ich Ihnen das Seiten-Bedienfeld und seine vielen Miniaturen und Symbole. Wir werden Seiten aus anderen InDesign-Dokumenten in das aktuelle Dokument holen und in einem Dokument unterschiedliche Seitenformate einrichten. Am Ende werden wir noch die Einzelseiten in Doppelseiten umwandeln.

Bearbeitungsschritte

- Seiten einfügen
- Seiten verschieben
- Unterschiedliche Seitenformate
- Doppelseite erstellen

[Ordner: 01_Seiten]

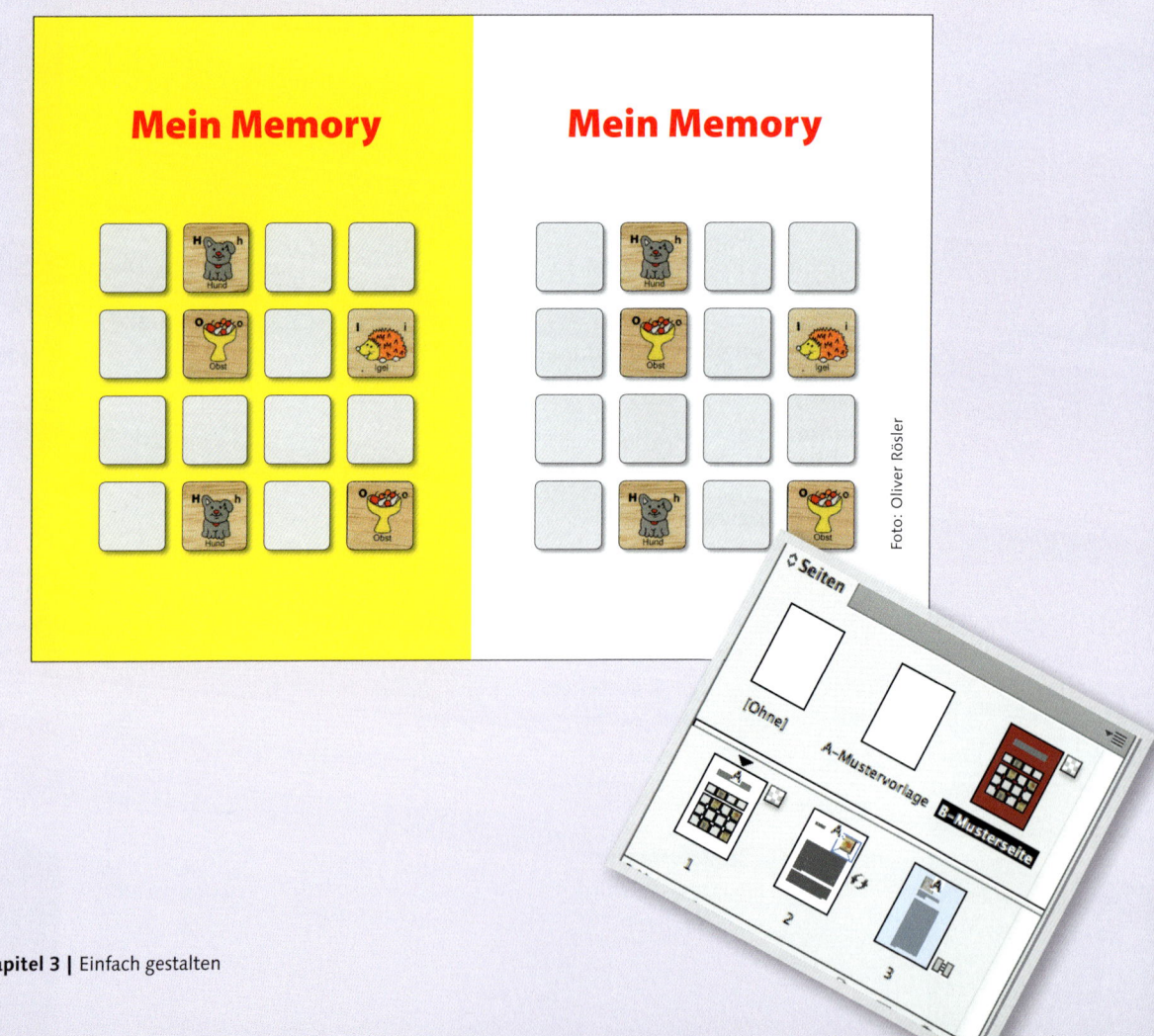

Foto: Oliver Rösler

1 Das Seiten-Bedienfeld

Im Seiten-Bedienfeld sehen Sie alle Seiten Ihres Dokuments und außerdem den Inhalt der Seiten als Miniatur.

Darüber hinaus können Sie aus dem Bedienfeld weitere Informationen herauslesen: Oben auf der Miniatur finden Sie z.B. das Präfix der Musterseite ❶, und neben der Miniatur finden Sie die Infos, ob sich Transparenzen ❷ auf der Seite befinden, ob die Seite gedreht ❸ wurde oder ob für die Seite ein Seitenübergang ❹ (nur interaktiv) eingerichtet wurde.

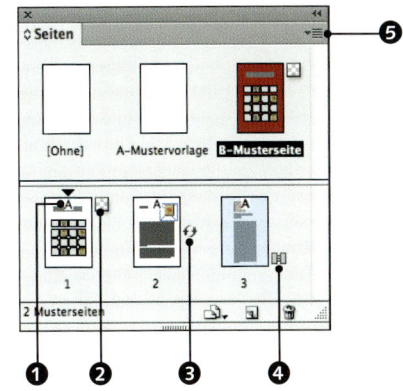

2 Seiten-Bedienfeld einrichten

Hier ❺ können Sie sich das Seiten-Bedienfeld nach Ihren eigenen Ansprüchen einrichten.

Unter SEITEN ANZEIGEN können Sie sich die Seiten HORIZONTAL ❻ anzeigen lassen. Ich finde das eine gute Funktion, denn das Seiten-Bedienfeld kann schnell eine unüberschaubare Größe erhalten.

Über BEDIENFELDOPTIONEN können Sie die GRÖSSE ❼ der Miniaturen im Seiten-Bedienfeld anpassen und einstellen, ob diese überhaupt angezeigt werden.

3 Seiten einfügen

Ziehen Sie aus den Mustervorlagen ❽ eine oder mehrere Seiten nach unten in das Seiten-Bedienfeld. Alternativ wählen Sie über das Bedienfeldmenü SEITEN EINFÜGEN ❾. Hier können Sie die gewünschte Seitenzahl bestimmen und festlegen, ob die Seiten vor oder nach der aktuellen Seite eingefügt werden sollen.

Alternativ fügen Sie über den Button NEUE SEITE ERSTELLEN ❿ unten im Seiten-Bedienfeld bei jedem Klick eine Seite hinzu.

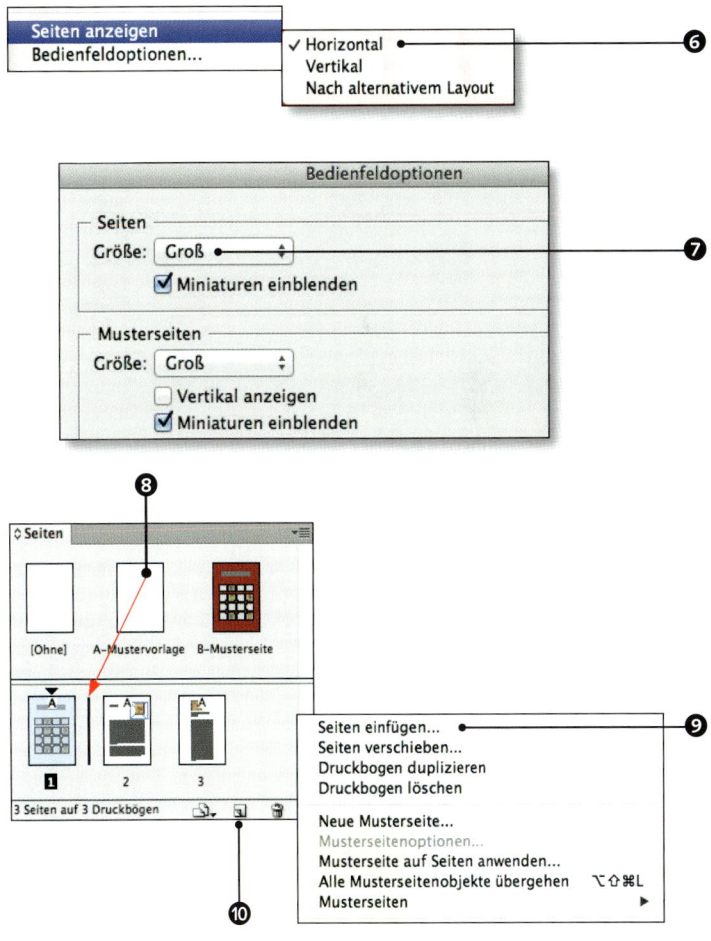

Tipp: Mehr zu Mustervorlagen finden Sie in Kapitel 10.

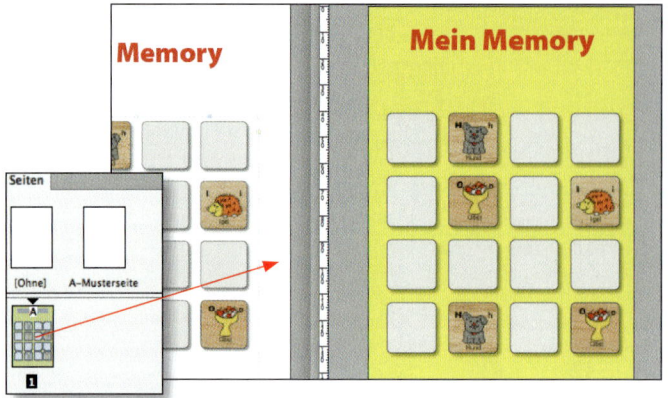

4 Aus anderen Dokumenten

Sie können Seiten aus anderen InDesign-Dokumenten in Ihr aktuelles Dokument einfügen. Öffnen Sie dazu beide Dokumente, und ordnen Sie sie über FENSTER • ANORDNEN • NEBEN-/UNTEREINANDER an.

Wählen Sie die gewünschte Seite im Seiten-Bedienfeld per Doppelklick aus, und ziehen Sie sie von dort in Ihr aktuelles Dokument. Alle Inhalte und Verknüpfungen werden dabei übernommen und bleiben bearbeitbar.

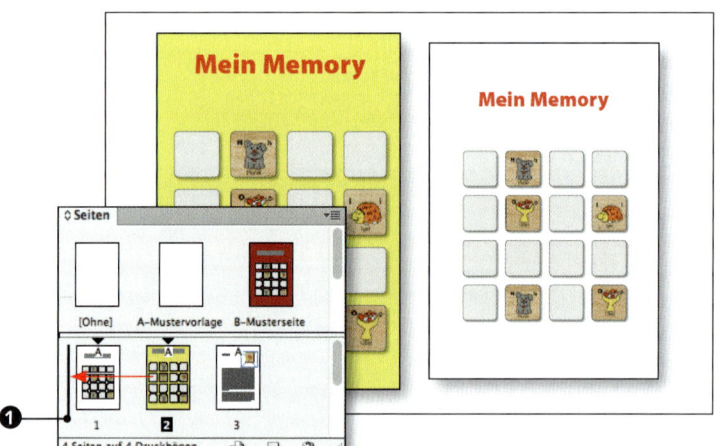

5 Seiten verschieben

Öffnen Sie die Datei »Seiten.indd« aus dem Übungsordner 01_SEITEN.

Wählen Sie dort eine Seite über das Seiten-Bedienfeld aus, und ziehen Sie sie mit gedrückter Maustaste an die gewünschte Position. Lassen Sie die Maustaste los, wenn Sie eine schwarze Linie sehen ➊. Die Seite wird nun an der entsprechenden Position eingefügt.

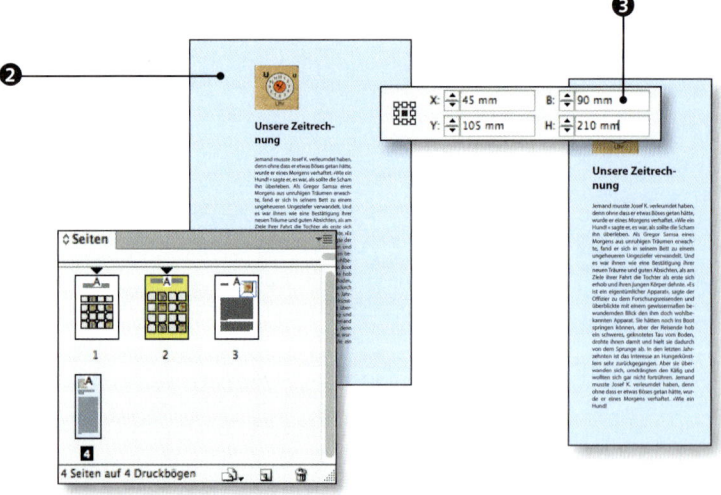

6 Ein anderes Seitenformat einrichten

Wählen Sie die Seite 3 mit einem Doppelklick aus, und aktivieren Sie das Seitenwerkzeug. Klicken Sie mit dem Werkzeug auf die Layoutseite. Diese wird nun markiert ➋. In meiner Abbildung habe ich diese bläulich eingefärbt, um sie besser sichtbar zu machen.

Gehen Sie nun in das Steuerung-Bedienfeld, und geben Sie unter Breite ➌ den Wert »90 mm« ein. Wählen Sie anschließend z. B. das Auswahlwerkzeug aus, um das Seitenwerkzeug zu deaktivieren.

Tipp: In Kapitel 4 beschreibe ich eine ähnliche Funktion, mit der Sie Inhalte aus anderen Dokumenten einfügen können.

7 Einen Druckbogen erstellen

Haben Sie ein Dokument mit Einzelseiten eingerichtet und möchten nun Seiten nebeneinander stellen, haben Sie zwei Möglichkeiten.

Wählen Sie dazu die Seite 1 im Bedienfeld aus, und deaktivieren Sie im Bedienfeldmenü den Befehl NEUE DOKUMENTSEITENANORDNUNG ZULASSEN ❺. Ziehen Sie mit gedrückter Maustaste die Seite 2 an die Seite 1, bis eine dicke eckige Klammer ❹ erscheint.

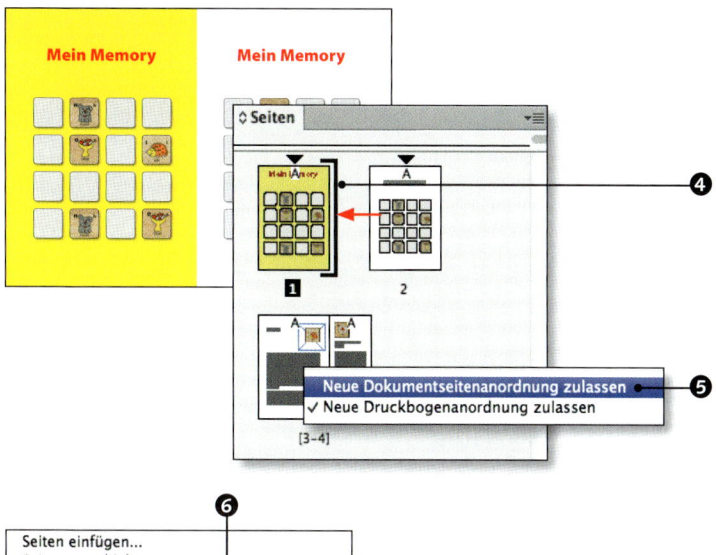

8 Über die Mustervorlage

Ist Ihnen diese Variante zu umständlich, können Sie einen Druckbogen auch über eine neue Mustervorlage erstellen.

Wählen Sie dazu im Bedienfeldmenü NEUE MUSTERSEITE ❻ aus, und geben Sie dann die gewünschte SEITENZAHL ❼ ein. Ziehen Sie anschließend die ausgewählte Doppelseite in das Seiten-Bedienfeld.

Sie müssen dann jedoch den Inhalt Ihrer Dokumentseiten in den neuen Druckbogen kopieren. Wägen Sie ab, welche Variante für Sie angenehmer ist.

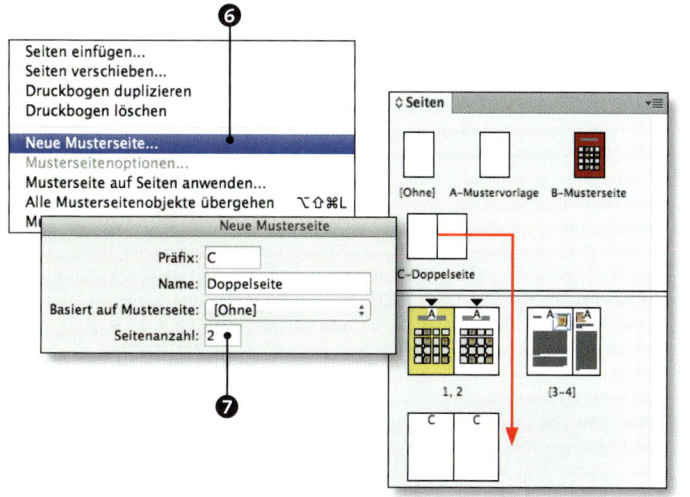

9 Die Doppelseite

Möchten Sie ein Dokument mit mehr als zehn Seiten erstellen, dann sollten Sie das Dokument bereits über den Dialog NEUES DOKUMENT mit Doppelseiten ❽ einrichten.

Diese Dokumente beginnen jedoch immer mit einer rechten Seite. Seite 1 ist quasi das Deckblatt. Natürlich können Sie Ihre Layoutarbeit auf der Seite beginnen, die Sie für richtig halten, ich rate Ihnen jedoch zur Seite 2.

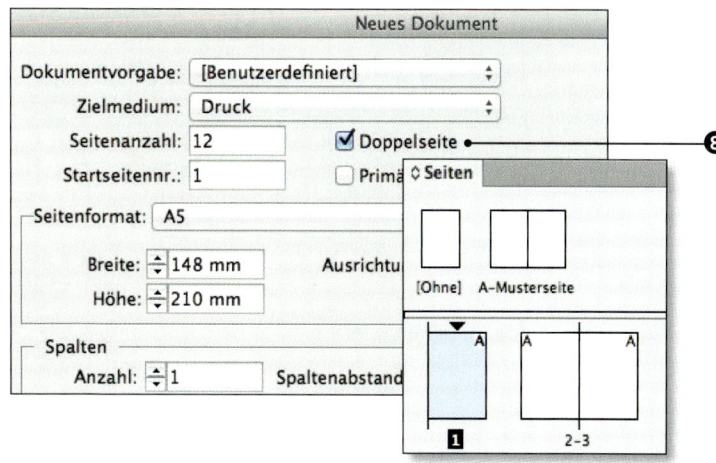

Kommunikation per Postkarte

Schreiben Sie mal wieder!

Nutzen Sie dieses günstige Kommunikationsmittel anstelle einer E-Mail – es ist persönlicher und wird Aufmerksamkeit erregen. Ich zeige Ihnen in diesem Workshop, welches Format Sie für eine Postkarte anlegen müssen und auf was Sie achten sollten.

Bearbeitungsschritte

- Rahmen drehen
- Farbton einstellen

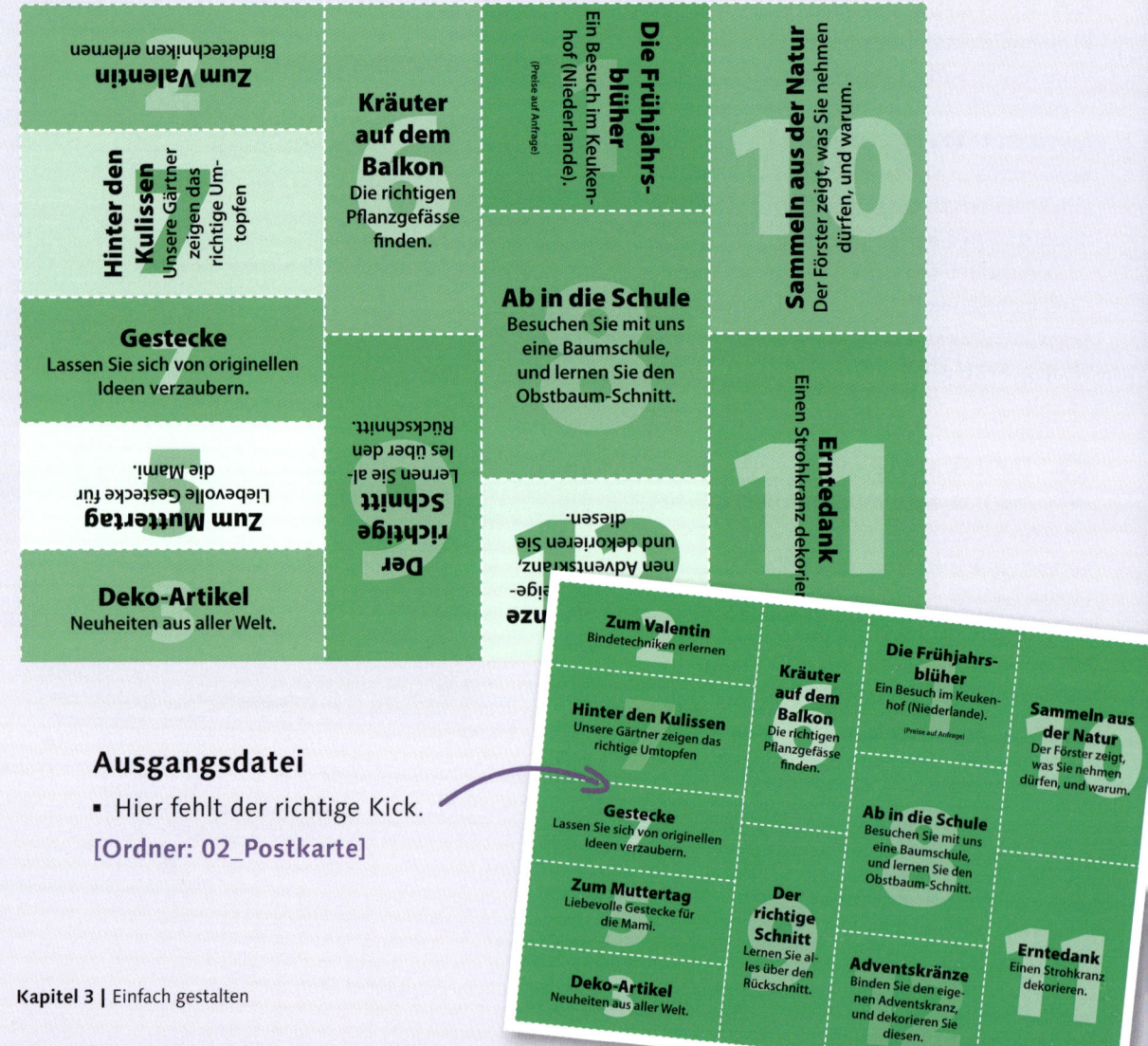

Ausgangsdatei

- Hier fehlt der richtige Kick.

[Ordner: 02_Postkarte]

1 Das Format einer Postkarte

Eine Postkarte hat ein festgelegtes Format. Stellen Sie dafür im Dialog NEUES DOKUMENT ein SEITENFORMAT ❶ von »148 x 105 mm« ein.

Bedenken Sie: Spezielle Formate, z.B. quadratische oder Übergrößen können unter Umständen höhere Kosten beim Versand verursachen.

Da eine Postkarte fast immer eine Rückseite hat, legen Sie eine SEITENANZAHL ❷ von »2« fest.

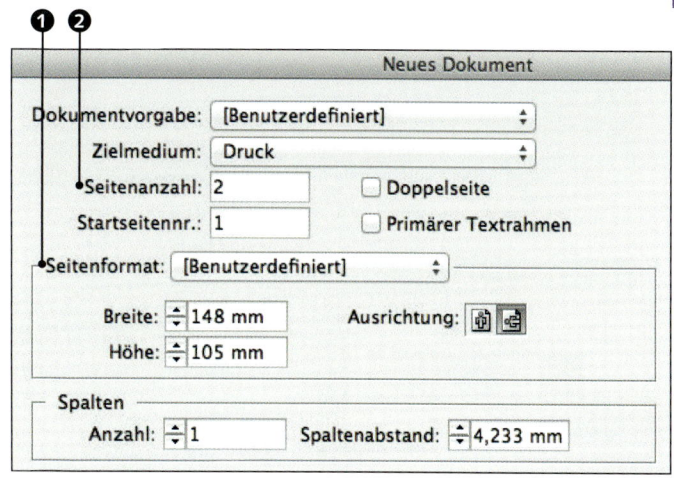

2 Die Rückseite einer Postkarte

Für den Strichcode ❸ der Post, der beim Massenversand gebraucht wird, müssen Sie auf der Rückseite unten einen 15 mm breiten Rand freilassen. Stellen Sie daher unter RÄNDER ❹ bei UNTEN den Wert »15mm« ein. Lösen Sie nun die Verkettung, und geben Sie für die übrigen Ränder je »10mm« ein. Klicken Sie auf OK. Die Post kann bei Nichteinhaltung den Versand verweigern, da die Vorgaben für die Maschinenlesbarkeit nicht eingehalten wurden. Dies gilt natürlich nicht für Ihre Urlaubskarten.

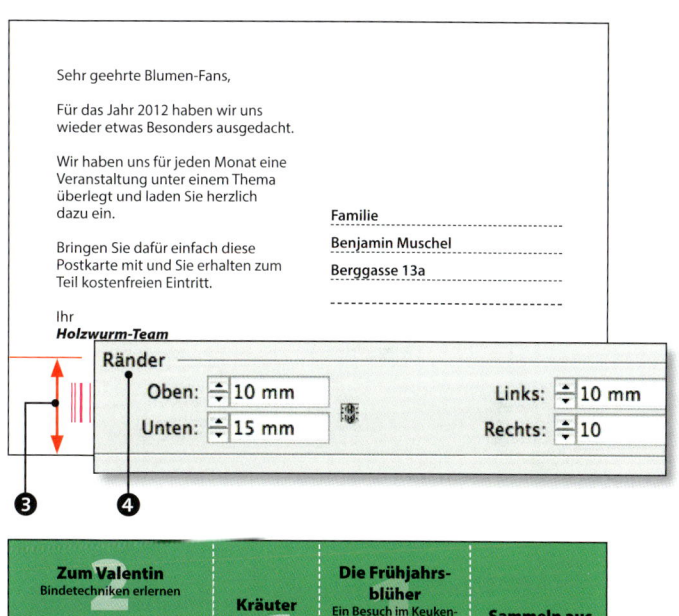

3 Ebene entsperren

Kommen wir nun zu unserer Postkarte. Öffnen Sie die Beispieldatei »Postkarte.indd« über DATEI • ÖFFNEN oder über das Kürzel ⌘/Strg+O. Um mit der Arbeit beginnen zu können, müssen Sie das Ebenen-Bedienfeld über FENSTER • EBENEN oder die F7-Taste bereitstellen.

Wählen Sie im Bedienfeld die Ebene »Flächen+Ziffern«, und entsperren Sie diese, indem Sie auf das Schloss ❺ klicken.

Tipp: Seitenformate werden grundsätzlich in Breite x Höhe angegeben. In unserem Fall haben wir somit ein Querformat erstellt.

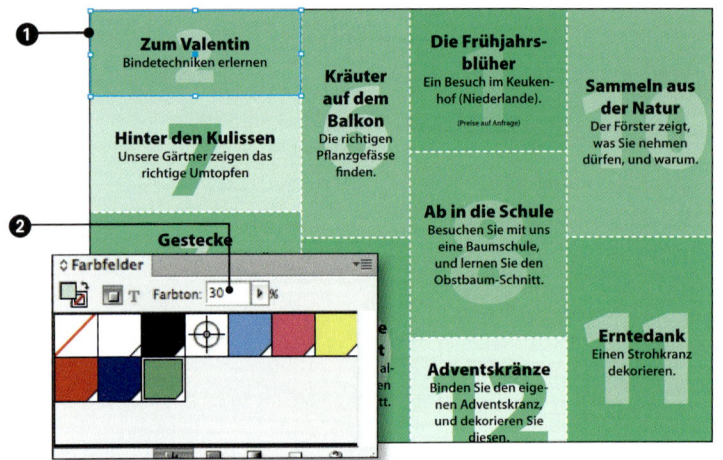
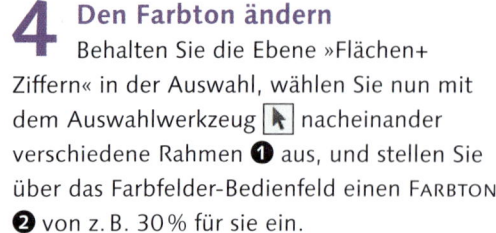

4 Den Farbton ändern

Behalten Sie die Ebene »Flächen+ Ziffern« in der Auswahl, wählen Sie nun mit dem Auswahlwerkzeug ▶ nacheinander verschiedene Rahmen ❶ aus, und stellen Sie über das Farbfelder-Bedienfeld einen FARBTON ❷ von z. B. 30 % für sie ein.

Es kann passieren, dass Sie bei der Markierung eines Rechtecks erst die Text-Ebene auswählen. Wenn Sie dann mit gedrückter ⌘- bzw. Strg-Taste erneut auf den Rahmen klicken, wählen Sie automatisch das darunter liegende Objekt aus.

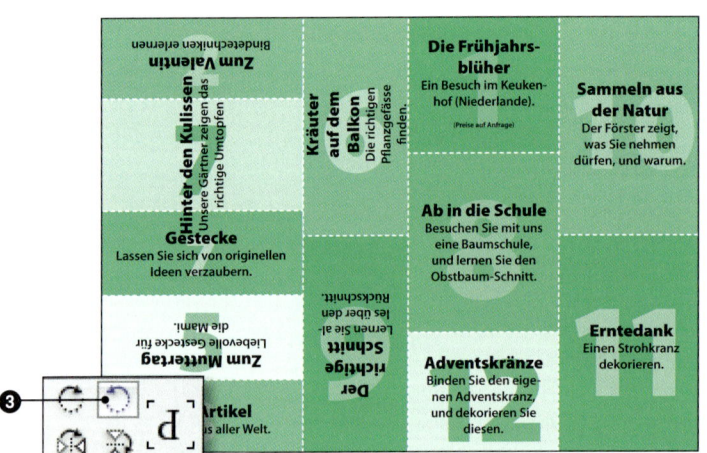

5 Die Textrahmen drehen

Wählen Sie mit dem Auswahlwerkzeug ▶ nacheinander die Textrahmen aus.

Im Steuerung-Bedienfeld finden Sie zwei Drehen-Icons ❸. Mit jedem Klick auf eines der Icons drehen Sie das ausgewählte Objekt im 90°-Winkel entweder im Uhrzeigersinn oder gegen den Uhrzeigersinn. Klicken Sie z. B. zweimal, dann stellen Sie das Objekt auf den Kopf.

Ignorieren Sie in diesem Schritt, dass die Textrahmen zum Teil über die Flächen hinausragen. Das korrigieren wir später.

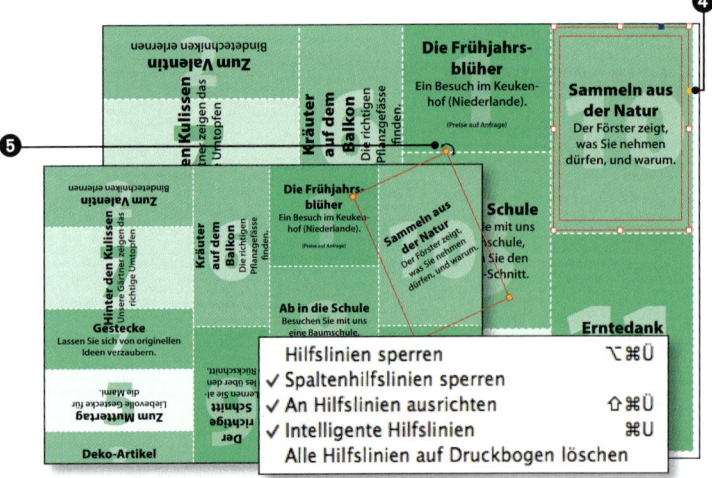

6 Das gelbe Quadrat

Alternativ können Sie mit dem Auswahlwerkzeug ▶ in das gelbe Quadrat ❹ klicken. Es erscheinen nun an allen vier Ecken gelbe Quadrate ❺. Zeigen Sie nun mit dem Auswahlwerkzeug ▶ auf eines dieser Quadrate, dann erscheint das Drehen-Symbol ↷ am Cursor.

Wenn Sie im Menü ANSICHT • RASTER UND HILFSLINIEN • INTELLIGENTE HILFSLINIEN aktivieren, wird Ihnen interaktiv am Cursor der Drehwinkel angezeigt.

7 Die Textrahmen anpassen

Wählen Sie mit dem Auswahlwerkzeug nach und nach die gedrehten Textrahmen aus, und ziehen Sie an jedem Rahmen, bis dieser wieder auf den Hintergrund passt. Achten Sie darauf, dass Sie immer den mittleren Anfasser ❻ benutzen.

Schnell drückt man noch zusätzliche Tasten. Nehmen Sie einfach die linke Hand von der Tastatur, denn zusätzliche Tasten können zu unerwünschten Ergebnissen führen.

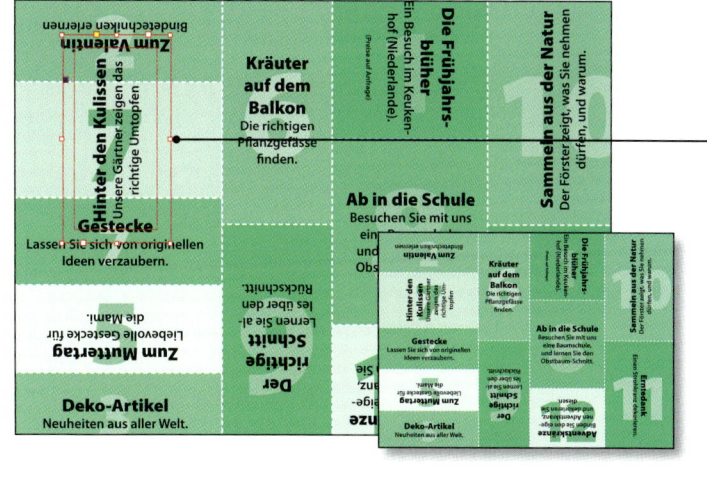

8 Die Seitenansicht drehen

Nachdem Sie die Textrahmen angepasst haben, stellen Sie fest, dass so mancher Textrahmen einen Textüberhang hat ❼. Nun können Sie Ihren Kopf um 90° oder 180° drehen, doch das geht irgendwann auf die Gesundheit.

Sie können die Seite oder den Druckbogen in der Ansicht drehen. Wählen Sie dafür aus dem Bedienfeldmenü des Seiten-Bedienfelds SEITENATTRIBUTE • DRUCKBOGENANSICHT DREHEN, und drehen Sie die Seite Ihren Wünschen gemäß.

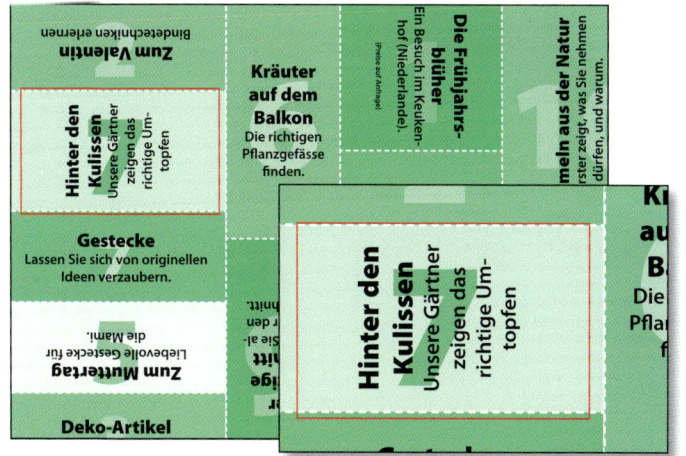

9 Der Powerzoom

Haben Sie stark in Ihr Dokument eingezoomt, ist es mühsam, erst von Hand auszuzoomen, um dann an einer anderen Stelle des Dokuments wieder einzuzoomen. Schneller geht es per Powerzoom: Halten Sie dafür die Leertaste und gleichzeitig die Maustaste gedrückt. Es erscheint ein roter Rahmen, den Sie verschieben können. Zusätzlich kann der Zoomfaktor mit den Pfeiltasten ↑ bzw. ↓ verändert werden. Lassen Sie die Tasten los, kehren Sie in die vorherige Ansicht zurück.

Tipp: Wenn Sie das Textwerkzeug aktiviert haben und ein Kürzel anwenden möchten, das auch ein Zeichen ist, drücken Sie die Alt-Taste.

Filtern mit dem Pathfinder

Erstellen Sie tolle Effekte mit Text und Formen

Schauen Sie sich in diesem Workshop die Funktionsweise des Pathfinders an, und erstellen Sie mit ihm neue Formen. Danach zeige ich Ihnen, wie Sie mit dem Pathfinder außergewöhnliche Textgestaltungen erstellen können und wie Bilder eingefügt werden. Öffnen Sie dazu die Datei »Pathfinder.indd« aus dem Übungsordner 03_PATHFINDER.

Vorher

Ausgangsdatei

- Formen kreativ mit Text und Bildern gestalten

[Ordner: 03_Pathfinder]

Nachher

Bearbeitungsschritte

- Das Pathfinder-Bedienfeld kennenlernen
- Schrift ausstanzen
- Überlappung ausschließen
- Bild einfügen

1 Addieren

Das Pathfinder-Bedienfeld aus dem Menü FENSTER • OBJEKT UND LAYOUT • PATH-FINDER stellt fünf Filter zur Verfügung, die ich Ihnen in den nächsten Schritten zeigen möchte.

Mit dem ersten Filter können Sie mehrere Objekte zu einem Objekt vereinen. Wählen Sie in der Beispieldatei auf Seite 1 mit dem Auswahlwerkzeug ![] das »Beispiel 1« aus, indem Sie mit gedrückter Maustaste über die Objekte fahren, und klicken Sie dann auf das Icon ADDIEREN ❶.

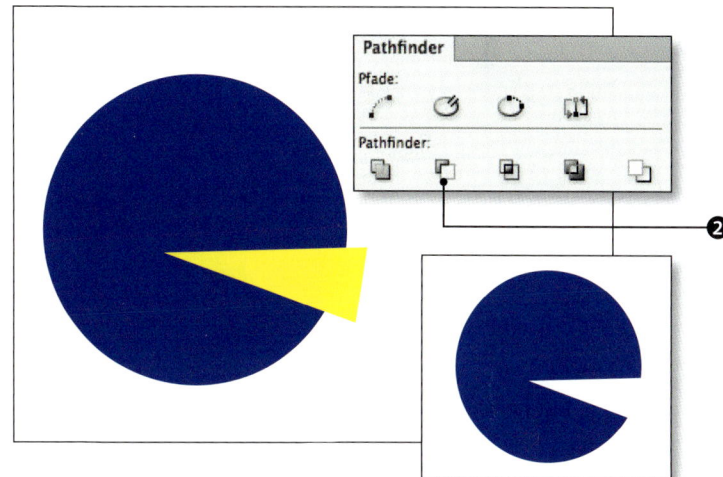

2 Subtrahieren

Mit diesem Filter schneiden Sie das obere Objekt aus dem unteren aus.

Wählen Sie auf der gleichen Seite mit dem Auswahlwerkzeug ![] das »Beispiel 2« aus, indem Sie mit gedrückter Maustaste über die Objekte fahren, und klicken Sie dann auf das Icon SUBTRAHIEREN ❷.

In diesem Fall wird die Farbe des hinten liegenden Objekts beibehalten.

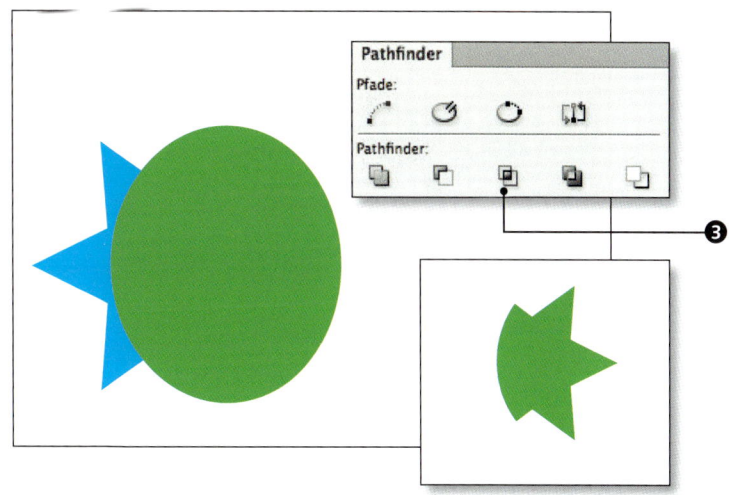

3 Schnittmenge bilden

Mit dem Filter SCHNITTMENGE BILDEN erstellen Sie aus dem Bereich der Überlappung eine neue Form.

Wählen Sie für diesen Filter mit dem Auswahlwerkzeug ![] das »Beispiel 3« aus, wie in Schritt 1 oder 2 beschrieben.

Klicken Sie im Bedienfeld auf das Icon SCHNITTMENGE BILDEN ❸, und betrachten Sie das Ergebnis. Hier wird die Vordergrundfarbe, also die des vorne liegenden Objekts, übernommen.

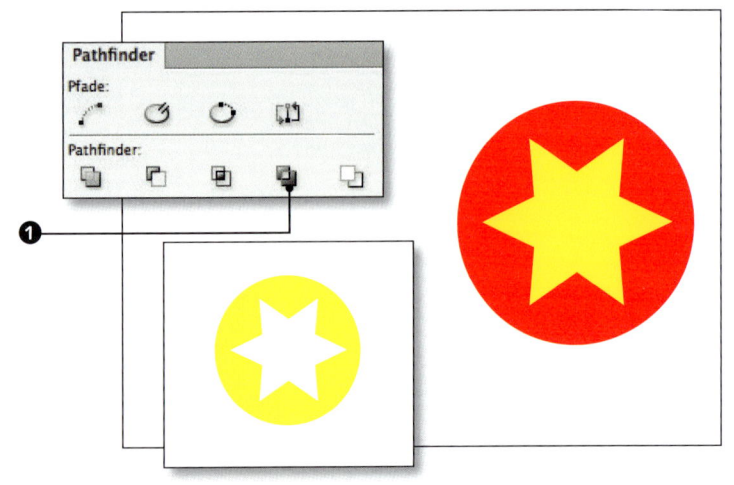

4 Überlappung ausschließen

Mit dem Filter ÜBERLAPPUNG AUSSCHLIES-SEN stanzen Sie die Überlappung aus zwei Objekten aus.

Wählen Sie mit dem Auswahlwerkzeug [↖] das »Beispiel 4« aus, und klicken Sie dann auf das Icon ❶. Dieser Filter ist ein sehr hilfreiches Tool, mit dem man tolle Effekte erzeugen kann. Machen Sie alle Arbeiten rückgängig, und spielen Sie mit dem Filter.

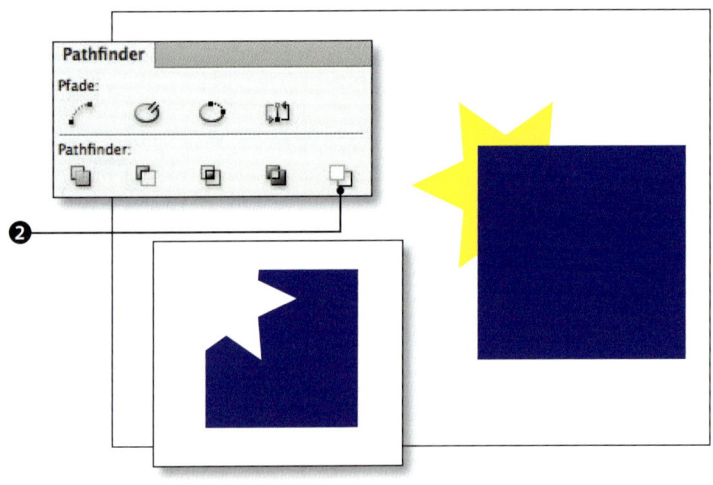

5 Hinteres Objekt abziehen

Zuletzt wählen Sie noch das »Beispiel 5« aus. Über HINTERES OBJEKT ABZIEHEN ❷ löschen Sie das hintere Objekt.

Auch hier rate ich zum Spielen. Legen Sie zum Beispiel zwei Kreise versetzt übereinander, und wählen Sie dann den Filter. Schneller kann keine Mondsichel erstellt werden!

6 Schrift in Pfade umwandeln

Jetzt widmen wir uns der Gestaltung unseres Beispiels.

Wählen Sie auf Seite 2 die Schrift ❸ mit dem Auswahlwerkzeug [↖] aus, und wandeln Sie diese über SCHRIFT • IN PFADE UMWAN-DELN bzw. mit [⌘]/[Strg]+[⇧]+[O] um. Danach wählen Sie beide Farbrahmen und die umgewandelte Schrift ❹ aus. Kopieren Sie alles über BEARBEITEN • KOPIEREN oder [⌘]/[Strg]+[C] in die Zwischenablage.

7 Schrift teilen

Nun nehmen Sie das untere Rechteck aus der Auswahl, indem Sie mit der ⇧-Taste einfach darauf klicken. So behalten Sie die anderen Objekte in der Auswahl. Klicken Sie auf die Schaltfläche SUBTRAHIEREN ❺, und löschen Sie anschließend das untere Rechteck.

Fügen Sie die Kopie über BEARBEITEN • AN ORIGINALPOSITION EINFÜGEN wieder ein.

Verfahren Sie wie oben, nehmen Sie jedoch das obere Rechteck aus der Auswahl, und löschen Sie dieses nach dem Filtern. Schieben Sie die geteilte Schrift mithilfe der Pfeiltasten auseinander.

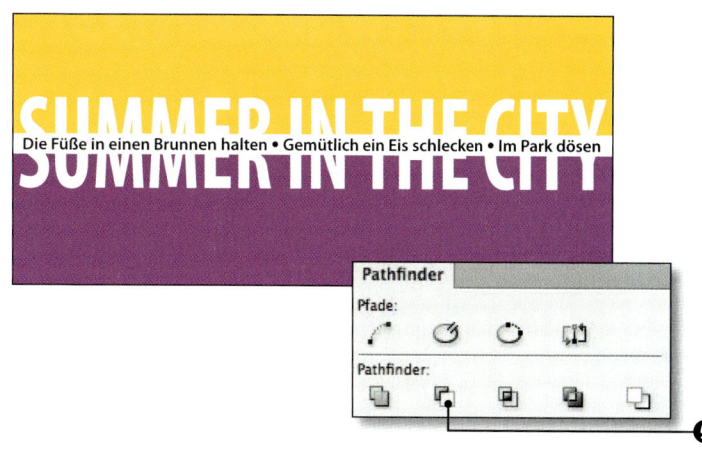

8 Schrift ausstanzen

Jetzt zeige ich Ihnen, wie Sie einen Teil einer Schrift ausstanzen können.

Wählen Sie dafür die beiden Elemente auf Seite 3 mit dem Auswahlwerkzeug ▲ aus. Ich habe für Sie bereits die Schrift in Pfade umgewandelt.

Klicken Sie im Pathfinder-Bedienfeld auf die Schaltfläche ÜBERLAPPUNG AUSSCHLIESSEN ❻.

Da dieses Ergebnis weder süß noch schön ist, lassen Sie uns dieses Projekt mit dem letzten Schritt fertigstellen.

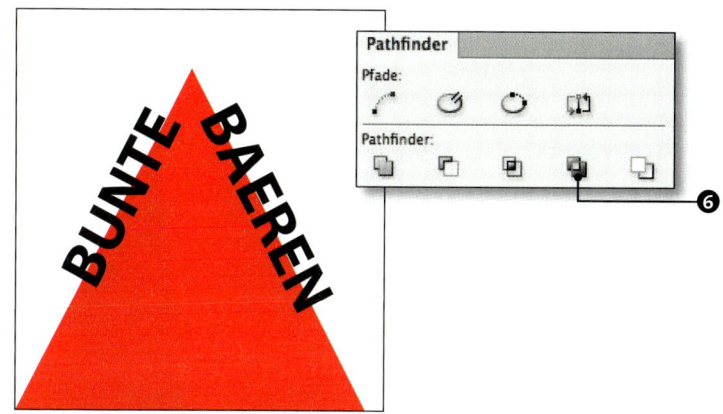

9 Ein Bild einfügen

Ich zeige Ihnen bereits hier, wie Sie ein Bild einfügen können.

Wählen Sie dafür das in Schritt 8 erstellte Objekt mit dem Auswahlwerkzeug ▲ aus. Sie haben richtig gelesen: Durch den Filter haben Sie ein einziges Objekt erstellt.

Über DATEI • PLATZIEREN werden Sie zur Suche des Bildes aufgefordert. Wählen Sie im Ordner der Beispieldatei den Ordner BILDER aus; dort finden Sie das Bild »Pathfinder_Baeren.tif«. Klicken Sie auf ÖFFNEN. Schwupps ist das Bild drin.

Tipp: Mehr zum Platzieren bzw. Importieren von Bildern finden Sie in Kapitel 4, »Rund um das Bild«.

Über Konturen und Ecken

Gehen Sie dem Rahmen an die Kontur und an die Ecke

Wenn Sie Bilder in Ihren Layouts verwenden, müssen die nicht immer gänzlich schmucklos daherkommen. Ein Rahmen mit dem gewissen Etwas macht oft mehr her. Wie Sie eine solche Kontur erstellen und diese ausrichten, zeige ich Ihnen in diesem Workshop. Sie stellen die Eckeneffekte ein und wenden diese auf den gesamten Rahmen an oder auch nur auf eine Ecke.

Ausgangsbild

- Das Bild einrahmen

[Ordner: 04_Kontur]

Vorher

Nachher

Bearbeitungsschritte

- Kontur einrichten
- Ecken abrunden
- Verlauf auf die Kontur anwenden

1 Kontur anwenden

Sie können auf jeden Rahmen und jede Linie eine Kontur anwenden. Wählen Sie das Bild auf Seite 1 der Beispieldatei »Kontur. indd« mit dem Auswahlwerkzeug ▶ aus, und gehen Sie in das Kontur-Bedienfeld [F10]. Unter STÄRKE ❶ können Sie einen Wert in der Maßeinheit Punkt einstellen. Wählen Sie »10 pt«. Andere Maßeinheiten sind auch möglich, InDesign rechnet diese automatisch in Punkt um.

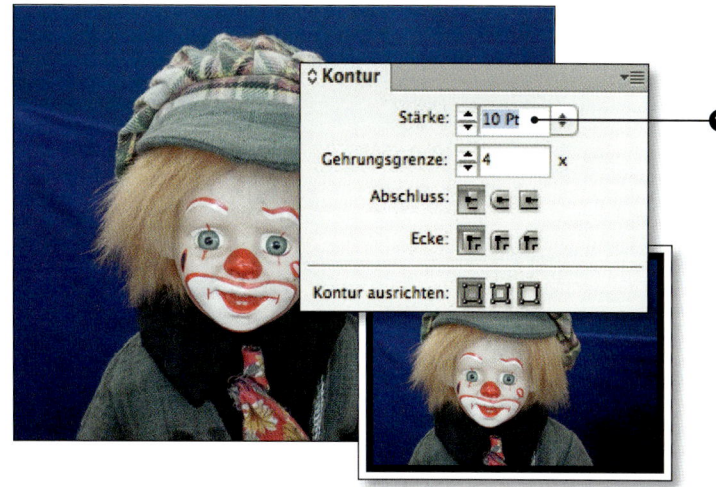

2 Farbe für die Kontur

Standardmäßig wird eine schwarze Farbe für die Kontur erstellt, wie in Schritt 1 zu sehen. Doch diese passt nicht immer.

Um der Kontur eine neue Farbe zu geben, wählen Sie das Steuerung-Bedienfeld. Das geht schneller als der Weg über die Farbfelder.

Wählen Sie hier über den Pfeil neben der Schaltfläche KONTUR ❷ eine Farbe aus. Die Farben Ihres Farbfelder-Bedienfelds stehen Ihnen als Auswahl zur Verfügung.

3 Konturtyp auswählen

InDesign bietet Ihnen bereits viele vorgefertigte Konturtypen an. Über das Popup-Menü TYP ❺ gelangen Sie zum Angebot.

Der Typ GESTRICHELT (3 UND 2) ❸ erzeugt eine gestrichelte Linie mit einem kleineren Abstand zwischen den Strichen, wogegen der Typ GESTRICHELT (4 UND 4) ❹ direkt darunter die Strichlänge und die Lücke gleichermaßen einsetzt.

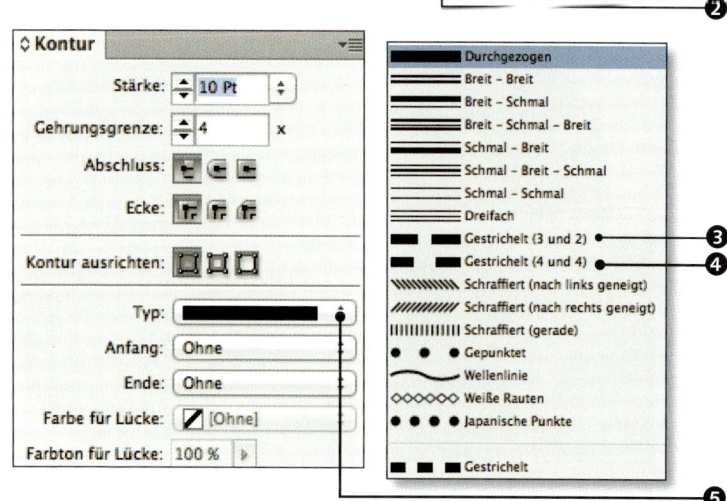

4 Gestrichelte Kontur bearbeiten

Wählen Sie den Rahmen aus, und stellen Sie unter TYP • GESTRICHELT ❶ ein. Diese Kontur finden Sie ganz unten in dem Bedienfeld.

Das Kontur-Bedienfeld erweitert sich jetzt um die Einstellung von STRICH und LÜCKE ❷. Geben Sie hier die Werte »12 pt«, »6 pt«, »8 pt« und »4 pt« ein. So können Sie eine unregelmäßig gestrichelte Linie erzeugen. Ist das Objekt ausgewählt, so können Sie die Veränderung gleich sehen.

5 Kontur ausrichten

Auf Seite 2 habe ich für Sie bereits eine Datei erstellt. Gehen Sie dorthin und spielen Sie mit ihr.

Standardmäßig wird die Kontur zentriert zur Rahmenkante ausgerichtet. Über die drei Buttons KONTUR AUSRICHTEN ❸ können Sie das ändern. Der Unterschied wird schnell deutlich, oder?

6 Ecken abrunden

Früher war die Erstellung von runden Ecken mit einem hohen Arbeitsaufwand verbunden. Heute geht das zum Glück schnell.

Wählen Sie das Bild auf Seite 3 mit dem Auswahlwerkzeug ▶ aus. Klicken Sie danach in das gelbe Quadrat an der rechten Seite ❹. Sie sehen jetzt an allen Ecken ein gelbes Quadrat. Ziehen Sie mit gedrückter Maustaste eines der Quadrate nach innen, und lassen Sie die Maustaste los, wenn Ihnen die Rundung gefällt.

7 Nur eine Ecke abrunden

Ich hoffe, Sie haben den Schritt 6 nicht gespeichert. Wenn doch, dann machen Sie diesen über BEARBEITEN • RÜCKGÄNGIG: EINGABE oder ⌘/Strg+Z rückgängig.

Kommen wir wieder zu dem Workshop. Klicken Sie erneut in das gelbe Quadrat. Wenn Sie nun eine Ecke wie beschrieben, jedoch mit gedrückter ⇧-Taste ziehen, so runden Sie nur eine Ecke ab.

8 Millimetergenaue Ecken

Machen Sie den vorangegangenen Schritt auch wieder rückgängig. Das Bild sollte noch immer ausgewählt sein.

Öffnen Sie über OBJEKT • ECKENOPTIONEN den dazugehörigen Dialog. Stellen Sie unter ECKENGRÖSSE UND -FORM den Wert »4 mm« ein, und schließen Sie anschließend die Kette ❺, damit sich die Einstellungen auf alle vier Ecken auswirken. Danach stellen Sie für die Eckenform ABGERUNDET ❻ ein. Bestätigen Sie danach den Dialog.

9 Verlauf auf einer Kontur

Sie können in InDesign jeder Kontur, egal ob es sich um ein Bild oder um Schrift handelt, einen Verlauf zuweisen.

Auf Seite 4 finden Sie den Clown mit einer roten Kontur. Ich finde jedoch, dass der Clown etwas mehr Farbe verdient hat.

Wählen Sie das Bild aus, und geben Sie der Kontur, wie in Schritt 2 beschrieben, die Verlaufsfarbe »Verlaufsfeld_Clown«. Schon erscheint der Clown in einem schöneren Rahmen.

Tipp: Haben Sie keine Rahmen ausgewählt, dann legen Sie über den Dialog ECKENOPTIONEN Voreinstellungen fest.

Buntstift und Zeichenstift

Mit InDesign zeichnen

In diesem Workshop geht es nicht um Genauigkeit, sondern um die Handhabung der Werkzeuge Zeichenstift und Buntstift und noch einmal um den Pathfinder. Lassen Sie uns dazu das Bild nachzeichnen, auch wenn das Ergebnis in InDesign nicht 100%ig genauso aussieht.

Bearbeitungsschritte

- Eine Wolke erstellen
- Mit dem Buntstift arbeiten
- Den Zeichenstift einsetzen

Nachher

Vorher

Ausgangsdatei

- Bild nachzeichnen

[Ordner: 05_Zeichnen]

1 Die Wolke nachbauen

Erstellen Sie mit dem Ellipse-Werkzeug ⊗ so viele Ovale, dass die Wolke komplett von Ihnen überdeckt ist.

Wählen Sie danach alle Ovale aus, und klicken Sie im Pathfinder-Bedienfeld auf die Schaltfläche ADDIEREN ❶. Nachdem Sie die Ovale vereint haben, geben Sie diesen die Farbe »Cyan«.

2 Der Buntstift für die Sonne

Ich gebe zu, dass die Nachzeichnung der Sonne ohne ein Grafiktablett eine große Herausforderung ist, aber unser Ergebnis kann sich sehen lassen.

Für die Sonne erstellen Sie zu Beginn wieder ein Oval. Danach wählen Sie im Werkzeug-Bedienfeld den Buntstift 🖊 aus. Mit diesem zeichnen Sie nun alle Sonnenstrahlen nach.

Stellen Sie vor dem Zeichnen sicher, dass Sie für die KONTUR ❷ eine Farbe eingestellt haben.

3 Die Strahlen formatieren

Nachdem Sie die Sonne vorbereitet haben, müssen Sie diese noch verschönern.

Wählen Sie nacheinander mit gedrückter ⇧-Taste die Sonnenstrahlen aus.

Zu Beginn geben Sie der Kontur die Farbe »Gelb«. Behalten Sie die Strahlen in der Auswahl. Öffnen Sie das Kontur-Bedienfeld, denn nur hier haben Sie Einfluss auf die Stärke der Kontur.

Geben Sie unter STÄRKE »7 Pt« ❸ ein, und klicken Sie bei ABSCHLUSS auf die Schaltfläche ABGERUNDET ❹.

4 Einfach mal losklicken

Jetzt ist das Dach an der Reihe. Gehen Sie dafür mit dem Zeichenstift ✎ an die untere linke Ecke, und klicken Sie. Danach klicken Sie, ohne Zuhilfenahme einer Taste, erst an die obere Ecke und dann an die untere rechte Ecke.

Um den Pfad zu schließen, gehen Sie nun wieder mit dem Zeichenstift an die erste Ecke. Haben Sie den Ankerpunkt getroffen, erscheint neben der Feder ein kleiner Kringel ❶. Klicken Sie nun auf den Ankerpunkt, und der Pfad wird geschlossen.

5 Den Pfad wieder öffnen

Die Zeichnung sieht zu akkurat aus. Wir wollen jetzt nachträglich dem Dach auch eine gewisse Verspieltheit zukommen lassen.

Gehen Sie mit dem Zeichenstift an die untere Linie, und klicken Sie, wenn an der Feder das Pluszeichen ❷ erscheint. Klicken Sie insgesamt dreimal auf den Pfad. Danach löschen Sie mit dem Direktauswahl-Werkzeug ▷ den mittleren der drei gesetzten Ankerpunkte mit ← oder der Löschen-Taste.

6 Eine Kurve erstellen

Ziehen Sie mit dem Direktauswahl-Werkzeug ▷ den Ankerpunkt ❹ etwas höher. Achten Sie darauf, dass nur dieser Punkt ausgewählt ist (rot gefülltes Kästchen).

Behalten Sie diesen Punkt in der Auswahl, und klicken Sie danach mit dem Richtungspunkt-umwandeln-Werkzeug ◥ wieder in den Punkt. Halten Sie dabei die Alt-Taste gedrückt, sonst wird Ihnen dieser automatisch gelöscht. Ziehen Sie mit gedrückter Maus- und Alt-Taste nach rechts. Schon haben Sie eine Kurve, über die Grifflinien ❸ erstellt.

7 Die Zeichnung verschönern

Verspielt sieht das Ergebnis noch immer nicht aus. Geben wir dem Pfad noch einen schöneren Abschluss und schönere Ecken.

Wählen Sie Ihre Zeichnung aus, und geben Sie der Kontur die STÄRKE »7 Pt«. Unter ABSCHLUSS wählen Sie ABGERUNDET ❺, und für die Ecken ABGERUNDETE ECKEN ❻.

8 Das Haus fertigzeichnen

Sie haben nun den Zeichenstift kennengelernt und das nachträgliche Überarbeiten. Jetzt zeige ich Ihnen, wie Sie schon beim Zeichnen den Pfad korrigieren können.

Klicken Sie an den Anfang einer Linie der Vorlage, und klicken Sie nun mit einem Abstand wieder an die Linie. Lassen Sie dabei die Maustaste nicht los, sondern ziehen Sie den entstandenen Ankerpunkt ❼ an der Grafik weiter. Es entsteht dadurch eine Kurve mit Grifflinien.

9 Die Zeichnung fertigstellen

Wie in Schritt 7 stellen Sie die Kontur wieder auf »7 Pt«, runden den Abschluss ab und weisen den Ecken eine Abrundung zu. Danach bekommt der Pfad noch eine Farbe.

Damit Sie Ihre Zeichnung besser sehen können, öffnen Sie über FENSTER • EBENEN dieses Bedienfeld. Klicken Sie auf das Auge ❽ der Ebene »Bild«, wird diese Ebene ausgeblendet.

Tipp: Um das Zeichenstift-Werkzeug während des Zeichnes nicht verlassen zu müssen, damit Sie einen neuen Pfad zeichnen können, klicken Sie mit gedrückter ⌘/ Strg-Taste außerhalb der Zeichnung. Danach können Sie an beliebiger Stelle weiterzeichnen.

Ebenen und Hilfslinien

Erstellen Sie ein eigenes CD-Cover

Erstellen Sie Ebenen und Hilfslinien, damit Sie ungestört arbeiten können. Danach gestalten Sie Ihr eigenes CD-Cover. Sie wählen eine Farbe aus und setzen Text ein. Zum Vergleich können Sie meine fast fertige Datei öffnen. Für den besseren Lerneffekt sollten Sie aber alle Schritte mitmachen.

Bearbeitungsschritte

- Hilfslinien erstellen und Stanzkontur erzeugen
- Schnitt- bzw. Falzmarken erzeugen
- Texte gestalten
- CD-Cover ausdrucken

[Ordner: 06_CD-Cover]

1 Was brauchen Sie?

Für diesen Workshop benötigen Sie ein Dokument im Querformat. Erstellen Sie ein neues Dokument über ⌘/Strg+N, und geben Sie unter SEITENFORMAT ❶ eine BREITE von »411 mm« und eine HÖHE von »135 mm« ein. Unter ANSCHNITT UND INFOBEREICH ❷ (erreichbar über MEHR OPTIONEN) geben Sie bei ANSCHNITT für UNTEN, LINKS und RECHTS jeweils den Wert »10 mm« ein.

Wichtig: Die Einstellung DOPPELSEITE sollten Sie deaktivieren.

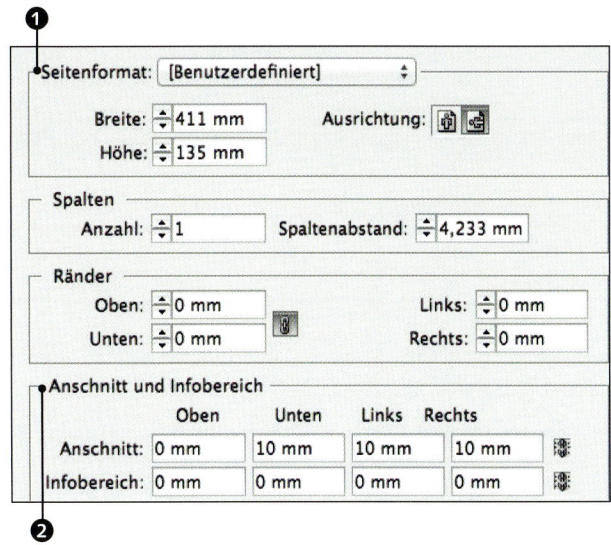

2 Die benötigten Hilfslinien

Erstellen Sie drei vertikale Hilfslinien, indem Sie sie aus dem linken Lineal herausziehen. Erzeugen Sie die Hilfslinien auf den in der Abbildung angegebenen Positionen.

Bereiten Sie für die Stanzkontur eine eigene Farbe vor, und erstellen Sie über das Bedienfeldmenü des Farbfelder-Bedienfelds ein neues Farbfeld. Stellen Sie unter FARBTYP • VOLLTON ❹ ein, und geben Sie der Farbe den Namen »! Stanzkontur-druckt nicht« ❸. Als Farbe stellen Sie »100 % Magenta« ein.

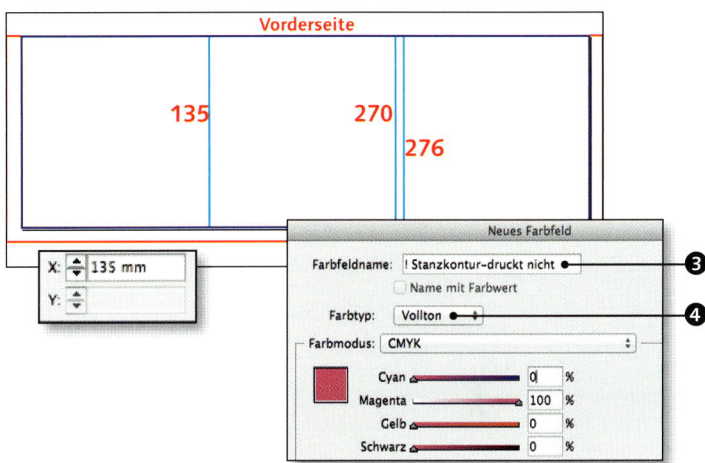

3 Die Stanzkontur zeichnen

Wählen Sie den Zeichenstift ✒ aus, und klicken Sie an die obere linke Ecke des Seitenrands. Halten Sie die ⇧-Taste gedrückt, damit der Pfad im 90°-Winkel angelegt wird, und erstellen Sie einen Pfad gemäß der nebenstehenden Abbildung, und zwar an den Seitenrändern ❺ und den Anschnitt-Hilfslinien ❻. Für die Klebelaschen, die sich außerhalb des Seitenformats befinden, klicken Sie schräg an die Hilfslinie für den Anschnitt. Setzen Sie den Pfad weiter fort, bis Sie das Pfad-schließen-Symbol ✒° am Cursor sehen.

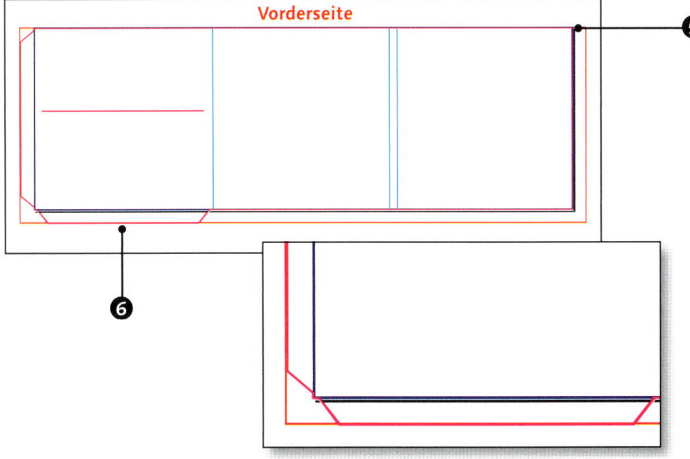

Tipp: Um dem Druckdienstleister mitzuteilen, dass diese Farbe nicht gedruckt werden soll, verwenden Sie ein »!« vor dem Farbnamen.

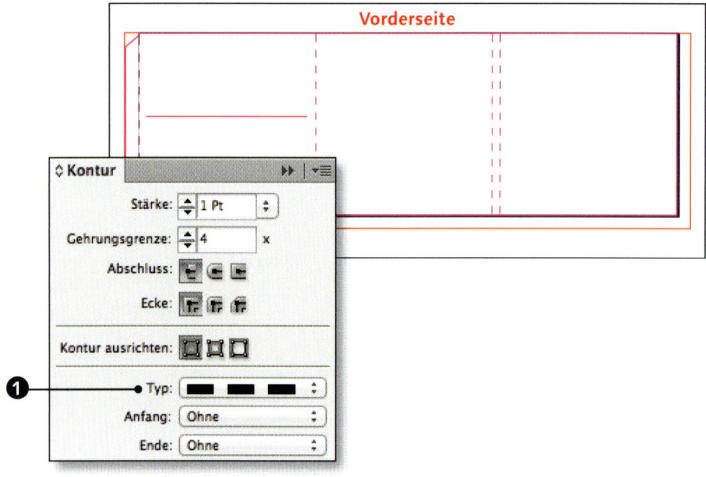

Vorderseite

4 Erstellen Sie den Falz

Wählen Sie das Linienzeichner-Werkzeug ☑ aus, und ziehen Sie an den vertikalen Hilfslinien mit gedrückter ⇧-Taste vier Linien mit einer Stärke von »1 Pt« auf.

Wählen Sie anschließend die Linien aus, und stellen Sie über das Kontur-Bedienfeld unter TYP ❶ eine gestrichelte Linie ein. Diese symbolisiert in einer Stanzkontur den Falz.

Wählen Sie jetzt alles über ⌘/Strg+A aus, und geben Sie allen Objekten für die Kontur die Farbe »! Stanzkontur-druckt nicht« aus dem Farbfelder-Bedienfeld.

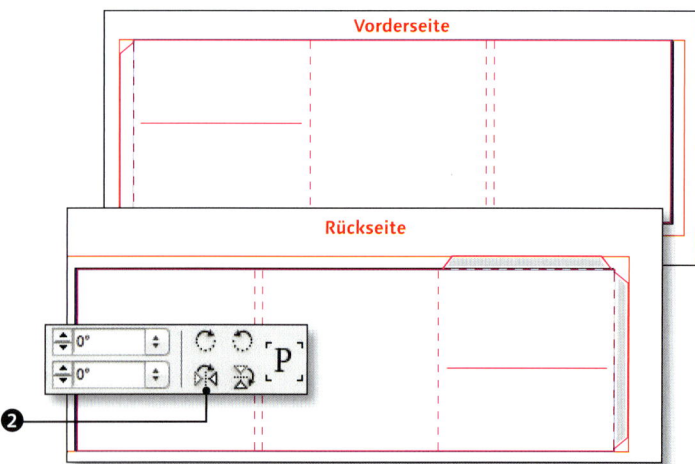

Vorderseite

Rückseite

5 Spiegeln Sie nun alle Objekte

Erstellen Sie über das Seiten-Bedienfeld eine zweite Seite.

Kopieren Sie danach die Stanzkontur und die Linien für den Falz über ⌘/Strg+C in die Zwischenablage, und fügen Sie sie auf der Seite 2 über BEARBEITEN • AN ORIGINAL-POSITION EINFÜGEN wieder ein. Behalten Sie die Objekte in der Auswahl, und gehen Sie im Steuerung-Bedienfeld auf die Schaltfläche HORIZONTAL SPIEGELN ❷. Achten Sie beim Spiegeln darauf, dass der Bezugspunkt ▦ in der Mitte steht.

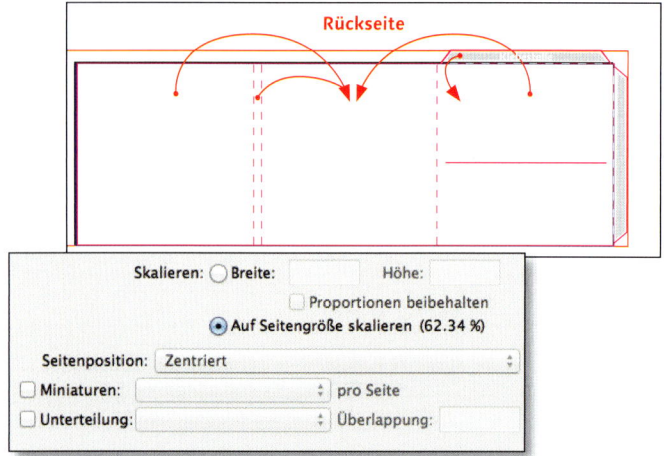

Rückseite

6 Bauen Sie einen Dummy

Bevor Sie mit der eigentlichen Gestaltung beginnen, sollten Sie die Stanzkontur ausdrucken und ausschneiden. Da es sich hier um ein sogenanntes Weißmuster handelt, spielt es keine Rolle, ob Sie es als »100 %« ausdrucken. Wählen Sie im Druckdialog unter EINRICHTEN • OPTIONEN • AUF SEITENGRÖSSE SKALIEREN. Schneiden Sie danach die Stanzkontur aus, und falzen Sie das Papier wie in der nebenstehenden Abbildung.

> **Tipp:** Der Hersteller der Stanzkontur erkennt später an den unterschiedlichen Linienarten, wo gestanzt oder gefalzt werden soll. Eine durchgezogene Linie steht z. B. für das Stanzen.

7 Die Seitenzahlen festlegen

Zum Schluss nummerieren Sie den Dummy noch durch, so wie ich es in den nebenstehenden Abbildungen zeige.

Ich würde die Seiten direkt in InDesign nummerieren, um Verwechslungen der Seiten zu vermeiden.

Speichern Sie die Datei unter einem Namen Ihrer Wahl in den Übungsordner 06_CD-COVER ab, denn in Kapitel 4 wollen wir das CD-Cover mit Bildern ausstatten.

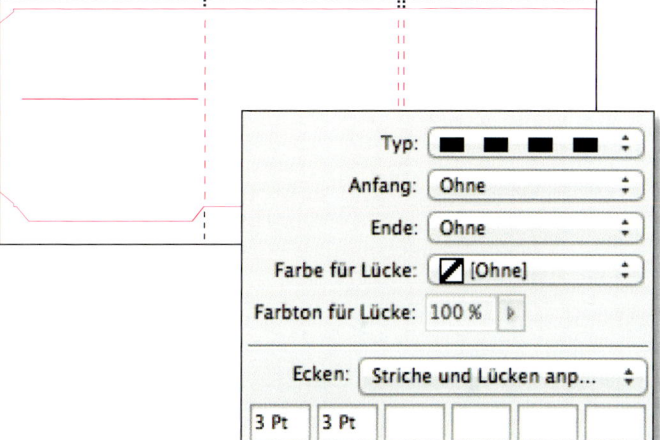

8 Erstellen Sie die Falzmarken

Wählen Sie auf der Vorderseite die linke gestrichelte Linie aus, und positionieren Sie sie auf der Y-Koordinate »–7 mm« aus dem Layout nach oben heraus. Verringern Sie dann ihre Länge, indem Sie die Länge auf »5 mm« einstellen.

Behalten Sie die Linie weiter in der Auswahl, und verschieben Sie ein Duplikat mit gedrückter ⇧+Alt-Taste auf die Y-Koordinate »137 mm« (unterhalb der Seitenkante). Das wiederholen Sie mit allen gestrichelten Linien.

9 Wahlen Sie Farben aus

Wählen Sie über das Bedienfeldmenü des Farbfelder-Bedienfelds NEUES FARBFELD aus, und stellen Sie unter FARBMODUS • PROZESS ein.

Ich habe mich hier für die Farben Orange und Gelb entschieden, da diese in mein späteres Layout passen. Geben Sie dazu unter FARBMODUS für die Farbe Orange die Werte »C = 0, M = 60, Y = 100, K = 0« ein. Die Farbe Gelb besteht zu 100 % aus Gelb.

Wenden Sie anschließend die erstellten Farben auf die erstellten Rechteckrahmen an.

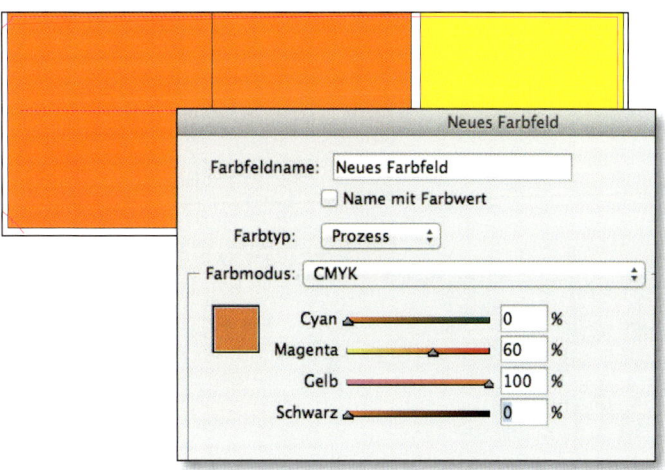

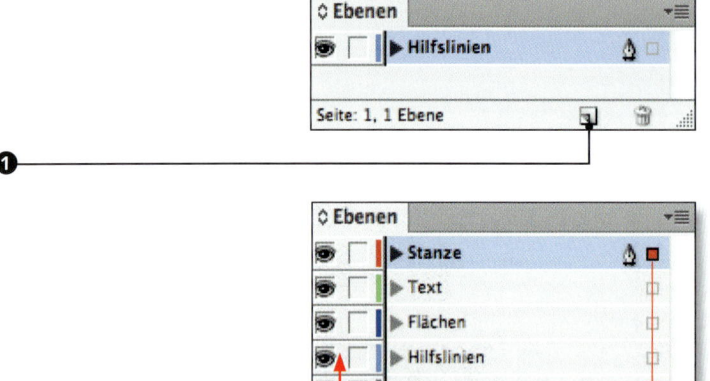

10 Arbeiten Sie mit Ebenen

Doppelklicken Sie im Ebenen-Bedienfeld auf die EBENE 1, und geben Sie ihr den Namen »Hilfslinien«. Erstellen Sie anschließend über NEUE EBENE ❶ unten im Ebenen-Bedienfeld vier weitere Ebenen, und benennen Sie sie per Doppelklick wie in der Abbildung.

Danach wählen Sie alle erstellten Falzmarken auf Seite 1 mit der ⇧-Taste aus und ziehen das Quadrat ❷ von der Ebene »Stanze« auf die Ebene »Falzmarken«. Verfahren Sie mit den anderen Objekten entsprechend.

11 Gestalten Sie den Titel

Gehen Sie auf die Seite, die bei Ihrem späteren Cover das Deckblatt werden soll (Seite 1 auf Ihrem Dummy). Wählen Sie eine Schriftart Ihrer Wahl aus, und geben Sie Text Ihrer Wahl ein. Natürlich können Sie auch meinen Beispieltext übernehmen.

Anschließend markieren Sie den gesamten Text mit dem Textwerkzeug und zentrieren ❸ ihn über das Steuerung-Bedienfeld für Zeichen.

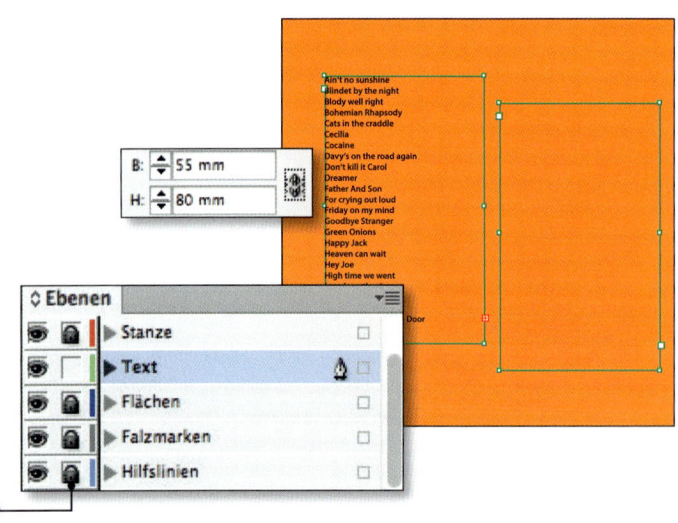

12 Text platzieren

Ziehen Sie auf Seite 2 mit dem Text-Werkzeug zwei Textrahmen mit den Maßen »55 x 80 mm« auf. Achten Sie darauf, dass Sie sich dafür auf der Text-Ebene befinden und alle anderen Ebenen gesperrt sind. Sie sperren die Ebenen, indem Sie rechts neben dem Auge in das Feld ❹ klicken.

Gehen Sie danach in das Menü DATEI • PLATZIEREN, und wählen Sie aus dem Übungsordner die Datei »CD-Text.rtf«.

13 Verketten Sie Textrahmen

Klicken Sie mit dem Auswahlwerkzeug auf das Textüberhangsymbol ❺, und klicken Sie danach mit dem Cursor in den zweiten Textrahmen.

Wählen Sie danach das nächste Text-Überhangsymbol aus, und gehen Sie auf die mit 4 nummerierte Seite. Ziehen Sie wieder einen Textrahmen auf.

Für diesen Text stellen Sie eine geeignete Schriftgröße ein.

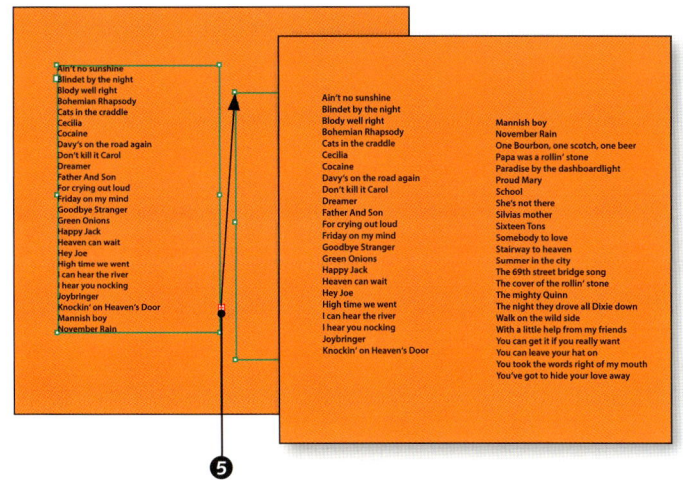

14 Position für Textrahmen

Ziehen Sie auf Seite 1 für den CD-Rücken einen Textrahmen der Größe »6 x 135 mm« auf, und geben Sie dort erneut Ihren CD-Titel ein. Zentrieren Sie den Text, über das Steuerung-Bedienfeld. Danach wechseln Sie zum Auswahlwerkzeug und wählen erneut den Textrahmen aus. Öffnen Sie OBJEKT • TEXTRAHMENOPTIONEN, und wählen Sie unter VERTIKALE AUSRICHTUNG • AUSRICHTEN • ZENTRIEREN aus ❻. Jetzt drehen Sie den Textrahmen über das Steuerung-Bedienfeld noch um 90° gegen den Uhrzeigersinn.

15 Drucken via A4-Drucker

Wenn Sie keinen A3-Drucker besitzen, müssen Sie die Seiten geteilt ausdrucken. Gehen Sie dazu über ⌘/Strg + P in den Druckdialog, und aktivieren Sie im Fenster MARKEN UND ANSCHNITT die SCHNITTMARKEN ❼. Danach gehen Sie in das Fenster EINRICHTEN und stellen unter PAPIERFORMAT »DIN A4« ein.

In der Rubrik OPTIONEN aktivieren Sie UNTERTEILUNG ❽. Da der voreingestellte Wert zu groß ist, stellen Sie bei ÜBERLAPPUNG den Wert »10 mm« ❾ ein.

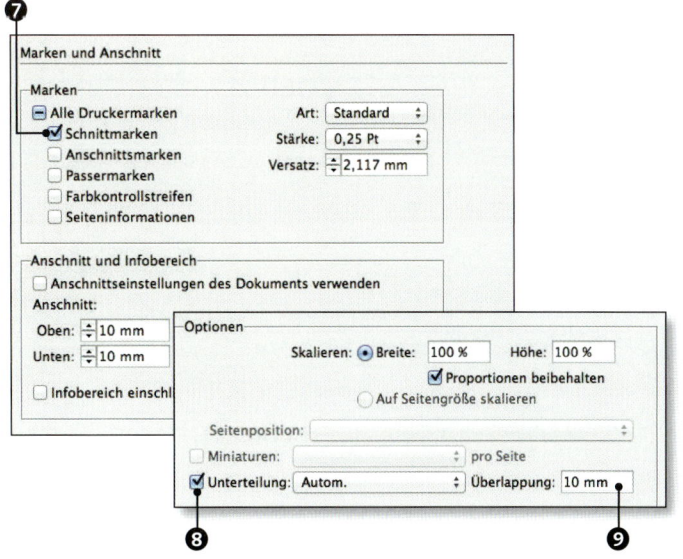

Objekte ausrichten & verteilen

Arbeiten Sie mit dem Ausrichten-Bedienfeld

Bringen Sie mit dem Ausrichten-Bedienfeld Ordnung in Ihre Layoutarbeit. Es ist nicht einfach, Objekte ohne Hilfslinien sauber anzuordnen. Aber bei der Arbeit mit Hilfslinien kann es vorkommen, dass Sie bald vor lauter Hilfslinien nichts mehr sehen können. Benutzen Sie daher besser das Ausrichten-Bedienfeld, oder wenden Sie einmal die neuen Funktionen an.

Ausgangsdatei

▪ Unordnung auf der Seite

[Ordner: 07_Ausrichten]

Nachher

Vorher

Bearbeitungsschritte

▪ Objekte ausrichten

▪ Objekte verteilen

▪ Abstand einsetzen

1 Richten Sie die Objekte aus

Sie können mit dem Ausrichten-Bedienfeld Objekte vertikal oder horizontal ausrichten. Öffnen Sie die Datei »Memory. indd«. Dort habe ich auf den Seiten 1 und 2 unterschiedliche Situationen erstellt.

Wählen Sie auf Seite 1 die linken drei Memorykärtchen aus, und klicken Sie dann im Ausrichten-Bedienfeld auf die Schaltfläche AN HORIZONTALER MITTELACHSE AUSRICHTEN ❶. Daneben habe ich die Kärtchen für AN VERTIKALER MITTELACHSE AUSRICHTEN ❷ bereitgestellt.

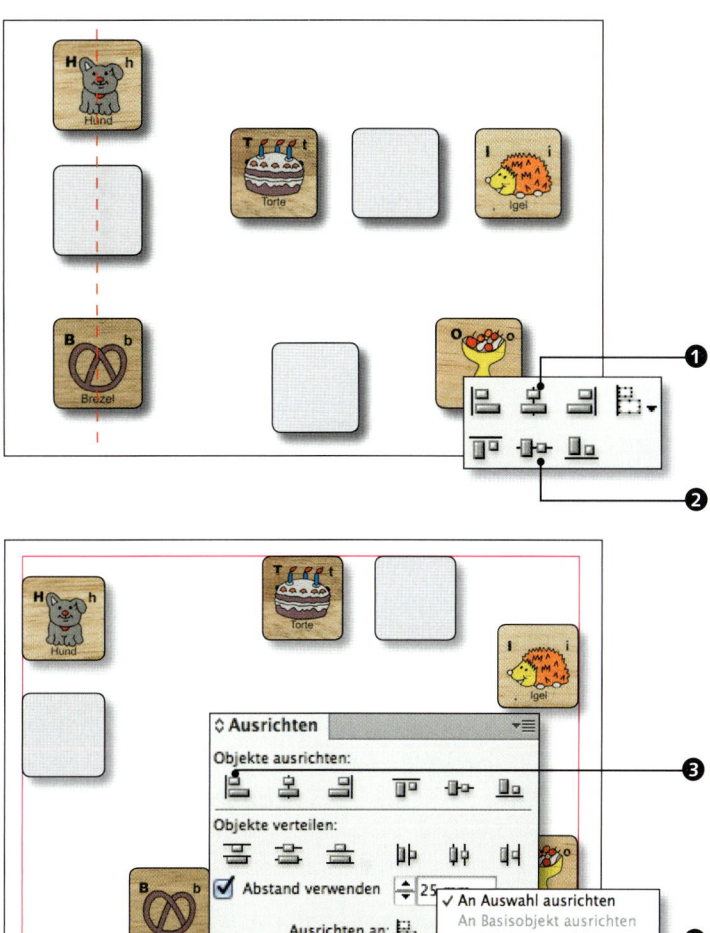

2 An Seiten oder Rändern ausrichten

Eine andere Variante ist das Ausrichten an der Seite oder an den Rändern.

Wählen Sie den Hund und die Karte darunter aus, und aktivieren Sie im Ausrichten-Bedienfeld im Pop-up-Menü ❹ AN RÄNDERN AUSRICHTEN. Klicken Sie anschließend unter OBJEKTE AUSRICHTEN auf die Schaltfläche LINKE KANTEN AUSRICHTEN ❸. Beide Objekte werden so an den von mir erstellten Rand geschoben.

3 Verteilen Sie die Objekte

Auf Seite 2 der Beispieldatei wählen Sie mit dem Auswahlwerkzeug ▶ die oberen vier Quadrate aus, indem Sie die Maus einfach darüberziehen. Gehen Sie dann in das Ausrichten-Bedienfeld, und aktivieren Sie unter OBJEKTE VERTEILEN die Option ABSTAND VERWENDEN ❺.

Um Objekte mit einem Abstand zu verteilen, müssen Sie darauf achten, dass Sie die Größe des ersten Objekts einberechnen. Wollen Sie also einen Abstand von »5 mm« erreichen, so müssen Sie den Wert »25 mm« eingeben, da die Objekte 20 mm breit sind.

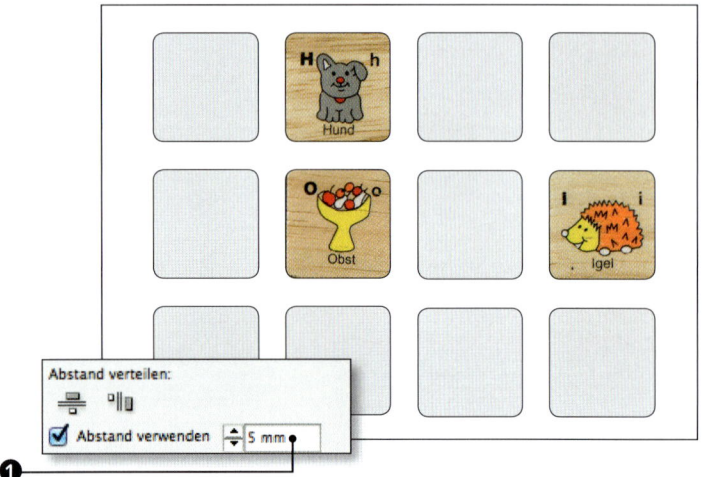

4 Den Abstand verteilen

Einfacher geht es, wenn Sie die Option ABSTAND VERTEILEN einsetzen. Dann müssen Sie kein Objekt in den Abstand einberechnen.

Wählen Sie über das Bedienfeldmenü den Eintrag OPTIONEN EINBLENDEN, und stellen Sie unter ABSTAND VERWENDEN den Wert »5 mm« ❶ ein.

Mit dem Auswahlwerkzeug wählen Sie die Zeilen und anschließend die Spalten aus und klicken auf die Schaltflächen ZWISCHENRAUM HORIZONTAL VERTEILEN bzw. VERTIKAL VERTEILEN.

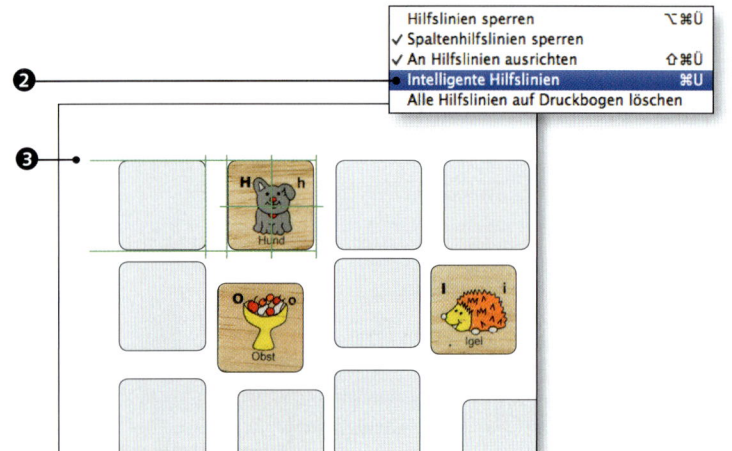

5 Intelligentes Ausrichten

Aktivieren Sie zu Beginn ANSICHT • RASTER UND HILFSLINIEN • INTELLIGENTE HILFSLINIEN ❷, und lassen Sie sich überraschen.

Wählen Sie auf Seite 3 den oberen Hund bzw. das zweite Bild aus, und ziehen Sie es langsam nach unten. Sobald Sie an die Kanten des ersten grauen Quadrats kommen, erscheinen automatisch Hilfslinien ❸. Diese zeigen Ihnen an, dass das Bild ausgerichtet ist.

Das ist wirklich eine praktische Funktion, die Sie weiter ausprobieren sollten.

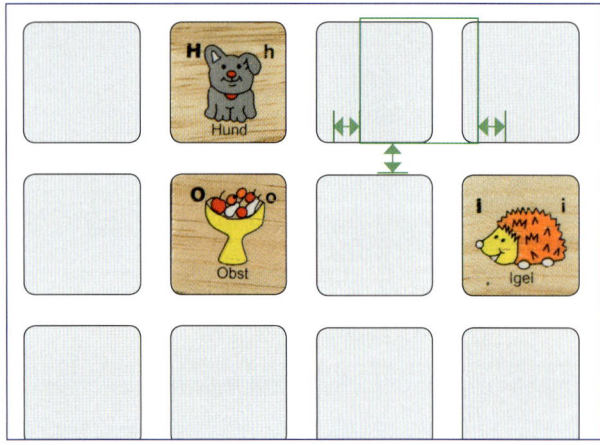

6 Der intelligente Abstand

Wenn Sie nicht absolut exakt arbeiten müssen, wird Ihnen diese Funktion gefallen.

Wählen Sie erneut den oberen Hund mit dem Auswahlwerkzeug aus, und ziehen Sie ihn mit gedrückter ⇧-Taste etwas nach links. Lassen Sie dann die Maustaste los.

Die intelligenten Hilfslinien merken sich nun diesen Abstand und wenden ihn auf alle weiteren Objekte an, die Sie verschieben. Probieren Sie es an den übrigen Bildern aus.

Objekte einfügen

Erstellen Sie eine Musterfüllung

Sie können Objekte einfach nur einfügen – oder Sie fügen nach Wunsch ein. Ich zeige Ihnen hier, wie Sie Einfluss auf den Einfügeort nehmen. Dabei lernen Sie auch gleich noch, wie Sie mit InDesign maskieren können.

Bearbeitungsschritte

- Objekte in ein Objekt einfügen
- Ein weiteres Objekt in ein Objekt einfügen

Nachher

Vorher

Ausgangsdatei

- Grafische Elemente fehlen

[Ordner: 08_Einfuegen]

1 In die Auswahl einfügen

Sie können ein Objekt oder eine Objektgruppe in ein Objekt einfügen. Wählen Sie den Textrahmen auf Seite 2 aus, und kopieren Sie ihn über ⌘/Strg+C in die Zwischenablage. Markieren Sie anschließend das Zielobjekt »City« auf Seite 1 mit dem Auswahlwerkzeug ▶. Fügen Sie den kopierten Text über BEARBEITEN • IN DIE AUSWAHL EINFÜGEN ein. Da die Textfarbe Schwarz ist, werden Sie zunächst nichts sehen. Wählen Sie deshalb den gesamten Text im Objekt »City« aus, und geben Sie ihm eine andere Farbe.

2 Mehrere Objekte einfügen

Wenn Sie mehr als ein Objekt in die Auswahl einfügen möchten, müssen Sie die Objekte zuvor gruppieren. Wählen Sie dazu die Objektgruppen auf Seite 3 mit gedrückter ⇧-Taste aus, und gruppieren Sie sie über OBJEKT • GRUPPIEREN oder ⌘/Strg+G. Danach kopieren Sie diese Gruppe über ⌘/Strg+C in die Zwischenablage.

Gehen Sie wieder auf Seite 1, und wählen Sie das Objekt aus. Fügen Sie die Gruppe über ⌘/Strg+Alt+V in das ausgewählte Objekt ein.

3 Wie habe ich das Muster erstellt?

Wählen Sie das Ellipse-Werkzeug ◉ aus, ohne dass Sie ein Objekt ausgewählt haben. Gehen Sie dann in das Farbfelder-Bedienfeld, und vergeben Sie für die zukünftigen Ovale eine Farbe.

Erstellen Sie einige Kreise, und gruppieren Sie sie über ⌘/Strg+G. Erstellen Sie weitere Kreise auf einer anderen Fläche und in einer anderen Farbe, und gruppieren Sie diese wieder. Fahren Sie fort, bis Sie 4 Farben als je 1 Gruppe zusammen haben.

4 Objekte in einer Gruppe bearbeiten

Dafür müssen Sie die Objekte in die Auswahl einfügen. Danach können Sie mit den Auswahl-Buttons im Steuerung-Bedienfeld einzelne Objekte innerhalb einer Gruppe auswählen. Wählen Sie mit dem Direktauswahl-Werkzeug [icon] einen Kreis aus, und klicken Sie auf die Schaltfläche CONTAINER AUSWÄHLEN ❶. Dadurch wählen Sie die Gruppe aus. Klicken Sie sich anschließend mit den Schaltflächen NÄCHSTES ❸ bzw. VORHERIGES OBJEKT AUSWÄHLEN ❷ durch die verschiedenen Gruppen.

5 Einzelne Objekte verschieben

Möchten Sie die Position einzelner Objekte in einer Gruppe verändern, dann wählen Sie das gewünschte Objekt mit dem Direktauswahl-Werkzeug [icon] aus.

Um das Objekt verschieben zu können, müssen jedoch alle seine Ankerpunkte ausgewählt sein. Wenn Sie in das kleine Quadrat in der Mitte klicken, werden alle Ankerpunkte gleichzeitig ausgewählt, und Sie können das Objekt über die Pfeiltasten auf Ihrer Tastatur oder mit der Maus verschieben.

6 Den eingefügten Inhalt bearbeiten

Wählen Sie das Objekt mit dem Auswahl-Werkzeug [icon] aus, und klicken Sie auf die Schaltfläche INHALT AUSWÄHLEN ❻. Klicken Sie weiter auf die Schaltfläche, um sich die Gruppen anzeigen zu lassen. Sie erkennen die jeweilige Gruppe durch die Vordergrundfarbe ❺.

Über die Schaltfläche NÄCHSTES OBJEKT AUSWÄHLEN ❹ klicken Sie sich dann durch die Objekte einer Gruppe. Wählen Sie dadurch ein Objekt aus, und verändern Sie dieses.

7 Eine verrückte Idee

Lassen Sie uns auf Seite 4 der Beispieldatei spielen.

Kopieren Sie die große Blume, und fügen Sie diese über ⌘/ Strg + Alt + V in die Auswahl, also den gelben Kreis, ein.

Danach kopieren Sie die kleine Blume in die Zwischenablage. Klicken Sie sich mittels der Inhaltsauswahl-Werkzeuge ❶ in der großen Blume bis auf den roten Kreis.

Fügen Sie dann die Blume in die Auswahl ein.

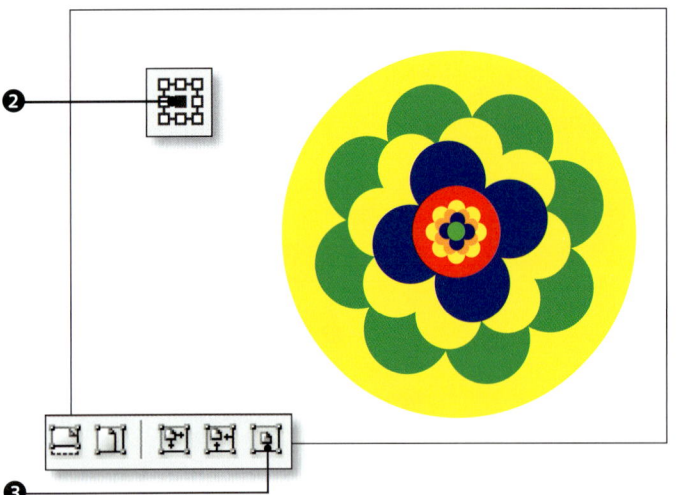

8 Immer wieder einfügen

Das Einfügen von Objekten in eine Auswahl können Sie beliebig wiederholen.

Achten Sie dabei immer darauf, dass Sie den Bezugspunkt ❷ auf zentriert eingestellt haben.

Sollten Sie trotzdem die eingefügte Grafik oder Gruppe nicht sehen, wählen Sie die Schaltfläche INHALT ZENTRIEREN ❸.

9 Vergeben Sie einen Schatten

Wählen Sie nun den gelben Kreis mit den Blumen mit dem Auswahlwerkzeug ▶ aus. Über das Steuerung-Bedienfeld klicken Sie auf INHALT AUSWÄHLEN ❹. Sie sollten nun die Blumen in der Auswahl haben.

Klicken Sie nun auf die Schaltfläche SCHLAG-SCHATTEN ❺.

Wenn Sie wollen, dann kopieren Sie sich das Objekt, und fügen Sie es in die Schrift ein. Bedenken Sie jedoch: Sie müssen zuvor alle, wirklich alle, Objekte gruppieren. Sonst funktioniert es nicht.

Intelligente Transformation

Gestalten Sie ein Logo

Wir gestalten hier ein Logo für ein Holzgeschäft, nämlich einen Holzwurm. Der Wurm wird mithilfe einer Abfolge von Transformationen erstellt, die wir aufnehmen und abspielen wie mit einem Kassettenrekorder. Das Logo soll anschließend als Stickerei auf ein T-Shirt aufgebracht werden. Öffnen Sie für diesen Workshop die Datei »Poloshirt.indd«.

Ausgangsdatei

- Das Poloshirt soll eine Stickerei erhalten
  [Ordner: 09_Transformieren]

Vorher

Bearbeitungsschritte

- Eine Stickerei vorbereiten
- Transformation aufnehmen
- Transformation abspielen

Der Holzwurm

www.der-holzwurm.xyz
✿ Ellen Muster ✿

Nachher

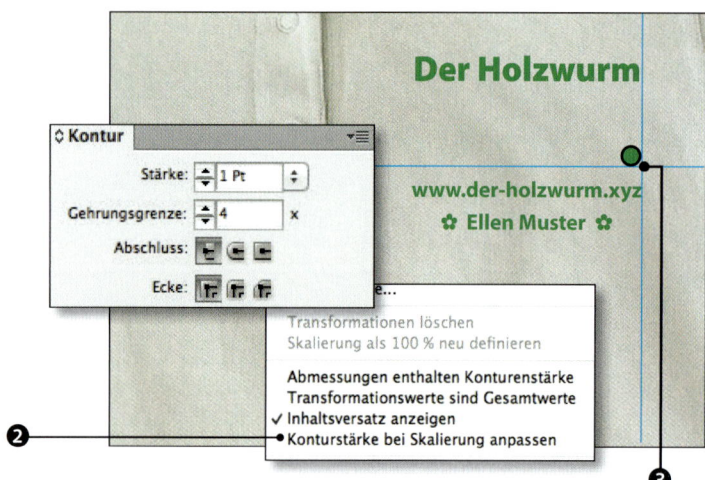

1 Vorüberlegungen

Wenn Sie eine Stickerei planen, müssen Sie eine Schrift verwenden, die beim Aufsticken dicker werden kann und dennoch lesbar bleibt. Schriften mit Serifen oder sehr feine Schriften können die Lesbarkeit einbüßen. Auch feine Linien stellen ein großes Problem dar und sollten vermieden werden.

Müssen Sie einmal eine Schrift mit Serifen benutzen, wählen Sie die Schrift mit dem Textwerkzeug ⊤ aus und geben ihr eine leichte Kontur (ca. 0,5 pt) ❶. So bricht beim Sticken die Serife nicht weg.

2 Deaktivieren der Kontur-skalierung

Ziehen Sie mit dem Ellipse-Werkzeug ⬭ und gedrückter ⇧-Taste einen Kreis von »5 x 5 mm« an den angegebenen Hilfslinien ❸ auf. Bleiben Sie dabei auf der Ebene »Hilfs-linien«.

Danach geben Sie dem Kreis eine grüne Farbe mit einer Konturstärke von »1 pt« und der Konturfarbe »Schwarz«. Zuletzt gehen Sie ins Bedienfeldmenü des Steuerung-Bedien-felds und deaktivieren die Option KONTUR-STÄRKE BEI SKALIERUNG ANPASSEN ❷.

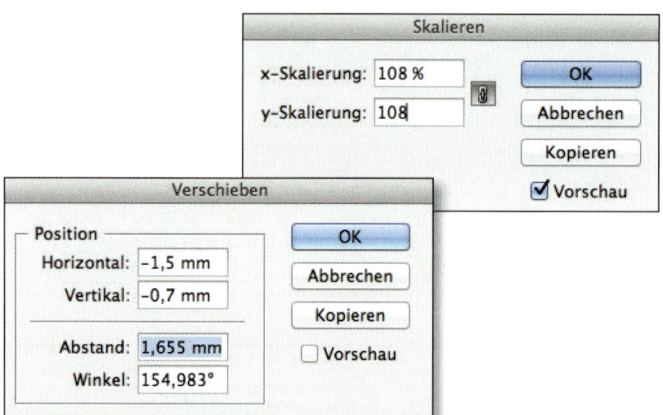

3 Transformation aufnehmen

Nehmen Sie nun die Transformation auf. Es funktioniert wirklich fast wie bei einem Kassettenrekorder:

Zu Beginn doppelklicken Sie auf das Skalie-ren-Werkzeug ⬚, geben den Wert »108 %« in beide Felder ein und bestätigen diesen Dialog nicht über OK, sondern mit KOPIEREN. Wählen Sie nun OBJEKT • TRANSFORMIEREN • VERSCHIEBEN, und geben Sie dort unter POSI-TION für HORIZONTAL »–1,5 mm« und für VERTI-KAL »–0,7 mm« ein. Bestätigen Sie mit OK.

Tipp: Sprechen Sie mit Ihrem Dienstleister, und klären Sie die minimale Strichstärke vorher ab.

4 Transformation abspielen

Sie können einzelne Transformationen, wie z. B. Skalieren, immer wieder über OBJEKT • ERNEUT TRANSFORMIEREN • ERNEUT TRANS- FORMIEREN anwenden ❹.

In unserem Beispiel haben wir jedoch zwei Transformationen, also eine Abfolge, aufge- nommen. Durch das Drücken des Buttons KOPIEREN haben wir praktisch eine Aufnahme gestartet. Wählen Sie für unseren Holzwurm siebenmal OBJEKT • ERNEUT TRANSFORMIEREN • ERNEUT TRANSFORMIEREN – ABFOLGE ❺, oder drücken Sie ⌘/Strg+Alt+4.

5 Objekte verschieben

Der Holzwurm sieht bis jetzt noch nicht überzeugend aus. Daher wollen wir ihn ver- bessern.

Wählen Sie das Auswahlwerkzeug ▶ aus, und verschieben Sie die Kreise mit den Pfeil- tasten nach oben oder unten. Die genaue Platzierung können Sie selbst bestimmen: Spielen Sie einfach mit den Pfeiltasten, und schieben Sie die Wurmelemente in alle Rich- tungen. Irgendwann wird ein Wurm heraus- kommen.

6 Ein Gesicht geben

Nun soll der Holzwurm noch sehen und lachen können. Für die Fühler benutzen Sie den Zeichenstift, einen abgerundeten Kontur- Abschluss und eine Konturstärke von »1 pt«.

Für die Augen verwenden Sie das Ellipse- Werkzeug und ziehen ein Oval mit einer Kontur von »1 pt« und einer weißen Fläche auf. Die Pupille gestalten Sie mit dem glei- chen Werkzeug, jedoch ohne Kontur und in Schwarz.

Rund um das Bild

Arbeiten Sie kreativ mit Bildern. Lernen Sie zunächst einige wichtige Schaltflächen des Steuerung-Bedienfeldes kennen. Danach starten wir in diesem Kapitel richtig durch. Sie lernen, wie Sie Ihren Bild-Workflow beschleunigen können. Mit ein paar Klicks importieren Sie mehrere Bilder oder Seiten in Ihr Dokument. Auch der Import von Illustrator-Ebenen und -Grafiken wird Ihnen hier erklärt. Tauschen Sie anschließend importierte Bilder über das Verknüpfungen-Bedienfeld aus, und halten Sie ihnen den Spiegel vor. Und lernen Sie am Ende eine tolle neue Funktion kennen, mit der Sie den Inhalt eines Layouts auf unterschiedliche Seitenformate adaptieren können.

Fotos: Vidady – Fotolia.com, cdrcom – Fotolia.com,
Danielle Bonardelle – Fotolia.com, Andreas Karelias – Fotolia.com

Das Steuerung-Bedienfeld
Die Schaltzentrale in InDesign

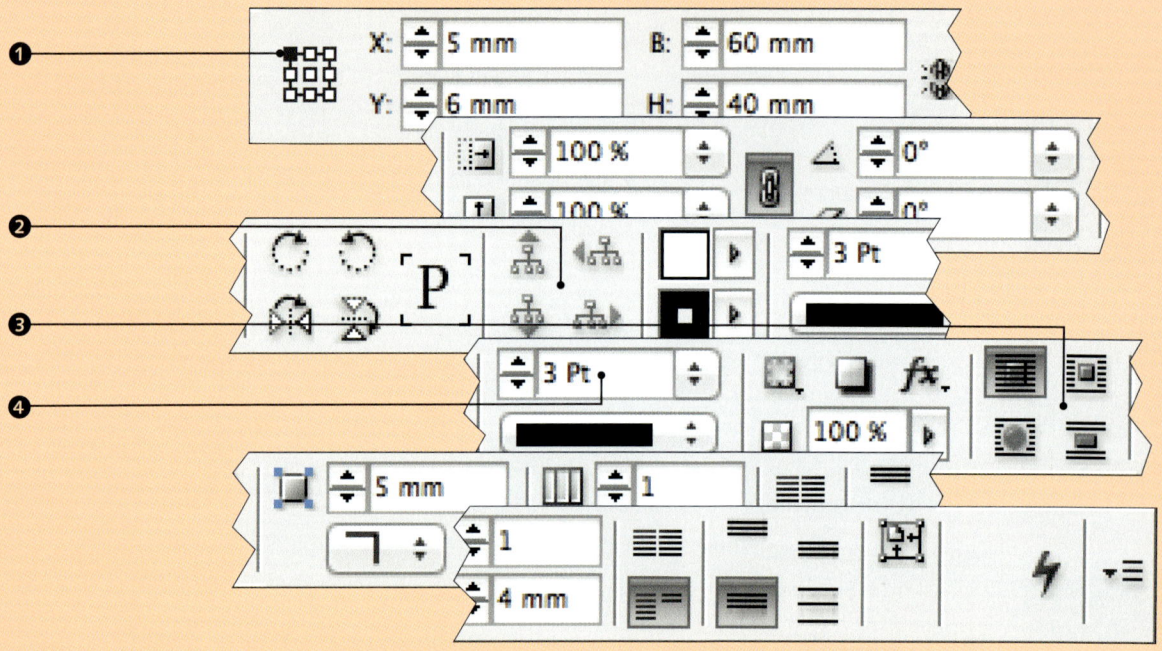

Das Steuerung-Bedienfeld

Das Steuerung-Bedienfeld verändert mit jedem ausgewählten Objekt und jedem Werkzeug sein Aussehen.

In der Abbildung oben sehen Sie das Aussehen dieses Bedienfeldes, wenn zuvor ein Textrahmen mit dem Auswahlwerkzeug ausgewählt wurde. In dieser Ansicht finden Sie viele der wichtigsten Schaltflächen, die ich Ihnen nachfolgend erklären möchte.

Der Ursprung

Jeder Rahmen, ob Text- oder Bildrahmen, hat automatisch neun Quadrate, die ange-

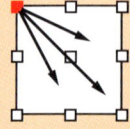

zeigt werden, wenn man ihn mit dem Auswahlwerkzeug anklickt. Mit diesen Quadraten können Sie Transformationen in die richtige Richtung steuern. Klicken Sie in eines der Quadrate ❶, und beobachten Sie die untenstehenden Werte:

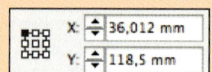

Der X-Wert gibt die Position des ausgewählten Objekts auf der horizontalen Achse an, der Y-Wert die auf der Vertikale. Wollen Sie ein Objekt millimetergenau positionieren, können Sie die Werte hier direkt eingeben. Größe und Breite eines Objekts steuern Sie über die Eingabefelder B (für »Breite«) und H (für »Höhe«). Haben Sie ein Objekt ausgewählt, können Sie hier also ganz einfach die gewünschten Größenangaben eintragen.

Die Inhalts-Schaltflächen

Mit diesen Icons ❷ klicken Sie sich innerhalb einer Gruppierung immer an das richtige Objekt. Oder Sie klicken sich mit diesen Icons durch mehrere Gruppierungen, indem Sie die vier Schaltflächen betätigen.
Wer mehr darüber wissen möchte, liest im Workshop »Objekte einfügen« in Kapitel 3 nach.

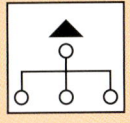 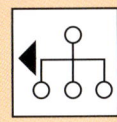

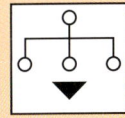 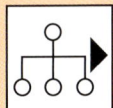

Die Konturenstärke und ihre Art

Auch die Konturenstärke und die Art der Kontur ❹ können Sie mit dem Steuerung-Bedienfeld erstellen. Zur sauberen Bearbeitung müssen Sie jedoch auf das Bedienfeld KONTUR zurückgreifen.

Der Textumfluss

Mit dem Textumfluss ❸ können Sie den Text um ein Bild laufen kassen. Lesen Sie dazu mehr in Kapitel 6.

Ein Blindtext hat keine Möglichkeit, zu einer echten Copy aufzusteigen.

Die Bildrahmen-Schaltflächen

Die Bildrahmen-Schaltflächen erscheinen immer dann, wenn Sie einen leeren Bildrahmen oder ein bereits platziertes Bild ausgewählt haben. Sie zählen für mich zu den wichtigsten Helferlein in InDesign, denn mit ihnen kann man ein platziertes Bild schnell an einen Rahmen anpassen (oder umgekehrt).

Bei den ersten beiden Schaltflächen können Sie gewiss sein, dass die Proportionen bei der Anpassung beibehalten werden. Sie können entweder den Rahmen an den Inhalt oder den Inhalt an den Rahmen anpassen.

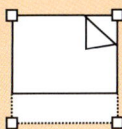 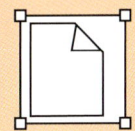

Die nächsten zwei Schaltflächen verzerren den Inhalt, oder der Bildrahmen passt sich an das Bild an.

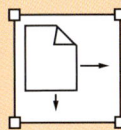 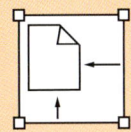

Schnell hat man den Inhalt eines Rahmens verschoben, und das Bild ist nicht mehr sichtbar. Klicken Sie auf diese Schaltfläche, und das Bild wird zentriert wieder in dem Rahmen angezeigt.

Bilder importieren

Gestalten Sie eine Anzeige

Ich zeige Ihnen hier die drei Möglichkeiten, wie Sie Bilder und Grafiken auf die Schnelle in InDesign platzieren können. Vorher müssen Sie jedoch den Hintergrund einfärben. Um diesen zu bearbeiten, zeige ich Ihnen die Arbeit mit dem Ebenen-Bedienfeld aufs Neue.

Nachher

Vorher

Ausgangsdatei
- Das Poster mit Bildern aufpeppen

[Ordner: 01_Import]

Die **antike Gitarre**

London:	Lorem Street | 123 London - UK | www.muster_uk.com
Paris:	Rue de la Ipsum | 13 Paris - F | www.muster_france.com
Berlin:	Fakalut-Weg | 12345 Berlin - G | www.muster_berlin.com
Frankfurt:	Musterstraße | 54321 Frankfurt - G | www.muster_germany.com

Bearbeitungsschritte
- Hintergrund einfärben
- Bild in die Auswahl einfügen
- Logo platzieren

Foto: Scatterly – Fotolia.com

1 Den Hintergrund einfärben

Öffnen Sie die Übungsdatei »Anzeige_Gitarren.indd«. Auf Seite 1 finden Sie das vorbereitete Dokument.

Im Ebenen-Bedienfeld öffnen Sie durch einen Klick auf den Pfeil ❶ die Unterebenen. Wenn Sie nun in der Zeile HINTERGRUND in das kleine Quadrat ❷ klicken, wählen Sie automatisch alle Objekte auf dieser Ebene aus. Hier ist es nur eines: der Hintergrund.

Über das Farbfelder-Bedienfeld geben Sie dem Hintergrund die Farbe »HKS 54 K« ❹ und stellen den FARBTON auf »30« ❸ ein.

2 Die Miniaturansicht

InDesign bietet Ihnen an, sich eine Miniatur der gewählten Datei am Cursor anzeigen zu lassen. Diese Funktion ist bereits voreingestellt.

Sollten Sie die Miniatur nicht sehen, wählen Sie INDESIGN/BEARBEITEN • VOREINSTELLUNGEN • BENUTZEROBERFLÄCHE (oder drücken Sie ⌘/ Strg + K) und aktivieren die Option BEIM PLATZIEREN MINIATUREN EINBLENDEN ❺.

3 Ein Bild importieren

Gehen Sie für die nächsten beiden Schritte auf Seite 2 der Beispieldatei.

Um ein Bild in InDesign importieren zu können, müssen Sie nicht unbedingt einen Grafikrahmen erstellt haben. InDesign erstellt automatisch einen Rahmen in den Abmessungen der ausgewählten Grafik. Wählen Sie DATEI • PLATZIEREN ❻ (oder drücken Sie ⌘/ Strg + D) und dann in dem Ordner BILDER die Datei »Grafitti1.tif«, und klicken Sie auf die Dokumentseite.

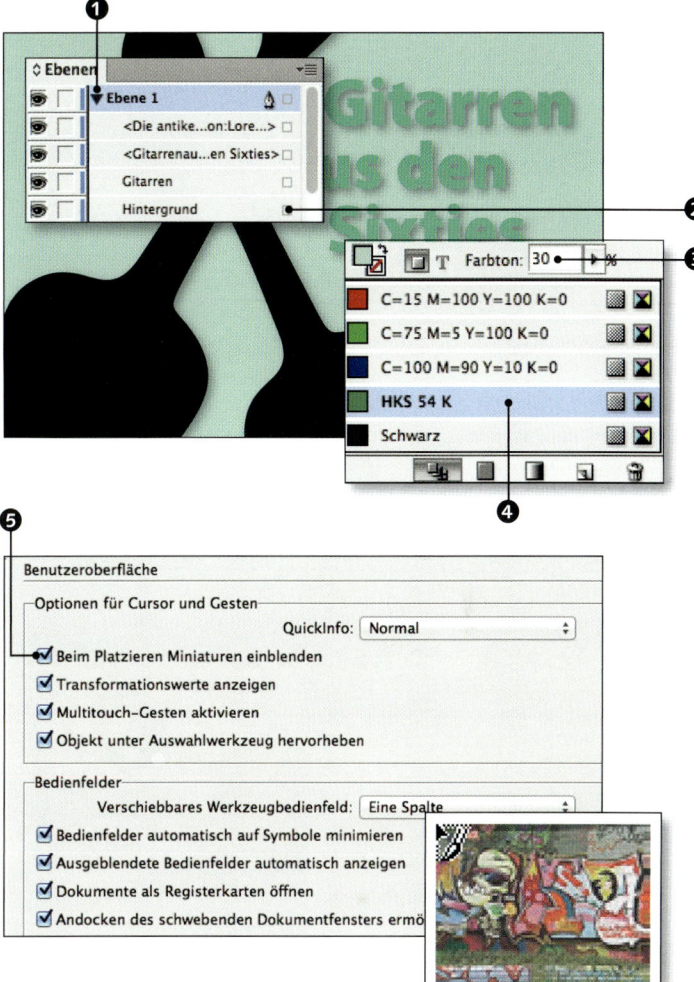

Tipp: InDesign erstellt für jedes Objekt, das Sie auf einer Ebene einfügen, automatisch eine Unterebene.

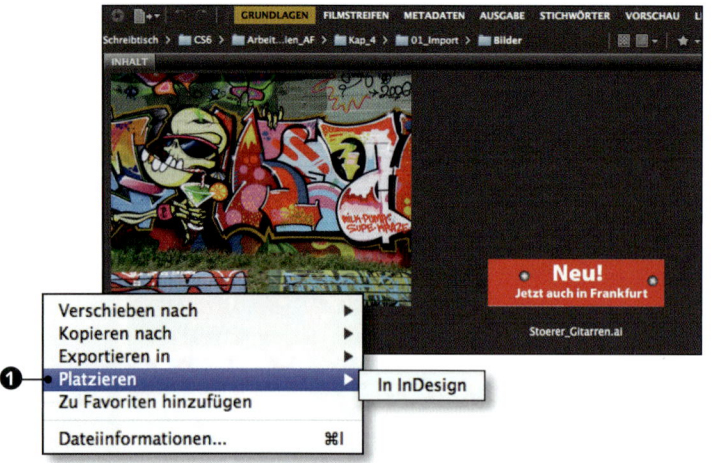

4 Der Import über die Bridge

Einen alternativen Weg zum Import einer Datei beschreiten Sie über Adobe Bridge. Löschen Sie zunächst das Bild auf Seite 2.

Öffnen Sie das Programm Bridge über das Bridge-Icon [Br] in der Anwendungsleiste von InDesign CS6. Wählen Sie dort den Übungsordner 01_IMPORT von der Buch-DVD aus.

Aktivieren Sie die Datei »Grafitti1.tif« mit einem Klick auf das Bild, und gehen Sie anschließend in das Menü DATEI • PLATZIEREN • IN INDESIGN ❶.

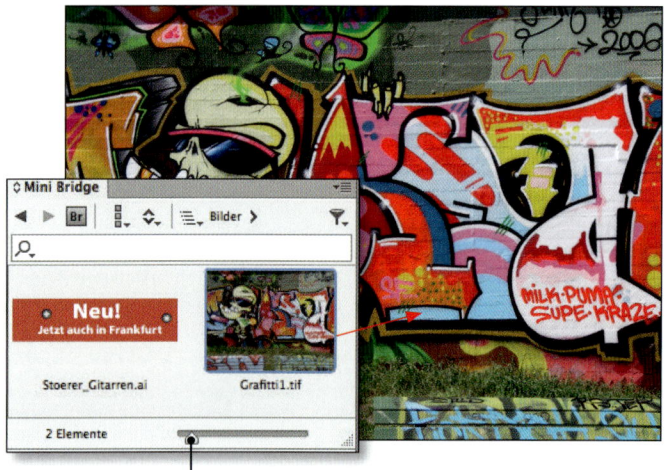

5 Und aus der Mini Bridge

Löschen Sie nochmals das Bild auf Seite 2, denn noch einfacher geht das Platzieren aus der Mini Bridge. Sie finden sie über FENSTER • MINI BRIDGE. Nach einem Klick auf BRIDGE STARTEN navigieren Sie wie gewohnt zur gewünschten Datei.

Wählen Sie das Bild aus, und ziehen Sie es einfach in Ihr Dokument.

Mit dem Regler ❷ können Sie die Bilder in der Ansicht vergrößern oder verkleinern.

6 In einen Rahmen einfügen

Gehen Sie nun wieder auf Seite 1 der Beispieldatei.

Möchten Sie ein Bild in einen vorhandenen Rahmen einfügen, können Sie dafür alle vorgenannten Möglichkeiten nutzen. Ich habe hier die Variante mit der Mini Bridge benutzt.

Ziehen Sie einfach das gewünschte Bild aus der Mini Bridge auf die Gitarren ❸, und lassen Sie dann die Maustaste los.

7 Wählen Sie den Inhalt aus

Wenn Sie mit dem Auswahlwerkzeug 🔺 auf ein Bild klicken, erscheint der sogenannte »Donut« ❹.

Wenn Sie auf den Donut kommen, können Sie, ohne das Werkzeug zu verlassen, den Inhalt des Bildrahmens schnell verschieben.

Ich muss bei dieser Funktion jedoch zur Vorsicht raten. Zu schnell haben Sie den Inhalt verschoben, ohne dass Sie dies wollten.

8 Den Inhalt skalieren

Sie können, wenn Sie den Inhalt eines Bildrahmens ausgewählt haben, diesen beliebig transformieren.

Ich habe mich für eine Drehung ❺ mit dem Wert »57°« und eine Skalierung ❻ von »110 %« entschieden.

Spielen Sie mit den Inhalten. Sie können so Bilder in das richtige Licht rücken.

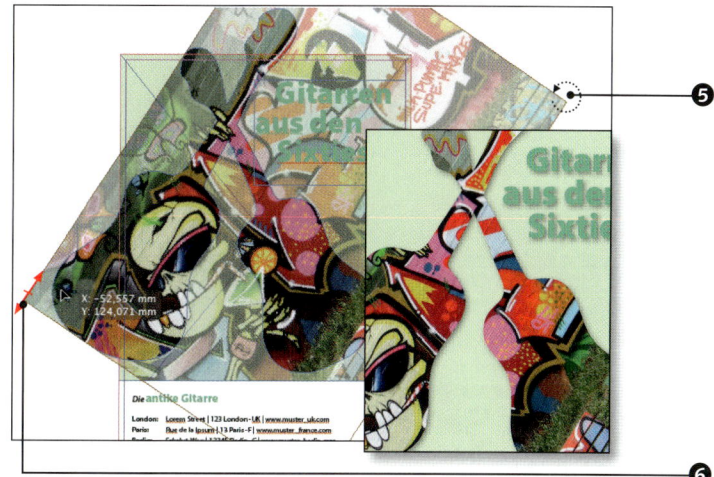

9 Die Grafik platzieren

Schließen wir die Arbeit ab. Platzieren Sie noch die Datei »Stoerer_Gitarren. ai« aus dem Ordner, und positionieren Sie diese links auf der Seite.

Positionieren Sie die Grafik so, dass sie ins Auge fällt, und drehen Sie die Grafik etwas nach oben.

Die Importoptionen

Bilder, PDF-Dateien und mehr – steuern Sie den Import!

Das Ziel in diesem Workshop ist es, dass Sie sich mit dem Import und seinen Möglichkeiten vertraut machen. Sie werden lernen, wie Sie aus einer mehrseitigen PDF-Datei nur eine bestimmte Seite herauspicken können, Seiten aus einer InDesign-Datei importieren können und Ebenen aus einer Photoshop-Datei oder PDF-Datei ein- bzw. ausblenden können. Öffnen Sie zum Üben die Datei »Import +Ebenen.indd«.

Bearbeitungsschritte

- Bildimportoptionen
- PDF-Optionen einstellen
- Objektebenen aktivieren

Nachher

Foto: Andrea Forst

Vorher

Ausgangsdatei

- Karten in InDesign austauschen

[Ordner: 02_Importoptionen]

1 Importoptionen aktivieren

Gehen Sie auf Seite 1, und wählen Sie DATEI • PLATZIEREN. Im nun erscheinenden Dialog finden Sie die Option IMPORTOPTIONEN ANZEIGEN ❶. Wenn Sie diese Option aktivieren, wird Ihnen von nun an vor jedem Import der Bildimportoptionen-Dialog ❷ angezeigt. Diesen werde ich in den folgenden Schritten beschreiben.

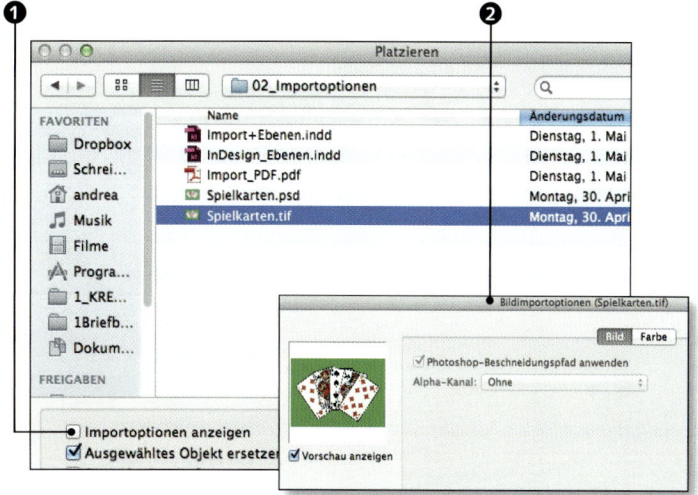

2 Die Optionen für ein Bild

Nachdem Sie in Schritt 1 die Importoptionen aktiviert haben, wählen Sie anschließend die Datei »Spielkarten.tif« aus und klicken auf ÖFFNEN. Es öffnet sich das Fenster Bildimportoptionen.

In den Reitern für BILD ❸ und FARBE ❹ finden Sie, sofern in der Originaldatei angewendet, Einstellmöglichkeiten für Beschneidungspfade und Farbprofile.

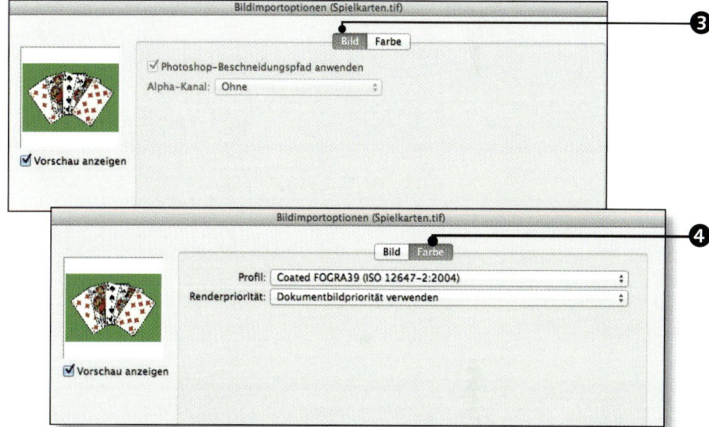

3 Ein PDF importieren

Sie können eine oder mehrere Seiten einer PDF-Datei in den Importoptionen auswählen und in Ihrem InDesign-Dokument platzieren. Wählen Sie dazu die Datei »Import_PDF.pdf«, und suchen Sie sich die gewünschte Seite mithilfe der Pfeile ❻ aus. Klicken Sie dann jeweils auf die Seiten 1 und 2.

Möchten Sie mehrere Seiten gleichzeitig platzieren, geben Sie im Eingabefeld unter BEREICH ❺ z.B. »1-3« ein. Die Seiten 1 bis 3 werden eingefügt. Wenn Sie die Eingabe mit OK bestätigen, platzieren Sie jetzt mit jedem Klick auf Ihr Dokument eine PDF-Seite.

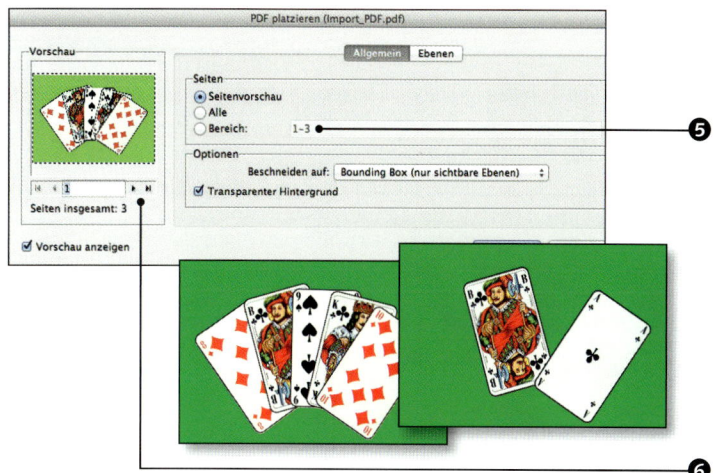

4 Das PDF zurechtschneiden

Erwarten Sie bei der Option BESCHNEI-DEN AUF ❷ nicht zu viel. Sie können das PDF nur eingeschränkt beschneiden, was aber oft dennoch hilfreich sein kann.

Wenn Sie die Option BOUNDING BOX (ALLE EBENEN) wählen, platzieren Sie das PDF mit allen Marken ❶. Wählen Sie ZUSCHNITT ❸, dann platzieren Sie das PDF in der Originalgröße ohne weiteren Zusatz. Das sind die beiden wichtigsten Optionen.

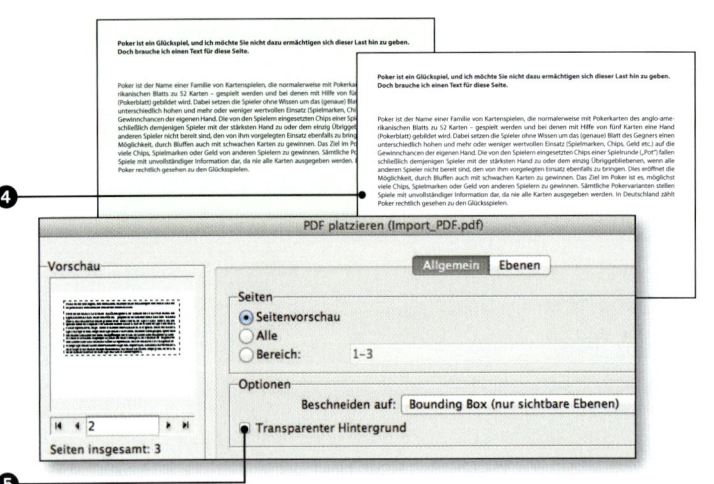

5 Den Hintergrund einstellen

Aktivieren Sie die Option TRANSPAREN-TER HINTERGRUND ❺, können Sie z. B. ein aus InDesign erstelltes PDF wie eine freigestellte Bilddatei platzieren.

Deaktivieren Sie diese Option, wird das PDF automatisch mit einem weißen Hintergrund ❹ eingefügt.

6 Die Objektebenenoptionen

Öffnen Sie die Importoptionen für die Datei »Spielkarten.psd«, und wählen Sie den Reiter EBENEN ❻.

Hier werden alle Ebenen der Photoshop-Datei angezeigt. Ein Auge vor jeder Ebene zeigt an, dass diese in Photoshop eingeblendet war.

Aktivieren Sie jetzt die Ebene »Ass« ❽. Anschließend sollten Sie die Ebene »Karo10« ❼ mit einem Klick auf das Auge deaktivieren. Aktivieren und deaktivieren Sie nun nacheinander die Spielkarten, bis Sie einen Royal Flush erhalten haben.

7 Ebenen aus InDesign-Seiten

Den gleichen Ebenen-Dialog erhalten Sie auch, wenn Sie InDesign-Seiten mit Ebenen platzieren. Auch wenn diese Datei wie ein Bild aussieht, verfügt sie doch über alle angelegten Bestandteile.

Platzieren Sie mit aktivierter Importoptionen-Funktion die Datei »InDesign_Ebenen.indd« aus dem Übungsordner, und deaktivieren Sie über das Auge die Ebene »Text« ❾.

8 Ebenen aus TIFF-Bildern

Nun haben wir alle wichtigen Importoptionen durchgespielt. Im Anschluss möchte ich Ihnen noch zwei Hinweise liefern.

Seit Photoshop CS2 können Sie auch TIFF-Dateien mit Ebenen speichern. Leider werden diese Ebenen aber nicht von InDesign unterstützt. Sie müssen die TIFF-Datei zuerst in Photoshop als PSD mit Ebenen abspeichern, dann klappt der Import der Ebenen.

9 Ein Tipp zum Schluss

Die automatische Anzeige der Importoptionen ist manchmal praktisch, kann aber auch auf die Nerven gehen, wenn man den Dialog gar nicht benötigt, denn er erscheint ja bei jedem Import.

Wollen Sie nicht bei jedem Import die Optionen angezeigt bekommen, deaktivieren Sie IMPORTOPTIONEN ANZEIGEN wieder. Wenn Sie die Optionen benötigen, können Sie sie für ein ausgewähltes Bild separat aktivieren: Halten Sie dazu beim Öffnen der Datei ⇧ gedrückt, und bestätigen Sie mit OK.

Illustrator-Ebenen importieren

Gestalten Sie das CD-Cover aus

Wir haben in Kapitel 3 ein CD-Cover erstellt. Nun wollen wir dem Cover noch Grafiken hinzufügen. Das wäre einfach, wenn da nicht ein Hintergrund wäre, der nicht ohne Weiteres aus der Datei gelöscht werden kann. In diesem Workshop zeige ich Ihnen deshalb, wie Sie dennoch Illustrator-Ebenen in InDesign ausblenden können.

Ausgangsdatei

- Illustrator- oder PDF-Datei als Basis für das Cover

[Ordner: 03_Illustratorebene]

Bearbeitungsschritte

- Illustrator-Datei als PDF speichern
- PDF-Ebenen steuern
- Effekte anwenden

Vorher

Nachher

Illustration: Andrea Forst

1 Die kleine Umleitung

Öffnen Sie die Datei »Button.ai« in Illustrator, und speichern Sie sie erneut. Wählen Sie dabei jedoch das Dateiformat »Adobe PDF«, und stellen Sie im anschließend erscheinenden Dialogfenster unter KOMPATIBILITÄT ❶ mindestens »Acrobat 6 (PDF 1.5)« ein.

Ab dieser Programmversion können Sie AUS OBEREN EBENEN ACROBAT-EBENEN ERSTELLEN ❷ auswählen.

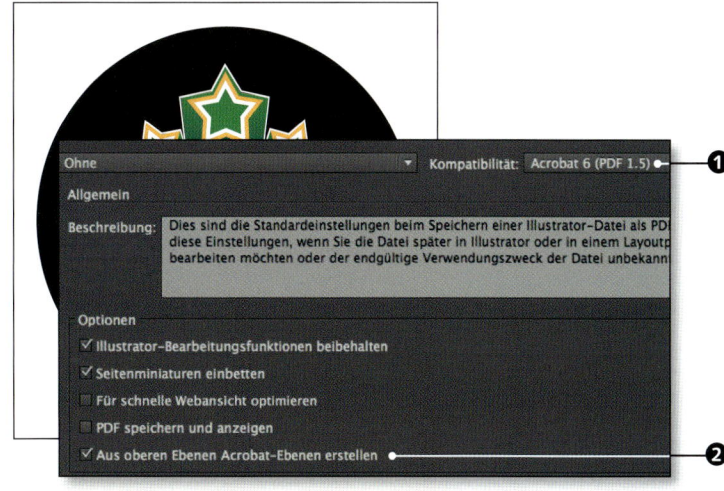

2 Das PDF einfügen

Öffnen Sie nun Ihr in Kapitel 3 bereits erstelltes CD-Cover, oder benutzen Sie die Datei »CD-Cover_Grafiken.indd« aus dem Übungsordner. Platzieren Sie auf der Titelseite das in Schritt 1 erstellte PDF oder nutzen Sie die Datei »Button.pdf«. Öffnen Sie, bevor Sie klicken, die Importoptionen, und wählen Sie hier TRANSPARENTER HINTERGRUND ❸.

In meiner Beispieldatei ist die Titelseite die Seite mit dem gelben Hintergrund. Wählen Sie den gelben Rahmen aus, und fügen Sie das Bild ein.

3 Die Objektebenenoptionen

Wählen Sie anschließend die Grafik und danach das Menü OBJEKT • OBJEKTEBENENOPTIONEN aus. In diesem Dialog blenden Sie nun die Ebenen »Stern_Abdecker« und »Hintergrund_Button Kopie« aus, indem Sie jeweils auf das Auge ❹ klicken.

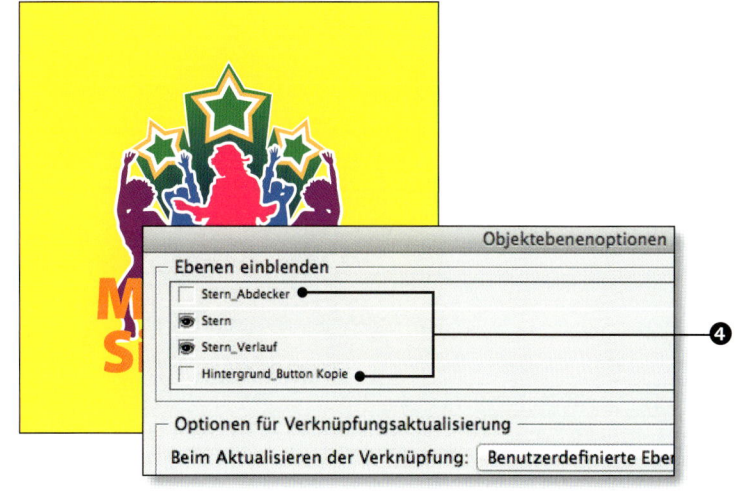

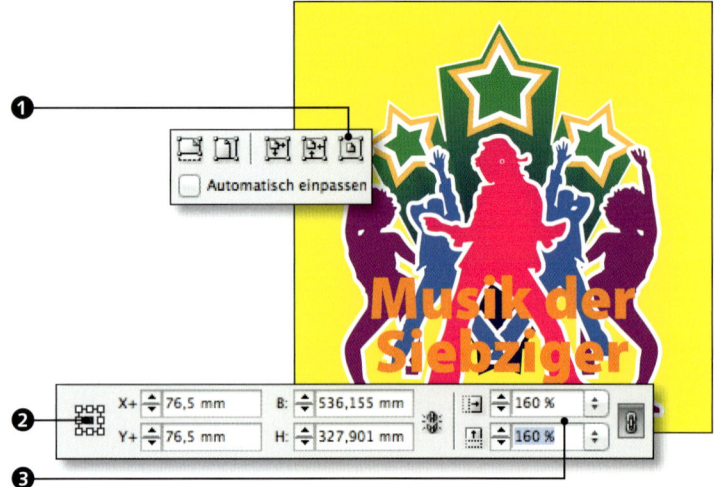

4 Die Bildgröße verändern

Zentrieren Sie nun das platzierte PDF über die Schaltfläche INHALT ZENTRIEREN ❶ im Steuerung-Bedienfeld. Wählen Sie den Inhalt des geladenen PDFs mit dem Direktauswahl-Werkzeug ⌕ aus. Danach setzen Sie im Steuerung-Bedienfeld den Bezugspunkt ❷ mit einem Klick auf das Quadrat in die Mitte. Für die SKALIERUNG ❸ geben Sie nun je »160 %« ein.

Spielen Sie mit den Bildern. Sie können dadurch Ihre Arbeit nur aufwerten.

5 Die Schrift hervorheben

Jetzt haben Sie die Illustration von dem schwarzen Rahmen befreit und die Bildgröße verändert. Die Schrift jedoch kann man nicht lesen.

Um die Schrift hervorzuheben, wählen Sie zuvor den Textrahmen aus. Danach wählen Sie im Steuerung-Bedienfeld über den kleinen Pfeil ❹ die Effekte aus. Hier wählen Sie nun die Optionen SCHLAGSCHATTEN ❺ und SCHEIN NACH INNEN ❻ aus. Schon haben Sie mit ein paar Klicks die Schrift etwas lesbarer gemacht.

6 Zwei hilfreiche Tipps

Damit Ihre eigene Ebeneneinstellung bei der Aktualisierung der Verknüpfung nicht verloren geht, achten Sie darauf, dass Sie die BENUTZERDEFINIERTE EBENENSICHTBARKEIT BEI-BEHALTEN ❼ in den OBJEKTEBENENOPTIONEN einstellen.

Egal ob PDF oder PSD, Sie können diese Dateien ohne Bedenken weitergeben. Als PSD sind die Dateien zwar sehr groß, aber auch sie lassen sich weiterverarbeiten. Befragen Sie dennoch stets Ihren Druckdienstleister. Alternativ könnten Sie auch eine TIFF-Datei verwenden.

Hinweis: Lesen Sie im Workshop »Das Verknüpfungen-Bedienfeld« auf Seite 120 mehr über die Aktualisierungen.

Duplex-Bilder erstellen

Bauen Sie eine Art Warhol nach

Während sich der Künstler Andy Warhol damals viel Arbeit gemacht hat, können Sie heute mithilfe des Computers seine Arbeit in wenigen Schritten (mit Einschränkungen) nachbauen. Sie brauchen dafür jedoch das Programm »Photoshop«. Für alle, die nicht die komplette Creative Suite 6 erworben haben, stelle ich natürlich wie immer alle benötigten Arbeitsdateien zur Verfügung.

Bearbeitungsschritte

- Bild in Photoshop bearbeiten
- Das Bild einfügen
- Duplikate erstellen
- Die Fläche bzw. den Inhalt einfärben

Ausgangsdatei

- Ein Bild mehrfach verwenden

[Ordner: 04_Duplex]

Foto: Andrea Forst

1 Das Bild in Graustufen umwandeln

Öffnen Sie die Datei »Hibuskus.tif« aus dem Übungsordner in Photoshop.

Wählen Sie dann unter BILD • MODUS • GRAUSTUFEN ❶ aus. Nachdem Sie die Warnung mit LÖSCHEN bestätigt haben, sollten Sie ein schwarzweißes Bild sehen.

Wählen Sie bitte nicht unter BILD • KORREKTUREN • SCHWARZWEISS aus. Dieser Filter ist zwar sehr gut, aber dieser Workshop funktioniert so nicht.

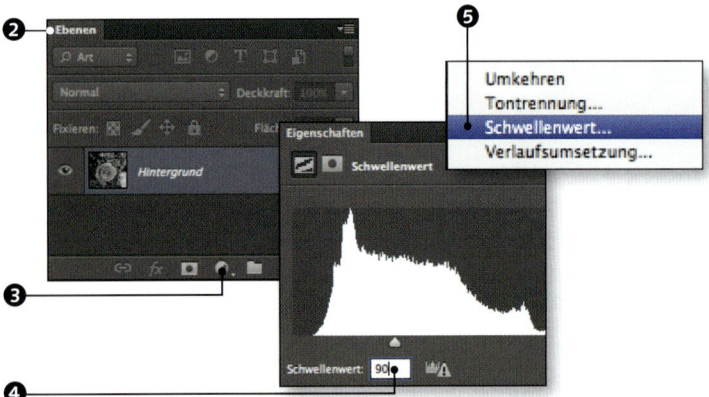

2 Das Bild verändern

Mit dem Schwellenwert können Sie Graustufen- oder Farbbilder in kontrastreiche Bilder konvertieren. Gehen Sie im Ebenen-Bedienfeld ❷ auf die Schaltfläche NEUE FÜLL- ODER EINSTELLUNGSEBENE ERSTELLEN ❸, und wählen Sie die Option SCHWELLENWERT ❺.

Im Eigenschaften-Bedienfeld stellen Sie den Schwellenwert auf »90« ❹ ein.

Speichern Sie die Datei als TIFF auf Ihrem Rechner ab.

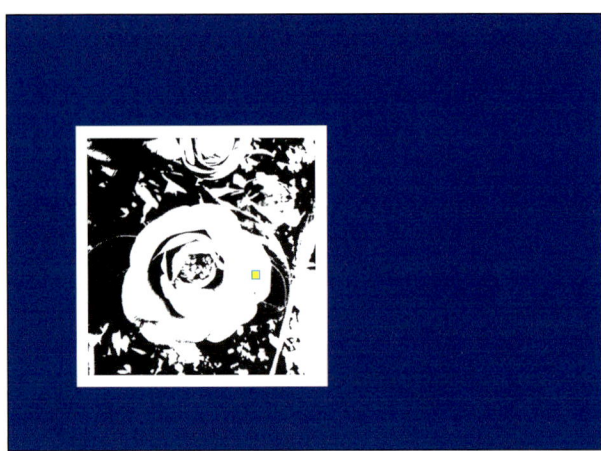

3 Die Datei einfügen

Öffnen Sie die Datei »Duplex.indd« aus dem Übungsordner, und erstellen Sie einen Bildrahmen ⊠ mit den Maßen »60 x 60 mm«. Positionieren Sie den Rahmen auf die Koordinaten »X = 13 mm«, »Y = 75 mm«, und geben Sie dem Rahmen eine weiße Kontur in der Stärke »8 Pt«.

Importieren Sie danach Ihr in Schritt 1 und 2 erzeugtes Bild, oder nutzen Sie die Datei »Hibuskus_Grau.tif«.

Im Steuerung-Bedienfeld klicken Sie anschließend auf die Schaltfläche RAHMEN PROPORTIONAL FÜLLEN 🖾 .

4 Die Rahmen duplizieren

Wählen Sie den Rahmen aus, und öffnen Sie unter BEARBEITEN • DUPLIZIEREN UND VERSETZT EINFÜGEN den Dialog. Stellen Sie unter VERTIKAL »60 mm« ❻, unter HORIZONTAL »0 mm« ein, und bestätigen Sie mit OK.

Wählen Sie nun beide Rahmen aus, und öffnen Sie wieder den Dialog. Nun stellen Sie unter HORIZONTAL »60 mm« ❼ und unter Vertikal »0 mm« ein.

Wie ein Warhol sieht unsere Arbeit noch nicht aus, aber das ändert sich im nächsten Schritt.

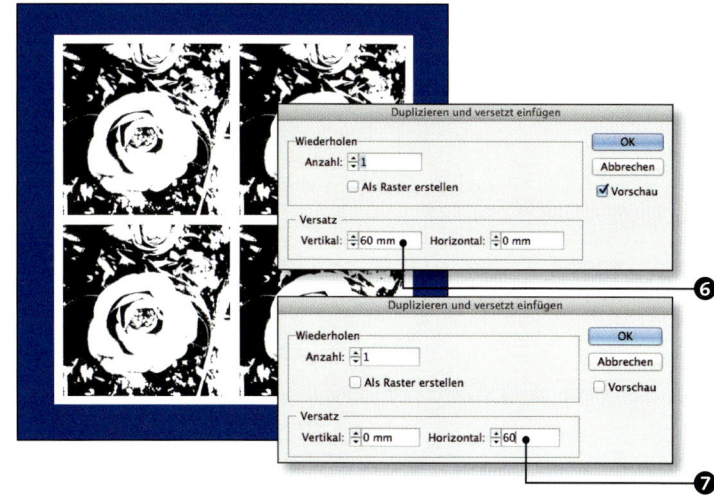

5 Die Bilder einfärben

Mit dem Auswahlwerkzeug ▶ (schwarzer Pfeil) wählen Sie die weißen Bereiche im Bild aus. Über das Farbfelder-Bedienfeld können Sie eine Farbe vergeben.

Die schwarzen Bereiche im Bild wählen Sie mit dem Direktauswahl-Werkzeug ▶ (weißer Pfeil) aus. Auch diese lassen sich über das Farbfelder-Bedienfeld einfärben.

Spielen Sie mit den Farben, bis Ihnen Ihre Arbeit gefällt. Arbeiten Sie mit kontrastreichen Farben.

6 Die Arbeit fertigstellen

Ich weiß nicht, wie es Ihnen geht. Aber ich finde das Layout noch etwas flach. Außerdem sollte sich unsere »Fälschung« etwas von der Arbeit des Künstlers abheben.

Gruppieren Sie alle vier Bilder über ⌘/ Strg + G . Anschließend wählen Sie die Schrift und die Bildergruppe aus, und klicken im Steuerung-Bedienfeld auf die Schaltfläche SCHLAGSCHATTEN ❽.

Mehrere Bilder importieren

Optimieren Sie Ihren Workflow

Bisher haben Sie immer nur ein Bild in Ihrer Datei platziert. In diesem Workshop zeige ich Ihnen, dass es auch schneller gehen kann. Duplizieren Sie auf eine ganz schnelle Art, und importieren Sie mehrere Bilder gleichzeitig. Danach spielen wir ein Quiz, gewinnen können Sie aber leider nichts.

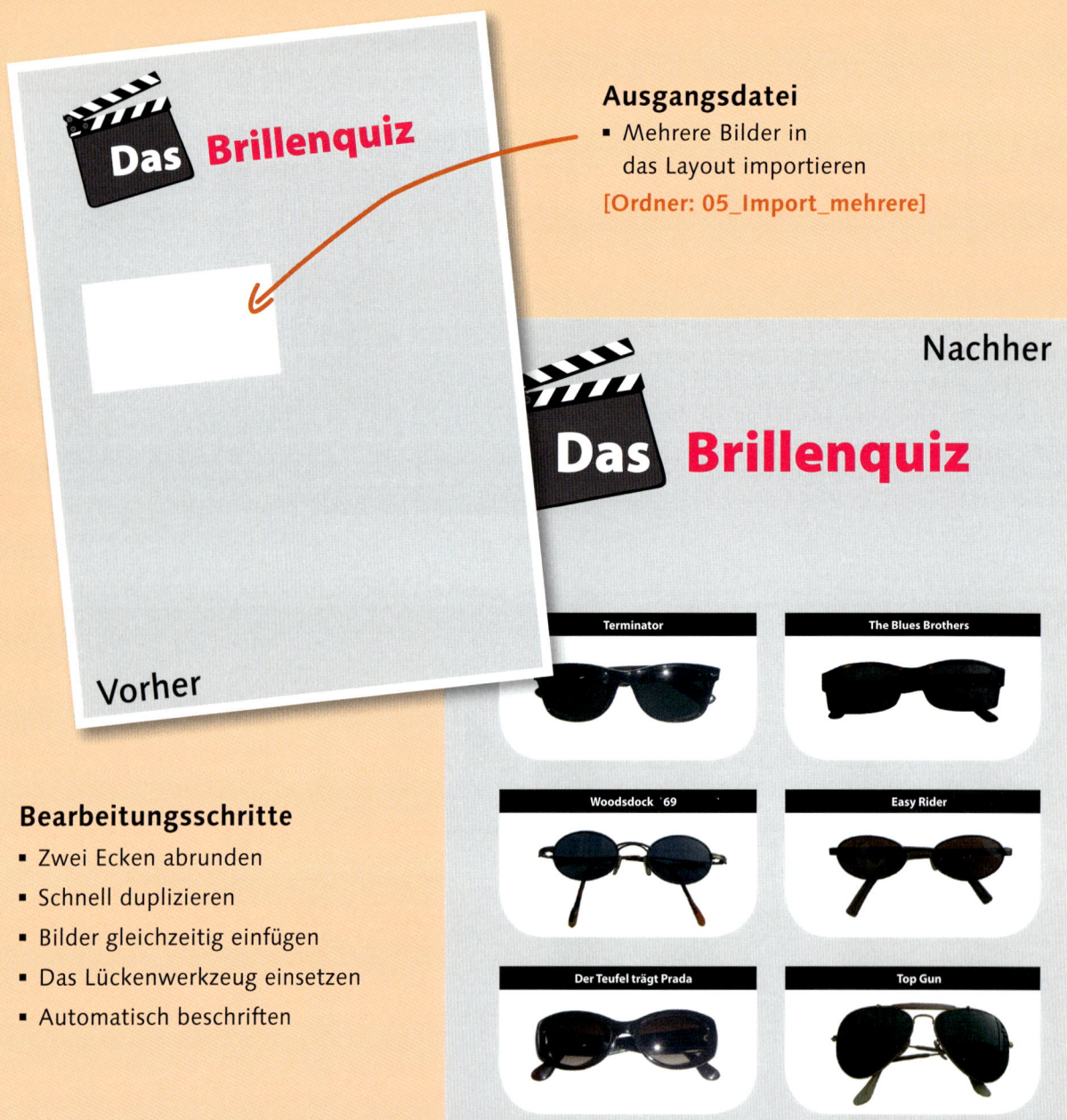

Ausgangsdatei
- Mehrere Bilder in das Layout importieren

[Ordner: 05_Import_mehrere]

Nachher

Vorher

Bearbeitungsschritte
- Zwei Ecken abrunden
- Schnell duplizieren
- Bilder gleichzeitig einfügen
- Das Lückenwerkzeug einsetzen
- Automatisch beschriften

1 Zwei Ecken abrunden

Starten wir das Quiz mit der Datei »Katalogseite.indd«. Wählen Sie zunächst das Menü ANSICHT • RASTER UND HILFSLINIEN, und aktivieren Sie INTELLIGENTE HILFSLINIEN ❶.

Markieren Sie die weiße Fläche, und öffnen Sie den Dialog OBJEKT • ECKENOPTIONEN. Hier deaktivieren Sie zunächst per Klick auf das Ketten-Symbol ❹ die Verkettung und stellen anschließend für die oberen Ecken die Form auf OHNE ❷. Für die unteren Ecken wählen Sie ABGERUNDET ❸. Stellen Sie hier für die unteren Ecken noch den Wert »16 x 16 mm« ein.

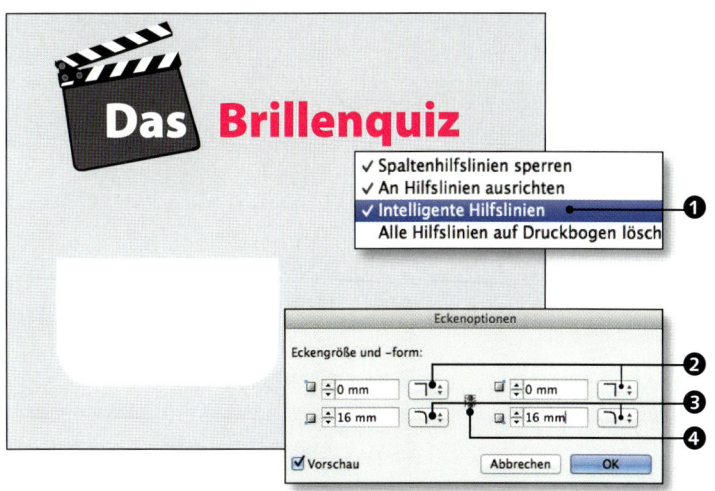

2 Das schnelle Duplizieren

Wählen Sie den Rahmen mit dem Auswahlwerkzeug ▶ aus, und ziehen Sie ihn mit gedrückter Alt -Taste nach rechts. Danach wählen Sie beide Rahmen aus, und ziehen diese mit gedrückter Alt -Taste an die untere Hilfslinie. Lassen Sie nun die Alt -Taste los, halten Sie aber die Maustaste gedrückt. Drücken Sie jetzt 1-mal die Pfeiltaste nach oben ↑ . Es wird Ihnen nun eine weitere Reihe an Rahmen eingefügt. Sie haben also vier Rahmen am Mauszeiger, die Sie nun gemeinsam platzieren können.

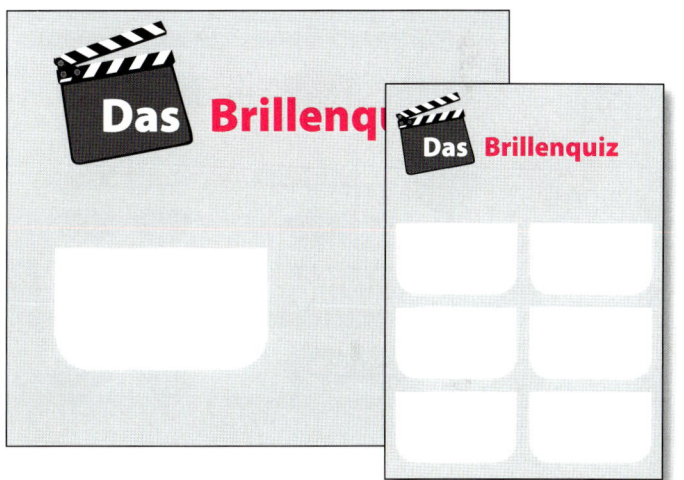

3 Anweisung für den Rahmen

Wählen Sie mit dem Auswahlwerkzeug ▶ alle Rahmen auf Seite 2 aus, und gehen Sie in das Menü OBJEKT • ANPASSEN • RAHMENEINPASSUNGSOPTIONEN ❺.

Hier können Sie bestimmen, wie die Bilder in die leeren Rahmen eingepasst werden sollen. Wählen Sie den Bezugspunkt ZENTRIERT ❼ und die Option INHALT PROPORTIONAL ANPASSEN ❻.

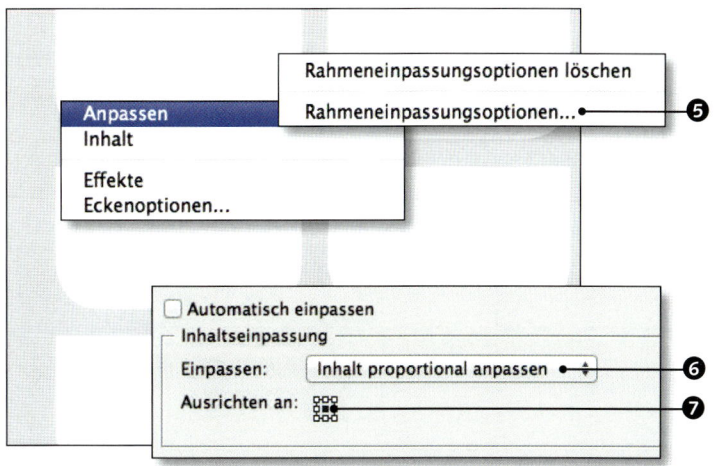

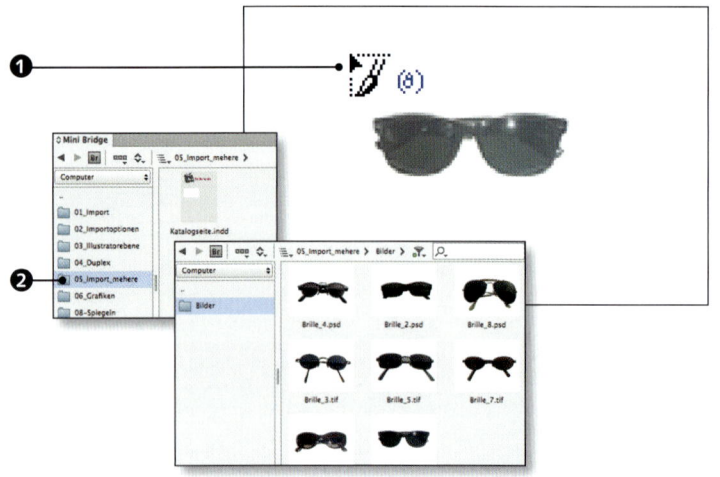

4 Mehrere Bilder platzieren

Sind die Rahmenoptionen erstellt, dann platzieren Sie über die Mini Bridge alle Bilder.

Suchen Sie nun den Ordner 05_IMPORT_MEHRERE ❷ auf Ihrem Rechner. Wählen Sie dort im Ordner BILDER mit gedrückter ⇧-Taste alle Bilder aus, und ziehen Sie sie auf das Dokument.

An Ihrem Cursor ❶ wird Ihnen nun die Miniatur des ersten Bildes angezeigt und die Tatsache, dass acht Bilder an dem Cursor »hängen«.

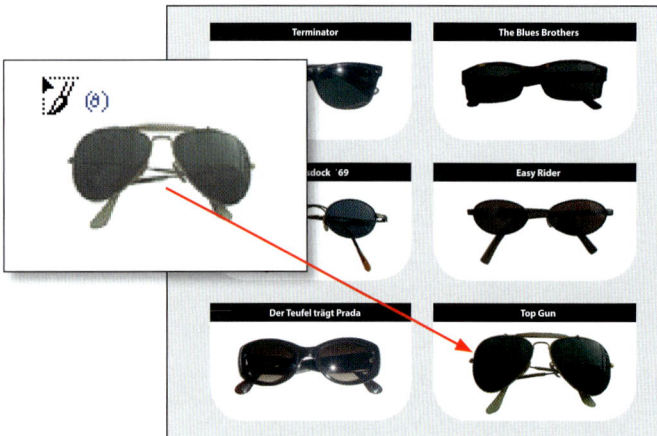

5 In die Rahmen einfügen

Nun können Sie die Bilder in die Rahmen einfügen. Doch ganz so einfach mache ich es Ihnen nicht: Die Bilder hängen nicht in der Reihenfolge der Spielfilme an Ihrem Cursor. Mit der Pfeiltaste nach rechts → auf Ihrer Tastatur können Sie sich durch die Bilder hangeln und das entsprechende Bild auswählen.

Haben Sie das jeweilige Bild gefunden, so klicken Sie einfach in den Rahmen und fügen dadurch das Bild ein.

6 Alle Bilder gleichzeitig platzieren

InDesign bietet Ihnen an, dass Sie alle ausgewählten Bilder in einem Raster gleichzeitig platzieren können.

Gehen Sie auf Seite 3. Haben Sie die Dateien, wie in Schritt 4 beschrieben, ausgewählt, dann drücken Sie mit gehaltener Maustaste 1-mal die Pfeiltaste nach rechts und danach 3-mal die Pfeiltaste nach oben. Ziehen Sie anschließend die Rahmen vom linken oberen Rand an den rechten unteren Rand. Lassen Sie die Maustaste los.

Tipp: Drücken Sie die Esc -Taste, wird die Datei an Ihrem Cursor gelöscht.

7 Das Lückenwerkzeug

Mit dem Lückenwerkzeug ↔ können Sie die Breiten oder die Höhen der Grafikrahmen verändern.

Damit die Bilder nicht angeschnitten werden, wählen Sie zunächst alle Bilder aus. Aktivieren Sie dann im Steuerung-Bedienfeld AUTOMATISCH EINPASSEN ❸. So werden die Inhalte automatisch an die Transformation angepasst.

Um mit dem Werkzeug vertraut zu werden, wählen Sie das Lückenwerkzeug aus, und spielen Sie ein wenig herum.

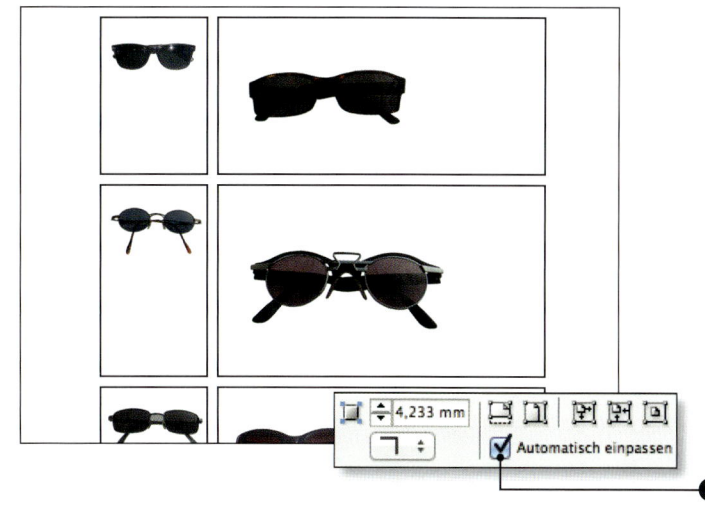

8 Einzelne Bereiche, Bilder und Abstand

Sie müssen immer mit dem Lückenwerkzeug ↔ die Lücken aktiviert haben.

Halten Sie z. B. die ⌘/Strg-Taste gedrückt, verändern Sie den Spalten- oder Zeilenabstand über die gesamte Zeile oder Spalte ❺. Halten Sie dabei noch die ⇧-Taste gedrückt, so verändern Sie nur den Abstand zwischen den zwei Bildern ❹. Mit gedrückter Alt-Taste verschieben Sie die Bilder inklusive des vorhandenen Abstands ❻.

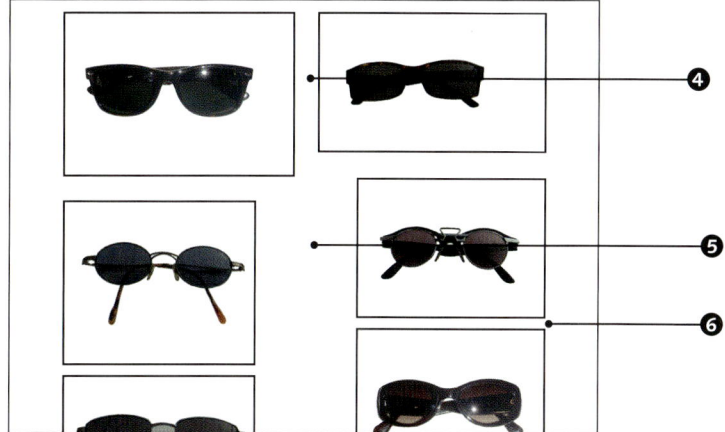

9 Automatische Beschriftung

Um schnell einen Kontaktabzug zu erstellen, können Sie sich die platzierten Bilder automatisch beschriften lassen.

Wählen Sie dafür die Bilder auf der Seite aus, gehen Sie in OBJEKT • BESCHRIFTUNGEN • BESCHRIFTUNG EINRICHTEN ❼, und wählen Sie unter NAME die gewünschte Beschriftung aus. Anschließend gehen Sie wieder in OBJEKT • BESCHRIFTUNGEN • DYNAMISCHE BESCHRIFTUNG ERSTELLEN ❽.

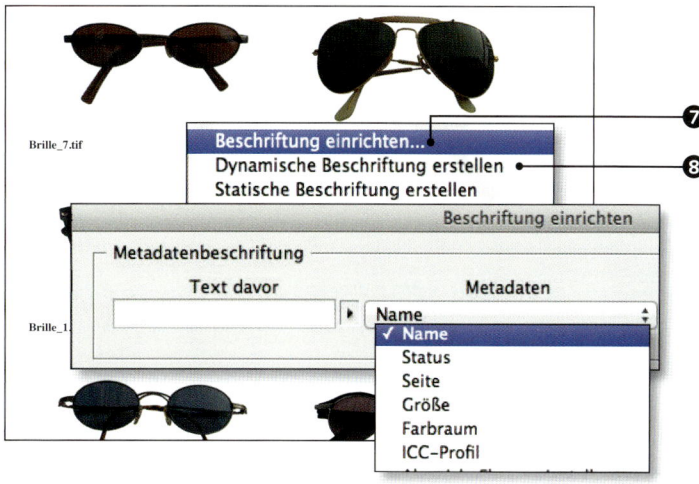
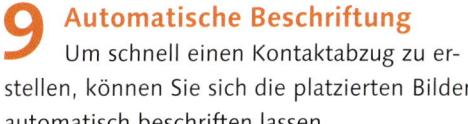

Illustrator-Grafiken einfügen

Bearbeiten Sie die Grafiken, und suchen Sie nach Farben

Für diesen Workshop brauchen Sie das Programm Adobe Illustrator CS5 oder höher. Hier möchte ich Ihnen zeigen, dass Sie Illustrator-Grafiken nach InDesign kopieren können und dass Sie diese auch bearbeiten können. Sie ersparen sich nicht nur viel Arbeit, – auch der sogenannte Datenmüll auf Ihrem Rechner hält sich in Grenzen.

Bearbeitungsschritte

- Illustrator-Grafiken bearbeiten
- Farben durch Suchen und Ersetzen ändern

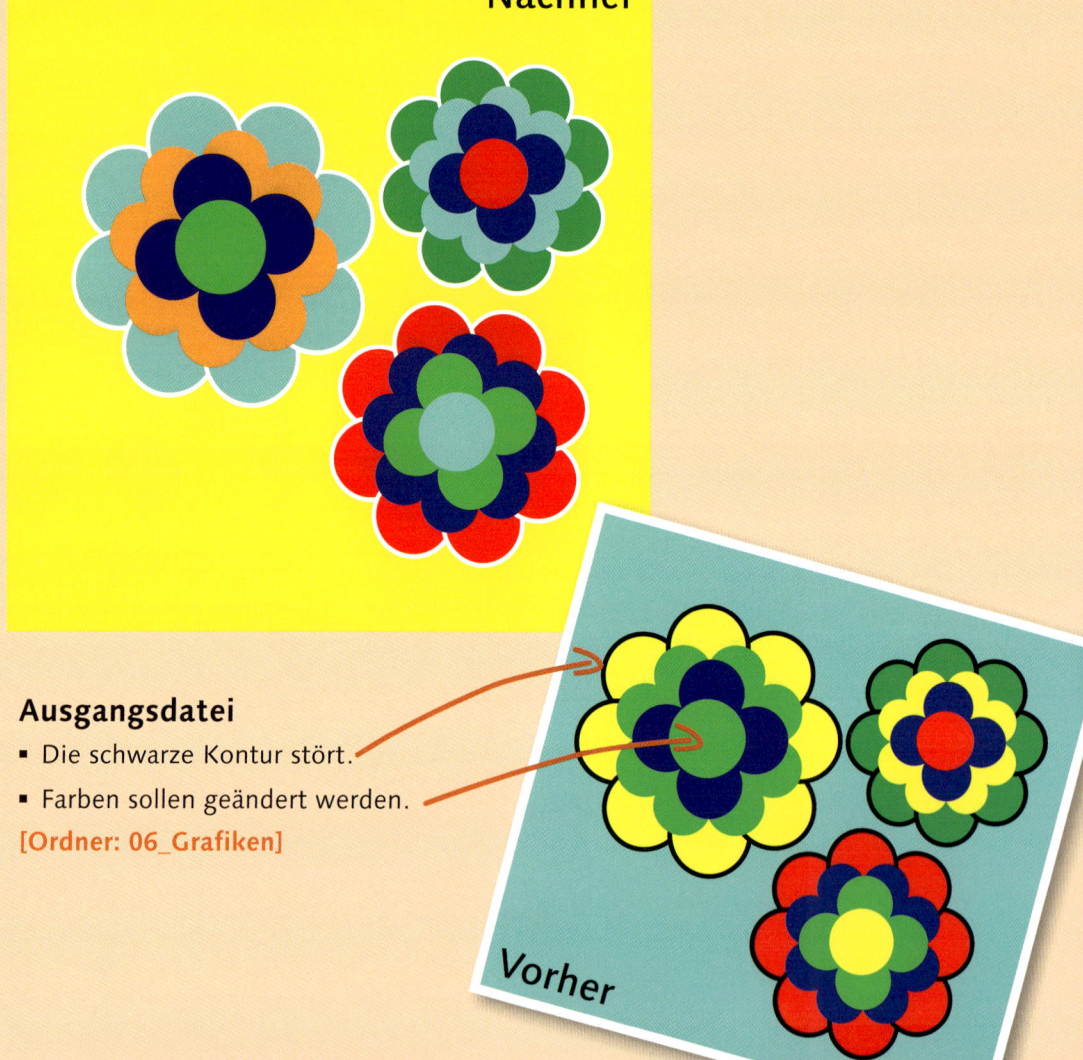

Nachher

Ausgangsdatei

- Die schwarze Kontur stört.
- Farben sollen geändert werden.

[Ordner: 06_Grafiken]

Vorher

1 Voreinstellung in Illustrator

Um Grafiken aus Illustrator bearbeiten zu können, müssen Sie in den Illustrator-Voreinstellungen unter DATEIEN VERARBEITEN UND ZWISCHENABLAGE die Option AICB (Adobe Illustrator ClipBoard) ❶ einstellen. Sie erhalten dadurch die in Illustrator erstellten Pfade und Flächen.

Öffnen Sie die Datei »Blumen.ai« in Illustrator, und stellen Sie dann in den Voreinstellungen die Option AICB ein.

2 Was geht nicht?

Nachdem Sie diese wichtige Einstellung getätigt haben, können Sie die Illustrator-Grafik kopieren und in InDesign einfügen.

Einschränkungen gibt es jedoch: Transparenzen und Verläufe können Sie auf diesem Weg nicht transportieren. Diese müssen Sie ganz normal platzieren.

3 Das Einfügen

Kopieren Sie die Blumen in Illustrator über ⌘/Strg+C, und fügen Sie diese in das InDesign-Dokument »Blumen.indd« aus dem Übungsordner ein.

Lassen Sie sich nicht durch meine Abbildungen täuschen: Der grüne Hintergrund dient nur der Sichtbarkeit.

Konzentrieren Sie sich einfach nur auf die Grafik. Denn diese ist jetzt ein Bestandteil von InDesign und steht zur weiteren Bearbeitung zur Verfügung.

Tipp: Da die Grafik eingefügt wurde, gibt es keine Verknüpfung zum Original. Aktualisierungen der Grafik werden somit nicht übernommen.

4 Der alte Weg

Bereits seit der Version 1 von InDesign können Sie Grafiken aus Illustrator einfügen und bearbeiten.

Damals wie heute können Sie dafür das Direktauswahl-Werkzeug ▶ verwenden und sich zur Auswahl der Flächen mit gedrückter ⇧-Taste durch das Objekt klicken, um z. B. die Farbigkeit zu ändern.

Allerdings werden Konturen aus Illustrator beim Kopieren in InDesign automatisch in Flächen geändert.

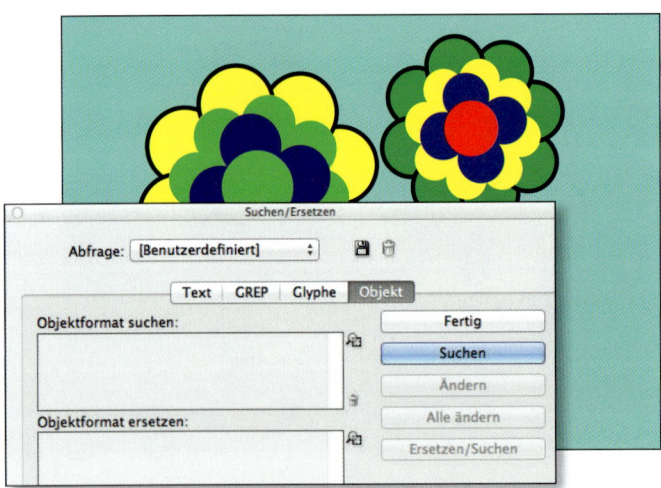

5 Der neue Weg

Wenn Sie bisher die Funktion SUCHEN/ ERSETZEN verwendet haben, dann wahrscheinlich nur für das Ersetzen von Text.

Seit InDesign CS3 ist die Funktion sehr stark erweitert worden. Sie können innerhalb eines Dokuments seitdem auch nach Farben suchen und diese ersetzen lassen.

Öffnen Sie über ⌘/Strg+F jetzt den Suchen/Ersetzen-Dialog.

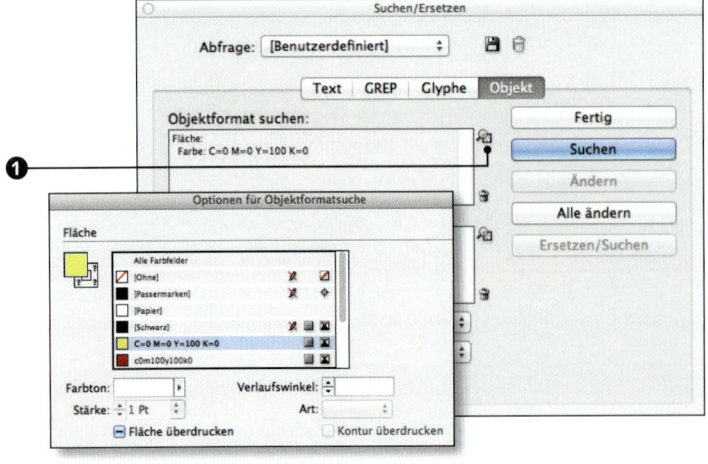

6 Die Objektformatsuche

Da hat Adobe sich aber eine hübsche Vokabel einfallen lassen, finden Sie nicht auch?

Klicken Sie im Reiter OBJEKT auf SUCH-ATTRIBUTE ANGEBEN ❶, und wählen Sie im Bereich FLÄCHE eine Flächenfarbe aus – hier z. B. »C=0 M=0 Y=100 K=0«. Bestätigen Sie die Auswahl mit OK.

> **Tipp:** InDesign ist hier sehr genau. Farben, die nicht im Farbfelder-Bedienfeld aufgelistet sind, können auch nicht ersetzt werden. Deshalb sollten Sie Ihre selbst gemischten Farben immer im Farbfelder-Bedienfeld benennen und speichern.

7 Die Objektformatersetzung

Auch nett, oder? Es bedeutet nichts anderes, als dass Sie hier die Änderungseinstellungen vornehmen können. Öffnen Sie den Dialog durch einen Klick auf ÄNDERUNGSATTRIBUTE ANGEBEN ❷. Wählen Sie als Ersatzfarbe einen Grünwert aus, und bestätigen Sie den Vorgang mit OK.

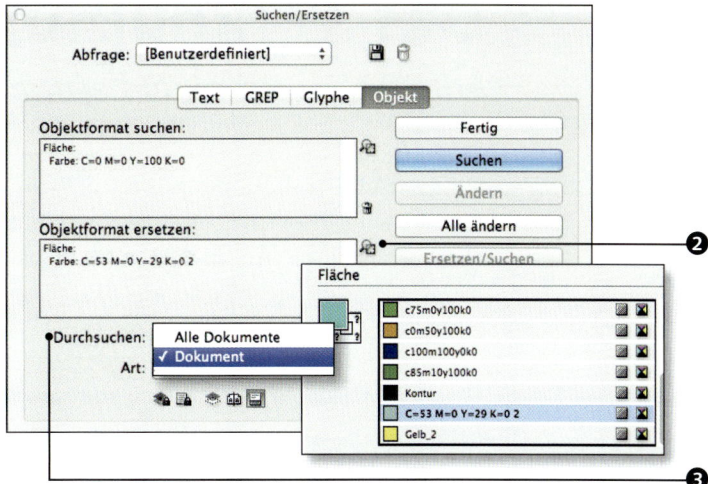

8 Die Farbe ersetzen

Wählen Sie im Suchen/Ersetzen-Dialog SUCHEN ❹, und klicken Sie anschließend auf ALLE ÄNDERN ❺.

InDesign meldet Ihnen in einem neuen Fenster, wie viele Objekte gefunden und ersetzt wurden. Schließen Sie dieses Fenster durch einen Klick auf OK, und beenden Sie den Dialog mit einem Klick auf FERTIG.

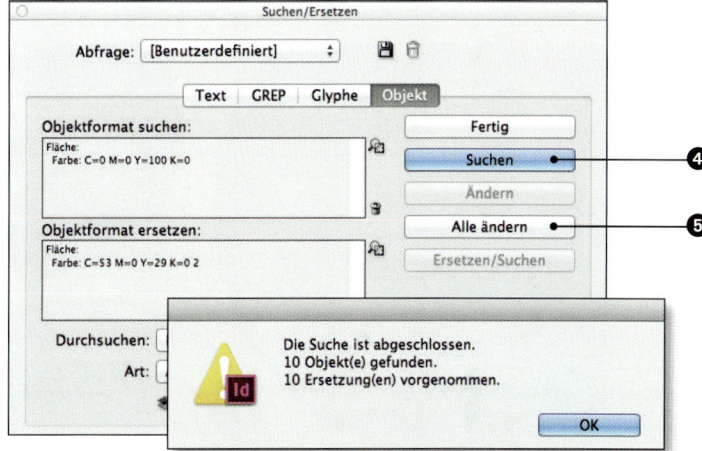

9 Wenn das Ersetzen nicht funktioniert

Sollte das Ersetzen der Farbe nicht funktioniert haben, verrate ich Ihnen nun noch einen Trick, damit Sie nicht verzweifeln:

Achten Sie darauf, dass Sie kein Objekt ausgewählt haben. Nur dann sucht InDesign nach allen Objekten mit der eingestellten Farbe.

Haben Sie aber ein Objekt ausgewählt, müssen Sie den Ersetzen-Vorgang immer wieder neu anwenden.

Tipp: Wenn Sie unter DURCHSUCHEN ❸ »Alle Dokumente« auswählen, werden alle geöffneten Dokumente in die Suche miteinbezogen.

Das Verknüpfungen-Bedienfeld

Arbeiten Sie sicher und effizient

In diesem Workshop möchte ich Sie mit dem Verknüpfungen-Bedienfeld vertraut machen und Ihnen zeigen, wie Sie damit Verknüpfungen sicher aktualisieren und erneuern können. Außerdem zeige ich Ihnen das grandiose Preflight-Bedienfeld. Einen ausführlichen Workshop dazu finden Sie in Kapitel 11.

Bearbeitungsschritte

- Die Schaltflächen anwenden und das Bild aktualisieren
- Ein Bild erneut verknüpfen
- Das Dokument archivieren

Fotos: Andrea Forst

Nachher

Vorher

Ausgangsdatei

- Ein Bild wurde geändert.
- Eine Verknüpfung fehlt.
- Ein Bild wurde eingebettet.
- [Ordner: 07_Verknuepfungen]

1 Fehlende Bilder

Wenn Sie ein fremdes Dokument öffnen, dann sehen Sie oft einen Warndialog, der Ihnen sagt, dass Verknüpfungen fehlen oder geändert wurden. Es könnte Ihnen in den Fingern kribbeln, VERKNÜPFUNGEN AKTUALISIEREN ❶ zu wählen, doch dann haben Sie keine Kontrolle über den Vorgang.

Öffnen Sie die Datei »Verknuepfungen. indd« aus dem Unterordner »Verknuepfungen Ordner«. Ich habe Ihnen hier diese alltägliche Situation simuliert: Die Verknüpfungen fehlen oder wurden geändert.

2 Die Verknüpfungen fehlen

Nachdem Sie das Dokument geöffnet haben, folgen Sie der Empfehlung von In-Design und klicken auf die Schaltfläche VERKNÜPFUNGEN NICHT AKTUALISIEREN ❷.

Das Preflight-Bedienfeld öffnet sich automatisch, sobald eines der platzierten Bilder nicht zur Verfügung steht oder geändert wurde. Es öffnet sich allerdings so kurz, dass Sie es kaum sehen können. Daher zeige ich Ihnen im nächsten Schritt dieses Bedienfeld ausführlich.

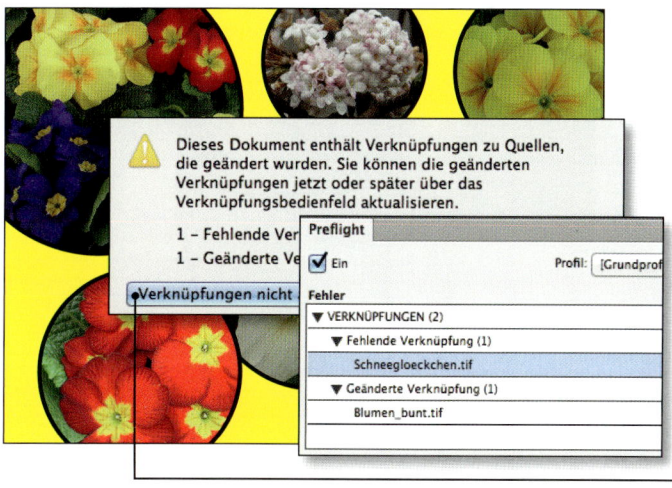

3 Das Preflight-Bedienfeld

Sie finden das Bedienfeld über FENSTER • AUSGABE • PREFLIGHT. Unten im Bedienfeld sehen Sie sofort anhand des roten Punktes ❻, dass zwei Fehler im Dokument vorhanden sind. Wenn Sie nun oben im Bedienfeld unter FEHLER auf den Pfeil für »Verknüpfungen« ❸ klicken und danach auf die darunter liegenden Pfeile, werden Ihnen die Fehler aufgezeigt ❹.

Haben Sie einen Fehler ausgewählt, können Sie unter INFORMATIONEN ❺ detaillierte Erläuterungen ablesen.

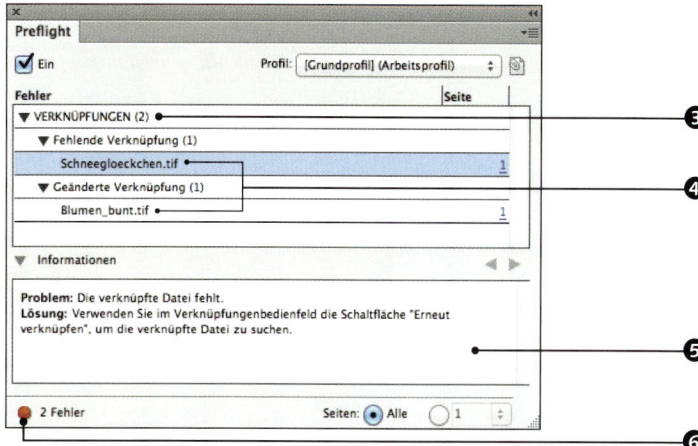

Tipp: Ein Unterordner ist ein Ordner, der sich innerhalb eines anderen Ordners befindet.

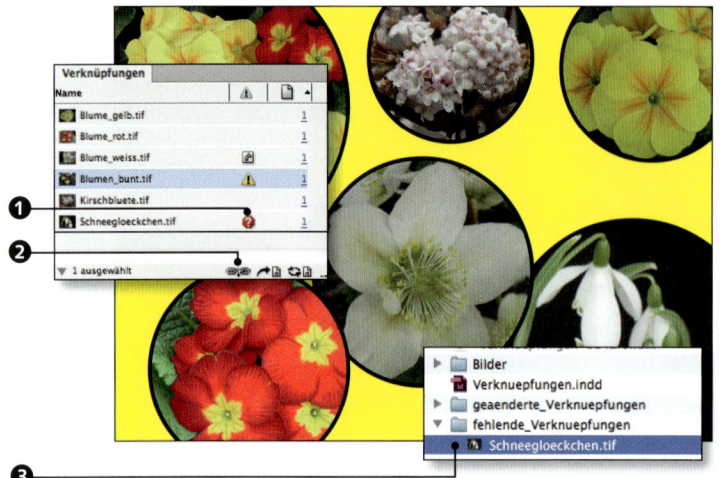

4 Die fehlende Verknüpfung

Schnell passiert es, dass ein Bild aus Versehen in einen anderen Ordner verschoben wird. InDesign quittiert das mit einer Warnung.

Um InDesign den neuen Speicherort der Datei mitzuteilen, wählen Sie im Verknüpfungen-Bedienfeld das Bild »Schneegloeckchen.tif« ❶ mit dem ❓ aus und klicken anschließend auf ERNEUT VERKNÜPFEN ❷. Im sich öffnenden Dialog wählen Sie aus dem Übungsordner den Ordner FEHLENDE_VERKNUEPFUNGEN.tif« ❸ aus und öffnen die Datei.

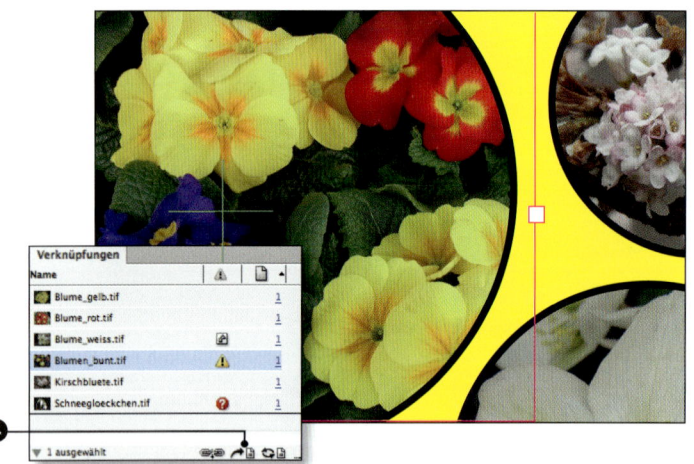

5 Gehen Sie zur Verknüpfung

Vor einer Aktualisierung ist es wichtig, dass Sie sich das ausgewählte Bild in InDesign anzeigen lassen. Sie schützen sich dadurch vor fatalen Fehlern.

Wählen Sie das Bild »Blumen_bunt.tif« aus, und gehen Sie zur Verknüpfung ❹.

Das Bild wird automatisch ausgewählt. So können Sie die Veränderung sofort sehen und gegebenenfalls mit ⌘/Strg+Z gegensteuern.

6 Verknüpfung aktualisieren

Unten im Verknüpfungen-Bedienfeld finden Sie VERKNÜPFUNG AKTUALISIEREN ❻.

Wählen Sie die Verknüpfung »Blumen_bunt.tif« ❺ aus, und klicken Sie auf VERKNÜPFUNG AKTUALISIEREN.

Ich habe das Bild deutlich verändert, sodass Sie nach der Aktualisierung die Veränderung sehen können.

> **Tipp:** Aktualisieren Sie Ihre Bilder immer nur dann, wenn Sie das Bild vor Augen haben.

7 Die Datei einbetten

Haben Sie in Ihrem Dokument nur wenige bzw. kleine Dateien verknüpft, dann können Sie diese in Ihr Dokument einbetten.

Markieren Sie dazu die Datei im Verknüpfungen-Bedienfeld, und wählen Sie im Bedienfeldmenü VERKNÜPFUNG EINBETTEN ❽. Die Verknüpfung ❼ ist nun Bestandteil Ihres Dokuments, und die Datei kann nicht mehr automatisch aktualisiert werden.

Sie sollten beachten, dass Ihr Dokument sich um die eingebettete Datei vergrößert und schnell riesige Ausmaße annehmen kann.

8 Das Achivieren

Möchten Sie das Dokument archivieren oder an eine weitere Person weiterleiten, dann sollten Sie das Dokument mit allen Bildern in einem separaten Ordner auf Ihrem Rechner zusammenfügen. In InDesign finden Sie diese Funktion unter DATEI • VERPACKEN oder über ⌘/Strg+Alt+⇧+P.

Beim späteren Öffnen des Dokuments werden alle verknüpften Bilder automatisch erneut aktualisiert.

9 Das Verpacken

Im ersten Fenster des Verpacken-Dialogs, der ÜBERSICHT, bekommen Sie alles aufgezeigt, was der in Schritt 8 erwähnte neue Ordner beinhalten wird.

Schön finde ich die Verbindung zum Verknüpfungen-Bedienfeld, denn es wird sowohl in der ÜBERSICHT als auch unter VERKNÜPFUNGEN UND BILDER immer auf die Fehler hingewiesen ❾.

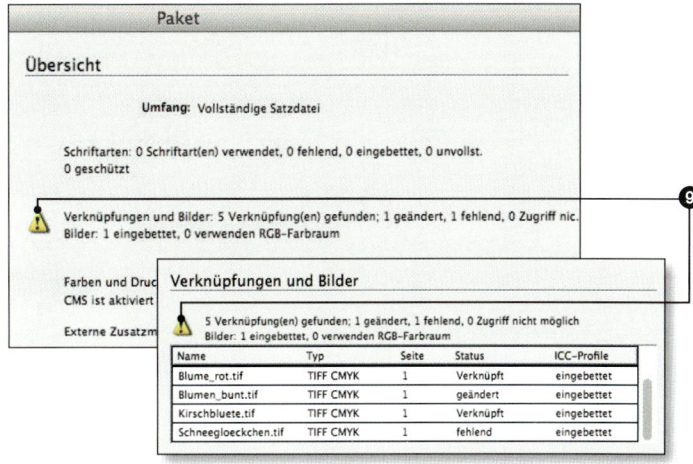

Bilder spiegeln und drehen

Spielen Sie mit den Schaltflächen

Spiegeln Sie doch einmal ein Bild, denn mit dieser Technik können Sie auf einfache Weise ein außergewöhnliches Layout erstellen. Ich zeige Ihnen deshalb in diesem Workshop, wie Sie ein Bild, nur den Inhalt oder nur den Rahmen spiegeln können.

Bearbeitungsschritte

- Das Bild richtig spiegeln
- Nur den Rahmen spiegeln
- Das Bild drehen

Ausgangsdatei

- Das Bild soll gespiegelt und gedreht werden.

[Ordner: 08_Spiegeln]

1 Der Bezugspunkt

Beim Spiegeln ist es besonders wichtig, dass Sie an die richtige Einstellung beim Bezugspunkt ⊞ in dem Steuerung-Bedienfeld denken.

Haben Sie den Bezugspunkt z.B. in der oberen linken Ecke ❶ platziert, so spiegeln Sie das Bild gegebenenfalls über ein anderes Objekt oder aus der Seite heraus.

Stellen Sie daher den Bezugspunkt immer in das Zentrum ❷, damit die Transformation für Sie sichtbar bleibt.

2 Das Spiegeln von Objekten

Öffnen Sie die Datei »Spiegeln.indd«.

Wählen Sie das Bild aus, und gehen Sie anschließend in das Steuerung-Bedienfeld. Klicken Sie hier auf HORIZONTAL SPIEGELN ❹. Achten Sie dabei auf das Symbol P im Steuerung-Bedienfeld ❸. Denn hier wird Ihnen angezeigt, wie Sie gespiegelt haben.

3 Spiegeln Sie mehrfach

Behalten Sie das Bild in der Auswahl bzw. wählen Sie es gegebenenfalls erneut aus, und klicken Sie nun zusätzlich auf VERTIKAL SPIEGELN ❻.

Im Steuerung-Bedienfeld sehen Sie im Feld SPIEGELUNGSSTATUS ❺, dass das Bild horizontal und vertikal gespiegelt wurde.

4 Die Spiegelung aufheben

Haben Sie einen Rahmen oder einen Rahmeninhalt gespiegelt, merkt sich der Rahmen diese Transformation. Das bedeutet: Alles, was Sie jetzt in den Rahmen einfügen, wird ebenfalls gespiegelt.

Wählen Sie das Bild aus, und klicken Sie sich durch die Buttons HORIZONTAL SPIEGELN und VERTIKAL SPIEGELN, bis das Symbol unter SPIEGELUNGSSTATUS ❶ wieder in der ursprünglichen Position angezeigt wird.

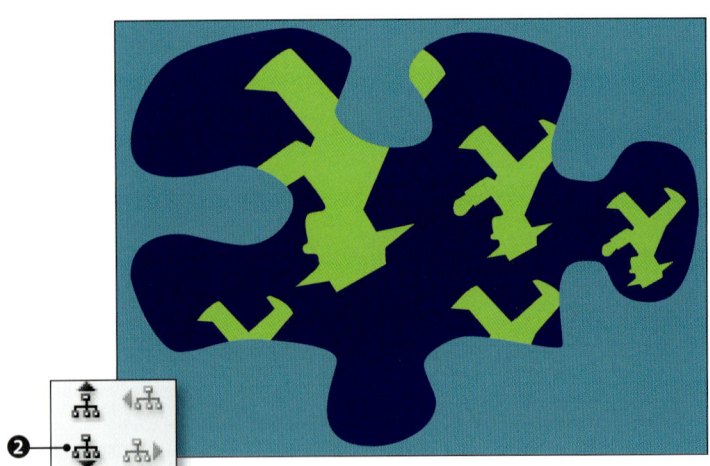

5 Nur den Inhalt spiegeln

Sie können nicht nur einen Rahmen mit Inhalt spiegeln, sondern auch den Inhalt allein. Dies ist sinnvoll, wenn Sie mit einem Freiformrahmen arbeiten. In unserer Übungsdatei ist das Puzzleteil so ein Fall.

Wählen Sie mit dem Auswahl-Werkzeug [↖] das Puzzleteil aus, und klicken Sie auf die Schaltfläche INHALT AUSWÄHLEN ❷. So spiegeln Sie nur den Inhalt.

6 Nur den Rahmen spiegeln

So, wie Sie Rahmen inklusive Inhalt oder nur den Inhalt spiegeln können, ist es natürlich auch möglich, nur den Rahmen zu spiegeln.

Bei Rechteckrahmen ist das nicht sinnvoll, aber in unserem Fall beim Puzzleteil schon. Wählen Sie mit dem Direktauswahl-Werkzeug [↖] den Pfad des Puzzleteils aus, und klicken Sie auf den mittleren Ankerpunkt ❸. So aktivieren Sie alle Ankerpunkte. Spiegeln Sie nun den Rahmen horizontal.

Tipp: Achten Sie hier ganz besonders auf den Bezugspunkt, denn steht dieser nicht im Zentrum, spiegeln Sie aus dem Rahmen hinaus.

7 Drehen ohne Eingabe

Stellen Sie sich einmal folgende Situation vor: Sie möchten ein Objekt um 90° nach rechts drehen. Was müssen Sie in die Eingabefelder eingeben: −90° oder vielleicht doch 90°? Ich persönlich muss zunächst immer überlegen.

Doch das lässt sich vermeiden: Arbeiten Sie mit den zwei Buttons ❹ für das Drehen, dann müssen auch Sie sich keine Gedanken mehr um die Eingabe machen.

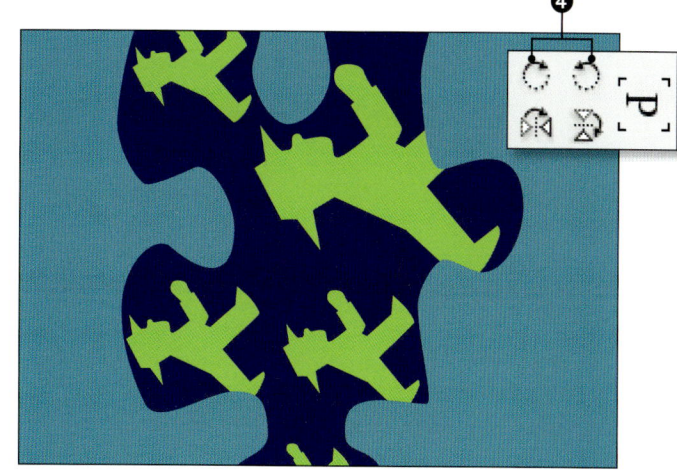

8 Ein Insidertipp

Wir haben absichtlich an einem sogenannten 18/1-Großflächenplakat gearbeitet. Diese Plakate werden im Maßstab von 1:4 angelegt und müssen während der Ausgabe vergrößert werden.

Kommen nun noch gespiegelte und gedrehte Bilder hinzu, kann die Ausgabe sehr lange Zeit in Anspruch nehmen. Das können Sie vermeiden: Layouten Sie wie hier beschrieben, und wenn Sie produzieren möchten, dann spiegeln Sie die Bilder im Originalprogramm, z. B. in Photoshop.

9 Das eigene Poster erstellen

Ich habe in der Datei »Dateivorlage_GF_6tlg.pdf« einige wichtige Informationen über Poster und deren Formate bereitgestellt.

Dabei möchte ich Sie auf eine Besonderheit hinweisen: 18/1-Poster werden geteilt gedruckt und dann zusammengeklebt. Nun liegt es am Augenmaß des Plakatklebers, wie gut Ihr Poster ankommt. Um ihn zu unterstützen, ist es sinnvoll, dass Sie im Vorfeld bei der Gestaltung kritische Bereiche, z. B. Bildkanten an den Nahtstellen ❺, vermeiden.

Platzieren und Verknüpfen

Erlernen Sie eine neue Art des Kopierens

Die Adaption einer Anzeige von z.B. einem Querformat in ein Hochformat war früher mit viel Arbeit verbunden. In InDesign CS6 stehen Ihnen zwei neue Werkzeuge und ein neuer Menüpunkt zur Verfügung. Ich zeige Ihnen in diesem Workshop, wie Sie Bilder und Text in ein anderes Dokumentformat einfügen können und wie dabei alle Verknüpfungen erhalten bleiben.

Bearbeitungsschritte

- Platzieren und Verknüpfen
- Inhaltsplatzierung
- Verknüpfung aktualisieren

Nachher

Vorher

Terrasse, Kneipe oder Pool.

Ausgangsdatei

- Die Bilder sollen in einem neuen Dokument verknüpft werden.

[Ordner: 09_Platzieren]

1 Dokumente nebeneinander anordnen

Öffnen Sie die Dateien »1_Anzeige_quer.indd« und »2_Anzeige_hoch.indd« aus dem Übungsordner.

Die Dokumente werden vermutlich als Registerkarten angezeigt, daher müssen Sie diese trennen, indem Sie unter FENSTER • AN-ORDNEN • NEBEN-/UNTEREINANDER ❶ auswählen. Das erleichtert die spätere Arbeit.

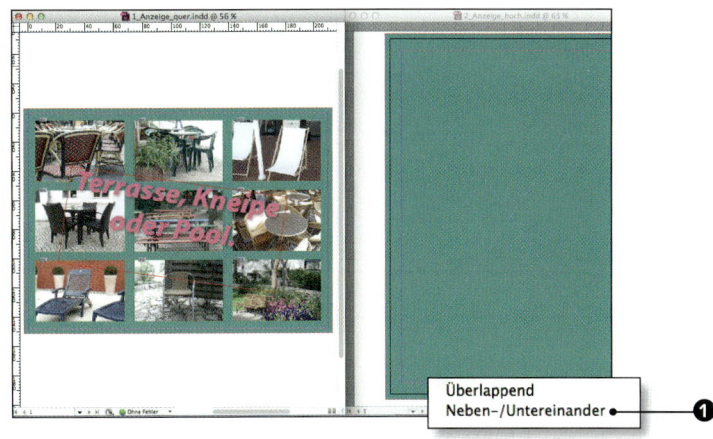

2 Platzieren und Verknüpfen

Wählen Sie mit dem Auswahlwerkzeug ▶ alle Bilder im Dokument »1_Anzeige_quer.indd« aus. Wählen Sie BEARBEITEN • PLATZIE-REN UND VERKNÜPFEN ❷, und gehen Sie in das Dokument »2_Anzeige_hoch.indd«. Den Dialog am unteren Fensterrand können Sie zunächst ignorieren.

An Ihrem Cursor hängen nun alle neun Bilder. Klicken Sie auf die Seite, so werden diese eingefügt und erneut verknüpft. Die Positionierung der Bilder passt aber nicht zum Dukumentformat.

3 Mit den Tasten

Machen Sie Schritt 2 rückgängig, und holen Sie sich erneut die Bilder. Achten Sie darauf, dass Sie die Bilder wieder PLATZIEREN UND VERKNÜPFEN.

Klicken Sie nun allerdings nicht gleich auf die Seite, sondern positionieren Sie den Cursor an der oberen linken Ecke der Ränder, und halten Sie die Maustaste gedrückt. Betätigen Sie (mit gedrückter Maustaste) 3-mal die Pfeiltaste nach oben und 1-mal die Pfeiltaste nach rechts. Dadurch verändern Sie die Spalten- und Zeilenanzahl. Ziehen nun Sie einen Rahmen nach rechts unten auf.

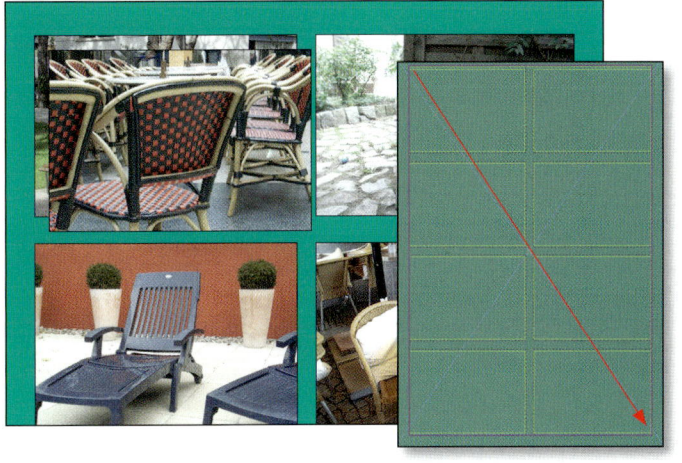

4 Ein Bild zu viel

Bevor wir an die Verknüpfungen gehen, möchte ich Sie darauf hinweisen, dass Sie über diese Vorgehensweise zwar neun Bilder platziert haben, aber ein Bild liegt leicht versetzt auf dem oberen linken Bild. Dieses Bild müssen Sie manuell löschen.

Leider können Sie mit dieser Funktion keine Bilder über die ⌈Esc⌉-Taste von Ihrem Cursor löschen, wie Sie es in dem Workshop »Mehrere Bilder importieren« gelernt haben.

5 Die Inhaltsaufnahme

Gehen Sie in das Dokument »1_Anzeige _quer.indd«, und wählen Sie mit dem Inhaltsaufnahme-Werkzeug 📷 drei Bilder aus. Es öffnet sich das Inhaltsaufnahme-Fenster.

Wechseln Sie nun zur »2_Anzeige _hoch. indd«, und gehen Sie dort auf Seite 2.

Wählen Sie hier das Inhaltsplatzierung-Werkzeug ❶. Standardmäßig ist die Schaltfläche PLATZIEREN, AUS ÜBERTRÄGER ENTFERNEN UND NÄCHSTES LADEN ❷ aktiviert. Klicken Sie nun 3-mal auf die Seite. Die Bilder werden platziert und unten aus dem Fenster gelöscht.

6 Bilder im Fenster behalten

Gehen Sie nochmals in das Dokument »1_Anzeige _quer.indd«, und wählen Sie erneut drei Bilder mit dem Inhaltsaufnahme-Werkzeug 📷 aus.

Wechseln Sie zur »2_Anzeige _hoch.indd«, und fügen Sie sie mit dem Inhaltsplatzierung-Werkzeug auf Seite 2 ein. In dem Inhaltsaufnahme-Fenster wählen Sie die Schaltfläche MEHRERE PLATZIEREN UND IN ÜBERTRÄGER BELASSEN ❹, und klicken Sie 2-mal. Das ausgewählte Bild wird immer wieder eingefügt.

Wählen Sie die Schaltfläche PLATZIEREN, IN ÜBERTRÄGER BELASSEN UND NÄCHSTES LADEN ❺, platzieren Sie immer das nächste Bild.

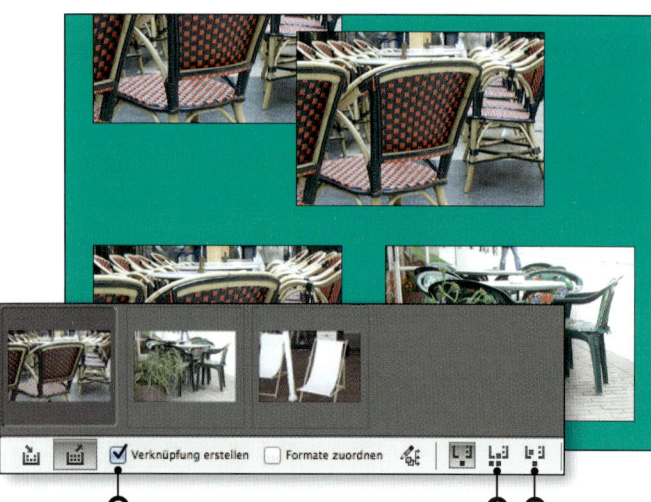

7 Den Text einfügen

Machen Sie nun in der Datei »1_Anzeige_quer.indd« die Ebene »Text« sichtbar, und entsperren Sie sie. Wählen Sie den Textrahmen mit dem Inhaltsaufnahme-Werkzeug ![icon] aus. Gehen Sie wieder in »2_Anzeige_hoch.indd«, und aktivieren Sie erneut das Inhaltsplatzierung-Werkzeug. Achten Sie darauf, dass VERKNÜPFUNGEN ERSTELLEN ❸ aktiviert ist, und wählen Sie den Text aus. Platzieren Sie diesen auf Seite 1.

8 Änderung begutachten

Um Ihnen den Vorteil dieser Funktion besser zu verdeutlichen, gehen Sie wieder in die Datei »1_Anzeige_quer.indd«. Hier geben Sie dem Text eine andere Farbe. Speichern Sie danach die Datei.

Wechseln Sie dann zur Datei »2_Anzeige_hoch.indd«. Im Verknüpfungen-Bedienfeld können Sie erkennen, dass die Originaldatei ❼ geändert wurde. Außerdem können Sie erkennen, dass es sich hierbei um ein Textelement ❻ handelt.

9 Verknüpfung aktualisieren

Wählen Sie nun die Änderung im Verknüpfungen-Bedienfeld aus, und klicken Sie unten im Bedienfeld auf die Schaltfläche VERKNÜPFUNGEN AKTUALISIEREN ❽.

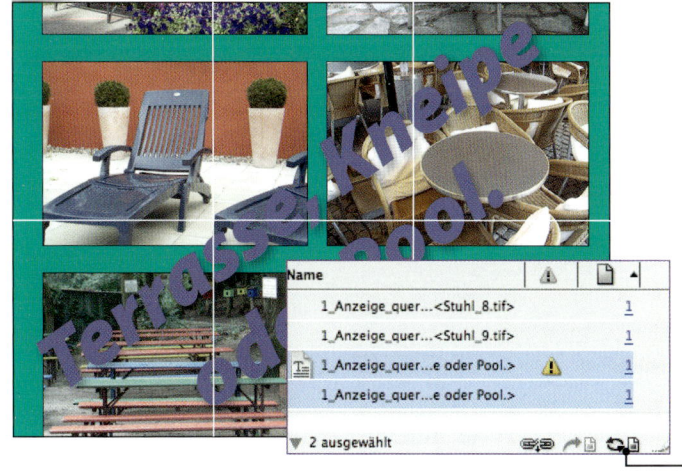

Tipp: Wenn Sie den Text über das Inhaltsplatzierungs-Werkzeug in ein anderes Dokument platziert haben, können Sie dennoch ändern.

Schneiden Sie frei

Nicht immer benötigen Sie das komplette Bild, sondern nur einen bestimmten Teil davon: Freistellen nennt man diese Arbeit, das Ergebnis ist dann der sogenannte Freisteller. Komplexe Freisteller, wie die von Porträts erledigen Sie am besten in Programmen wie Photoshop oder Illustrator. Durch das hervorragende Zusammenspiel der Programme in der Creative Suite unterstützt InDesign Freisteller- bzw. Beschneidungspfade in den Formaten PSD, TIF, PDF, JPG, EPS und DCS. Einfache Freisteller erstellen Sie alternativ direkt in InDesign.

Foto: Toltek – iStockphoto.com

Freisteller mit Ebenen

Erstellen Sie ein Citylight-Poster

Objekte werden mithilfe eines »Beschneidungspfads« freigestellt. Ich zeige Ihnen hier die übliche Vorgehensweise: Es ist das Auswählen von in Photoshop erstellten Pfaden, die dann in InDesign angewendet werden. Als Dateiformate können Sie unter anderem TIF, PDF und PSD nutzen.

Nachher

Vorher

Fotos: Andrea Forst

Ausgangsdatei

- Bild einfügen

[Ordner: 01_Freisteller_Ebenen]

Bearbeitungsschritte

- Beschneidungspfad anwenden
- Ebenen und Objektebenen bearbeiten

1 Das Citylight-Poster

Citylight-Poster werden in eine Art Bilderrahmen eingespannt und sind meistens beleuchtet. Bei der Erstellung eines solchen Posters muss daher die Größe des Leuchtkastens bedacht werden, da Elemente sonst möglicherweise durch den Rahmen verdeckt würden.

Ich habe Ihnen die Vorgaben der Firma Ströer AG für ein Citylight-Poster als Datei »Dateivorlage_CLP.pdf« auf der Buch-DVD bereitgestellt. CLP steht hier für Citylight-Poster.

2 Erstellen Sie ein CLP

Richten Sie ein Dokument mit den Maßen »260 x 382 mm« ❶ ein, und stellen Sie unter ANSCHNITT UND INFOBEREICH ❷ je »1 mm« für den ANSCHNITT ein. Dies sind die Vorgaben für die Dokumentgröße der Firma Ströer AG.

Alternativ öffnen Sie meine Beispieldatei »CLP_FITzi.indd«. Dort habe ich bereits das Dokument eingerichtet und vier Ebenen vorbereitet.

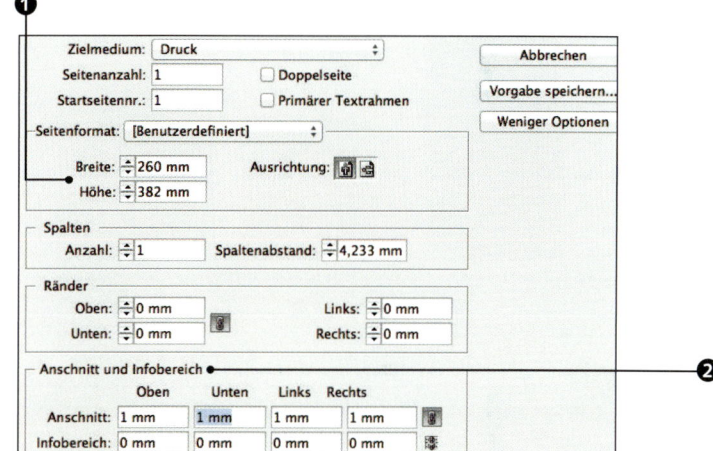

3 Das Plakat vorbereiten

Wenn Sie Ihr eigenes Plakat verwenden möchten, sollten Sie zu Beginn eine weitere Ebene für den Hintergrund einrichten. Wenn Sie meine Beispieldatei benutzen, können Sie gleich loslegen.

Auf der Ebene »Hintergrund« ❸ wählen Sie den erstellten Rahmen aus und färben seine Fläche gelb ❹ ein.

4 Das Bild platzieren

Bevor Sie das Bild platzieren, sollten Sie die Ebene »Hintergrund« über das Schloss ❷ sperren.

Aktivieren Sie nun die Ebene »Dosen« ❶, und entsperren Sie sie. Hier platzieren Sie im nächsten Schritt das Bild »CLP_FITzi.psd« an der oberen linken Ecke. Wir werden es später besser positionieren.

Rufen Sie den Befehl DATEI • PLATZIEREN auf, und wählen Sie die Datei aus. Halten Sie die ⇧-Taste gedrückt, wenn Sie auf ÖFFNEN klicken.

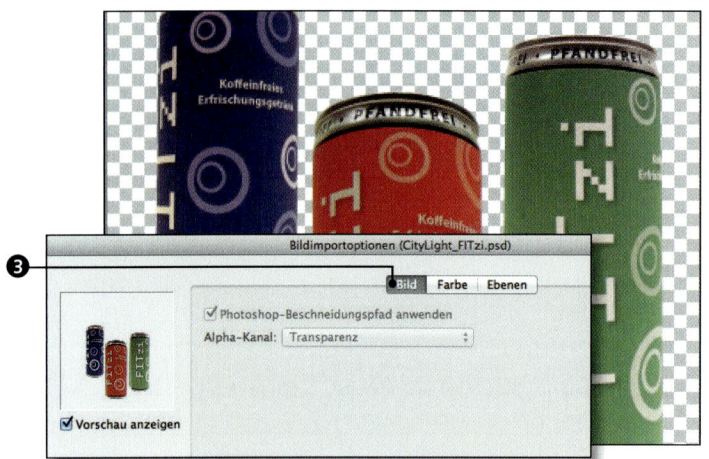

5 Importoptionen für das Bild

Wenn Sie das Bild mit gedrückter ⇧-Taste importieren, können Sie im Reiter BILD ❸ ablesen, dass ein Photoshop-Beschneidungspfad angewendet wurde und dass der Alpha-Kanal einen transparenten Hintergrund aufweist. Beide Optionen sind hier nicht anwählbar, doch können Sie die Datei ohne Weiteres importieren. Bestätigen Sie die Bildimportoptionen einfach mit OK. Im dritten Workshop dieses Kapitels zeige ich Ihnen, was ich gemacht habe, damit hier einfach importiert werden kann.

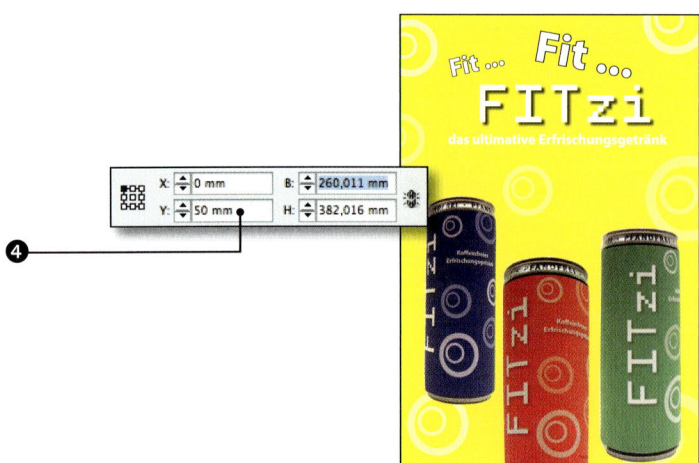

6 Das Bild positionieren

Das platzierte Bild passt nicht so wirklich in das Layout. Verbessern wir zunächst seine Position. Wählen Sie das Bild aus, und geben Sie im Steuerung-Bedienfeld unter Y den Wert »50 mm« ❹ ein.

Hinweis: Der Alpha-Kanal ist eine in Photoshop erstellte und gespeicherte Maske. Seine Funktionsweise ist sehr vielfältig. In unserem Beispiel dient er als Freisteller.

7 Die Ebene duplizieren

Das Duplizieren von Ebenen hat einen Vorteil: Auf diesem Weg stehen die Objekte exakt an der gleichen Stelle wie auf der ursprünglichen Ebene.

Ziehen Sie zum Duplizieren die Ebene »Dosen« einfach nach unten auf das Symbol NEUE EBENE ERSTELLEN, und geben Sie der Ebene mittels Doppelklick auf den Ebenennamen einen aussagekräftigen Namen ❺.

Wiederholen Sie diesen Schritt, denn wir brauchen zwei Duplikate.

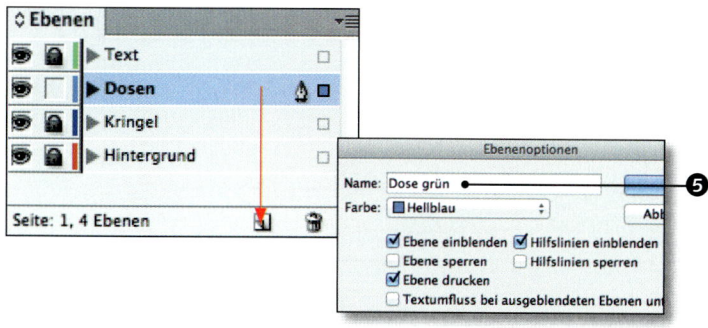

8 Objektebenen einsetzen

Wählen Sie nun über das kleine Quadrat auf der entsprechenden Ebene, z. B. »Dose blau« ❻, das Bild auf dieser Ebene aus. Gehen Sie danach in OBJEKT • OBJEKTEBENENOPTIONEN, blenden Sie hier die Ebenen »Dose grün« und »Dose rot« aus, sodass nur die Ebene »Dose blau« ❼ sichtbar bleibt.

Wiederholen Sie nun die Schritte für die »Dosen rot und grün«, sodass immer nur die eine Dose sichtbar ist.

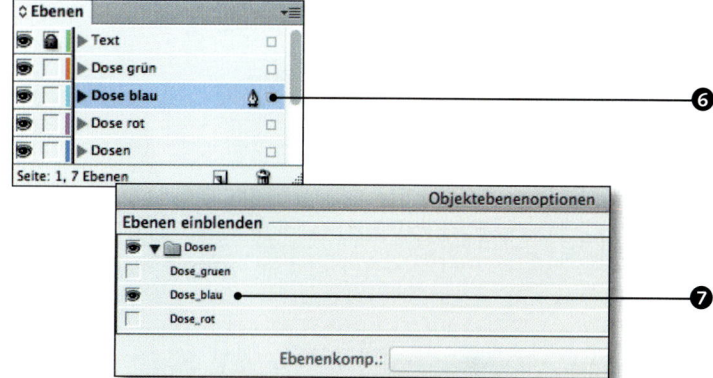

9 Das Poster fertigstellen

Bis hier sieht das Poster aus wie vorher, und schön ist etwas anderes. Lassen wir zwei Dosen tanzen.

Wählen Sie die »Dose blau« wie in Schritt 8 beschrieben aus, und stellen Sie den DREHWINKEL im Steuerung-Bedienfeld auf den Wert »–21°«. Im Anschluss wählen Sie die »Dose grün« aus, stellen hier jedoch für den DREHWINKEL »20°« ein.

Tipp: Achten Sie beim Drehen auf den Bezugspunkt. Er sollte bei dieser Arbeit im Mittelpunkt stehen.

Automatisch freistellen

Lassen Sie InDesign nach Kanten suchen

Meine Überschrift ist kein Witz. Sie können tatsächlich nach Objektkanten suchen lassen, vorausgesetzt, das Objekt steht auf einem hellen Hintergrund. Diesen »Freisteller« können Sie bis in die Druckerei weitergeben. Ich zeige Ihnen in diesem Workshop, wie Sie mit den Beschneidungsoptionen arbeiten und ein Objekt damit freistellen.

Bearbeitungsschritte

- Nach Kanten suchen lassen
- Text verzerren

Vorher

Ausgangsdatei

- Das Bild im Plakat fehlt.

[Ordner: 02_Kanten]

www.super7.xyz

1 Ein Bild in einen Rahmen einfügen

In diesem Workshop möchte ich Ihnen mit dem sogenannten »Aufsteller« eine weitere Werbeform vorstellen.

Öffnen Sie die Datei »Aufsteller.indd«, und platzieren Sie das Bild »Caterham.psd« in den voreingestellten Rahmen in der Ebene »Bild«.

Den Rahmen habe ich für Sie in den RAH-MENEINPASSUNGSOPTIONEN bereits so vorbereitet, dass das Bild zentiert PROPORTIONAL AN DEN RAHMEN ANGEPASST wird.

2 Geben Sie dem Rahmen eine Farbe

Wählen Sie den Grafikrahmen aus, und geben Sie der Fläche eine Farbe, z. B. Rot.

Ich möchte Sie hier nicht dazu anregen, mit Farben zu arbeiten, sondern Ihnen einen kleinen Trick zeigen. Mithilfe der Hintergrundfarbe werden Sie in den nächsten Schritten sofort die Auswirkungen der Beschneidungspfadoptionen erkennen. Zoomen Sie daher für eine bessere Beurteilung mit dem Zoomwerkzeug 🔍 möglichst dicht an eine Rahmenkante heran ❶.

3 Nach Kanten suchen lassen

Wählen Sie das Bild mit dem Auswahlwerkzeug ▶ aus, und gehen Sie in das Menü OBJEKT • BESCHNEIDUNGSPFAD • OPTIONEN. Alternativ öffnen sich die Optionen über ⌘/ Strg + ⇧ + Alt + K. Stellen Sie unter ART • KANTEN SUCHEN ein.

Bestätigen Sie den Dialog bitte nicht gleich mit OK, denn wir wollen in den Schritten 4 bis 6 die Kanten noch sauberer einstellen.

Aktivieren Sie hier stets die VORSCHAU ❸, damit Sie die Auswirkung Ihrer Einstellungen immer gleich vor Augen haben ❷.

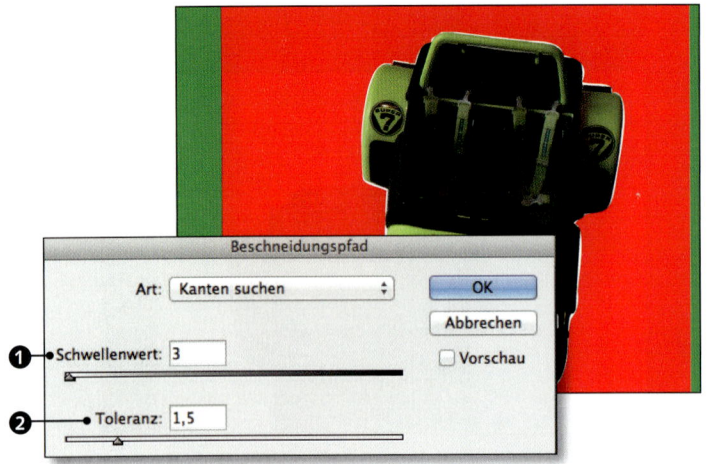

4 Das Finetuning

Hier ist Fingerspitzengefühl gefragt. Mit dem SCHWELLENWERT ❶ bestimmen Sie, nach welcher Grau- bzw. Weißstufe InDesign suchen soll. Ziehen Sie nun ganz vorsichtig den Schieberegler nach links. Ich habe mit dem Wert »3« das beste Ergebnis erzielt.

Mit der TOLERANZ ❷ bestimmen Sie, wie genau InDesign die Kante erkennen soll. Doch Vorsicht: Bei niedrigen Werten werden unnötig viele Ankerpunkte gesetzt.

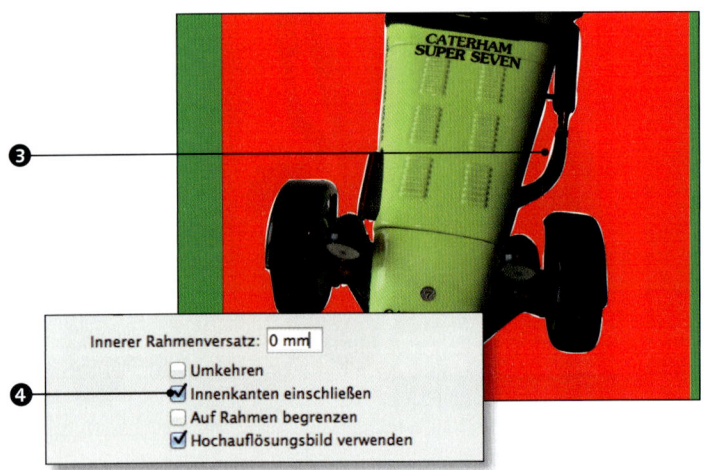

5 Die Innenkanten einschließen

Mit der Option INNENKANTEN EINSCHLIE-SSEN ❹ werden auch weiße Bereiche innerhalb des Bildes ❸ freigestellt.

Doch auch hier rate ich zur Vorsicht. Es werden alle weißen beziehungsweise hellen Bereiche in dem Bild berücksichtigt.

Achten Sie daher darauf, dass Ihr Bild z. B. keine Reflexionen enthält. Denn auch diese werden freigestellt.

6 Hässliche Blitzer entfernen

Weder Ihnen noch dem Kunden werden die weißen Ränder um das Bild herum gefallen ❺, die sogenannten Blitzer.

Auch hier wurde für Abhilfe gesorgt. Sie können mit INNERER RAHMENVERSATZ ❻ den Beschneidungspfad in das Bild hinein versetzen lassen.

Stellen Sie einen inneren Rahmenversatz mit dem Wert »0,65 mm« ein, und bestätigen Sie mit OK.

Löschen Sie anschließend die Hintergrundfarbe aus dem Bild. Diese diente ja nur zur Veranschaulichung des Beschneidungspfades.

7 Den Text eingeben

Für die nächsten Arbeiten sperren Sie nun die Ebenen »Hintergrund« und »Bild«.

Ziehen Sie danach auf der Ebene »Text« ❼ mit dem Textwerkzeug [T] einen Textrahmen auf, und geben Sie einen beliebigen Text in den Textrahmen ein.

8 Den Text verzerren

Wählen Sie den Textrahmen mit dem Auswahlwerkzeug [↖] aus, und aktivieren Sie danach das Scheren-Werkzeug [⟗]. Sie finden es je nach Ansicht der Werkzeugleiste unter oder neben der Schere. Alternativ nutzen Sie das Kürzel [O].

Ziehen Sie mit dem Scheren-Werkzeug [⟗] an einer der Ecken, um den Text zu verzerren. Beobachten Sie die Wirkung auch mit unterschiedlichen Bezugspunkten.

9 Ist es wirklich die schnellste Lösung?

KANTEN SUCHEN funktioniert nur dann, wenn sich das Bild und der Hintergrund deutlich voneinander unterscheiden, und dies kommt wirklich nur selten vor.

Ich habe Ihnen für diese Übung in Photoshop eine perfekte Datei erstellt, doch selbst hier waren die Ergebnisse mangelhaft. Das haben Sie sicher auch bemerkt.

Tipp: Erstellen Sie besser einen Beschneidungspfad in Photoshop. Auch dieser kann nachträglich bearbeitet werden.

Freigestellte Bilder platzieren

InDesign-Dateien klein halten

Ich habe Ihnen im ersten Workshop dieses Kapitels gezeigt, wie Sie Beschneidungspfade aus Photoshop nutzen und Photoshop-Ebenen ein- und ausblenden. Das Problem hierbei ist: Die Verwendung vieler Ebenen erzeugt große Dateien. In diesem Workshop gehen wir einen anderen Weg: Sie verwenden Bilder, ohne dass Sie auch nur einen Pfad erstellt haben. Und Sie gestalten dabei noch ein großes Plakat für eine Litfaßsäule.

Bearbeitungsschritte

- In Photoshop den Hintergrund entfernen
- Photoshop-Pfad benutzen

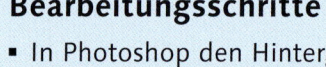

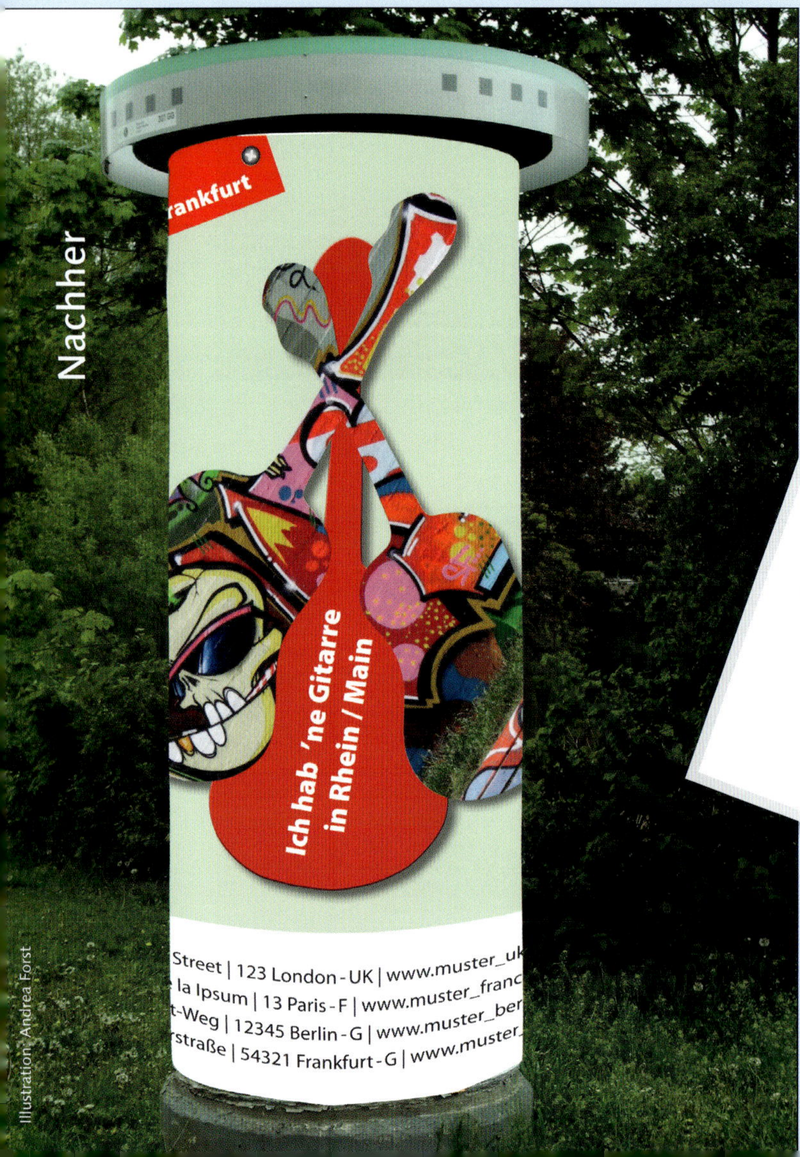

Nachher
rankfurt
Ich hab 'ne Gitarre
in Rhein / Main
Street | 123 London - UK | www.muster_uk
la Ipsum | 13 Paris - F | www.muster_franc
t-Weg | 12345 Berlin - G | www.muster_ber
rstraße | 54321 Frankfurt - G | www.muster_

Illustration: Andrea Forst

Vorher

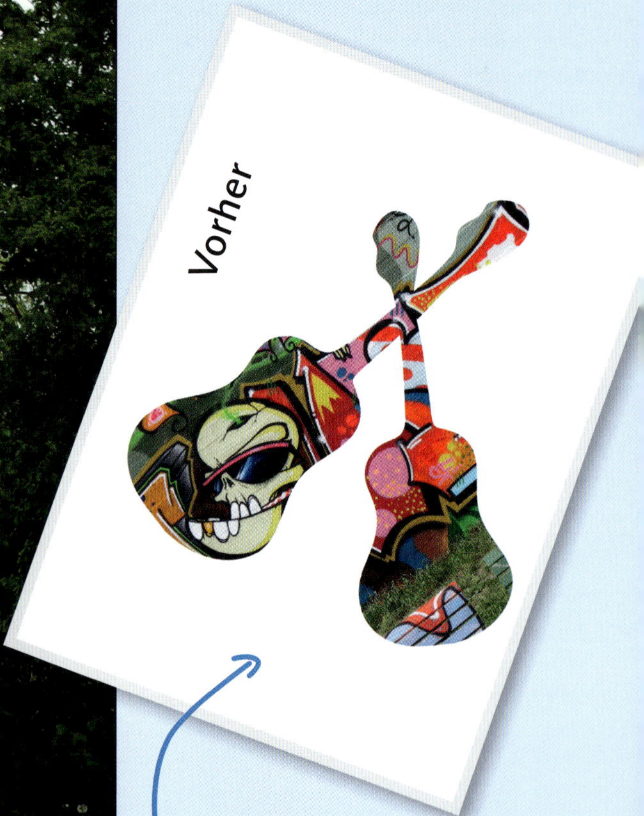

Ausgangsdatei

- Der weiße Hintergrund stört

[Ordner: 03_Freigestellte_Bilder]

1 Ebeneneinstellung in Photoshop

Wenn Sie Photoshop nicht installiert haben, verwenden Sie die von mir vorbereitete Datei »Litfass_Gitarren_frei.psd« und machen bei Schritt 5 weiter. Ansonsten öffnen Sie die Datei »Litfass_Gitarren.psd« in Photoshop.

Damit Sie später einen transparenten Hintergrund erhalten, müssen Sie die Hintergrundebene per Doppelklick im Ebenen-Bedienfeld ❶ in eine freie Ebene umwandeln. Im Dialogfenster geben Sie unter NAME ❷ »Gitarren« ein und bestätigen mit OK.

2 Den Hintergrund löschen

Wählen Sie anschließend den Zauberstab im Werkzeug-Bedienfeld aus, und klicken Sie mit ihm auf den weißen Hintergrund. Über das Menü BEARBEITEN • AUSSCHNEIDEN ❸ oder über ⌘/Strg+X löschen Sie den Hintergrund. Jetzt sehen Sie ein graues Schachbrettmuster, das Ihnen anzeigt, dass der Hintergrund transparent ist.

Die Voraussetzung für diese Vorgehensweise ist, dass die Objekte und der Hintergrund ausreichend kontrastreich sind und der Zauberstab genau arbeiten kann.

3 Die Datei speichern

Beim Speichern müssen Sie zwei Dinge beachten: das richtige Format und den korrekten Umgang mit den Ebenen.

Wählen Sie im Speichern-Dialog unter FORMAT die Einträge PHOTOSHOP oder TIFF ❹ aus. Unter SPEICHERN aktivieren Sie die Option EBENEN ❺.

Geben Sie der Datei noch einen anderen Namen, und klicken Sie anschließend auf SICHERN.

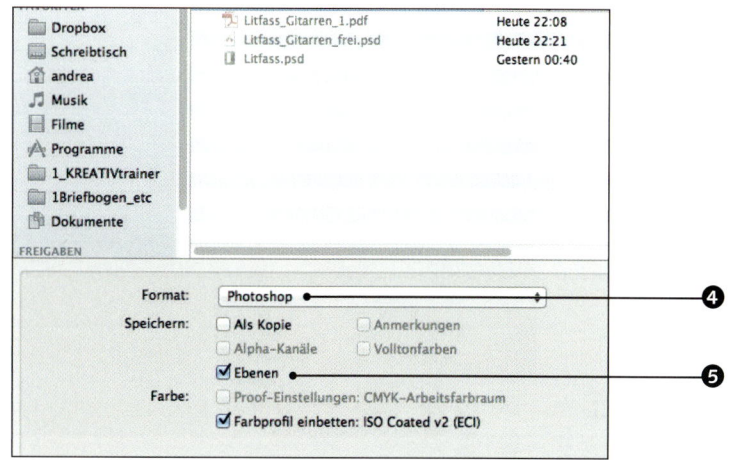

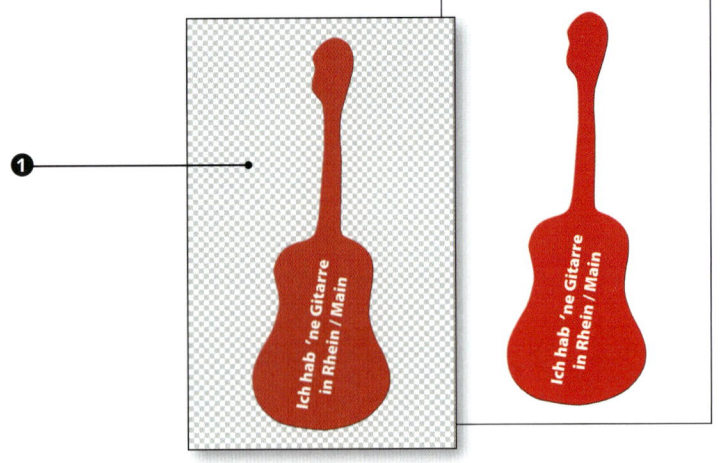

4 Das zweite Bild vorbereiten

Sie finden im Übungsordner eine weitere Datei, die ebenfalls in Photoshop vorbereitet werden muss. Sollten Sie kein Photoshop installiert haben, verwenden Sie die Datei »Gitarre_Rot_frei.psd«.

Photoshop-Nutzer öffnen die Datei »Gitarre_Rot.psd« und wiederholen die Schritte 1 bis 3.

Die Gitarre sollte jetzt auch auf einem transparenten Hintergrund ❶ stehen, d.h., Sie sollten das Schachbrettmuster sehen.

5 Die Bilder einsetzen

Öffnen Sie die Datei »Litfass.indd«. Hier habe ich, wie sollte es anders sein, eine Ebene für die Bilder erstellt.

Platzieren Sie auf der Ebene »Bilder« die von Ihnen erstellte Datei mit den Gitarren (oder alternativ »Litfass_Gitarren_frei.psd«). Anschließend platzieren Sie die freigestellte rote Gitarre (alternativ »Gitarre_Rot_frei. psd«). Behalten Sie das Bild in der Auswahl, und stellen Sie es über OBJEKT • ANORDNEN • IN DEN HINTERGRUND nach hinten.

6 Die Arbeit fertigstellen

Gruppieren Sie nun beide Bilder über ⌘/Strg+G, und geben Sie den drei Gitarren über das Steuerung-Bedienfeld einen Schlagschatten ❷.

Mit der Gruppierung erreichen Sie, dass beide freigestellten Bilder mit nur einem Schlagschatten versehen werden.

Beschneidungspfade bearbeiten

Erstellen Sie eine Drucklackform

Sie können einen in InDesign oder Photoshop erstellten Pfad nach dem Anwenden mit dem Zeichenstift bearbeiten, doch sollten Sie dazu viel Zeit und Nerven einkalkulieren. Am Ende zeige ich Ihnen, wie Sie einen Beschneidungspfad in einen Grafikrahmen umwandeln und daraus eine Drucklackform erstellen.

Bearbeitungsschritte

- Photoshop-Pfad bearbeiten
- Pfad in einen Rahmen umwandeln

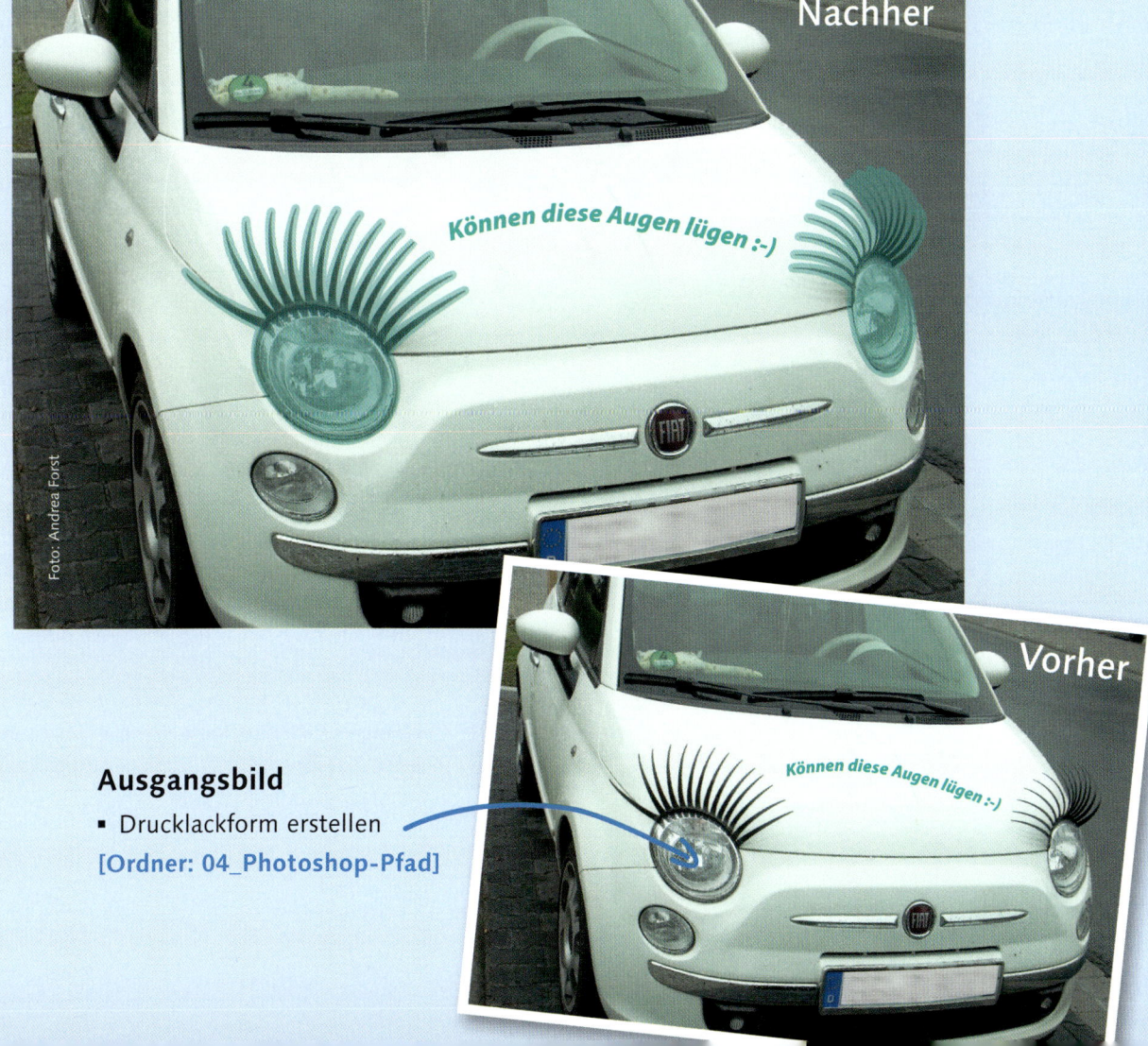

Foto: Andrea Forst

Nachher

Können diese Augen lügen :-)

Vorher

Können diese Augen lügen :-)

Ausgangsbild

- Drucklackform erstellen

[Ordner: 04_Photoshop-Pfad]

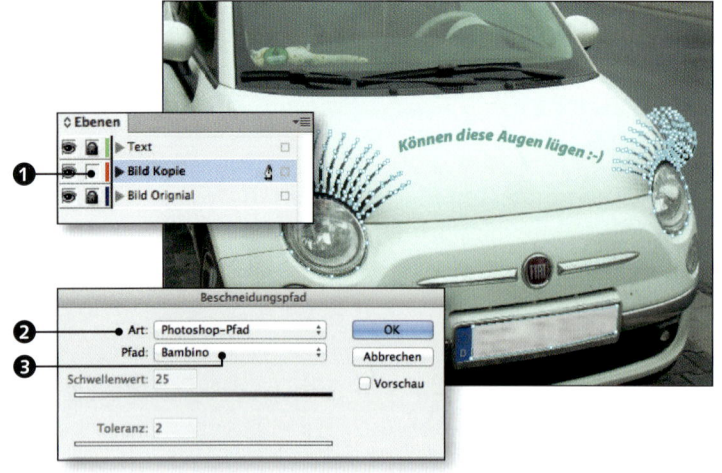

1 Den Photoshop-Pfad aus-wählen

Öffnen Sie die Datei »Bambino.indd«. Hier habe ich bereits die Ebenen für Sie vorbereitet. Wählen Sie nun das Bild auf der Ebene »Bild Kopie« ❶ aus, und öffnen Sie den Dialog OBJEKT • BESCHNEIDUNGSPFAD • OPTIONEN (⌘/Strg+⇧+Alt+K). Unter ART ❷ wählen Sie »Photoshop-Pfad« und bei PFAD »Bambino« ❸ aus.

Wenn Sie mit dem Direktauswahl-Werkzeug ⤾ über die Scheinwerfer fahren, können Sie den Pfad sehen.

2 Den Pfad bearbeiten

Mit viel Geduld können Sie den Beschneidungspfad in InDesign bearbeiten.

Wählen Sie den Pfad mit dem Direktauswahl-Werkzeug ⤾ aus, und bearbeiten Sie die sichtbar gewordenen Ankerpunkte anschließend mit den Zeichenstift-Werkzeugen ✒, wie Sie es in Kapitel 3 gelernt haben. Schnell merken Sie, dass es eine fast unlösbare Aufgabe ist und Sie kaum einen zufriedenstellenden Pfad erhalten können.

3 Einen Ankerpunkt löschen

Auch das Löschen von in Photoshop oder InDesign erstellten Beschneidungspfaden ist eine echte Sisyphus-Arbeit. Es geht zwar mit dem Ankerpunkt-Löschen-Werkzeug ✒, doch es braucht viel Geduld. Ich rate Ihnen, den Pfad entweder neu zu erstellen oder in Photoshop zu bearbeiten.

Haben Sie es dennoch geschafft, wird Ihnen in OBJEKT • BESCHNEIDUNGSPFAD • OPTIONEN unter ART ❹ angezeigt, dass dieser »Vom Benutzer geändert« wurde.

4 Ein Tipp vorweg

Das Ziel unserer Arbeit ist das Erstellen einer Drucklackform, weil diese das Bild schützen oder veredeln soll.

Beraten Sie sich in jedem Fall mit Ihrem Druckdienstleister, denn Drucklack ist auch eine Kostenfrage.

5 Den Rahmen umwandeln

Sie können in InDesign jeden Beschneidungspfad in einen Grafikrahmen umwandeln.

Wählen Sie das Bid auf der Ebene »Bild Kopie« mit dem Auswahlwerkzeug ⬆ aus, und gehen Sie anschließend auf OBJEKT • BESCHNEIDUNGSPFAD • BESCHNEIDUNGSPFAD IN RAHMEN KONVERTIEREN ❺.

Geben Sie nun dem Bild eine Kontur mit einer Farbe Ihrer Wahl, sodass Sie bereits die Veränderung erkennen können.

6 Die Drucklackform erstellen

Löschen Sie den Inhalt aus dem erstellten Grafikrahmen. Benutzen Sie dafür das Direktauswahl-Werkzeug ⬆, und löschen Sie das Bild über die Taste ← aus dem Rahmen.

Seien Sie beruhigt, denn ich habe das Bild mit einer Ebene gesichert.

Erstellen Sie für den Druckereibetrieb eine Sonderfarbe mit einem sprechenden Namen ❻ in VOLLTON ❼, damit dieser sie erkennt. Ich habe dafür die Farbe Grün gewählt. Diese Farbe steht in der Regel für den Drucklack.

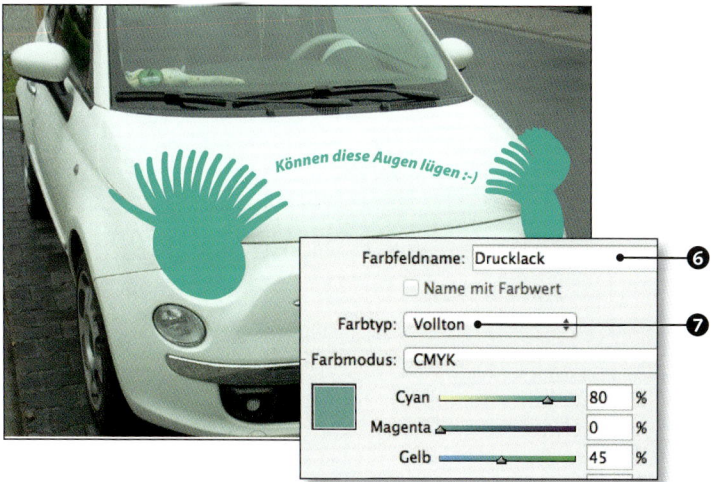

Tipp: Die Kontur sollte dem Bild oder Grafik entsprechend angepasst werden. Jedoch sollten Sie mindestens »4 Pt« berechnen.

Die Texteffekte

Der Satz von Text ist sicherlich die wichtigste Aufgabe, wenn es um die Erstellung von Layouts mit InDesign CS6 geht. Die Grundlagen dazu haben Sie bereits in Kapitel 2 kennengelernt. Doch das ist noch längst nicht alles!

In diesem Kapitel möchte ich Ihnen zeigen, wie Sie mit dem Text spielen können und ihn optisch ansprechend aufpeppen. Nutzen Sie den Textumfluss, damit der Text um ein Bild geleitet wird. Oder setzen Sie den Text auf einen Pfad, und wandeln Sie den Text später in einen Pfad um. Lassen Sie sich also verführen. Ich wünsche Ihnen dabei viel Spaß!

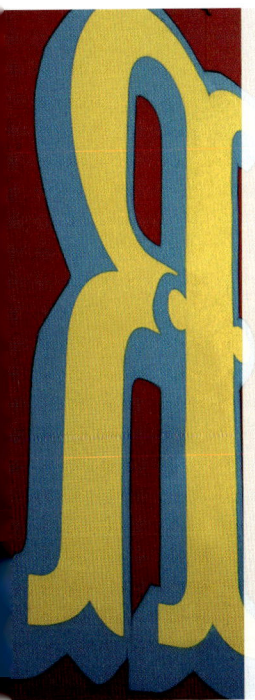

Der Textumfluss

Drängen Sie den Text vom Bild weg

Der Textumfluss, oft auch Konturenführung genannt, ist ein sehr hilfreiches Tool bei der täglichen Layoutarbeit. Auf diese Weise können Sie ein Bild über einen Textrahmen legen und bestimmen, dass der Text für das Bild Platz macht.

Bearbeitungsschritte

- Textumfluss anlegen
- Textumfluss verändern

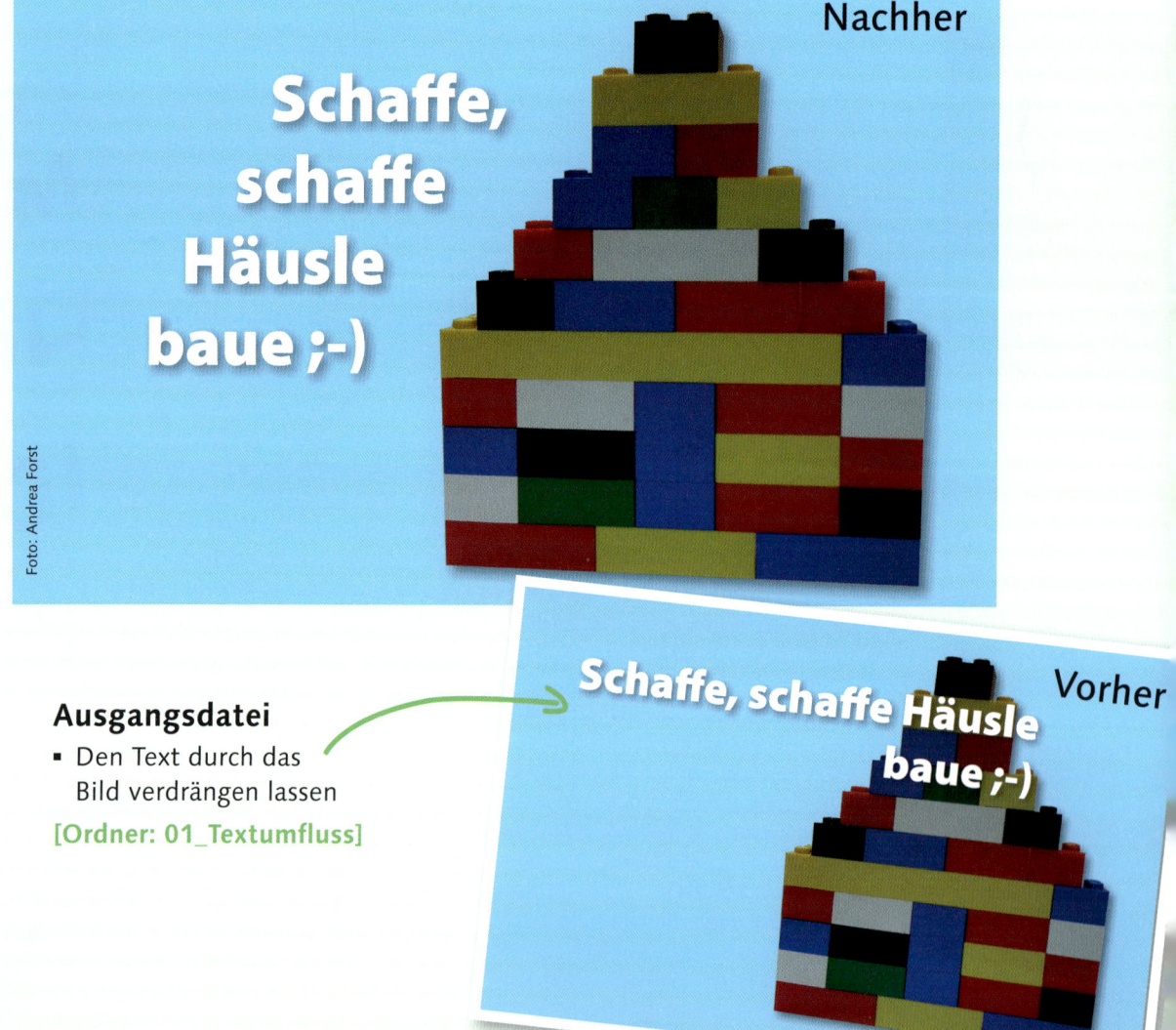

Foto: Andrea Forst

Nachher

Schaffe, schaffe Häusle baue ;-)

Vorher

Schaffe, schaffe Häusle baue ;-)

Ausgangsdatei

- Den Text durch das Bild verdrängen lassen

[Ordner: 01_Textumfluss]

1 Die Grundlagen

Haben Sie einem Objekt einen Textumfluss zugewiesen, wird Text durch dieses Objekt verdrängt.

In den VOREINSTELLUNGEN unter SATZ können Sie bestimmen, wie der Textumfluss arbeitet: Aktivieren Sie hier nicht die Option TEXTUMFLUSS WIRKT SICH NUR AUF TEXT UNTERHALB AUS ❶, denn dadurch schränken Sie den Textumfluss sehr ein und müssen immer darauf achten, ob das verdrängende Objekt im Vorder- oder Hintergrund liegt.

2 Der Begrenzungsrahmen

Öffnen Sie die Datei »Konturenfuehrung.indd«, und wählen Sie auf Seite 1 das Bild mit dem Auswahlwerkzeug ▶ aus.

Öffnen Sie über FENSTER • TEXTUMFLUSS bzw. ⌘/Strg+Alt+W das Textumfluss-Bedienfeld, und klicken Sie auf UMFLIESSEN DER BOUNDING BOX ❷. Der Text läuft nun um den Bildrahmen herum.

Über den VERSATZ ❸ können Sie einen Abstand zum Bild bestimmen.

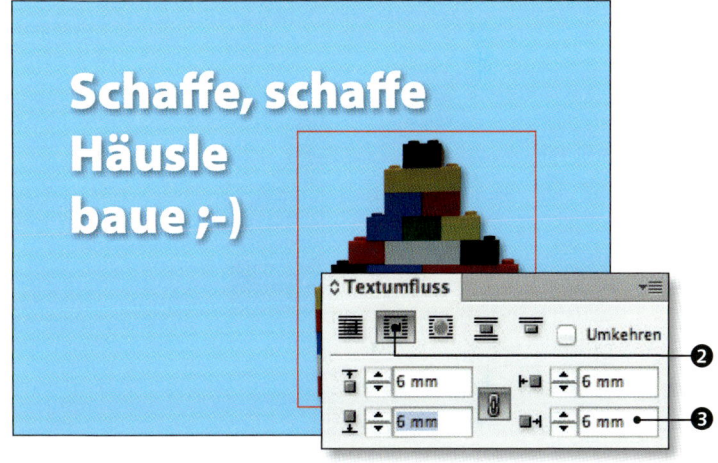

3 An der Objektform entlang

Wählen Sie auf Seite 2 das Bild mit dem Auswahlwerkzeug ▶ aus. Klicken Sie anschließend auf UMFLIESSEN DER OBJEKTFORM ❹. Der Text läuft nun an der Objektform entlang. Bei diesem Textumfluss können Sie auch einen Abstand einstellen, jedoch nur einen gleichmäßigen Abstand. Geben Sie hier einen Abstand von »3 mm« ❺ ein.

Tipp: Es ist nicht immer erforderlich, dass Sie um das Bild einen Pfad bauen. Alle erdenklichen Pfade (z. B. aus Photoshop, wie in diesem Workshop angewendet) werden von dem Textumfluss erkannt, und somit angewendet.

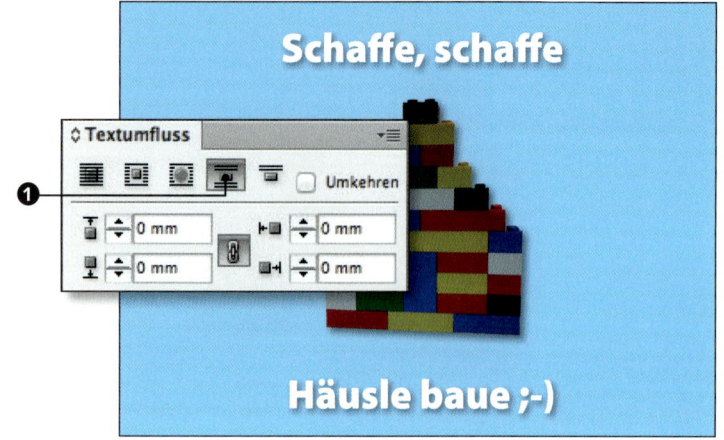

4 Über das Objekt springen

Wählen Sie auf Seite 3 das Bild aus, und klicken Sie im Textumfluss-Bedienfeld auf Objekt überspringen ❶.

Jetzt wird der Text seitlich des Objekts verdrängt und läuft nur ober- und unterhalb des Bildrahmens.

Diese Funktion wird z. B. in den redaktionellen Teilen eines Magazins angewendet.

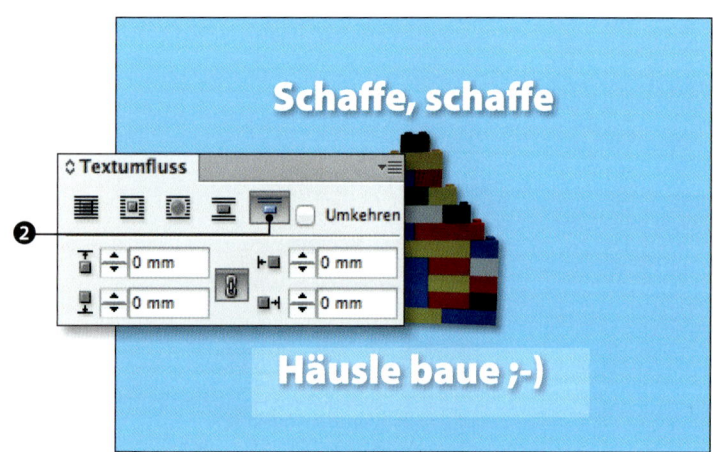

5 In die nächste Spalte springen

Wählen Sie das Bild auf Seite 4 aus, und klicken Sie dann auf die Schaltfläche In nächste Spalte springen ❷. Der Text läuft nun wie von Zauberhand in den nächsten Textrahmen.

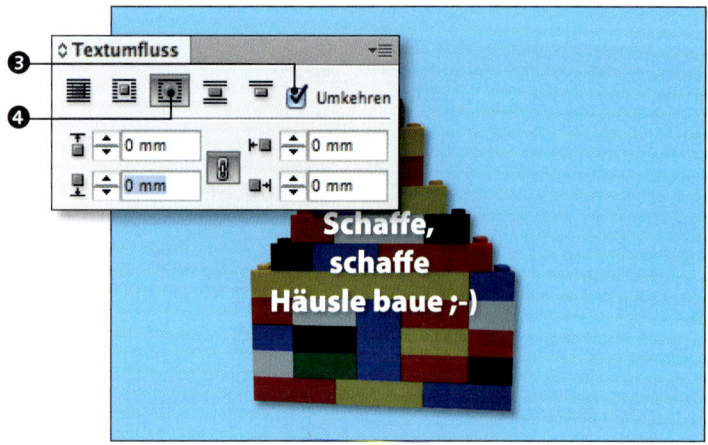

6 Den Textumfluss umkehren

Selbstverständlich ist es auch möglich, den Textumfluss umzukehren. Der betroffene Text wird nun in den Textumfluss, sprich in das Objekt, eingefügt. Ich persönlich benutze für diese Funktion jedoch lieber einen eigens dafür erstellten Textrahmen.

Gehen Sie auf Seite 5, und wählen Sie Umfliessen der Objektform ❹. Aktivieren Sie dann die Option Umkehren ❸.

Tipp: Sie finden die Textumfluss-Schaltflächen auch im Steuerung-Bedienfeld, doch hier können Sie keine weiteren Einstellungen vornehmen.

Den Textumfluss steuern

Keine Einschränkung durch den Textumfluss

Mit den Textrahmenoptionen und den Voreinstellungen können Sie den Textumfluss in die Schranken weisen. Sprich: Wir wollen, dass ein Textrahmen nicht verdrängt wird, und wir möchten den Textumfluss sauber ausrichten.

Bearbeitungsschritte

- Textumfluss unterdrücken
- Textrahmen drehen
- Text neben dem Objekt ausrichten

Vorher

Der Gartenzwerg

Kult oder Kitsch? Hier scheiden sich die Geister. Fakt ist jedoch, dass der Gartenzwerg Ende 1990 eine neue Fangemeinde hat. Durch die Schaffung neuer, teils witziger Modelle findet man ihn immer noch in den Gärten.

Der Gartenzwerg wird zur Dekoration von Gärten und Wohnungen genutzt. Kaum zu glauben, aber werden ca. 25 Millionen Gartenzwerge alleine in deutschen Gärten geschätzt.

Seit Mitte des 19. Jahrhunderts wurden Gärtner oder mittelalterliche Bergleute als Motiv dargestellt. Klassisch haben die Gatenzwerge eine Lederschürze, sowie eine Laterne, Schaufel oder Spitzhacke bei sich. Was fast alle jedoch haben, ist die rote Zipfelmütze.

Viele barocke Gartenzwerge finden Sie in den Gärten von Schlössern., z.B. von Schloss Mirabell in Salzburg. Diese wurden zwischen 1690 und 1695 in Marmor gehauen, und haben mit unseren heutigen Zwergen absolut nichts gemein. Auch die Gartenzwerge aus Meissen oder der Kaiserlichen Hofmanukatur in Wien, welche die Zwerge aus Porzellan fertigten, haben mit unseren roten Zipfelmützen nicht gemein.

Unsere Zwerge haben heute ein Messer in dem Rücken, lassen die Hose runter oder zeigen den Vogel. Doch diese, ich will sie mal als Skulpturen bezeichnen, haben das vorangegangene Spießbürgertum in einen Kult umgewandelt.

Nachher

Der Gartenzwerg

Kult oder Kitsch? Hier scheiden sich die Geister. Fakt ist jedoch, dass der Gartenzwerg Ende 1990 eine neue Fangemeinde hat. Durch die Schaffung neuer, teils witziger Modelle findet man ihn immer noch in den Gärten.

Gartenzwerg wird zur Dekoration von Gärten und Wohnungen genutzt. Kaum zu glauben, aber werden ca. 25 Millionen Gartenzwerge alleine in deutschen Gärten geschätzt.

Seit Mitte des 19. Jahrhunderts wurden ...gleute als Motiv dargestellt. Klas... ...eine Lederschürze, sowie eine ...zhacke bei sich. Was fast ...elmütze.

...le barocke Gartenzwer- ...össern., z.B. von Schloss ...schen 1690 und 1695 in ...eren heutigen Zwergen ...tenzwerge aus Meissen oder ...n, welche die Zwerge aus Porzelllan fertigten, haben mit unseren roten Zipfelmützen ...t gemein.

Gärtner oder mittelalterliche sich haben die Gatenzwer- Laterne, Schaufel oder alle jedoch haben, ist die rote

ge finden Sie in den Gärten von Mirabell in Salzburg. Diese wurden Marmor gehauen, und haben mit absolut nichts gemein. Auch die der Kaiserlichen Hofmanukatur in

...sere Zwerge haben heute ein Messer in dem Rücken, lassen die Hose runter oder zei- ...den Vogel. Doch diese, ich will sie mal als Skulpturen bezeichnen, haben das vorange- ...gene Spießbürgertum in einen Kult umgewandelt.

Foto: Andrea Forst

Ausgangsdatei

- Das Logo stört den Text.

[Ordner: 02_Textumfluss_steuern]

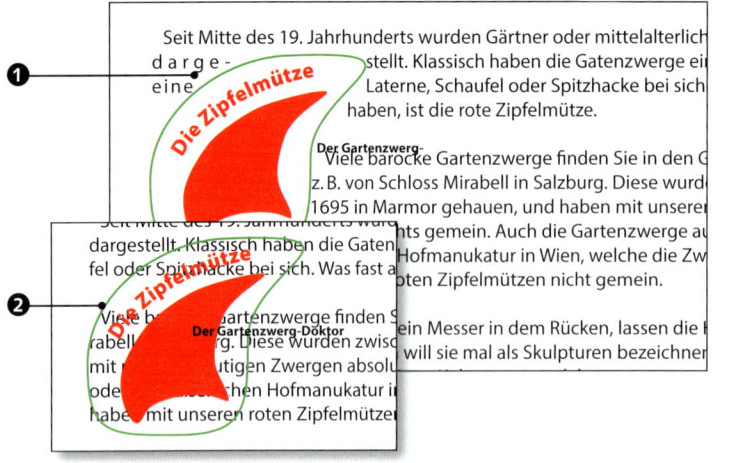

1 Den Textumfluss in Form bringen

Wenn Sie die Funktion UMFLIESSEN DER OBJEKTFORM anwenden, kann die Ausrichtung des Textes sehr unruhig wirken ❶.

Einen harmonischen Textumfluss um ein Objekt erreichen Sie, indem Sie eine Form um das Objekt ziehen, wie ich es in der Beispieldatei gemacht habe.

Öffnen Sie die Datei »Textumfluss_steuern.indd«.

2 Den Textumfluss zuweisen

Wählen Sie die grüne Form ❷ mit dem Auswahlwerkzeug ⬚ aus, und weisen Sie ihr die Option UMFLIESSEN DER OBJEKTFORM ❸ zu.

Schön sieht es noch nicht aus; darum kümmern wir uns nun.

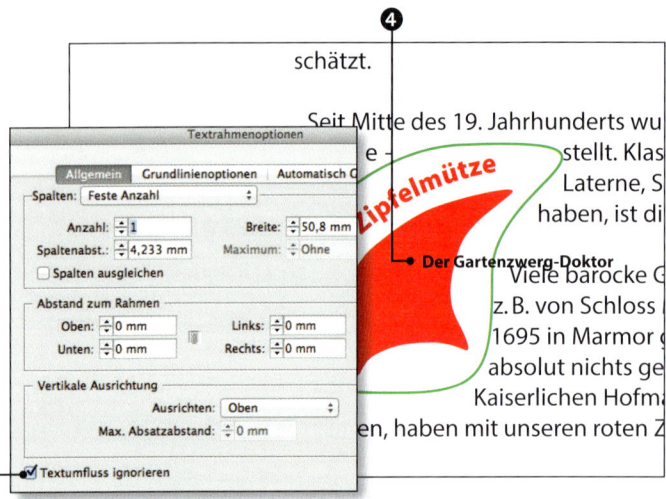

3 Den Textumfluss unterdrücken

Bildunterschriften sollten sich möglichst dicht beim Bild befinden ❹. Sie haben jedoch der Zipfelmütze einen Textumfluss zugewiesen, und somit wird jeder Text verdrängt.

Wählen Sie den Textrahmen der Bildunterschrift aus, und gehen Sie anschließend in das Menü OBJEKT • TEXTRAHMENOPTIONEN (auch zu erreichen über ⌘/Strg + B). Hier aktivieren Sie die Option TEXTUMFLUSS IGNORIEREN ❺ und bestätigen den Dialog.

4 Den Textrahmen drehen

Wählen Sie die Bildunterschrift mit dem Auswahlwerkzeug ![Auswahlwerkzeug] aus, und drehen Sie den Textrahmen um »75°« ❻. Der Bezugspunkt muss in der Mitte liegen.

Anschließend wählen Sie mit dem Auswahlwerkzeug ![Auswahlwerkzeug] die grüne Form aus und erhöhen den Abstand zum Text um »5 mm« ❼.

Löschen Sie nun alle Farbattribute (Fläche bzw. Kontur) der grünen Form. Wählen Sie diese dafür mit dem Auswahlwerkzeug ![Auswahlwerkzeug] aus, und geben Sie der Kontur über das Farbfelder-Bedienfeld die Farbe [Ohne].

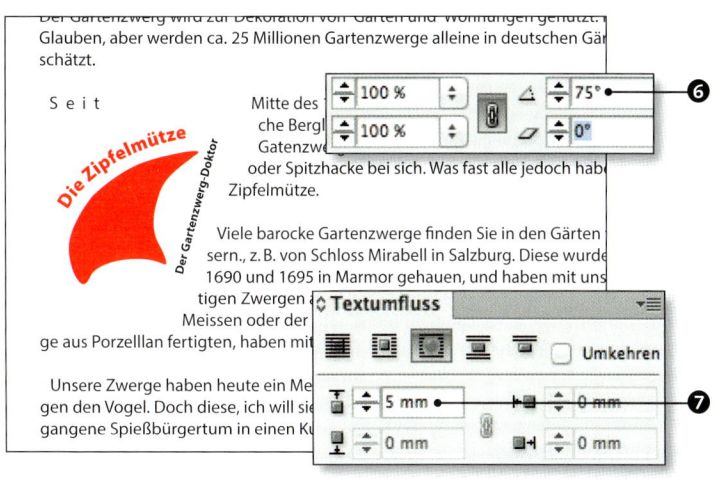

5 Die Objekte positionieren

Damit Sie den nächsten Schritt durchführen können, müssen Sie die Objekte zunächst an eine andere Position verschieben.

Hier bietet sich das Gruppieren der Objekte an. Wählen Sie daher die Form, die Grafik und die Bildunterschrift aus, und gehen Sie in das Menü Objekt • Gruppieren oder drücken Sie ⌘/Strg+G.

Verschieben Sie anschließend die Gruppe mithilfe des Auswahlwerkzeugs ![Auswahlwerkzeug] in die Mitte der Textspalte.

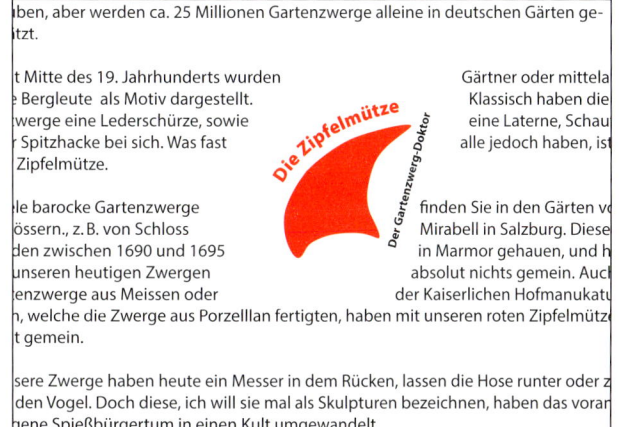

6 Text neben dem Objekt ausrichten

Nun, ich gebe zu, der Text links neben der Grafik sieht sehr unruhig aus. Das müssen wir noch ändern.

Gehen Sie dafür in Voreinstellungen • Satz • Textumfluss. Aktivieren Sie hier die Option Text neben Objekt ausrichten ❽. Jetzt wird der Text links des Objekts als Blocksatz ausgerichtet, obwohl die eigentliche Textspalte auf linksbündig steht.

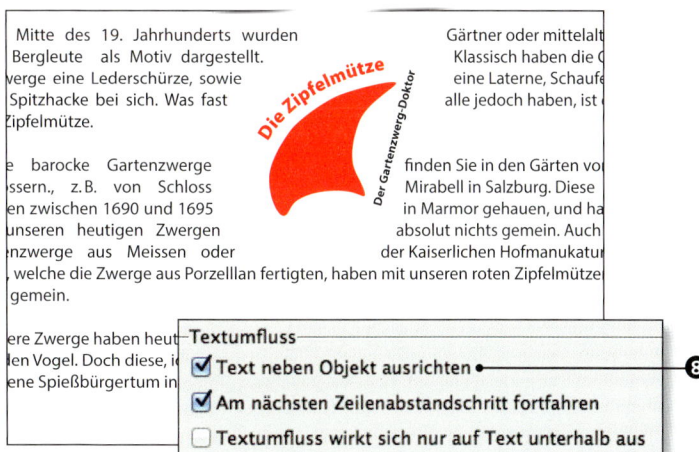

Tipp: Die Farbe [Ohne] bedeutet, dass, wenn sie auf die Kontur oder die Fläche angewendet wurde, keine Farbe vorhanden ist.

Text mit einem Bild füllen

Gestalten Sie eine Weihnachtskarte

Und plötzlich ist Weihnachten! In diesem Workshop präsentiere ich Ihnen eine Idee
für eine Weihnachtskarte. Sie erfahren, wie Sie Text in Pfade umwandeln und wie Sie
mit der Pfadverknüpfung umgehen. Füllen Sie den Text mit einem Bild, und fertig ist
eine originelle Weihnachtskarte.

Bearbeitungsschritte

- Text in Pfade umwandeln
- Pfadverknüpfung lösen und wieder vereinen
- Bild in den Text einfügen

Foto: Andrea Forst

Nachher

Vorher

Ausgangsbild

- Text ins Bild stanzen.
- [Ordner: 03_Text_als_Pfad]

1 Was passiert bei der Umwandlung?

Wandeln Sie eine Schrift in Pfade um, dann können Sie keine Textkorrekturen mehr daran vornehmen. Außerdem berauben Sie die Schrift vieler Funktionen, die der Schriftgestalter eingebaut hat: Eine solche Funktion kann z. B. die Serifenbreite sein, die sich je nach Schriftgröße verändert.

Und Vorsicht: Die Lizenzrechte des Herstellers bleiben auch bestehen, wenn Sie die Schrift in einen Pfad umgewandelt haben. Setzen Sie daher nur gekaufte Schriften ein!

2 Text in Pfade umwandeln

Öffnen Sie die Übungsdatei »Weihnachtskarte.indd«.

Ich habe bereits den Text eingegeben. Wählen Sie den Textrahmen ❶ mit dem Auswahlwerkzeug ▶ aus. Gehen Sie anschließend in das Menü SCHRIFT • IN PFADE UMWANDELN ❷, und wandeln Sie den Text um. Die Funktion erreichen Sie auch über ⌘/Strg+⇧+O.

3 Die Zeilen trennen

Durch die Umwandlung in Pfade erstellt InDesign automatisch eine Gruppe. Sie erkennen die Gruppierung an der gestrichelten Linie ❸.

Heben Sie die Gruppierung über das Menü OBJEKT • GRUPPIERUNG AUFHEBEN oder über ⌘/Strg+⇧+G auf.

4 Die Schrift auf eine Breite anpassen

Wählen Sie jetzt die erste Zeile mit dem Auswahlwerkzeug ![Auswahlwerkzeug] aus. Gehen Sie dann an die untere rechte Ecke, und ziehen Sie den Rahmen mit gedrückter ⇧-Taste an den rechten Rand ❶. Gehen Sie auch für die anderen beiden Zeilen so vor.

Positionieren Sie anschließend alle drei Zeilen auch an dem oberen und dem unteren Rand und die mittlere Zeile optisch auf die Mitte.

5 Die Pfadverknüpfung lösen

Das »E« soll gespiegelt werden. Dafür müssen Sie die Pfadverknüpfung über OBJEKT • PFADE • VERKNÜPFTEN PFAD LÖSEN ❸. Es werden dabei zwar die Aussparungen ❷ in den Buchstaben »R« und »O« geändert, doch darum kümmern wir uns im nächsten Schritt. (Ich habe die betroffenen Stellen für Sie rot markiert.)

Wählen Sie nun zunächst den Buchstaben »E« mit dem Auswahlwerkzeug ![Auswahlwerkzeug] aus, und spiegeln Sie ihn mit dem Steuerung-Bedienfeld horizontal ![Symbol].

Verbinden
Pfad öffnen
Pfad schließen
Pfad umkehren

Verknüpften Pfad erstellen ⌘8
❸ • **Verknüpften Pfad lösen** ⌥⇧⌘8

6 Die Aussparungen wiederherstellen

Für die Buchstaben »R« und »O« soll die Aussparung ❹ wiederhergestellt werden.

Wählen Sie das »R« und seine Aussparung mit gehaltener ⇧-Taste aus, und rufen Sie das Pathfinder-Bedienfeld aus dem Menü FENSTER • OBJEKT UND LAYOUT • PATHFINDER auf. Klicken Sie hier auf ÜBERLAPPUNG AUSSCHLIESSEN ❺.

Anschließend wiederholen Sie diesen Schritt für das »O«.

Hinweis: Meine Buchstaben sind rot, weil ich die Aussparung rot eingefärbt habe. Der Pathfinder übernimmt in diesem Fall immer die Vordergrundfarbe.

7 Pfadverknüpfung herstellen

Um später alle Zeilen mit einem Bild füllen zu können, müssen diese zu einem Objekt vereint werden.

Dazu benutzt man in InDesign die Funktion VERKNÜPFTEN PFAD ERSTELLEN. Wählen Sie zu Beginn die Buchstaben des Wortes »FROHE« mit gedrückter ⇧-Taste aus, und gehen Sie in das Menü OBJEKT • PFADE • VERKNÜPFTEN PFAD ERSTELLEN ❻ (⌘/Strg+8).

Danach wählen Sie alle drei Zeilen aus und wenden die Funktion nochmals an.

8 Bild in die Schrift platzieren

Machen Sie jetzt im Ebenen-Bedienfeld die Ebene »Bild« ❼ sichtbar, und entsperren Sie sie.

Wählen Sie mit dem Auswahlwerkzeug ➤ das Bild auf dieser Ebene aus, und kopieren Sie es in die Zwischenablage. Danach wählen Sie mit dem Auswahlwerkzeug ➤ die Schrift auf der Text-Ebene aus und fügen das Bild über das Menü BEARBEITEN • IN DIE AUSWAHL EINFÜGEN oder über ⌘/Strg+Alt+V ein.

9 Hintergrundbild abblenden

Schön sieht die Karte allerdings noch nicht aus. Ich habe der Schrift, damit Sie das Einfügen erkennen können, kurzerhand eine Kontur gegeben.

Gehen Sie auf die Bild-Ebene, und wählen Sie das Bild aus. Danach gehen Sie in das Effekte-Bedienfeld und geben dort unter DECKKRAFT den Wert »30 %« ❽ ein.

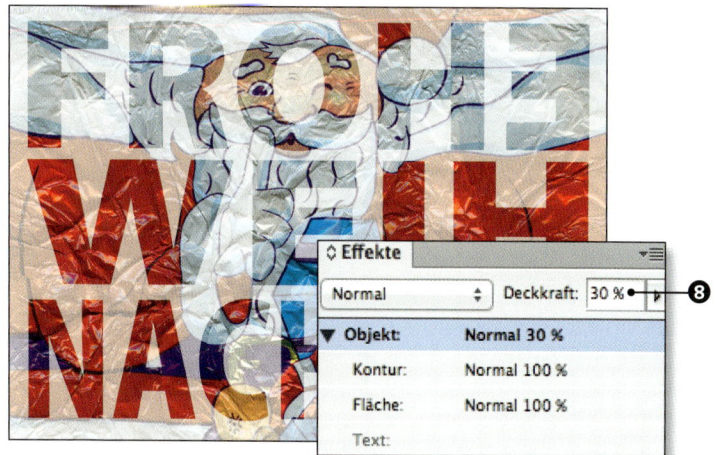

Hinweis: Ich habe die Buchstaben nur für den Druck sichtbar gemacht. In der Beispieldatei werden Sie diese nicht sehen.

Text in eine Form setzen

Gestalten Sie eine Anzeige

In diesem Workshop zeige ich Ihnen, wie Sie Text in eine Form setzen. Wir fangen einfach an und steigern uns dann zur Höchstform. Sie werden Textformatierungen kennenlernen, von denen Sie noch nie gehört haben. Gehen Sie mit mir auf Entdeckungsreise!

Ausgangsdatei

- In den Brillengläsern soll Text stehen.

[Ordner: 04_Formsatz]

Bearbeitungsschritte

- Text in ein Objekt einfügen
- Text bearbeiten
- Deckkraft reduzieren

Vorher

Nachh

Die Brille

Die Brille

Gesammelte Sprüche über das Auge.

Ein Auge drauf werfen **Augen-zwinkern** Augenblick **Ein Auge zudrücken** Augenschmaus **Ein blaues Auge** Eines aufs Auge drücken **Schau mir in die Augen, Kleine** Die Augen sind größer als der Magen **Sand in die Augen streuen** Wie Schuppen von den

Augen fallen **Unter vier Augen** Den Daumen aufs Auge setzen **Das ist mir ein Dorn im Auge** Tief ins Auge schauen **Sich die Augen ausweinen** Das Auge isst mit **Deine schönen Augen machen mich total verrückt** Augenscheinlich

Gesammelte Sprüche über das Auge.

Foto: Tina Baumann

1 Die Ebene duplizieren

Öffnen Sie die Datei »Az_Brille.indd«aus dem Übungsordner.

Bevor Sie die Flächen der Brillengläser weiter bearbeiten, duplizieren Sie die Ebene »Textrahmen einzeln«. Sperren Sie diese Ebene, und geben Sie dem Duplikat den Namen »Textrahmen vereint« ❶.

Durch das Duplikat sichern wir uns die Möglichkeit, die Brillengläser separat bearbeiten zu können.

2 Die Flächen vereinen

Wählen Sie nun die Rahmen auf der Ebene »Textrahmen vereint« aus, indem Sie im Ebenen-Bedienfeld auf das kleine Quadrat klicken, und gehen Sie in das Pathfinder-Bedienfeld. Dort klicken Sie auf die Schaltfläche ADDIEREN ❷.

Somit haben Sie aus den zwei Flächen nun eine Fläche erstellt. Dies macht Sinn, wenn Sie Text oder Bilder in Objekte einfügen möchten.

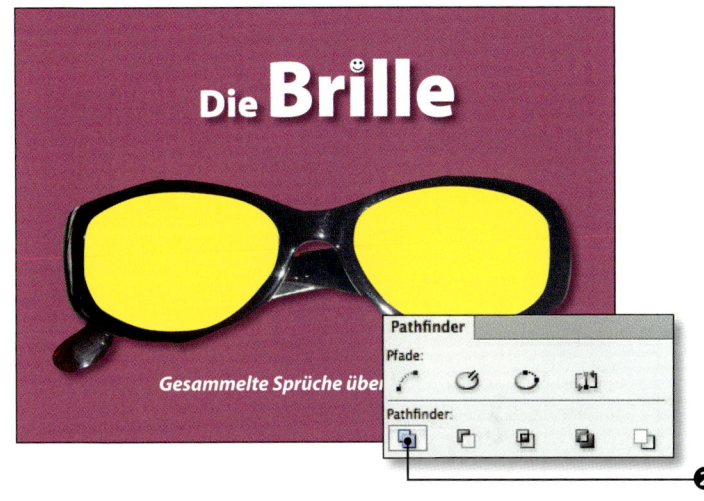

3 Textrahmen in die Auswahl einfügen

Gehen Sie nun auf Seite 2, wählen Sie den Textrahmen mit dem Auswahlwerkzeug ▶ aus, und kopieren Sie ihn mit ⌘/Strg+C in die Zwischenablage. Wechseln Sie wieder zur Seite 1, und wählen Sie dort den vereinten Rahmen aus. Fügen Sie den kopierten Textrahmen über BEARBEITEN • IN DIE AUSWAHL EINFÜGEN oder ⌘/Strg+Alt+V ❸ ein.

Schön ist es nicht, daher machen Sie diesen Schritt über BEARBEITEN • RÜCKGÄNGIG (alternativ ⌘/Strg+Z).

Tipp: Auch wenn Sie den Text in die Auswahl einfügen, lässt er sich wie ein normaler Text formatieren.

4 Text in die Rahmen einfügen

Gehen Sie nochmals auf Seite 2, und wählen Sie den gesamten Text mit dem Textwerkzeug ![T] aus. Kopieren Sie ihn mit ⌘/Strg+C , und wechseln Sie erneut auf Seite 1.

Hier fügen Sie den Text wieder in den vereinten Rahmen ein. Klicken Sie mit dem Textwerkzeug ![T] darauf, damit der Textcursor blinkt, und drücken Sie dann ⌘/Strg+V . Der Text sollte nun sichtbar und lesbar sein und sich der Brillenform anpassen.

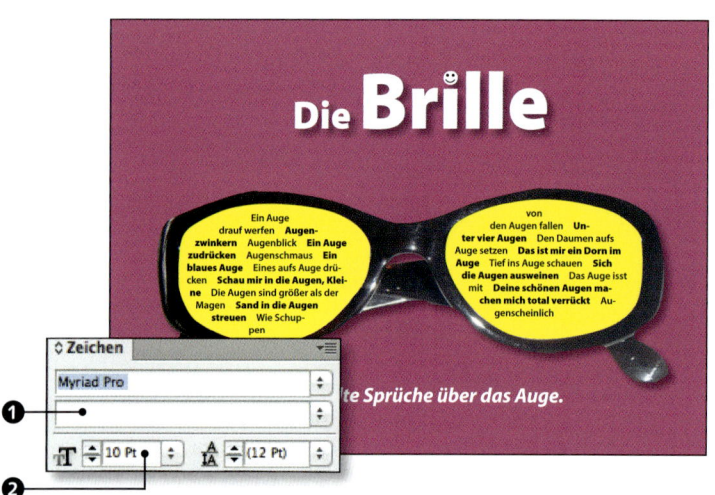

5 Den Text formatieren

Da wir den Text und den soeben erstellten Textrahmen noch weiter bearbeiten wollen, sollte der Text formatiert werden.

Wählen Sie den gesamten Text mit dem Textwerkzeug ![T] aus, und verringern Sie die Schriftgröße über das Zeichen-Bedienfeld auf »10 Pt« ❷.

Wundern Sie sich nicht, dass im Fenster für den Schriftschnitt ❶ kein Eintrag ist. Wir verwenden in dem bereitgestellten Text zwei unterschiedliche Schriftschnitte.

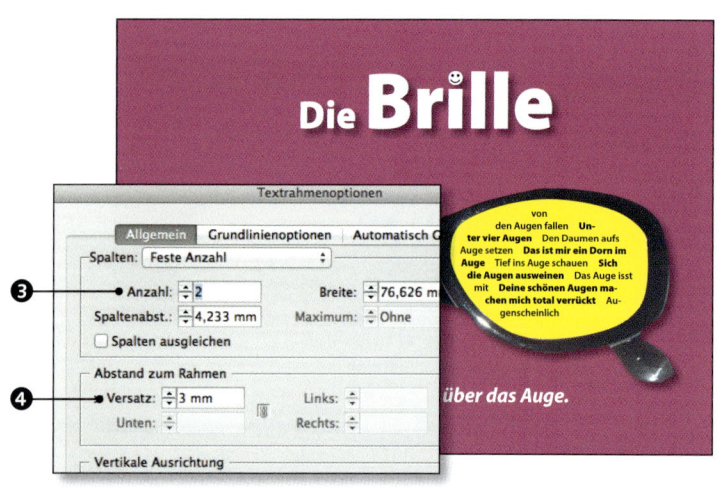

6 Die Textrahmenoptionen

Wählen Sie den *Textrahmen* mit dem Auswahlwerkzeug ![k] aus, und öffnen Sie über OBJEKT • TEXTRAHMENOPTIONEN den Dialog.

Unter SPALTEN • ANZAHL ❸ stellen Sie »2« ein und für den ABSTAND ZUM RAHMEN • INNERER VERSATZ ❹ den Wert »3 mm«.

Der Text läuft jetzt in jedem Brillenglas separat. Das ist zwar nicht immer gewünscht, doch dieses Beispiel »schrie« danach.

Tipp: Sie können den Text auch über das Steuerung-Bedienfeld formatieren bzw. ausrichten.

7 Den Text ausrichten

Bevor wir mit dem Finetuning des Textes beginnen, sollten wir ihn noch ausrichten.

Wählen Sie nochmals den Text aus, und richten Sie ihn über das Absatz-Bedienfeld aus. Klicken Sie dafür auf die Schaltfläche Blocksatz, letzte Zeile zentriert ❺.

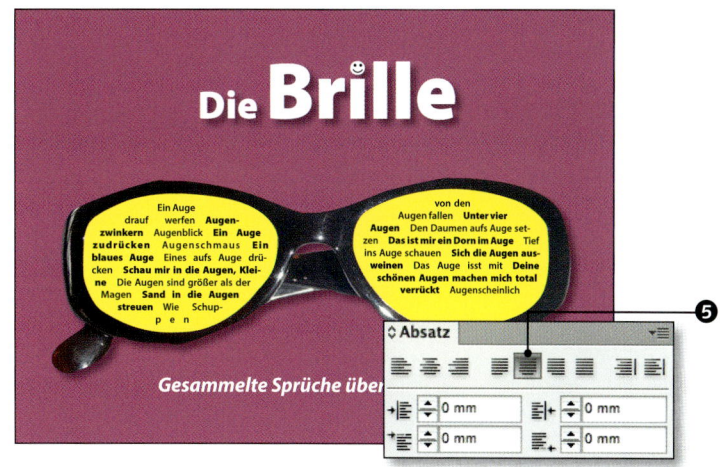

8 Die Abstände

Ein Problem beim Formsatz sind die großen ungewollten Löcher zwischen den Wörtern oder Buchstaben.

Um dies zu beheben, wählen Sie den Text aus und öffnen über das Bedienfeldmenü des Absatz-Bedienfelds den Dialog Abstände. Stellen Sie hier mithilfe der Abstände für Wort, Zeichen und Glyphen unter Minimal und Maximal andere Werte ein. Aktivieren Sie dabei die Vorschau, damit Sie das Ergebnis gleich testen können.

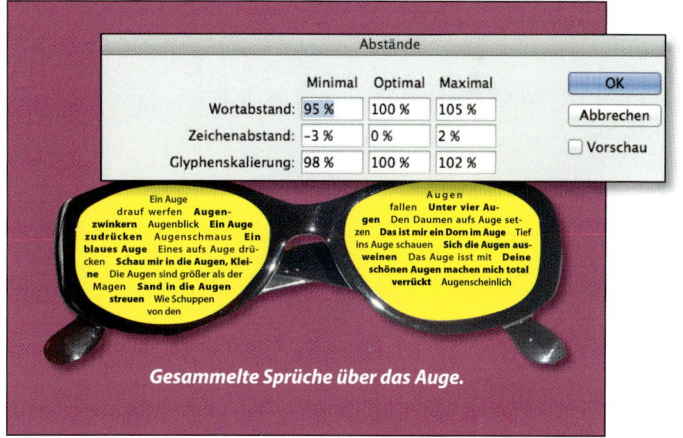

9 Die Silbentrennung

In unserem Beispiel müssen Sie sich nicht um die Silbentrennung kümmern, aber ich möchte die drei Möglichkeiten zeigen.

Sie können diese ausschalten. InDesign bietet Ihnen hierfür drei Möglichkeiten an: Am schnellsten geht es über das Steuerung-Bedienfeld für Absätze: Dort deaktivieren Sie die Silbentrennung ❻. Außerdem können Sie die Einstellung direkt im Absatz-Bedienfeld oder – noch detaillierter – über das Bedienfeldmenü des Absatz-Bedienfelds vornehmen.

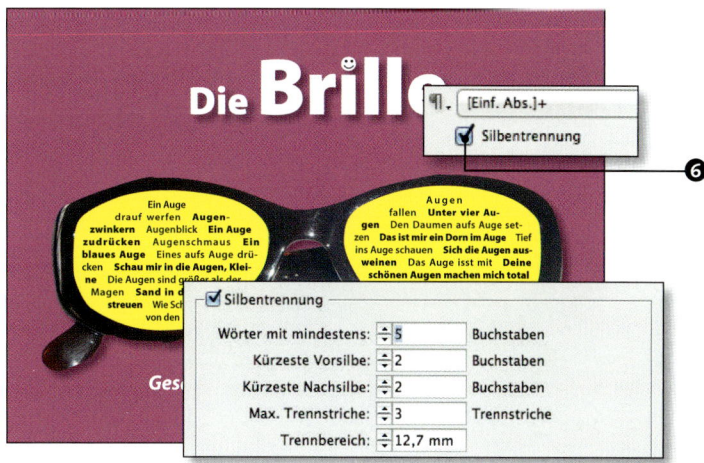

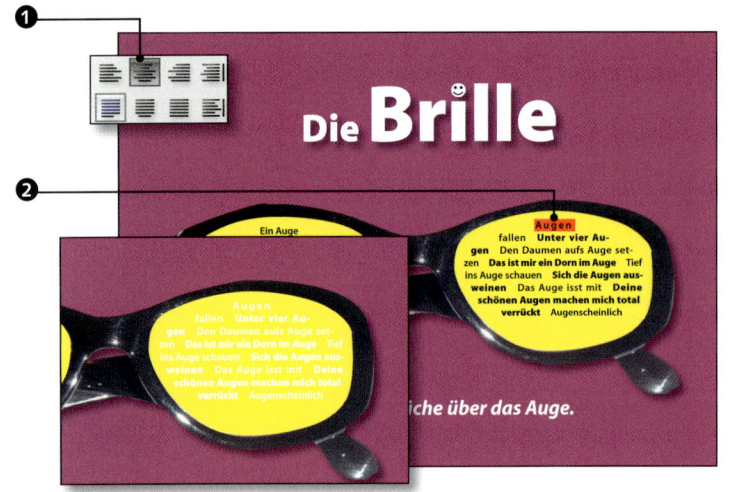

10 Eine kleine Manipulation

Ich gebe zu, Formsatz ist nicht meine Lieblingsdisziplin, von daher manipuliere ich gern den Text. Ich bin jedoch auch Typografin und möchte immer ein ausgewogenes Schriftbild sehen. Daher lasse ich mich oft mal zu kleinen Veränderungen hinreißen.

Wählen Sie mit dem Textwerkzeug das Wort »Augen« ❷ aus, und stellen Sie das Wort mit dem Absatz-Bedienfeld zusätzlich auf ZENTRIEREN ❶. Als Schriftfarbe wählen Sie nun noch die Farbe [PAPIER].

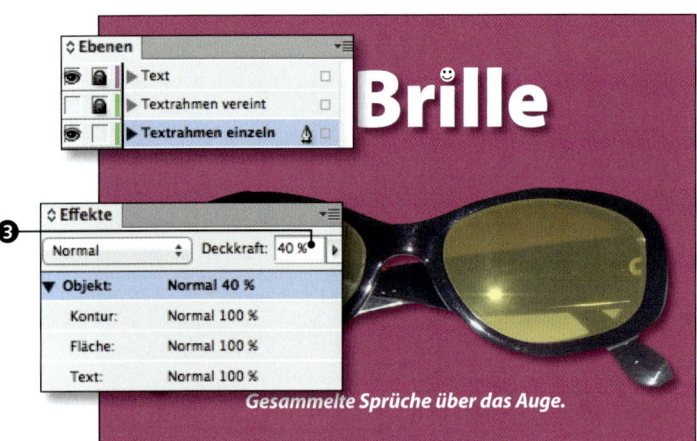

11 Die Deckkraft reduzieren

Der Text sieht nun harmonisch aus, aber der Hintergrund nicht.

Sperren Sie daher die Ebene »Textrahmen vereint«, und blenden Sie diese aus. Entsperren Sie anschließend die Ebene »Textrahmen einzeln.«

Wählen Sie nacheinander die Rahmen aus. Über das Effekte-Bedienfeld stellen Sie pro Glas die DECKKRAFT ❸ über den Schieberegler nach Augenmaß ein.

12 Die Arbeit fertigstellen

Der Text sieht gut aus, die Gläser haben einen Effekt erhalten, aber fertig sind wir noch nicht.

Entsperren Sie die Ebene »Textrahmen vereint«, und wählen Sie den Rahmen aus. Achten Sie darauf, dass nicht der Text ausgewählt wurde.

Wählen Sie nun noch für den Textrahmen die Farbe [OHNE] aus, und betrachten Sie Ihre Arbeit.

Tipp: Der Name für die Farbe Weiß ist leider unglücklich gewählt. InDesign nennt diese [PAPIER].

Der Pfadtext
Gestalten Sie in Kurven

Für den »Text auf Pfad« brauchen Sie typografische Kenntnisse, daher hoffe ich, Sie haben das Kapitel 2 genau durchgelesen. Wir fangen hier erst einmal mit leichter Kost an und steigern uns innerhalb des Workshops langsam. Glauben Sie mir, danach werden enge Kurven für Sie kein Problem mehr darstellen.

Bearbeitungsschritte

- Text auf den Pfad setzen
- Schrift ausgleichen

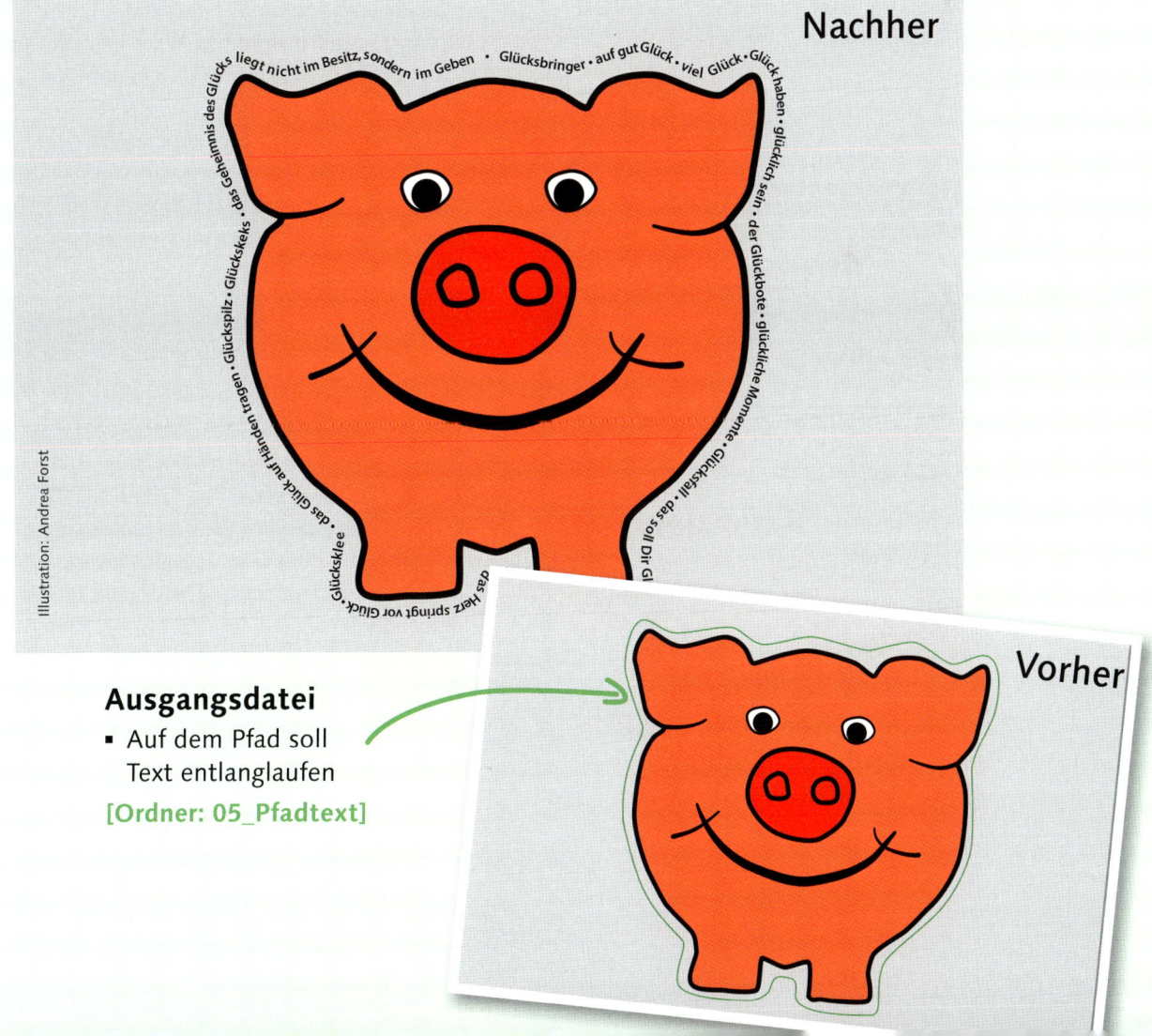

Illustration: Andrea Forst

Nachher

Vorher

Ausgangsdatei
- Auf dem Pfad soll Text entlanglaufen

[Ordner: 05_Pfadtext]

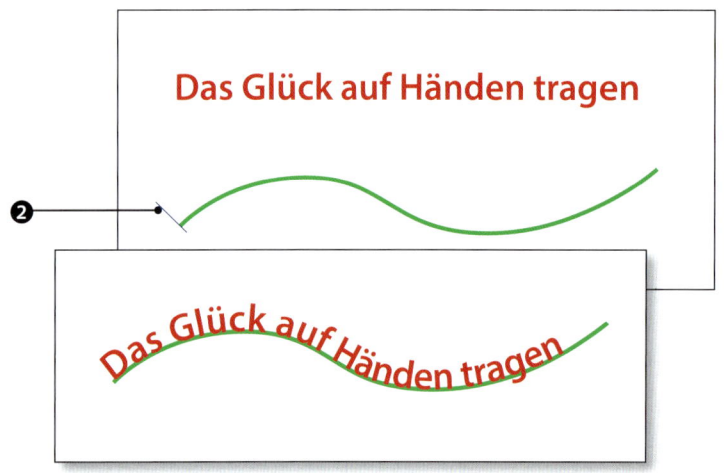

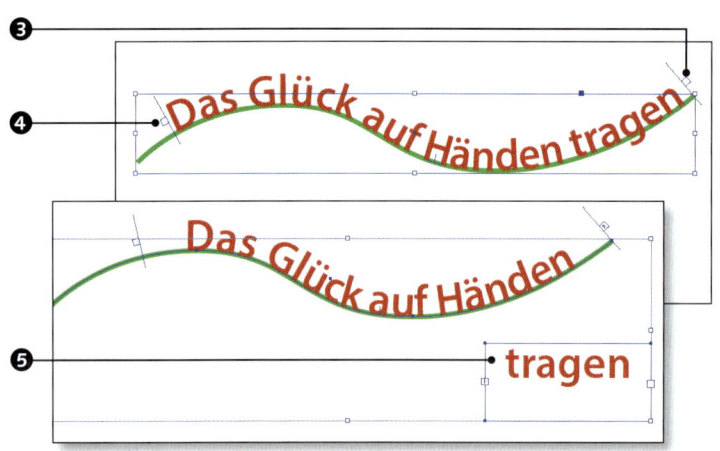

1 Den Pfad umwandeln

Öffnen Sie die Übungsdatei »Pfadtext_ Schwein.indd«.

Wählen Sie im Werkzeug-Bedienfeld das Text-auf-Pfad-Werkzeug ⬡ aus, indem Sie die gedrückte Maustaste einige Zeit auf das Textwerkzeug halten, und klicken Sie auf den Pfad auf Seite 1. Der Pfad wird so in einen Textpfad ❶ umgewandelt.

2 Text auf den Pfad setzen

Nachdem Sie den Pfad in einen Textpfad umgewandelt haben, blinkt der Cursor am Anfangspunkt des Pfads ❷.

Geben Sie nun mit aktivem Text-auf-Pfad-Werkzeug ⬡ z. B. den Beispieltext »Das Glück auf Händen tragen« auf dem Pfad ein.

Markieren Sie anschließend den Text, und stellen Sie die Textfarbe auf »Rot«, indem Sie im Farbfelder-Bedienfeld auf diese Farbe klicken.

3 Besonderheit des Textpfads

Wie der gewöhnliche Textrahmen, so hat auch der Textpfad einen Texteingang ❹ und einen Textausgang ❸. Was jedoch beim Textrahmen nur bewusst angeklickt wird, passiert beim Textpfad zufällig: Häufig klicken Anwender in das Textausgangssymbol ❸ und erzeugen somit einen unnötigen Textrahmen ❺. Sollte Ihnen das ebenfalls passiert sein, drücken Sie ⌘/ Strg + Z .

Tipp: Geben Sie der Ebene eine dunkle Farbe, denn die Klammern werden immer in der Ebenen-Farbe angezeigt. Das erleichtert das Arbeiten.

4 Die sogenannten Klammern

Die Anfangs- und die Endklammer beschreiben die Textpfadgröße, so wie bei einem Textrahmen auch. Sie werden sichtbar, wenn Sie den Textpfad mit dem Auswahlwerkzeug ![k] markieren.

Sie verringern die Textpfadgröße, indem Sie den Textpfad mit dem Auswahlwerkzeug ![k] auswählen und die Anfangsklammer ❻ nach rechts bzw. die Endklammer ❼ nach links ziehen.

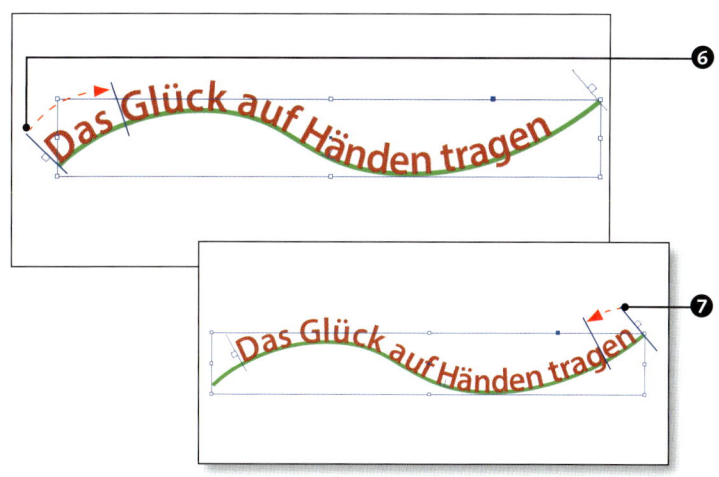

5 Text auf dem Pfad spiegeln

Exakt in der Mitte zwischen Anfangs- und Endklammer finden Sie die sogenannte Mittelpunktklammer. Wenn Sie die Mittelpunktklammer ❽ mit dem Auswahlwerkzeug ![k] auswählen und diese unter den Pfad ziehen, wird der Text unter den Pfad gespiegelt.

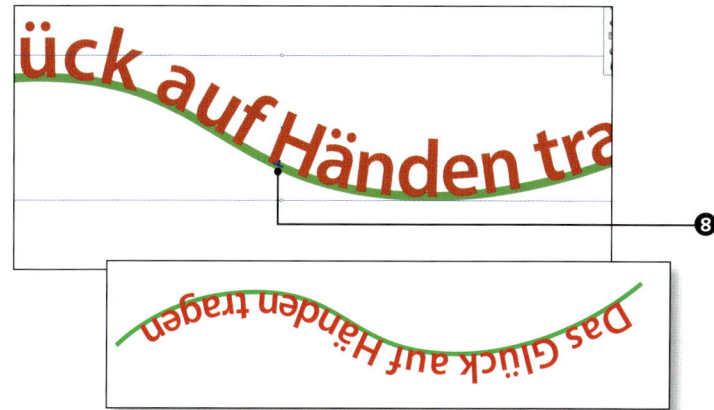

6 Das Spiel mit den Effekten

Öffnen Sie die Pfadtextoptionen über SCHRIFT • PFADTEXT • PFADTEXTOPTIONEN. Im Pop-up-Menü EFFEKT finden Sie fünf Effekte, die sich auf den Pfadtext anwenden lassen. In der nebenstehenden Abbildung sehen Sie alle Beispiele. Anhand der Abbildungen und der Bezeichnung erkennen Sie bestimmt sofort, welcher Texteffekt angewendet wurde.

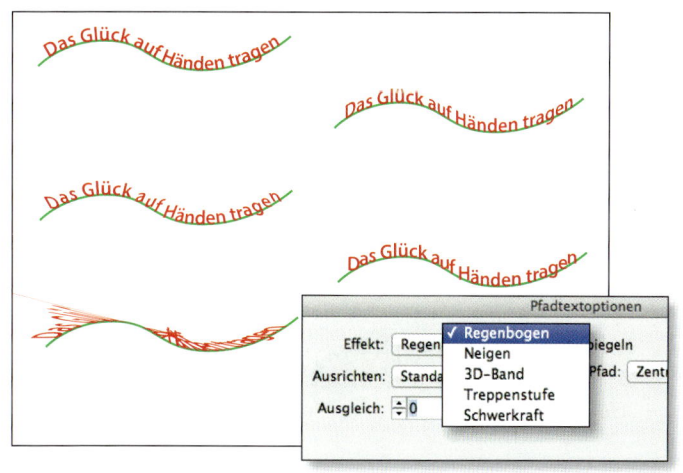

Tipp: Sie erreichen die Pfadtextoptionen auch, wenn Sie doppelt auf das Text-auf-Pfad-Werkzeug klicken.

7 Richten Sie den Pfadtext aus

Über das Pop-up-Menü AUSRICHTEN ❷ können Sie den Text vertikal zum Pfad ❶ verschieben. So können Sie z. B. den Text unter den Pfad schieben, ohne dass er gespiegelt wird.

Richten Sie den Text auf dem Pfad jedoch wieder auf der Grundlinie aus, damit Sie ein Gefühl für die Auswirkungen der übrigen Einstellungen bekommen, denn wir werden die eine oder andere Option später noch gebrauchen.

8 Vorbereitung für den nächsten Schritt

Damit Sie sich in dem folgenden Schritt auf das Wesentliche konzentrieren können, treffen Sie doch bitte folgende Vorbereitung:

Wählen Sie den Textpfad aus, und stellen Sie die Pfadkontur über das Kontur-Bedienfeld unter STÄRKE ❸ auf »20 pt«.

9 Ein Spruchband erstellen

Wie Sie in Schritt 7 gelesen haben, können Sie einen Text auf dem Pfad ausrichten. In der nebenstehenden Abbildung habe ich für Sie eine gestrichelte Linie eingezeichnet, die den eigentlichen Textpfad zeigt.

Wählen Sie diesen aus, und öffnen Sie die Pfadtextoptionen. Klicken Sie sich durch das Pop-up-Menü, damit Sie die Auswirkungen verstehen lernen.

Richten Sie abschließend den Text über die Option STANDARD ❺ wieder auf der GRUNDLINIE ❹ aus.

10 Den Text formatieren

Gehen Sie auf Seite 2. Markieren Sie den Text, der sich neben der Seite befindet, mit dem Textwerkzeug, und kopieren Sie ihn in die Zwischenablage. Dann fügen Sie ihn mit dem Text-auf-Pfad-Werkzeug ⟨⟩ auf den Pfad ein.

Wählen Sie den gesamten Text über ⌘/ Strg + A aus, und stellen Sie den SCHRIFT-GRAD ❼ auf »9 Pt« ein.

Mit dem Auswahlwerkzeug ⟨⟩ klicken Sie in das Textüberhangsymbol ❻ und klicken dann einfach neben die Seite.

11 Die engen Kurven

Bevor Sie manuell den Text bearbeiten, sollten Sie über die PFADTEXTOPTIONEN In-Design kritische Bereiche ausgleichen lassen.

Wählen Sie dafür den Pfadtext mit dem Auswahlwerkzeug ⟨⟩ aus, und öffnen Sie über SCHRIFT • PFADTEXT • OPTIONEN. Geben Sie unter AUSGLEICH ❽ den Wert »5« ein.

Viel schöner ist es nicht geworden, aber dafür die Arbeit etwas weniger.

12 Das manuelle Ausgleichen

Jetzt beginnt die Sisyphusarbeit. Die unschönen Stellen im Text müssen bearbeitet werden.

Wählen Sie dafür das Text-auf-Pfad-Werkzeug ⟨⟩ aus. Positionieren Sie den Textcursor an die Stellen im Text, an denen Sie eingreifen möchten, und erhöhen bzw. verringern Sie den Zeichenabstand über das KERNING ❾ im Zeichen-Bedienfeld.

Am Schluss stellen Sie die Konturlinie noch auf »0 Pt«.

Tipp: Der Textcursor blinkt nicht an der Stelle, wo Sie ihn positioniert haben. Ignorieren Sie deshalb das Blinken. Sie sind an der richtigen Stelle.

Gewölbter Text
Setzen Sie Text auf Flaschen oder Dosen

Setzen Sie Text gewölbt in Ihre Layouts ein, und präsentieren Sie so den Entwurf eines Flaschenetiketts bei Ihrem Kunden. Um das Layout realistischer wirken zu lassen, setzen wir einige Effekte ein. Sie lernen die »Direktionale weiche Kante«, »den Schein nach innen« und »das Rauschen kennen«.

Bearbeitungsschritte
- Effekte einsetzen
- Pfad zeichnen und Text verzerren

Vorher

Nachher

Ausgangsdatei
- Dem Aufkleber fehlt Text.

[Ordner: 06_Text_woelben]

Frappé

Frappé

Laktosefreier Milchshake
mit frischen **Erdbeeren**

Fotos: Andrea Forst

1 Das Logo bearbeiten

Öffnen Sie die Datei »Milchshake.indd« aus dem Übungsordner.

Mit dem Auswahlwerkzeug ![Pfeil] wählen Sie das Logo »Frappé« aus. Im Steuerung-Bedienfeld wählen Sie über den kleinen Pfeil den Effekt *fx.* SCHEIN NACH INNEN ❶ aus.

In dem Fenster belassen Sie die DECKKRAFT so, wie sie eingestellt wurde, stellen jedoch unter RAUSCHEN ❷ den Wert »30 %« ein.

2 Direktionale weiche Kante

Mit diesem Effekt können Sie den Rändern eines Objekts eine weiche Kante geben.

Wählen Sie den weißen Rahmen mit dem Auswahlwerkzeug ![Pfeil] aus, und gehen Sie über die Effekte *fx.* zur DIREKTIONALEN WEICHEN KANTE.

Hier stellen Sie unter BREITE DER WEICHEN KANTEN ❸ für OBEN »2 mm« und für UNTEN »1 mm« ein. Schon sieht das Etikett etwas realistischer aus.

3 Pfade für den Text erstellen

Mit dem Zeichenstift-Werkzeug ![Zeichenstift] zeichnen Sie nun einen Pfad.

Behalten Sie den Pfad in der Auswahl, und ziehen Sie diesen mit den Tasten [Alt]+[⇧] und gehaltener Maustaste nach unten, um ein Duplikat zu erstellen. Lassen Sie die Tasten los, wenn Ihnen der Abstand gefällt.

4 Text auf die Pfade einfügen

Wählen Sie nun den oberen Pfad mit dem Text-auf-Pfad-Werkzeug ![Werkzeug] aus, und geben Sie Text ein. Wiederholen Sie diesen Schritt für den zweiten Pfad.

Mit dem Auswahlwerkzeug ![Werkzeug] wählen Sie nun beide Rahmen aus, und stellen die Konturlinie auf »0 Pt«.

5 Den Text anpassen

Der Text steht nicht richtig, daher müssen wir ihn korrigieren. Wählen Sie wieder mit dem Auswahlwerkzeug ![Werkzeug] beide Texte aus, und öffnen Sie die Pfadtextoptionen.

Stellen Sie hier unter EFFEKT ❶ »Neigen« ein. Mit diesem Effekt bleibt die vertikale Kante der Schrift erhalten, aber die Grundlinie wird an den Pfad angepasst.

6 Die Textfarbe ändern

Wählen Sie mit dem Textwerkzeug ![Werkzeug] das Wort »Erdbeeren« aus, und geben Sie diesem noch die Farbe »Rot« ❷.

Schön sieht unser Layout noch immer nicht aus. Speichern Sie daher die Arbeit, denn wir werden im nächsten Kapitel weitere Effekte anwenden.

Tipp: Sie können den Text auch über das Steuerung-Bedienfeld formatieren bzw. ausrichten.

Text im Kreis setzen

Gestalten Sie einen Button

Erlernen Sie hier den richtigen Kreissatz. Wir wollen in diesem Workshop den kompletten Workflow dazu durcharbeiten. Seien Sie daher nicht verwundert, dass es keine Beispieldatei gibt.

Bearbeitungsschritte

- Den Button einrichten
- Eine Grafik einfügen
- Kreissatz erstellen
- Einen Effekt anwenden

[Ordner: 07_Kreissatz]

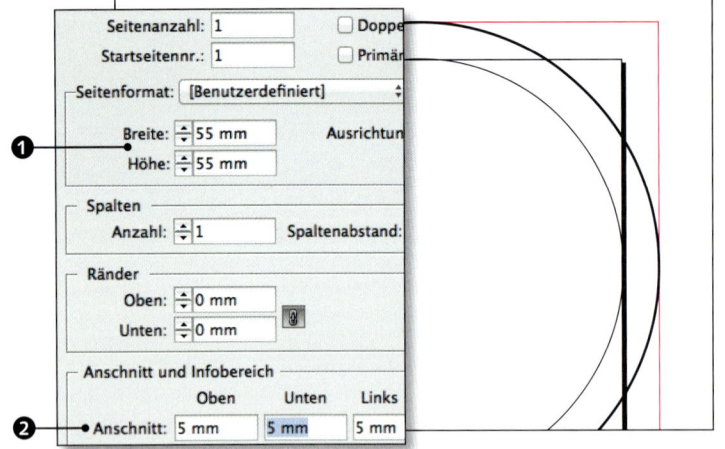

1 Ein runder Anschnitt

Erstellen Sie für den Button ein neues Dokument: Format »55 x 55 mm« ❶, Anschnitt je »5 mm« ❷, keine Ränder, die Funktion DOPPELSEITE ist deaktiviert.

Ziehen Sie anschließend mit dem Ellipse-Werkzeug ⬭, einen Kreis von »65 mm« auf, und positionieren Sie ihn an den Hilfslinien des Anschnitts. Stellen Sie den Bezugspunkt in die Mitte, und skalieren Sie den Kreis per Doppelklick auf das Skalieren-Werkzeug 🔲 auf »85 %«. Duplizieren Sie den Kreis durch einen Klick auf KOPIEREN.

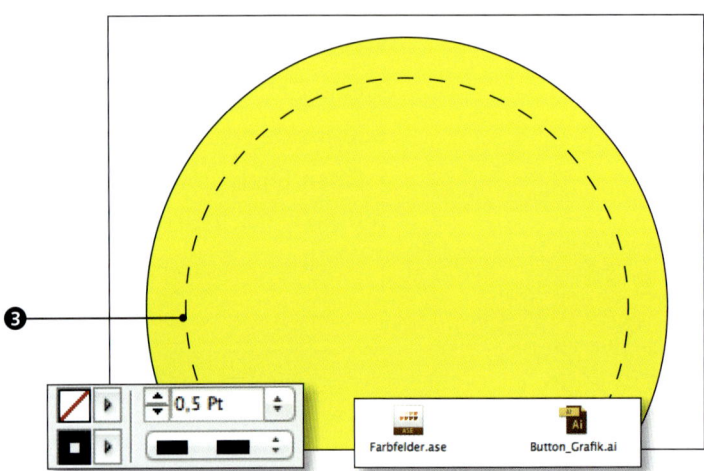

2 Die Farbfelder laden

Im Übungsordner 07_KREISSATZ habe ich für das Dokument zwei Farben gespeichert.

Wählen Sie das Farbfelder-Bedienfeld aus, und klicken Sie über das Bedienfeldmenü den Eintrag FARBFELDER LADEN an. Entscheiden Sie sich für die Farbfelderdatei »Button_Farben.ase«.

Füllen Sie die Fläche des größeren Kreises mit der Farbe »Gelb_Schrift«. Geben Sie danach dem kleineren Kreis ❸ eine gestrichelte Kontur. Dieser Kreis dient als »Hilfslinie« für die Originalgröße und wird später gelöscht.

3 Das Arbeiten mit den Ebenen

Ziehen Sie die Ebene 1 auf die Schaltfläche NEUE EBENE ERSTELLEN unten in dem Ebenen-Bedienfeld, und duplizieren Sie dadurch die Objekte. Geben Sie anschließend den Ebenen sinnvolle Namen, wie z. B. »Fond + Hilfslinie« und »Kreissatz«.

Löschen Sie danach auf der oberen Ebene den größeren Kreis, und verkleinern Sie den kleineren Kreis, wie in Schritt 1 beschrieben, auf »65 %«. Ändern Sie abschließend die Konturlinie in eine geschlossene Linie.

Tipp: Wenn Sie mehrere Ebenen auf eine reduzieren möchten, entsperren Sie alle Ebenen und wählen alle Objekte aus. Danach gruppieren Sie sie.

4 Grafik in den Kreis einfügen

Wählen Sie den zweiten Kreis auf der Ebene »Fond + Hilfslinie« mit dem Auswahlwerkzeug ⬛ aus, und platzieren Sie über ⌘/Strg+D die Datei »Button_Grafik.ai«.

Jetzt nutzen wir das Steuerung-Bedienfeld. Zu Beginn klicken Sie auf die Schaltfläche INHALT AUSWÄHLEN ❹. Danach skalieren Sie die Grafik auf »60 %« und zentrieren zum Schluss die Grafik über die Schaltfläche INHALT ZENTRIEREN ❺.

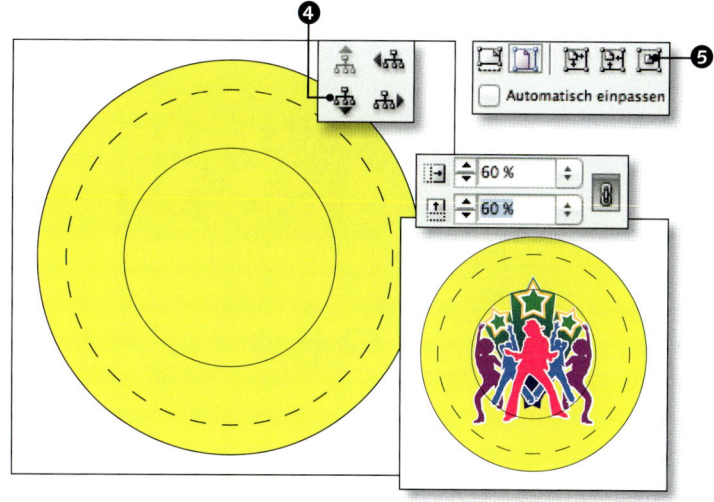

5 Pfad teilen

Würden Sie den Kreis jetzt in einen Textpfad umwandeln, so könnten Sie den Pfad nicht mehr wie gewohnt bearbeiten, denn viele Funktionen stehen Ihnen dann nicht mehr zur Verfügung. So liefe auch der Text rund um den Pfad herum.

Wählen Sie daher jetzt zuerst den kleinsten Kreis auf der Ebene »Kreissatz« mit dem Auswahlwerkzeug ⬛ aus, und wechseln Sie danach zum Schere-Werkzeug ✂. Schneiden Sie den Pfad links und rechts ❻ in zwei Teile, sodass Sie oben und unten je eine Hälfte haben.

6 Text eingeben

Wählen Sie dann den oberen Pfad mit dem Text-auf-Pfad-Werkzeug ⬛ aus. Geben Sie hier den Text »MUSIK AUS DEN« ein. Spiegeln Sie ihn anschließend über die Mittelpunktklammer ❼ auf den Pfad.

Stellen Sie danach die Schriftgröße auf »20 pt« ein, und wählen Sie als Schriftart die Myriad Pro Black oder Bold aus.

Tipp: Alternativ zu Schritt 5 kopieren Sie den Pfad und löschen mit dem Direktauswahl-Werkzeug den oberen Ankerpunkt. Danach fügen Sie das Objekt an der Originalposition ein und löschen den unteren Ankerpunkt.

7 Weiteren Text eingeben

Auf dem unteren Pfad geben Sie mit dem Text-auf-Pfad-Werkzeug 〈☝〉 das Wort »SIEBZIGERN« ❶ ein. So ergibt der Kreissatz endlich einen Sinn.

8 Den unteren Text ausrichten

Wählen Sie den unteren Text aus, und aktivieren Sie die Pfadtextoptionen. Dort stellen Sie unter AUSRICHTEN ❷ die Option OBERLÄNGE ein.

Über den GRUNDLINIENVERSATZ ❸ im Steuerung-Bedienfeld schieben Sie nun den Text an den Pfad heran.

9 Die Pfade verknüpfen

Bei einem Kreissatz verkette ich immer gern die Textpfade, damit ich Kundenkorrekturen schnell durchführen kann.

Es ist jedoch schwierig, wenn die Texteingangs- und Textausgangssymbole übereinanderliegen. Und wie kommt man an die Symbole heran? Das geht nur über einen weiteren Schritt, denn beide Pfade bzw. ihre Symbole überlagern sich, wie in der Abbildung zu sehen ist ❹.

10 Einen Trick anwenden

Wählen Sie den unteren Pfad aus, und schieben Sie ihn mit der Pfeiltaste ↓ nach unten. Danach klicken Sie mit dem Auswahlwerkzeug ▶ auf das Textausgangssymbol ❻ des oberen Pfads und dann in das Texteingangssymbol ❺ des unteren Pfades. Schieben Sie nun den Pfad mit der Pfeiltaste ↑ wieder an den oberen heran.

Zum Schluss wählen Sie den gesamten Text aus und weisen ihm das Attribut ZENTRIEREN zu.

11 Die Arbeit fertigstellen

Geben Sie dem Kreis mit der Grafik die Flächenfarbe »Gelb_Schrift«, und setzen Sie alle Konturen bzw. Pfade, die wir uns als Hilfslinien erstellt haben, auf den Wert »0 pt«.

Danach wählen Sie den Text aus und weisen ihm die Farbe »Weiß« zu. Anschließend geben Sie dem Text über das Konturen-Bedienfeld eine kleine Kontur in der Farbe »Schwarz«, damit man den Text besser lesen kann.

Blenden Sie noch die Ebene »Fond + Hilfslinie« aus, und sperren Sie sie.

12 Den Button fertigstellen

Wählen Sie alle Objekte aus, und gruppieren Sie sie über ⌘/Strg+G. Behalten Sie die Gruppe in der Auswahl.

Öffnen Sie danach über das Menü OBJEKT • EFFEKTE • ABGEFLACHTE KANTE UND RELIEF den passenden Dialog, und stellen Sie, falls es nicht voreingestellt ist, in der Rubrik STRUKTUR die RICHTUNG der Wölbung auf NACH OBEN ❼. Bestätigen Sie anschließend den Dialog mit OK, und schon haben Sie einen überzeugenden Button erstellt!

Mit Effekten gestalten

Sie haben in den vorangegangenen Kapiteln bereits mit verschiedenen Effekten aus InDesign gearbeitet. Lassen Sie uns in diesem Kapitel das Thema noch etwas genauer betrachten. Denn wann immer Sie Effekte einsetzen, kommen auch Transparenzen ins Spiel. Und hier ist einiges zu beachten, um später beim Druck keine bösen Überraschungen zu erleben. Ich zeige Ihnen die Funktionsweise der Füllmethoden, eine andere Art des Schlagschattens und noch weitere Effekte.

Effekte und Transparenz

Setzen Sie Effekte sinnvoll ein

Effekte sind schnell eingesetzt, das Ergebnis ist dann aber oft nicht so, wie Sie es sich vorgestellt haben. Ich erkläre daher nun, wie Transparenz funktioniert. Ein paar nützliche Tipps runden das Thema ab.

Wie funktioniert Transparenz?

Am Monitor sieht die Transparenz noch gut aus, aber beim Druck gibt es Probleme. Woher kommt das? Es liegt daran, dass der Monitor wie ein Diabild funktioniert. Wenn Sie durch das Dia schauen, sehen Sie auch den Hintergrund. Doch wenn Sie drucken, ist das Papier der Hintergrund. Er ist dann nicht mehr transparent, sondern eine Fläche. InDesign (wie auch andere Programme) reduziert für den Druck die sich überlagernden Flächen bzw. Bilder und errechnet Farbmischungen.

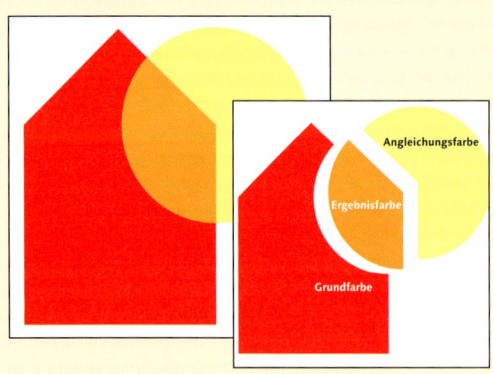

In den Abbildungen habe ich versucht, die Reduzierung bildlich darzustellen.

Sonder- bzw. Schmuckfarben

Transparenz, egal in welcher Form, kann bei Sonder- bzw. Schmuckfarben nicht reduziert werden. Lassen Sie daher die Finger von der sogenannten »fünften Farbe«.

Es kann dabei zu einem Stitching kommen, d. h., Ihr Objekt wird mit einer weißen Fläche hinterlegt, wie in der oberen Abbildung gezeigt. Wenn Sie Glück haben, zeigt Ihnen das PDF dieses Stitching an, aber meiner Erfahrung nach sehen Sie es meistens erst, wenn die Datei gedruckt ist.

Text und Konturen

Texte und Konturen werden, wenn sie unterhalb der Transparenz liegen, in Pfade umgewandelt. Daher mein Tipp: Stellen Sie den Text und die Konturen/Linien auf eine oben liegende Ebene. In Kapitel 11 beschreibe ich diesen Vorgang noch ausführlicher.

Die Füllmethode isolieren

Ich werde in meinen Schulungen sehr oft gefragt, was denn die Option FÜLLMETHODE ISOLIEREN im Effekte-Bedienfeld bedeutet. Wenn Sie zwei oder mehrere Objekte über eine Füllmethode miteinander vereinen, wirkt sich die Füllmethode auch auf einen Hintergrund aus. Diese Auswirkung ist oft unerwünscht ❷. Wenden Sie daher vorab auf jedes der Objekte die gewünschte Füllmethode an, und gruppieren Sie anschließend alle Objekte bis auf den Hintergrund. Danach aktivieren Sie im Effekte-Bedienfeld die Option FÜLLMETHODE ISOLIEREN ❶. Nun wird die Füllmethode nur auf gruppierte Objekte angewendet ❸.

Die Aussparungsgruppe

In meinen Schulungen wird auch oft gefragt, was eine Aussparungsgruppe ist. Ich möchte es hier kurz erklären. Nehmen wir folgende Situation: Sie haben einige Objekte über ein Objekt gelegt, sie in der Deckkraft reduziert und gruppiert. Es wird jedoch für jedes Objekt separat eine Transparenz erzeugt ❹. Wenn Sie allerdings unten im Effekte-Bedienfeld die Option AUSSPARUNGSGRUPPE ❻ aktivieren, wird innerhalb der Gruppierung die Transparenz unterdrückt ❺.

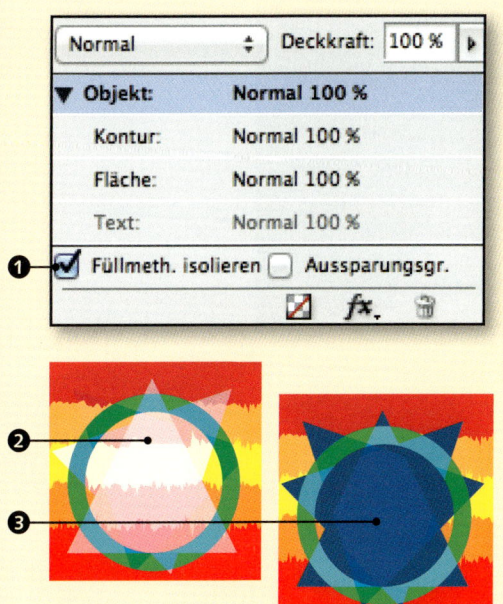

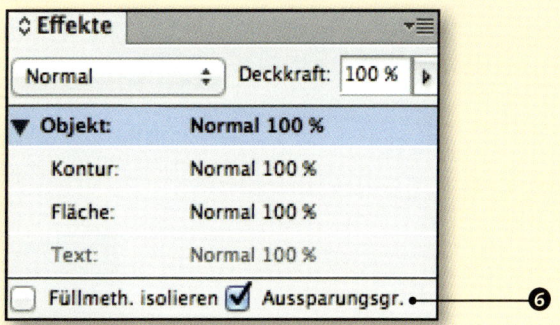

Deckkraft und Füllmethoden

Wenden Sie die Füllmethoden gezielt an

Reduzieren Sie hier die Deckkraft einer Fläche, und setzen Sie danach verschiedene Füllmethoden ein. Es lassen sich auf diese Art tolle Effekte erzielen. Spielen Sie mit den Füllmethoden und auch mit anderen Farben.

Bearbeitungsschritte

- Deckkraft reduzieren
- Füllmethoden anwenden

Nachher

Foto: Andrea Forst

Vorher

Ausgangsdatei

- Die Flächen überlagern das Bild.

[Ordner: 01_Fuellmethode]

1 Das sollten Sie beachten

In der nebenstehenden Abbildung sehen Sie zwei Beispiele, die nicht mehr druckbar sind:

Beide Flächen wurden in der DECKKRAFT auf »90 %« ❷ reduziert.

In dem hellen Bereich ❶ sind fast alle Bereiche des Bildes nicht mehr sichtbar. Das Wenige, was Sie noch sehen können, wird nicht mehr gedruckt.

Der dunkle Bereich ❸ dürfte zu dunkel sein, um gedruckt zu werden, da zu viel Farbe auf das Papier gebracht wird.

2 Die Deckkraft reduzieren

Öffnen Sie nun die Datei »Fuellmethoden.indd«. Wählen Sie hier den gelben und den roten Rahmen mit dem Auswahlwerkzeug ⊹ aus.

Die DECKKRAFT reduzieren Sie im Effekte-Bedienfeld auf »50 %« ❹. Dadurch erreichen Sie, dass das Bild durch die Flächen durchscheint.

Spielen Sie mit anderen Deckkraft-Werten, und sehen Sie sich die Wirkung an.

3 Multiplizieren

Über die Füllmethoden kann man der Transparenz ein anderes Aussehen verleihen.

Mit der Methode MULTIPLIZIEREN ❺ wird das Bild verdunkelt, aber die Zeichnung des Bildes bleibt erhalten. Wählen Sie daher wieder beide Rahmen aus, und stellen Sie MULTIPLIZIEREN ein.

Achten Sie besonders auf die rote Fläche. Hier sehen Sie den Unterschied deutlich ❻.

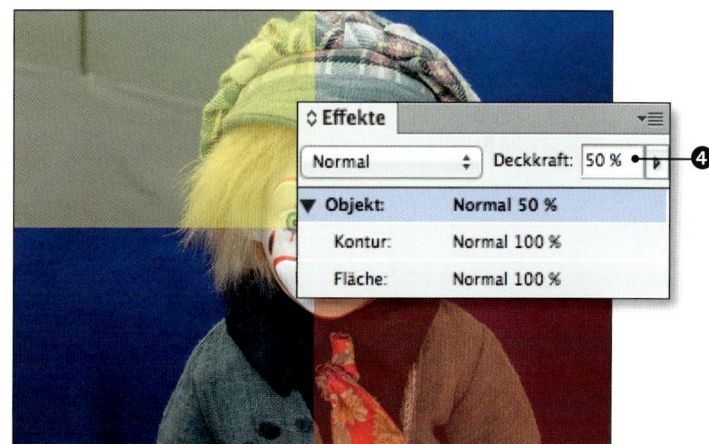

Tipp: Über die zu hellen und zu dunklen Bereiche erfahren Sie in Kapitel 11 mehr. Da wird der sogenannte Farbauftrag näher beschrieben.

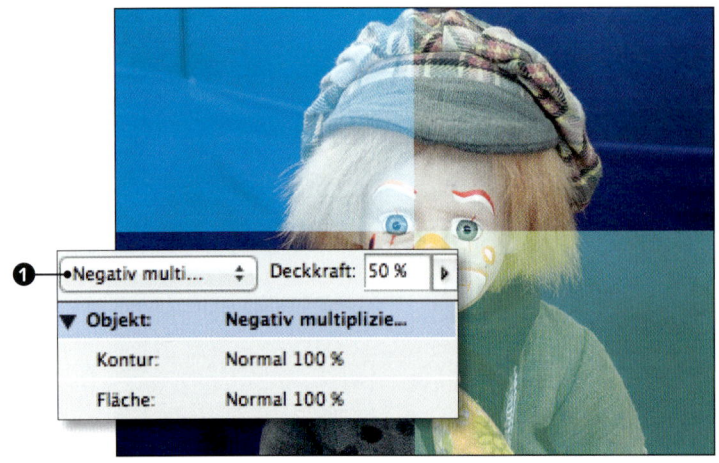

4 Negativ multiplizieren

Ich hoffe, Sie haben beide Rahmen noch in der Auswahl.

Wählen Sie nun die Füllmethode NEGATIV MULITPLIZIEREN ❶ aus. Diese hellt jetzt die Flächen auf.

Hier fordere ich Sie zum Spielen mit anderen Farben auf. Ich habe mal mit den Farben »Cyan« und »Grün« gespielt.

5 Ineinanderkopieren

Das INEINANDERKOPIEREN ❷ ist ein Mix aus den Füllmethoden MULTIPLIZIEREN und NEGATIV MULTIPLIZIEREN. Vereinfacht gesagt, werden hier die hellen Bereiche negativ multipliziert, und die dunklen Bereiche werden multipliziert.

Dieser Effekt ist oft eine Alternative zur Deckkraftreduzierung. Es hängt jedoch von der oben liegenden Farbe ab, ob das Bild dahinter heller oder dunkler wird.

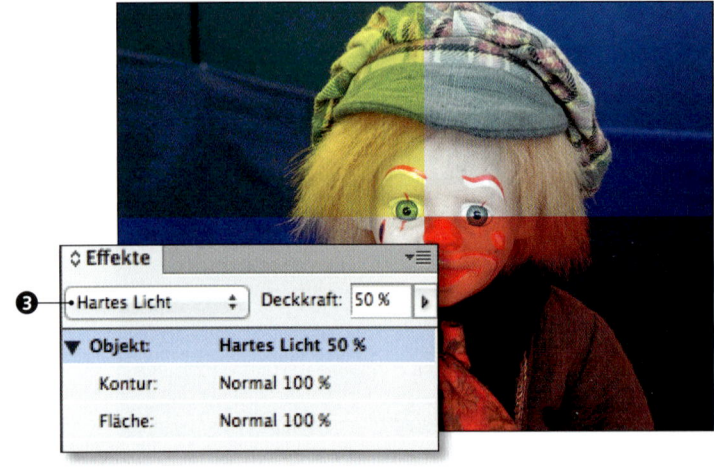

6 Hartes Licht

Je nachdem, welche Farbe dunkler oder heller ist, wird diese bei der Füllmethode HARTES LICHT ❸ als neue Farbe gewählt. Dabei werden die Farben des Bildes und der Fläche gleichermaßen berücksichtigt.

Die Wirkung soll dem Anstrahlen des Bildmaterials mit grellem Scheinwerferlicht entsprechen.

Spielen Sie auch hier wieder mit der Deckkraft und den Farben.

7 Farbig nachbelichten

Nur zum Spaß ein Zitat der Adobe-Hilfe: »Die Grundfarbe wird verdunkelt, um die Angleichungsfarbe widerzuspiegeln. Ein Füllen mit Weiß ergibt keine Änderung«. Verstehen Sie das? Am besten probieren Sie es selbst: Unser Beispiel arbeitet mit zwei unterschiedlichen Flächen, und deshalb ist auch die Wirkung des Filters unterschiedlich.

Stellen Sie FARBIG NACHBELICHTEN ❹ ein, und betrachten Sie das Ergebnis. Verändern Sie wieder die Farbe und die Deckkraft.

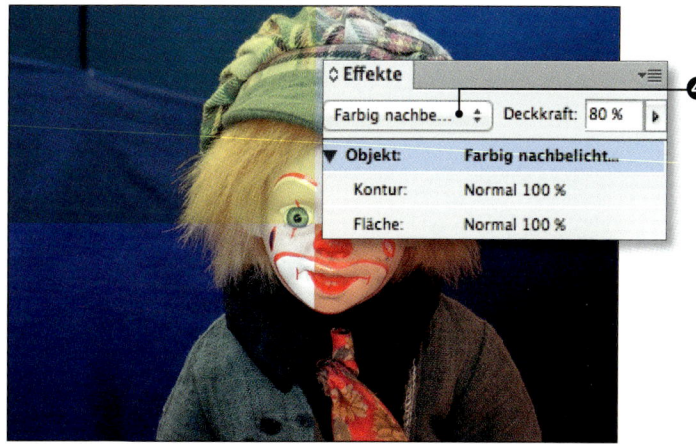

8 Farbton

Mit der Füllmethode FARBTON ❺ erzeugen Sie wieder andere Farben, die sich aus dem Hintergrundbild mit seinen hellen Bereichen und der darauf liegenden Fläche ergeben.

Probieren Sie auch hier die Füllmethode mit anderen Farben und einer anderen Deckkraft aus.

9 Farbe

Mit der Füllmethode FARBE ❻ werden nur der Farbton und die Deckkraft der beiden Flächen übernommen, die hellen Bereiche aus dem Hintergrundbild werden dabei jedoch mit eingerechnet. In unserem Beispiel werden die Flächen auch mit eingeschlossen.

Schlagschatten für mehr Tiefe

Gestalten Sie eine andere Art des Schattens

Ich habe keine Ahnung, wie es Ihnen geht, aber der gewöhnliche Schlagschatten ist langweilig geworden. Lassen Sie uns hier einmal experimentieren. Ich bin überzeugt, dass Sie den gewöhnlichen Schatten nie wieder einsetzen möchten. Starten Sie, indem Sie die Datei »Schlagschatten.indd« aus dem Übungsordner öffnen.

Ausgangsdatei

- Hier fehlen Schatten und Struktur.

[Ordner: 02_Schlagschatten]

Bearbeitungsschritte

- Schlagschatten aufpixeln
- Weiche Kante anwenden

Foto: Andrea Forst

1 Die Auswahl über Ebenen

In diesem Workshop möchte ich Sie nochmals auf die Ebenen aufmerksam machen.

Sie finden an der rechten Seite des Bedienfelds kleine Quadrate ❶. Klicken Sie auf eines der Quadrate in dem Ebenen-Bedienfeld, so wählen Sie automatisch auch das darauf befindliche Objekt oder auch eine Objektgruppe aus.

2 Effekte-Bedienfeld öffnen

Klicken Sie mit dem Auswahlwerkzeug ⟨↖⟩ im Ebenen-Bedienfeld die Ebene »Bild« an, wie in Schritt 1 beschrieben.

Öffnen Sie den Dialog für den Schlagschatten. Sie finden ihn unter OBJEKT • EFFEKTE • SCHLAGSCHATTEN, über ⌘/Strg+Alt+M oder über das Effekte-Bedienfeld, indem Sie hier auf die Schaltfläche OBJEKTEFFEKTE ❷ klicken.

3 Eine andere Schattenfarbe

Sie können dem Schlagschatten jede Farbe zuweisen, die sich in Ihrem Farbfelder-Bedienfeld befindet. Achten Sie jedoch darauf, dass es sich um eine CMYK-Farbe ❹ handelt.

Um die Farbe zu ändern, klicken Sie einfach unter FÜLLEN in das Farbfeld ❸. Es öffnet sich der Effektfarbe-Dialog. Hier wählen Sie die Farbe »Orange_dunkel« aus.

4 Die Deckkraft verändern

Der voreingestellte Schlagschatten ist nicht nur schwarz, er hat auch eine brutale Deckkraft. Sie sollten diese immer etwas freundlicher gestalten.

Ändern Sie unter DECKKRAFT den Wert auf »50 %« ❶. Dieser reicht in den meisten Fällen aus.

5 Den Abstand verändern

Geben Sie unter POSITION • ABSTAND ❷ den Wert »5 mm« ein. So verschieben Sie den Schatten horizontal und vertikal gleichermaßen.

Unter OPTIONEN • GRÖSSE ❸ verändern Sie eben diese. Geben Sie hier »3 mm« ein.

6 Woher kommt das Licht?

Sie können über den WINKEL ❺ oder über den x- bzw. Y-VERSATZ ❹ bestimmen, wo sich die Lichtquelle bfindet.

Stellen Sie z. B. den Winkel auf »0°«, befindet sich die Lichtquelle am Boden, bei »90°« kommt das Licht direkt von oben.

Auch hier sollten Sie die verschiedenen Möglichkeiten des Winkels ausprobieren und dabei ständig den x- bzw. y-Versatz beobachten.

7 Pixeln Sie den Schatten auf

Eine zugegebenermaßen verspielte Variante des Schlagschattens ist das Aufpixeln ❻. Dazu nutzen Sie die Option RAUSCHEN ❼, mit der Sie dem Schatten eine Störung hinzufügen. Bei übertriebener Anwendung pixeln Sie den Schatten komplett auf. Geben Sie in das Eingabefeld RAUSCHEN den Wert »75 %« ein, und bestätigen Sie den Dialog mit OK.

8 Weiche Kante einmal anders

Auf der Ebene »Frame« habe ich für Sie eine Fläche angelegt.

Wählen Sie diese Fläche aus und danach den Effekt EINFACHE WEICHE KANTE.

Stellen Sie für die BREITE DER WEICHEN KANTE ❽ einen extremen Wert von »13 mm« ein, und übertreiben Sie das RAUSCHEN ❾, indem Sie einen Wert von »50 %« eingeben.

9 Ein Tipp zu allen Effekten

Bevor Sie einen der Effekte anwenden, sollten Sie daran denken, dass Effekte sich grundsätzlich nicht mit dem Objekt skalieren lassen ❾. Erstellen Sie daher Ihre Layouts immer im Maßstab 1:1. Wenn Sie eine Adaption vornehmen müssen, vergessen Sie nicht, den Effekt zu korrigieren.

Einen Präge-Effekt erzeugen

»Abgeflachte Kante und Relief« für Schrift einsetzen

In diesem Workshop zeige ich Ihnen einen Einsatzzweck für den Effekt ABGE-FLACHTE KANTE UND RELIEF: die geprägte oder gemeißelte Schrift. Sie erstellen fast eine perspektivische Verzerrung für die Schrift und fräsen diese dann in das Holz. Einiges kann man direkt in InDesign lösen, doch freuen Sie sich nicht zu früh: Bildbearbeitungsprogramme bleiben Ihnen bei manchen Effekten nicht erspart, denn nur hier bekommen Sie einen wirklich realistischen Look hin.

Foto: Andrea Forst

Bearbeitungsschritte

- Farben anmischen
- Schrift in Pfad umwandeln und erneut verknüpfen
- Lebendigen Schatten erste
- Relief auf Text anwenden

Ausgangsdatei

- Die Schrift soll bearbeitet werden.
- [Ordner: 03_Praege-Effekt]

1 Die Farben anmischen

Öffnen Sie zunächst die Beispieldatei »Salat.indd«. Damit wir zügig durch den Workshop kommen, mischen Sie sich zu Beginn drei neue Farben an.

Wählen Sie dafür über das Bedienfeldmenü NEUES FARBFELD. Mischen Sie nun für den Schatten die Farben »C 30 – M 0 – Y 0 – K 100« an. Mischen Sie für das Dunkelrot »C 0 – M 100 – Y 80 – K 30« und für das Braun »C 20 – M 100 – Y 100 – K 50« diese Farben an. Fügen Sie jeweils die Farbe den Farbfeldern hinzu ❶.

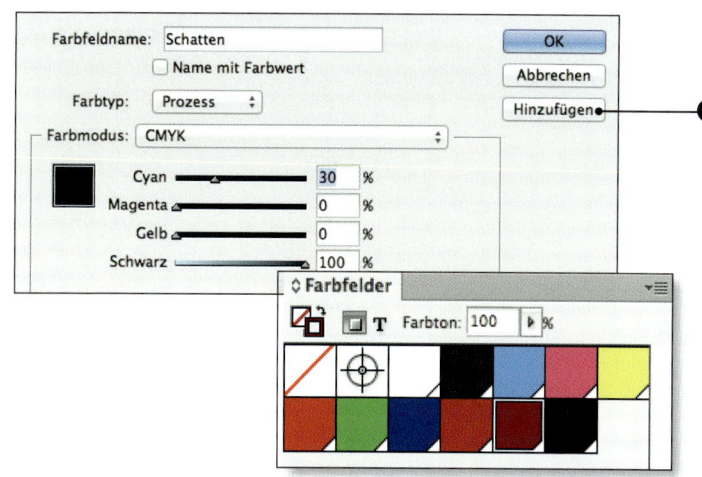

2 Den Textrahmen drehen

Wählen Sie mit dem Auswahlwerkzeug ▶ den Textrahmen aus, und drehen Sie ihn über das Steuerung-Bedienfeld auf den Wert »–8°« ❷.

Danach wählen Sie den Text mit dem Textwerkzeug T aus und geben ihm die Farbe »Dunkelrot«.

3 Schrift in Pfade umwandeln

Klicken Sie nun den Textrahmen wieder mit dem Auswahlwerkzeug an. Um weiterspielen zu können, müssen Sie die Schrift in Pfade umwandeln. Benutzen Sie dafür das Kürzel ⌘/Strg+⇧+O, das geht am schnellsten.

Heben Sie danach die Gruppierung auf. Benutzen Sie bitte wieder ein Kürzel, diesmal das Kürzel ⌘/Strg+⇧+G.

4 **Verknüpften Pfad lösen**

Um einzelne Wörter zu erhalten, müssen Sie nun den jede Text mit dem Auswahlwerkzeug ⬉ auswählen und über OBJEKT • PFADE • VERKNÜPFTEN PFAD LÖSEN bzw. ⌘/ Strg + ⇧ + Alt + 8 lösen.

Danach wählen Sie die Buchstaben der einzelnen Wörter ❶ mit dem Auswahlwerkzeug ⬉ aus und klicken in dem Pathfinder-Bedienfeld auf ÜBERLAPPUNG AUSSCHLIESSEN ❷.

Achten Sie dabei immer darauf, dass auch die Punze, also der Innenraum z. B. im »D«, ausgewählt ist.

5 **Lassen Sie uns spielen**

Wählen Sie nun die Wörter, die Sie erstellt haben, nacheinander mit dem Auswahlwerkzeug ⬉ aus, und positionieren Sie sie auf dem Holzbrett.

Skalieren Sie die Wörter mit dem Auswahlwerkzeug ⬉ und gedrückten ⌘/ Strg + ⇧ -Tasten, bis es Ihnen gefällt.

Haben Sie ein Wort noch in der Auswahl, so können Sie es über die obere rechte Ecke noch ein wenig drehen.

6 **Eine Gruppe erstellen**

Nachdem wir in Schritt 5 gespielt haben, müssen wir leider weiterarbeiten.

Wählen Sie alle Text-Elemente mit dem Auswahlwerkzeug ⬉ aus, und gruppieren Sie diese mit ⌘/ Strg + G .

7 Der Schrift eine Kontur geben

Es ist zwar nicht unbedingt erforderlich, aber der Effekt bekommt mit einer Kontur eine bessere Zeichnung.

Wählen Sie dafür die Gruppe aus, und weisen Sie der Schrift eine Kontur ❹ zu. Hierfür benutzen Sie die Farbe »Braun« mit einer Konturstärke im Wert von »0,5 Pt«.

8 Abgeflachte Kante und Relief

Wählen Sie erneut die Textgruppe aus, und öffnen Sie den Effekt ABGEFLACHTE KANTE UND RELIEF.

Unter STRUKTUR • FORMAT stellen Sie KANTEN GEMEISSELT ❺ ein. Danach wählen Sie bei TECHNIK den Eintrag HART MEISSELN und für RICHTUNG • NACH UNTEN. Als GRÖSSE geben Sie den Wert »1 mm« ein.

Da das Dialogfenster sehr groß ist, kann es Ihre Arbeit leicht überlagern. Bestätigen Sie daher mit OK, und betrachten Sie Ihre Arbeit.

9 Den Effekt bearbeiten

Wählen Sie die Schrift aus, und gehen Sie in das Effekte-Bedienfeld. Hier doppelklicken Sie auf die Effekt-Ebene GRUPPE ❻. Der Dialog wird so wieder geöffnet.

Unter SCHATTIERUNG • SCHATTEN wählen Sie unsere gemischte Farbe ❼ »Schatten« aus.

Probieren Sie auch unter WINKEL, HÖHE und DECKKRAFT andere Werte aus.

Tipp: Ändern Sie die Effekte bitte nur über einen Doppelklick im Bedienfeld. Ansonsten kann es passieren, dass Ihr bestehender Effekt überschrieben wird.

Kanteneffekte

Soften Sie die Kanten ab

Die »einfache weiche Kante« kennen Sie schon. Sie ist aus der Layoutarbeit nicht mehr wegzudenken. Ich zeige Ihnen hier, wie Sie eine andere weiche Kante – die direktionale weiche Kante – einsetzen können, um das Bild harmonischer auf einem Hintergrund darzustellen.

Ausgangsdatei

- Die Kanten sind zu hart.

  [Ordner: 04_Kanteneffekte]

Bearbeitungsschritte

- Kanten gezielt absoften
- Das Bild harmonischer auf dem Hintergrund darstellen

1 Direktionale weiche Kante

Öffnen Sie die Datei »Milchshake_Kante.indd«, und wählen Sie das Label auf der Ebene »Label« aus.

Gehen Sie danach bei den Effekten zum Effekt DIREKTIONALE WEICHE KANTE. Bevor Sie hier etwas eingeben, sollten Sie die Kette ❶ deaktivieren.

Geben Sie nun für OBEN den Wert »3 mm« und für UNTEN »2 mm« ein. Jetzt sieht das Label besser aus.

2 Die Gruppierung

Wählen Sie mit dem Auswahlwerkzeug ▶ und gedrückter ⇧-Taste die Ebenen »Text auf Pfad«, »Label« und »Flasche« aus. Danach gruppieren Sie mit ⌘/Strg+G diese Elemente.

Würden die Elemente nicht gruppiert, dann würde sich der folgende Effekt auf jedes einzelne auswirken. Doch das wollen wir nicht.

3 Der Schein nach außen

Setzen Sie nun die Flasche in das rechte Licht. Wählen Sie dazu die Gruppe aus, und gehen Sie dann wieder in das Effekte-Bedienfeld. Hier wählen Sie den Effekt SCHEIN NACH AUSSEN. Stellen Sie unter GRÖSSE den Wert »8 mm« ein. Das war es schon!

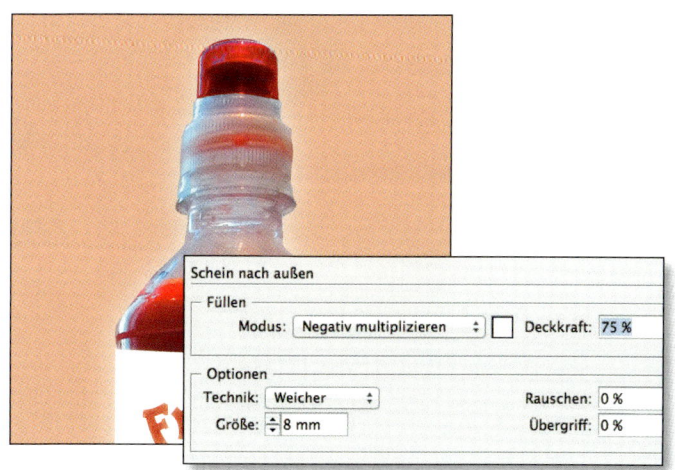

Effekte mixen

Gestalten Sie einen Bilderrahmen

Besonders interessant wird es, wenn Sie mit mehreren Effekten im Zusammenspiel arbeiten. Hier sind der Kreativität keine Grenzen gesetzt. Sie können z.B.
auf jedes Attribut, also auf Kontur, Fläche und Text, unterschiedliche Effekte
anwenden. Auch können Sie zwei Bilder miteinander verschmelzen, sodass sie
wie ein Bild aussehen. Lassen Sie sich überraschen, was sich hinter der Fläche
befindet.

Bearbeitungsschritte

- Unterschiedliche
  Effekte anwenden
- Weiche Verlaufskante
  einsetzen

Ausgangsdatei

- Der Effekte-Mix fehlt.
- [Ordner: 05_Effekte-Mix]

1 Effekt nur für die Kontur

Wählen Sie in der Beispieldatei »Das_Kultauto.indd« den Rahmen aus.

Gehen Sie jetzt in das Effekte-Bedienfeld, und wählen Sie dort den Eintrag KONTUR ❶ aus. Öffnen Sie dann über die Schaltfläche unten im Bedienfeld den Dialog ABGEFLACHTE KANTE UND RELIEF.

Stellen Sie hier unter GRÖSSE ❷ den Wert »2 mm« ein. Unter SCHATTIERUNG geben Sie für HÖHE ❸ den Wert »60°« ein. So haben Sie schnell einen Bildrahmen simuliert.

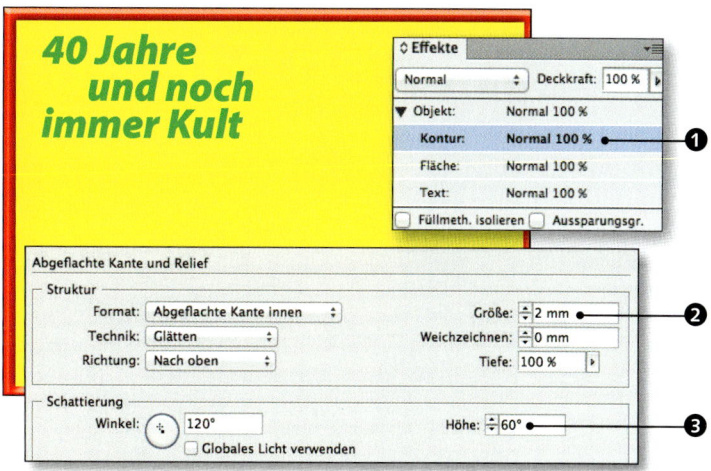

2 Effekt nur auf Text

Behalten Sie den Rahmen in der Auswahl, und wählen Sie im Effekte-Bedienfeld die Option TEXT ❹ aus.

Öffnen Sie über die Effekte-Schaltfläche unten im Bedienfeld den Dialog für SCHEIN NACH INNEN. Wählen Sie hier unter FÜLLEN ❺ die Farbe »Rot« aus, und stellen Sie die DECKKRAFT auf den Wert »80 %« ein.

Unter OPTIONEN ❻ stellen Sie bitte die Werte aus dem Screenshot ein.

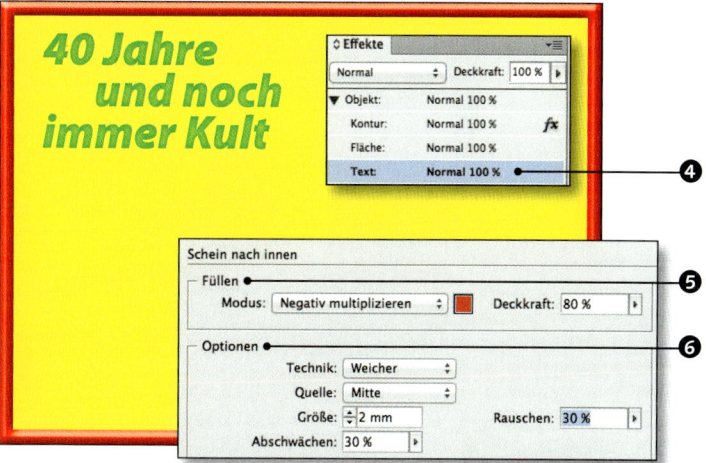

3 Weiche Verlaufskante

Im Effekte-Bedienfeld wählen Sie nun zuletzt die FLÄCHE aus und über die Schaltfläche unten den Effekt WEICHE VERLAUFSKANTE.

Wählen Sie die VERLAUFSPUNKTE mit dem Auswahlwerkzeug 🔧 nacheinander aus. Beim linken ❽ stellen Sie die DECKKRAFT auf »70 %« ein. Den Verlaufsmittelpunkt ❼ stellen Sie auf eine Position von »25 %« ein. Den rechten Verlaufspunkt setzen Sie auf Position »80 %«.

Zum Schluss geben Sie noch unter WINKEL den Wert »90°« ❾ ein. Nun wissen Sie auch, um welches Kultauto es sich handelt!

Setzen Sie auf Formate

In diesem Kapitel möchte ich Sie in die Geheimnisse der Formate einweihen und erklären, wie Sie Text schnell laden können. Glauben Sie mir, Sie beschleunigen Ihren Workflow bei immer wiederkehrenden Projekten, wie z.B. Geschäftsberichten, aufsehenerregend. Ich zeige Ihnen, wie Sie ein Absatz- oder Zeichenformat anlegen, Formate verschachteln und gleichzeitig mehrere Absatzformate anwenden. Und Sie erlernen das Erstellen und Einsetzen von Objektformaten, damit auch ein modifizierter Textrahmen nicht immer wieder neu erstellt werden muss.

Text einfließen lassen

Benutzen Sie den automatischen Textfluss

Stellen Sie sich vor, Sie bekommen ein Textdokument mit ca. 1500 Zeichen. Wissen Sie, wie viele Seiten Sie anlegen müssen? Ich weiß es nicht. Lassen Sie sich die Importoptionen für den Text anzeigen, und drücken Sie eine Taste für den Textfluss. Mit der richtigen Taste werden so viele Seiten erstellt, wie für den Text an Ihrem Cursor benötigt werden.

Bearbeitungsschritte

- Neues Dokument einrichten
- Text einfließen lassen
- Mustervorlage erstellen

[Ordner: 01_Textfluss]

1 Das Dokument einrichten

Richten Sie sich für diesen Workshop ein neues Dokument mit nur einer Seite ein. Die Option DOPPELSEITE muss also deaktiviert werden.

Unter SEITENFORMAT wählen Sie »A5« ❶, und für die RÄNDER ❷ geben Sie jeweils den Wert »15 mm« ein.

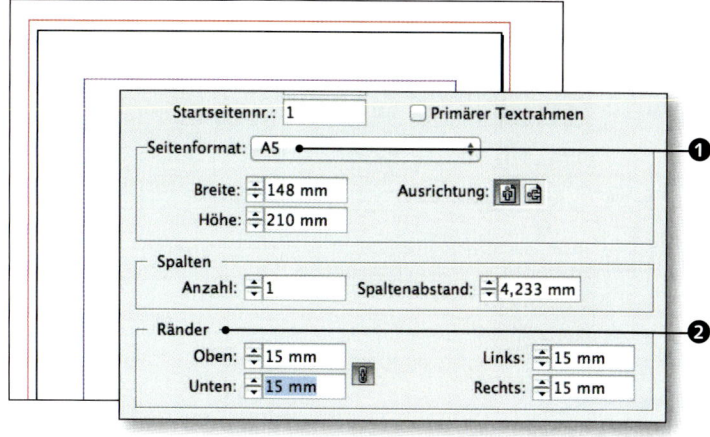

2 Importoptionen für Text

Text wird in InDesign wie ein Bild platziert. Wählen Sie also DATEI • PLATZIEREN, und navigieren Sie zur Datei »Text_einfuegen.doc« aus dem Übungsordner.

Wie bei den Bildern öffnen Sie auch hier die Importoptionen. Halten Sie dafür die Taste ⇧ gedrückt, und klicken Sie dann auf ÖFFNEN. Im nun folgenden Dialog können Sie entscheiden, ob Sie die Word-Formatierung beibehalten wollen ❹ oder ob Sie diese gleich löschen möchten ❸.

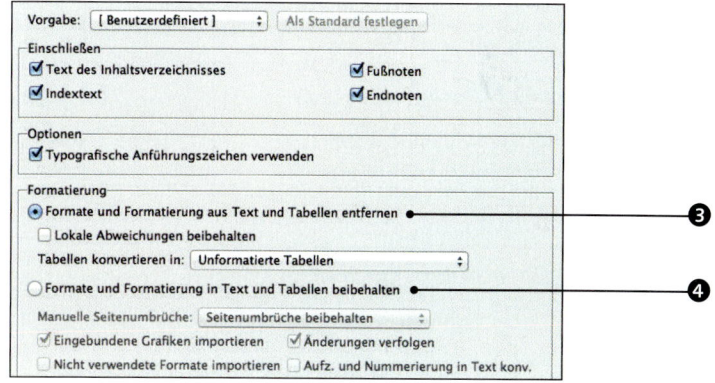

3 Einfach klicken

Sie haben ja die Importoptionen noch nicht bestätigt, denn dies machen Sie jetzt. Klicken Sie auf OK. Die Formate in dem Text können Sie löschen.

Gehen Sie mit dem Textcursor an die obere linke Ecke, und klicken Sie einfach. Der Text wird nun auf der Seite eingefügt – leider nur auf der einzigen Seite. Somit ist ein Textüberhang ❺ entstanden.

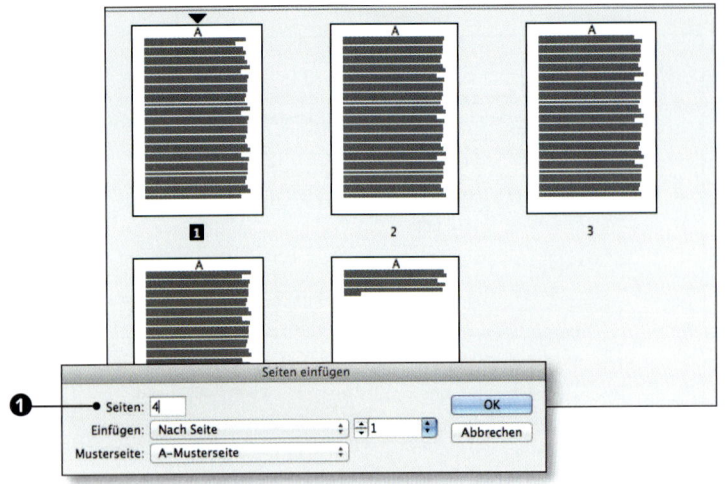

4 Halbautomatischer Textfluss

Machen Sie Schritt 3 bitte rückgängig, und erstellen Sie 4 weitere Seiten. Wählen Sie dafür im Bedienfeldmenü des Seiten-Bedienfelds SEITEN EINFÜGEN. Geben Sie hier unter SEITEN ❶ »4« ein.

Laden Sie wieder den Text. Halten Sie beim Klicken nun aber die Alt-Taste gedrückt. So können Sie mit je einem Mausklick den Text in eine der Seiten einfügen.

Achten Sie darauf, dass Sie die Reihenfolge der Seiten einhalten.

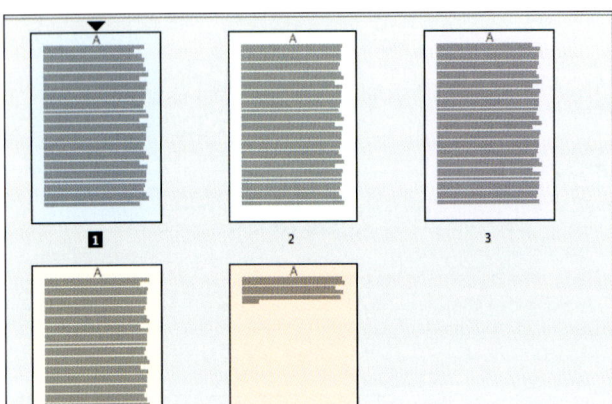

5 Mit einem Rutsch

Machen Sie den letzten Schritt noch einmal rückgängig. Wieder sollte der Text an Ihrem Cursor hängen. Wenn nicht, dann platzieren Sie diesen erneut.

Halten Sie, bevor Sie auf die Seite klicken, die ⇧-Taste gedrückt. Positionieren Sie den Cursor an der oberen linken Ecke des Rahmens, und klicken Sie. Wie von Zauberhand werden Ihnen so viele Seiten angelegt, wie Sie Text am Cursor hängen haben.

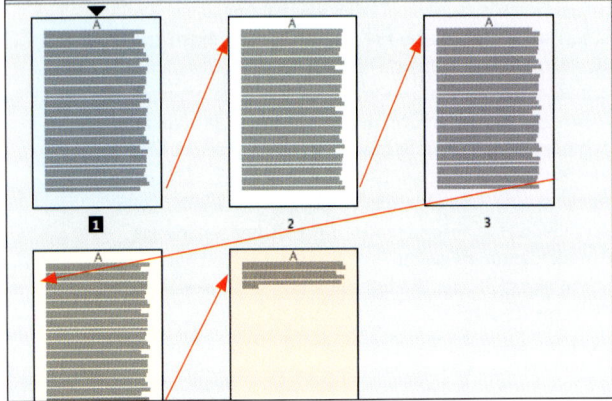

6 Die Besonderheiten

Durch den automatischen Textfluss werden nicht nur so viele Seiten angelegt, wie Sie Text geladen haben. Auch werden die Textrahmen an die Ränder angepasst, und alle Textrahmen sind automatisch miteinander verkettet.

Sie können die Textverkettung über ANSICHT • EXTRAS • TEXTVERKETTUNGEN EINBLENDEN sichtbar machen.

7 Die Seiten zusammenfügen

Bereits in Kapitel 3 haben Sie erfahren, wie Einzelseiten zu Doppelseiten zusammengefügt werden können: Wählen Sie die Seiten aus, und gehen Sie in das Bedienfeldmenü des Seiten-Bedienfelds. Deaktivieren Sie den Haken bei NEUE DOKUMENTSEITENANORDNUNG ZULASSEN ❷.

Verbinden Sie nun erst die Seiten 2 und 3 und die Seiten 4 und 5 per Drag & Drop im Seiten-Bedienfeld.

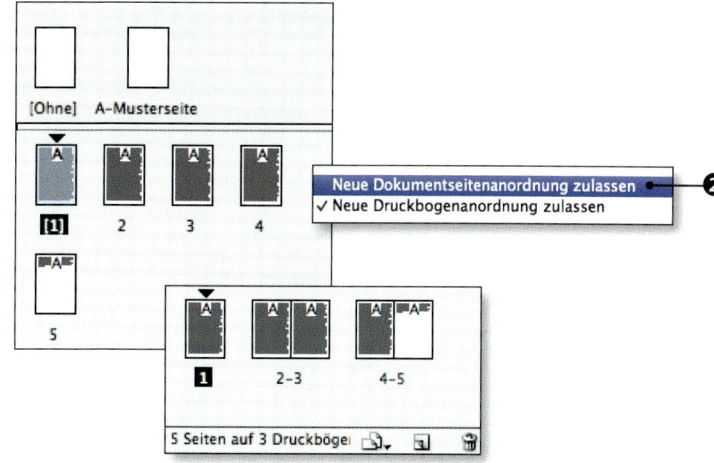

8 Ligaturen deaktivieren

Die Dateiformate aus Word sind in den meisten Fällen »*.doc« und »*.docx«, aber auch das »*.rtf«. Alle drei funktionieren, aber es steckt hin und wieder der Teufel im Detail: Word setzt nämlich gern sogenannte Ligaturen ❸ ein. Das ist zunächst kein Problem, aber wenn gleich drei Buchstaben verbunden werden, so kann es zu Problemen kommen.

Wählen Sie deshalb den gesamten Text aus, und deaktivieren Sie über das Bedienfeldmenü des Steuerung-Bedienfelds für Text oder Absatz die Option LIGATUREN ❹.

Auch gibt es niemanden, der den Schmerz an sich liebt, sucht oder wünscht, nur, weil er Schmerz ist, es sei denn, es kommt zu zufälligen Umständen, in denen Mühen und Schmerz ihm große Freude bereiten können. Die Effizienz, wer von uns unterzieht sich je anstrengender körperlicher Betätigung, außer um Vorteile daraus zu ziehen? Aber wer hat irgend ein Recht, einen Menschen zu tadeln, der die Entscheidung trifft, eine Freude zu genießen, die keine unangenehmen Folgen hat, oder einen, der Schmerz vermeidet, welcher keine daraus resultierende Freude nach sich zieht? Auch gibt es niemanden, der den Schmerz an sich liebt, sucht oder wünscht, nur, weil er Schmerz ist, es sei denn, es kommt zu zufälligen Umständen, in denen Mühen und Schmerz ihm große Freude bereiten können. Um ein triviales Beispiel zu nehmen, wer von uns unterzieht sich je anstrengender körperlicher Betätigung, außer...

OpenType
✓ Ligaturen
Unterstreichungsoptionen...
Durchstreichungsoptionen..

9 Die Hintergrundfarbe ändern

Wählen Sie in dem Seiten-Bedienfeld die A-MUSTERSEITE ❺ mit Doppelklick aus.

Wundern Sie sich nicht, denn hier wird Ihnen nur eine Seite angezeigt. Ziehen Sie hier mit dem Rechteckrahmen-Werkzeug einen Rahmen in der Seitengröße auf. Geben Sie dem Rahmen eine Farbe. Ich habe mich für die Farbe »Cyan« und einen FARBTON von »30 %« ❻ entschieden.

Wechseln Sie nun per Doppelklick auf eine der Seiten im Seiten-Bedienfeld wieder zu den Layoutseiten: Die Farbe wurde auf alle Seiten angewendet.

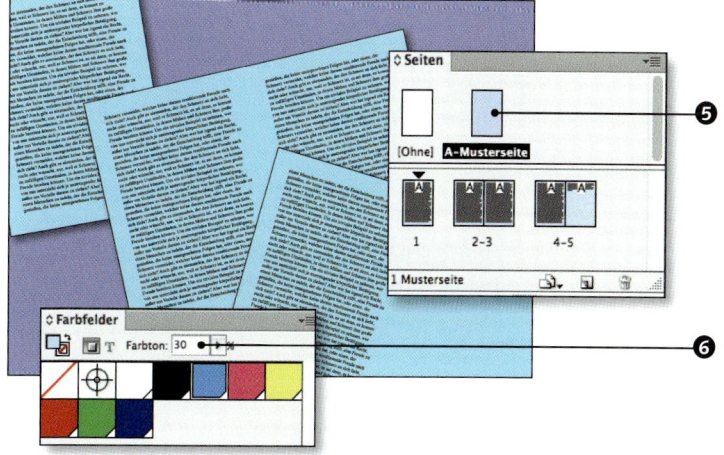

Zeichen- und Absatzformat

Lernen Sie den Unterschied kennen

Ich möchte Ihnen hier einen kurzen Überblick über die Absatz- bzw. Zeichenformatierung geben. Besonders praktisch: Haben Sie einmal eine Absatzformatierung eingerichtet, z.B. für einen Geschäftsbericht, können Sie diese Formatierung für Folgejobs immer wieder laden.

Absatz

InDesign arbeitet absatzorientiert, das heißt, alles, was Sie in einem Absatzformat einrichten, wird für den gesamten Absatz übernommen.

Doch was ist ein Absatz? Der Absatz beschreibt einen fortlaufenden Text, der aus einem oder mehreren Sätzen besteht und durch die Zeilenschaltung ⏎ abgeschlossen wird. Sie erkennen einen Absatz an der Absatzmarke ¶ an seinem Ende. Dieses Zeichen sehen Sie aber nur, wenn Sie sich im Normal-Modus befinden (ANSICHT • BILDSCHIRMMODUS • NORMAL) und im SCHRIFT-Menü ganz unten die Option VERBORGENE ZEICHEN AUSBLENDEN zu lesen ist.

Absatzformat

Das Absatzformat wird für einen Absatz eingerichtet und auf ihn angewendet. Hier stehen neben den Einstellungen für die Zeichenformatierung auch alle Absatzformatierungen zur Verfügung. Sie erkennen dies bereits, wenn Sie den Absatzformate-Dialog geöffnet haben. Mehr Informationen erhalten Sie in den nächsten Workshops.

Zeichenformat

In InDesign können Sie Zeichenformate für die Auszeichnung einzelner Wörter oder Zeichen anlegen. Wenn Sie einem Text ein Absatzformat zugewiesen haben, können Sie nun mit einem Zeichenformat einzelne Wörter mit Auszeichnungen wie KAPITÄLCHEN oder einer Schriftfarbe hervorheben.

Tastaturkürzel

Sie können für jedes Zeichen- und Absatzformat ein Tastaturkürzel einrichten. Wählen Sie dazu im jeweiligen Dialog links den ersten Abschnitt und dort das Eingabefeld für TASTATURBEFEHL. Leider können Sie Ihre Tastenkürzel nicht frei wählen. Sie dürfen als Kürzel nur den Nummernblock auf Ihrer Tastatur in Kombination mit den Tasten ⇧ , ⌘/Strg und Alt verwenden.

Schnell anwenden

Damit Laptop-User nicht traurig sind, weil sie den Nummernblock nicht verwenden können, hat sich Adobe etwas einfallen lassen. Mit SCHNELL ANWENDEN können Sie z.B. ein bestimmtes Absatzformat suchen lassen und schnell anwenden.

Sie öffnen das Bedienfeld, indem Sie auf die Schaltfläche SCHNELL ANWENDEN ⚡ im Steuerung-Bedienfeld klicken oder das Kürzel ⌘/Strg+⏎ benutzen. Denn das geht deutlich schneller.

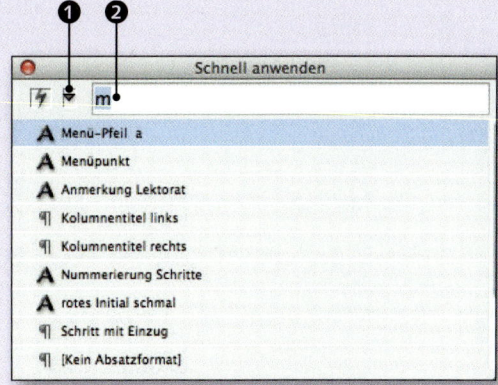

Wichtig für SCHNELL ANWENDEN ist jedoch, dass Sie Ihren Absatz- und Zeichenformaten sinnvolle Namen geben, denn unter »Absatzformat 1« kann man sich bald schon nichts mehr vorstellen.

Haben Sie das Bedienfeld geöffnet, geben Sie einfach in das Eingabefeld ❷ den Anfangsbuchstaben des Formats ein, InDesign durchsucht dann alle Formate. Wählen Sie im Fenster das gewünschte Format aus, und bestätigen Sie einfach mit ↵.

Über den Pfeil ❶ links oben im Bedienfeld öffnen Sie ein Auswahlfenster, denn Sie können über SCHNELL ANWENDEN nicht nur nach Absatz- und Zeichenformaten suchen lassen. Selbst Menübefehle und Skripte können Sie auf diese Art anwenden. Aktivieren Sie in diesem Fenster, was Sie in die schnelle Suche einbeziehen möchten. Ich bevorzuge die schlanke Variante aus der folgenden Abbildung.

> ✓ Absatzformate einschließen (a:)
> ✓ Zeichenformate einschließen (z:)
> ✓ Objektformate einschließen (o:)
>   Menübefehle einschließen (m:)
>   Skripte einschließen (s:)
> ✓ Tabellenformate einschließen (t:)
>   Textvariablen einschließen (v:)
> ✓ Zellenformate einschließen (e:)
>   Bedingungen einschließen (b:)

Was im Buch nicht vorkommt

Einige Absatzformatierungen kommen in diesem Buch nicht vor. Daher möchte ich sie hier kurz beschreiben.

Unterstreichung

Die Unterstreichung ist eine Option, die hin und wieder bei Ihnen zum Einsatz kommen könnte.

Da die Linie hinter dem ausgewählten Text liegt, kann mit einer solchen Linie und einer entsprechend großen Stärke Text auch markiert werden.

Unterstreichen Sie den Text

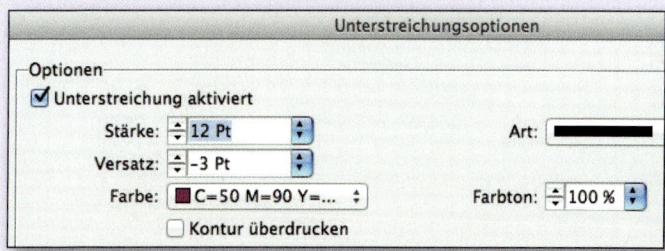

Sie finden den Dialog über die Bedienfeldoptionen des Zeichen- und Absatz-Bedienfelds sowie über Zeichen- und Absatzformate. Stellen Sie im Dialog z. B. »12 pt« für die STÄRKE und einen VERSATZ von »–3 pt« ein, wird der ausgewählte Text markiert.

Durchstreichung

Mit dieser Option können Sie ausgewählten Text oder einen ganzen Absatz durchstreichen.

~~Streichen Sie den Text durch~~

Bei der Durchstreichung liegt die Linie über dem markierten Text oder Absatz.

Das Zeichenformat

Es ist nur für Buchstaben bestimmt

In diesem Workshop erstellen Sie das erste Format für den schnelleren Workflow: ein Zeichenformat. Gleich im Anschluss wenden Sie es an. Da wir in diesem Beispiel nur das Wort »Zeichenformat« auszeichnen wollen, wenden Sie das Zeichenformat nicht über viele Klicks an, sondern über die Funktion SUCHEN/ERSETZEN.

Ausgangsdatei

- Einzelne Textbereiche auszeichnen
  [Ordner: 02_Zeichenformate]

Bearbeitungsschritte

- Zeichenformate einrichten
- Suchen/Ersetzen anwenden

Vorher

Zeichenformat | In InDesign können Sie Zeichenformate für die Auszeichnung einzelner Wörter oder Zeichen anlegen. Wenn Sie einem Text ein Absatzformat zugewiesen haben, können Sie nun mit einem Zeichenformat einzelne Wörter mit Auszeichnungen wie Kapitälchen oder einer Schriftfarbe hervorheben.

Nachher

...CHENFORMAT | In InDesign können Sie ZEICHENFORMATE für die Auszeichnung einzelner Wörter oder Zeichen anlegen. Wenn Sie einem Text ein Absatzformat zugewiesen haben, können Sie nun mit einem ZEICHENFORMAT einzelne Wörter mit Auszeichnungen wie Kapitälchen oder einer Schriftfarbe hervorheben.

1 Das Zeichenformat-Bedienfeld

Öffnen Sie die Datei »Zeichenformat.indd«. Über das Menü FENSTER • FORMATE • ZEICHENFORMATE finden Sie das Zeichenformate-Bedienfeld.

Öffnen Sie über das Bedienfeldmenü ❶ den Dialog NEUES ZEICHENFORMAT, denn so erreichen Sie den Dialog am schnellsten.

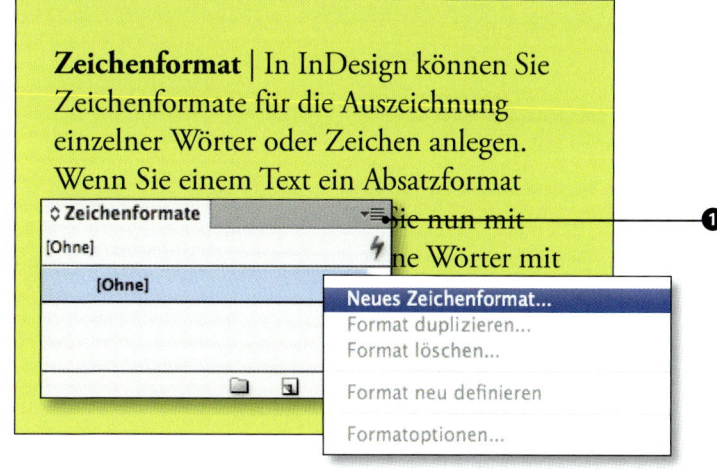

2 Der erste Dialog

Das Fenster ALLGEMEIN scheint nicht so wichtig zu sein, doch geben Sie hier dem Format einen Namen ❷. Ich wiederhole noch einmal: Ein eindeutiger Name ist wichtig, damit Sie auch später den Einsatzzweck noch wiedererkennen. Geben Sie z. B. den Namen »Auszeichnung« ein. Die übrigen Einträge können Sie erst einmal ignorieren. Gehen Sie jetzt über die linke Liste in das nächste Fenster GRUNDLEGENDE ZEICHENFORMATE.

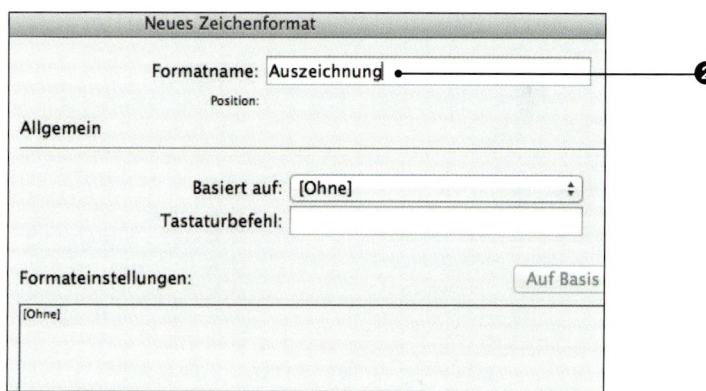

3 Die grundlegenden Zeichenformate

In diesem Fenster wählen Sie als SCHRIFTFAMILIE ❸ zum Beispiel die »Adobe Garamond Pro« und den SCHRIFTSCHNITT »Bold« aus. Falls diese Schrift bei Ihnen nicht installiert ist, finden Sie sie auf der Buch-DVD. Für den SCHRIFTGRAD ❹ stellen Sie »21 Pt« ein. Als BUCHSTABENART ❺ wählen Sie KAPITÄLCHEN aus. Die weiteren Optionen werden hier nicht gebraucht.

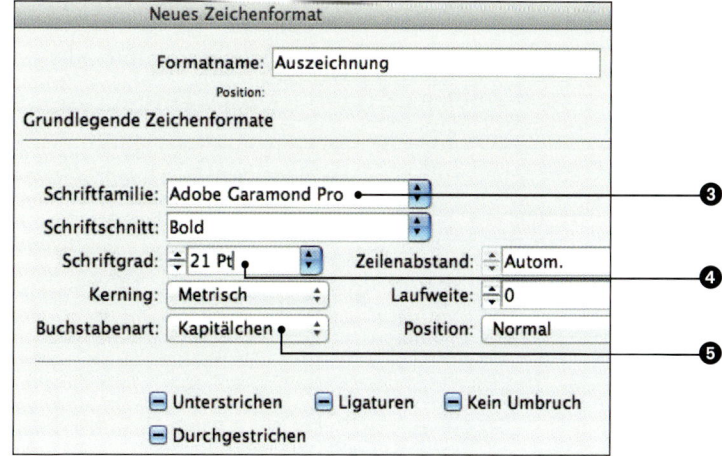

Tipp: InDesign tauscht, wenn die Schriftfamilie über echte Kapitälchen verfügt, automatisch die Kleinbuchstaben aus.

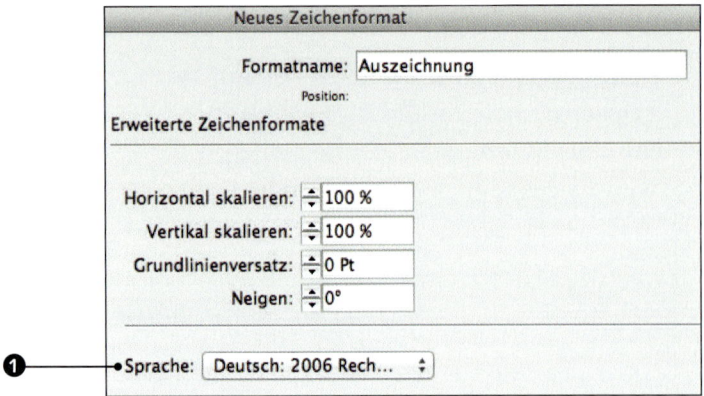

4 Erweiterte Zeichenformate

Im Fenster ERWEITERTE ZEICHENFORMATE stellen Sie alle Werte auf neutrale Werte ein, wie in der Abbildung gezeigt, denn eine Nichteingabe kann zu unerwünschten Zeichenformatierungen führen.

Für die Rechtschreibprüfung von InDesign wählen Sie unter SPRACHE ❶ die Option DEUTSCH: 2006 RECHTSCHREIBREFORM aus.

5 Die Zeichenfarbe

Damit Sie der Schrift eine Farbe geben und nicht der Kontur, klicken Sie im Fenster ZEICHENFARBE auf den Button TEXTFARBE ❷, um ihn in den Vordergrund zu stellen.

Wählen Sie anschließend die Farbe »Rot« ❸ aus den Farbfeldern aus. Bestätigen Sie danach den kompletten Dialog mit OK.

6 Das Zeichenformat anwenden

Wählen Sie mit aktivem Textwerkzeug T die gewünschten Zeichen oder wie in diesem Fall das Wort »Zeichenformat« aus, indem Sie auf das Wort doppelklicken.

Öffnen Sie, falls es nicht bereits offen ist, das Zeichenformate-Bedienfeld, und klicken Sie auf das von Ihnen erstellte Zeichenformat »Auszeichnung«. Nun sollte das Wort neu formatiert sein.

> ZEICHENFORMAT | In InDesign können Sie Zeichenformate für die Auszeichnung von einzelnen Wörter oder Zeichen anlegen. Wenn Sie einen Text ein Absatzformat ~~zugewiesen haben, können~~ Sie nun mit ~~...~~ t einzelne Wörter mit ~~...~~ Kapitälchen oder einer ~~...~~ ben.

7 Suchen/Ersetzen aufrufen

Sie könnten nun nach und nach, wie in Schritt 6 beschrieben, alle Wörter mit dem Inhalt »Zeichenformat« auswählen und diese formatieren. Hier zeige ich Ihnen aber einen deutlich schnelleren Weg.

Öffnen Sie über das Menü BEARBEITEN • SUCHEN/ERSETZEN den gleichnamigen Dialog. Stellen Sie zunächst den Reiter TEXT ❺ ein. Danach geben Sie unter SUCHEN NACH das Wort »Zeichenformat« ❹ ein.

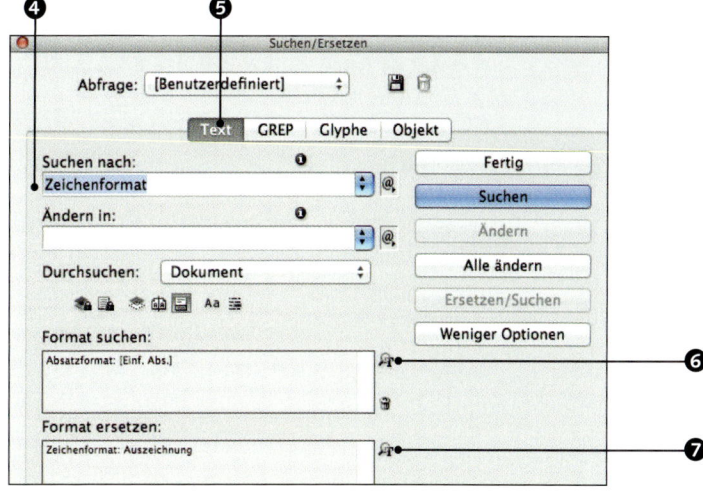

8 Suchen/Ersetzen für Formate

Öffnen Sie über die Schaltfläche MEHR OPTIONEN den Dialog für die Formatersetzung, und suchen Sie per Klick auf die Schaltfläche SUCHATTRIBUTE EINGEBEN ❻ nach dem zu ersetzenden Format. Da der Absatz noch nicht formatiert ist, wählen Sie hier das Absatzformat »Einfacher Absatz« aus.

Wählen Sie anschließend die Schaltfläche ÄNDERUNGSATTRIBUTE ❼ aus, und klicken Sie dann auf das erstellte Zeichenformat »Auszeichnung«. Klicken Sie nun auf die Schaltfläche SUCHEN und dann auf ALLE ÄNDERN.

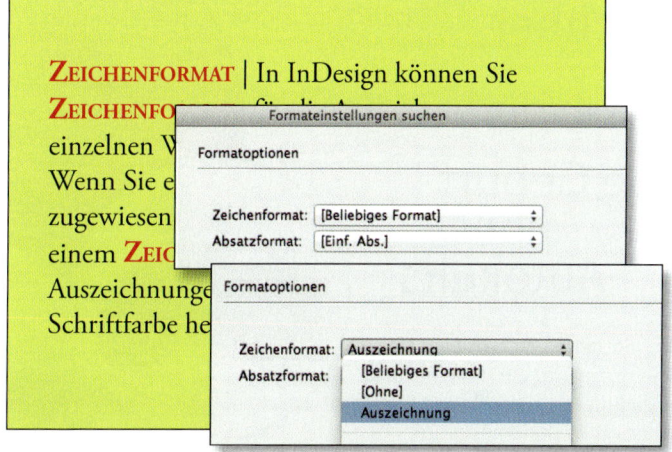

9 Eine kleine Nacharbeit

Nachdem Sie im vorangegangenen Schritt den Dialog über die Schaltfläche FERTIG geschlossen haben, sind alle Wörter mit dem Inhalt »Zeichenformat« geändert worden.

Eines der Wörter, ich habe es Ihnen hier blau markiert, steht jedoch im Plural. Doppelklicken Sie auf dieses Wort, damit es vollständig markiert ist, und weisen Sie ihm nochmals das Zeichenformat »Auszeichnung« zu.

Absatzformate einrichten

Formatieren Sie einen Zeitungsartikel

Viele Anwender setzen Absatzformate nicht ein, weil sie denken, es mache mehr Arbeit, sie einzurichten, als manuell zu formatieren. Ich möchte in diesem und auch in den nachfolgenden Workshops dieses Vorurteil widerlegen. Fakt ist, dass Sie mit Absatzformaten deutlich schneller arbeiten können, denn der Arbeitsaufwand ist gegenüber der manuellen Einstellung geringer.

Nachher

Die Geburt eines Autokults

Vor 40 Jahren eroberte ein kleines rotes Auto die Herzen von Kleinkindern, heute sehen Sie auch große „Kinder" darauf.

Fotos: Tina Baumann

Bearbeitungsschritte

- Absatzformate einrichten und anwenden

Vorher

Die Geburt eines Autokults

Vor 40 Jahren eroberte ein kleines rotes Auto die Herzen von Kleinkindern, heute sehen Sie auch große „Kinder" darauf.

Das Bobby Car hat in seinen Anfängen die kleinen Herzen erobert. Überall ratterten damals die Räder auf den Gehsteigen. Die Füße der Kleinen waren am Paddeln was das Zeug hielt. Heute sitzen nicht nur die Kinder auf den kleinen Autos, auch Erwachsene haben ihre Freude daran gefunden. Helm auf, Schutzkleidung an, und dann den Berg hinab. Es wurde von Geschwindigkeiten um ca. 120 km/h berichtet.

Kultig ist das kleine Auto noch immer in Rot. Heute aber finden Sie das Bobby Car auch in anderen Farben, und mit den tollsten Bildern verziert. Auch gibt es die kleinen Autos als Polizei- und der Feuerwehr-Auto, und lassen die kleinen Füßchen begeistert paddeln.

Was passierte noch in seinem Geburtsjahr?
Willy Brandt war Bundeskanzler und Richard Nixon amerikanischer Präsident.
Willy Brandt ist wegen der Vertrauensfrage zwei...

ten, und Richard Nixon ist später an der Watergate-Affäre gescheitert. Die Rote Armee Fraktion trieb in Deutschland ein böses Spiel.
Die Apollo-17 ist der letzte bemannte Mondflug. Danach brach eine neue Ära an.
Der Nobelpreis für Literatur ging in diesem Jahr an Heinrich Böll.

Weitere Höhepunkte
Das längste Jahr des unseres heutigen Kalenders. Dieses Jahr wurde nicht nur, weil es ein...

Ausgangsdatei

- Für den Text Absatzformate einrichten

[Ordner: 03_Absatzformat]

Das Bobby Car hat in seinen Anfängen die kleinen Herzen erobert. Überall ratterten damals die Räder auf den Gehsteigen. Die Füße der Kleinen waren am Paddeln was das Zeug hielt. Heute sitzen nicht nur die Kinder auf den kleinen Autos, auch Erwachsene haben ihre Freude daran gefunden. Helm auf, Schutzkleidung an, und dann den Berg hinab. Es wurde von Geschwindigkeiten um ca. 120 km/h berichtet.

Kultig ist das kleine Auto noch immer in Rot. Heute aber finden Sie das Bobby Car auch in anderen Farben, und mit den tollsten Bildern verziert. Auch gibt es die kleinen Autos als Polizei- und der Feuerwehr-Auto, und lassen die kleinen Füßchen begeistert paddeln.

Was passierte noch in seinem Geburtsjahr?
- Willy Brandt war Bundeskanzler und Richard Nixon amerikanischer Präsident.
- Willy Brandt ist wegen der Vertrauensfrage zwei Jahre später

zurückgetreten, und Richard Nixon ist später an der Watergate-Affäre gescheitert.
- Die Rote Armee Fraktion trieb in Deutschland ein böses Spiel.
- Die Apollo-17 ist der letzte bemannte Mondflug. Danach brach eine neue Ära an.
- Der Nobelpreis für Literatur ging in diesem Jahr an Heinrich Böll.

Weitere Höhepunkte
Das längste Jahr des unseres heutigen Kalenders. Dieses Jahr wurde nicht nur, weil es ein Schaltjahr war, um einen Tag verlängert, sondern auch um zwei Sekunden zusätzlich. Das war notwendig, um ein fortwährendes Abrücken des Frühlingsanfangs zu vermeiden. Nett, oder?

Die erste Spielekonsole der Welt kam in Deutschland auf den Markt. An den Fernseher angeschlossen, konnte man mit einem Mitspieler ein virtuelles Tennis spielen. Echt abgefahren, der Monitor war schwarz, und mit Hilfe einer separaten Steuerung ließen sich zwei weiße Striche

vertikal hin und her verschi... Der Ball sprang derweil unko... liert immer von Rechts nach ... War der Hit damals.

Die sportlichen Erfolge
Ich glaube ganz Deutschlan... mals vor dem Fernseher. A... Bayern kannte kein Mensc... ser Welt den Schuhplatt... Lederhosen. Doch alle f... es waren die Olympisch... München. Doch leider ... ein berühmter Satz au... „The Games must go on!".

Es ging weiter und somit auch die Erfolge bleiben in Erinnerung: Der sensationelle Hochsprung von Ulrike Mayfarth. Heide Rosendahl mit dem goldenen Weitsprung holt danach noch Gold in der 4x100 Meterstaffel. Aber es reichte ihr nicht, sie hat im Fünfkampf noch Silber gewonnen. Unvergessen auch der amerikanische Schwimmer Mark Spitz. Mit 7 Goldmedaillen behangen ist er in seine Heimat zurückgekehrt.

1 Das Grundlinienraster

Bücher, Artikel und andere lange Dokumente werden oft mithilfe eines Grundlinienrasters gesetzt. Es dient dazu, die Zeilen registerhaltig zu setzen, d.h., dass sich die Zeilen auf der Vorder- und Rückseite immer decken (siehe nebenstehende Abbildung). Gerade bei durchscheinendem Papier ist das wichtig.

In InDesign stellen Sie das Grundlinienraster für ein Dokument über VOREINSTELLUNGEN • RASTER ein. Öffnen Sie zunächst die Datei »Zeitungsartikel.indd«.

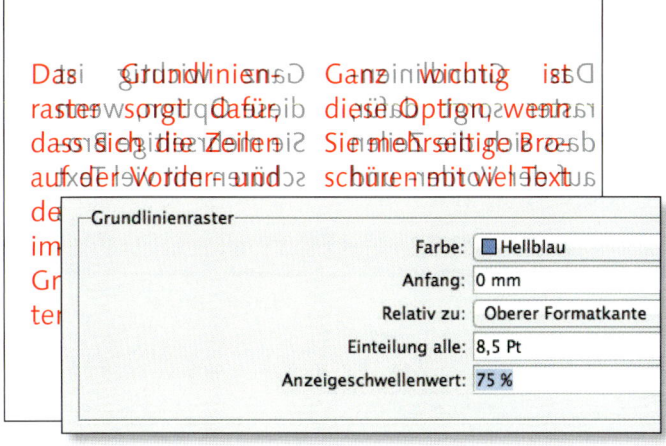

2 Das Grundlinienraster einstellen

Stellen Sie in den Voreinstellungen den ANFANG ❶ des Rasters auf »0mm« ein, und bestimmen Sie danach, woran sich das Raster orientieren soll. Wählen Sie unter RELATIV ZU ❷ OBERER FROMATKANTE aus, wird die obere Kante Ihres Dokumentformats als Referenz genommen. Geben Sie für den Abstand des Rasters unter EINTEILUNG ALLE ❸ den Wert »8,5 Pt« ein.

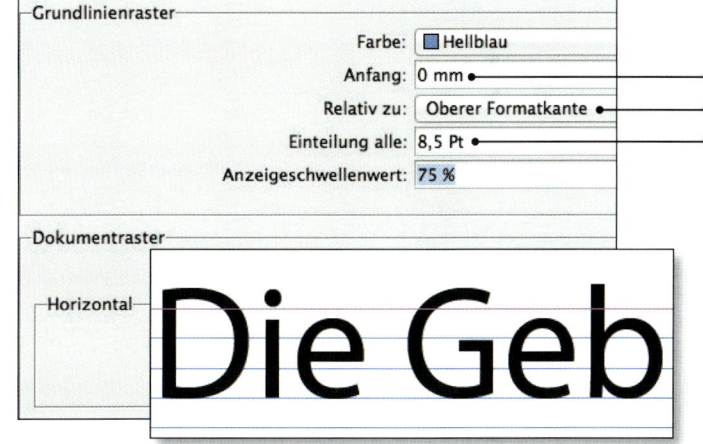

3 Ein Absatzformat erstellen

Öffnen Sie über FENSTER • FORMATE das Absatzformate-Bedienfeld. Hier wählen Sie über das Bedienfeldmenü NEUES ABSATZFORMAT aus.

Geben Sie im ersten Fenster ALLGEMEIN dem Absatzformat den Formatnamen »Copy« ❹. Alle anderen Einstellungen in diesem Fenster können Sie ignorieren.

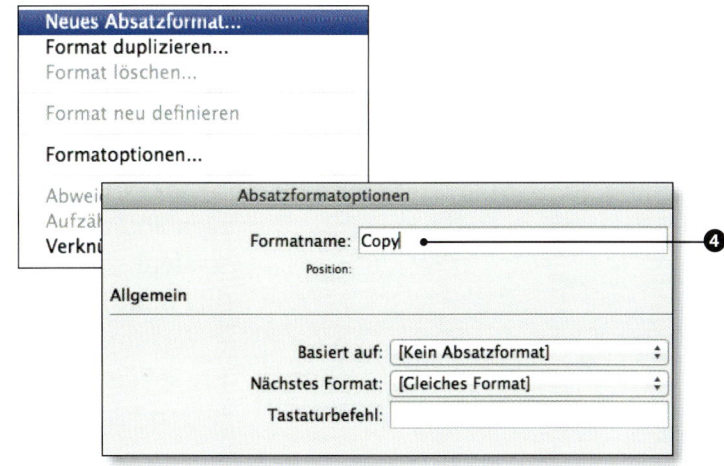

Hinweis: Als Copy bezeichnet man auf Neudeutsch einfach nur den Fließtext.

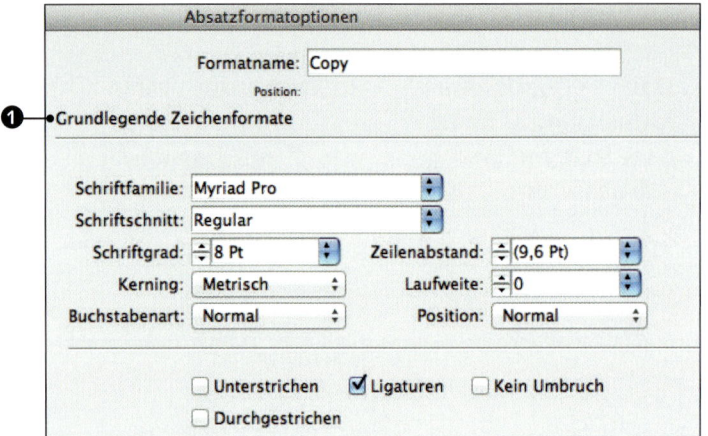

4 Die Schrift für das Absatzformat

Wählen Sie im Fenster GRUNDLEGENDE ZEICHENFORMATE ➊ unter SCHRIFTFAMILIE die »Myriad Pro« und den SCHRIFTSCHNITT »Regular« aus.

Als SCHRIFTGRAD geben Sie »8 Pt« in das Eingabefenster ein. Alle weiteren Einstellungen können Sie beibehalten.

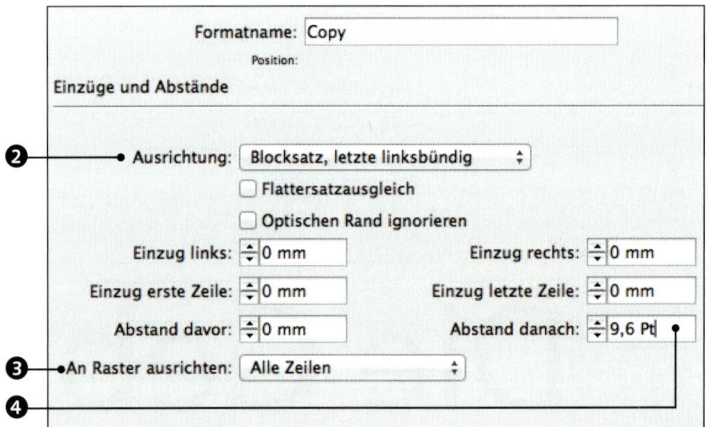

5 Einzüge und Abstände

Im Fenster EINZÜGE UND ABSTÄNDE stellen Sie unter AUSRICHTUNG ➋ BLOCKSATZ, LETZTE LINKSBÜNDIG ein.

Richten Sie über AN RASTER AUSRICHTEN • ALLE ZEILEN ➌ am Grundlinienraster aus.

Damit nach dem Absatz ein Abstand eingefügt wird, stellen Sie unter ABSTAND DANACH den Wert »9,6 Pt« ein.

Bestätigen Sie das Absatzformat zunächst mit einem Klick auf OK.

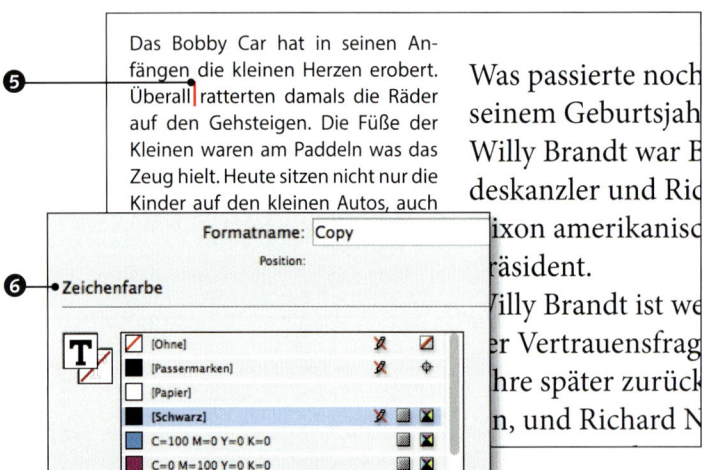

6 Die Farbe für den Absatz

Klicken Sie mit dem Textwerkzeug ⊞ in den ersten Absatz, und lassen Sie den Textcursor blinken ➎, so können Sie mit aktiver Vorschau bereits die Veränderungen sehen.

Wählen Sie danach im Absatzformate-Bedienfeld das Format »Copy« per Doppelklick aus.

Wählen Sie im Fenster ZEICHENFARBE ➏ die Farbe »Schwarz« aus. Bleiben Sie weiter in dem Dialog.

7 Die Basis für ein weiteres Absatzformat

Öffnen Sie den Dialog NEUES ABSATZFORMAT wie in Schritt 3 beschrieben, und nennen Sie das neue Absatzformat »Copy mit Einzug«.

Wählen Sie im Fenster ALLGEMEIN • BASIERT AUF ➐ das Absatzformat »Copy« aus. Dadurch übernehmen Sie die Einstellungen des Absatzformats. Ändern Sie z. B. bei »Copy« die Schriftfamilie, so wird diese Änderung auch in »Copy mit Einzug« übernommen.

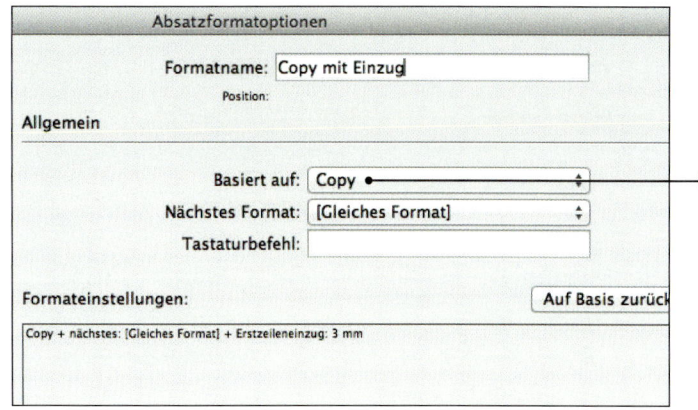

8 Die erste Zeile einziehen

Da wir ja dieses Absatzformat auf einem anderen basieren lassen, können wir sofort in das Fenster EINZÜGE UND ABSTÄNDE gehen.

Geben Sie hier unter EINZUG ERSTE ZEILE ➑ den Wert »3 mm« ein.

Stellen Sie einen ABSTAND DANACH ➒ von »9,6 Pt« für die Zeile ein. Da es sich bei diesem Wert um den Zeilenabstand handelt, fügen Sie praktisch eine Leerzeile ein.

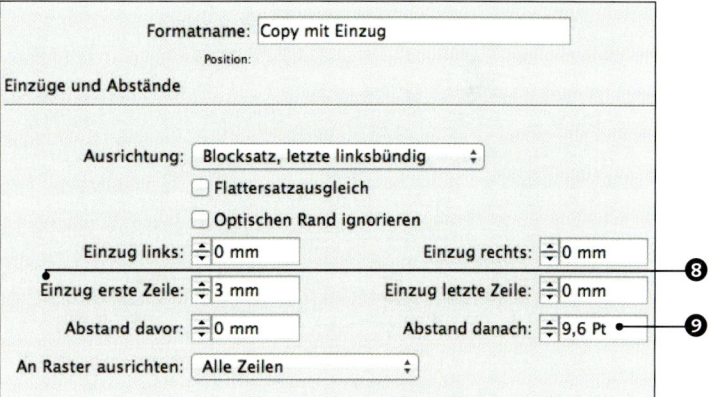

9 Ein Format für die Zwischenüberschrift

Erstellen Sie wie in Schritt 7 beschrieben ein weiteres Absatzformat. Geben Sie diesem dem Namen »Zwischenüberschrift«, und lassen Sie es wieder auf dem Format »Copy« basieren.

Im Fenster GRUNDLEGENDE ZEICHENFORMATE wählen Sie als SCHRIFTSCHNITT »Bold« aus. Gehen Sie danach in das Fenster EINZÜGE UND ABSTÄNDE, und stellen Sie unter AUSRICHTUNG den Eintrag LINKS ein.

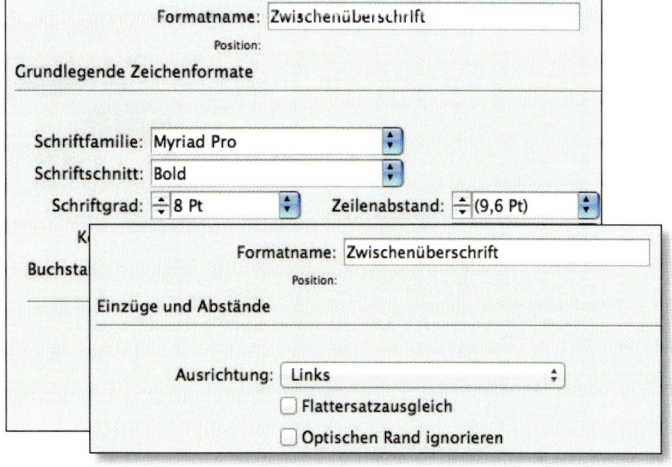

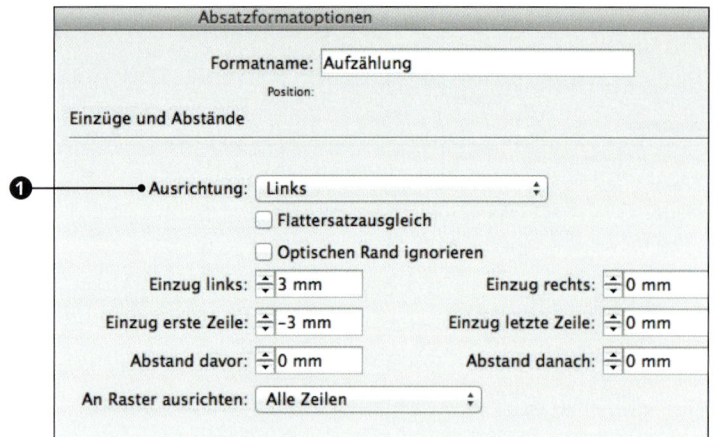

10 Und noch ein Format

Ich will Sie nicht quälen, doch Übung macht bekanntlich den Meister.

Erstellen Sie ein neues Absatzformat, und lassen Sie es wieder auf dem Format »Copy« basieren. Geben Sie auch diesem Format einen aussagekräftigen Namen.

In dem Fenster Einzüge und Abstände wählen Sie unter Ausrichtung ❶ Links aus.

Alle anderen Einstellungen dürfen Sie ignorieren, da diese im nächsten Schritt eingestellt werden.

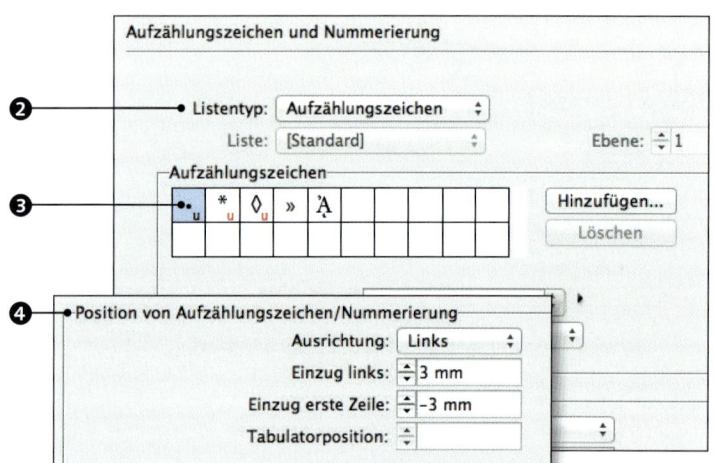

11 Eine Aufzählung erstellen

Im Fenster Aufzählungszeichen und Nummerierung wählen Sie unter Listentyp ❷ Aufzählungszeichen aus. Bei den bereitgestellten Aufzählungszeichen wählen Sie den klassischen Punkt ❸ aus.

Damit der Abstand nicht so groß bleibt, stellen Sie unter Position von Aufzählungszeichen/Nummerierung ❹ für den Einzug links dem Wert »3 mm« und unter Einzug erste Zeile »-3 mm« ein.

12 Weisen Sie die Formate zu

Lassen Sie sich über das Menü Schrift • Verborgene Zeichen einblenden diese anzeigen. Danach erkennen Sie den Absatz durch das Absatzzeichen ¶.

Wählen Sie nun nacheinander die Absätze aus, und weisen Sie diesen das entsprechende Absatzformat zu. Es reicht, wenn Sie mit dem Textwerkzeug irgendwo in den Absatz klicken – er muss nicht komplett markiert sein!

Hierarchische Formate

Formate automatisiert anwenden

Seien Sie nicht böse auf mich, denn ich habe alle Formatierungen in der Beispiel-datei gelöscht. Laden Sie in diesem Workshop Absatzformate, und wenden Sie diese manuell an. Danach erstellen Sie zwei weitere Absatzformate und wenden diese gleichzeitig an. Wenn man weiß, wie es geht, ist es ein super Tool.

Bearbeitungsschritte

- Absatzformate laden
- Nächstes Format anwenden

Vorher

Die Geburt eines Autokults

Vor 40 Jahren eroberte ein klei-nes rotes Auto die Herzen von Kleinkindern, heute sehen Sie auch große „Kinder" darauf.

Fotos: Tina Baumann

Ausgangsdatei

- Die Formatierung fehlt.

[Ordner: 04_Hierarchisch]

Das Bobby Car hat in seinen An-fängen die kleinen Herzen erobert. Überall ratterten damals die Räder auf den Gehsteigen. Die Füßeww der Kleinen waren am Paddeln was das Zeug hielt. Heute sitzen nicht nur die Kinder auf den kleinen Au-tos, auch Erwachsene haben ihre Freude daran gefunden. Helm auf, Schutzkleidung an, und dann den Berg hinab. Es wurde von Geschwin-digkeiten um ca. 120 km/h berichtet.

Kultig ist das kleine Auto noch im-mer in Rot. Heute aber finden Sie das Bobby Car auch in anderen Farben, und mit den tollsten Bildern verziert. Auch gibt es die kleinen Autos als Polizei- und der Feuerwehr-Auto, und lassen die kleinen Füßchen be-geistert paddeln.

Was passierte noch in seinem Geburtsjahr?
- Willy Brandt war Bundeskanzler und Richard Nixon amerikani-scher Präsident.
- Willy Brandt ist wegen der Ver-trauensfrage zwei Jahre später

zurückgetreten, und Richard Ni-xon ist später an der Watergate-Affäre gescheitert.
- Die Rote Armee Fraktion trieb in Deutschland ein böses Spiel.
- Die Apollo-17 ist der letzte be-mannte Mondflug. Danach brach eine neue Ära an.
- Der Nobelpreis für Literatur ging in diesem Jahr an Heinrich Böll.

Weitere Höhepunkte
Das längste Jahr des unseres heu-tigen Kalenders. Dieses Jahr wurde nicht nur, weil es ein Schaltjahr war, um einen Tag verlängert, sondern auch um zwei Sekunden zusätzlich. Das war notwendig, um ein fortwäh-rendes Abrücken des Frühlingsan-fangs zu vermeiden. Nett, oder?

Die erste Spielekonsole der Welt kam in Deutschland auf den Markt. An den Fernseher angeschlossen, konnte man mit einem Mitspieler ein virtuelles Tennis spielen. Echt ab-gefahren, der Monitor war schwarz, und mit Hilfe einer separaten Steu-erung ließen sich zwei weiße Striche

vertikal hin und her versch Der Ball sprang derweil unk liert immer von Rechts nach War der Hit damals.

Die sportlichen Erfolge
Ich glaube ganz Deutschland sa mals vor dem Fernseher. Außer Bayern kannte kein Mensch auf ser Welt den Schuhplattler und Lederhosen. Doch alle freuten si es waren die Olympischen Spiele München. Doch leider kommt auc ein berühmter Satz aus Müncher „The Games must go on!".

Es ging weiter und somit auch die Erfolge bleiben in Erinnerung: Der sensationelle Hochsprung von Ulrike Mayfarth. Heide Rosendahl mit dem goldenen Weitsprung holt danach noch Gold in der 4x100 Me-terstaffel. Aber es reichte ihr nicht, sie hat im Fünfkampf noch Silber gewonnen. Unvergessen auch der amerikanische Schwimmer Mark Spitz. Mit 7 Goldmedaillen behan-gen ist er in seine Heimat zurückge-kehrt.

Nachher

Die Geburt eines Autokults
Vor 40 Jahren eroberte ein kleines rotes Auto die Herzen von Klein-kindern, heute sehen Sie auch große „Kinder" darauf.

Das Bobby Car hat in seinen An-fängen die kleinen Herzen erobert. Überall ratterten damals die Räder auf den Gehsteigen. Die Füßeww der Kleinen waren am Paddeln was das Zeug hielt. Heute sitzen nicht nur die Kinder auf den kleinen Au-tos, auch Erwachsene haben ihre Freude daran gefunden. Helm auf, Schutzkleidung an, und dann den Berg hinab. Es wurde von Geschwin-digkeiten um ca. 120 km/h berichtet.

Kultig ist das kleine Auto noch im-mer in Rot. Heute aber finden Sie das Bobby Car auch in anderen Farben, und mit den tollsten Bildern verziert. Auch gibt es die kleinen Autos als Polizei- und der Feuerwehr-Auto, und lassen die kleinen Füßchen be-geistert paddeln.

Was passierte noch in seinem Geburtsjahr?
- Willy Brandt war Bundeskanzler und Richard Nixon amerikani-scher Präsident.
- Willy Brandt ist wegen der Ver-

zurückgetreten, und Richard Ni-xon ist später an der Watergate-Affäre gescheitert.
- Die Rote Armee Fraktion trieb in Deutschland ein böses Spiel.
- Die Apollo-17 ist der letzte be-mannte Mondflug. Danach brach eine neue Ära an.
- Der Nobelpreis für Literatur ging in diesem Jahr an Heinrich Böll.

Weitere Höhepunkte
Das längste Jahr des unseres heu-tigen Kalenders. Dieses Jahr wurde nicht nur, weil es ein Schaltjahr war, um einen Tag verlängert, sondern auch um zwei Sekunden zusätzlich. Das war notwendig, um ein fortwäh-rendes Abrücken des Frühlingsan-fangs zu vermeiden. Nett, oder?

Die erste Spielekonsole der Welt kam in Deutschland auf den Markt. An den Fernseher angeschlossen, konnte man mit einem Mitspieler ein virtuelles Tennis spielen. Echt ab-gefahren, der Monitor war schwarz, und mit Hilfe einer separaten Steu-

vertikal hin und her verschieben. Der Ball sprang derweil unkontrol-liert immer von Rechts nach Links. War der Hit damals.

Die sportlichen Erfolge
Ich glaube ganz Deutschland saß da-mals vor dem Fernseher. Außer den Bayern kannte kein Mensch auf die-ser Welt den Schuhplattler und die Lederhosen. Doch alle freuten sich, es waren die Olympischen Spiele in München. Doch leider kommt auch ein berühmter Satz aus München: „The Games must go on!".

Es ging weiter und somit auch die Erfolge bleiben in Erinnerung: Der sensationelle Hochsprung von Ulrike Mayfarth. Heide Rosendahl mit dem goldenen Weitsprung holt danach noch Gold in der 4x100 Me-terstaffel. Aber es reichte ihr nicht, sie hat im Fünfkampf noch Silber gewonnen. Unvergessen auch der amerikanische Schwimmer Mark Spitz. Mit 7 Goldmedaillen behan-gen ist er in seine Heimat zurückge-

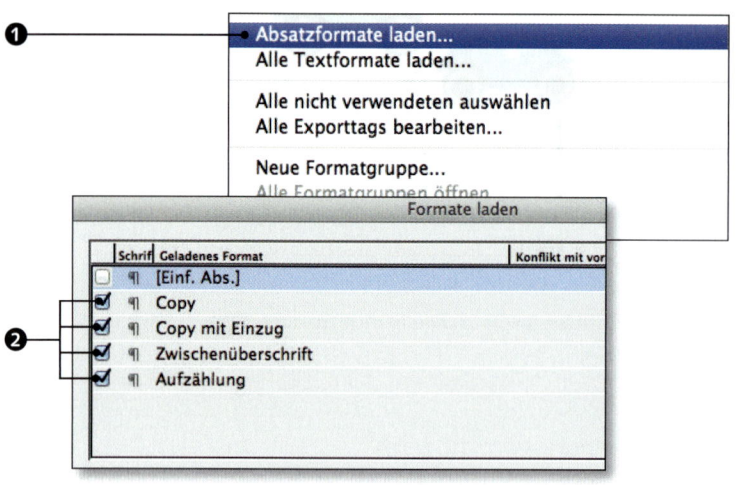

1 Laden Sie Absatzformate

Öffnen Sie die Übungsdatei »Zeitungsartikel_2.indd«.

Wählen Sie im Bedienfeldmenü des Absatzformate-Bedienfelds ABSATZFORMATE LADEN ❶ und dann die Datei »Absatzformate_laden.indd«.

Im darauf folgenden Dialog aktivieren Sie nur die Absatzformate ❷ »Copy«, »Copy mit Einzug«, »Zwischenüberschrift« und »Aufzählung« und bestätigen mit OK.

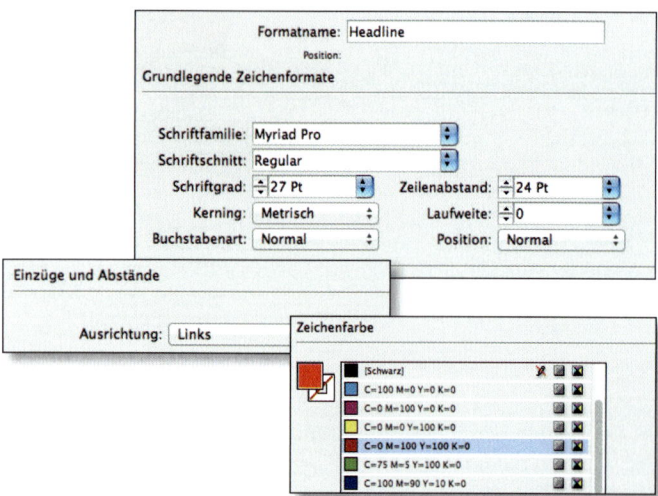

2 Die Formate zuweisen

Wählen Sie nun nacheinander die Absätze aus, und weisen Sie ihnen die entsprechenden Absatzformate zu. Dazu klicken Sie mit dem Textwerkzeug in den jeweiligen Absatz und wählen dann per Klick im Absatzformate-Bedienfeld das gewünschte Format aus.

3 Die Headline

Auch die Headline des Artikels braucht ein Absatzformat. Erstellen Sie deshalb ein neues Absatzformat, und geben Sie ihm dem Namen »Headline«.

Machen wir es jetzt ganz schnell. Wählen Sie nacheinander die Fenster für GRUNDLEGENDE ZEICHENFORMATE, EINZÜGE UND ABSTÄNDE und ZEICHENFARBE aus. Stellen Sie die Werte gemäß der nebenstehenden Abbildungen ein.

Tipp: Auch diese Absatzformate lassen sich in andere Dokumente laden und genauso anwenden.

4 Das Format für den Anleser

Erstellen Sie nun noch ein Absatzformat für den Anleser. Für dieses reicht es, wenn Sie unter GRUNDLEGENDE ZEICHENFORMATE die Werte der nebenstehenden Abbildung eingeben. Bestätigen Sie auch diesen Dialog mit einem Klick auf OK.

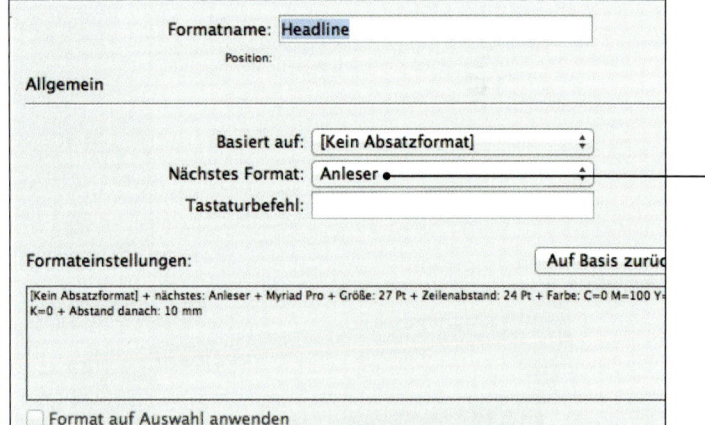

5 Das Eine und das Andere

Um beim Zuweisen eines Formats automatisch das passende Format für den nächsten Absatz anwenden zu können, müssen Sie natürlich dem Ausgangsformat sagen, dass danach noch ein Format folgen soll.

Wählen Sie dafür das Absatzformat »Headline« per Doppelklick im Absatzformate-Bedienfeld aus.

Stellen Sie hier im Fenster ALLGEMEIN unter NÄCHSTES FORMAT das Absatzformat »Anleser« ❸ ein.

6 Nächstes Format anwenden

Wählen Sie den Text ❹ neben den Bildern mit dem Textwerkzeug [T.] aus.

Klicken Sie nun im Absatzformate-Bedienfeld mit der rechten Maustaste auf das Absatzformat »Headline«. Wählen Sie hier »HEADLINE« UND DANN NÄCHSTES FORMAT ANWENDEN ❺.

Tipp: NÄCHSTES FORMAT ANWENDEN funktioniert nur über Absätze. Und es dürfen sich keine Leerzeilen mit der Return-Taste [↵] in dem Text befinden.

Spalten im Absatzformat

Setzen Sie diese Funktion in einem Absatzformat ein

Die Spaltenspanne haben Sie ja bereits in Kapitel 2 kennengelernt. Hier zeige ich Ihnen nun, wie Sie die Spalten und deren Innenabstand bearbeiten können. Ein Hexenwerk ist es nicht, es muss lediglich mal wieder ein Absatzformat eingerichtet werden.

Bearbeitungsschritte

- Spalten über ein
  Absatzformat einrichten

Nachher

Es gibt im Moment in diese Mannschaft, oh, einige Spieler vergessen ihnen
... d. Ich lese nicht sehr viele Zeitungen, aber ich habe gehört
... n. Erstens: wir haben nicht offensiv gespielt.

Vorher

eine deutsche Mannschaft
... ffensiv und die Name of-
... ie Bayern. Letzte Spiel hat-
... n Platz drei Spitzen: Elber,
... und dann Zickler. Wir müs-
... ht vergessen Zickler. Zickler
... e Spitzen mehr, Mehmet eh
... Basler. Ist klar diese Wörter,
... glich verstehen, was ich hab
... t? Danke.

... siv, offensiv ist wie machen
... Platz. Zweitens: ich habe er-
... mit diese zwei Spieler: nach
... mund brauchen vielleicht
... bzeit Pause. Ich habe auch an-
... e Mannschaften gesehen in
... opa nach diese Mittwoch. Ich
... be gesehen auch zwei Tage die

Training. Ein Trainer ist nicht ein
Idiot! Ein Trainer sei sehen was
passieren in Platz. In diese Spiel es
waren zwei, drei diese Spieler waren schwach wie eine Flasche leer!

Haben Sie gesehen Mittwoch,
welche Mannschaft hat gespielt
Mittwoch? Hat gespielt Mehmet
oder gespielt Basler oder hat gespielt Trapattoni? Diese Spieler
beklagen mehr als sie spielen!
Wissen Sie, warum die Italienmannschaften kaufen nicht diese
Spieler? Weil wir haben gesehen
viele Male solche Spiel! Haben gesagt sind nicht Spieler für die italienisch Meisters! Strunz! Strunz ist
zwei Jahre hier.

Foto: Andrea Forst

Es gibt im Moment in diese Mannschaft, oh, einige Spieler vergessen ihnen Profi was sie sind. Ich lese nicht sehr viele Zeitungen, aber ich habe gehört viele Situationen. Erstens: wir haben nicht offensiv gespielt.

Es gibt keine deutsche Mannschaft spielt offensiv und die Name offensiv wie Bayern. Letzte Spiel hatten wir in Platz drei Spitzen: Elber, Jancka und dann Zickler. Wir müssen nicht vergessen Zickler. Zickler ist eine Spitzen mehr, Mehmet eh mehr Basler. Ist klar diese Wörter, ist möglich verstehen, was ich hab gesagt? Danke.

Offensiv, offensiv ist wie machen wir in Platz. Zweitens: ich habe erklärt mit diese zwei Spieler: nach Dortmund brauchen vielleicht Halbzeit Pause. Ich habe auch andere Mannschaften gesehen in Europa nach diese Mittwoch. Ich habe gesehen auch zwei Tage die Training. Ein Trainer ist nicht ein Idiot! Ein Trainer sei sehen was passieren in Platz. In diese Spiel es waren zwei, drei diese Spieler waren schwach wie eine Flasche leer!

Haben Sie gesehen Mittwoch, welche Mannschaft hat gespielt Mittwoch? Hat gespielt Mehmet oder gespielt Basler oder hat gespielt Trapattoni? Diese Spieler beklagen mehr als sie spielen! Wissen Sie, warum die Italienmannschaften kaufen nicht diese Spieler? Weil wir haben gesehen viele Male solche Spiel! Haben gesagt sind nicht Spieler für die italienisch Meisters!

Ausgangsdatei

- Es fehlen die Spalten.
  [Ordner: 05_Spaltenspanne]

1 Die Arbeit beginnen

Öffnen Sie die Datei »Spalten.indd«, und wählen Sie mit dem Textwerkzeug T‚ die unteren drei Absätze aus. Erstellen Sie über den Button NEUES FORMAT ERSTELLEN im Absatzformate-Bedienfeld ein neues Absatzformat. Aktivieren Sie es mit einem Doppelklick. Geben Sie ihm einen sinnvollen Namen ❶.

Unter GRUNDLEGENDE ZEICHENFORMATE geben Sie bei SCHRIFTGRAD ❷ den Wert »10 Pt« ein.

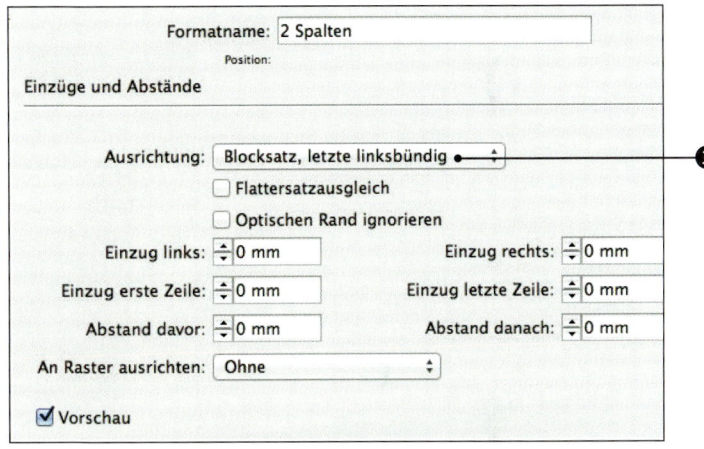

2 Die Spalten ausrichten

Wählen Sie nun links aus der Liste das Fenster EINZÜGE UND ABSTÄNDE, und stellen Sie unter AUSRICHTUNG den Text auf BLOCKSATZ, LETZTE LINKSBÜNDIG ❸.

Bevor wir nun den Absatz in Spalten teilen, aktivieren Sie unten links in dem Fenster die Vorschau, denn es wird auch für Sie interessant sein, zu beoachten, was sich da verändert.

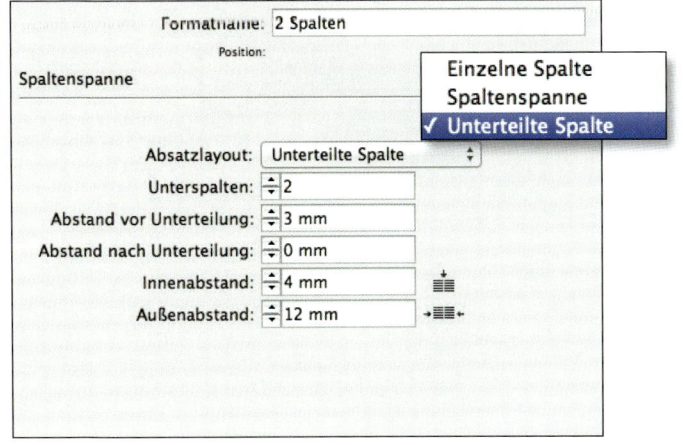

3 Die Spalten einrichten

Wählen Sie das Fenster SPALTENSPANNE aus. Unter ABSATZLAYOUT wählen Sie UNTERTEILTE SPALTE. Entscheiden Sie sich bei den UNTERSPALTEN für »2« Spalten.

Der ABSTAND VOR UNTERTEILUNG erzeugt einen Abstand zwischen den Absätzen, bevor Sie die Spalten einsetzen. Geben Sie hier den Wert »3 mm« ein. Für den Abstand zwischen den beiden Spalten legen Sie unter INNENABSTAND »4 mm« fest. Zusätzlich stellen Sie für einen Einzug von rechts und links unter AUSSENABSTAND den Wert »12 mm« ein.

Formate verschachteln

Fügen Sie Zeichenformate in ein Absatzformat ein

Beschleunigen Sie Ihren Workflow mit verschachtelten Formaten. Für immer wiederkehrende Auszeichnungen am Anfang eines Absatzes ist diese Funktion ein sehr hilfreiches Tool. Ich zeige Ihnen in diesem Workshop, wie Sie Zeichenformate mit einem Absatzformat verschachteln können.

Bearbeitungsschritte

- Absatzformate erstellen
- Zeichenformate einrichten
- Beide Formate verschachteln

Ausgangsdatei

- Wörter sollen ausgezeichnet werden.

[Ordner: 06_Verschachteln]

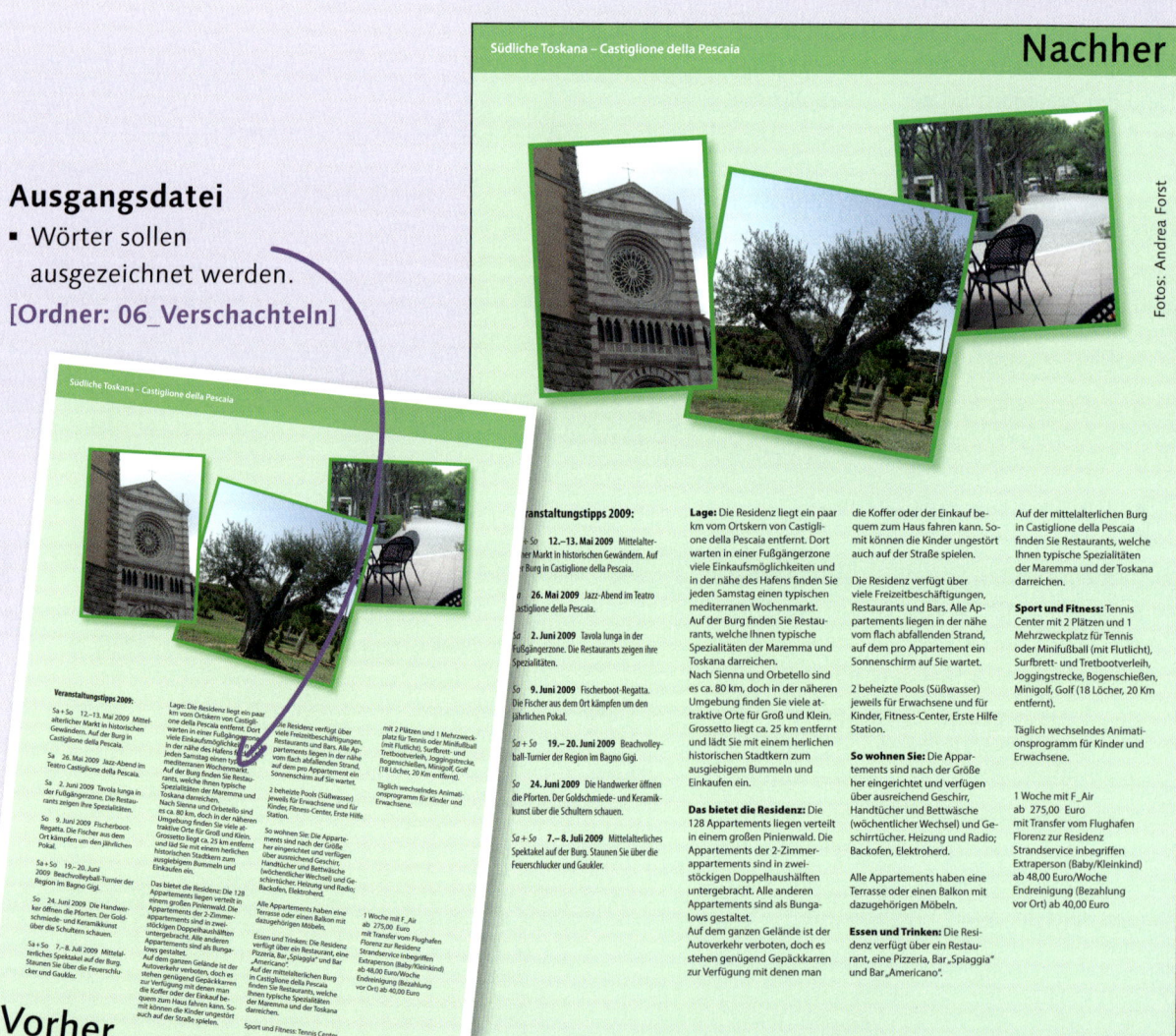

1 Die Vorbereitung

InDesign bietet die Möglichkeit, für einen oder mehrere Textbereiche innerhalb eines Absatzes automatisch Zeichenformate zuzuweisen. Diese Funktion bedarf allerdings einer sorgfältigen Planung.

Erstellen Sie eine Art Mastervorlage, und machen Sie sich Gedanken, was Sie auszeichnen möchten. Ich drucke mir meistens die Mastervorlage aus und markiere die gewünschten Bereiche. Danach überlege ich mir, wie ich diese Bereiche auszeichnen möchte.

2 Die benötigten Zeichenformate

Öffnen Sie die Übungsdatei »Inhalt_Reisekatalog.indd«.

Wenn Sie einem Absatzformat eine Verschachtelung zuweisen möchten, müssen Sie zuvor Zeichenformate erstellen.

Da dies eine notwendige, aber doch langweilige Arbeit ist, habe ich bereits pro Auszeichnung je ein Zeichenformat erstellt.

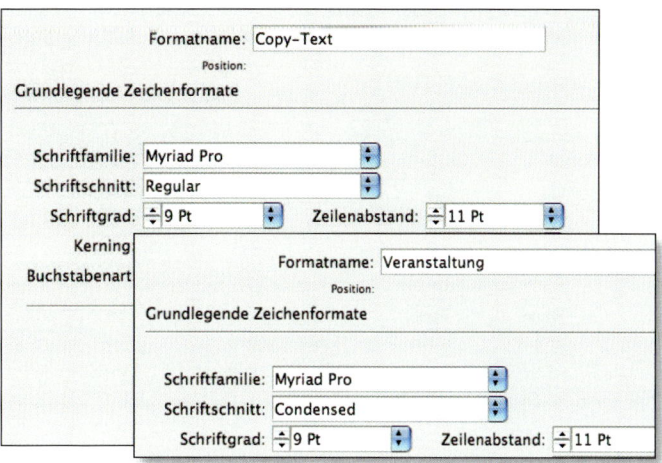

3 Die notwendigen Absatzformate

Für diesen Workshop brauchen wir noch zwei Absatzformate, die Sie jetzt selbst erstellen. Legen Sie die Absatzformate »Copy-Text« und »Veranstaltung« wie in den nebenstehenden Abbildungen gezeigt an. Als Zeichenfarbe wählen Sie in beiden Fällen »Schwarz«.

Benennen Sie die Formate mit den angegebenen Namen »Copy-Text« und »Veranstaltung«, und bestätigen Sie jeden Dialog mit OK.

Tipp: Achten Sie darauf, dass die beiden erstellten Absatzformate nicht auf einem anderen Format basieren, sonst kann es zu unerwünschten Formatierungen kommen.

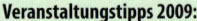

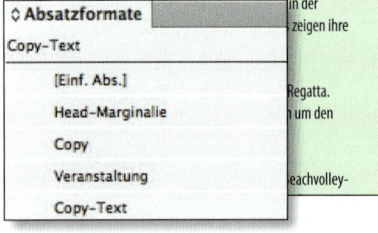

Veranstaltungstipps 2009:

Sa + So   12.–13. Mai 2009 Mittelalterlicher Markt in historischen Gewändern. Auf der Burg in Castiglione della Pescaia.

Sa   26. Mai 2009 Jazz-Abend im Teatro Castiglione della Pescaia.

in der zeigen ihre

[Einf. Abs.]   Regatta.
Head–Marginalie   n um den
Copy
Veranstaltung
Copy-Text   eachvolley-

Lage: Die Residenz liegt ein paar km vom Ortskern von Castiglione della Pescaia entfernt. Dort warten in einer Fußgängerzone viele Einkaufsmöglichkeiten und in der nähe des Hafens finden Sie jeden Samstag einen typischen mediterranen Wochenmarkt. Auf der Burg finden Sie Restaurants, welche Ihnen typische Spezialitäten der Maremma und Toskana darreichen.
Nach Sienna und Orbetello sind es ca. 80 km, doch in der näheren Umgebung finden Sie viele attraktive Orte für Groß und Klein. Grossetto liegt ca. 25 km entfernt und lädt Sie mit einem herlichen historischen Stadtkern zum ausgiebigem Bummeln und

4 Die Absatzformate zuweisen

Wählen Sie nun mit dem Textwerkzeug 🔲 den Text mit den Veranstaltungstipps aus, und wenden Sie das Absatzformat »Veranstaltung« an, indem Sie im Absatzformate-Bedienfeld darauf klicken. Beachten Sie, dass Sie die Headline nicht auswählen, denn sie soll nicht weiter formatiert werden.

Als Nächstes wählen Sie den Copy-Text aus, indem Sie einfach den Textrahmen mit dem Auswahlwerkzeug 🔲 anklicken. Wenden Sie das Absatzformat »Copy-Text« an. Jetzt sind beide Textrahmen formatiert.

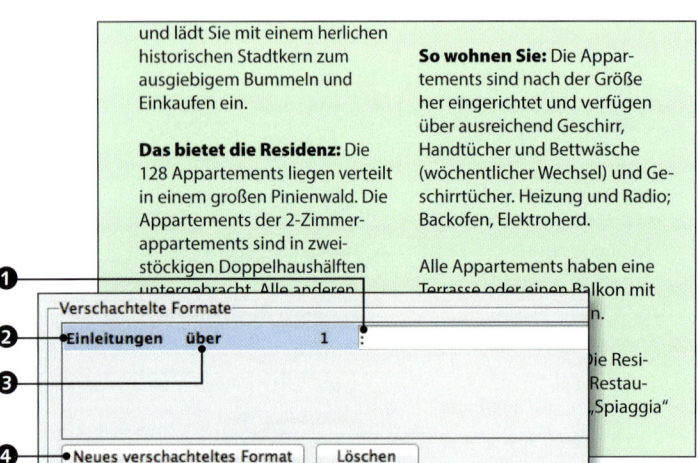

und lädt Sie mit einem herlichen historischen Stadtkern zum ausgiebigem Bummeln und Einkaufen ein.

Das bietet die Residenz: Die 128 Appartements liegen verteilt in einem großen Pinienwald. Die Appartements der 2-Zimmer-appartements sind in zwei-stöckigen Doppelhaushälften untergebracht. Alle anderen

So wohnen Sie: Die Appartements sind nach der Größe her eingerichtet und verfügen über ausreichend Geschirr, Handtücher und Bettwäsche (wöchentlicher Wechsel) und Geschirrtücher. Heizung und Radio; Backofen, Elektroherd.

Alle Appartements haben eine Terrasse oder einen Balkon mit

Die Resi-
Restau-
„Spiaggia“

① Verschachtelte Formate
② •Einleitungen   über   1   :
③
④ • Neues verschachteltes Format   Löschen

5 Den Copy-Text bearbeiten

Wählen Sie nun das Absatzformat »Copy-Text« per Doppelklick im Absatzformate-Bedienfeld aus, und gehen Sie auf INITIALEN UND VERSCHACHTELTE FORMATE. Klicken Sie dort auf NEUES VERSCHACHTELTES FORMAT ④, und wählen Sie im Zeichenformatbereich ② »Einleitungen« aus. Wählen Sie »über« ❸ aus, so wird das Zeichen, das die Zeichenformatierung beenden soll, mit einbezogen, und das Zeichenformat endet danach. Geben Sie neben »1« einen Doppelpunkt »:« ❶ als Zeichen ein. Bestätigen Sie mit OK.

Formatname: Veranstaltung
Position:
Initialen und verschachtelte Formate

┌Initialen──────────────────────────────
Zeilen   Zeichen   Zeichenformat
⬍0   ⬍0   [Ohne]   ÷
○ Linke Kante ausrichten   ○ Skalierung für Unterlängen

┌Verschachtelte Formate────────────────
[Ohne]   über   1   Wörter
[Ohne]   ÷ über   1   Wörter

6 Zwei Verschachtelungen vorbereiten

Öffnen Sie nun den Dialog für das Absatzformat »Veranstaltung«, und gehen Sie wieder in das Fenster INITIALEN UND VERSCHACHTELTE FORMATE.

Klicken Sie anschließend zweimal auf NEUES VERSCHACHTELTES FORMAT, damit zwei Einträge zur Verfügung stehen.

7 Die Veranstaltungen formatieren

Wählen Sie im ersten Eintrag das Zeichenformat »Veranstaltung-Tag«, und beenden Sie diese Formatierung vor dem Geviert-Leerzeichen, indem Sie »bis« auswählen. Wählen Sie aus dem Pop-up-Menü das Geviert-Leerzeichen ❺ aus.

Für die nächste Formatierung wählen Sie das Zeichenformat »Veranstaltung-Datum« aus und beenden diese Formatierung vor dem Halbgeviert-Leerzeichen ❻. Bestätigen Sie diese Absatzformatierung mit OK.

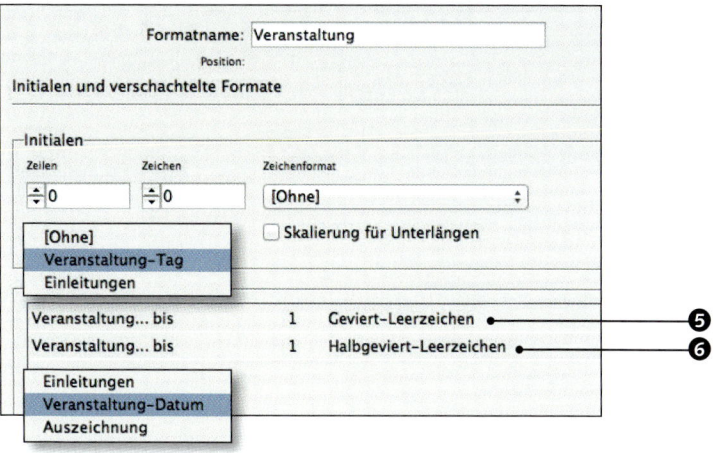

8 Formatierungen anwenden

Dadurch, dass Sie die Absatzformate bereits in Schritt 4 auf die Absätze angewendet haben, sollten sich die Verschachtelungen automatisch einstellen.

Sollte dem nicht so sein, müssen Sie wie in Schritt 4 beschrieben die Absatzformate anwenden.

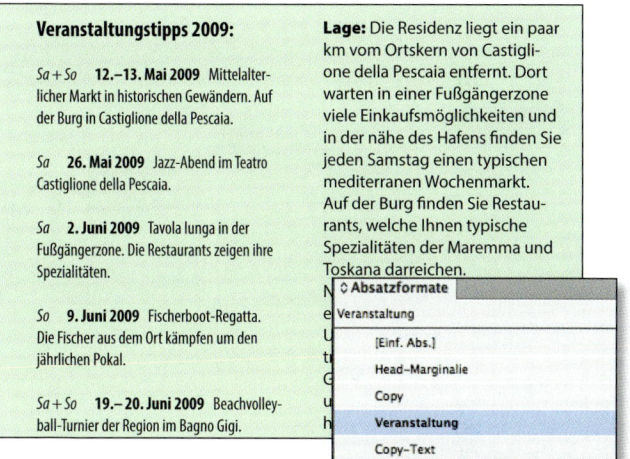

9 Ein Hinweis

Auch wenn Sie die Option INITIALEN UND VERSCHACHTELTE FORMATE im Bedienfeldmenü des Absatz-Bedienfelds finden, rate ich Ihnen von diesem Weg ab. Der Arbeitsaufwand ist ohnehin fast der Gleiche, denn bei späteren Änderungen können unerwünschte Zeichenformatierungen auftreten. Verwenden Sie daher das verschachtelte Format nur innerhalb eines Absatzformats.

Abstände...	⌥⇧⌘J
Umbruchoptionen...	⌥⌘K
Spalten...	
Silbentrennung...	
Initialen und verschachtelte Formate...	⌥⌘R
GREP-Stile...	
Absatzlinien...	⌥⌘J

Tipp: Der Einsatz solcher verschachtelter Formate setzt natürlich voraus, dass Ihr Text auch entsprechend diszipliniert und einheitlich angelegt wurde.

Mit Objektformaten arbeiten

Gestalten Sie eine Textbox, und wenden Sie sie immer wieder an

In diesem Workshop erstellen Sie ein Objektformat, das Sie immer wieder anwenden können. Das Objektformat ist ein Tool für lange Dokumente, das Sie nach diesem Workshop nicht mehr missen möchten. Denn haben Sie die nötigen Vorbereitungen getroffen, können Sie dem Layoutprogramm bei der Arbeit zusehen.

Bearbeitungsschritte

- Absatzformate laden
- Objektformat einrichten
- Objektformat anwenden

Ausgangsdatei

- Text soll als Infobox optisch hervorgehoben werden.

[Ordner: 07_Objektformate]

1 Die Absatzformate laden

Öffnen Sie die Datei »Objektformat.indd«. Gehen Sie in das Bedienfeldmenü des Absatzformate-Bedienfelds, und wählen Sie dort die Option ABSATZFORMATE LADEN ❶. Markieren Sie danach die Datei »Objektformate_Formate.indd«. Die Formate der Datei werden also geladen. Deaktivieren Sie EINFACHER ABSATZ ❷, damit die Einstellungen im aktuellen Dokument nicht überschrieben werden, und bestätigen Sie mit OK.

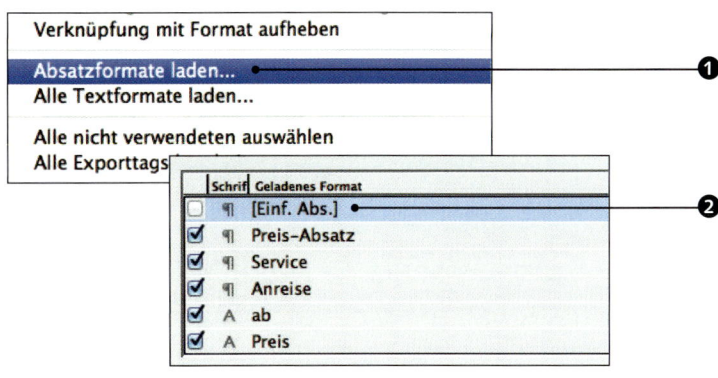

2 Das Objektformat

In einem Objektformat können Sie alle grafischen Eigenschaften eines Objekts speichern und dann schnell wiederverwenden. Wählen Sie den kleinen Textrahmen mit den Preisen unten rechts in der Übungsdatei mit dem Auswahlwerkzeug ⬚ aus. Über FENSTER • FORMATE • OBJEKTFORMATE öffnen Sie das Objektformate-Bedienfeld und wählen den Button NEUES FORMAT ERSTELLEN. Aktivieren Sie das Format per Doppelklick. Es öffnet sich ein Dialog, in dem Sie viele bekannte Funktionen wiederfinden werden.

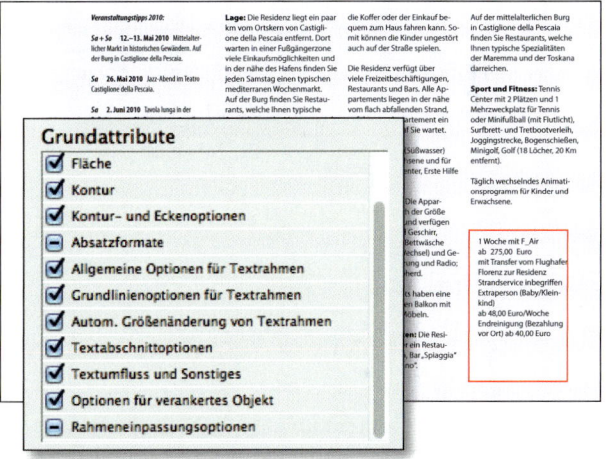

3 Die Handhabung des Dialogs

Aktivieren Sie links unter GRUNDATTRIBUTE die Optionen, die Sie für das Objektformat einsetzen möchten. Durch einen einfachen Klick auf ein Grundattribut, hier z.B. FLÄCHE ❸, erscheinen auf der rechten Seite die entsprechenden Einstellmöglichkeiten.

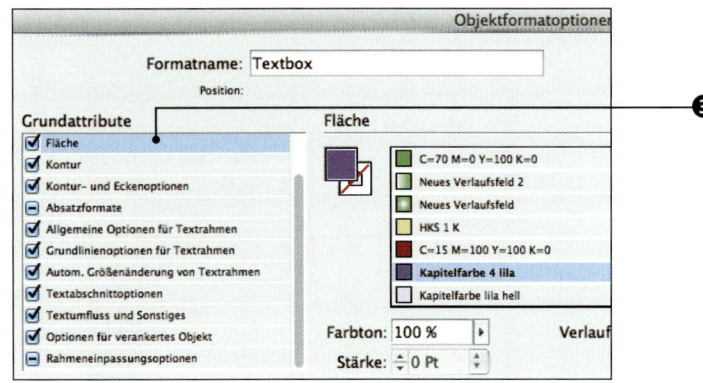

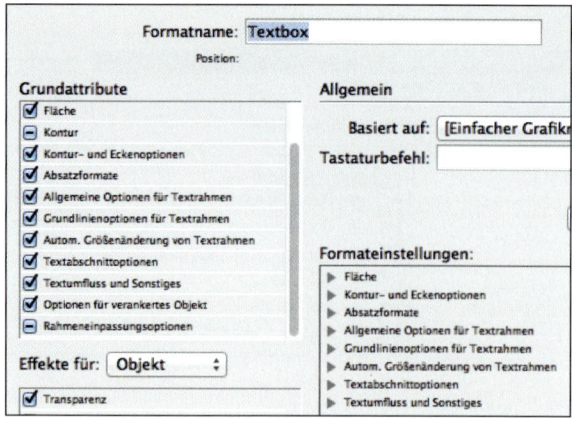

4 Ein Objektformat einrichten

Geben Sie jedem Objektformat einen aussagekräftigen Namen, hier z. B. »Textbox«. So können Sie die Objektformate später einfacher finden, wenn Sie sie beispielsweise laden oder über SCHNELL ANWENDEN zuweisen möchten.

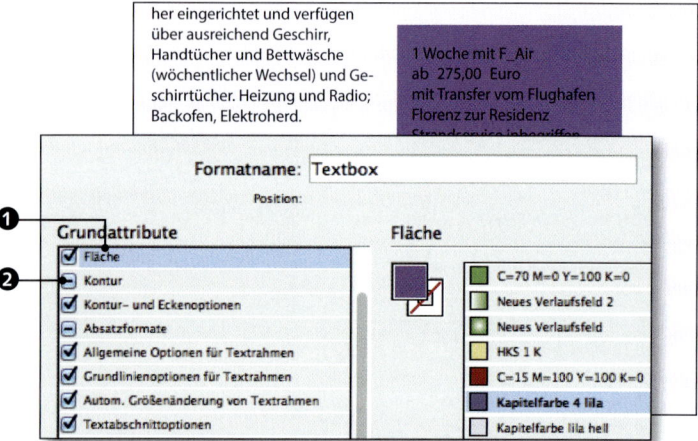

5 Die Farben für Fläche und Kontur

Aktivieren Sie nun die Einstellungsmöglichkeiten für die Fläche, indem Sie auf das Wort FLÄCHE ❶ klicken.

Geben Sie dem Textrahmen die Flächenfarbe »Kapitelfarbe 4 Lila«, und stellen Sie FARBTON auf den Wert »80 %«.

Da hier keine KONTUR ❷ eingesetzt wird, deaktivieren Sie diese Option, indem Sie vor dem Wort KONTUR den Haken entfernen.

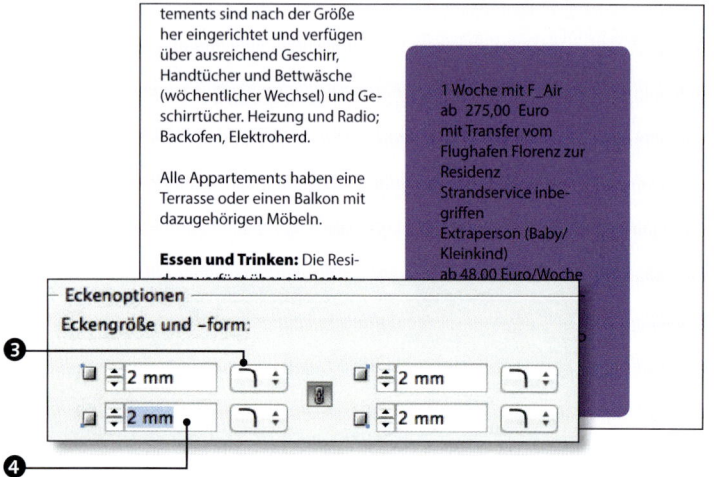

6 Die Eckenoptionen

Im nächsten Fenster, KONTUR- UND ECKENOPTIONEN, stellen Sie unter ECKENOPTIONEN die ECKENFORM ❸ auf ABGERUNDET und geben für die ECKENGRÖSSE ❹ je einen Wert von »2 mm« ein.

Tipp: Unter Textbox versteht man in der Fachsprache einen einzelnen Textrahmen.

7 Die Absatzformate einbinden

In Schritt 1 haben Sie die von mir erstellten Absatz- und Zeichenformate bereits geladen. Diese wollen wir nun in das Objektformat einbinden.

Standardmäßig ist diese Option deaktiviert; sie muss daher erst aktiviert werden. Setzen Sie einen Haken vor die Option ABSATZFORMATE **5**, und aktivieren Sie den Dialog, indem Sie auf das Wort ABSATZFORMATE klicken. Wählen Sie unter ABSATZFORMAT den Eintrag ANREISE **6**, und aktivieren Sie die Option NÄCHSTES FORMAT ANWENDEN **7**.

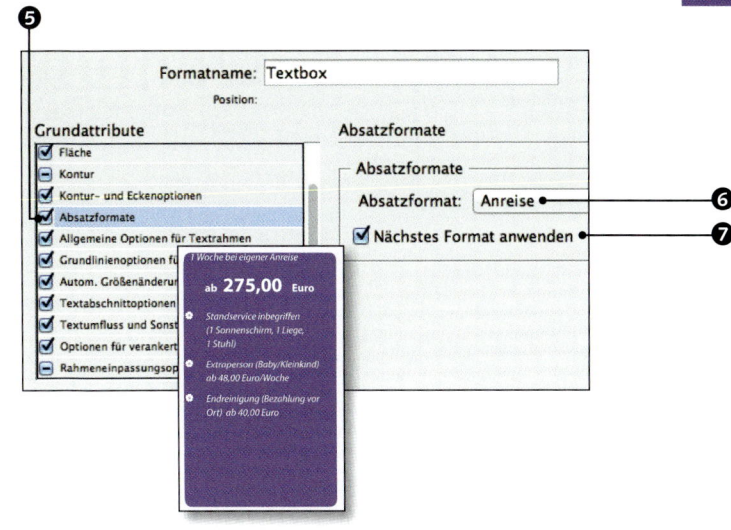

8 Den Text in den Rahmen schieben

Über das Fenster ALLGEMEINE OPTIONEN FÜR TEXTRAHMEN können Sie für Ihr Objektformat einen Abstand zum Rahmen einstellen, um den Text in den Textrahmen hineinzuschieben.

Wählen Sie dieses Fenster aus, und geben Sie unter ABSTAND ZUM RAHMEN in den Richtungen OBEN den Wert »7 mm«, LINKS »5 mm« und für UNTEN und RECHTS den Wert »3 mm« ein. Anschließend bestätigen Sie den Dialog mit OK.

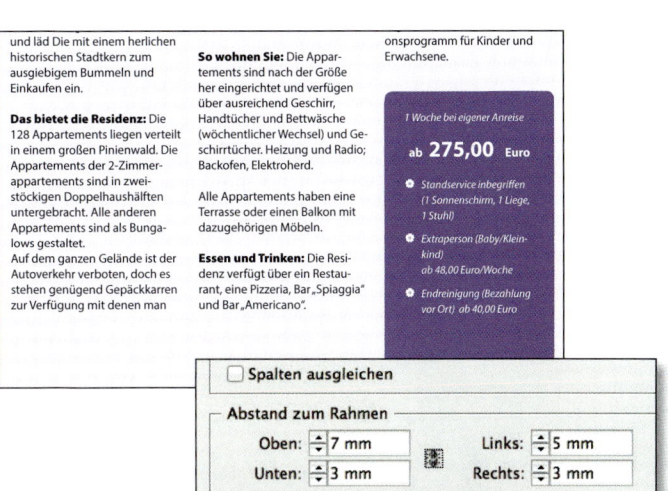

9 Einen Effekt anwenden

Die Textbox wollen wir noch etwas schöner machen. Objektformaten können natürlich auch Effekte zugewiesen werden. Doppelklicken Sie auf das eben erstellte Objektformat, und wählen Sie unter EFFEKTE FÜR OBJEKT die Option ABGEFLACHTE KANTE UND RELIEF **9** aus.

Stellen Sie in dem Fenster bei GRÖSSE **8** den Wert »2 mm« ein.

Dieses Objektformat können Sie nun wie ein Absatzformat laden und in jedes Ihrer Dokumente einsetzen.

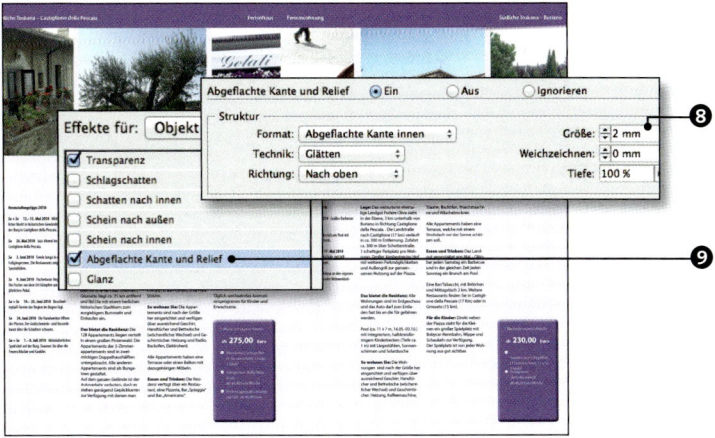

Eine Aufzählung anlegen

Mit drei Klicks haben Sie Bulletpoints erstellt

Eine Aufzählung wird in vielen Layoutarbeiten eingesetzt, doch es ist gar nicht so einfach, diese Funktion in InDesign überhaupt zu entdecken. In diesem Workshop zeige ich Ihnen, wie Sie schnell und effektiv Bulletpoints, also Aufzählungszeichen, erstellen und in einer anderen Farbe und Größe einsetzen.

Vorher

Ausgangsdatei

- Eine Aufzählung soll enstehen.

[Ordner: 08_Aufzaehlung]

Nachher

Bearbeitungsschritte

- Aufzählungszeichen einrichten
- Aufzählungszeichen einsetzen

1 Bedienfeldoptionen oder Absatzformat

Sie können über das Bedienfeldmenü des Absatz-Bedienfelds oder innerhalb eines Absatzformats die Einstellungen für AUFZÄHLUNGSZEICHEN UND NUMMERIERUNG erreichen.

Öffnen Sie die Übungsdatei »Aufzaehlung.indd«.

2 Das sollten Sie bedenken

Möchten Sie Änderungen an den Aufzählungszeichen auf Seite 1 vornehmen, stehen Sie schnell vor einem Problem. Die Aufzählungszeichen sind Absatzattribute und können nicht mit dem Textwerkzeug 🅣 ausgewählt werden. Zum besseren Verständnis habe ich Ihnen den Text in der nebenstehenden Abbildung farbig markiert: Sie sehen, dass die Aufzählungszeichen nicht ausgezeichnet werden.

Wie Sie die Aufzählungszeichen aber dennoch bearbeiten können, zeige ich jetzt.

3 Die einfache Aufzählung

Wählen Sie die Beispieldatei »Aufzaehlung.indd« aus.

Mit dem Textwerkzeug 🅣 wählen Sie die drei Zeilen aus. Öffnen Sie die ABSATZFORMATOPTIONEN für das Absatzformat »Aufzählung« mit einem Doppelklick auf das Absatzformat.

Gehen Sie im Dialog in das Fenster AUFZÄHLUNGSZEICHEN UND NUMMERIERUNG, und wählen Sie als LISTENTYP • AUFZÄHLUNGSZEICHEN ❶. Unter AUFZÄHLUNGSZEICHEN wählen Sie anschließend den mittelstehenden Punkt ❷ aus. Bestätigen Sie die Eingaben noch nicht!

4 Die Position von Aufzählungszeichen

Über EINZUG LINKS ❶ bestimmen Sie, welchen Einzug der Text erhalten soll. Geben Sie in das Eingabefeld den Wert »6 mm« ein. Durch einen negativen Wert bei EINZUG ERSTE ZEILE ❷ wird das Aufzählungszeichen nach links verschoben. Geben Sie hier einen Wert von »–6 mm« ein.

Durch diese Einstellungen haben Sie einen sogenannten hängenden Einzug erstellt. Sie können das Dialogfenster nun mit einem Klick auf OK schließen.

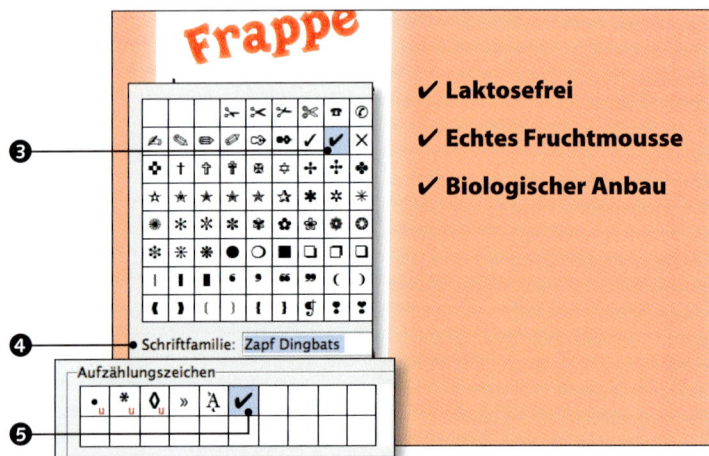

5 Aufzählungszeichen ändern

Wählen Sie den Text aus, und öffnen Sie nochmals den Dialog für die Aufzählungszeichen. Klicken Sie auf die Schaltfläche HINZUFÜGEN. Im neuen Dialog wählen Sie unter SCHRIFTFAMILIE ❹ z.B. die »Zapf Dingbats« oder »Wingdings« aus. Dort finden Sie ein kleines Häckchen ❸, das Sie als Aufzählungszeichen bestimmen könnten. Wählen Sie es aus, und klicken Sie auf HINZUFÜGEN und dann auf OK.

Wählen Sie nun das Häckchen ❺ aus, und bestätigen Sie mit OK.

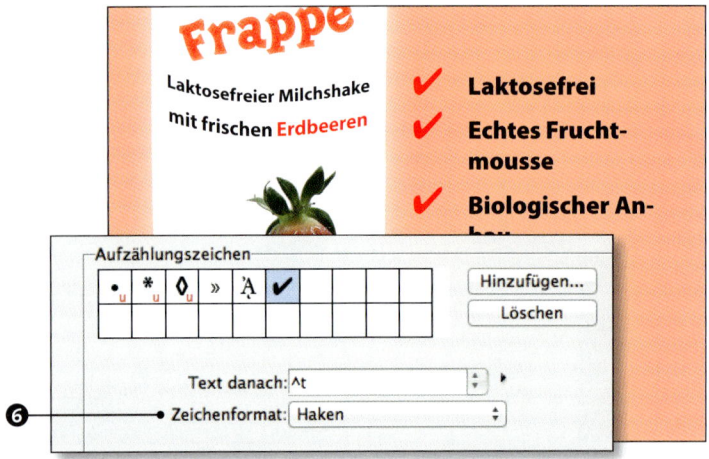

6 Farbe und Größe verändern

Um die Farbe und die Größe des Aufzählungszeichens zu verändern, müssen Sie zuvor ein Zeichenformat erstellt haben, mit dem Sie die Attribute bestimmen.

Ich habe bereits das Zeichenformat »Haken« in der Beispieldatei angelegt. Wählen Sie nochmals das Absatzformat aus, und stellen Sie im Bereich AUFZÄHLUNGSZEICHEN UND NUMMERIERUNG unter ZEICHENFORMAT ❻ »Haken« ein. Bestätigen Sie danach den Dialog.

Nummerierungen erstellen

1., 2., 3. – Gestalten Sie nummerierte Listen

Ich möchte Ihnen in diesem Workshop zeigen, wie Sie mit einem Mausklick eine einfache nummerierte Liste erstellen können. Nachdem Sie diese Liste getestet haben, zeige ich Ihnen auch noch die komplexere Form der Listen: Lernen Sie hier die Nummerierungsliste mit den sogenannten Ebenen kennen.

Bearbeitungsschritte

- Hierarchische Nummerierung erstellen
- Absatzlinie einfügen
- Zeichenformat anlegen

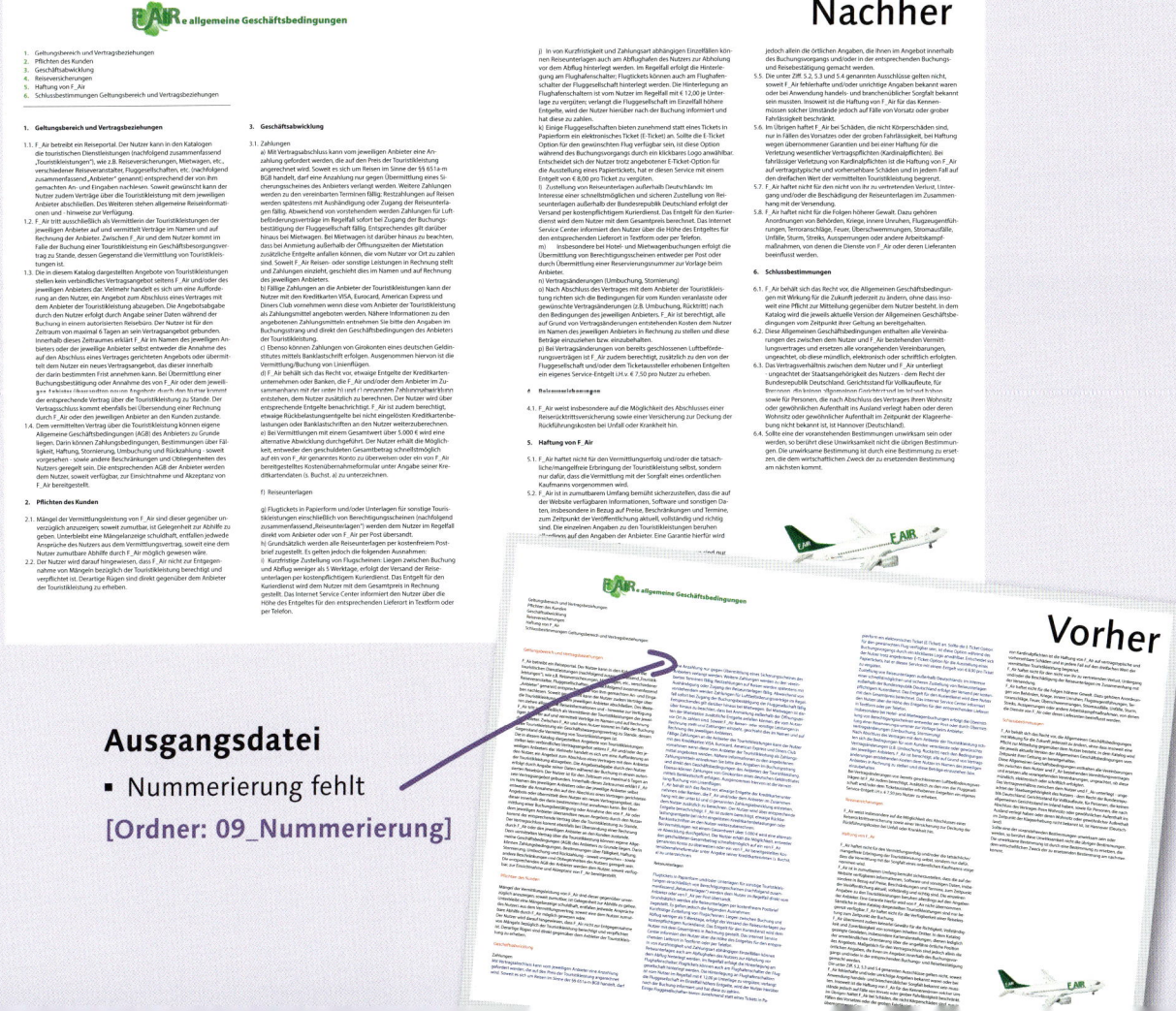

Nachher

Ausgangsdatei

- Nummerierung fehlt

[Ordner: 09_Nummerierung]

Vorher

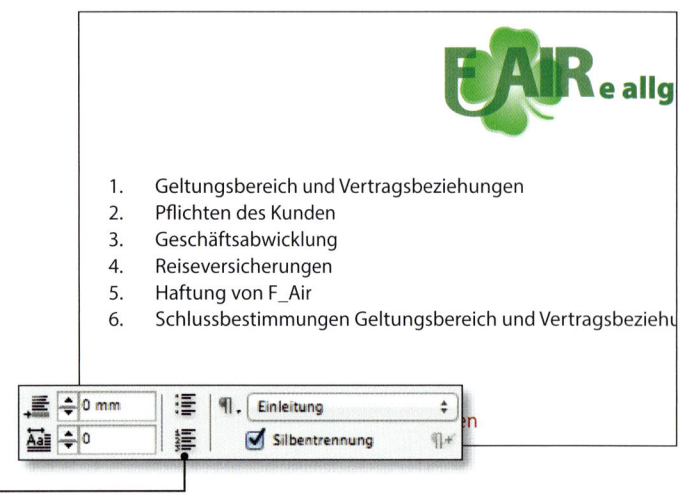

1 Schneller geht es nicht

Mit einem Mausklick können Sie auf ausgewählte Absätze eine nummerierte Liste anwenden. Jetzt werden Sie sehen, wie das geht.

Öffnen Sie die Datei »Nummerierung.indd«, und wählen Sie mit dem Textwerkzeug T, die oberen sechs Zeilen aus.

Klicken Sie dann im Steuerung-Bedienfeld für Absatz auf die Schaltfläche NUMMERIERTE LISTE ❶.

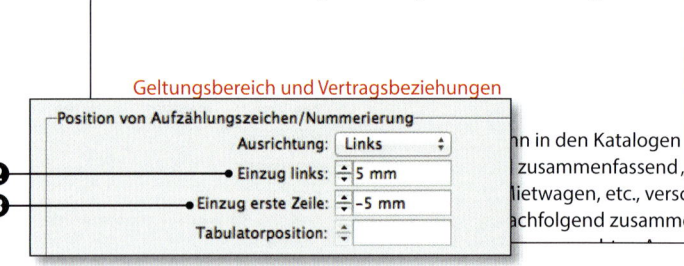

2 Ändern Sie den Einzug

Wie bei den Aufzählungszeichen auch möchten Sie vermutlich spätestens jetzt in die Gestaltung eingreifen.

Wählen Sie nochmals alle nummerierten Absätze aus. Öffnen Sie den Dialog AUFZÄHLUNGSZEICHEN UND NUMMERIERUNG über das Bedienfeldmenü des Absatz-Bedienfelds, und geben Sie für den EINZUG ERSTE ZEILE ❸ den Wert »–5 mm« ein. Danach geben Sie für den EINZUG LINKS ❷ »5 mm« ein.

Bestätigen Sie den nachfolgenden Dialog mit OK. Behalten Sie den Text in der Auswahl.

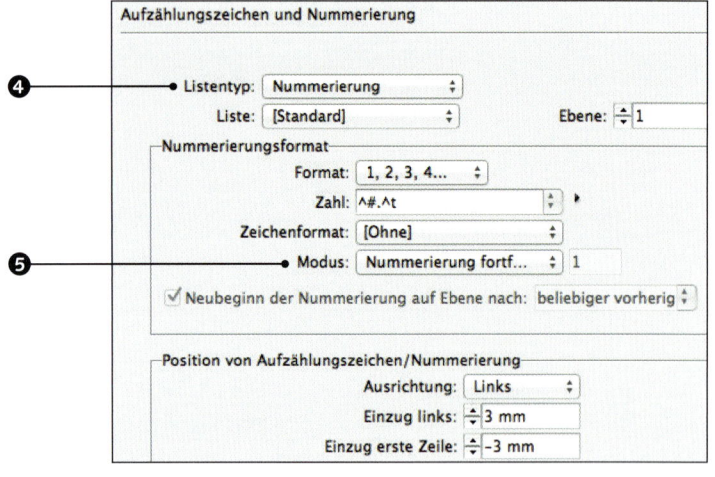

3 Das Absatzformat einrichten

Einige Absatzformate sind eingerichtet, doch müssen Sie diese weiter ausbauen.

Wählen Sie das Absatzformat »Einleitung« aus, und gehen Sie in das Fenster AUFZÄHLUNGSZEICHEN UND NUMMERIERUNG. Als LISTENTYP wählen Sie NUMMERIERUNG ❹, und unter NUMMERIERUNGSFORMAT stellen Sie den Eintrag MODUS auf NUMMERIERUNG FORTFÜHREN ❺.

Ändern Sie den Einzug, wie ich es in Schritt 2 beschrieben habe, und bestätigen Sie vorerst den Dialog mit OK.

4 Eine Absatzlinie einrichten

Um eine Absatzlinie einsetzen zu können, benötigen Sie nicht unbedingt Text. Es reicht eine einfache Absatzmarke ¶.

Über das Menü SCHRIFT können Sie sich VERBORGENE ZEICHEN EINBLENDEN lassen. Wählen Sie nun direkt unterhalb der Einleitung die Absatzmarke aus, und wählen Sie über das Bedienfeldmenü des Steuerung-Bedienfelds oder das Kürzel ⌘/Strg+Alt+J die ABSATZLINIEN aus. Stellen Sie LINIE DARUNTER ein, und aktivieren Sie ABSATZLINIE EIN ❻. Für die STÄRKE der Absatzlinie stellen Sie »0,5 pt« ein.

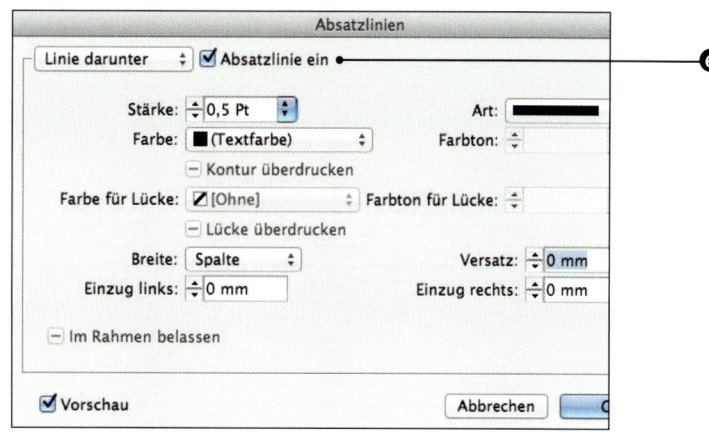

5 Farbe und Schriftart ändern

Um die Farbe oder die Schriftart ändern zu können, müssen Sie, wie könnte es anders sein, ein Zeichenformat anlegen. Öffnen Sie den Dialog NEUES ZEICHENFORMAT über das Bedienfeldmenü des Zeichenformate-Bedienfelds. Legen Sie unter SCHRIFTFAMILIE und SCHRIFTSCHNITT ❼ im Fenster GRUNDLEGENDE ZEICHENFORMATE »Myriad Pro« und »Bold« fest, und geben Sie im Fenster ZEICHENFARBE den Ziffern z. B. die Farbe »Grün«. Speichern Sie das Zeichenformat unter dem Namen »Ziffern« ab.

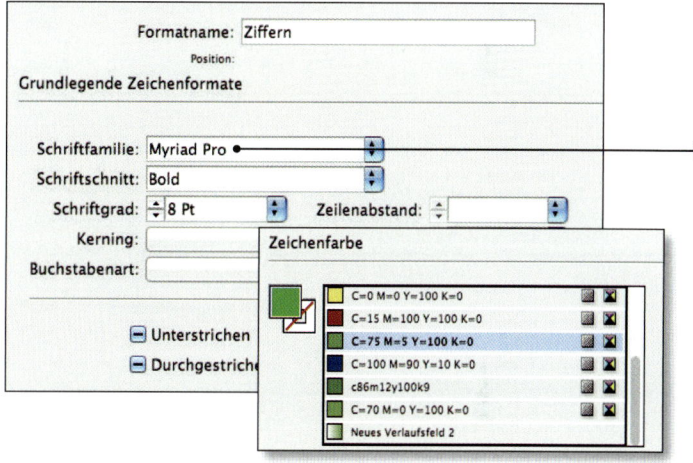

6 Zeichenformat anwenden

Nachdem Sie den Dialog des Zeichenformats bestätigt haben, müssen Sie erneut die nummerierten Absätze mit dem Textwerkzeug T. auswählen und danach im Absatzformate-Bedienfeld das Format »Einleitung« per Doppelklick zuweisen. Im Dialog wechseln Sie links zum Fenster AUFZÄHLUNGSZEICHEN UND NUMMERIERUNG.

Hier stellen Sie unter ZEICHENFORMAT ❽ das von Ihnen erstellte neue Zeichenformat ein und bestätigen den Dialog mit OK.

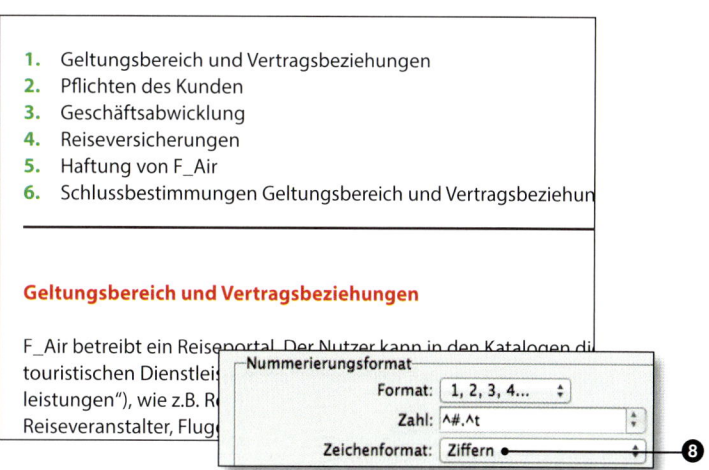

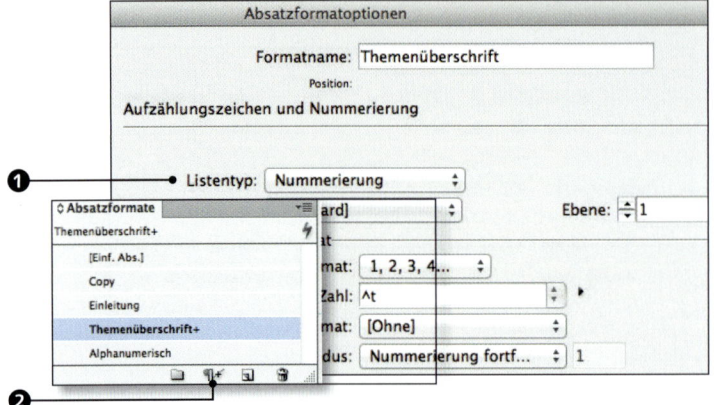

7 Nummerierung vorbereiten

In der Beispieldatei habe ich die Themenüberschriften rot markiert. Wählen Sie sie nacheinander per Klick mit dem Textwerkzeug aus, und weisen Sie ihnen das Absatzformat »Themenüberschrift« zu. Danach wählen Sie diese nochmals nacheinander aus und löschen die Abweichungen, indem Sie jeweils auf die Schaltfläche ❷ klicken.

Doppelklicken Sie anschließend auf das Absatzformat im Bedienfeld, und aktivieren Sie im Fenster AUFZÄHLUNGSZEICHEN UND NUMMERIERUNG als LISTENTYP ❶ die NUMMERIERUNG.

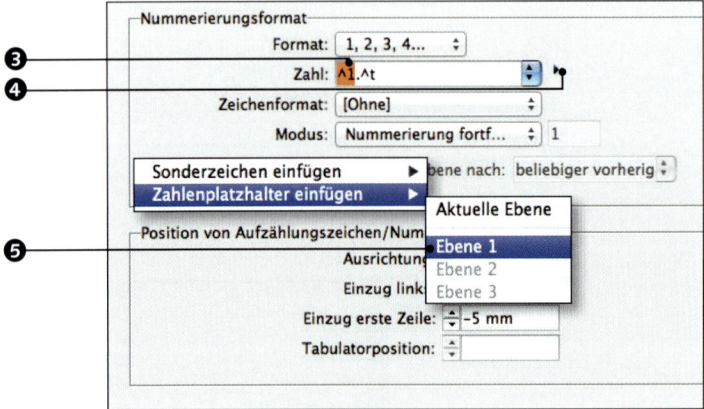

8 Nummerierungshierarchie bestimmen

Unter NUMMERIERUNGSFORMAT • ZAHL markieren Sie die ersten zwei Zeichen ❸ und klicken dann auf den Pfeil ❹. Wählen Sie hier ZAHLENPLATZHALTER EINFÜGEN und im Pop-up-Fenster EBENE 1 ❺. Diese Ebenen sind nicht mit den sonstigen Ebenen vergleichbar, sondern legen die Hierarchie der Nummerierung fest, z. B. »1.1.«. Im Bereich zur Position stellen Sie für EINZUG LINKS »5 mm« und für EINZUG ERSTE ZEILE »–5 mm« ein. Bestätigen Sie den Dialog mit OK.

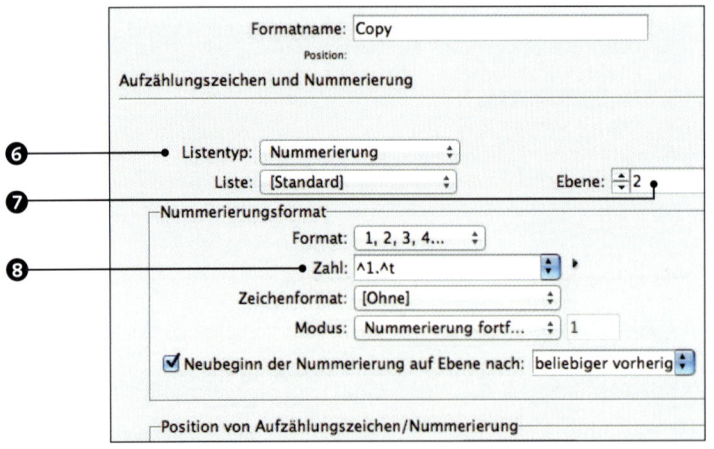

9 Nächste Ebene vorbereiten

Setzen Sie den Textcursor in den Fließtext, und doppelklicken Sie auf das Format »Copy« im Bedienfeld.

Gehen Sie im erscheinenden Dialog wieder in das Fenster AUFZÄHLUNGSZEICHEN UND NUMMERIERUNG. Stellen Sie unter LISTENTYP ❻ NUMMERIERUNG ein und wählen Sie die EBENE »2« ❼ aus, indem Sie auf den Pfeil nach oben klicken. Den EINZUG LINKS und den EINZUG ERSTE ZEILE stellen Sie auf dieselben Werte wie im vorangegangenen Schritt. Auch unter ZAHL ❽ ändern Sie die Einträge wie dort beschrieben.

10 Neue Ebene fertigstellen

Lassen Sie den Cursor (in der Abbildung rot markiert) ❾ bei NUMMERIERUNGS-FORMAT • ZAHL zwischen den Zeichen blinken. Wählen Sie dann rechts wieder den kleinen Pfeil und anschließend erneut ZAHLENPLATZHALTER EINFÜGEN. Hier wählen Sie aber die »Ebene 2«.

Zwischen den Zeichen erscheint nun »^2«. Geben Sie ohne Leerzeichen davor einen Punkt ».« ❿ ein, und bestätigen Sie den Dialog.

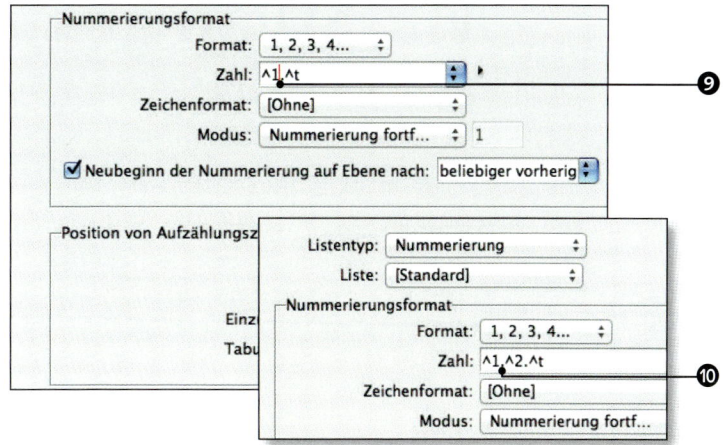

11 Alphanumerische Aufzählung

Diese Nummerierung habe ich vorbereitet (Sie finden den Text in der Beispieldatei in blau vor) und bereits formatiert.

Doppelklicken Sie auf das Absatzformat »Alphanumerisch«, und gehen Sie in das Fenster AUFZÄHLUNGSZEICHEN UND NUMMERIERUNG. Stellen Sie unter FORMAT »a, b, c, d …« ⓬ ein. Unter EBENE wählen Sie »3« ⓫. Bei ZAHL markieren Sie die Raute und den Punkt und geben stattdessen »3)« ⓭ ein. Geben Sie diesem Textabschnitt noch die Farbe »Schwarz«.

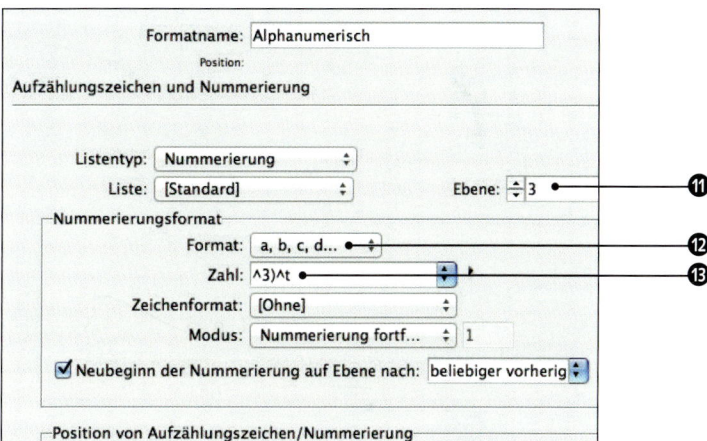

12 Einzug einstellen

Unter POSITION VON AUFZÄHLUNGSZEICHEN/NUMMERIERUNG geben Sie für EINZUG LINKS »5 mm«, für EINZUG ERSTE ZEILE »0 mm« und bei TABULATORPOSITION »8 mm« ein und bestätigen auch diesen Dialog mit einem Klick auf OK. So haben Sie eine Hierarchisierung innerhalb einer Nummerierung erstellt.

Damit Ihre Arbeit zum Schluss auch so aussieht wie mein Beispiel, wählen Sie den gesamten Text unterhalb der Absatzlinie aus und geben ihm die Farbe »Schwarz«.

Position von Aufzählungszeichen/Nummerierung
Ausrichtung: Links
Einzug links: 5 mm
Einzug erste Zeile: 0 mm
Tabulatorposition: 8 mm

3.1. Zahlungen
a) Mit Vertragsabschluss kann vom jeweiligen Anbieter eine An
zahlung gefordert werden, die auf den Preis der Touristikleistur
angerechnet wird. Soweit es sich um Reisen im Sinne der §§ 65
BGB handelt, darf eine Anzahlung nur gegen Übermittlung ein
cherungsscheines des Anbieters verlangt werden. Weitere Zahl
werden zu den vereinbarten Terminen fällig; Restzahlungen au
werden spätestens mit Aushändigung oder Zugang der Reiseu
gen fällig. Abweichend von vorstehendem werden Zahlungen

Mit Stilen gestalten
Einfache Formatierung von AGBs

In diesem Workshop möchte ich Ihnen GREP vorstellen und auch erklären, was sich genau dahinter verbirgt. Später werde ich Ihnen zeigen, wie Sie diese Funktion unterschiedlich einsetzen können. Zuvor zeige ich Ihnen jedoch das kleinere Übel: das verschachtelte Zeilenformat, mit dem Sie einzelne oder mehrere Zeilen innerhalb eines Absatzes hervorheben können.

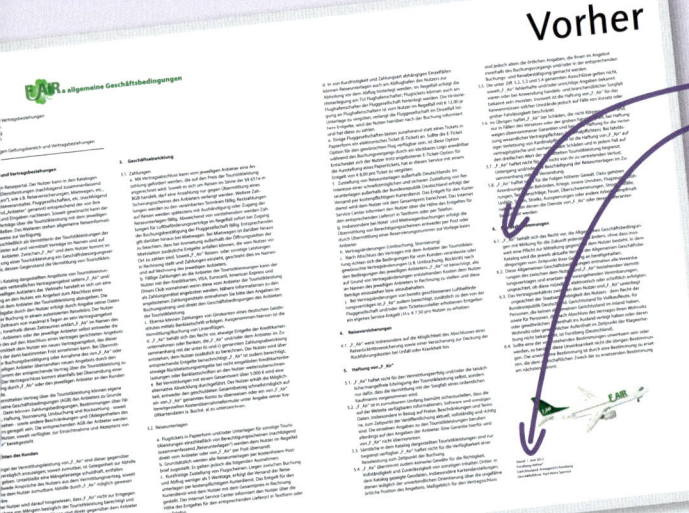

Vorher

Nachher

Ausgangsdatei

- Den Firmennamen austauschen
- Die Zeilen formatieren

[Ordner: 10_GREP]

Bearbeitungsschritte

- Zeilenformate einsetzen
- GREP anwenden

1 Das Zeilenformat vorbereiten

Mithilfe eines verschachtelten Zeilenformats kann man einzelne Zeilen innerhalb eines Absatzes auszeichnen, was ich am Beispiel der Geschäftsangaben ❷ zeigen möchte. Dazu müssen wir in der Datei »GREP.indd« neue Zeichenformate erstellen. Das Zeichenformat für die Datumszeile (FORMATNAME »Datum«) erstellen Sie unter GRUNDLEGENDE ZEICHENFORMATE wie nebenstehend. Als ZEICHENFARBE wählen Sie »Schwarz«. Aktivieren Sie die Unterstreichung mit einer durchgezogenen Linie (STÄRKE »0,5 pt«, VERSATZ = »2 pt«).

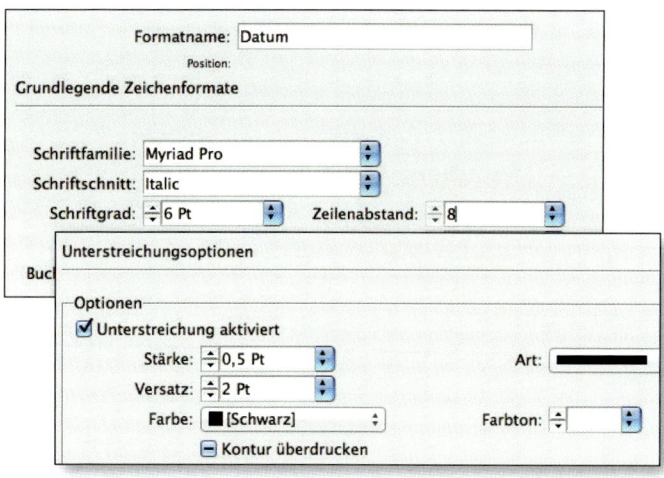

2 Das Zeichenformat für die zweite Zeile

Das zweite Zeichenformat ist für den Firmennamen gedacht; er soll stark hervorgehoben werden.

Nachdem Sie den Dialog für ein neues Zeichenformat geöffnet haben, stellen Sie unter GRUNDLEGENDE ZEICHENFORMATE und ZEICHENFARBE das Zeichenformat gemäß den nebenstehenden Abbildungen ein. Benennen Sie das Zeichenformat mit »Firmenname«. Bestätigen Sie auch diesen Dialog abschließend mit OK.

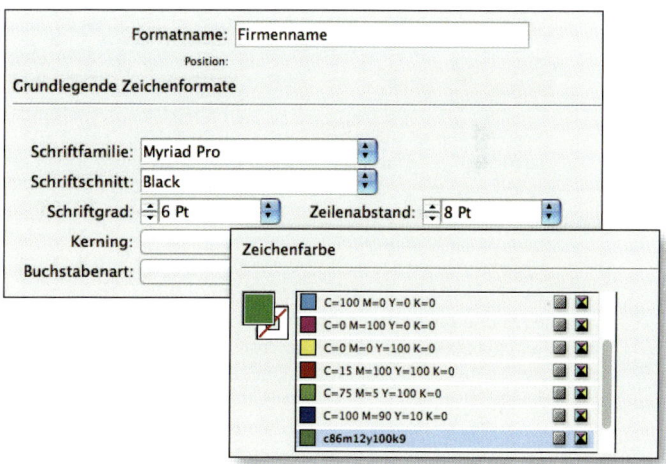

3 Die Zeilenformate anlegen

Ich habe Ihnen in der Beispieldatei bereits einige Absatzformate eingerichtet.

Doppelklicken Sie in dem Absatzformate-Bedienfeld auf »Geschäftsangaben« ❶, und gehen Sie im sich öffnenden Dialog auf INITIALEN UND VERSCHACHTELTE FORMATE.

Unter VERSCHACHTELTE ZEILENFORMATE klicken Sie nun zweimal auf NEUES ZEILENFORMAT ❸.

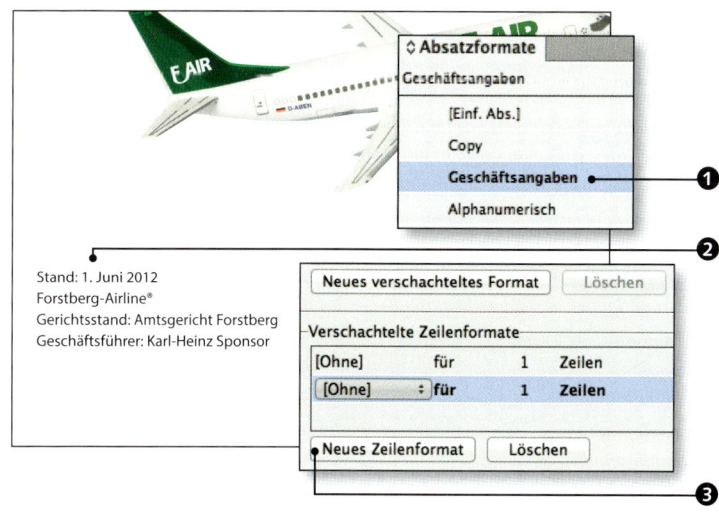

Tipp: Achten Sie darauf, wo Ihr Textcursor blinkt, oder welchen Textrahmen Sie gerade ausgewählt haben. Ist einer von beiden aktiv, werden alle Formateinstellungen angewendet.

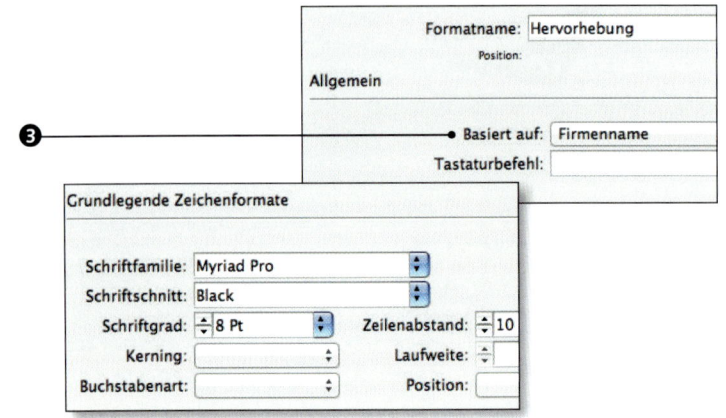

Stand: 1. Juni 2012
Forstberg-Airline®
Gerichtsstand: Amtsgericht Forstberg
Geschäftsführer: Karl-Heinz Sponsor

Verschachtelte Zeilenformate

❶ Datum   für   1   Zeilen
❷ Firmenname für   1   Zeilen

[Neues Zeilenformat] [Löschen]

1.1. „F_Air" betreibt ein Reiseportal. Der Nutzer kann in den Katalog
die touristischen Dienstleistungen (nachfolgend zusammenfass
„Touristikleistungen"), wie z.B. Reiseversicherungen, Mietwagen
verschiedener Reiseveranstalter, Fluggesellschaften, etc. (nachfo
zusammenfassend „Anbieter" genannt) entsprechend der von ih
gemachten An- und Eingaben nachlesen. Soweit gewünscht kar
Nutzer zudem Verträge über die Touristikleistung mit dem jewe
Anbieter abschließen. Des Weiteren stehen allgemeine Reiseinfo
onen und - hinweise zur Verfügung.
1.2. „F_Air" tritt ausschließlich als Vermittlerin der Touristikleistung
jeweiligen Anbieter auf und vermittelt Verträge im Namen und a
Rechnung der Anbieter. Zwischen „F_Air" und dem Nutzer komn
Falle der Buchung einer Touristikleistung ein Geschäftsbesorgu
trag zu Stande, dessen Gegenstand die Vermittlung von Touristi
tungen ist.
1.3. Die in diesem Katalog dargestellten Angebote von Touristikleist

Formatname: Hervorhebung
Position:

Allgemein

❸ ● **Basiert auf:** Firmenname
Tastaturbefehl:

Grundlegende Zeichenformate

Schriftfamilie: Myriad Pro
Schriftschnitt: Black
Schriftgrad: 8 Pt   **Zeilenabstand:** 10
Kerning: **Laufweite:**
Buchstabenart: **Position:**

4 Die Zeilen formatieren

Wählen Sie über das Pop-up-Fenster für die erste Zeile das Zeichenformat »Datum« ❶ aus, für die zweite Zeile das Zeichenformat »Firmenname« ❷. Beide Zeichenformate sollen nur über eine Zeile laufen, daher können Sie alle weiteren Einstellungen ignorieren. Ich möchte allerdings erwähnen, dass Sie ohne Weiteres auch zwei oder drei Zeilen mit einem Zeilenformat formatieren können. Bestätigen Sie den Dialog jetzt mit OK, und ein verschachteltes Zeilenformat ist erstellt.

5 Was ist eigentlich GREP?

Um Ihnen die Funktionsweise von GREP zu erklären, wollen wir in unseren AGBs jetzt alle Wörter suchen, die sich innerhalb von Anführungszeichen befinden, und diese dann auch ändern. Die Buchstaben GREP stehen für »Global Regular Expression Print«, was in etwa »Globale Ausgabe regulärer Ausdrücke« heißen könnte. Sind Sie jetzt schlauer geworden? Ich versuche es einmal mit anderen Worten: GREP ist eine Art Kurzsprache, die es z.B. ermöglicht, nach Textbestandteilen zu suchen und diese dann ändern zu lassen.

6 GREP-Zeichenformat erstellen

Wir benötigen zunächst wieder ein Zeichenformat, und zwar für die GREP-Änderungen. Erstellen Sie ein neues Zeichenformat, und stellen Sie unter Basiert auf ❸ das Zeichenformat »Firmenname« ein. So ersparen Sie sich ein paar unnötige Klicks.

Im Fenster Grundlegende Zeichenformate stellen Sie als Schriftgrad »8 Pt« und unter Zeilenabstand »10 Pt« ein. Nennen Sie das Format »Hervorhebung«, und bestätigen Sie alles mit OK.

7 GREP über Suchen/Ersetzen

Über das Menü BEARBEITEN • SUCHEN/ ERSETZEN oder ⌘/Strg+F öffnen Sie den Dialog. Hier wählen Sie den Reiter GREP ❹. Lassen Sie den Cursor im Eingabefeld SUCHEN NACH blinken, und geben Sie folgende Zeichen ein: (")()("). Man könnte jetzt meinen, dass schon mit diesen Angaben jedes Wort zwischen Anführungszeichen geändert würde, dem ist aber leider nicht so. Um das zu erreichen, müssen wir noch weitere Angaben machen.

8 Einen Platzhalter für Text einfügen

Lassen Sie den Cursor zwischen den zwei Klammern in der Mitte blinken, und klicken Sie auf die Schaltfläche SONDERZEICHEN FÜR SUCHE ❺. Wählen Sie dort als Erstes die Option PLATZHALTER • ALLE WORTZEICHEN aus. In der Suchen-Zeile sollten die Zeichen »\w« sichtbar werden. Der Buchstabe »W« ist das Metazeichen für Wort. Danach klicken Sie noch einmal auf die Schaltfläche und wählen unter WIEDERHOLUNG • EIN ODER MEHRERE MALE aus. Nun sollte im Eingabefeld Folgendes stehen: (")(\w+)(").

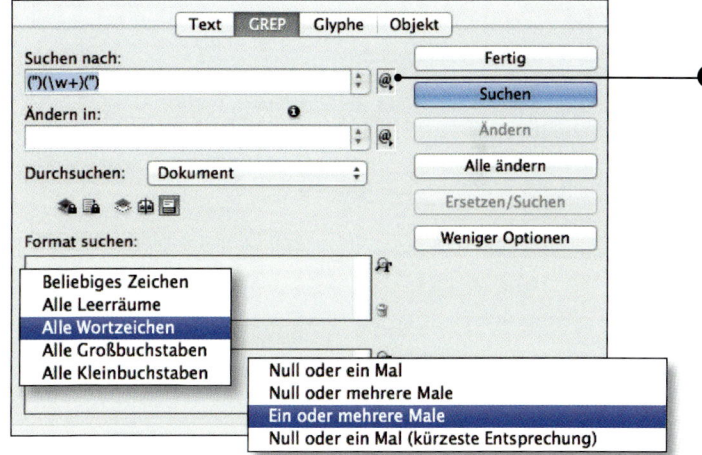

9 Das Format zuweisen

Nachdem Sie alle Einstellungen unter GREP vorgenommen haben, müssen Sie natürlich noch die Änderung definieren. Diese haben Sie bereits mit dem Zeichenformat angelegt.

Weisen Sie unter FORMAT ERSETZEN über die Schaltfläche ÄNDERUNGSATTRIBUTE ANGEBEN ❻ bei den Formatoptionen das Zeichenformat »Hervorhebung« zu. Gehen Sie zunächst auf SUCHEN und danach auf ALLE ÄNDERN. Den Dialog beenden Sie mit FERTIG.

1.1. **F-Air** betreibt ein Reiseportal. Der Nutzer kann in den Katalogen
die touristischen Dienstleistungen (nachfolgend zusammenfassend
„Touristikleistungen"), wie z.B. Reiseversicherungen, Mietwagen, etc.,
verschiedener Reiseveranstalter, Fluggesellschaften, etc. (nachfolgend
zusammenfassend „Anbieter" genannt) entsprechend der von ihm
gemachten An- und Eingaben nachlesen. Soweit gewünscht kann der
Nutzer zudem Verträge über die Touristikleistung mit dem jeweiligen
Anbieter abschließen. Des Weiteren stehen allgemeine Reiseinformati-
onen und - hinweise zur Verfügung.
1.2. **F-Air** tritt ausschließlich als Vermittlerin der Touristikleistungen der
jeweiligen Anbieter auf und vermittelt Verträge im Namen und auf

Text | GREP

Suchen nach:

(")(F_Air)(")

Ändern in:

F-Air

Durchsuchen: Dokument

...lichen **F-Air** und dem Nutzer kommt im
...stikleistung ein Geschäftsbesorgungsver-
...stand die Vermittlung von Touristikleis-

...estellten Angebote von Touristikleistun-
...es Vertragsangebot seitens **F-Air** und/
...s dar. Vielmehr handelt es sich um eine
...ein Angebot zum Abschluss eines
...der Touristikleistung abzugeben. Die

10 Nur ein bestimmtes Wort ändern

Nun wollen wir nur das Wort »F_Air« ändern, das sich aber auch in Anführungszeichen befindet. Machen Sie dafür den letzten Schritt rückgängig, und rufen Sie erneut den Suchen/Ersetzen-Dialog auf.

Geben Sie unter SUCHEN NACH zwischen den mittleren Klammern »F_Air« ein und unter ÄNDERN IN »F-Air«, hier aber ohne Klammern. Das Zeichenformat können Sie beibehalten. Gehen Sie danach auf ALLE ÄNDERN, und bestätigen Sie den Dialog mit FERTIG.

11 Wenn es nicht funktioniert

Es wurden nicht alle Wörter ersetzt? Egal, was Sie über SUCHEN/ERSETZEN ändern möchten, ein kleines Pop-up-Menü wird meistens übersehen.

Wenn es also mit dem Ersetzen nicht geklappt hat, dann machen Sie den Schritt rückgängig. Gehen Sie dann noch einmal in den Suchen/Ersetzen-Dialog, und wählen Sie unter DURCHSUCHEN ❶ den Eintrag DOKUMENT aus. Dann klappt jede Ersetzung.

1.1. **F-Air** betreibt ein Reiseportal. Der Nutzer kann in den Katalogen
die touristischen Dienstleistungen (nachfolgend zusammenfassend
„Touristikleistungen"), wie z.B. Reiseversicherungen, Mietwagen, etc.,
verschiedener Reiseveranstalter, Fluggesellschaften, etc. (nachfolgend
zusammenfassend „Anbieter" genannt) entsprechend der von ihm
gemachten An- und Eingaben nachlesen. Soweit gewünscht kann der
Nutzer zudem Verträge über die Touristikleistung mit dem jeweiligen
Anbieter abschließen. Des Weiteren stehen allgemeine Reiseinformati-
onen und - hinweise zur Verfügung.
1.2. **F-Air** tritt ausschließlich als Vermittlerin der Touristikleistungen der
jeweiligen Anbieter auf und vermittelt Verträge im Namen und auf
Rechnung der Anbieter. Zwischen **F-Air** und dem Nutzer kommt im
Falle der Buchung einer Touristikleistung ein Geschäftsbesorgungsver-
trag zu Stande, dessen Gegenstand die Vermittlung von Touristikleistungen ist.
1.3. Die in diesem Katalog dargestellten Angebote von Touristikleistungen stellen kein verbindliches Vertragsangebot seitens **F-Air** und/

12 Der kleine Unterschied

Wenn Sie GREP über SUCHEN/ERSETZEN angewendet haben und sich später das Zeichenformat ändert, müssen Sie den Suchen/Ersetzen-Befehl erneut anwenden. Komfortabler ist es, wenn Sie in einem Absatzformat einen GREP-Stil einrichten. Dann brauchen Sie nur das Zeichenformat umzustellen, und InDesign ändert alles wie von Zauberhand.

13 Einen GREP-Stil einrichten

Doppelklicken Sie auf das Absatz-format »Copy« im Absatzformate-Bedienfeld, und gehen Sie auf das Fenster GREP-STIL. Hier klicken Sie auf NEUER GREP-STIL ❹.

Unter FORMAT ANWENDEN geben Sie das Zeichenformat an. Wählen Sie das Zeichenfor-mat »Hervorhebung« ❷ aus. Klicken Sie ne-ben AUF TEXT ❸, und geben Sie in dem sich öffnenden Eingabefeld die Zeichen (")(F_Air) (") ein. Hier jedoch müssen Sie die Anfüh-rungszeichen akzeptieren.

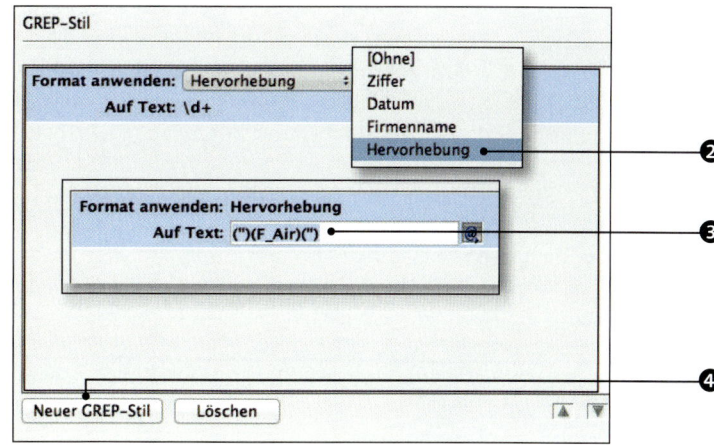

14 Hilfreiche Tipps

In vielen Fällen ist die Suche über die Reiter TEXT und GREP sehr ähnlich. Ein Un-terschied besteht jedoch in den Metazeichen. Diese sind Platzhalter, mit denen man nach einem Zeichen oder einer Funktion suchen lassen kann: Unter TEXT suchen Sie z. B. nach einem harten Zeilenumbruch mittels »^n«, unter GREP mit »\n«. Unter GREP verwenden Sie zur Definition der Metazeichen ⌐~⌐ oder ⌐\⌐, unter TEXT das Caret-Zeichen ⌐^⌐. Ein Vorteil der Suche über GREP: Es stehen Ihnen sehr viel mehr Metazeichen zur Verfügung.

^t oder T: = Tabulator

^# oder ~# = Alle Seitenzahlen

^9 oder \d = beliebige Ziffer

\w = alle Wortzeichen

15 Die runden Klammern

Nun möchte ich noch auf die run-den Klammern zu sprechen kommen. Mit diesen kann die Suche genauer durchgeführt werden. In unserem Beispiel haben wir nach den Anführungszeichen vor und nach dem Wort suchen lassen und auch nach dem Wort innerhalb der Zeichen. Somit wurde nur das Wort »F_Air« innerhalb der Anführungszei-chen geändert.

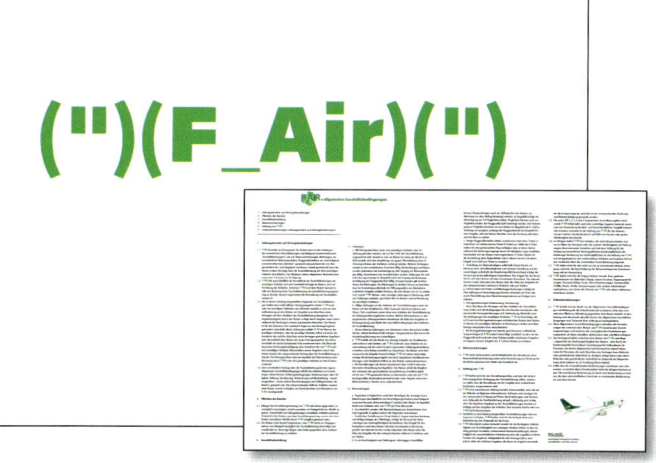

(")(F_Air)(")

Tipp: Möchten Sie, dass die in Schritt 13 erwähnten Anführungszeichen gelöscht werden, dann können Sie diese über SUCHEN/ERSETZEN suchen und manuell löschen.

Tabellen gestalten

Tabellen sind etwas Wunderbares. Erst recht, wenn man so ein über-zeugendes Tabellen-Werkzeug zur Hand hat, wie InDesign es bietet. In diesem Kapitel zeige ich Ihnen, wie schnell es mit InDesign geht, eine Tabelle zu erstellen und zu formatieren. Mithilfe meiner Tricks wird es Ihnen gelingen, Ihren Tabellen eine andere optische Wirkung zu geben. Ich verspreche Ihnen: Sobald Sie dieses Kapitel durch-gearbeitet haben, werden Sie es lieben, Tabellen zu erstellen.

Eine Tabelle erstellen

Lernen Sie die Grundlagen von Tabellen kennen

Die Tabellenfunktion von InDesign ist fast nicht zu schlagen. Es stehen Ihnen viele gute Tools zur Verfügung, die Sie aber natürlich erst einmal kennenlernen müssen. In diesem Workshop zeige ich, wie Sie eine Tabelle erstellen und formatieren. Das Ergebnis wird sehr ansprechend sein.

Ausgangsdatei

- Die Tabelle sieht langweilig aus.

[Ordner: 01_Tabelle_erstellen]

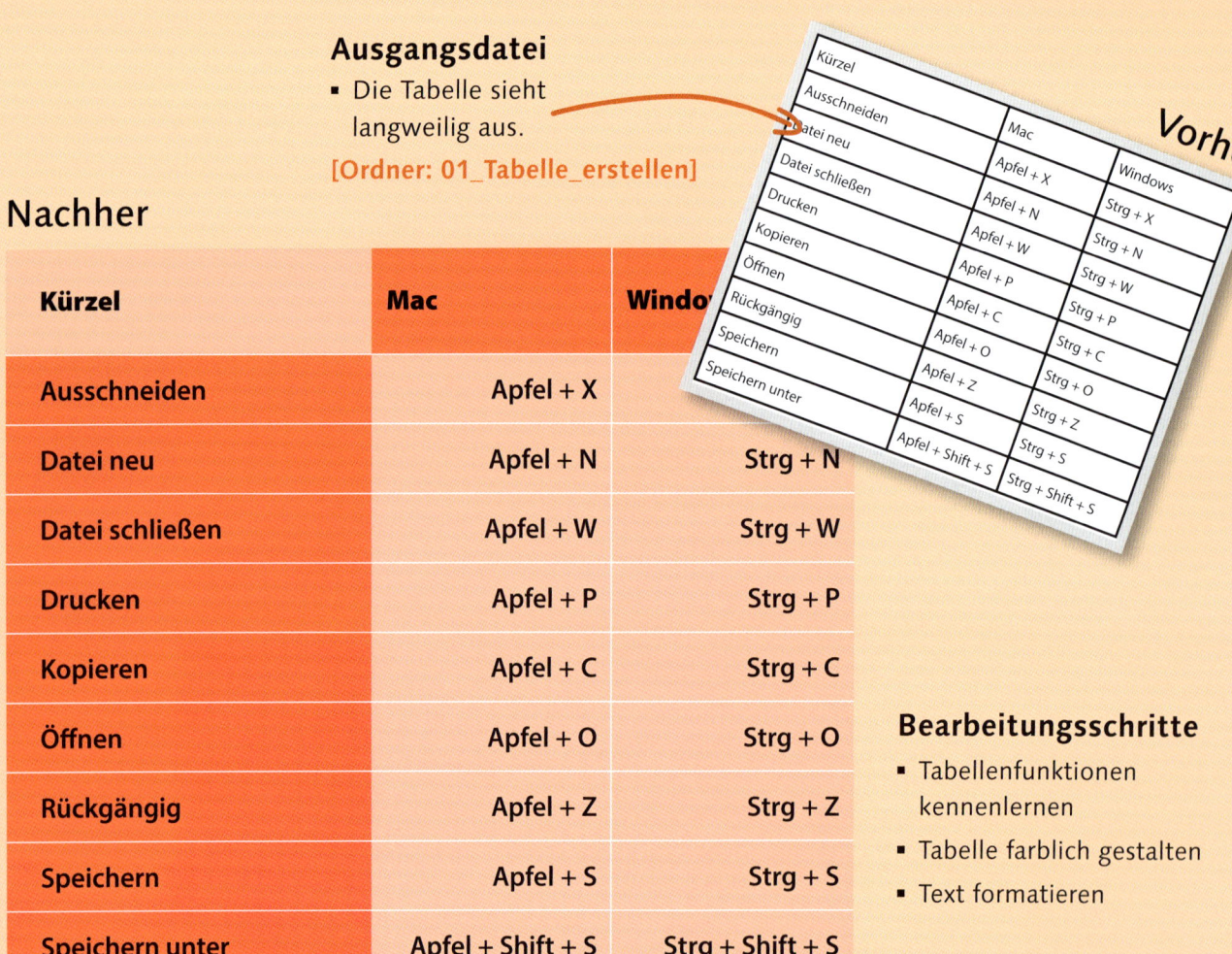

Nachher

Kürzel	Mac	Windows
Ausschneiden	Apfel + X	
Datei neu	Apfel + N	Strg + N
Datei schließen	Apfel + W	Strg + W
Drucken	Apfel + P	Strg + P
Kopieren	Apfel + C	Strg + C
Öffnen	Apfel + O	Strg + O
Rückgängig	Apfel + Z	Strg + Z
Speichern	Apfel + S	Strg + S
Speichern unter	Apfel + Shift + S	Strg + Shift + S

Bearbeitungsschritte

- Tabellenfunktionen kennenlernen
- Tabelle farblich gestalten
- Text formatieren

1 Grundlegendes über Tabellen

Sie können eine Tabelle nur in einem Textrahmen erzeugen und nur mit dem Text-werkzeug T bearbeiten.

Eine Tabelle kann über die Breite des Text-rahmens hinauslaufen, die Höhe des Textrah-mens müssen Sie jedoch einhalten. Ansonsten erzeugen Sie einen Textüberhang.

Öffnen Sie die Datei »Tastenkuerzel.indd«, und wählen Sie in der Datei die Seite 1 aus.

Kürzel	Mac	Windows
Ausschneiden	Apfel + X	Strg + X
Datei neu	Apfel + N	Strg + N
Datei schließen	Apfel + W	Strg + W
Drucken	Apfel + P	Strg + P
Kopieren	Apfel + C	Strg + C
Öffnen	Apfel + O	Strg + O
Rückgängig	Apfel + Z	Strg + Z

2 Eine Tabelle anlegen

Ziehen Sie auf der Seite mit dem Text-werkzeug T einen Textrahmen in einer Größe von »105 x 73 mm« auf. Stellen Sie sicher, dass der Textcursor im Textrahmen blinkt.

Erstellen Sie nun über das Menü TA-BELLE • TABELLE EINFÜGEN oder mit ⌘ / Strg + Alt + ⇧ + T eine Tabelle. In dem nachfolgenden Dialog stellen Sie unter TABEL-LENKÖRPERZEILEN ❶ »10« und für die SPALTEN ❷ »3« ein. Bestätigen Sie den Dialog mit OK.

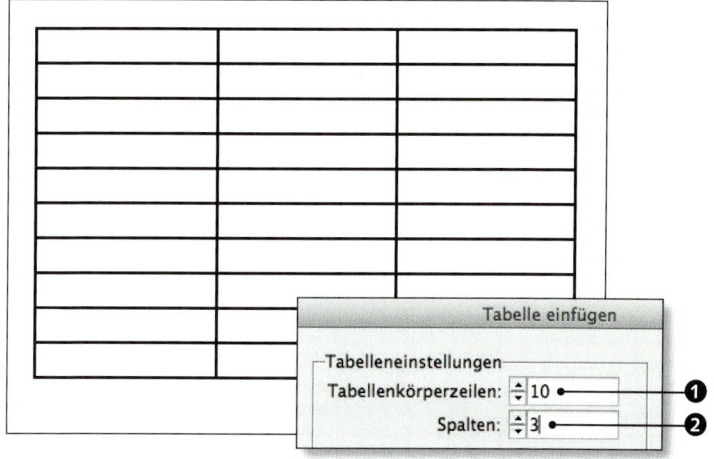

3 Den Text eingeben

Sie können nun wie in jeden Textrah-men auch Text eingeben. Wählen Sie dafür das Textwerkzeug T, und geben Sie Text in die erste Zelle ein. Wenn Sie Text in verschie-dene Zellen eingeben wollen, können Sie mit dem Tabulator ⇥ durch die Zellen wandern.

Der Inhalt Ihrer Eingaben ist hier nicht von Relevanz. Daher können Sie auch den Blindtext benutzen. Sie müssen auch nicht alle Zellen mit Text füllen. Ich habe für Sie auf Seite 2 aber auch bereits Text in die Tabelle eingegeben.

LOREM	IPSUM	DOLOR
EST	ULMATIVO	IGNAZIO
VARE		

Kürzel	Mac	Windows
Ausschneiden	Apfel + X	Strg + X
Datei neu	Apfel + N	Strg + N
Datei schließen	Apfel + W	Strg + W
Drucken	Apfel + P	Strg + P
Kopieren	Apfel + C	Strg + C
Öffnen	Apfel + O	Strg + O
Rückgängig	Apfel + Z	Strg + Z
Speichern	Apfel + S	Strg + S
Speichern unter	Apfel + Shift + S	Strg + Shift + S

Kürzel	Mac	Windows
Ausschneiden	Apfel + X	Strg + X
Datei neu	Apfel + N	Strg + N
Datei schließen	Apfel + W	Strg + W
Drucken	Apfel + P	Strg + P
Kopieren	Apfel + C	Strg + C
Öffnen	Apfel + O	Strg + O
Rückgängig	Apfel + Z	Strg + Z
Speichern	Apfel + S	Strg + S
Speichern unter	Apfel + Shift + S	Strg + Shift + S

4 Tabelle auswählen

Sie können eine Tabelle oder Bestandteile der Tabelle nur mit dem Textwerkzeug T. bearbeiten. Der Textcursor muss also in der Tabelle blinken.

Wählen Sie nun die gesamte Tabelle auf Seite 2 aus, indem Sie mit dem Textwerkzeug T. an die obere linke Ecke klicken, sobald an Ihrem Cursor ein schwarzer Pfeil ❶ im 45°-Winkel erscheint.

Kürzel	Mac	Windows
Ausschneiden	Apfel + X	Strg + X
❷ Datei neu	Apfel + N	Strg + N
Datei schließen	Apfel + W	Strg + W
Drucken	Apfel + P	Strg + P
Kopieren	Apfel + C	Strg + C
Öffnen	Apfel + O	Strg + O
Rückgängig	Apfel + Z	Strg + Z
Speichern	Apfel + S	Strg + S
Speichern unter	Apfel + Shift + S	Strg + Shift + S

5 Zeilen auswählen

Genauso einfach gestaltet sich auch das Auswählen von Zeilen.

Wählen Sie die oberen drei Zeilen aus. Lassen Sie dafür den Textcursor in der ersten Zeile blinken, und gehen Sie danach an die linke Kante der Zeile. Wieder erscheint der schwarze Pfeil ❷. Mit gedrückter ⇧ -Taste oder durch Gedrückthalten der Maus wählen Sie anschließend nach und nach weitere Zeilen aus. Eine Spalte wählen Sie auf die gleiche Weise aus.

Kürzel	⟷ ac	Windows
Ausschneiden	Apfel + X	Strg + X
Datei neu	Apfel + N	Strg + N
Datei schließen	Apfel + W	Strg + W
Drucken	Apfel + P	Strg + P
Kopieren	Apfel + C	Strg + C
Öffnen	Apfel + O	Strg + O
Rückgängig	Apfel + Z	Strg + Z
Speichern	Apfel + S	Strg + S
Speichern unter	Apfel + Shift + S	Strg + Shift + S

6 Mit der Maus arbeiten

Sie können die Spalten oder Zeilen mit der Maus in der Breite bzw. Höhe verändern. Lassen Sie dafür den Textcursor in der Tabelle blinken, und gehen Sie an eine Spaltenlinie. Der Cursor ändert sich in einen Doppelpfeil ❸, und Sie können die Spalte in der Breite verändern. Dabei verändern Sie jedoch auch die Tabellenbreite. Halten Sie während des Ziehens die ⇧ -Taste gedrückt, dann verändern Sie nur die Spaltenbreite.

Tipp: Ziehen Sie die Spalte zu schmal, wenn Sie schon Text in der Tabelle haben, erhalten Sie wie bei jedem Textrahmen auch einen Textüberhang. Dieser wird hier mit einem roten Punkt angezeigt.

7 Die Zeilenhöhe verändern

Wenn Sie eine Tabelle erstellen und Text eingeben, richtet sich die Zeilenhöhe zunächst nach der verwendeten Schriftgröße.

Wählen Sie die obere Zeile aus, und öffnen Sie das Tabelle-Bedienfeld über das Menü FENSTER • SCHRIFT UND TABELLEN • TABELLE. Stellen Sie die ZEILENHÖHE auf GENAU, und wählen Sie für die Höhe ❹ den Wert »10 mm«.

Anschließend wählen Sie die nachfolgenden Zeilen aus und geben diesen den Wert GENAU und die Höhe »7 mm« ❺.

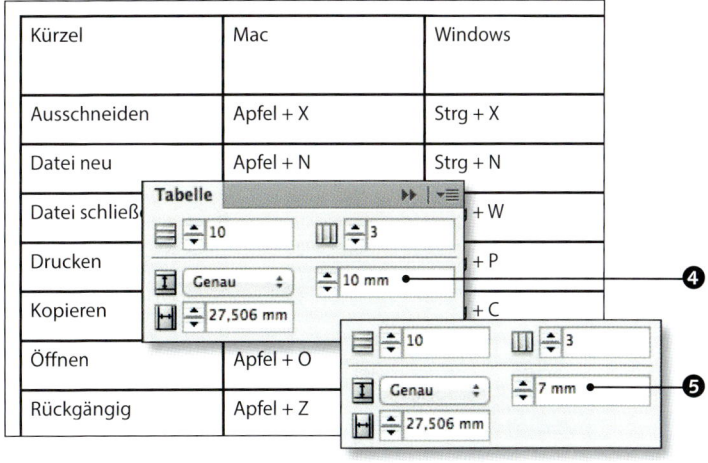

8 Die Spaltenbreite verändern

Als Spaltenbreite ermittelt InDesign zunächst die Breite des Textrahmens. Es werden dann alle Spalten erst einmal in der gleichen Breite erstellt.

Wählen Sie die Spalte »Kürzel« aus, und gehen Sie wieder in das Tabelle-Bedienfeld. Stellen Sie unter SPALTENBREITE ❻ den Wert »40 mm« ein.

Fahren Sie anschließend mit den übrigen Spalten fort, indem Sie sie auswählen und für die Breite einen Wert von »30 mm« eingeben.

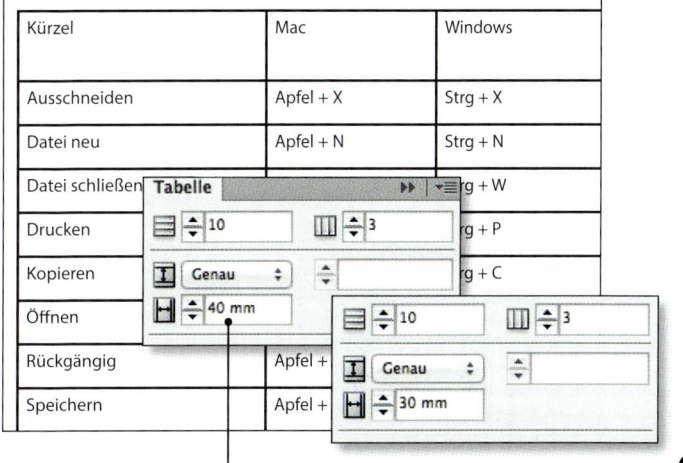

9 Färben Sie die Tabelle ein

Mit zwei Mausklicks können Sie der Tabelle eine andere Farbe geben.

Wählen Sie dafür die gesamte Tabelle aus, wie ich es in Schritt 4 beschrieben habe.

Öffnen Sie anschließend das Farbfelder-Bedienfeld, und wählen Sie dort die Option für die Fläche aus. Wählen Sie danach »Rot« aus, und geben Sie der Farbe einen FARBTON von »70 %« ❼.

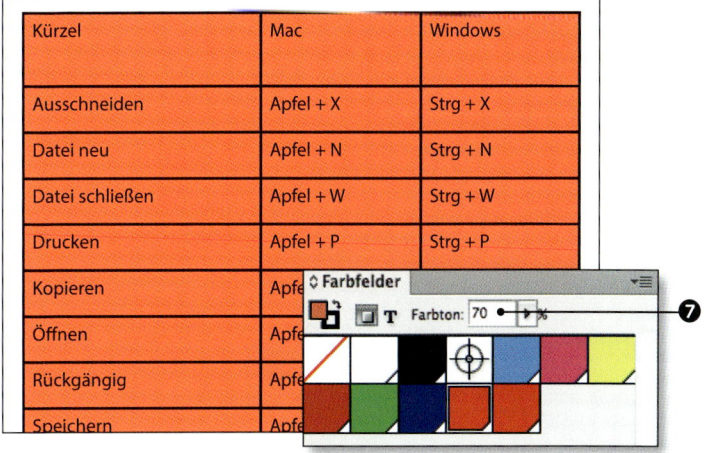

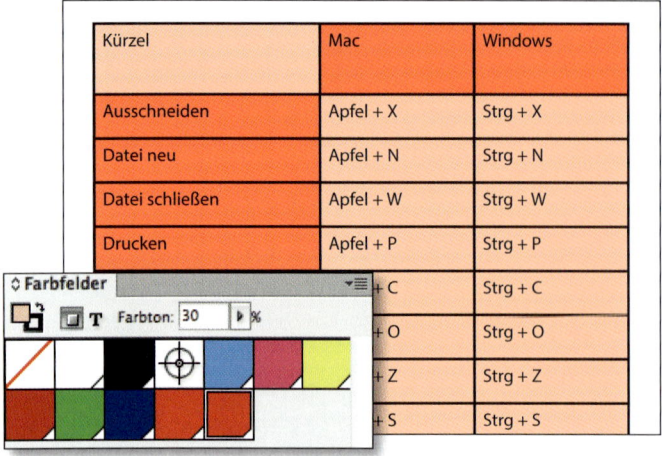

10 Die Zellen auswählen

Auch das Auswählen von Zellen ist denkbar einfach. Sie ziehen mit dem Text-werkzeug T nur über die Zelle, und schon ist sie ausgewählt.

Ziehen Sie nun mit dem Textwerkzeug T über die Zelle »Kürzel«, und ändern Sie den FARBTON auf »30 %«. Ziehen Sie anschließend mit dem Textwerkzeug T über die Zellen mit den einzelnen Tastaturkürzeln, und stellen Sie auch hier den Farbton auf »30 %«.

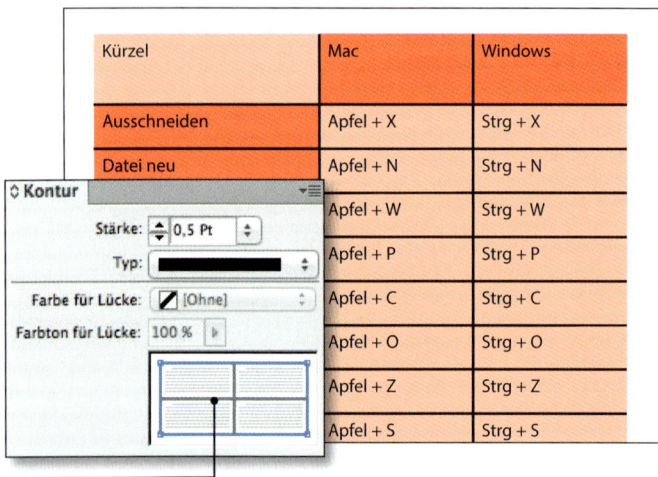

11 Die Außenlinien bearbeiten

Haben Sie eine Tabelle farblich ge-staltet, so können Sie die äußeren Begren-zungslinien unsichtbar machen. Das sieht, finde ich, so schöner aus.

Wählen Sie erneut die gesamte Tabelle aus, und gehen Sie in das Kontur-Bedienfeld. Die Kontur hat sich der Tabelle gemäß verändert.

Deaktivieren Sie falls nötig die horizontalen und vertikalen inneren Gitternetzlinien ❶, indem Sie darauf klicken. Ausgewählt bleiben so nur noch die äußeren Linien. Stellen Sie für sie die STÄRKE auf »0 Pt«.

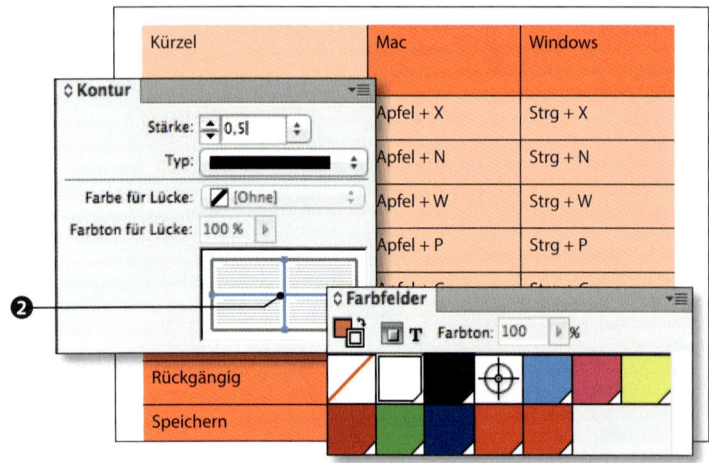

12 Gitternetzlinien bearbeiten

Die schwarzen Gitternetzlinien sind auch noch zu dominant.

Wählen Sie nochmals die Tabelle aus, und gehen Sie erneut in das Kontur-Bedienfeld. Wählen Sie nun die inneren Linien aus, in-dem Sie sie über die Mitte aktivieren ❷, und vergessen Sie nicht, die äußeren Linien zu deaktivieren.

Geben Sie den inneren Linien über STÄRKE den Wert »0,5 Pt«, und stellen Sie über das Farbfelder-Bedienfeld als Konturfarbe »Weiß« ein.

13 Linie unsichtbar machen

Dadurch, dass wir eine farbliche Trennung über die Flächen erzeugt haben, stört die erste vertikale Linie noch.

Wählen Sie die Spalte aus, und gehen Sie erneut in das Kontur-Bedienfeld. Deaktivieren Sie hier alle Linien bis auf die rechte ❸. Geben Sie ihr über STÄRKE den Wert »0 Pt«.

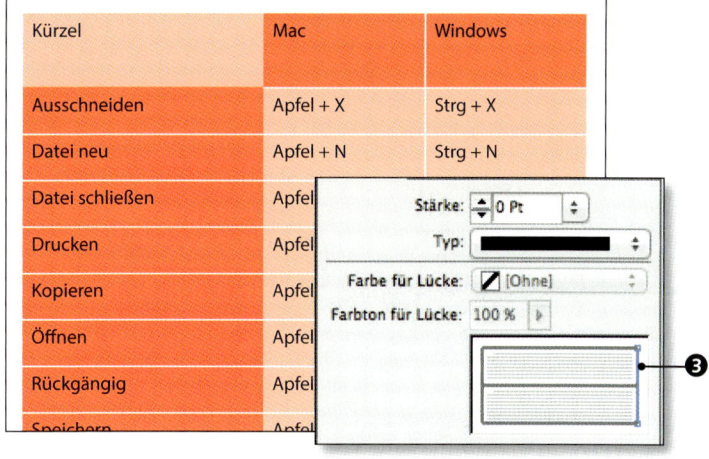

Kürzel	Mac	Windows
Ausschneiden	Apfel + X	Strg + X
Datei neu	Apfel + N	Strg + N
Datei schließen	Apfel	
Drucken	Apfel	
Kopieren	Apfel	
Öffnen	Apfel	
Rückgängig	Apfel	
Speichern	Apfel	

14 Den Text formatieren

Wählen Sie zuerst die oberste Zeile aus, und geben Sie ihr über das Zeichen-Bedienfeld den Schriftschnitt »Black« oder »Bold«. Behalten Sie die Auswahl bei, gehen Sie danach in das Tabelle-Bedienfeld, und klicken Sie dort auf die Schaltfläche ZENTRIEREN ❹. Jetzt wird die Zeile vertikal zentriert in der Zelle positioniert. Als Nächstes wählen Sie die erste Spalte aus und stellen für LINKER ZELLEN-VERSATZ ❺ »5 mm« ein. Lösen Sie davor die Verbindung ❻ auf.

Kürzel	Mac	Windows
Ausschneiden	Apfel + X	Strg + X
Datei neu	Apfel + N	Strg + N
Datei schließen	Apfel + W	Strg + W
Drucken	Apfel + P	Strg + P
Kopieren	Apfel + C	Strg + C
Öffnen	Apfe	
Rückgängig	Apfe	
Speichern	Apfe	

15 Der letzte Schliff

Damit Sie mit der Tabelle zufrieden sind, möchte ich gern noch eine kleine Änderung vornehmen. Wählen Sie zunächst die Zellen unterhalb der ersten Zeile aus, und zentrieren Sie den Text, wie ich es in Schritt 14 beschrieben habe.

Danach wählen Sie alle Zellen mit den Tastaturkürzeln aus und stellen als Schriftschnitt über das Zeichen-Bedienfeld »Semibold« ein.

Behalten Sie die Zellen in der Auswahl, und richten Sie den Text rechtsbündig aus. Schon haben Sie eine ansprechende Tabelle erstellt.

Kürzel	Mac	Windows
Ausschneiden	Apfel + X	Strg + X
Datei neu	Apfel + N	Strg + N
Datei schließen	Apfel + W	Strg + W
Drucken	Apfel + P	Strg + P
Kopieren	Apfel + C	Strg + C
Öffnen	Apfel + O	Strg + O
Rückgängig	Apfel + Z	Strg + Z

Tabellenoption einsetzen

Werten Sie Tabellen optisch auf

Das manuelle Einrichten einer Tabelle kann sehr zeitaufwendig sein, wie Sie im vorangegangenen Workshop bestimmt bemerkt haben. In diesem Workshop zeige ich Ihnen die Tabellenoption »Kopfzeile«, eine Funktion, die noch vor einigen Jahren jedem Gestalter und Reinzeichner die Haare zu Berge stehen ließ. Lassen Sie sich überraschen: Sie werden begeistert sein.

Bearbeitungsschritte

- Text in Tabelle umwandeln
- Kopfzeile erstellen
- Tabellenoptionen einsetzen
- Tabulatoren einfügen

Nachher

Papier ist geduldig, doch Formate sind es nicht.

Hier müssen feste Normen beachtet werden.

DIN-Formate von A–C	A	B	C
0	841 x 1189 mm	1000 x 1414 mm	917 x 1297 mm
1	594 x 841 mm	707 x 000 mm	648 x 917 mm
2	420 x 594 mm	500 x 707 mm	458 x 648 mm
3	297 x 420 mm	353 x 500 mm	324 x 458 mm
4	210 x 297 mm	250 x 353 mm	229 x 324 mm
5	148 x 210 mm	176 x 250 mm	162 x 229 mm
6	105 x 148 mm	12	
7	74 x 105 mm		
8	52 x 74 mm		

Vorher

Papier ist geduldig, doch Formate sind es nicht.

Hier müssen feste Normen beachtet werden.

DIN-Formate von A–C	A	B	C
0	841 x 1189 mm	1000 x 1414 mm	917 x 1297 mm
1	594 x 841 mm	707 x 1000 mm	648 x 917 mm
2	420 x 594 mm	500 x 707 mm	458 x 648 mm
3	297 x 420 mm	353 x 500 mm	324 x 458 mm
4	210 x 297 mm	250 x 353 mm	229 x 324 mm
5	148 x 210 mm	176 x 250 mm	162 x 229 mm
6	105 x 148 mm	125 x 176 mm	114 x 162 mm
7	74 x 105 mm	88 x 125 mm	81 x 114 mm
8	52 x 74 mm	62 x 88 mm	57 x 81 mm
9	37 x 52 mm	44 x 62 mm	
10	26 x 37 mm	31 x 44 mm	
11	18 x 26 mm	22 x 31 mm	
12	13 x 18 mm	15 x 22 mm	
13	9 x 13 mm	11 x 15 mm	

Ausgangsdatei

- Eine Tabelle aus Text erstellen.

[Ordner: 02_Tabellenoptionen]

1 Text in eine Tabelle umwandeln

Öffnen Sie für diesen Workshop die Datei »DIN-Formate.indd«.

Wählen Sie den roten Text auf Seite 1 mit dem Textwerkzeug [T] aus, und färben Sie den Text zunächst in der Farbe »Schwarz« ein. Ich hatte ihn in der Datei rot eingefärbt, damit Sie den eigentlichen Tabellentext schneller finden.

Gehen Sie in das Menü TABELLE • TEXT IN TABELLE UMWANDELN ❶. Klicken Sie nun einmal auf OK.

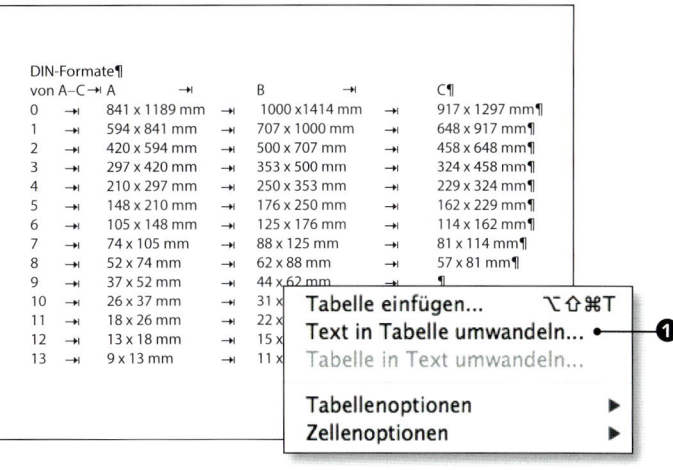

2 Voraussetzungen für die Umwandlung

Sie können jeden Text in eine Tabelle umwandeln, egal aus welcher Anwendung (z.B. InDesign oder Word) er kommt. Hier wurden die Spalten durch einen Tabstopp ❷ und die Zeilen durch eine Absatzmarke ❸ getrennt. Die meisten Dateien werden so erstellt.

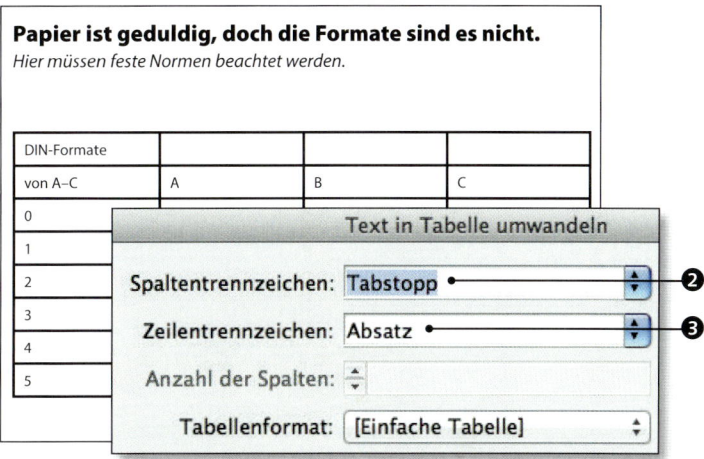

3 Zellen verbinden

Wählen Sie als Erstes die Zellen »DIN-Formate« und »von A–C« aus, und klicken Sie im Bedienfeldmenü des Tabelle-Bedienfelds auf ZELLEN VERBINDEN ❹.

Ziehen Sie das Textwerkzeug [T] über die Zelle »A« und die darüberliegende Zelle, und verbinden Sie die Zellen nun etwas schneller, indem Sie auf ZELLEN VERBINDEN ❺ im Steuerung-Bedienfeld klicken. Verfahren Sie anschließend genauso mit »B« und »C«.

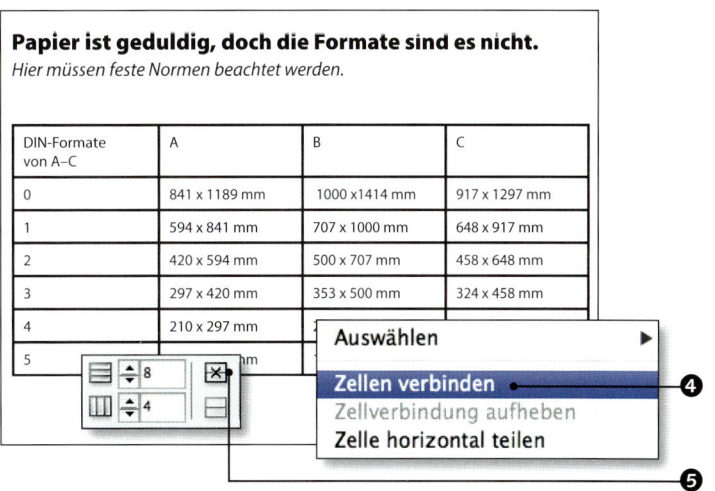

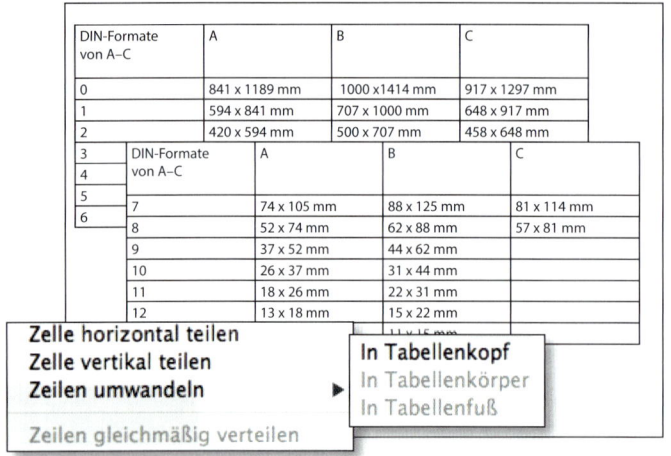

4 Eine Kopfzeile erstellen

Nachdem Sie die oberen Zellen verbunden haben, können Sie daraus eine Kopfzeile erstellen. Eine Kopfzeile ermöglicht, dass der Tabellenkopf in jedem weiteren Textrahmen wiederholt wird, falls die Tabelle beispielsweise über mehrere Seiten läuft.

Wählen Sie die obere Zeile aus, und gehen Sie in das Bedienfeldmenü des Tabelle-Bedienfelds. Hier wählen Sie ZEILEN UMWANDELN • IN TABELLENKOPF. Nun wird die Kopfzeile auf Seite 2 automatisch wiederholt.

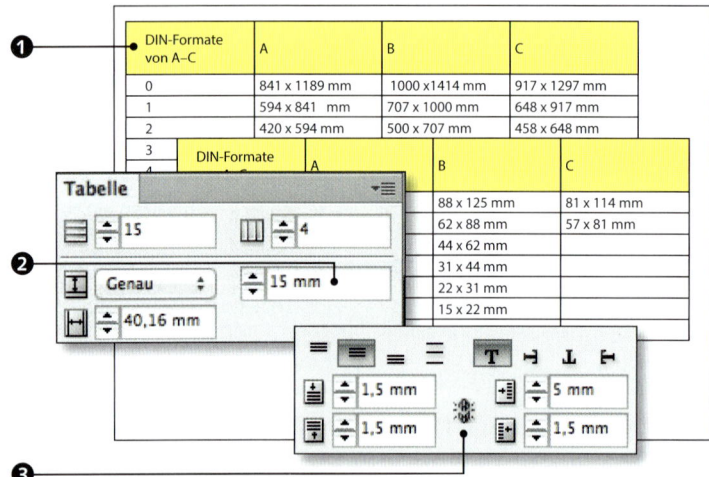

5 Den Tabellenkopf formatieren

Wählen Sie im ersten Textrahmen ❶ die Kopfzeile aus, und weisen Sie der Fläche über das Farbfelder-Bedienfeld »Gelb« mit einem FARBTON von »70 %« zu.

Gehen Sie anschließend in das Tabelle-Bedienfeld, und stellen Sie ZEILENHÖHE auf »15 mm« ❷. Richten Sie den Text zentriert zu der Zeilenhöhe aus.

Heben Sie die Auswahl auf, und wählen Sie die erste Spalte aus. Stellen Sie für diese den ZELLENVERSATZ gemäß der Abbildung ein. Achten Sie darauf, dass die Kette ❸ geöffnet ist.

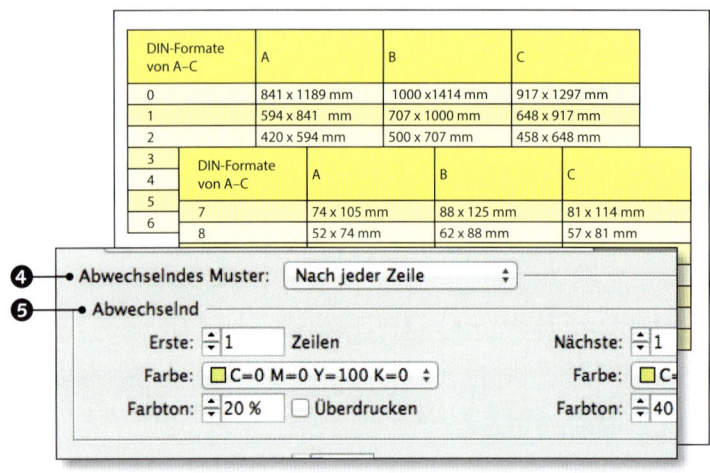

6 Abwechselnde Flächenfarben

Eine sehr hilfreiche Funktion sind die Tabellenoptionen. Schneller haben Sie noch keine abwechselnden Flächen in einer Tabelle erstellt.

Wählen Sie die gesamte Tabelle aus, und gehen Sie in das Menü TABELLE • TABELLENOPTIONEN • ABWECHSELNDE FLÄCHEN. Wählen Sie im Dialog unter ABWECHSELNDES MUSTER ❹ NACH JEDER ZEILE aus. Stellen Sie unter ABWECHSELND ❺ für ERSTE und NÄCHSTE jeweils »Gelb« ein. Geben Sie als FARBTON »20 %« und »40 %« ein.

7 Die Tabelle fertigstellen

Formatieren Sie die Tabelle nun über das Kontur-Bedienfeld so, dass nur die inneren vertikalen Linien in der Farbe »Weiß« sichtbar sind. Danach wählen Sie im Tabellenkopf die Zellen »A«, »B« und »C« aus und zentrieren sie über das Absatz-Bedienfeld.

Wählen Sie alle Zeilen außer dem Tabellenkopf aus, und richten Sie den Text über das Absatz-Bedienfeld rechtsbündig aus. Stellen Sie über das Tabelle-Bedienfeld bei RECHTER ZELLENVERSATZ den Wert »5 mm« ein. Richten Sie den Text zentriert zur Zeile aus.

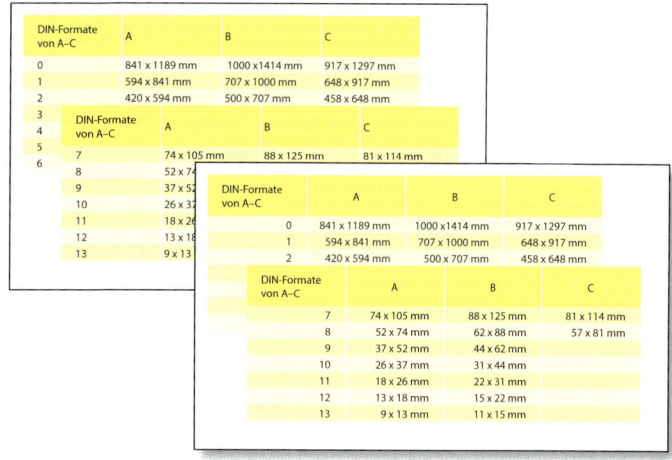

8 Tabulator innerhalb einer Tabelle

Sie können innerhalb einer Tabelle mit Tabulatoren arbeiten, um z. B. Maßangaben korrekt auszurichten.

Wählen Sie dazu die Spalten »A«, »B« und »C« aus, und öffnen Sie über das Menü SCHRIFT • TABULATOREN bzw. ⌘ / Strg + ⇧ + T das Tabulatoren-Bedienfeld.

Wählen Sie den rechtsbündigen Tabulator ❻ aus. Klicken Sie zunächst viermal in das Lineal des Bedienfelds, und erstellen Sie so vier Tabulatoren.

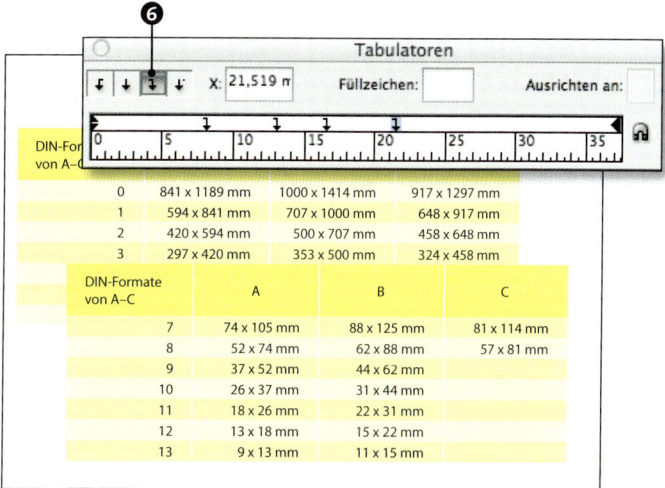

9 Die Tabulatoren bearbeiten

Wählen Sie den linken Tabulator durch Klicken aus, und stellen Sie ihn auf »9 mm«, den zweiten Tabulator stellen Sie auf ZENTRIERT ❼ bei »10 mm«. Die übrigen Tabulatoren lassen Sie rechtsbündig auf »21 mm« und »28 mm«. Lassen Sie den Textcursor vor dem Eintrag der ersten Zelle blinken, und erstellen Sie einen Tabulator, indem Sie SCHRIFT • SONDERZEICHEN EINFÜGEN • ANDERE • TABULATOR wählen. Setzen Sie nacheinander vor die übrigen Leerzeichen in der Zelle die weiteren Tabulatoren. Arbeiten Sie so alle Zellen ab.

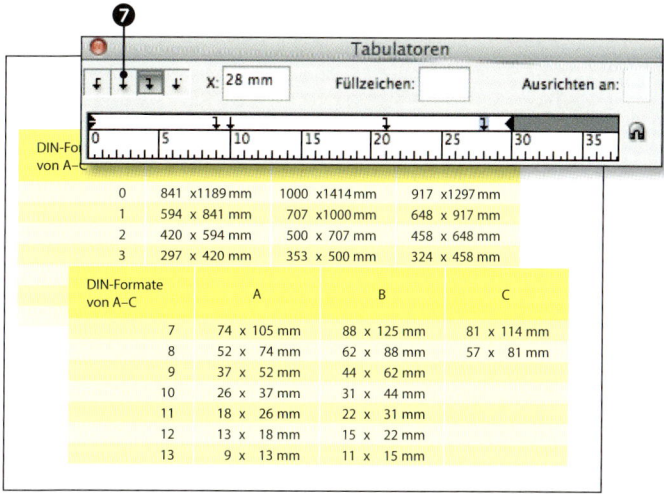

Tipp: Am Mac können Sie den Tabulator auch über die Alt + ⇥ -Taste einfügen.

Bilder in Tabellen einfügen

Gestalten Sie Ihre Tabelle mit einem Verlauf

Tabellen müssen nicht langweilig sein. Sie können Grafiken in eine Zelle einfügen und sogar einen Verlauf auf ausgewählte Zellen anwenden. In diesem Workshop lernen Sie diese Geheimnisse kennen, denn ich zeige Ihnen, wie Sie Grafiken einfügen und auf was Sie dabei achten sollten.

Vorher

Ausgangsdatei

- Text ist falsch ausgerichtet.
- Bilder und Farben fehlen.

[Ordner: 03_Bildimport]

Nachher

Der lustige *Flitzer*

In unterschiedlichen Ausführungen* erhältlich.

Modell		Ausführung	Besonderheiten
Der Renner		Extrem leicht, durch neue Kunststoffmischung	• Plastikreifen • leichte Lenkung • gegen Aufpreis mit gepolsterter Sitzschale
Der Leise		Super leise, durch Gummibereifung	• Gummireifen • sanfte Federung
Der Bunte		Eigene Farbe oder Bemalung	Gegen Aufpreis: • in Sonderfarben erhältlich • eigene Bemalung gegen Aufpreis erhältlich

* Alle Ausführungen sind frei erfunden.

Bearbeitungsschritte

- Text in der Tabellenzelle ausrichten
- Bilder in eine Zelle einfügen
- Verlauf auf Zellen anwenden

1 Den Text ausrichten

Öffnen Sie die Datei »Salesfolder.indd«. Wählen Sie hier die linken Zellen ❹ aus, und gehen Sie in das Tabelle-Bedienfeld. Richten Sie da den Text zentriert ❷ zur Zeile aus, und drehen Sie den Text, indem Sie auf die Schaltfläche Text drehen um 270° ❸ klicken. Behalten Sie die Zellen in der Auswahl, und zentrieren Sie den Text anschließend noch horizontal ❶ über das Absatz-Bedienfeld.

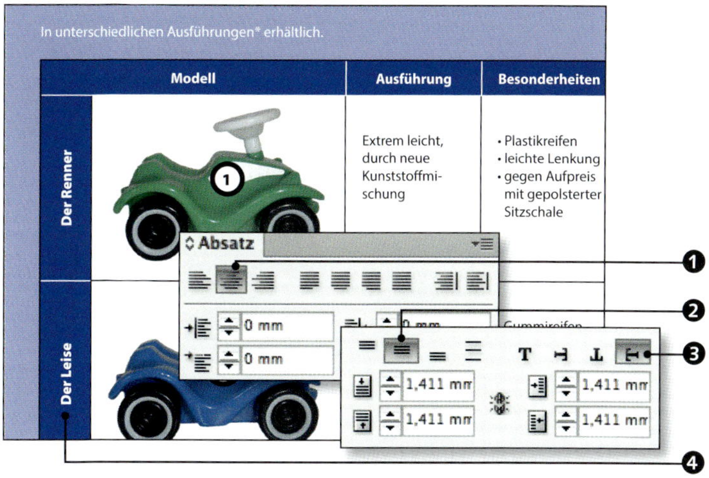

2 Bilder in Tabellen einfügen

Tabellen mit Grafiken werden sehr oft eingesetzt. Außerhalb der Seite habe ich Ihnen deshalb einige Grafiken bereitgestellt.

Wählen Sie das grüne Auto mit dem Auswahlwerkzeug aus, drücken Sie [⌘]/[Strg]+[X], und wechseln Sie dann zum Textwerkzeug [T]. Setzen Sie den Cursor nun in die freie obere Zelle (der Cursor blinkt), und drücken Sie [⌘]/[Strg]+[V]. Verfahren Sie mit den übrigen Autos genauso.

Wählen Sie dann die drei Zellen aus, und zentrieren Sie sie über das Absatz-Bedienfeld.

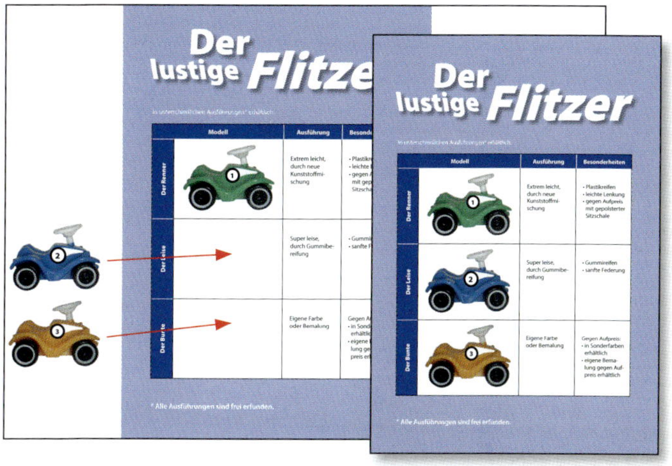

3 Die Grafiken einpassen

Wenn bei der Tabelle Spaltenbreite und Zeilenhöhe auf Genau eingestellt ist, können Sie Grafiken nur in der passenden Größe verwenden. Genau steht für eine fest eingestellte Zellenbreite und -höhe.

Ist die Grafik größer als die Zelle, erzeugen Sie innerhalb der Zelle einen Textüberhang ❺. Stellen Sie in diesem Fall Mindestens ❻ ein. Die Zellengröße passt sich dann an, und Sie können die Grafik bearbeiten.

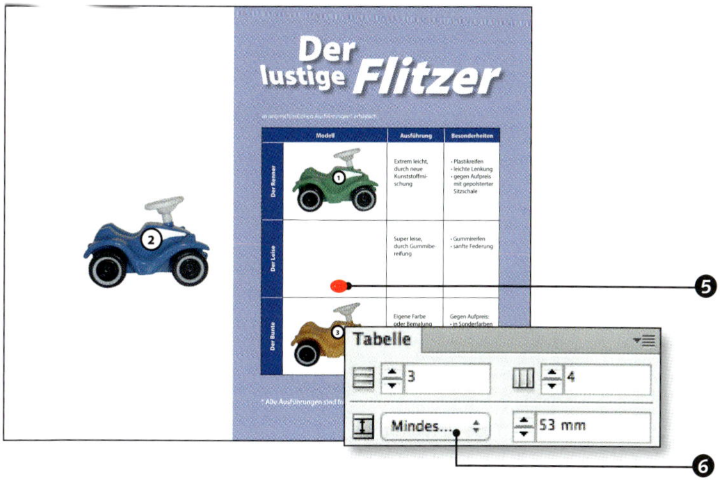

Tipp: Skalieren Sie die Grafiken vor dem Einfügen auf die richtige Größe. So sparen Sie sich unnötige Arbeit.

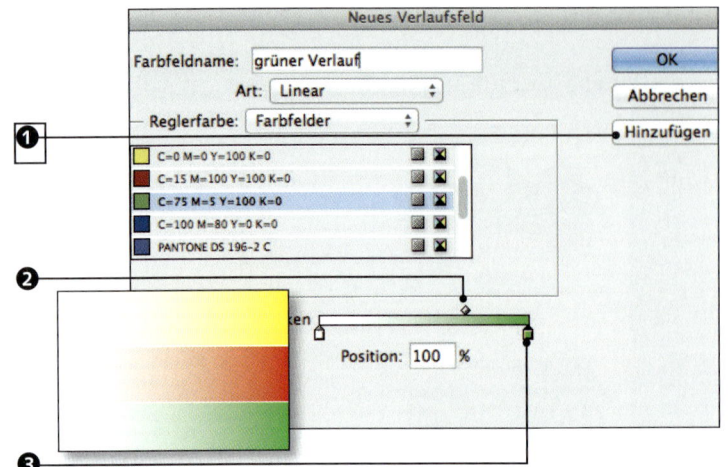

4 Neue Verlaufsfelder anlegen

Für den nächsten Effekt müssen Sie Verlaufsfelder anlegen.

Gehen Sie in das Farbfelder-Bedienfeld, und klicken Sie dort im Bedienfeldmenü auf NEUES VERLAUFSFELD. Wählen Sie für den rechten Farbregler die Farbe »Grün« ❸ aus, und stellen Sie den Mittelpunkt ❷ auf »70 %«.

Klicken Sie danach auf HINZUFÜGEN ❶, und erstellen Sie auf die gleiche Weise noch Verlaufsfelder in den Farben Rot und Gelb.

5 Den Verlauf anwenden

Wählen Sie die Zellen mit der Grafik »grünes Auto«, der Ausführung und den Besonderheiten mit dem Textwerkzeug [T.] aus, und gehen Sie in das Farbfelder-Bedienfeld. Stellen Sie dort für die Zellen den Verlauf »Rot« ein.

Wiederholen Sie diesen Schritt für die weiteren Grafiken und die Spalten zu Ausführung und Besonderheiten.

6 Das sollten Sie bedenken

Ich habe in diesem Workshop viele Arbeiten für Sie erledigt, z. B. die Größe der Abbildungen angepasst.

Eine solche Arbeit ist nicht immer schnell getan, sondern muss sorgfältig geplant werden. Lassen Sie sich daher nicht durch die Kürze des Workshops täuschen.

Eine Tabelle im Rahmen

Fügen Sie eine Tabelle in einen Grafikrahmen ein

Ich werde oft gefragt: »Kann man eine Tabelle mit nur einer bzw. zwei abgerundeten Ecken erstellen?« Ja, das ist möglich, denn in InDesign können Sie jede beliebige Ecke abrunden. Sie können eine Tabelle wie eine Grafik in einen Rahmen einfügen. Ich zeige Ihnen in diesem Workshop, wie das geht. Ansonsten vertiefen wir hier das bereits Erlernte. Viel Spaß.

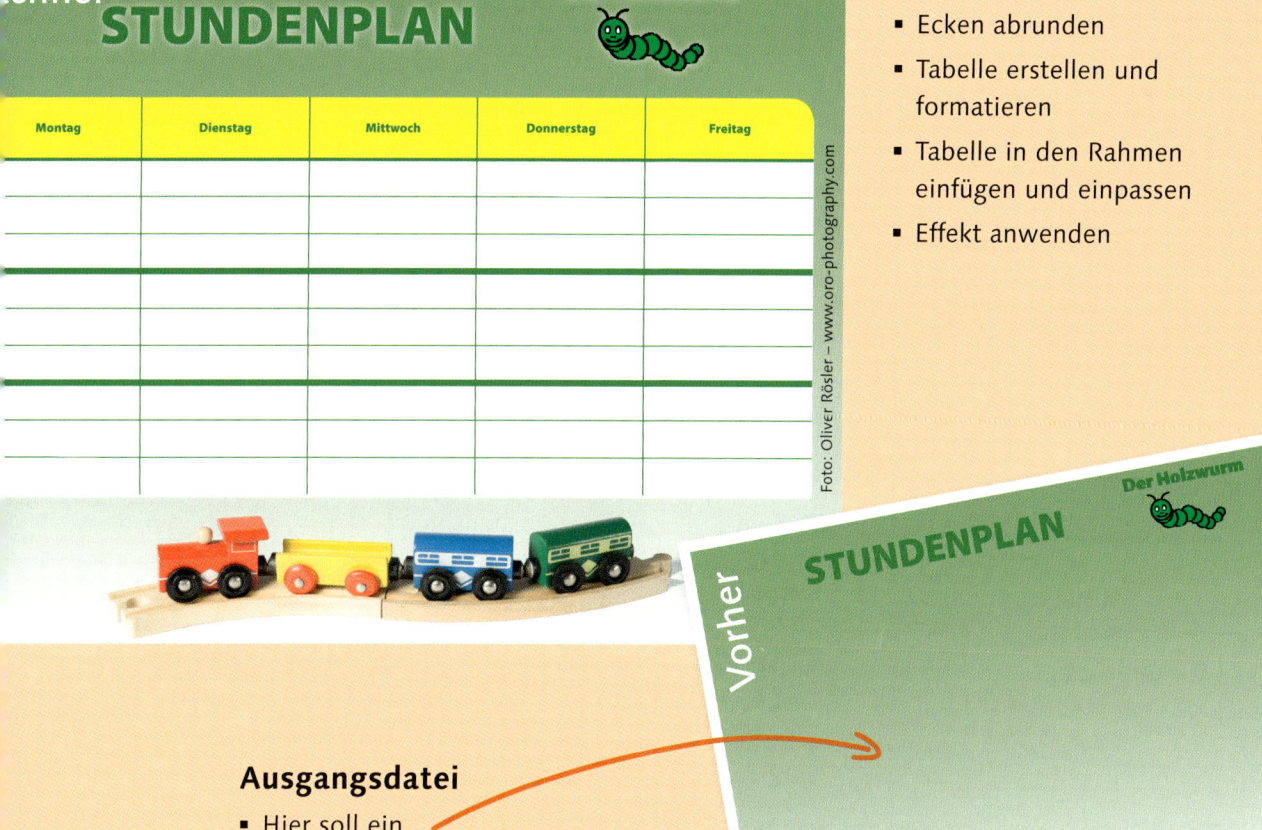

Bearbeitungsschritte

- Ecken abrunden
- Tabelle erstellen und formatieren
- Tabelle in den Rahmen einfügen und einpassen
- Effekt anwenden

Foto: Oliver Rösler – www.oro-photography.com

Ausgangsdatei

- Hier soll ein Stundenplan entstehen.

[Ordner: 04_Tabelle_Rahmen]

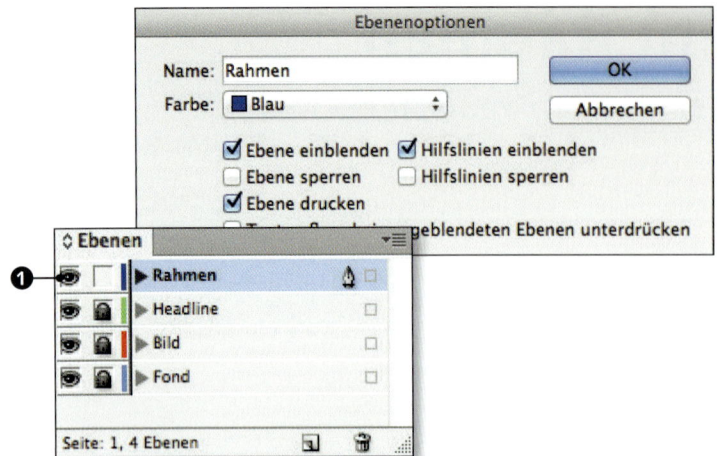

1 Eine Ebene erstellen

Öffnen Sie die Datei »Stundenplan.indd«.

Erstellen Sie über das Bedienfeldmenü des Ebenen-Bedienfelds eine neue Ebene, und geben Sie ihr den Namen »Rahmen«.

Da ich schon einige Vorbereitungen für Sie getroffen habe, sollte sich die neue Ebene »Rahmen« ganz oben im Ebenen-Bedienfeld ❶ befinden.

2 Bereiten Sie den Grafikrahmen vor

Wählen Sie das Rechteck-Werkzeug 🔲 im Werkzeug-Bedienfeld aus, und erstellen Sie auf der Rahmen-Ebene ein weißes Rechteck mit den Werten »277 x 129 mm«.

Positionieren Sie danach das Rechteck mit dem Auswahlwerkzeug 🔺 auf die Koordinaten »X = 10 mm« und »Y = 43 mm«.

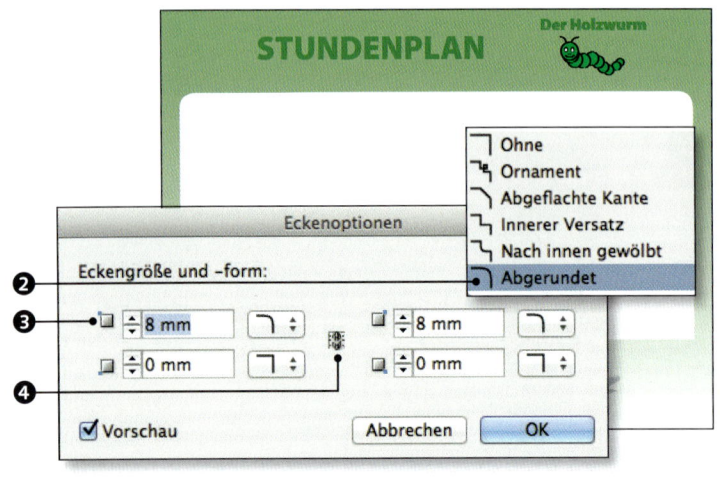

3 Individuelle Eckenoptionen

Behalten Sie das Rechteck in der Auswahl, und gehen Sie in das Menü OBJEKT • ECKENOPTIONEN. Öffnen Sie bei Bedarf die Kette ❹, damit sich die Einstellungen nicht auf alle Ecken auswirken.

Geben Sie nun für die oberen Ecken ❸ je den Wert »8 mm« ein, und wählen Sie als ECKENFORM jeweils ABGERUNDET ❷ aus.

Bestätigen Sie den Dialog mit OK.

4 Eine Ebene für die Tabelle erstellen

Mit einem Klick auf das Schloss sperren Sie zunächst die Ebene »Rahmen«. Erstellen Sie danach eine weitere Ebene, indem Sie auf die Schaltfläche NEUE EBENE ERSTELLEN klicken.

Doppelklicken Sie auf die neue Ebene, und geben Sie ihr den Namen »Tabelle« ❺.

Unter FARBE weisen Sie der Ebene im Dialogfenster eine Farbe zu. Ich habe mich hier für Lila entschieden.

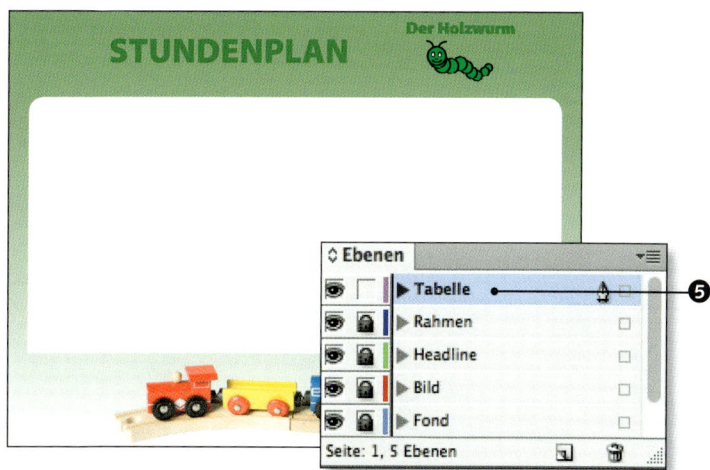

5 Eine Tabelle erstellen

Ziehen Sie mit dem Textwerkzeug T, einen Textrahmen in der Größe »277 x 129 mm« auf – also genau in der Größe des Rechtecks.

Lassen Sie den Textcursor im Textrahmen blinken, und wählen Sie TABELLE • TABELLE EINFÜGEN. Im sich öffnenden Dialog geben Sie für TABELLENKÖRPERZEILEN »10« und für SPALTEN »5« ein.

Positionieren Sie danach den Textrahmen mit dem Auswahlwerkzeug ▶ auf die Koordinaten »X = 10 mm« und »Y = 43 mm«.

6 Die Zeilenhöhe einstellen

Wählen Sie zunächst die gesamte Tabelle mit dem Textwerkzeug T, aus, und stellen Sie im Bedienfeld TABELLE die Zeilenhöhe auf GENAU ❽. Danach geben Sie im nebenstehenden Eingabefeld für die ZEILENHÖHE »12 mm« ❻ ein.

Anschließend wählen Sie nur die obere Zeile aus und erhöhen die Zeilenhöhe auf den Wert »20 mm« ❼.

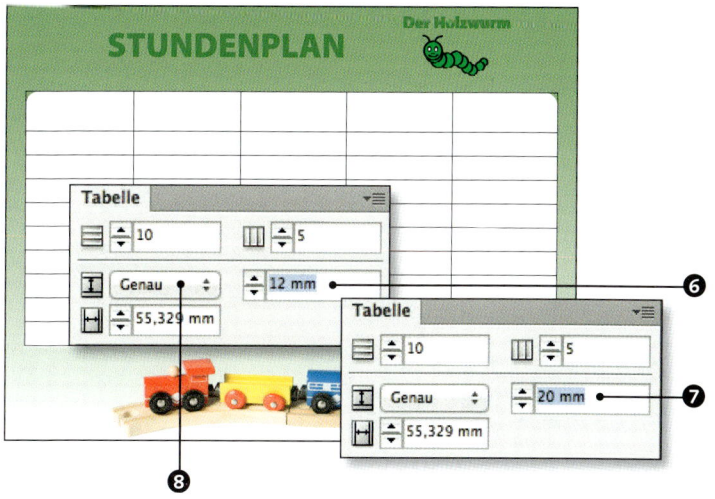

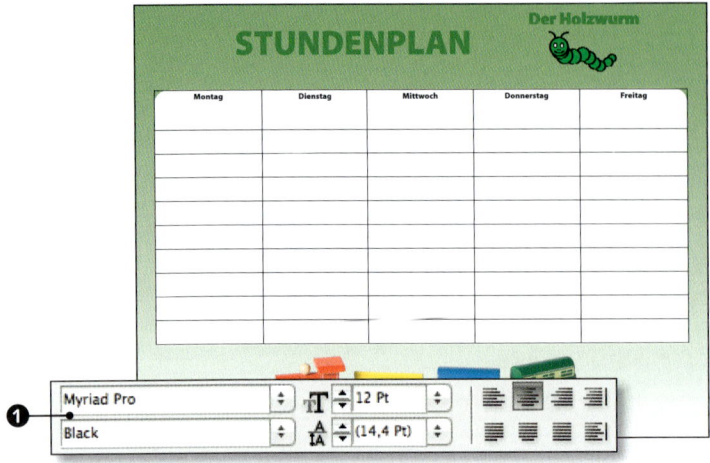

7 Text eingeben und formatieren

Geben Sie in die erste Zeile die Wochentage Montag bis Freitag ein. Springen Sie mit der Tabulator-Taste ⇥ dabei nach jeder Eingabe eines Tages in eine neue Zelle.

Als SCHRIFTART wählen Sie »Myriad Pro Black« ❶ aus. SCHRIFTGRÖSSE stellen Sie auf »12 Pt«. Zentrieren Sie den Text über die Schaltfläche ZENTRIEREN.

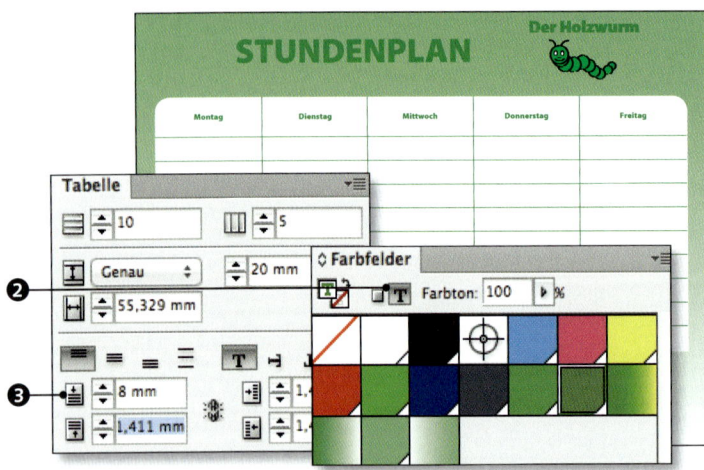

8 Den Text weiter formatieren

Zuerst schieben Sie den Text nach unten, indem Sie in dem Bedienfeld TABELLE unter OBERER ZELLENVERSATZ ❸ »8 mm« eingeben.

Aktivieren Sie im Farbfelder-Bedienfeld die Schaltfläche FORMATIERUNG WIRKT SICH AUF TEXT AUS ❷, und färben Sie den Text in der Farbe »Grün« ein.

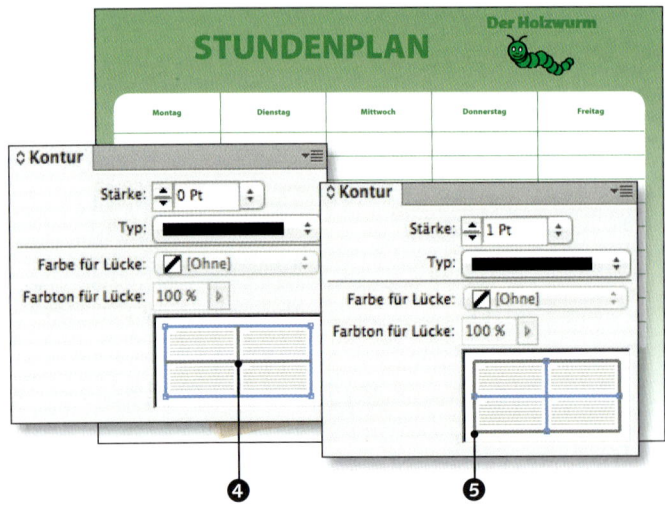

9 Die Tabelle formatieren

Wählen Sie nun die gesamte Tabelle aus, und gehen Sie in das Kontur-Bedienfeld. Deaktivieren Sie hier die inneren Linien durch einen Klick auf das Kreuz ❹, und stellen Sie unter STÄRKE den Wert auf »0 pt«.

Anschließend aktivieren Sie die inneren Linien und deaktivieren die äußeren ❺. Geben Sie diesen Linien über das Farbfelder-Bedienfeld eine grüne Kontur.

10 Die Pausen markieren

Wählen Sie mit dem Textwerkzeug
[T.] nacheinander die dritte, sechste und
neunte Stunde aus. Deaktivieren Sie im Kontur-Bedienfeld alle Linien bis auf die untere,
und verleihen Sie dieser Linie eine STÄRKE von
»6 Pt«.

Danach wählen Sie die Zeile mit den Wo-
chentagen aus und geben auch hier nur der
unteren Linie eine STÄRKE von »3 Pt«. Geben
Sie der Zeile über das Farbfelder-Bedienfeld
noch eine Hintergrundfarbe, und zwar »Gelb«.

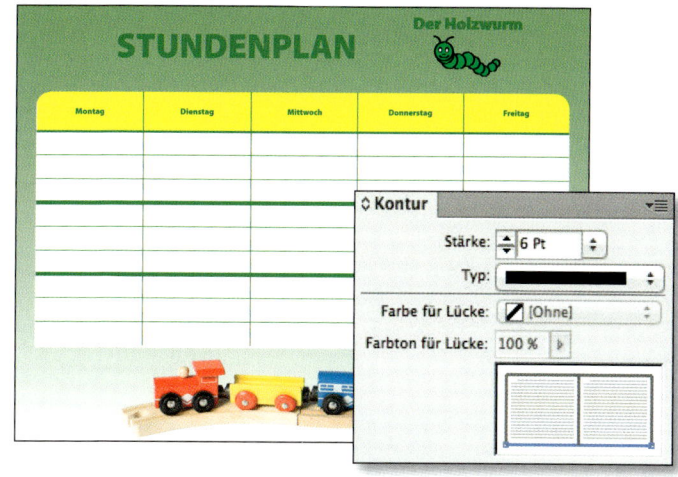

11 Die Tabelle in den Rahmen einfügen

Wählen Sie die Tabelle mit dem Auswahl-
werkzeug [↖] aus, und gehen Sie in das Menü
BEARBEITEN • AUSSCHNEIDEN bzw. drücken Sie
[⌘]/[Strg]+[X] . Entsperren Sie die Rahmen-
Ebene, und wählen Sie den Grafikrahmen aus.
Nun fügen Sie die Tabelle über das Kürzel
[⌘]/[Strg]+[Alt]+[X] in die Auswahl ein.

Aktivieren Sie danach die Schaltfläche IN-
HALT AUSWÄHLEN ❻, und verschieben Sie die
Tabelle mit den Pfeiltasten so in den Rahmen,
dass keine Blitzer mehr sichtbar sind.

12 Schein nach außen

Damit die Headline und das Logo
besser sichtbar werden, wenden wir zum
Schluss noch einen Effekt an.

Entsperren Sie zunächst die Ebenen »Headline« und »Bild«, indem Sie auf das Schloss
klicken. Wählen Sie die Headline und das Logo
mit dem Auswahlwerkzeug [↖] der [⇧]-Taste
aus. Klicken Sie im Effekte-Bedienfeld auf das
Effekt-Icon ❼, und wählen Sie SCHEIN NACH
AUSSEN. Unter OPTIONEN • GRÖSSE ❽ geben
Sie den Wert »3 mm« ein.

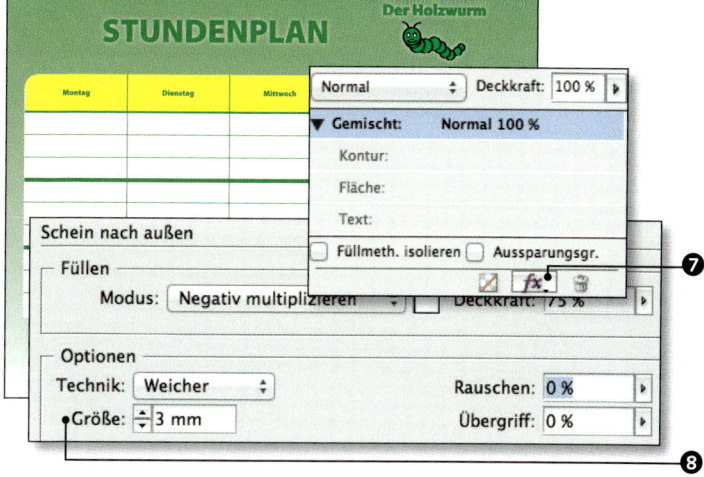

Tipp: Durch das Ausschneiden löschen Sie
das Objekt und haben es automatisch in
die Zwischenablage kopiert.

Kreativ arbeiten mit Tabellen

Erstellen Sie ein kariertes Muster

In diesem Workshop möchte ich Ihnen zeigen, dass eine Tabelle nicht nur Text, einfache Bilder oder Zahlen beinhalten muss. Man kann mit einer Tabelle sogar richtig gestalten! Erstellen wir also hier freie Formen, um sie dann mit einem karierten Muster zu füllen.

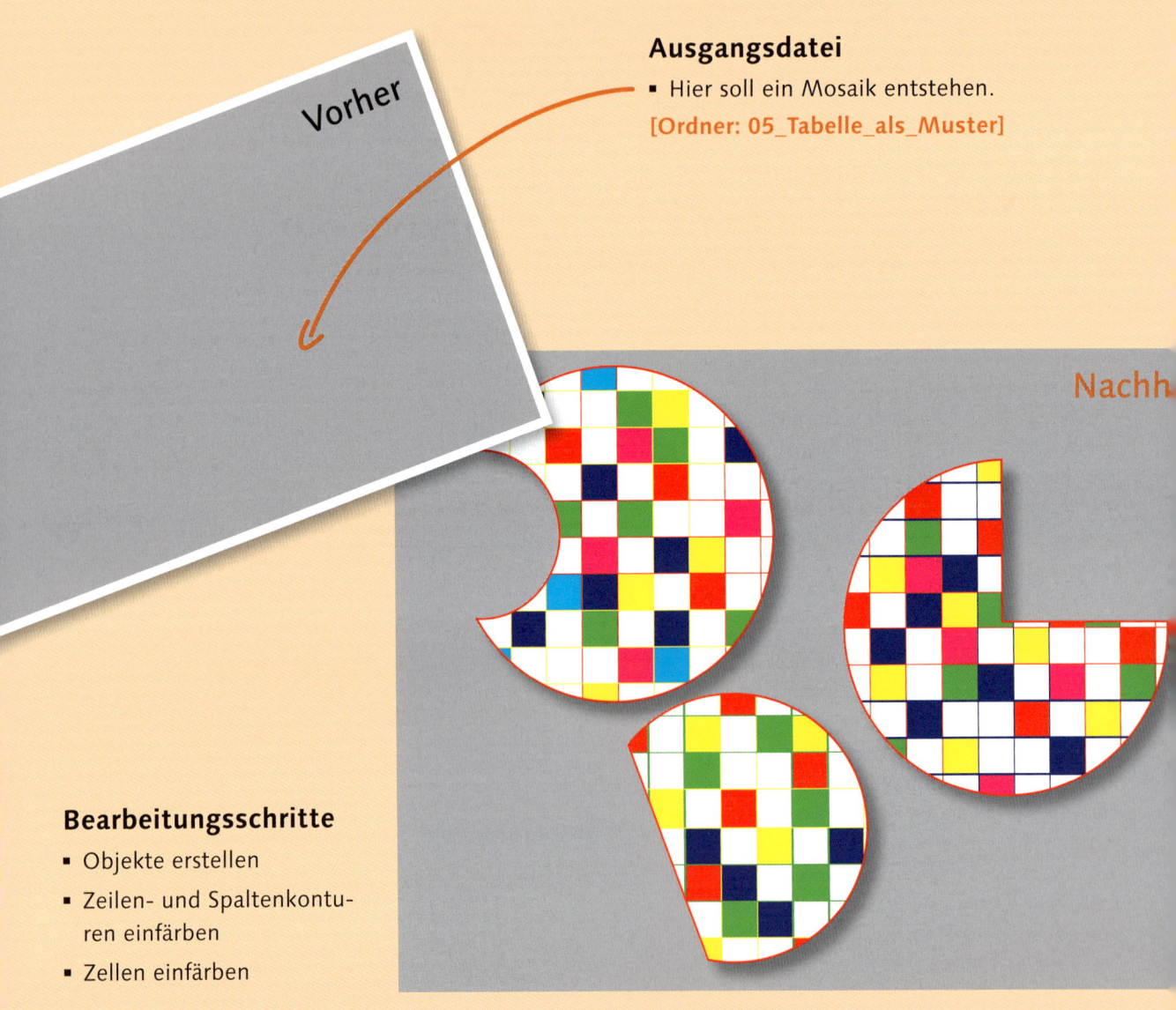

Vorher

Ausgangsdatei

- Hier soll ein Mosaik entstehen.
  [Ordner: 05_Tabelle_als_Muster]

Nachh

Bearbeitungsschritte

- Objekte erstellen
- Zeilen- und Spaltenkonturen einfärben
- Zellen einfärben

1 Die Formen vorbereiten

Öffnen Sie die Datei »Muster_Tabelle. indd«. Wundern Sie sich aber bitte nicht, denn diese Datei enthält nur eine leere Seite.

Ziehen Sie hier mit dem Ellipse-Werkzeug drei große Kreise auf, und weisen Sie diesen die Flächenfarbe »Weiß« zu.

Danach legen Sie einen kleinen Kreis, ein Quadrat und ein Rechteck auf jeweils einen der Kreise. Wo genau Sie die kleineren Objekte positionieren, ist Ihnen überlassen.

2 Die Formen erstellen

Sie können natürlich auch Formen mit dem Zeichenstift erstellen. Ich habe mich für diesen Workshop aber für den Pathfinder entschieden, denn das ist eine schnelle Möglichkeit zur Erstellung von Formen.

Wählen Sie nun nacheinander jedes Objektpaar aus, und schneiden Sie die kleineren Objekte aus den größeren aus. Dafür klicken Sie in dem Pathfinder-Bedienfeld auf die Schaltfläche SUBTRAHIEREN ❶.

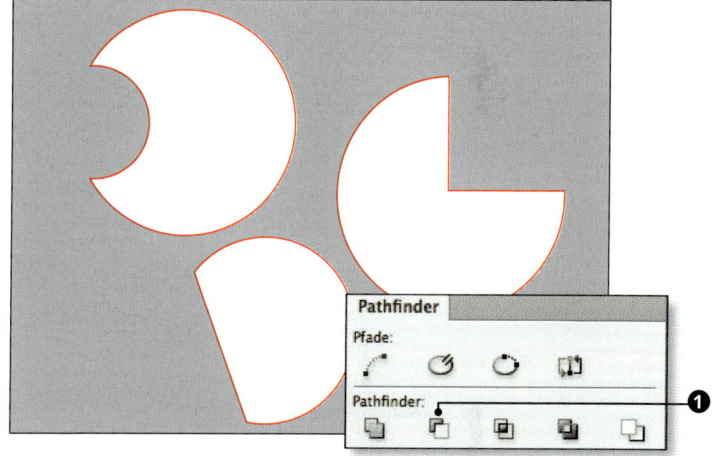

3 Zeilenhöhe und Spaltenbreite

Wir müssen uns jetzt Gedanken um die Zeilenhöhe und Spaltenbreite der Tabelle machen. Die Zeilenhöhe wird erst einmal gemäß der Schriftgröße ermittelt. Danach könnte man die Zeilenhöhe im Bedienfeld TABELLE über GENAU auf eine bestimmte Höhe einstellen, doch wir wollen hier einen anderen Weg gehen – dazu gleich mehr. Die Spaltenbreite richtet sich vorerst nach der Breite des Textrahmens. Die Spalten werden nach ihrer Anzahl gleichmäßig auf die Breite des Textrahmens verteilt.

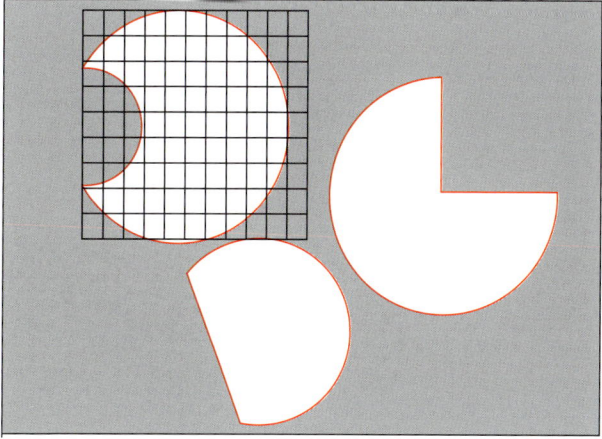

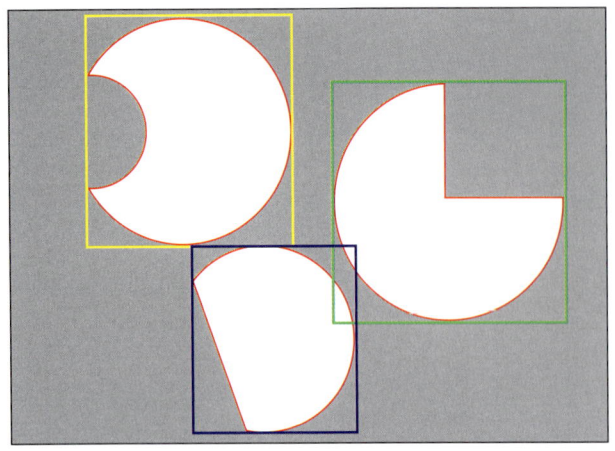

4 Textrahmen für die Tabelle

Richten Sie für die Tabellen eine neue Ebene ein, und sperren Sie die Ebene, auf der die zuvor erstellten Objekte liegen.

Ziehen Sie nun auf der neuen Ebene über jedem Objekt mit dem Textwerkzeug [T] einen Textrahmen auf.

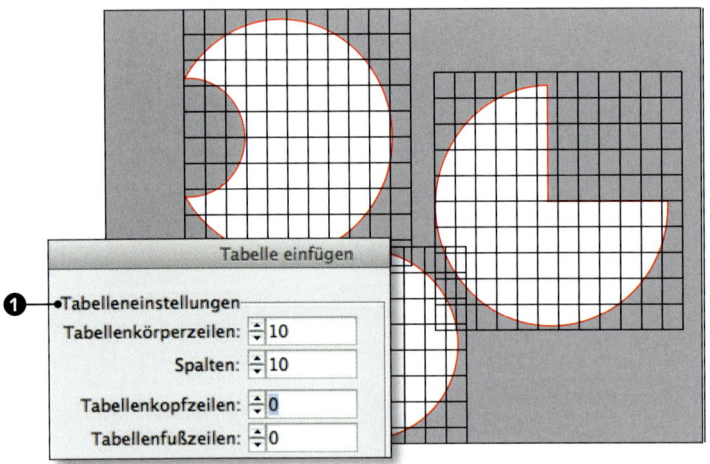

5 Die Tabellen erstellen

Wählen Sie nun nacheinander die Textrahmen aus, und fügen Sie über das Menü TABELLE • TABELLE EINFÜGEN eine solche ein.

Dabei stellen Sie unter TABELLENEINSTELLUNGEN ❶ für die TABELLENKÖRPERZEILEN und die SPALTEN jeweils den Wert »10« ein.

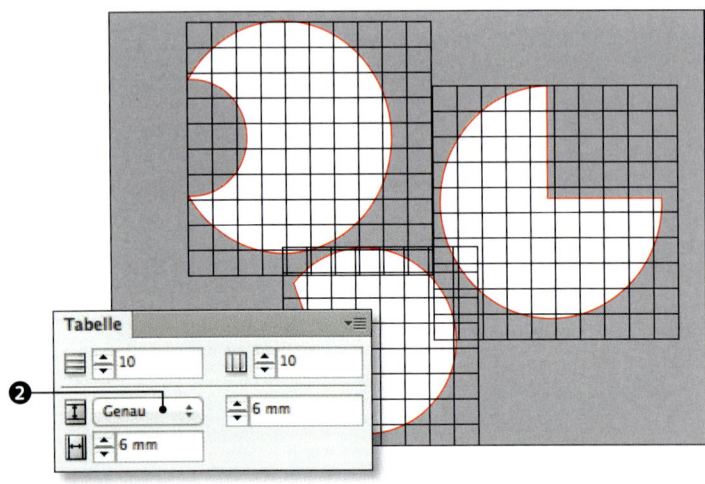

6 Die Tabelle formatieren

Stellen wir nun die Größe der Zeilen und Spalten ein. Wählen Sie dafür alle Tabellen nacheinander mit dem Textwerkzeug [T] über die obere linke Ecke aus, und gehen Sie in das Tabelle-Bedienfeld.

Stellen Sie hier die Zeilenhöhe und Spaltenbreite zuerst auf GENAU ❷. Geben Sie danach für beide den Wert »6 mm« ein.

7 Geben Sie den Linien Farbe

Gehen Sie in das Fenster TABELLE • TA-BELLENOPTIONEN • ABWECHSELNDE ZEILENKONTUREN, und aktivieren Sie unter ABWECHSELNDES MUSTER • ALLE DREI ZEILEN ➍. Verringern Sie unter ERSTE und NÄCHSTE ZEILE die STÄRKE auf »0,5 Pt«, und wählen Sie Farben, die Ihnen zusagen.

Wählen Sie danach die SPALTENKONTUREN ➌ aus, und aktivieren Sie unter ABWECHSELNDES MUSTER • ALLE ZWEI ZEILEN. Verwenden Sie für Kontur und Farben die Einstellungen wie bei den Zeilenkonturen.

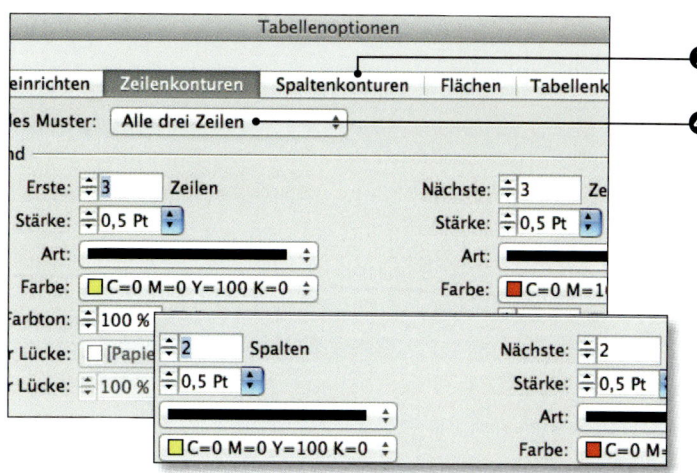

8 Das Muster in die Objekte einfügen

Wählen Sie nacheinander die Muster mit dem Auswahlwerkzeug [↑] aus, und gehen Sie in das Menü BEARBEITEN • AUSSCHNEIDEN bzw. drücken Sie ⌘/Strg+X . Entsperren Sie die Objekte-Ebene. Wählen Sie das entsprechende Objekt aus, und fügen Sie die Tabelle über das Kürzel ⌘/Strg+Alt+V in die Auswahl ein.

Fügen Sie auch die anderen Muster in ihre Objekte ein.

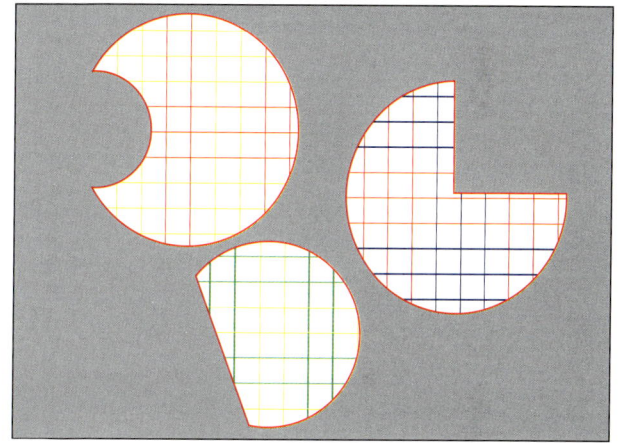

9 Einige Zellen einfärben

Peppen wir das Muster noch etwas auf. Wählen Sie mit dem Textwerkzeug [T] nacheinander einige Zellen in der Tabelle aus, und geben Sie der Fläche über das Farbfelder-Bedienfeld eine beliebige Farbe.

Wenn Sie möchten, können Sie Ihren Objekten auch noch einen Schlagschatten zuweisen.

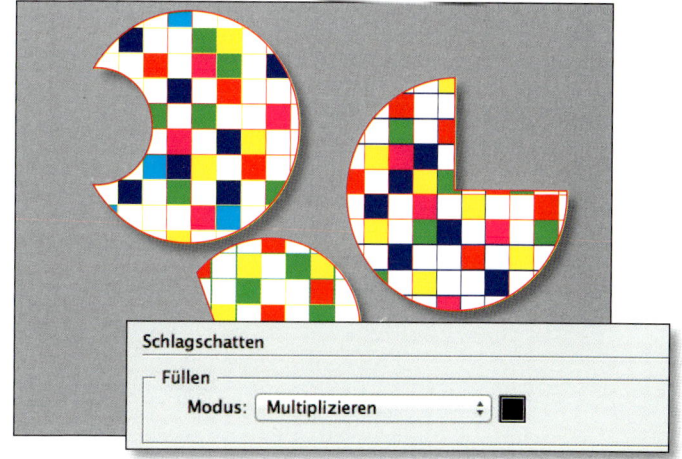

Tipp: Durch die Verwendung einer Tabelle als Muster bleibt Ihre Datei schön klein. Einzelne Linien würden eine deutlich größere Datei erzeugen.

Eine Tabelle importieren
Hier erstellen Sie Tabellen- und Zellenformate

Die Tabellen- und Zellenformate sind ein großes Plus von InDesigns Tabellen-funktion: Sie können wie auch bei den Absatz- und Zeichenformaten Formate erstellen und immer wieder auf Ihre Tabellen anwenden. Wie das geht, zeige ich Ihnen in diesem Workshop. Eins sollten Sie bei den Tabellen- und Zellenformaten jedoch immer bedenken: Sie müssen im Vorfeld gründlich planen.

Bearbeitungsschritte

- Tabelle importieren
- Tabellen- und Zellenformate erstellen
- Formate anwenden

Nachher

Die Modellreihe
F-Roadster

Ausstattung			
	L	CL	GT
Ablagefach, vorne	x	x	x
Ablagefach in den Türen		x	
Außenspiegel		x	x
Getriebe	Automatik	Automatik	Sport, manuell
Hupe	x	x	x
Instrumente			
Geschwindigkeit	x	x	x
Reichweite		x	x
Uhr		x	x
Lederlenkrad		x	x
Persening	x	x	x
Radio	x	x	
Räder und Reifen			
Stahl 3Jx18, 10 Speichen	x		
Stahl 4Jx18, 10 Speichen		x	
Aluminium 6Jx20, 16 Speichen			x
Scheibenbremsen			

Ausstattung			
	L	CL	GT
Rundum	x	x	
Vorne Innenbelüftet			x
Sicherheitskarosserie	x	x	x
Sicherheitsschlösser	x	x	x
Sitze			
Einfache Sitzschale	x		
Komfortsitz		x	
Sportsitz			x
Stoßfänger in Wagenfarbe	x	x	x
Traktionskontrolle			x
Türinnengriff		x	
Schlaufe	x		x
Griff, verchromt		x	
Wärmeschutzverglasung		v	
Wisch-/Waschanlage mit Intervallschaltung			
Wurzelholzdekor			

Vorher

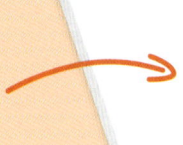

Die Modellreihe
F-Roadster

Ausgangsdatei

- Hier soll eine Tabelle entstehen.

[Ordner: 06_Tabellenimport]

1 Eine Tabelle importieren

Öffnen Sie die Datei »Modellreihe. indd«, und gehen Sie auf die Seiten 1 und 2.

Über das Menü DATEI • PLATZIEREN oder ⌘/Strg + D importieren Sie die Excel-Datei »F-Roadster.xls«. Halten Sie aber, bevor Sie auf ÖFFNEN klicken, die ⇧-Taste gedrückt, damit sich die Importoptionen öffnen. Wählen Sie unter TABELLE • FORMATIERTE TABELLE ❶ aus, und bestätigen Sie den Import.

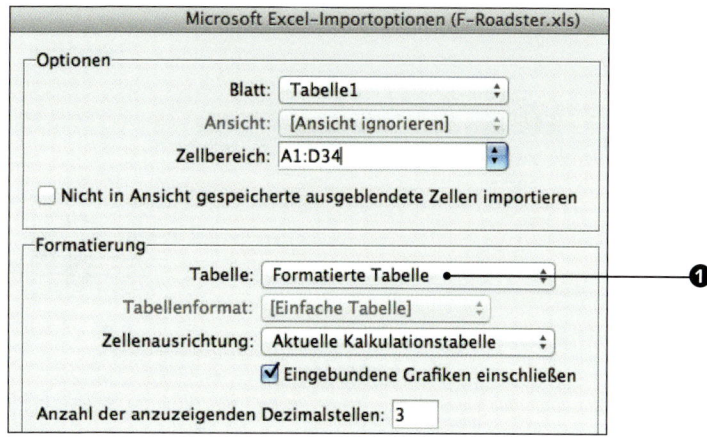

2 Die Tabelle platzieren

Ich habe auf den Seiten bereits Ränder und Hilfslinien erstellt. Sollten diese nicht sichtbar sein, lassen Sie sie sich über das Kürzel ⌘/Strg + Ü anzeigen. Klicken Sie anschließend mit gedrücker Alt-Taste an die Hilfslinie und an den linken Rand ❷. Klicken Sie anschließend auf Seite 2 an die obere rechte Ecke des Rahmens.

InDesign erstellt Ihnen nun Textrahmen in der Breite der Rahmen und verkettet beide.

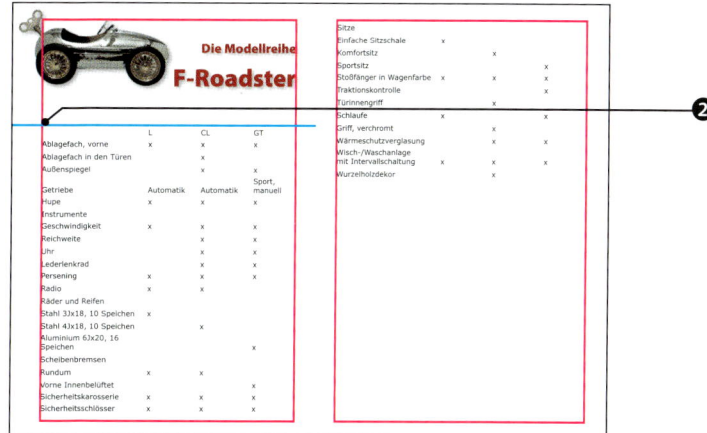

3 Absatzformate laden

Damit Sie nicht allzu viel Arbeit haben, habe ich bereits die erforderlichen Absatzformate erstellt.

Gehen Sie in das Absatzformate-Bedienfeld und dort in das Bedienfeldmenü. Klicken Sie auf ABSATZFORMATE LADEN, und wählen Sie die Datei »Absatzformate.indd« aus. Im Dialog deaktivieren Sie das Absatzformat EINFACHER ABSATZ ❸, damit kein Konflikt entsteht, und bestätigen den Dialog mit OK.

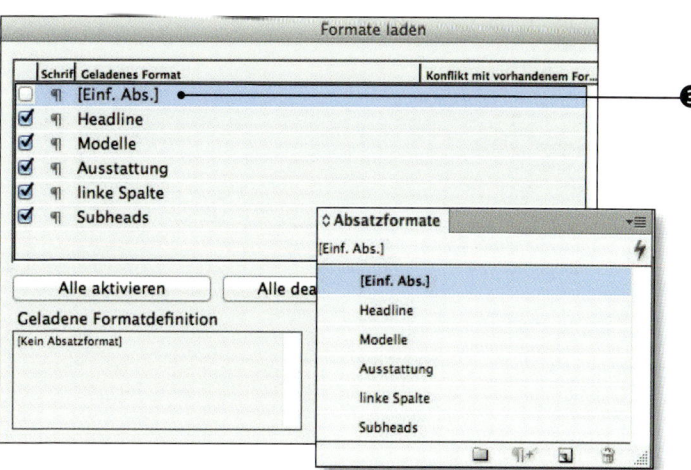

Tipp: Sie können beim Importieren der Excel-Datei den Warndialog für FEHLENDE SCHRIFTARTEN ignorieren. Wir formatieren diese ohnehin um. Klicken Sie daher auf OK.

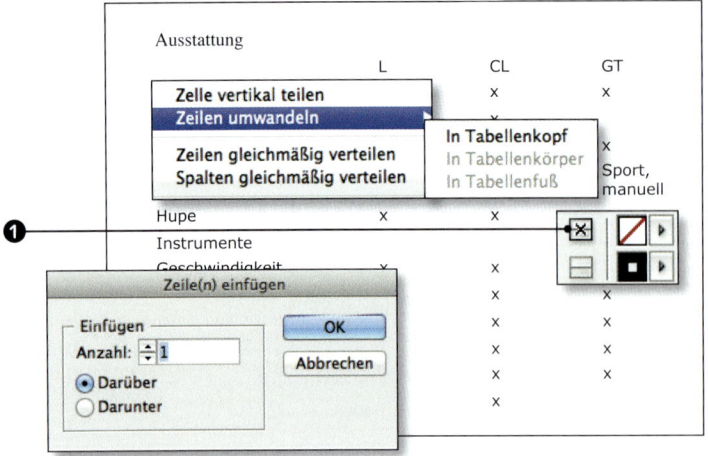

4 Eine weitere Zeile einfügen

Wählen Sie mit dem Textwerkzeug $\boxed{T}$ die erste Zeile der Tabelle aus, und gehen Sie in das Menü TABELLE • EINFÜGEN • ZEILE bzw. wählen Sie $\boxed{⌘}$/$\boxed{Strg}$+$\boxed{9}$. Im Dialog geben Sie unter ANZAHL den Wert »1« ein und aktivieren DARÜBER. Bestätigen Sie mit OK, und geben Sie in die neu erstellte Zeile »Ausstattung« ein.

Wählen Sie anschließend die gesamte Zeile aus, und verbinden Sie die Zellen, indem Sie auf die Schaltfläche ZELLEN VERBINDEN ❶ im Steuerung-Bedienfeld klicken.

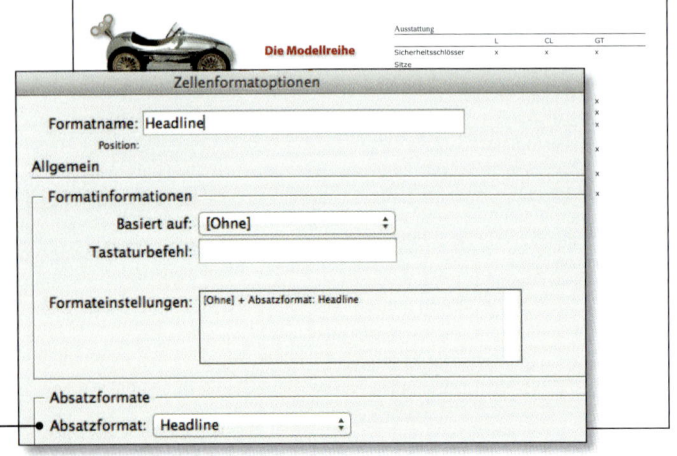

5 Die Kopfzeilen erstellen

Wählen Sie die beiden oberen Zeilen mit dem Textwerkzeug $\boxed{T}$ und gedrückter $\boxed{⇧}$-Taste aus ❷, und gehen Sie in das Menü TABELLE • ZEILEN UMWANDELN • IN TABELLEN-KOPF. InDesign wiederholt nun den Tabellenkopf, wenn, wie in diesem Beispiel, die Tabelle über mehrere Textrahmen läuft.

Heben Sie die Auswahl der Tabelle auf, indem Sie neben den Textrahmen klicken. Blinkt Ihr Textcursor noch in der Tabelle, dann kann es im Folgenden zu unerwünschten Formatierungen kommen.

6 Das Zellenformat

Öffnen Sie das Zellenformate-Bedienfeld über das Menü FENSTER • FORMATE • ZELLEN-FORMATE, und gehen Sie dort in das Bedienfeldmenü. Wählen Sie NEUES ZELLENFORMAT aus; es öffnet sich ein Dialog.

Im ersten Fenster vergeben Sie für das Zellenformat einen Namen, z. B. »Headline«. Unter ABSATZFORMAT wählen Sie das geladene Absatzformat »Headline« ❸ aus.

> **Tipp:** Bei Tabellen ohne Konturen können Sie sich die Rahmen anzeigen lassen, indem Sie ANSICHT • EXTRAS • RAHMENKAN-TEN EINBLENDEN wählen.

7 Die Zellenhöhe einrichten

Gehen Sie in das nächste Fenster: TEXT. Da die Zellenhöhe zunächst durch die Schriftgröße bestimmt wird, geben Sie unter ZELLVERSATZ ❹ bei OBEN und UNTEN jeweils den Wert »2 mm« ein. Dadurch erreichen Sie, dass die Zellen etwas höher werden. Achten Sie dabei darauf, dass die Kette gelöst ist ❺ und dass LINKS und RECHTS auf »0« stehen.

Richten Sie anschließend unter VERTIKALE AUSRICHTUNG den Text zentriert zur Zellenhöhe aus, indem Sie ZENTRIEREN ❻ auswählen.

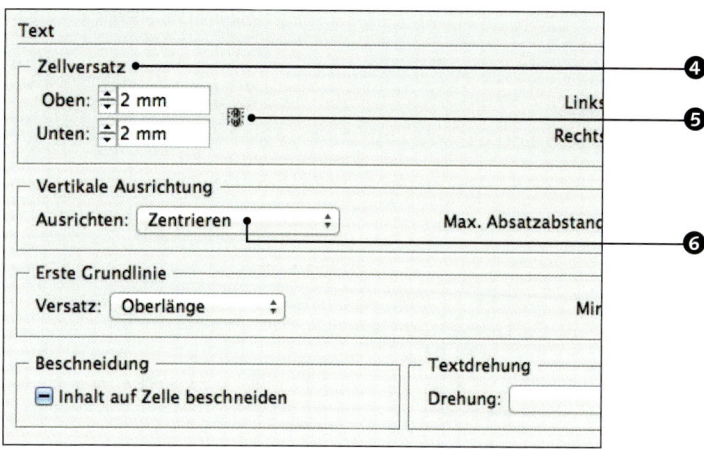

8 Die Konturen und Flächen

Im Fenster KONTUREN UND FLÄCHEN stellen Sie unter ZELLENKONTUR die STÄRKE auf »0 Pt« ❻ und wählen unter FARBE jetzt [OHNE] aus.

Unter ZELLFLÄCHE wählen Sie als FARBE »Rot« ❼ aus und stellen den FARBTON auf »40 %«. Bestätigen Sie anschließend den Dialog, indem Sie auf OK klicken.

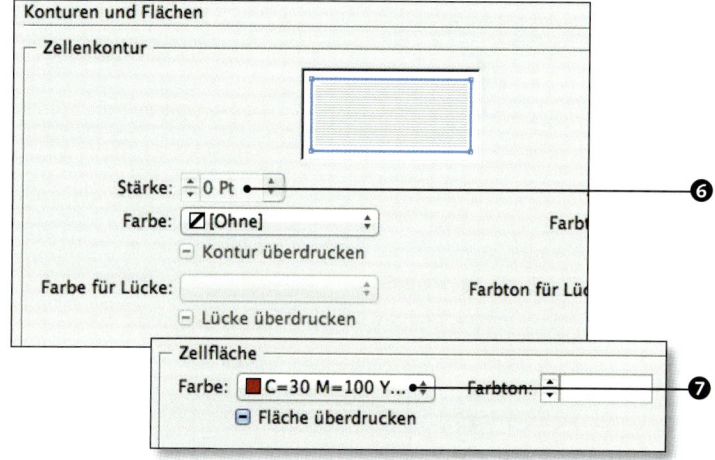

9 Weitere Zellenformate einrichten

Erstellen Sie nun weitere Zellenformate, wie ich es in den vorangegangenen Schritten beschrieben habe.

Als FORMATNAME für jedes Zellenformat wählen Sie immer den Absatzformat-Namen und weisen diesen auch zu. Unter TEXT nehmen Sie die gleichen Einstellungen vor, wie in Schritt 7 beschrieben. Für die Konturen stellen Sie unter STÄRKE den Wert auf »0,5 mm« ein und die FARBE auf »Schwarz«. Sie brauchen für die folgenden Schritte alle fünf Zellenformate.

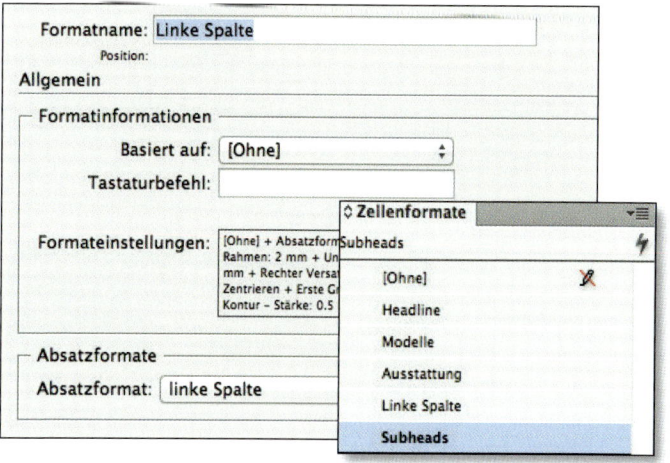

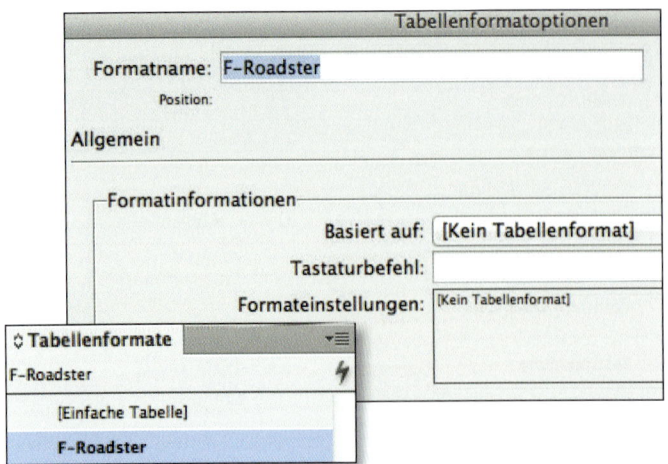

10 Das Tabellenformat

Im Tabellenformat vereinen Sie nun all das, was Sie vorher eingestellt haben.

Öffnen Sie das Tabellenformate-Bedienfeld über das Menü FENSTER • FORMATE • TABELLENFORMATE und dort über das Bedienfeldmenü NEUES TABELLENFORMAT den dazugehörigen Dialog. Vergeben Sie hier gleich einen Formatnamen, damit wir im nächsten Workshop das Tabellenformat wiederfinden.

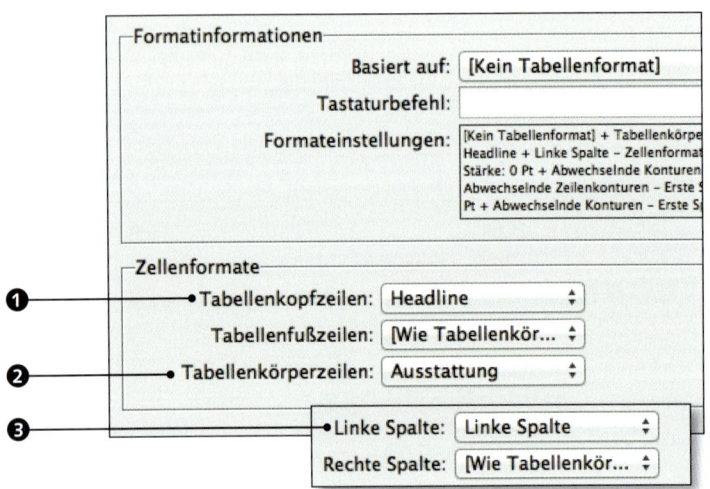

11 Zellenformate zuweisen

Im Fenster ALLGEMEIN gehen Sie in den Bereich ZELLENFORMATE. Für die TABELLENKOPFZEILEN ❶ wählen Sie hier das Zellenformat »Headline« und unter TABELLENKÖRPERZEILEN ❷ das Zellenformat »Ausstattung« aus. Für die Formatierung der linken Spalte wählen Sie über LINKE SPALTE ❸ das Zellenformat »Linke Spalte« aus.

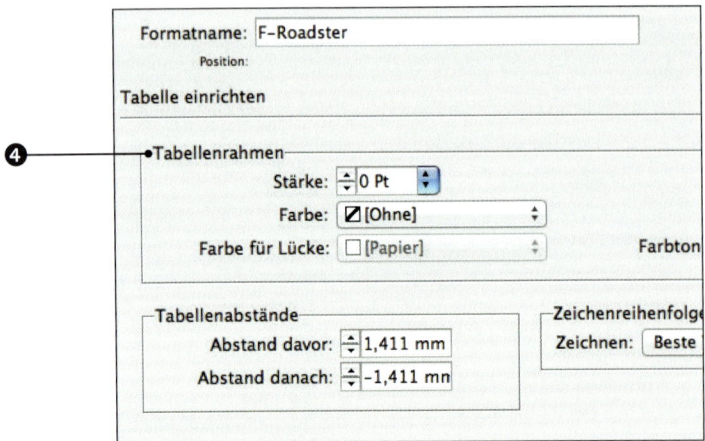

12 Richten Sie die Tabelle ein

Das Fenster TABELLE EINRICHTEN hält leider nicht das, was sein Name verspricht.

Sie können hier den TABELLENRAHMEN ❹ definieren, indem Sie, wie für dieses Beispiel gewünscht, unter STÄRKE den Wert »0 Pt« eingeben und keine Farbe wählen.

Alle weiteren Optionen können Sie ignorieren, da diese hier nicht gebraucht werden.

13 Die Zeilen- und Spalten-konturen

In den Fenstern ZEILENKONTUREN und SPAL-TENKONTUREN wählen Sie zunächst unter AB-WECHSELNDES MUSTER • NACH JEDER ZEILE bzw. NACH JEDER SPALTE aus. Stellen Sie dann für ERSTE und NÄCHSTE jeweils unter STÄRKE den Wert »0,5 Pt« ein sowie die ART • DURCHGE-ZOGEN und die FARBE • [SCHWARZ].

Verspielte Anwender können auch unter-schiedliche Farben oder Linienzeichnungen, wie z. B. GEPUNKTET, einstellen. Für unser Bei-spiel finde ich es jedoch nicht angebracht.

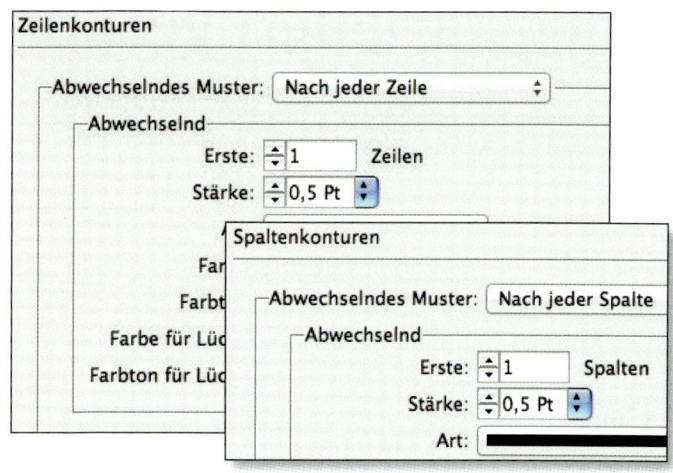

14 Wenden Sie nun alles an

Die Anwendung der Tabellenformate ist nach getaner Arbeit relativ einfach. Sie müssen nur Ihren Textcursor in der Tabelle blinken lassen und auf das Tabellenformat »F-Roadster« klicken. Auch wenn Sie den Tabellenrahmen mit einer Stärke von »0 Pt«. definiert haben, so wird er doch erstellt. Lö-schen Sie den Tabellenrahmen, indem Sie die gesamte Tabelle auswählen und im Kontur-Bedienfeld unter STÄRKE »0 Pt« eingeben. Achten Sie darauf, dass Sie die inneren Linien deaktiviert haben.

15 Ein wenig Hand anlegen

Wenn Sie wollen, dann können Sie den Tabellenkopf verändern, indem Sie die zweite Zeile auf »Weiß« stellen und den inne-ren Linien wieder eine Farbe geben. Außer-dem können Sie die Zellen der Zwischenüber-schriften verbinden und die Linien hier auf »0« stellen. Den Textrahmen würde ich mit der Tabelle auf Seite 2 noch auf die gleiche Höhe wie Seite 1 ziehen.

Die rechte Spalte auf beiden Seiten hat noch eine unschöne Linie. Diese entfernen Sie, indem Sie die Spalte auf Seite 1 auswäh-len und die Kontur auf »0« stellen.

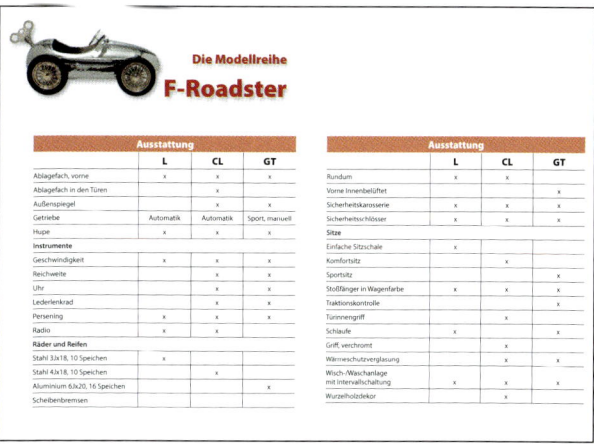

Tabellen verknüpfen

Nutzen Sie die Vorteile von Tabellen- und Zellenformaten

Haben Sie erst einmal Absatz-, Zellen- und danach noch Tabellenformate angelegt, kann Sie eine Änderung der Tabellendatei nicht mehr ärgern. Ein Klick in den Voreinstellungen und zwei Klicks im Verknüpfungen-Bedienfeld, und schon haben Sie eine Tabelle aktualisiert. Ich gebe zu, dass das Anlegen der Tabellenformate und Zellenformate nicht mit einem oder zwei Mausklicks erledigt ist, doch jetzt kommen diese Funktionen so richtig zum Tragen. Lassen Sie sich überraschen.

Bearbeitungsschritte

- Voreinstellungen anpassen
- Verknüpfte Tabelle aktualisieren
- Formate anwenden

Nachher

Die Modellreihe
F-Roadster

Ausstattung			
	L	CL	GT
Ablagefach, vorne	x	x	x
Ablagefach in den Türen		x	
Außenspiegel			x
Getriebe	Automatik	Automatik	Sport, manuell
Hupe	x	x	x
Instrumente			
Geschwindigkeit	x	x	x
Reichweite		x	x
Uhr		x	x
Lederlenkrad		x	x
Persening	x	x	x
Radio	x	x	
Räder und Reifen			
Stahl 3Jx18, 10 Speichen	x		
Stahl 4Jx18, 10 Speichen		x	
Aluminium 6Jx20, 16 Speichen			x
Scheibenbremsen			
Rundum	x	x	
Vorne Innenbelüftet			x

Ausstattung			
	L	CL	GT
Sicherheitskarosserie	x	x	x
Sicherheitsschlösser	x	x	x
Sitze			
Einfache Sitzschale	x		
Komfortsitz		x	
Sportsitz			x
Weitere Ausstattungen			
Stoßfänger in Wagenfarbe	x	x	x
Traktionskontrolle			x
Türinnengriff		x	
Schlaufe	x	x	
Griff, verchromt		x	
Wärmeschutzverglasung		x	
Wisch-/Waschanlage mit Intervallschaltung			
Extras			
Wurzelholzdeko			
Aludekor			
Kassetten-Rekord			

Vorher
Die Modellreihe
F-Roadster

Ausgangsdatei

- Die Quelldatei der Tabelle wurde geändert.

[Ordner: 07_Tabellenverknuepfung]

1 Die Voreinstellungen

Wie in der Einleitung beschrieben, können Sie auch eine Verknüpfung zu einer Tabelle erstellen. Für Preislisten o. Ä., die regelmäßig aktualisiert werden müssen, hat sich die viele Arbeit aus dem vorangegangenen Workshop wirklich gelohnt.

Wenn Sie eine solche Verknüpfung erstellen möchten, müssen Sie in den Voreinstellungen im Fenster DATEIHANDHABUNG die Option BEIM PLATZIEREN VON TEXT- UND TABELLENDATEIEN VERKNÜPFUNGEN ERSTELLEN aktivieren ❶.

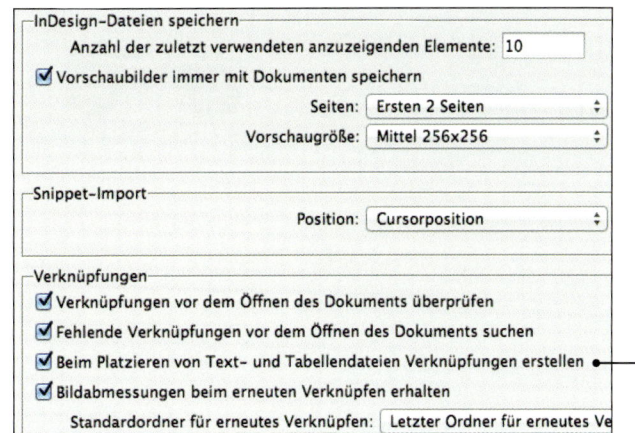

2 Verknüpfung aktualisieren

Öffnen Sie die Datei »Modellreihe2. indd«, wählen Sie im nun erscheinenden Dialogfenster VERKNÜPFUNGEN NICHT AKTUALISIEREN, und gehen Sie in das Verknüpfungen-Bedienfeld.

Ich habe Ihnen bereits die Tabelle als Verknüpfung platziert, doch habe ich auch die Tabelle in der Original-Anwendung verändert. Daher finden Sie im Verknüpfungen-Bedienfeld eine Warnung ❷.

Wählen Sie über das Bedienfeldmenü des Verknüpfungen-Bedienfelds VERKNÜPFUNG AKTUALISIEREN aus. Bestätigen Sie mit ÖFFNEN.

3 Was passiert?

Bei einer Aktualisierung der Verknüpfung gehen alle Formatierungen der Tabelle verloren.

Früher mussten Sie danach alles neu einrichten, da es die Zellen- und Tabellenformate noch nicht gab. Heute können Sie gelassen sein, denn diese Funktion automatisiert Ihre Arbeit.

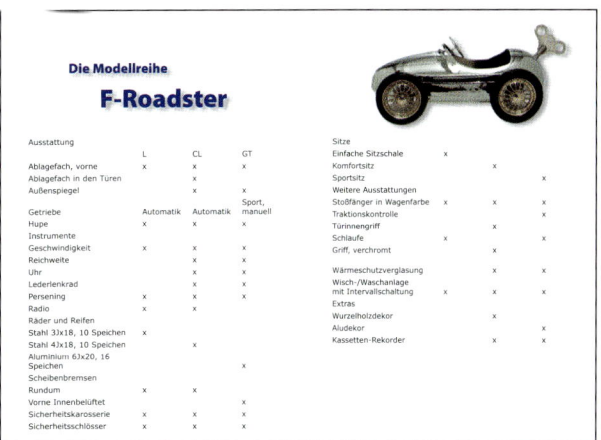

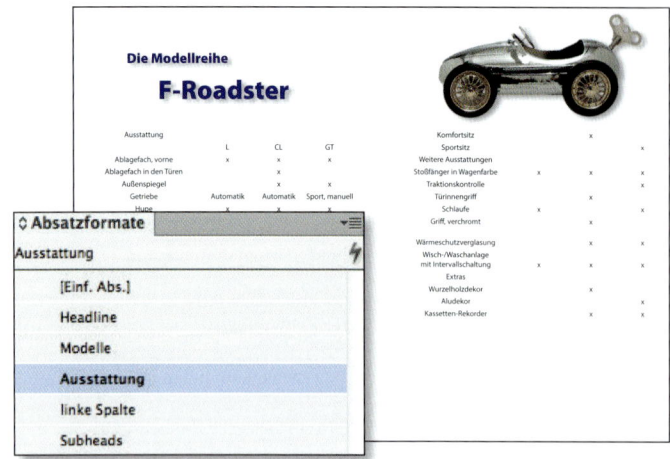

4 Wenden Sie ein Absatzformat an

Um böse Überraschungen zu vermeiden, wenden Sie zuerst ein Absatzformat an.

Wählen Sie dafür die gesamte Tabelle aus, und weisen Sie über das Absatzformate-Bedienfeld das Absatzformat »Ausstattung« zu. Ansonsten könnte es dazu kommen, dass einige Zellen nicht formatiert werden, und dies ist bestimmt nicht in Ihrem Sinne.

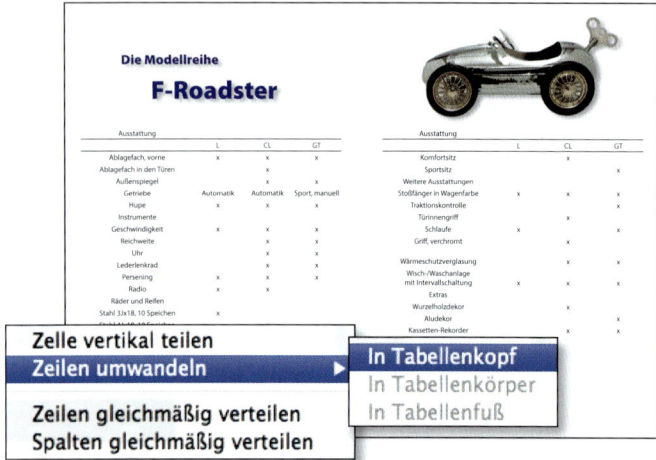

5 Tabellenkopf einrichten

Leider ist Ihnen durch die Aktualisierung auch der Tabellenkopf verloren gegangen.

Wählen Sie die ersten beiden Zeilen der Tabelle aus, und wandeln Sie sie über das Menü TABELLE • ZEILEN UMWANDELN • IN TABELLENKOPF um.

Verbinden Sie anschließend noch die Zellen in der ersten Zeile, wie Sie es bereits gelernt haben.

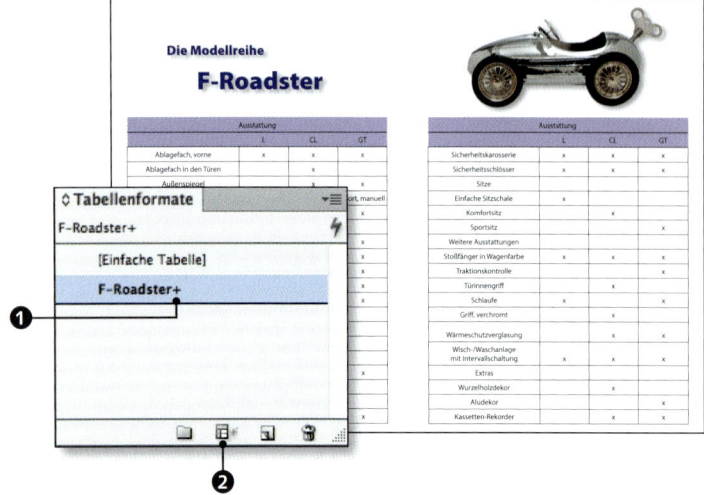

6 Tabellenformat anwenden

Lassen Sie nun Ihren Textcursor in der Tabelle blinken, und klicken Sie im Tabellenformate-Bedienfeld auf das Tabellenformat »F-Roadster«.

Dort wird nun durch ein Pluszeichen ❶ neben dem Tabellenformat »F-Roadster« angezeigt, dass nicht automatisch alle Formatierungen aus Excel umgewandelt wurden. Lassen Sie den Textcursor weiter in der Tabelle blinken, und klicken Sie auf die Schaltfläche ABWEICHUNGEN IN AUSWAHL LÖSCHEN ❷.

7 Formatieren Sie den Tabellenkopf

Wie das Tabellenformat können auch die Zellenformate Abweichungen aufweisen.

Wählen Sie die Kopfzeile »Ausstattung« aus. Sollte sie eine Abweichung anzeigen, gehen Sie auf die Schaltfläche ABWEICHUNGEN IN AUSWAHL LÖSCHEN ❸ unten im Zellenformate-Bedienfeld.

Danach wählen Sie die Zeile mit den Modellen aus, weisen ihr das Zellenformat »Modelle« zu und löschen gegebenenfalls auch hier die Abweichungen über die Schaltfläche.

8 Die linke Spalte bearbeiten

Da wir in Schritt 4 der gesamten Tabelle das Absatzformat »Ausstattung« zugewiesen haben, stimmt natürlich die linke Spalte nicht.

Wählen Sie die Zellen der linken Spalte mit dem Textwerkzeug T und gedrückter ⇧-Taste aus, indem Sie die Maus über die Zellen ziehen. Wenden Sie anschließend das Zellenformat »Linke Spalte« an, und löschen Sie auch hier die Abweichungen, wie ich es bereits beschrieben habe.

9 Finetuning

Sie können nun, wenn Sie möchten, noch das Zellenformat »Subheads« auf die Zellen »Instrumente«, »Räder und Reifen«, »Scheibenbremsen«, »Sitze«, »Weitere Ausstattungen« und »Extras« anwenden. Und falls es notwendig ist, können Sie noch den Tabellenrahmen und die Gitternetzlinien bearbeiten.

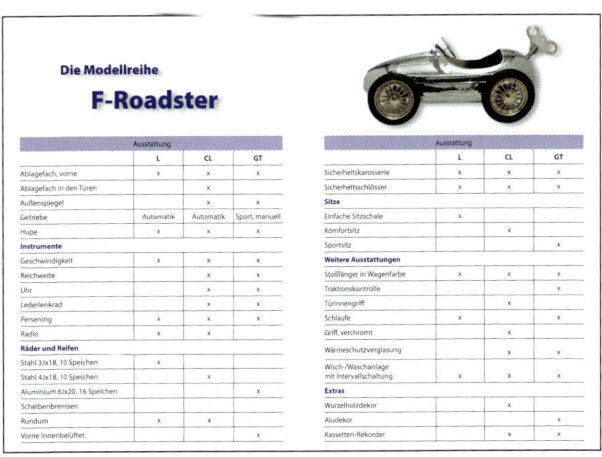

Fazit: Zaubern können weder das Zellen noch das Tabellenformat, doch die Arbeitsschritte sind nach einer Aktualisierung noch überschaubar, sodass Sie viel Zeit sparen.

Lange Dokumente

Mit den Funktionen für lange Dokumente bringen Sie Schwung in Ihre Gestaltungsarbeiten und beschleunigen Ihren Arbeitsprozess. Seien Sie Multiplikator, und verteilen Sie die aktuellen Logos, Templates und Tabellen in Form einer Bibliothek. Arbeiten Sie mit Mustervorlagen, und setzen Sie automatische Seitenzahlen ein. Importieren Sie langen Text mit wenigen Mausklicks. Erstellen Sie Kapitel, und fügen Sie diese zu einem Buch zusammen. Erleichtern Sie dem Leser das Suchen und Finden, und setzen Sie einen Index oder ein Inhaltsverzeichnis ein.

Verankerte Objekte einsetzen

Lassen Sie Objekte im Text mitlaufen

Oft wird gewünscht, dass Objekte im Text mitlaufen, z. B. in Info- bzw. Marginalspalten. Dies geschieht, indem die Objekte im Fließtext verankert werden. In diesem Workshop zeige ich Ihnen, wie Sie diese Verankerungen erstellen. Außerdem lernen Sie, Grafiken auf einfache Art und Weise in einen Text einzubinden und Text mit einer Grafik zu füllen.

Ausgangsdatei

- Bilder und Kästen einsetzen

[Ordner: 01_Verankerte_Objekte]

Vorher

Beschäftigungen mit dem Hund

Springen über die Leine

Eine der leichtesten Übungen für den „Hund" ist das Springen. Viele erfahrene Hundebesitzer können davon bestimmt ein Lied singen.
Warum sollen Sie sich diese Begabung nicht zu Nutze machen? Eine Leine haben Sie sicherlich immer dabei.

Binden Sie die Leine in der Wohnung z. B. an einem Treppengeländer oder in der Natur an einer Bank oder Baum, und lassen Sie den „Hund" darüber springen.
Nach spätestens 3 Hopps, hat Ihr „Hund" Feuer gefangen, und will nicht mehr aufhören.

Leckerchen verstecken

Egal ob drin oder draußen. Sie können den „Hund" mit diesem Suchspiel immer fordern.

Beginnen Sie diese Übung vorerst damit, dass Sie das Leckerchen an der Nase vom „Hund" ca. 1-2 Meter wegwerfen, und rufen Sie dabei „Such". Belohnen Sie den „Hund" nach dem Fund mit Streicheln und „Fein". Das Leckerchen hat ja der „Hund" erbeutet.
Erweitern Sie die Distanz nach und nach so weit, dass Sie das Leckerchen noch sehen können.
Findet Ihr Hund das Leckerchen nicht, so führen Sie ihn immer wieder daran, und rufen Sie immer wieder „Such".
Hat sich der „Hund" an die Distanz gewöhnt, können Sie anfangen das Leckerchen zu verstecken. Beginnen Sie dabei auch hier mit kleinen Distanzen, und geben Sie dem „Hund" Hilfe, wenn er sie braucht. In der Regel hat der „Hund" auch das Suchen schnell begriffen.

Slalom um Flaschen

Eine nette Übung für die Wohnung oder den Garten ist, wenn einen Flaschen-Parcours aufstellen. Stellen Sie dafür 5 Plastikflaschen mit 1 Meter Abstand auf.
Wichtig ist dabei, dass der Parcours einige Zeit stehen bleiben kann. Sobald der „Hund" diese Übung kann, können Sie andere Standorte oder auch mehr Flaschen aufstellen.

Führen Sie mit dem Finger und einem Leckerchen in der Hand den „Hund" im Slalom um die Flaschen. Halten Sie dabei, für die ersten Übungen, die Hand sehr weit unten.
Später nehmen Sie die Hand immer höher, bis Sie im aufrechten Gang an den Flaschen vorbei gehen, und nur noch mit dem Finger die Richtung anzeigen.

Das Leckerchen gibt es immer erst nach der Übung.

Von Tüte zu Tüte

Ein sehr anspruchsvolle Übung ist das Sitzen auf Plastiktüten. Diese sind nicht nur kalt, sondern machen auch noch Geräusche. Haben Sie daher Geduld, bis diese Übung klappt.

Legen Sie in der Wohnung, dem Garten oder auf einer öffentlichen Wiese ein Paar große bunte Plastiktüten aus.
Lassen Sie den „Hund" „Fuß" laufen und auf jeder Tüte „Sitz" oder auch „Platz" machen.

Nachher

Beschäftigungen mit dem Hund

Tipp: Kleine Hunde können wegen dem geringen Gewicht besser springen, als große Hunde. Wiederholen Sie daher diese Übung bei großen Hunden nicht zu oft. Es kann zu gesundheitlichen Problemen kommen.

Springen über die Leine

Eine der leichtesten Übungen für den „Hund" ist das Springen. Viele erfahrene Hundebesitzer können davon bestimmt ein Lied singen.
Warum sollen Sie sich diese Begabung nicht zu Nutze machen? Eine Leine haben Sie sicherlich immer dabei.

Binden Sie die Leine in der Wohnung z. B. an einem Treppengeländer oder in der Natur an einer Bank oder Baum, und lassen Sie den „Hund" darüber springen.
Nach spätestens 3 Hopps, hat Ihr „Hund" Feuer gefangen, und will nicht mehr aufhören.

Leckerchen verstecken

Egal ob drin oder draußen. Sie können den „Hund" mit diesem Suchspiel immer fordern.

Beginnen Sie diese Übung vorerst damit, dass Sie das Leckerchen an der Nase vom „Hund" ca. 1-2 Meter wegwerfen, und rufen Sie dabei „Such". Belohnen Sie den „Hund" nach dem Fund mit Streicheln und „Fein". Das Leckerchen hat ja der „Hund" erbeutet.
Erweitern Sie die Distanz nach und nach so weit, dass Sie das Leckerchen noch sehen können.
Findet Ihr Hund das Leckerchen nicht, so führen Sie ihn immer wieder daran, und rufen Sie immer wieder „Such".
Hat sich der „Hund" an die Distanz gewöhnt, können Sie anfangen das Leckerchen zu verstecken. Beginnen Sie dabei auch hier mit kleinen Distanzen, und geben Sie dem „Hund" Hilfe, wenn er sie braucht. In der Regel hat der „Hund" auch das Suchen schnell begriffen.

Tipp: Verwenden Sie immer die gleichen Leckerchen, damit der Hund das Suchen mit diesem Leckerchen verknüpft.

Slalom um Flaschen

Eine nette Übung für die Wohnung oder den Garten ist, wenn einen Flaschen-Parcours aufstellen. Stellen Sie dafür 5 Plastikflaschen mit 1 Meter Abstand auf.
Wichtig ist dabei, dass der Parcours einige Zeit stehen bleiben kann. Sobald der „Hund" diese Übung kann, können Sie andere Standorte oder auch mehr Flaschen aufstellen.

Führen Sie mit dem Finger und einem Leckerchen in der Hand den „Hund" im Slalom um die Flaschen. Halten Sie dabei, für die ersten Übungen, die Hand sehr weit unten.
Später nehmen Sie die Hand immer höher, bis Sie im aufrechten Gang an den Flaschen vorbei gehen, und nur noch mit dem Finger die Richtung anzeigen.

Das Leckerchen gibt es immer erst nach der Übung.

Von Tüte zu Tüte

Ein sehr anspruchsvolle Übung ist das Sitzen auf Plastiktüten. Diese sind nicht nur kalt, sondern machen auch noch Geräusche. Haben Sie daher Geduld, bis diese Übung klappt.

Legen Sie in der Wohnung, dem Garten oder auf einer öffentlichen Wiese ein Paar große bunte Plastiktüten aus.
Lassen Sie den „Hund" „Fuß" laufen und auf jeder Tüte „Sitz" oder auch „Platz" machen.

Tipp: Nehmen Sie, wenn Möglich, unterschiedliche Farben der Tüten. So bleibt das Spiel immer spannend.

Fotos: Andrea Forst

Bearbeitungsschritte

- Text mit einem Bild fülle
- Text durch eine Grafik ersetzen
- Verankerte Objekte einfügen

1 Text in Pfade umwandeln

Öffnen Sie die Datei »Verankerte_Objekte.indd«, und wählen Sie in der Headline mit dem Textwerkzeug ⊤ das Wort »Hund« aus. Gehen Sie danach in das Menü SCHRIFT • IN PFADE UMWANDELN.

Der umgewandelte Text wird jetzt wie eine eingebundene Grafik behandelt. Sehen wir uns einmal an, was man damit machen kann.

2 Text mit einem Bild füllen

Wählen Sie den Text mit dem Auswahlwerkzeug ▶ aus, und platzieren Sie ein Bild in den Text. Ich habe mich für das Bild »Dennis_Balkon.tif« entschieden, Sie können aber auch Bilder aus Ihrer Sammlung einfügen.

Kopieren Sie danach das Wort bzw. die Grafik »Hund« mit ⌘/Strg+C in die Zwischenablage. Fügen Sie die Grafik danach auf der Montagefläche über ⌘/Strg+V wieder ein.

3 Grafik in den Text einbinden

Sie können eine Grafik einfach in den Text einbinden, sodass diese im Text mitläuft. Skalieren Sie die neue Grafik auf eine Höhe von ca. »3 mm«, und kopieren Sie sie über ⌘/Strg+C in die Zwischenablage.

Wählen Sie nun mit dem Textwerkzeug ⊤ das Wort »Hund« in der ersten Zeile aus, und fügen Sie die Grafik über ⌘/Strg+V in die Markierung ein ❶.

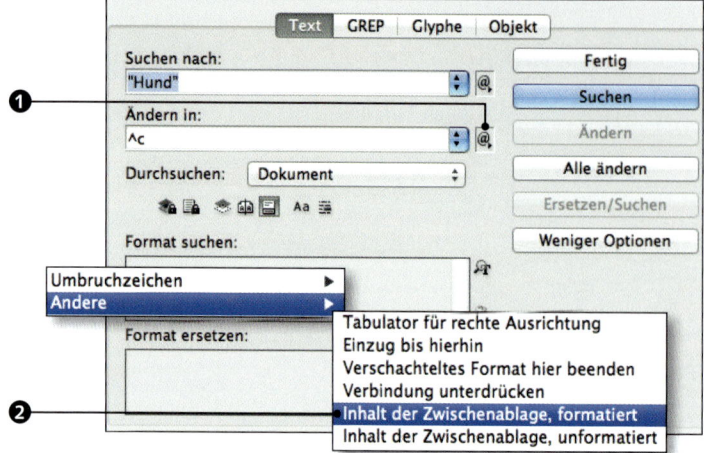

4 Suchen/Ersetzen benutzen

Mit SUCHEN/ERSETZEN ist es sogar möglich, mit Grafiken gefüllten Text einfügen zu lassen. Kopieren Sie dazu das Logo erneut in die Zwischenablage. Öffnen Sie über BEARBEITEN • SUCHEN/ERSETZEN den Dialog, und geben Sie unter SUCHEN NACH »"Hund"« ein. Unter ÄNDERN IN klicken Sie auf die Schaltfläche ❶ und wählen unter ANDERE • INHALT DER ZWISCHENABLAGE, FORMATIERT ❷. Klicken Sie auf ALLE ÄNDERN. Die Textgrafik wird eingefügt.

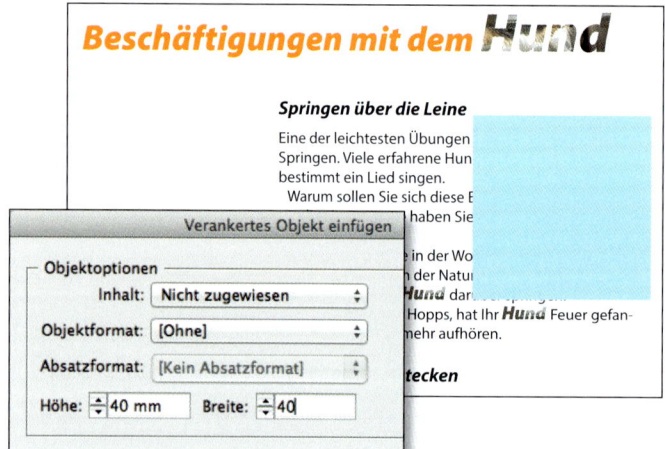

5 Verankerte Objekte einfügen

Durch das Verankern von Objekten können Sie diese so mit dem Text verbinden, dass sie mit dem Text mitlaufen.

Wenn Sie sich noch in der Layoutphase befinden und noch nicht wissen, welches Objekt genau eingefügt werden soll, können Sie einen Platzhalter einfügen und ihn anschließend einfärben. Dazu stellen Sie den Textcursor an den Beginn eines Absatzes und gehen in das Menü OBJEKT • VERANKERTES OBJEKT • EINFÜGEN. Wir gehen aber einen anderen Weg. Klicken Sie deshalb auf ABBRECHEN.

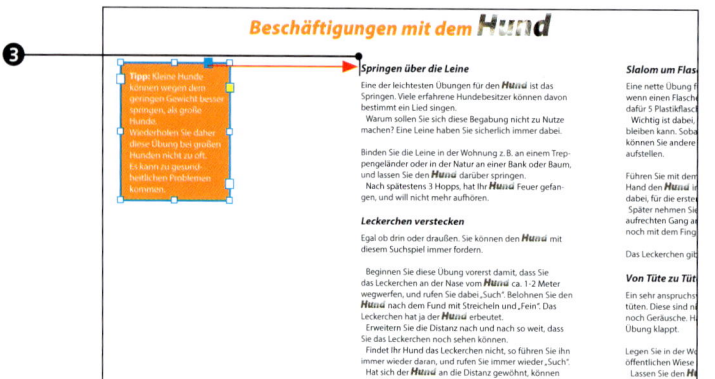

6 Das blaue Quadrat

Es ist Ihnen bestimmt aufgefallen, dass sich links und rechts noch weitere Objekte neben den Seiten befinden.

Wählen Sie mit dem Auswahlwerkzeug ▶ den oberen Textrahmen neben der Seite 1 aus. Sie finden oben rechts ein blaues Quadrat. Klicken Sie auf dieses, und halten Sie die Maustaste gedrückt. Ziehen Sie es nun in die erste Zwischenüberschrift, und lassen Sie die Maustaste los, wenn Sie vor dem ersten Wort einen Balken ❸ finden.

Tipp: Setzen Sie bei Suchen/Ersetzen das zu ersetzende Wort in Anführungszeichen. So vermeiden Sie, dass z.B. auch »Hundebesitzer« geändert wird.

7 Relativ zum Bund

Ein kleiner Exkurs zwischendurch: Wenn Sie mit einem doppelseitigen Dokument arbeiten, muss sich die sogenannte Marginalspalte auf der linken Seite links und auf der rechten Seite rechts befinden. Dies erreichen Sie, indem Sie im Dialog VERANKERTES OBJEKT EINFÜGEN die Option RELATIV ZUM BUND ❺ aktivieren. Dadurch werden Ihre verankerten Objekte immer zum Buchrücken ❹ hin ausgerichtet, egal welche Änderungen am Text vorgenommen werden. Wir werden das Fenster im nächsten Schritt öffnen.

8 Optionen der Verankerung

Aktivieren Sie ggf. den verankerten Rahmen, und wählen Sie OBJEKT • VERANKERTES OBJEKT • OPTIONEN. Hier legen Sie die Position für das Objekt fest. Sie richtet sich dabei immer nach dem eingefügten Sonderzeichen für das verankerte Objekt ¥. Aktivieren Sie die Option RELATIV ZUM BUND. Stellen Sie unter VERANKERTES OBJEKT den Bezugspunkt auf der linken Seite oben links ❻ ein. Die rechte Seite wird automatisch angepasst. Jetzt wird das Objekt an der oberen linken bzw. rechten Ecke den Einstellungen gemäß positioniert.

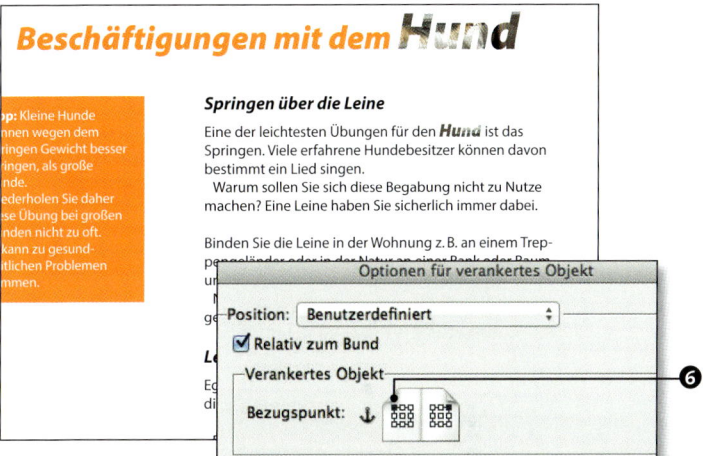

9 Verankerte Position

Über VERANKERTE POSITION können Sie nun das verankerte Objekt genau positionieren. Stellen Sie zunächst den BEZUGSPUNKT auf links bzw. rechts ❼.

Danach geben Sie unter X RELATIV ZU den Wert »44 mm« ein, und unter Y RELATIV ZU stellen Sie den Wert »–3 mm« ein.

Mit dem X-Wert richten Sie das Objekt horizontal und mit dem Y-Wert logischerweise vertikal aus.

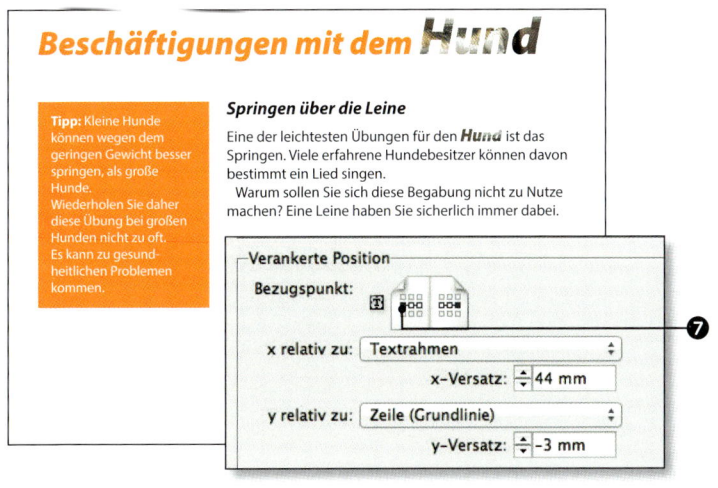

Tipp: Wir haben nur ein Objekt verankert und verschoben. Sie müssen jedoch jedes Objekt separat positionieren. Dafür müssen Sie immer wieder in die Optionen gehen.

Arbeiten mit Mustervorlagen

Benutzen Sie die automatische Seitenzählung

Mustervorlagen sind eine sehr praktische Erfindung, denn jedes Element, das Sie auf einer Mustervorlage einfügen, erscheint identisch auf allen weiteren Seiten des Dokuments, die auf der Vorlage beruhen. In diesem Workshop zeige ich Ihnen, wie Sie mit Mustervorlagen arbeiten und hierarchische Mustervorlagen erstellen und anwenden. Doch damit nicht genug: Ich zeige Ihnen auch, wie Sie schnell eine große Textmenge einfließen lassen können.

Bearbeitungsschritte

- Mustervorlagen erstellen
- Hierarchie anlegen
- Text einfließen lassen

[Ordner: 02_Mustervorlagen]

Kerouac wiederum meißelt ihm als Hauptfigur (»Dean Moriarty«) seines bekanntesten.
Gelegenheitsjobs

In den Jahren ab 1941 übte Jack Kerouac – wie er selbst angibt – »alles mögliche« aus, im einzelnen Jobs als Tankwart, Bremser bei der Eisenbahn, Eisverkäufer, Bahnhofsarbeiter, Gepäckträger, Baumwollpflücker, Möbelpackergehilfe, Blechverarbeitungslehrling beim Bau des Pentagon (1942), Bauarbeiter und Brandwache im Forstdienst. Alles Stationen einer Reise durch den Kontinent Amerika, die seinem späteren literarischen Werk als loses Gerüst dienen sollen – abgesehen von jenem unendlich gewaltigeren Gefühls-Kontinent, den Kerouac mit vorher nicht dagewesener Spontanität und Unmittelbarkeit einer ureigenen Sprache vor unserem inneren Auge ausbreitet. 1950 erscheint sein erster Roman »The Town and the City«, 1955 Stipendium der National Academy of Arts and Letters. Nach Erscheinen des rasch zum Kultbuch avancierenden »On the Road« im Jahre 1957 hat Jack Kerouac – wie es Allen Ginsberg in der Einleitung zu »Howl« formuliert – »Intelligenz in elf Bücher hineingesprudelt, die in halb so vielen Jahren geschrieben wurden«. Die ersten beiden erschienen, sicher nicht ohne Druck seitens der Verleger, die den schnellen Dollar eines Nachfolge-Geschäfts witterten, bereits im darauffolgenden Jahr. Nach siebenjährigem Kampf

um die Durchsetzung seines lange verschmähten individuellen Stils nahm Kerouac frustriert und angewidert zur Kenntnis, daß seitdem sich ein kommerzieller Erfolg eingestellt hatte, er von der Verleger- und Kritiker-Schickeria in den höchsten Tönen gelobt wurde, gern gesehener Gast in Talk-Shows war und das Image, das um ihn herum gezimmert wurde, mit seinem eigentlichen Wesen nicht mehr allzu viel gemein hatte. Zwei Jahre vor seinem Tod am 21. Oktober 1969 in St. Petersburg/Florida veröffentlicht der innerlich längst emigrierte Vielschreiber die »Vanity of Duluoz«, einen romanhaften Report über »Eine abenteuerliche Erziehung«, durchtränkt mit der pessimistischen Tinte eines 45jährigen, der zeit seines Lebens durch Amerika und neue Länder umhergeschwirrt war, um »alles kennenzulernen«. Was – um Seymour Krim zu zitieren – »die unfallsicheren Eskapaden, denen sich die Mehrheit der jungen amerikanischen Literaten damals hingab, lächerlich erscheinen ließ«.

Die Rede ist von einer »Generation«. Mit reizüberfluteter Selbstverständlichkeit schlucken wir einen solchen Begriff. Unsere Zeit ist unzweifelhaft geprägt von »trendy« Slogans, von wohlklingenden Schlagworten, die zumeist eher auf unseren Griff in den Geldbeutel abzielen, als daß sie uns einen inhaltlichen Sinn vermitteln wollen. Das man eine Wortschöpfung wie »Beat-Generation« zunächst relativieren

1 Was sind Mustervorlagen?

Mustervorlagen oder Musterseiten sind eine wichtige Funktion von InDesign: Auf Mustervorlagen platzieren Sie Grafiken, Bilder, Texte oder Logos, die auf mehreren Seiten passgenau dargestellt werden sollen. Automatische Seitenzahlen (Pagina) können sogar ausschließlich auf einer Mustervorlage erstellt, eingerichtet und bearbeitet werden.

Mustervorlagen werden meistens in langen Dokumenten, wie z. B. Büchern, eingesetzt.

2 Eine Mustervorlage erstellen

Öffnen Sie die Datei »Mustervorlage. indd«, und gehen Sie in das Seiten-Bedienfeld. Wundern Sie sich nicht: Die Beispieldatei enthält nur eine leere Seite.

Im Bedienfeldmenü wählen Sie NEUE MUSTERSEITE. Erstellen Sie hierüber nacheinander drei verschiedene Mustervorlagen, und geben Sie jeder von ihnen einen informativen Namen ❶, z. B. »Seitenzahlen«, »Kopf« und »Inhalt«. Das PRÄFIX wird von InDesign automatisch ergänzt.

3 Mustervorlagen einrichten

Wechseln Sie per Doppelklick auf das Wort B-SEITENZAHLEN im Seiten-Bedienfeld zu dieser Mustervorlage. Richten Sie nun dort an den Positionen 10 mm (vertikal) und 200 mm (horizontal) Hilfslinien ein. Auf der rechten Seite lassen Sie eine vertikale Hilfslinie an der Position 135 mm (bzw. je nach Lineal-Voreinstellung bei 280 mm) fallen. Ziehen Sie auf jeder Seite einen Textrahmen auf, und fügen Sie in ihn über SCHRIFT • SONDERZEICHEN EINFÜGEN • MARKEN • AKTUELLE SEITENZAHL ❷ einen Seitenzahlenplatzhalter ein.

Tipp: In der Mustervorlage wird die Seitenzahl mit dem jeweiligen Präfix (d. h. Platzhalter) angezeigt, hier »B«.

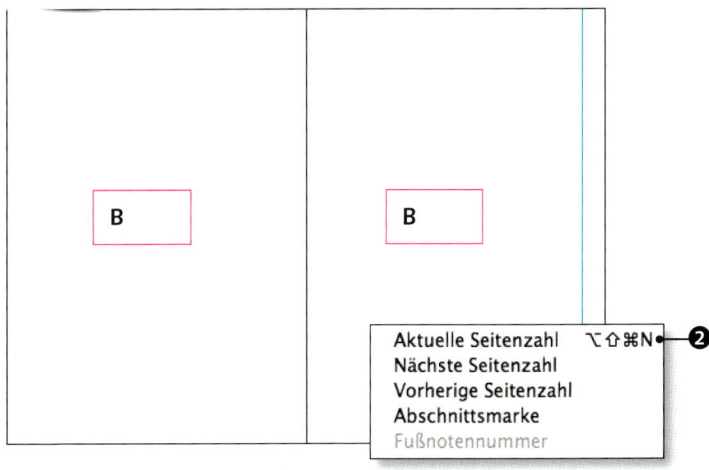

4 Die Seitenzahlen formatieren

Sie können die Seitenzahl wie jeden anderen Text auch formatieren. Wählen Sie dafür das Sonderzeichen auf der rechten Seite mit dem Textwerkzeug T. aus, und richten Sie es über das Absatz-Bedienfeld rechtsbündig aus.

Positionieren Sie anschließend beide Seitenzahlen an die Hilfslinien, sodass sich die Schriftunterkante an der unteren Hilfslinie befindet. Für die Schriftart lasse ich Ihnen freie Hand, doch sollten Sie die Schriftgröße auf maximal »10 Pt« einstellen.

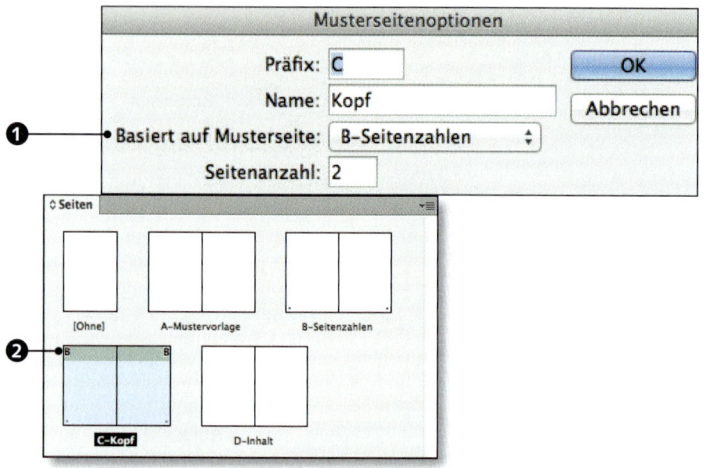

5 Die Mustervorlage »Kopf« einrichten

Wählen Sie mit gedrückter ⇧-Taste die beiden Seiten der Mustervorlage »Kopf« aus, und doppelklicken Sie auf die Seiten. Ziehen Sie nun von oben links einen farbigen Rahmen in den Maßen »290 x 40 mm« auf.

Wählen Sie im Bedienfeldmenü MUSTERSEITENOPTIONEN FÜR »C-KOPF« aus. Hier stellen Sie unter BASIERT AUF MUSTERSEITE ❶ »B-Seitenzahlen« ein.

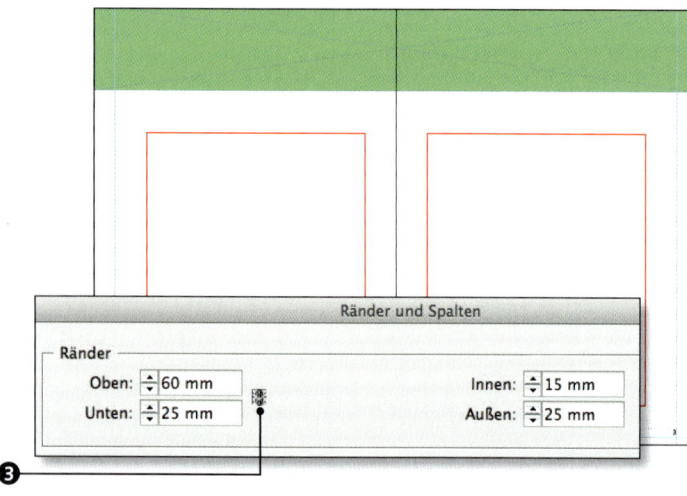

6 Die Mustervorlage »Inhalt« einrichten

Wählen Sie, wie in Schritt 5 beschrieben, die beiden Seiten der Mustervorlage »Inhalt« aus, und gehen Sie in das Menü LAYOUT • RÄNDER UND SPALTEN. Geben Sie für die Ränder die nebenstehenden Werte ein. Achten Sie darauf, dass die Kette ❸ geöffnet ist, ansonsten haben Sie alle Ränder auf »60 mm« eingestellt.

Lassen Sie danach diese Mustervorlage über die MUSTERSEITENOPTIONEN FÜR »D-INHALT« auf der Vorlage »C-Kopf« basieren.

> **Tipp:** Auf den Mustervorlagenseiten können Sie über das Präfix ❷ ablesen, auf welcher Mustervorlage diese basiert.

7 Text einfließen lassen

Wählen Sie mit der ⇧-Taste die Seiten der Mustervorlage »D-Inhalt« aus, und ziehen Sie diese in das eigentliche Seiten-Bedienfeld, um auf der Mustervorlage basierende Seiten anzulegen. Gehen Sie dann auf Seite 2, und platzieren Sie den Text »Mustertext.doc« in Ihr Dokument. Sobald der Text am Cursor angezeigt wird, halten Sie die ⇧-Taste gedrückt. Klicken Sie erst dann an den oberen linken Rand. Und schon hat InDesign Ihnen so viele Seiten wie nötig angelegt und den Text an den Rändern ausgerichtet.

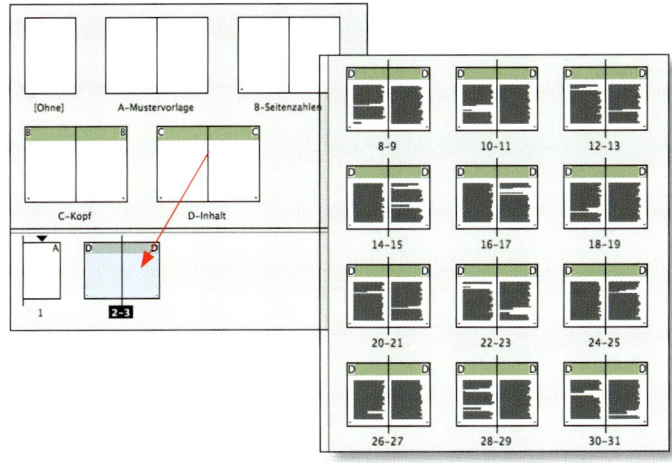

8 Ein Mustervorlagenobjekt ändern

Mustervorlagenobjekte sind auf den jeweiligen Seiten generell für Zugriffe gesperrt. Sollten Sie aber einmal ein einzelnes Objekt der Mustervorlage für eine Seite ändern wollen, benutzen Sie das Tastenkürzel ⌘/Strg + ⇧ und klicken auf der Seite auf das Objekt. Jetzt lässt sich das Objekt individuell ändern.

Wählen Sie auf diese Art den farbigen Balken auf einer Seite aus, und ändern Sie die Farbe.

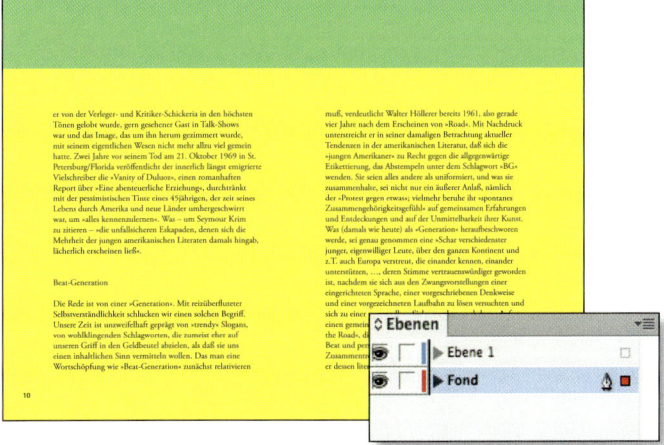

9 Die Seiten und die Ebenen

Mustervorlagenobjekte liegen in einem Dokument immer unter den Seitenobjekten. Möchten Sie aber auf einer Seite einen Fond einfügen, der über Mustervorlagenobjekte ragen soll, stehen Sie vor einem Problem.

Erstellen Sie in diesem Fall eine neue Ebene, und ziehen Sie diese nach unten. Hier können Sie nun den gewünschten Hintergrund anlegen.

Tipp: Wenn Sie einzelne Mustervorlagenobjekte verändern, dann haben diese keine Verbindung mehr zur Mustervorlage.

Fußnoten einsetzen

So gestalten Sie korrekte Verweise

Das Einfügen von Fußnoten ist in InDesign ein Kinderspiel: Ein rechter Mausklick, und die Fußnote ist da. Ich zeige Ihnen in diesem Workshop, wie Sie Fußnoten einsetzen und formatieren.

Ausgangsdatei

- Fußnoten fehlen

[Ordner: 03_Fussnoten]

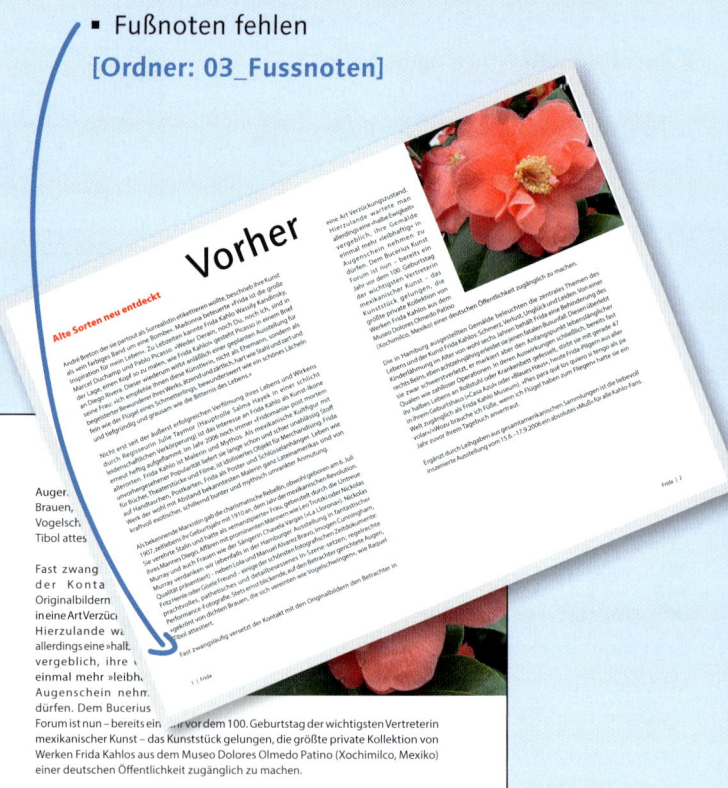

Bearbeitungsschritte

- Fußnoten einsetzen
- Fußnoten formatieren

Nachher

Alte Sorten neu entdeckt

André Breton[1] der sie partout als Surrealistin etikettieren wollte, beschrieb ihre Kunst als »ein farbiges Band um eine Bombe«. Madonna beteuerte »Frida ist die große Inspiration für mein Leben«. Zu Lebzeiten kannte Frida Kahlo[3] Wassily Kandinsky, Marcel Duchamp und Pablo Picasso. »Weder Derain, noch Du, noch ich, sind in der Lage, einen Kopf so zu malen, wie Frida Kahlo!« gesteht Picasso in einem Brief an Diego Rivera. Dieser wiederum wirbt anlässlich einer geplanten Ausstellung für seine Frau: »Ich empfehle Ihnen diese Künstlerin, nicht als Ehemann, sondern als begeisterter Bewunderer ihres Werks, ätzend und zärtlich, hart wie Stahl und zart und fein wie die Flügel eines Schmetterlings, bewundernswert wie ein schönes Lächeln und tiefgründig und grausam wie die Bitternis des Lebens.«

Nicht erst seit der äußerst erfolgreichen Verfilmung ihres Lebens und Wirkens durch Regisseurin Julie Taymor (Hauptrolle Salma Hayek in einer schlicht leidenschaftlichen Verkörperung) ist das Interesse an Frida Kahlo als Kunst-Ikone erneut heftig aufgeflammt. Im Jahr 2006 noch immer »Fridomania« post mortem allerorten. Frida Kahlo ist Malerin und Mythos. Als mexikanische Kultfigur mit unvorhergesehener Popularität liefert sie lange schon und schier unablässig Stoff für Bücher, Theaterstücke und Filme, ist idolisiertes Objekt für Merchandising. Frida auf Handtaschen, Postkarten, Frida als Poster und Schlüsselanhänger. Leben wie Werk der wohl mit Abstand bekanntesten Malerin ganz Lateinamerikas sind von kraftvoll exotischer, schillernd bunter und mythisch umranker Anmutung.

Als bekennende Marxistin gab die charismatische Rebellin, obwohl geboren am 6. Juli 1907, zeitlebens ihr Geburtsjahr mit 1910 an, dem Jahr der mexikanischen Revolution. Sie verehrte Stalin und hatte als »emanzipierte« Frau, gebeutelt durch die Untreue ihres Mannes Diego, Affären mit prominenten Männern wie Leo Trotzki oder Nickolas Murray und auch Frauen wie der Sängerin Chavela Vargas (»La Llorona«). Nickolas Murray verdanken wir (ebenfalls in der Hamburger Ausstellung in fantastischer Qualität präsentiert) – neben Lola und Manuel Alvarez Bravo, Imogen Cunningham, Fritz Henle oder Gisele Freund – einige der schönsten fotografischen Zeitdokumente: prachtvolles, pathetisches und detailbesessenes In-Szene-setzen; regelrechte Performance-Fotografie. Stets ernst blickende, auf den Betrachter gerichtete

Forum ist nun – bereits ein Jahr vor dem 100. Geburtstag der wichtigsten Vertreterin mexikanischer Kunst – das Kunststück gelungen, die größte private Kollektion von Werken Frida Kahlos aus dem Museo Dolores Olmedo Patino (Xochimilco, Mexiko) einer deutschen Öffentlichkeit zugänglich zu machen.

Die in Hamburg[2] ausgestellten Gemälde beleuchten die zentrales Themen des Lebens und der Kunst Frida Kahlos: Schmerz, Verlust, Unglück und Leiden. Von einer Kinderlähmung im Alter von wohl sechs Jahren behält Frida eine Behinderung des rechts Beins, eben achtzehnjährig erleidet sie jenen fatalen Busunfall. Diesen überlebt sie zwar schwerstverletzt, er markiert aber den Anfangspunkt lebenslänglicher Quälen wie zahlloser Operationen. In deren Auswirkungen schließlich, bereits fast ihr halbes Lebens an Rollstuhl oder Krankenbett gefesselt, stirbt sie mit gerade 47 in ihrem Geburtshaus (»Casa Azul« oder »Blaues Haus«, heute Frida-Pilgern aus aller Welt zugänglich als Frida Kahlo Museum). »Pies para qué los quiero si tengo als pa volar«/»Wozu brauche ich Füße, wenn ich Flügel haben zum Fliegen« hatte sie ein Jahr zuvor ihrem Tagebuch anvertraut.

Ergänzt durch Leihgaben aus gesamtamerikanischen Sammlungen ist die liebevoll inszenierte Ausstellung vom 15.6.–17.9.2006 ein absolutes »Muß« für alle Kahlo-Fans.

---

1 Siehe auch Frühjahrsblüher
2 Der Hibiskus bekam seinen Namen 1928

3 Frida ist eine sehr robuste Pflanze

1 Erstellen Sie Fußnoten

Öffnen Sie die Datei »Fussnoten.indd«. Wählen Sie das Textwerkzeug T. aus, und lassen Sie den Textcursor an der Stelle im Text blinken, an der auf eine Fußnote verwiesen werden soll. Rufen Sie das Kontextmenü über die rechte Maustaste oder die Ctrl-Taste auf. Dort wählen Sie die Option FUSSNOTE EINFÜGEN **1**.

2 Den Fußnotentext eingeben

Haben Sie eine Fußnote eingefügt, springt InDesign sofort an das untere Ende des Textrahmens. Es wird automatisch eine Linie und eine Ziffer mit einem Geviert-Leerzeichen und einem Tabulator gesetzt.

Geben Sie hinter dem Tabulator den gewünschten Text ein. Dies kann ein Querverweis auf andere Seiten im Buch sein oder ein Verweis auf andere Bücher.

Erstellen Sie so drei Fußnoten, wobei Sie auch auf Seite 2 eine Fußnote anlegen sollten.

3 Absatz- und Zeichenformate

Damit Sie später den Fußnotenverweis und die Fußnote formatieren können, erstellen Sie über das Absatzformate-Bedienfeld ein Absatzformat für die Fußnote **2** und über das Zeichenformate-Bedienfeld ein Zeichenformat für die Ziffer **3**. Orientieren Sie sich an den beiden Abbildungen rechts.

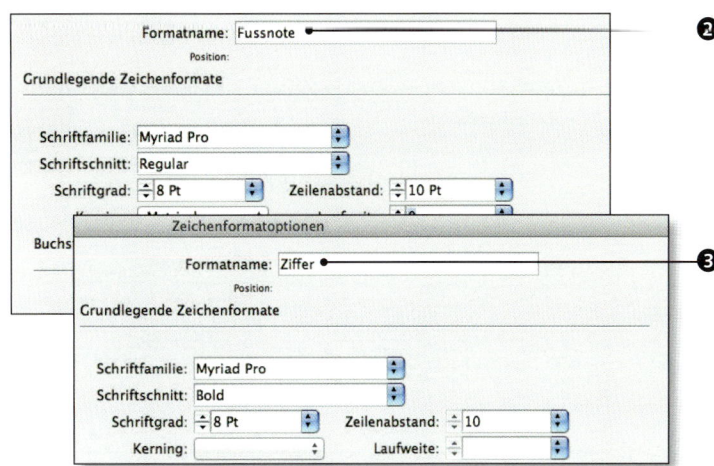

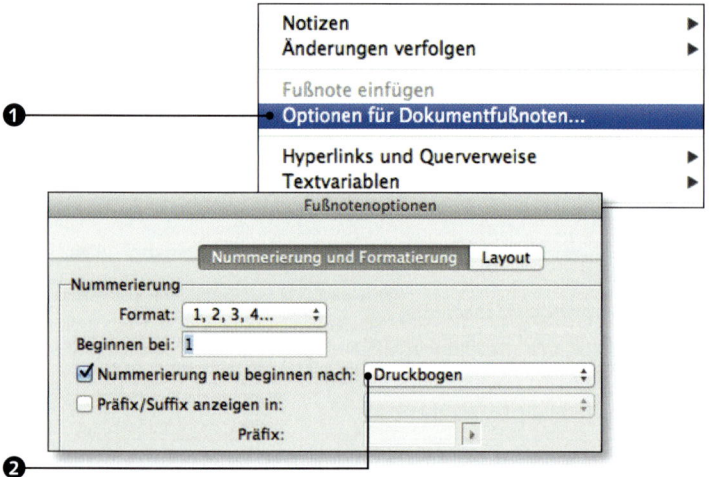

4 Nummerierung einrichten

Öffnen Sie über SCHRIFT • OPTIONEN FÜR DOKUMENTFUSSNOTEN ❶ den Dialog FUSSNOTENOPTIONEN. In der Rubrik NUMMERIERUNG UND FORMATIERUNG können Sie das FORMAT einstellen und z. B. auch eine alphabetische Nummerierung auswählen.

Aktivieren Sie NUMMERIERUNG NEU BEGINNEN NACH, und wählen Sie im Pop-up-Fenster DRUCKBOGEN ❷. Dadurch erreichen Sie, dass bei Doppelseiten eine durchgehende Nummerierung angewendet wird und nicht jede Seite wieder mit der Ziffer 1 beginnt.

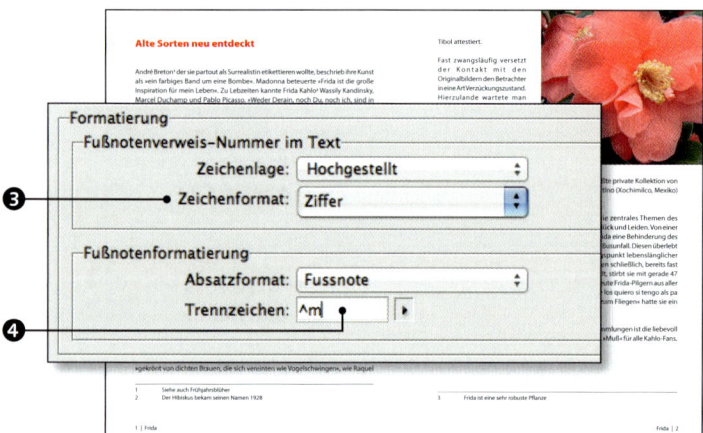

5 Die Fußnoten formatieren

Unter FUSSNOTENVERWEIS-NUMMER IM TEXT wählen Sie das von Ihnen erstellte Zeichenformat ZIFFER ❸ aus. Für die ZEICHENLAGE können Sie neben HOCHGESTELLT auch TIEFGESTELLT oder NORMAL auswählen. Für die FUSSNOTENFORMATIERUNG wählen Sie das von Ihnen erstellte Absatzformat FUSSNOTE und als TRENNZEICHEN ❹ das »Geviert« aus dem Pop-up-Menü. Sollten im Eingabefenster unter TRENNZEICHEN mehr Zeichen als in der Abbildung zu sehen sein, entfernen Sie alle Zeichen und setzen nochmals das Geviert-Zeichen ein.

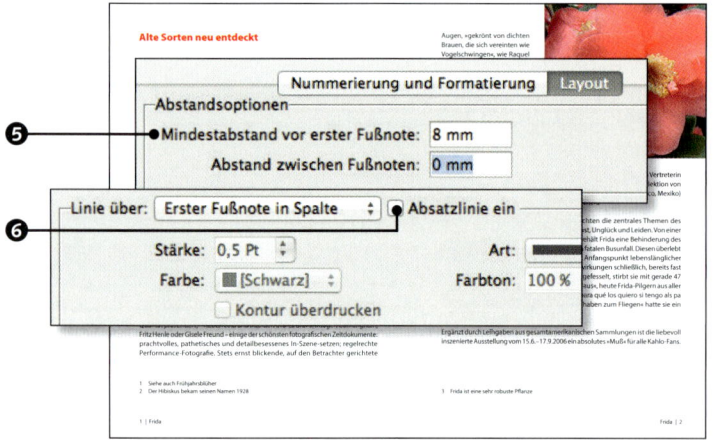

6 Bearbeiten Sie das Layout

Gehen Sie in das Fenster LAYOUT, und geben Sie unter ABSTANDSOPTIONEN • MINDESTABSTAND VOR ERSTER FUSSNOTE ❺ einen Abstand von »8 mm« ein.

Da wir vor der ersten Fußnote einen deutlichen Abstand eingesetzt haben, können wir auf eine LINIE ÜBER verzichten. Deaktivieren Sie dafür weiter unten im Fenster die Option ABSATZLINIE EIN ❻.

Eine Bibliothek einrichten

Für häufig verwendete Objekte ist dieses Tool nützlich

Eine InDesign-Bibliothek ist eine eigenständige Objektdatenbank, in der Sie nicht nur einzelne Objekte ablegen können. Es ist sogar möglich, ganze Seiten inklusive Formatierung in der Bibliothek zu speichern. In diesem Workshop zeige ich Ihnen, wie Sie sich das Leben erleichtern, indem Sie eine Bibliothek erstellen. Außerdem werden Sie sehen, was ein Snippet ist und wie Sie es anwenden.

Bearbeitungsschritte

- Bibliothek erstellen und anwenden
- Snippet erstellen und anwenden

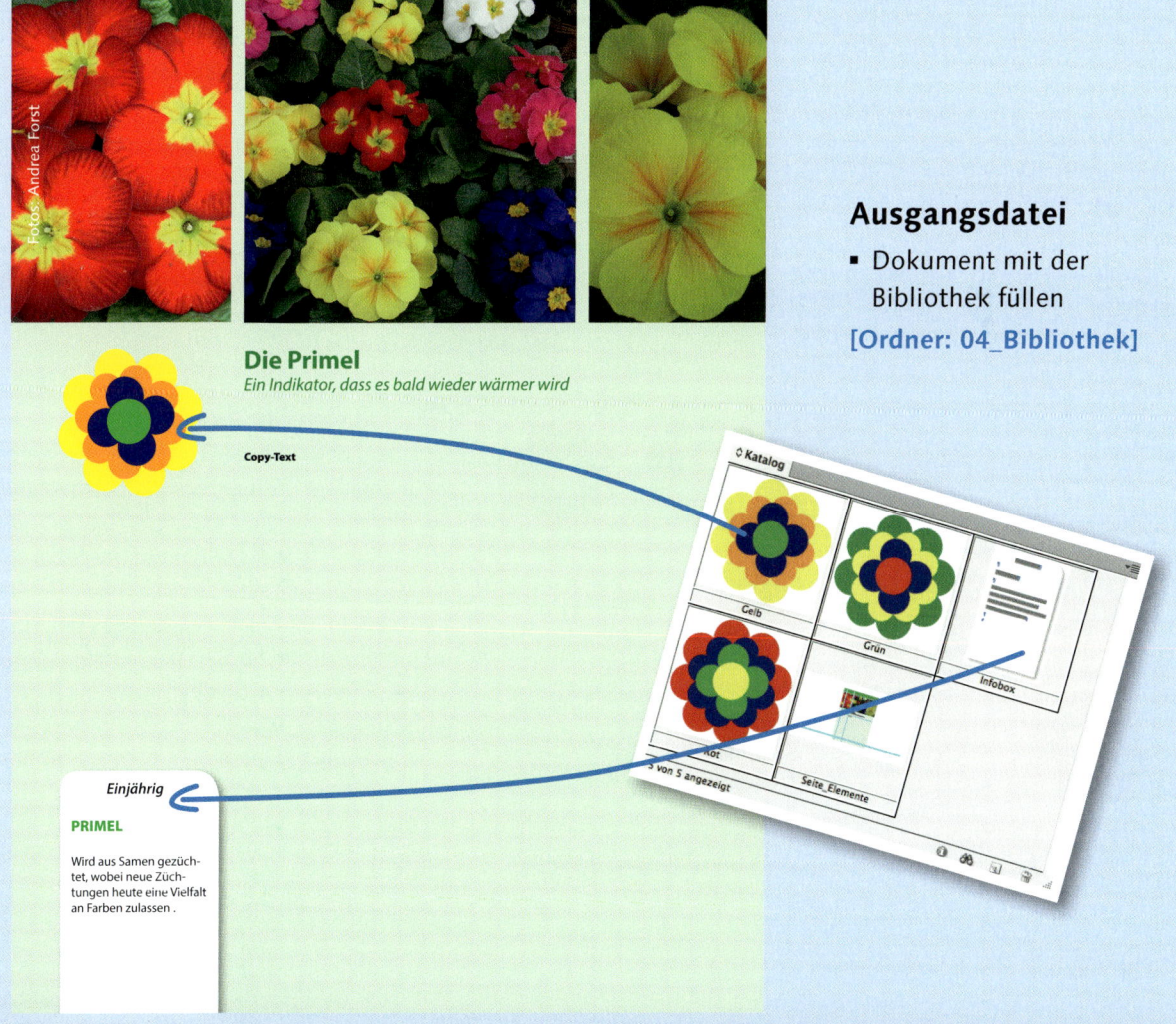

Fotos: Andrea Forst

Die Primel
Ein Indikator, dass es bald wieder wärmer wird

Copy-Text

Einjährig

PRIMEL

Wird aus Samen gezüchtet, wobei neue Züchtungen heute eine Vielfalt an Farben zulassen .

Katalog

Gelb   Grün   Infobox

Rot   Seite_Elemente

...5 von 5 angezeigt

Ausgangsdatei

- Dokument mit der Bibliothek füllen

[Ordner: 04_Bibliothek]

1 Erstellen Sie eine Bibliothek

Um eine Bibliothek zu erstellen, gehen Sie in das Menü DATEI • NEU • BIBLIOTHEK ❶. Der Dialog NEUE BIBLIOTHEK wird geöffnet. Vergeben Sie einen aussagekräftigen Namen, und speichern Sie die Bibliothek. Sobald Sie auf SICHERN geklickt haben, erscheint das Bibliothek-Bedienfeld, das allerdings noch leer ist. Eine Bibliothek lebt aber durch Ihre Vorlagen, daher füttern wir sie nun. Öffnen Sie dafür die Datei »Bibliothek.indd«.

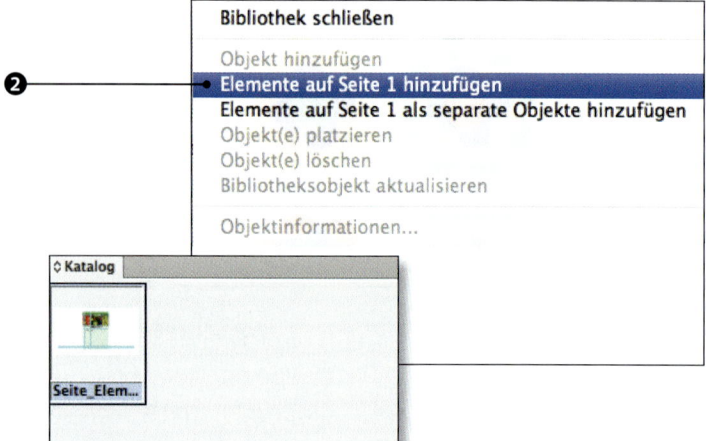

2 Bibliotheksobjekte erstellen

Wählen Sie alle Objekte auf Seite 1 mit dem Auswahlwerkzeug ⬆ aus, indem Sie es mit gedrückter Maustaste von außen über die Seite ziehen. Gehen Sie in das Bedienfeldmenü des Bibliothek-Bedienfelds. Dort wählen Sie ELEMENTE AUF SEITE 1 HINZUFÜGEN ❷.

Der Vorteil dieser Funktion ist, dass alle Elemente inklusive aller Hilfslinien an ihrer Originalposition in die Bibliothek übernommen und später auch eingefügt werden. Voraussetzung für das korrekte Einfügen ist, dass das gleiche Dokumentformat vorliegt.

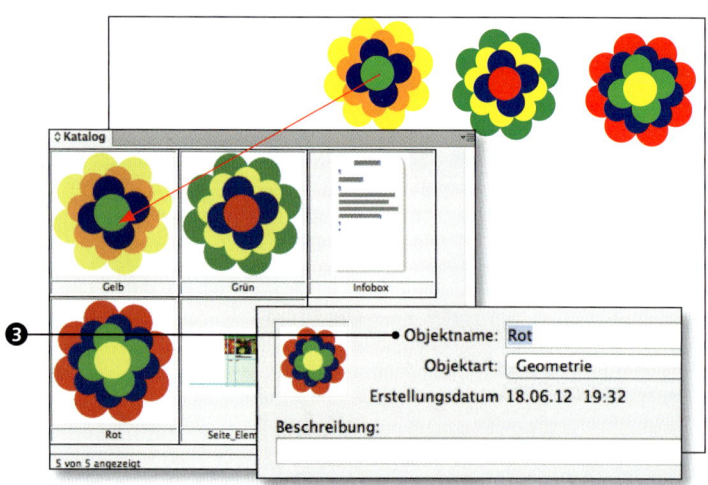

3 Füttern Sie die Bibliothek

Auf Seite 2 habe ich für Sie einige Objekte angelegt. Wählen Sie hier nacheinander die Blumen und die Infobox auf Seite 2 aus, und ziehen Sie jedes Objekt in das Bibliothek-Bedienfeld.

Mit einem Doppelklick auf eines der Elemente in dem Bibliothek-Bedienfeld können Sie unter OBJEKTNAME ❸ diesem einen sinvollen Namen geben.

4 Wenden Sie Bibliotheks-
objekte an

Ich habe für Sie in der Beispieldatei »Katalog.
indd« zwei leere Seiten erstellt.

Gehen Sie auf Seite 1, und wählen Sie im
Bibliothek-Bedienfeld die Miniatur »Seite_Ele-
mente« aus. Danach wählen Sie im Bedienfeldmenü OBJEKT(E) PLATZIEREN ❹. Die Seite
wird an der Originalposition eingefügt. Objekte ohne Hilfslinien lassen sich auch durch
Drag & Drop auf eine Seite ziehen. Versuchen
Sie das mit der Infobox oder einer Grafik.

5 Was ist ein Snippet?

Ein Snippet ist eine Datei, die Objekte
und deren Position auf einer Seite beschreibt.
Auch hier bleiben alle Objekte bearbeitbar,
doch auch hier ist die Voraussetzung, dass die
Dokumentgröße von Originaldatei und erstell-
ter Datei identisch ist.

Nachteilig gegenüber der Bibliothek ist,
dass Sie für die Snippets besser einen Ordner
anlegen sollten und dass Sie Snippets immer
wieder neu platzieren müssen, wenn die Ur-
sprungsdatei geändert wird.

6 Snippet erstellen und
einsetzen

Die Erstellung eines Snippets ist einfach.
Wählen Sie mit dem Auswahlwerkzeug [⬆] die
Objekte auf Seite 1 der Datei »Katalog.indd«
aus, und gehen Sie in das Menü DATEI • EX-
PORTIEREN. Wählen Sie hier einen Ordner aus
und anschließend unter FORMAT »InDesign-
Snippet« ❺.

Gehen Sie nun auf Seite 2 in unserem Dokument, und platzieren Sie das erstellte Snippet auf der Seite.

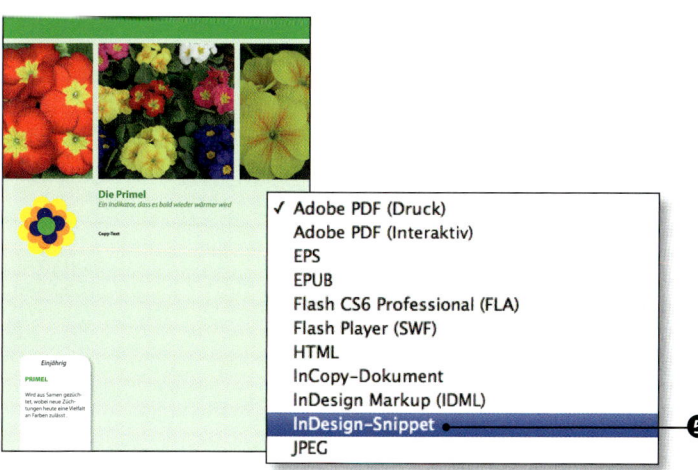

Tipp: Bibliotheken müssen nicht gespeichert werden. Alles, was Sie dort abgelegt haben, bleibt bis zum Löschen in der
Bibliothek.

Die Buchfunktion verwenden

Hier setzen Sie zusammen, was zusammengehört

Wenn Sie Dokumente mit mehr als 100 Seiten und vielen Bildern erstellen, kann die Arbeit über das Seiten-Bedienfeld sehr mühsam sein und das Speichern oder Öffnen einige Zeit in Anspruch nehmen. Über die Buchfunktion von InDesign können Sie Kapitel zusammensetzen, und es können mehrere Mitarbeiter an einem Buch arbeiten – das ist wirklich ein großer Vorteil.

Bearbeitungsschritte

- Buch erstellen
- Buch synchronisieren
- Automatische Seitenzahl für das Buch angeben

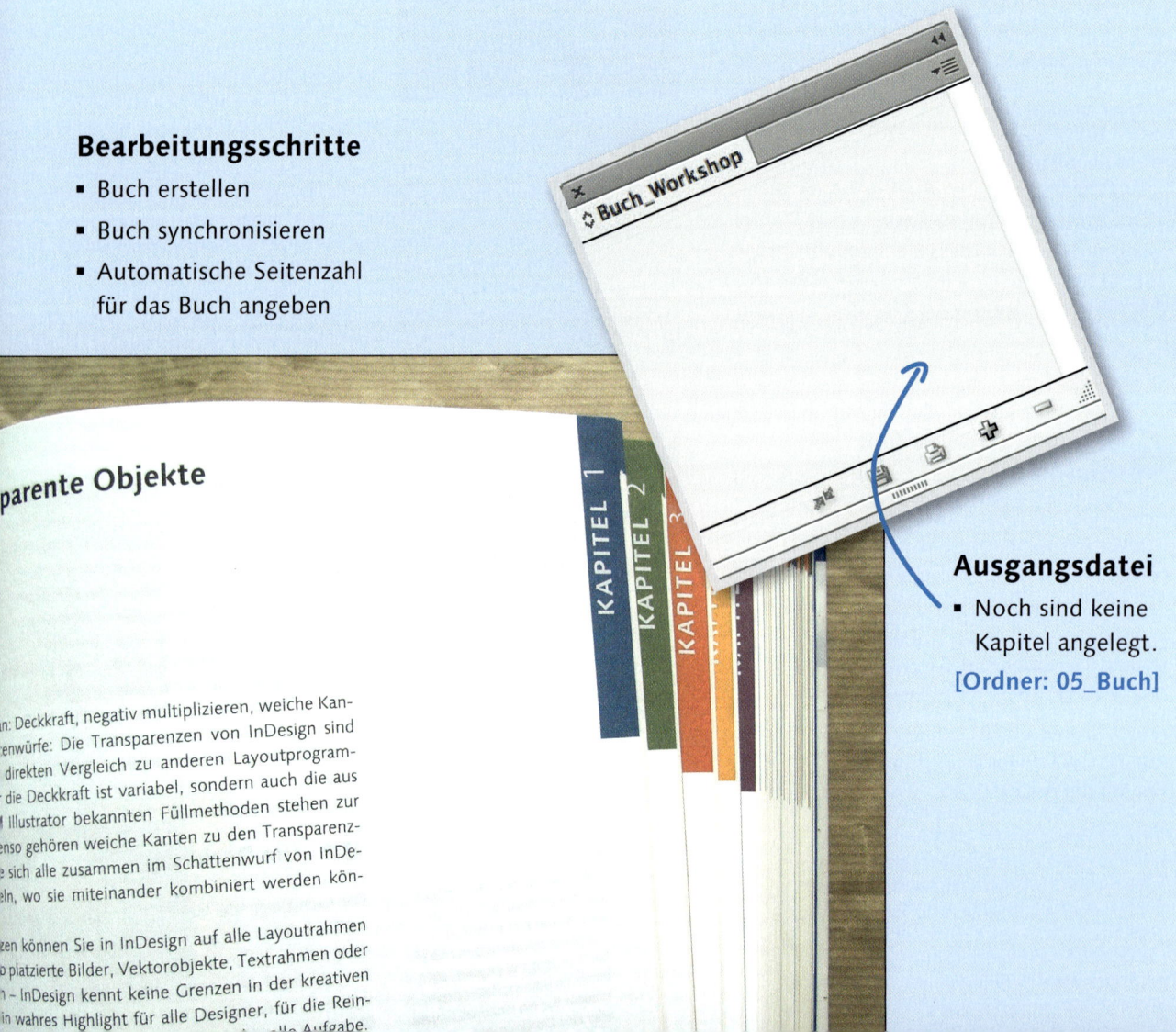

Ausgangsdatei
- Noch sind keine Kapitel angelegt.
  [Ordner: 05_Buch]

1 Erstellen Sie ein Buch

Gehen Sie in das Menü DATEI • NEU • BUCH. Sie werden sofort aufgefordert, anzugeben, wo Ihre Buch-Datei gespeichert werden soll. Ich habe den Übungsordner gewählt, Sie können aber jeden beliebigen Ordner verwenden. Speichern Sie die Buch-Datei ab.

Haben Sie die Buch-Datei gespeichert, erhalten Sie ein neues Bedienfeld: das Buch-Bedienfeld. Sie müssen dafür noch nicht einmal ein Dokument geöffnet haben.

2 Bestücken Sie das Buch

Klicken Sie auf das Pluszeichen ❶ unten in dem Bedienfeld, und wählen Sie nach und nach die fünf Dokumente aus dem Übungsordner aus.

Schneller geht es, wenn Sie im Bedienfeldmenü des Buch-Bedienfelds auf DOKUMENT HINZUFÜGEN klicken. Suchen Sie den Übungsordner 05_BUCH, wählen Sie die Dokumente »Kapitel_01.indd« bis »Kapitel_05.indd« mit gedrückter ⇧-Taste aus, und bestätigen Sie den Dialog. Die Dokumente werden jetzt alle in die Buch-Datei geladen.

3 Das Buch-Bedienfeld

Das Icon ❷ neben einem Dokument gibt die FORMATQUELLE an. Sie ist die Basis für alle Farbfelder, Absatz- und Zeichenformate im gesamten Buch. Durch Klick auf das Symbol FORMATE UND FARBFELDER MIT FORMATQUELLE SYNCHRONISIEREN ❹ wird die Formatquelle auf alle Dokumente angewandt.

Doppelklicken Sie auf ein Dokument im Buch-Bedienfeld, dann können Sie es öffnen. Neben dem Dokument erscheint in diesem Fall das Buchsymbol ❸.

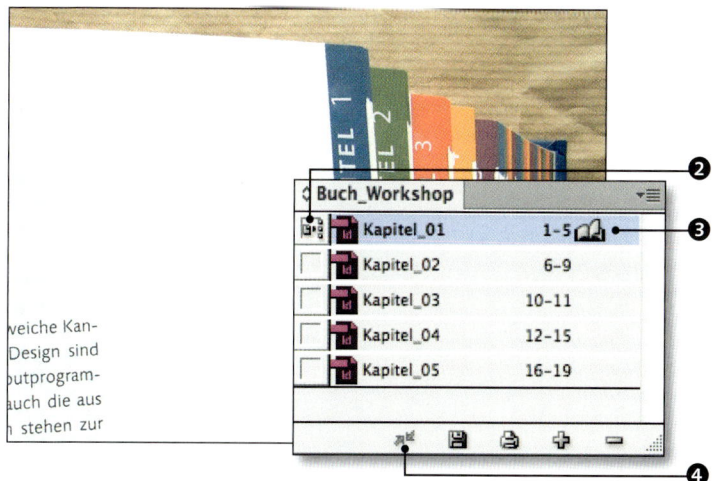

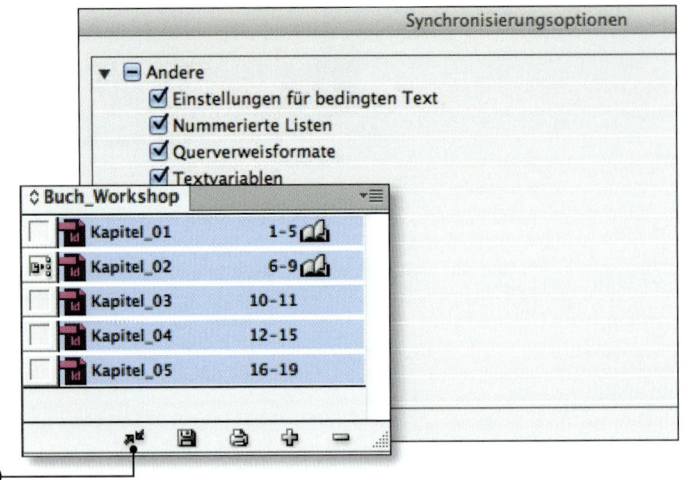

4 Das Buch synchronisieren

Wählen Sie »Kapitel_02« in dem Buch-Bedienfeld als Formatquelle aus, indem Sie links neben den Dokumentnamen klicken.

Über das Bedienfeldmenü öffnen Sie die SYNCHRONISIERUNGSOPTIONEN. Hier können Sie festlegen, welche Einstellungen Sie aus der Formatquelle übernehmen möchten. Haben Sie eine Auswahl getroffen, bestätigen Sie mit OK. Wählen Sie nun mit der ⬆-Taste alle Kapitel aus, und klicken Sie auf die Schaltfläche FORMATE UND FARBFELDER MIT FORMATQUELLE SYNCHRONISIEREN ❶.

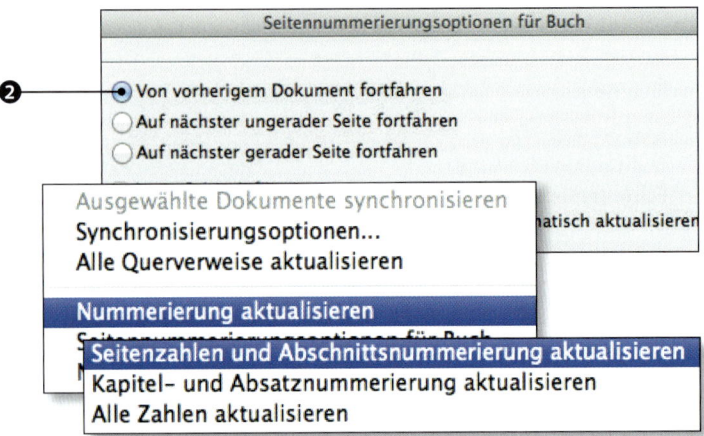

5 Automatische Paginierung

Haben Sie auf der Mustervorlage eine automatische Seitenzahl eingesetzt, können Sie alle Dokumente durchnummerieren.

Gehen Sie in das Bedienfeldmenü, und öffnen Sie SEITENNUMMERIERUNGSOPTIONEN FÜR BUCH. Wählen Sie im Dialog VON VORHERIGEM DOKUMENT FORTFAHREN ❷, und bestätigen Sie mit OK.

Wählen Sie anschließend im Bedienfeldmenü die Option NUMMERIERUNG AKTUALISIEREN • SEITENZAHLEN UND ABSCHNITTSNUMMERIERUNG AKTUALISIEREN aus.

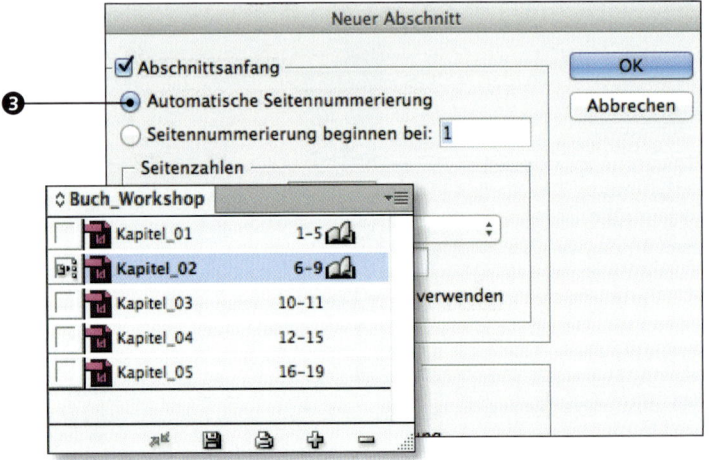

6 Wenn es nicht geklappt hat

Haben Sie in einem Dokument, aus welchen Gründen auch immer, über LAYOUT • NUMMERIERUNGS- & ABSCHNITTSOPTIONEN bestimmt, dass die Seitennummerierung z. B. bei Seite 24 beginnen soll, wird die Paginierung in diesem Dokument nicht fortgeführt.

Öffnen Sie dafür in dem Buch-Bedienfeld das Dokument per Doppelklick, und wählen Sie über das Bedienfeldmenü NUMMERIERUNGSOPTIONEN FÜR DOKUMENT. Aktivieren Sie die Option AUTOMATISCHE SEITENNUMMERIERUNG ❸.

7 Das Buch speichern

Wie jedes Dokument auch müssen Sie ein Buchdokument speichern. Das ist jedoch nicht über das Menü DATEI • SPEICHERN oder über ⌘/Strg+S möglich.

Daher hat Adobe die Schaltfläche BUCH SPEICHERN ❹ im Buch-Bedienfeld geschaffen. Klicken Sie darauf, oder wählen Sie im Bedienfeldmenü BUCH SPEICHERN.

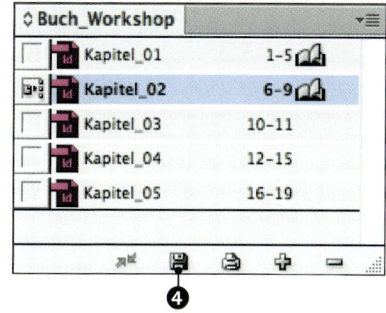

8 Ausgewählte Dokumente drucken

Wollen Sie nur einige Kapitel eines Buchs drucken, beispielsweise »Kapitel_01«, »Kapitel_02« und »Kapitel_05«, so wählen Sie diese mit gedrückter ⌘/Strg-Taste aus. Gehen Sie anschließend in das Bedienfeldmenü, und wählen Sie AUSGEWÄHLTE DOKUMENTE DRUCKEN.

Klicken Sie auf die Schaltfläche BUCH DRUCKEN ❺ unten in dem Buch-Bedienfeld, wird das gesamte Buch ausgedruckt.

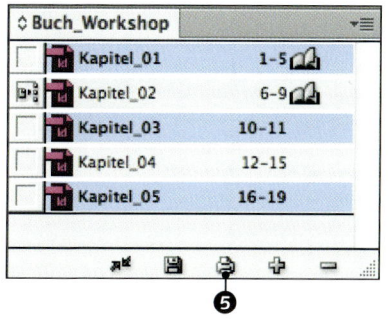

9 Buch als PDF exportieren

Sie können das Buch auch als PDF exportieren. Heben Sie die Auswahl im Buch-Bedienfeld auf, indem Sie unten auf die graue, leere Fläche klicken. Gehen Sie anschließend in das Bedienfeldmenü, und klicken Sie auf BUCH IN PDF EXPORTIEREN. Den Dialog zum PDF-Export beschreibe ich auf Seite 329.

Alternativ können Sie auch ausgewählte Dokumente in ein PDF exportieren. Wählen Sie dafür die Dokumente aus, und klicken Sie in den Bedienfeldoptionen auf AUSGEWÄHLTE DOKUMENTE IN PDF EXPORTIEREN.

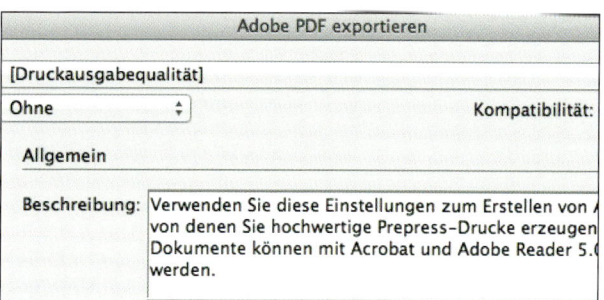

Einen Index erstellen

Gönnen Sie dem Leser das schnelle Finden

Ein Index ist zwar relativ einfach zu erstellen, bedarf jedoch einer sorgfältigen Planung für die Verweise. Daher ist es anzuraten, einen Index immer nach der Fertigstellung der Dokumente als Ganzes zu erstellen. Lernen Sie in diesem Kapitel den Index kennen, und wenden Sie dabei die Absatzformate an. Eines kann ich bereits verraten: Indexerstellung ist reine Fleißarbeit.

Nachher

H
Handelsmarine 13
Horace Mann
    School for Boys 13
Howl 14
Hund 10

I
Image 15
Italiener 10
It's now or never 9

J
jungen Amerikaner 6

K
Kassenbude 11
Jack Kerouac 4
John Kerouac 2
Kerouacs 2, 12
kommerzieller Erfolg 15
Kontinent 17
Kritiker-Schickeria 15
Kunst 17

L
Legende
    personifizierte 2, 7, 17
Literatur
    amerikanische 13
Lowell 2, 12

M
Meilen 11

N
National Academy of Arts and
Letters 14
Neal Cassady 7
New York 13
Nordatlantik 3, 13

O
Obhut 8
On the Road 2, 4, 12, 14

P
Pearl Harbor 3, 13
personifizierte Legende 17
Protagonist 7
Protest gegen etwas 6
Punkt 9

R
Rasierklinge 10
Road 2, 6, 12

S
Schlüsselfigur 7
spontanes Zusammengehörig-
keitsgefühl 6
Staatsangehörigkeit
    Frankoamerikanisch 2
St. Petersburg/Florida 15

T
Tankwart 14
The Town and the City 2, 12, 14
The Town and the City« 4
trendy 6
Typen
    abgefahrenen 8

U
Uniformiert
    Alles andere als 6
USA 3

V
Vanity of Duluoz 5, 15
Verleger-SChickeria 15
Veröffentlichung 2
Vierteldollar 10
Vollgasfahrer 9

W
Walter Höllerer 6
Westküste 10
William S. Burroughs 13
Wortschöpfung 16

Z
Zusammengehörigkeitsgefühl
    spontanes 6

Index

Bearbeitungsschritte

- Indexeinträge erstellen
- Den Index ausgeben
- Den Index formatieren

Vorher

Allen Ginsberg
Denver
Europa
Beat-Generation
Columbia
Dollar
John
New York
Kerouac

Ausgangsdatei

- Ein Index soll entstehen.

[Ordner: 06_Index]

1 Erstellen Sie die Textrahmen

Öffnen Sie die Datei »Index.indd«. Ziehen Sie nun auf beiden Seiten mit dem Textwerkzeug T, je einen Textrahmen auf. Richten Sie sich bei der Größe nach den Rändern, die ich bereits angelegt habe.

Wählen Sie anschließend mit dem Auswahlwerkzeug ▶ beide Textrahmen aus, und gehen Sie auf OBJEKT • TEXTRAHMENOPTIONEN. Stellen Sie im Dialog unter SPALTEN die ANZAHL »2« und für den SPALTENABSTAND »4 mm« ein. Speichern Sie dann das Dokument.

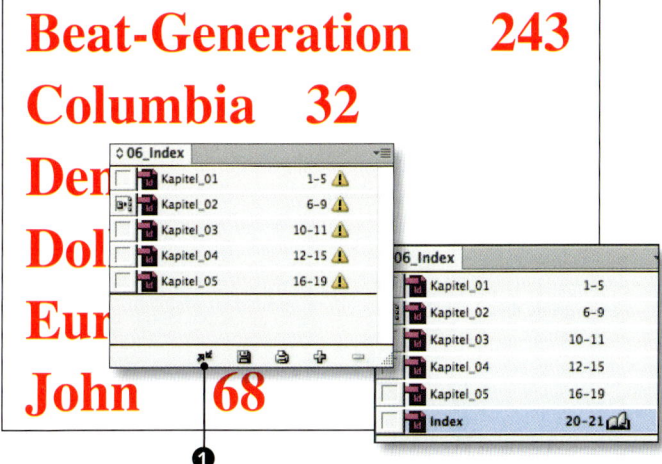

2 Seite in das Buch einfügen

Nachdem Sie das Dokument gespeichert haben, öffnen Sie die Buch-Datei »06_Index. indb« aus dem Übungsordner. Den Warndialog bestätigen Sie gegebenenfalls und aktivieren im Bedienfeldmenü des Buch-Bedienfelds die Option AUTOMATISCHE DOKUMENTKONVERTIERUNG. Synchronisieren Sie dann alle Dokumente über die Schaltfläche ❶.

Fügen Sie das Index-Dokument in die Buch-Datei ein, indem Sie im Bedienfeldmenü DOKUMENT HINZUFÜGEN wählen. Es muss sich dabei nicht im gleichen Ordner befinden.

3 Einen Seitenverweis erstellen

Wir bleiben in der Buch-Datei, da wir mit diesen Dateien einen Index erstellen möchten. Doppelklicken Sie auf »Kapitel_01«, und öffnen Sie dadurch dieses Dokument. Wählen Sie auf Seite 2 das Wort »Veröffentlichung« mit dem Textwerkzeug T, aus (ich habe es rot markiert), und geben Sie das Kürzel ⌘/ Strg + 7 ein. Dadurch öffnen Sie auf schnellstem Weg den Dialog NEUER SEITENVERWEIS.

Nach der *Veröffentlichung* des ersten Kerouac-Buches »The Town and the City« dauerte es ganze sieben Jahre voller Streit und Schwierigkeiten, bis 1957 sein »On the Road« endlich bei Viking Press in New York erschien. Trotz der orthodoxen Art, mit welcher der Verlag das Buch redigiert und somit die Leser weitgehend gegen Kerouacs stilistische Neuerungen abgeschirmt hatte, wurde »Road« – der »Film in Worten« – zum vielbeachteten Durchbruch für den damals 35jährigen Autor.

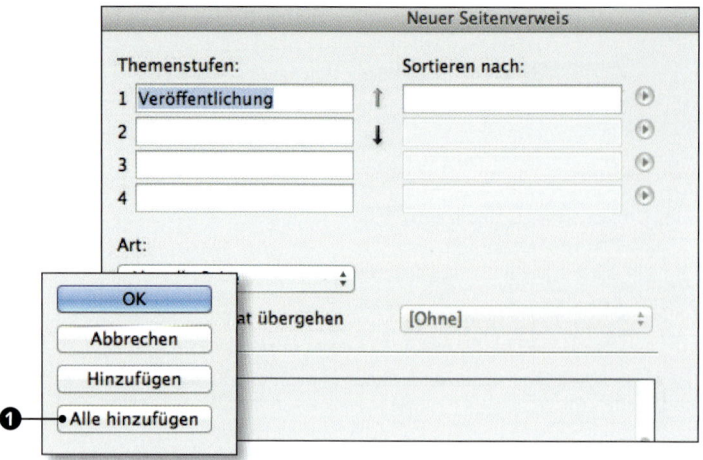

4 Der Seitenverweis-Dialog

InDesign fügt das ausgewählte Wort automatisch auf der ersten Ebene (Themenstufe) ein und legt es nach der Bestätigung des Dialogs im alphabetischen Verzeichnis ab.

Beachten Sie: Wenn Sie auf die Schaltfläche ALLE HINZUFÜGEN ❶ klicken, werden alle Wörter mit der gleichen Schreibweise in den Index aufgenommen. Das hat allerdings zur Folge, dass der Index schnell unübersichtlich wird. Ich rate Ihnen, die Einträge manuell auszuwählen, denn so erleichtern Sie Ihrem Leser das Finden der wichtigen Stellen.

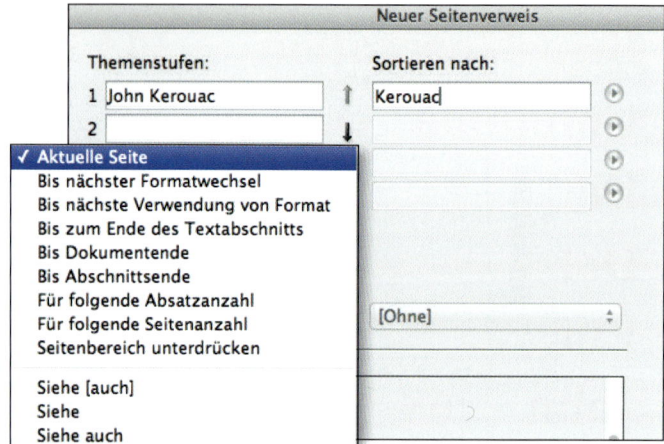

5 Was bietet der Dialog noch?

Erstellen Sie z. B. einen Verweis für »John Kerouac«, so wird dieser Eintrag unter dem Buchstaben »J« erfolgen. Geben Sie jedoch unter SORTIEREN NACH das Wort »Kerouac« ein, werden alle Verweise, die dieses Wort enthalten, unter dem Buchstaben »K« aufgelistet.

Standardmäßig wird ein Indexverweis auf die aktuelle Seite bezogen. Unter ART können Sie jedoch auch Querverweise erstellen, die auf andere Indexeinträge verlinken.

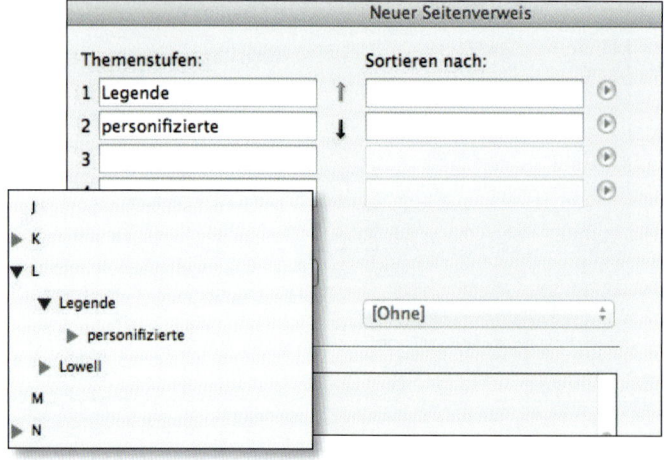

6 Mehrstufige Indexeinträge erstellen

Mithilfe der nebenstehenden Abbildungen möchte ich Ihnen die Funktionsweise der Themenstufen verdeutlichen.

Ein Eintrag, der unter THEMENSTUFEN bei 1 einfügt wird, entspricht der ersten Ebene, ein Eintrag, der unter 2 eingefügt wird, entspricht natürlich der zweiten Ebene. Er wird automatisch nach rechts eingerückt.

Tipp: Benutzen Sie nicht mehr als zwei Themenstufen, sonst wird Ihr Index unübersichtlich.

7 Ohne Absatzformate geht es nicht

Ich erspare Ihnen hier das Anlegen der Absatzformate, doch sollten Sie daran denken, dass für einen Index immer auch sinnvolle Absatzformate erstellt werden müssen.

Sie benötigen stets ein Absatzformat für den Indextitel, eines für die Abschnittsüberschrift und eines für die Verweise.

Haben Sie kein Absatzformat angelegt, wird der Index in der Standard-Schrift Ihres Computers erstellt.

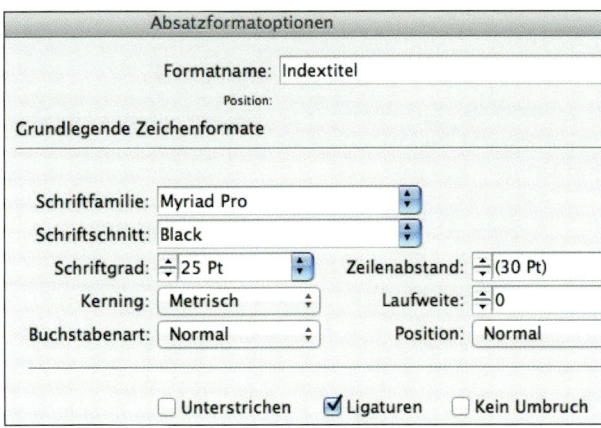

8 Synchronisieren Sie die Dokumente

Damit Sie alle Einstellungen aus der Formatquelle, also »Kapitel_02«, auch im Index-Dokument haben, müssen Sie die Buch-Datei synchronisieren. Dabei darf die Formatquelle selbst ❷ jedoch nicht ausgewählt sein. Klicken Sie dann auf die Schaltfläche FORMATE UND FARBFELDER MIT FORMATQUELLE SYNCHRONISIEREN ❸.

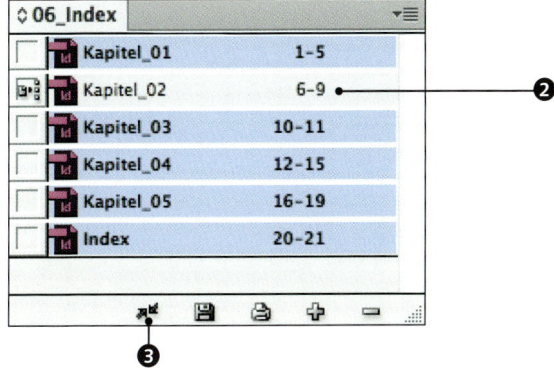

9 Generieren Sie den Index

Haben Sie alle Dokumente aus dem Buch-Bedienfeld geöffnet, können Sie einen Index aus allen Dokumenten erstellen lassen. Wählen Sie dafür oben im Index-Bedienfeld die Option BUCH ❹ aus, und doppelklicken Sie auf das Dokument »Index«.

Gehen Sie anschließend im Index-Bedienfeldmenü auf INDEX GENERIEREN, oder klicken Sie auf die Schaltfläche INDEX GENERIEREN ❺ unten in dem Index-Bedienfeld. Es öffnet sich der Dialog INDEX GENERIEREN, den Sie jetzt mit einem Klick auf MEHR OPTIONEN vollständig anzeigen lassen sollten.

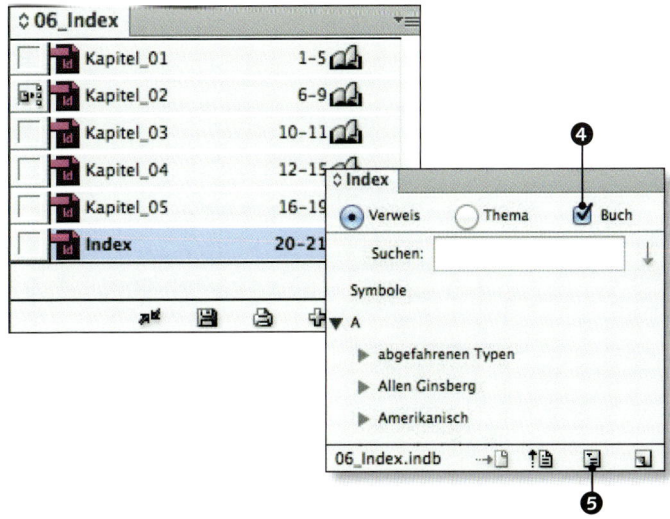

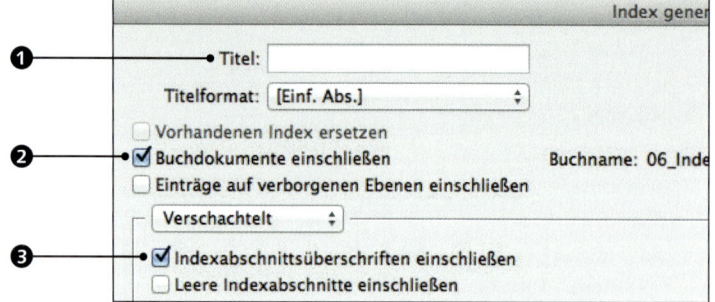

10 Der Dialog »Index generieren«

Klicken Sie auf die Schaltfläche MEHR OPTIONEN. Den TITEL ❶ können Sie in diesem Beispiel löschen, da dieser bereits am Seitenrand vorhanden ist.

Aktivieren Sie, wenn Sie mit einer Buch-Datei arbeiten, in jedem Fall die Option BUCHDOKUMENTE EINSCHLIESSEN ❷. Ganz wichtig ist, dass Sie die Option INDEXAB-SCHNITTSÜBERSCHRIFTEN EINSCHLIESSEN ❸ aktivieren, denn dadurch werden die Buchstaben von A bis Z als Überschriften eingetragen.

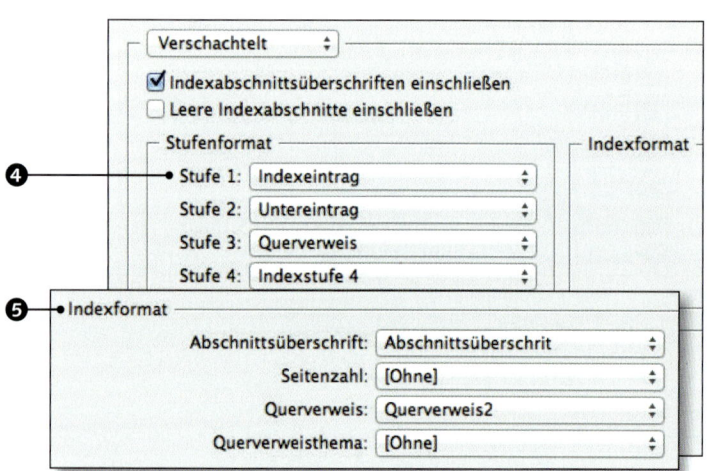

11 Die Formate für den Index

Auch ein Index muss formatiert werden. Ich habe die benötigten Absatzformate bereits erstellt. Unter STUFE 1 ❹ wählen Sie das Absatzformat »Indexeintrag« aus. Für die Stufen 2 und 3 wählen Sie die Absatzformate wie in der Abbildung gezeigt aus.

Unter INDEXFORMAT ❺ wählen Sie für die ABSCHNITTSÜBERSCHRIFT das Absatzformat »Abschnittsüberschrift« und für den QUERVER-WEIS das Absatzformat »Querverweis2« aus. Bestätigen Sie den Dialog jetzt mit OK.

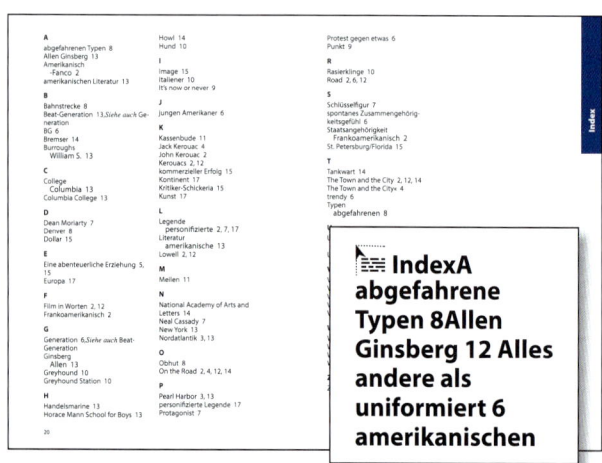

12 Laden Sie den Index

Nachdem Sie den Dialog bestätigt haben, fügen Sie den Text, der an Ihrem Cursor hängt, per ⇧-Klick in den Textrahmen ein.

Tipp: Geben Sie in jedem Fall dem Index einen Titel, wenn Sie keine gesonderte Überschrift haben. Erstellen Sie sich dafür aber auch ein Absatzformat.

13 Einen Eintrag ändern

Nachdem Sie den Index in den Textrahmen eingefügt haben, möchten Sie sicherlich den einen oder anderen Eintrag noch nachträglich ändern. Klappen Sie im Index-Bedienfeld den Eintrag »Horace Mann School for Boys« aus, und doppelklicken Sie auf die Seitenzahl ❻. Es öffnen sich die SEITENVERWEISOPTIONEN. Löschen Sie in der ersten Themenstufe die Worte »School for Boys« heraus, und fügen Sie sie in die zweiten Themenstufe wieder ein. So haben Sie aus einem einstufigen Eintrag einen zweistufigen gemacht.

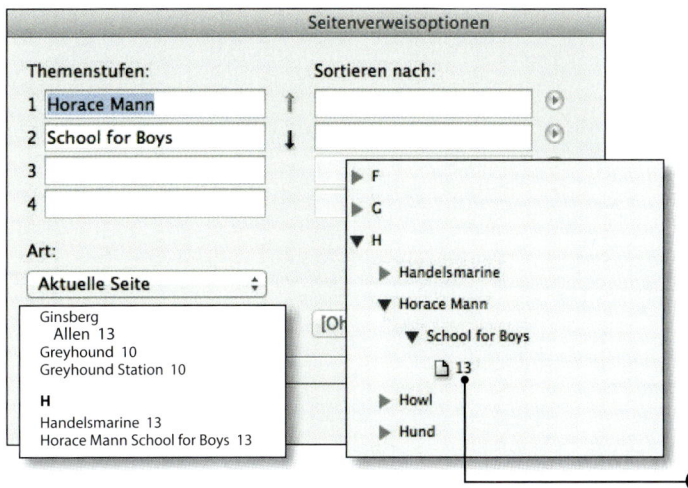

14 Den Index aktualisieren

Haben Sie über das Index-Bedienfeld die gewünschten Einträge geändert, müssen Sie den Index mit dem Textwerkzeug T. und ⌘/Strg+A auswählen und über das Bedienfeldmenü des Index-Bedienfelds erneut generieren.

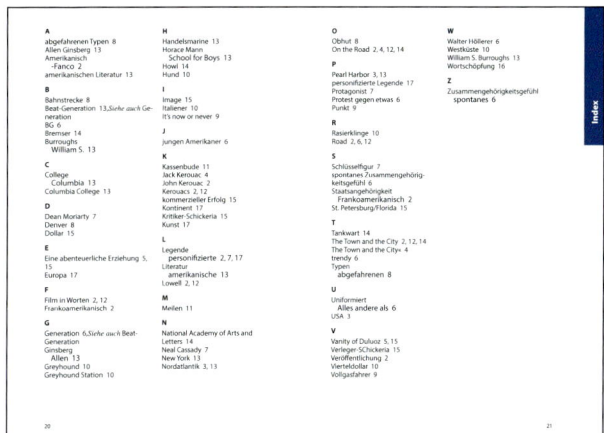

15 Interaktive Indexeinträge

Sie können, wenn Sie Ihre Indexdatei aus InDesign heraus als PDF exportieren, die Indexeinträge als interaktive Links exportieren.

Aktivieren Sie dafür im Dialog PDF EXPORTIEREN • ALLGEMEIN die Option HYPERLINKS ❼.

Achten Sie darauf, dass Sie ein ADOBE PDF (DRUCK) exportieren, denn nur hier finden Sie diese Option.

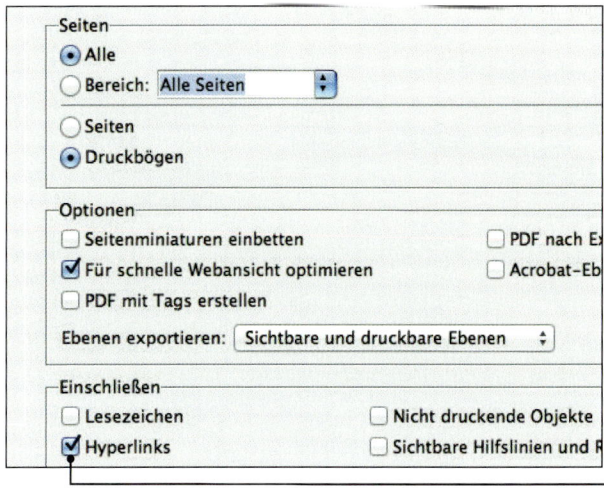

Tipp: Planen Sie einen Index gut. Wählen Sie in jedem Fall nur wirklich wichtige Themen für den Index aus, denn zu viele Einträge machen einen Index sehr schnell unübersichtlich.

Das Inhaltsverzeichnis

Geben Sie dem Leser einen ersten Überblick

In diesem Workshop lernen Sie, ein gut sortiertes Inhaltsverzeichnis zu erstellen. Ein automatisches Inhaltsverzeichnis funktioniert nur, wenn Sie mit Absatzformaten arbeiten. Daher sollten Sie schon beim Erstellen Ihrer Dokumente den Text über Absatzformate auszeichnen.

Ausgangsdatei

- Ein Inhaltsverzeichnis soll entstehen.

[Ordner: 07_Inhaltsverzeichnis]

Vorher

Bearbeitungsschritte

- Inhaltsverzeichnis erstellen

Inhalt

Nachher

1 Bereiten Sie das Inhaltsverzeichnis vor

Öffnen Sie die Datei »Inhaltsverzeichnis. indd«. Hier habe ich bereits einige Absatzformate erstellt, die später das Inhaltsverzeichnis ergeben werden.

Wählen Sie ab der Seite 6 die Zwischenüberschriften ❶ des blauen Kapitels aus, und weisen Sie ihnen das Absatzformat SUBHEADLINES zu.

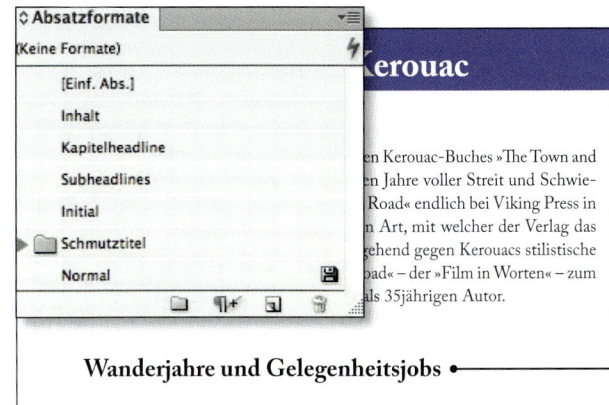

2 Was brauchen Sie noch?

Ein Inhaltsverzeichnis lebt natürlich von seinen Einträgen. Durch die Anwendung des Absatzformats »Subheadlines« auf die Zwischenüberschriften haben Sie bisher nur diese Einträge für Ihr Inhaltsverzeichnis vorgemerkt – das reicht allerdings noch nicht aus.

Ich habe für Sie drei Kapitel bereits angelegt und jeder Kapitelüberschrift ❷ das Absatzformat KAPITELHEADLINE zugewiesen, denn wir wollen hier nicht das Anwenden von Formaten üben, sondern ein Inhaltsverzeichnis erstellen.

3 Vorüberlegungen

Die Einträge für das Inhaltsverzeichnis haben Sie durch die Vergabe von Absatzformaten festgelegt, doch wie soll das Inhaltsverzeichnis gestaltet werden?

Soll die Kapitelüberschrift wirklich so groß sein wie im Text, und wie sollen die Zwischenüberschriften und die Ziffern aussehen? Dies sollten Sie sich vor der Erstellung eines Inhaltsverzeichnisses überlegen und gegebenenfalls weitere Absatzformate für das spätere Inhaltsverzeichnis anlegen. Das machen wir im nächsten Schritt.

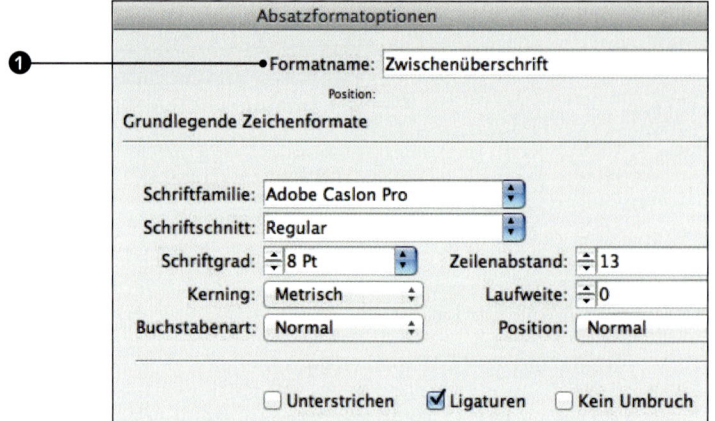

4 Ein Absatzformat erstellen

Wie in Schritt 3 angekündigt, brauchen wir für das Inhaltsverzeichnis einige Formate; es sind allerdings nicht viele.

Öffnen Sie über das Bedienfeldmenü des Absatzformate-Bedienfelds den Dialog für ein neues Absatzformat, und geben Sie dem ersten Absatzformat den Formatnamen »Zwischenüberschrift« ❶.

Unter GRUNDLEGENDE ZEICHENFORMATE stellen Sie die Werte der nebenstehenden Abbildung ein. Bestätigen Sie danach den Dialog.

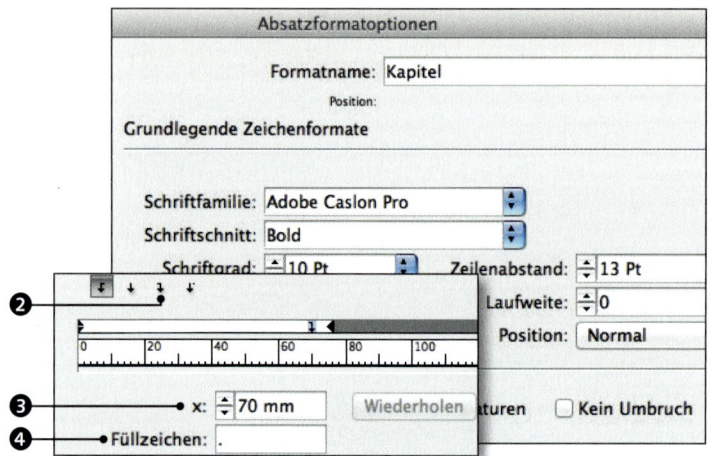

5 Kapiteleinträge formatieren

Auch für die Kapiteleinträge erstellen Sie ein eigenes Absatzformat und nennen es »Kapitel«. Unter GRUNDLEGENDE ZEICHENFORMATE geben Sie wieder die Werte der nebenstehenden Abbildung ein.

Im Fenster TABULATOR wählen Sie den rechtsbündigen Tabulator ❷ aus und stellen diesen auf einen x-Wert ❸ von »70 mm«.

Als FÜLLZEICHEN ❹ geben Sie einen Punkt ein. Bestätigen Sie nun auch diesen Dialog.

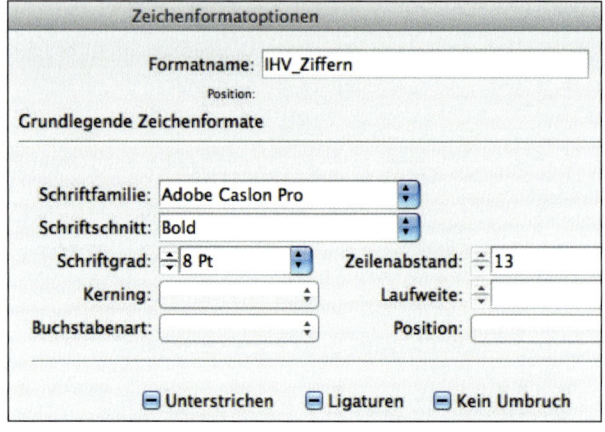

6 Ein Zeichenformat für die Ziffern

Damit die Ziffern hinter den Einträgen ein anderes Aussehen bekommen, müssen Sie ein Zeichenformat anlegen.

Öffnen Sie dafür den Dialog für ein neues Zeichenformat, und geben Sie diesem den Namen »IHV_Ziffern«.

Unter den grundlegenden Zeichenformaten stellen Sie wieder die nebenstehenden Werte ein. Als Zeichenfarbe müssen Sie noch »Schwarz« vergeben, und dann haben Sie das Anlegen der Formate geschafft.

7 Inhaltsverzeichnis erstellen

Nachdem Sie die erforderlichen Absatz- und Zeichenformate angelegt haben, können Sie nun endlich ein Inhaltsverzeichnis erstellen.

Gehen Sie dafür in das Menü LAYOUT • INHALTSVERZEICHNIS, und öffnen Sie so den Dialog. Wählen Sie die Option MEHR OPTIONEN an. Über ANDERE FORMATE suchen Sie das Format KAPITELHEADLINE ❻ aus und klicken auf HINZUFÜGEN ❺. Dann wählen Sie das Format SUBHEADLINES aus und fügen es ebenfalls bei ABSATZFORMATE EINSCHLIESSEN ein.

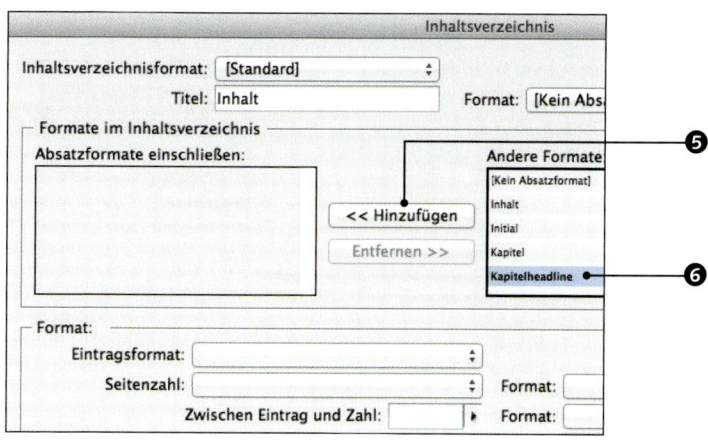

8 Formatieren Sie die Kapitelüberschrift

Unter ABSATZFORMATE EINSCHLIESSEN wählen Sie KAPITELHEADLINE aus und gehen dann nach unten in den Bereich FORMAT. Der ausgewählte Eintrag kann nun formatiert werden.

Als EINTRAGSFORMAT ❼ wählen Sie hier das von Ihnen erstellte Absatzformat KAPITEL aus.

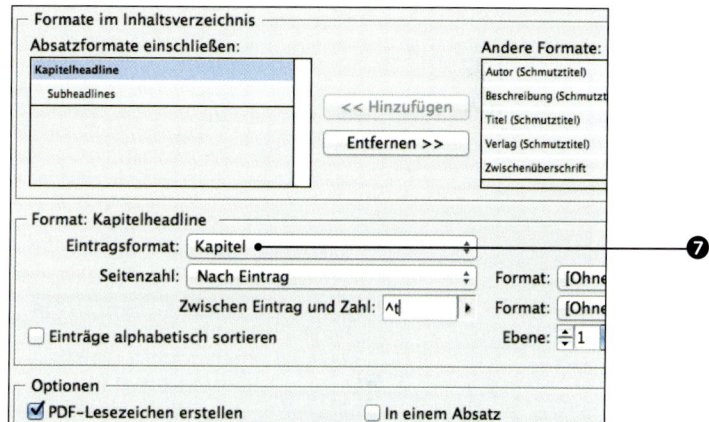

9 Zwischenüberschrift formatieren

Wie in Schritt 8 beschrieben, wählen Sie nun unter ABSATZFORMATE EINSCHLIESSEN die SUBHEADLINES aus. In der Rubrik FORMAT ❽ sehen Sie, dass sich die Bezeichnung in SUBHEADLINES geändert hat.

Stellen Sie EINTRAGSFORMAT auf das Absatzformat ZWISCHENÜBERSCHRIFT ❾. Bestätigen Sie den Dialog aber noch nicht, da wir uns noch um die Ziffern kümmern wollen.

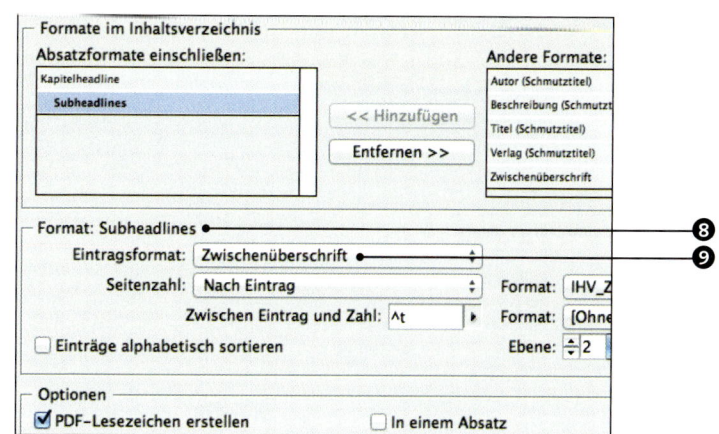

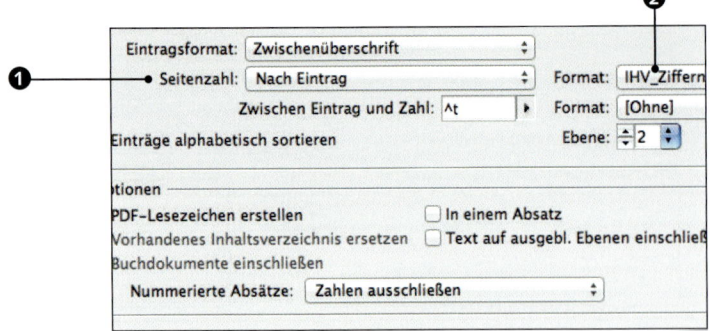

10 Die Seitenzahl formatieren

Stellen Sie zunächst sicher, dass alle Optionen angezeigt werden, indem Sie rechts gegebenenfalls auf Mehr Optionen klicken.

Wählen Sie dann nach und nach die Einträge »Kapitelheadline« und »Subheadlines« aus, und stellen Sie für sie ein, dass die Seitenzahl • Nach Eintrag ❶ erfolgen soll. Wählen Sie außerdem als Format das Zeichenformat »IHV_Ziffern« ❷ aus.

Bitte bestätigen Sie den Dialog noch nicht. wir müssen uns noch um die Ausrichtung der Ziffern kümmern.

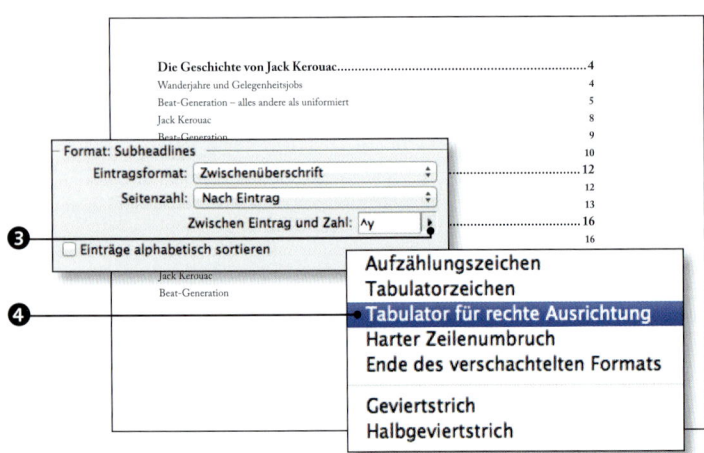

11 Der Abstand dazwischen

In Schritt 5 haben wir für das Absatzformat »Kapitel« einen Tabulator mit einem Wert und dem Trennzeichen Punkt eingerichtet.

Ändern Sie für die Eintragsformate »Kapitel« und »Zwischenüberschrift« den Abstand zwischen dem Eintrag und der Zahl.

Wählen Sie daher unter Zwischen Eintrag und Zahl ❸ aus dem Pop-up-Menü Tabulator für rechte Ausrichtung ❹ aus, und löschen Sie die Zeichen »^t«. Jetzt können Sie den Dialog mit OK bestätigen.

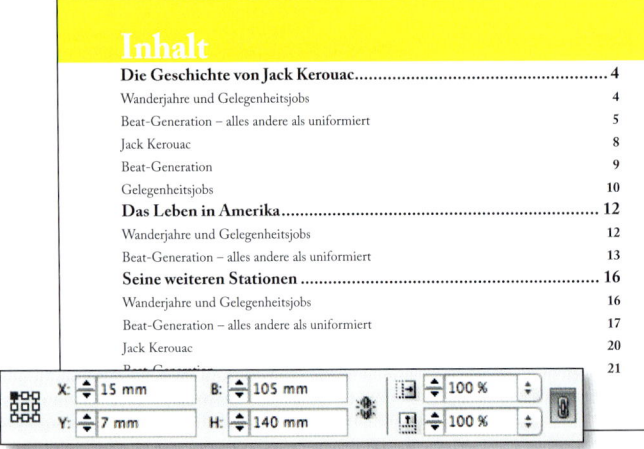

12 Das Inhaltsverzeichnis einsetzen

Nachdem Sie alle Einstellungen vorgenommen haben, bestätigen Sie den Dialog mit OK und klicken mit dem Cursor auf die Seite 3. Das Inhaltsverzeichnis wird eingefügt.

In diesem Beispiel geht das Einfügen relativ schnell, aber bei einem Inhaltsverzeichnis, das über viele Kapitel läuft, kann das Einfügen einige Zeit in Anspruch nehmen. Wählen Sie anschließend den Textrahmen mit dem Inhaltsverzeichnis aus, und positionieren Sie ihn wie in der Abbildung gezeigt.

13 Das Format nachträglich verändern

Dadurch, dass das Inhaltsverzeichnis eng mit den Absatzformaten verbunden ist, können Sie Änderungen auch direkt dort vornehmen.

Öffnen Sie über einen Doppelklick auf das Absatzformat KAPITEL im Absatzformate-Bedienfeld die Absatzformatoptionen, gehen Sie in das Fenster EINZÜGE UND ABSTÄNDE, und geben Sie dort einen ABSTAND DAVOR ❺ von »10 mm« ein.

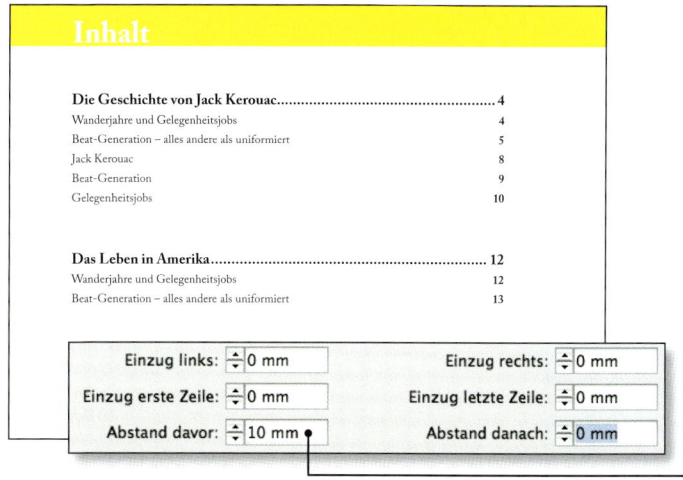

14 Den Abstand verändern

Ordentlich wird das Inhaltsverzeichnis, wenn Sie unter ZWISCHEN EINTRAG UND ZAHL vor dem Tabulator noch ein Zeichen einsetzen. Ich habe für diesen Effekt das Geviertzeichen ausgewählt.

Öffnen Sie nochmals den Inhaltsverzeichnis-Dialog. Lassen Sie dort den Cursor vor dem Zeichen TABULATOR FÜR EINZUG RECHTS (^y) blinken, und wählen Sie z. B. das Geviert aus dem Pop-up-Menü ❻ aus. Der Eintrag sieht jetzt so aus: ^m^y. Das Inhaltsverzeichnis wird automatisch aktualisiert.

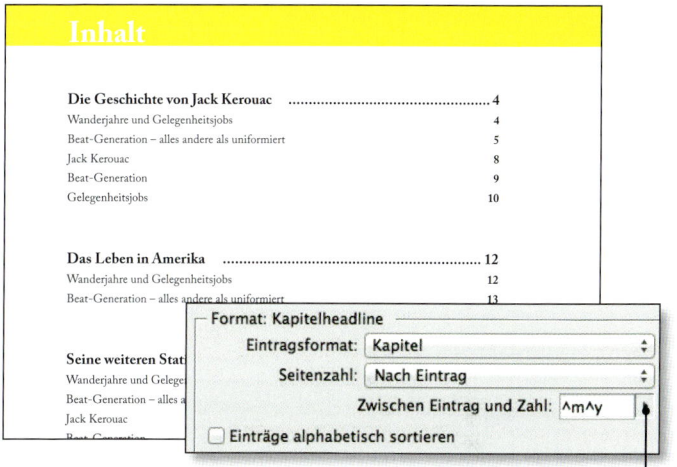

15 Lesezeichen im PDF

Standardmäßig ist die Option PDF-LESEZEICHEN ERSTELLEN ❼ im Inhaltsverzeichnis-Dialog bereits aktiviert.

Im Dialog für den PDF-Export müssen Sie jedoch unter ALLGEMEIN • EINSCHLIESSEN trotzdem zusätzlich die Option LESEZEICHEN ❽ aktivieren.

Wie Sie eine PDF-Datei erstellen, zeige ich Ihnen in Kapitel 11 ab Seite 329.

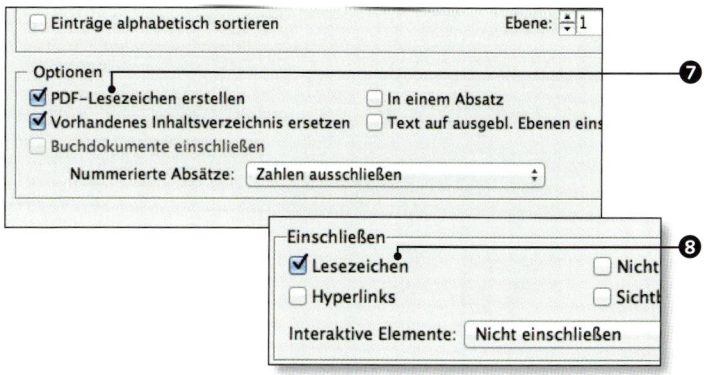

Überprüfen und exportieren

Bevor Sie Dokumente für den Druck ausgeben oder sie auf einen Tablet-PC hochladen, sollten Sie sie überprüfen. InDesign stellt Ihnen einige Funktionen zur Verfügung. In diesem Kapitel werden wir Dokumente prüfen und nach Fehlern suchen lassen und die Fehler natürlich auch beheben. Danach erstellen Sie eine PDF-Datei für den Druck und lernen, wie man einfache E-Books erstellt. Nach der Pflicht können Sie sich also schon jetzt auf die Kür (E-Books) freuen .

Foto: Claude Beaubien – Fotolia.com

Der Preflight

Lassen Sie Ihre Dokumente prüfen

Wer als Reinzeichner arbeitet oder gearbeitet hat, der weiß, wie zeitaufwendig das Überprüfen der gelieferten Dokumente sein kann. Damit ist es jetzt vorbei, denn InDesign überprüft mit der Preflight-Funktion Ihr Dokument ständig. Wir wollen die Überprüfung nun einrichten und danach die Fehler korrigieren.

Bearbeitungsschritte

- Das Preflight-Bedienfeld verstehen
- Eigene Profile einrichten
- Fehler finden und beheben

Vorher

Ausgangsdatei

- Wo sind die Fehler?

[Ordner: 01_Preflight]

Nachher

Die Geburt eines Autokults

Vor 40 Jahren eroberte ein kleines rotes Auto die Herzen von Kleinkindern, heute sehen Sie auch große „Kinder" darauf.

Das Bobby Car hat in seinen Anfängen die kleinen Herzen erobert. Überall ratterten damals die Räder auf den Gehsteigen. Die Füßeww der Kleinen waren am Paddeln was das Zeug hielt. Heute sitzen nicht nur die Kinder auf den kleinen Autos, auch Erwachsene haben ihre Freude daran gefunden. Helm auf, Schutzkleidung an, und dann den Berg hinab. Es wurde von Geschwindigkeiten um ca. 120 km/h berichtet.

Kultig ist das kleine Auto noch immer in Rot. Heute aber finden Sie das Bobby Car auch in anderen Farben, und mit den tollsten Bildern verziert. Auch gibt es die kleinen Autos als Polizei- und der Feuerwehr-Auto, und lassen die kleinen Füßchen begeistert paddeln.

Was passierte noch in seinem Geburtsjahr?

- Willy Brandt war Bundeskanzler und Richard Nixon amerikanischer Präsident.
- Willy Brandt ist wegen der Vertrauensfrage zwei Jahre später

zurückgetreten, und Richard Nixon ist später an der Watergate-Affäre gescheitert.
- Die Rote Armee Fraktion trieb in Deutschland ein böses Spiel.
- Die Apollo-17 ist der letzte bemannte Mondflug. Danach brach eine neue Ära an.
- Der Nobelpreis für Literatur ging in diesem Jahr an Heinrich Böll.

Weitere Höhepunkte

Das längste Jahr des unseres heutigen Kalenders. Dieses Jahr wurde nicht nur, weil es ein Schaltjahr war, um einen Tag verlängert, sondern auch um zwei Sekunden zusätzlich. Das war notwendig, um ein fortwährendes Abrücken des Frühlingsanfangs zu vermeiden. Nett, oder?

Die erste Spielekonsole der Welt kam in Deutschland auf den Markt. An den Fernseher angeschlossen, konnte man mit einem Mitspieler ein virtuelles Tennis spielen. Echt abgefahren, der Monitor war schwarz, und mit Hilfe einer separaten Steuerung ließen sich zwei weiße Striche

vertikal hin und her verschieben. Der Ball sprang derweil unkontrolliert immer von Rechts nach Links. War der Hit damals.

Die sportlichen Erfolge

Ich glaube ganz Deutschland saß damals vor dem Fernseher. Außer den Bayern kannte kein Mensch auf dieser Welt den Schuhplattler und die Lederhosen. Doch alle freuten sich, es waren die Olympischen Spiele in München. Doch leider kommt auch ein berühmter Satz aus München: „The Games must go on!".

Es ging weiter und somit auch die Erfolge bleiben in Erinnerung: Der sensationelle Hochsprung von Ulrike Mayfarth. Heide Rosendahl mit dem goldenen Weitsprung holt danach noch Gold in der 4x100 Meterstaffel. Aber es reichte ihr nicht, sie hat im Fünfkampf noch Silber gewonnen. Unvergessen auch der amerikanische Schwimmer Mark Spitz. Mit 7 Goldmedaillen behangen ist er in seine Heimat zurückgekehrt.

Fotos: Tina Baumann

Fehlende Schrift

1 Das Preflight-Bedienfeld

Erstellen oder öffnen Sie ein Dokument, so wird Ihnen in InDesign in der Statusleiste automatisch die Anzahl der vorliegenden Fehler angezeigt. Die Fehler werden durch einen roten Button signalisiert. Mit einem Doppelklick auf den Button oder über FENSTER • AUSGABE • PREFLIGHT öffnen Sie das Preflight-Bedienfeld. Auch hier sehen Sie den roten Button ❷. Genial: Wenn Sie z. B. unter TEXT • ÜBERSATZTEXT • TEXTRAHMEN ❸ auswählen, können Sie in den INFORMATIONEN ❶ eine mögliche LÖSUNG für das Problem ablesen.

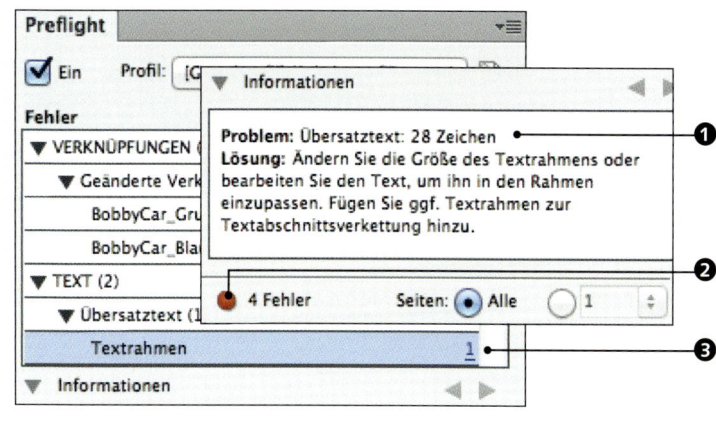

2 Zum Fehler gehen

Um z. B. in einem langen Dokument einen Übersatztext finden zu können, öffnen Sie im Bedienfeld TEXT • ÜBERSATZTEXT • TEXTRAHMEN und klicken auf den entsprechenden Hyperlink ❹. InDesign geht automatisch auf die fehlerhafte Seite und zeigt Ihnen den betreffenden Textrahmen zentriert an. Außerdem ist der Textrahmen bereits ausgewählt.

Korrigieren Sie gleich diesen Fehler in der Datei »Preflight.indd«, indem Sie den Textrahmen nach unten aufziehen. Schon ist der erste Fehler weg.

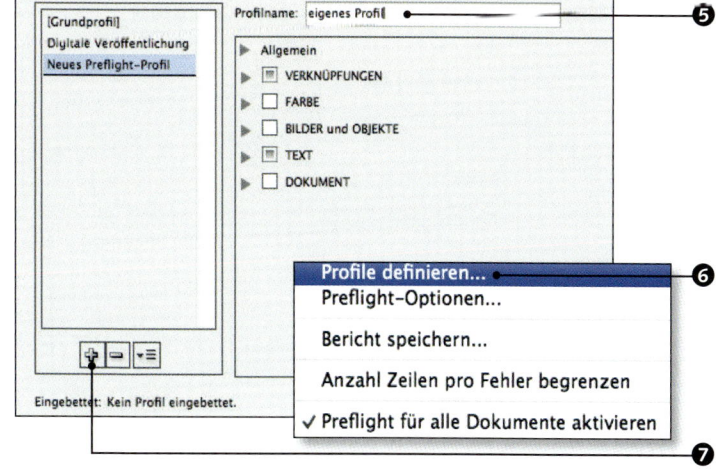

3 Den eigenen Preflight vorbereiten

Ich habe in der Beispieldatei »Preflight.indd« einige Fehler eingebaut; InDesign zeigt Ihnen jedoch im Preflight-Bedienfeld nicht alle fehlerhaften Objekte an. Dies müssen Sie aber nicht akzeptieren: Sie können nach den weiteren Fehlern suchen lassen.

Wählen Sie dafür im Bedienfeldmenü PROFILE DEFINIEREN ❻ aus, und klicken Sie danach im Fenster unten links auf das Pluszeichen ❼. Geben Sie Ihrem eigenen Profil zunächst einen sinnvollen Namen ❺.

Tipp: In der Beispieldatei sind sechs typische Fehler versteckt, zunächst sehen Sie aber nur vier.

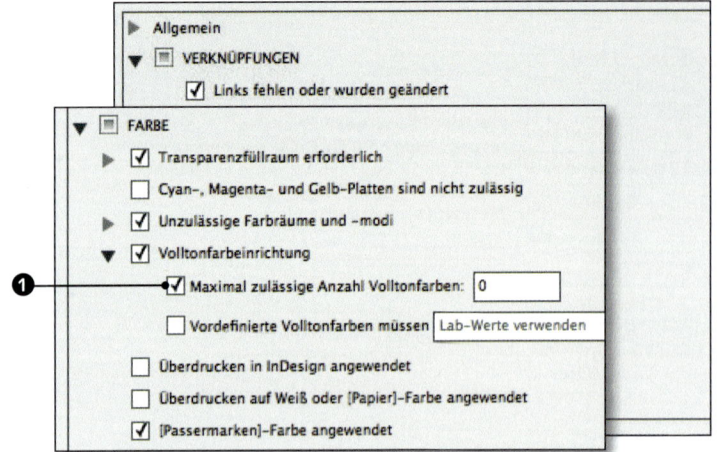

4 Verknüpfungen und Farbe einstellen

Wir wollen nun den Preflight für übliche Aufgaben in der Druckvorstufe einrichten. Unter VERKNÜPFUNGEN brauchen Sie nichts zu ändern, denn hier sind alle erforderlichen Haken gesetzt.

Bei FARBE • VOLLTONFARBEINRICHTUNG aktivieren Sie MAXIMAL ZULÄSSIGE VOLLTONFARBEN ❶ und stellen den Wert auf »0«.

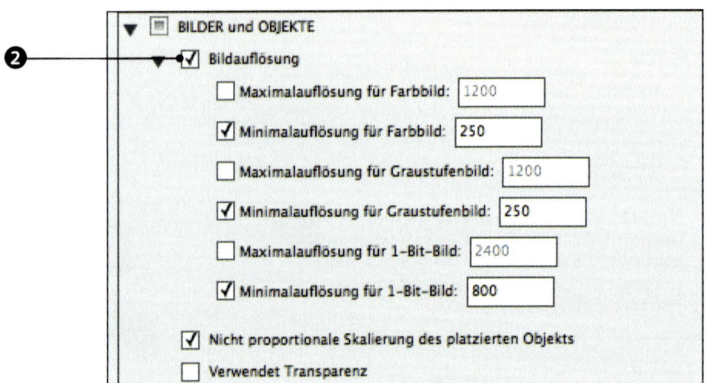

5 Bilder und Objekte I

Im Bereich BILDER UND OBJEKTE muss etwas mehr bedacht werden. Widmen wir uns zunächst der BILDAUFLÖSUNG ❷. Hier ist man schnell versucht, unter MINIMALAUFLÖSUNG FÜR FARBBILD und MINIMALAUFLÖSUNG FÜR GRAUSTUFENBILD jeweils den Wert auf »300« zu erhöhen. Doch dann müssten alle Bilder wirklich mindestens 300 ppi haben, und das ist nicht immer der Fall. Lassen Sie daher die Einstellung besser so, wie sie ist.

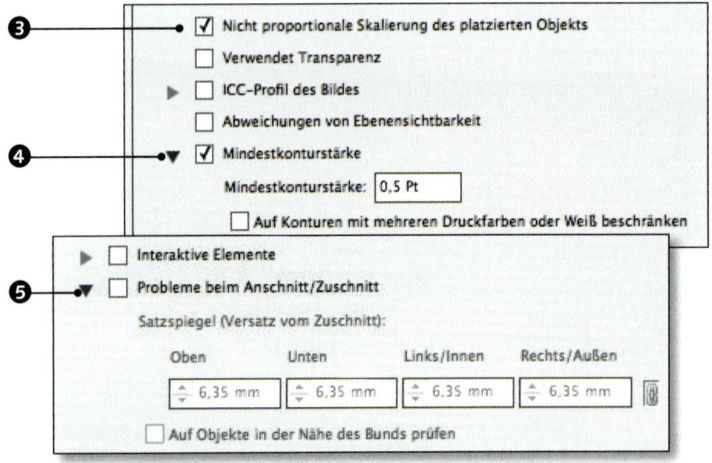

6 Bilder und Objekte II

Eine wichtige Einstellung ist die Option NICHT PROPORTIONALE SKALIERUNG DES PLATZIERTEN OBJEKTS ❸, die Sie aktivieren sollten.

MINDESTKONTURSTÄRKE ❹ stellen Sie auf den Wert »0,5 pt«, denn so vermeiden Sie Haarlinien in Ihren Dokumenten.

Unter PROBLEME BEIM ANSCHNITT/ZUSCHNITT ❺ wird nach allen Rahmen gesucht, die sich zu dicht an den Seitenrändern befinden. Lassen Sie diese Option deaktiviert.

7 Prüfung für den Text

Die wichtigste Prüfung ist sicher die Suche nach Übersatztext, daher sollte hier unbedingt ein Haken gesetzt sein.

Ob eine SCHRIFTART FEHLT ❻, wird ja bereits beim Öffnen des Dokuments gemeldet, aber dass eine NICHT PROPORTIONALE SCHRIFTENSKALIERUNG ❼ gesucht werden kann, finde ich genial, denn dieses Problem hat früher eine zeitaufwendige Suche mit sich gebracht.

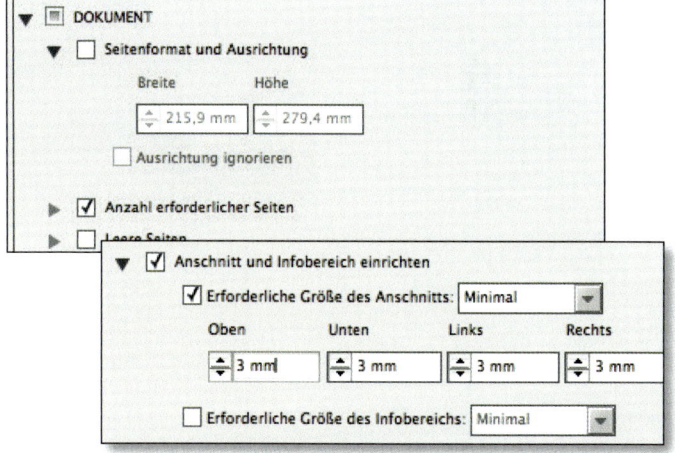

8 Das Dokument einstellen

Wenn Sie ein Dokument überprüfen lassen und es ist nicht die richtige Seitengröße eingestellt, wird das pro Seite als Fehler angesehen. Um dies zu vermeiden, lassen Sie entweder die Option SEITENFORMAT UND AUSRICHTUNG deaktiviert, oder Sie geben das richtige Seitenformat in die Eingabefelder ein.

Wenn Sie unter ANSCHNITT UND INFOBEREICH EINRICHTEN für ERFORDERLICHE GRÖSSE DES ANSCHNITTS • MINIMAL einen Wert eingeben, dann wird jedes Objekt gemeldet, das keinen Anschnitt aufweist. Klasse!

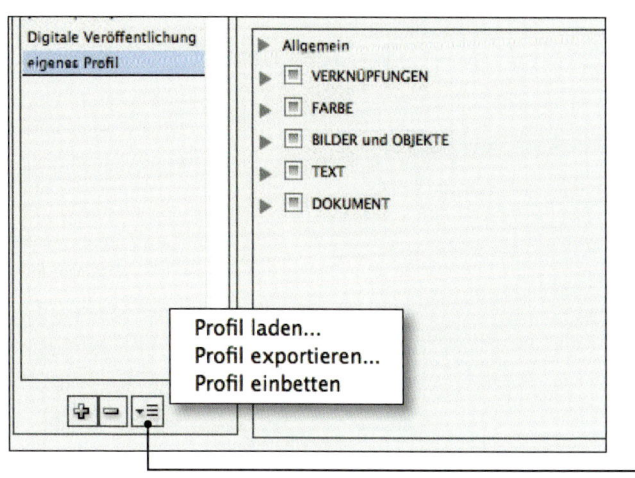

9 Das Preflight-Profil einbetten

Wenn Sie Ihr Dokument an andere Benutzer weiterleiten, kann es sinnvoll sein, das Preflight-Profil über ❽ in das Dokument einzubetten. Dies bedeutet allerdings nicht, dass der andere Benutzer nicht sein eigenes Profil verwenden darf. Er hat jederzeit das Recht dazu, und das ist auch richtig so: Schicken Sie Ihre Datei beispielsweise an eine Druckerei, so möchte diese sicherlich ihre eigenen Profile zur Überprüfung einsetzen.

Tipp: Vergleichen Sie Ihr Profil mit meinen Screenshots. So wird Ihr Dokument nur nach den häufigsten Fehlern durchsucht.

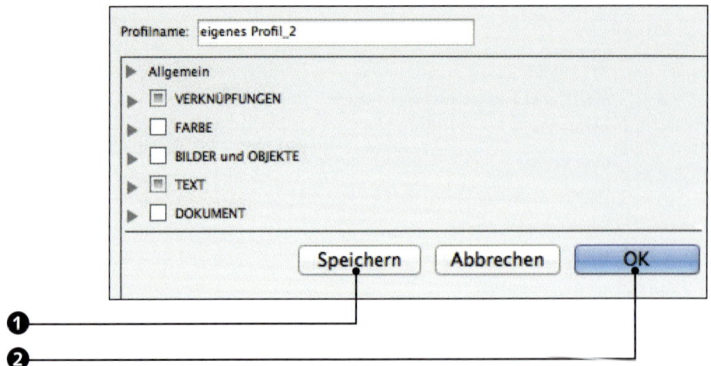

10 Preflight-Profil speichern

Damit das gerade erstellte Profil bis zur nächsten Änderung stets eingesetzt wird, müssen Sie es natürlich speichern. Dafür müssen Sie in diesem Dialog zuerst auf SPEICHERN ❶ klicken, bevor Sie OK ❷ wählen!

Um das Dokument nun mit dem neuen Profil zu prüfen, wählen Sie oben im Dropdownmenü PROFIL ❸ Ihr eben erstelltes Profil aus.

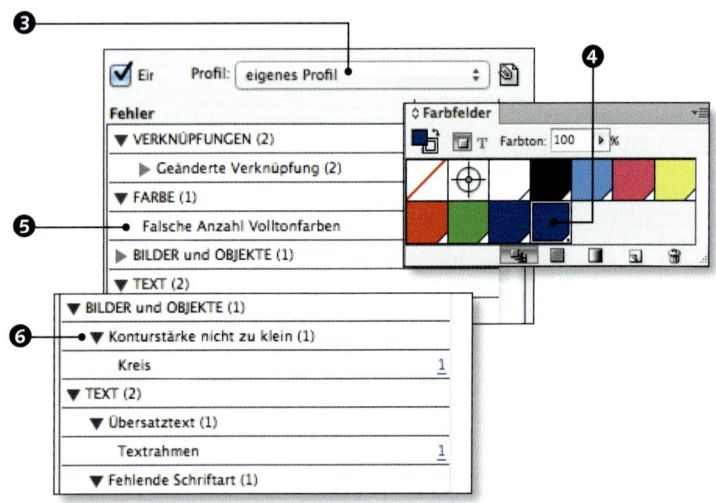

11 Die Fehler aufspüren

Leider haben Sie keinen Link, um die VOLLTONFARBEN ❺ in Ihrem Dokument aufspüren zu können. Dies können Sie jedoch schnell über das Farbfelder-Bedienfeld steuern. Doppelklicken Sie auf die Volltonfarbe ❹, und ändern Sie diese in dem Dialog in eine Prozessfarbe.

Danach wählen Sie nach und nach bei KONTURSTÄRKE NICHT ZU KLEIN ❻ über den Link im Bedienfeld den Rahmen aus und stellen die Konturstärke auf den Wert »0 pt«.

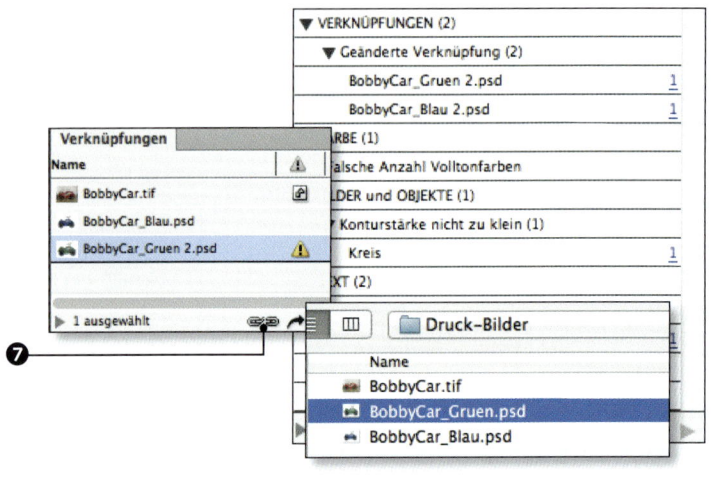

12 Verknüpfungen aktualisieren

Wählen Sie im Preflight-Bedienfeld eines der fehlerhaften Bilder aus. Gehen Sie dann in das Verknüpfungen-Bedienfeld. Die Verknüpfung ist bereits ausgewählt.

Klicken Sie unten in dem Bedienfeld auf die Schaltfläche ERNEUT VERKNÜPFEN ❼, und wählen Sie im Übungsordner DRUCK-BILDER das Bild »BobbyCar_Gruen.psd« aus. Bestätigen Sie anschließend den Dialog mit »OK«.

Tipp: Aktualisieren Sie auf diese Weise nacheinander alle Bilder, und lassen Sie sie sich zuvor anzeigen. So vermeiden Sie böse Überraschungen.

Ein Dokument überprüfen

Separations- und Reduzierungsvorschau und Farbauftrag

Den Preflight haben Sie ja bereits kennengelernt, aber nach einigen Fehlern wird leider nicht gesucht. Schauen Sie sich die beiden Bilder an. Sie sehen weder einen Unterschied noch sehen Sie die Probleme. In dieser Datei stecken jedoch Fehler, die im Druck zu unschönen Ergebnissen führen. Lassen Sie uns diese Fehler über die Separationsvorschau, den Farbauftrag und die Reduzierungsvorschau erkennen und beheben.

Bearbeitungsschritte
- Die fertige Datei überprüfen

Nachher

Meine Lieblinge :-)

Vorher

Ausgangsdatei
- Probleme für den Druck finden

[Ordner: 02_Pruefen]

1 Die Separationsvorschau

Öffnen Sie »Ueberpruefung.indd«. Diese Datei enthält eine Sonderfarbe. Auch wenn Sie diesen Fehler über das Preflight-Bedienfeld finden würden, möchte ich Ihnen hier einen anderen Weg zeigen.

Gehen Sie unter FENSTER • AUSGABE auf SEPARATIONSVORSCHAU. Dort stellen Sie unter ANSICHT • SEPARATIONEN ein. Jetzt können Sie ablesen, dass neben den vier CMYK-Farben in unserem Dokument noch eine Sonderfarbe ❶ eingesetzt wurde.

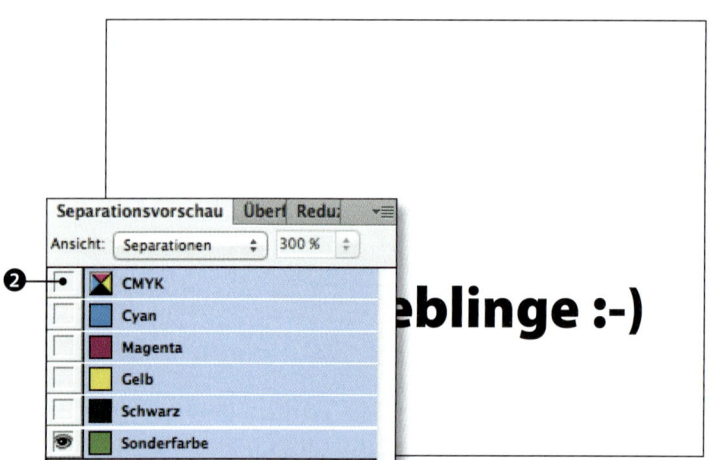

2 Wo ist die Sonderfarbe?

Wenn Sie dieses Dokument ausbelichten würden, erhielten Sie fünf Farbauszüge anstatt der üblichen vier – das kostet natürlich Geld.

Deaktivieren Sie durch einen Klick auf das Auge vor dem Eintrag CMYK ❷ alle Prozessfarben. Es werden nun nur die Sonderfarben angezeigt. In unserem Beispiel ist das lediglich eine Textzeile, doch in einem mehrseitigen Dokument finden Sie auf diese Weise alle Einsatzorte der Sonderfarben.

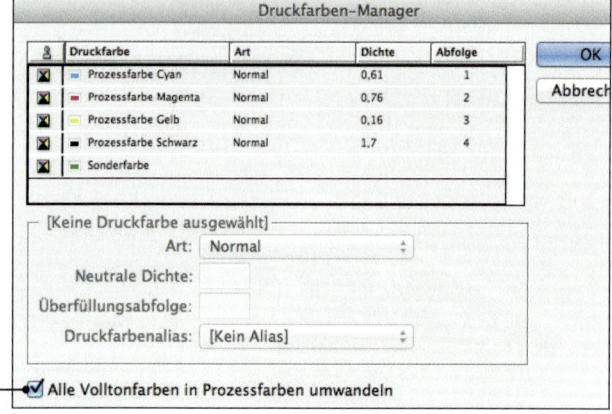

3 Ändern Sie die Farben

Wandeln Sie die Sonderfarben in Prozessfarben um. Dazu wählen Sie im Bedienfeldmenü der Separationsvorschau die Option DRUCKFARBEN-MANAGER aus. Es wird der gleichnamige Dialog geöffnet.

Hier können Sie ALLE VOLLTONFARBEN IN PROZESSFARBEN UMWANDELN ❸ einstellen. Doch beachten Sie: Wenn Sie z. B. Pantone-Farben umwandeln, könnte sich die Farbe verändern!

Tipp: Verwenden Sie besser sofort Prozessfarben. Diese müssen nicht umgewandelt werden, und so bleibt die Farbe wie gewünscht.

4 Was ist der Farbauftrag?

Der Farbauftrag bezeichnet den maximalen Wert an prozentualer Deckkraft der Druckfarben und richtet sich nach der Papierart und dem Druckverfahren. Sie brauchen also vor der Prüfung wichtige Informationen von Ihrem Druckdienstleister, nämlich in welchem Druckverfahren Ihr Projekt gedruckt und welches Papier eingesetzt wird.

280 % ist der Richtwert für den Zeitungsdruck, 330 % der für den Offsetdruck.

5 Der Farbauftrag im Einsatz

Im Menü ANSICHT des Separationsvorschau-Bedienfelds finden Sie auch die Option FARBAUFTRAG. Wählen Sie diesen Eintrag aus.

Stellen Sie für den maximalen Farbauftrag den Wert »280 %« ❹ ein, das entspricht in etwa unserem Papier beim Zeitungsdruck.

Durch eine Rotfärbung der kritischen Bereiche wird Ihnen jetzt im Bild angezeigt, dass deutlich zu viel Farbe auf das Papier kommen und die Farbe nicht schnell genug trocknen wird. Es würde zum sogenannten »Durchschlagen« des Papiers kommen.

6 Abhilfe schaffen

Platzierte dunkle Grafiken (z. B. aus Photoshop) sind meistens die Kandidaten, die für den erhöhten Farbauftrag sorgen. Diese lassen sich jedoch nur in der Originalanwendung bearbeiten. Gehen Sie mit dem Cursor auf den schwarzen Hintergrund ❺. Im Separationsvorschau-Bedienfeld können Sie ablesen, dass sich der Hintergrund aus allen Prozessfarben ❻ zusammensetzt. In diesem Beispiel müssten Sie den Hintergrund in den Farbkanälen Cyan, Magenta und Gelb korrigieren, um den Farbauftrag zu verringern.

7 Die Reduzierungsvorschau

Sie kümmert sich um transparente Objekte und ist neben dem Farbauftrag eines der wichtigsten Prüfinstrumente.

Öffnen Sie das Reduzierungsvorschau-Bedienfeld über FENSTER • AUSGABE. Hier können Sie jetzt ganz schnell überprüfen, wo in Ihrem Dokument sich transparente Objekte befinden. Gehen Sie dafür unter MARKIEREN ❶ in das Pop-up-Menü, und wählen Sie TRANSPARENTE OBJEKTE aus. Die Objekte werden nun rot markiert.

8 Transparenz und Text

Liegt Text unter einem transparenten Objekt, wird er in Teilbereichen in Pfade umgewandelt, was vermieden werden sollte. Sollte es aber dennoch vorkommen, können Sie sich den in Pfade umgewandelten Textbereich anzeigen lassen: Über MARKIEREN stellen Sie IN PFADE UMGEWANDELTER TEXT ❷ ein. Es kann dabei sogar vorkommen, dass ein Buchstabe teilweise in Pfade umgewandelt wird und teilweise nicht ❸, und zwar dann, wenn nur ein Teil des Buchstabens unter einem transparenten Objekt liegt.

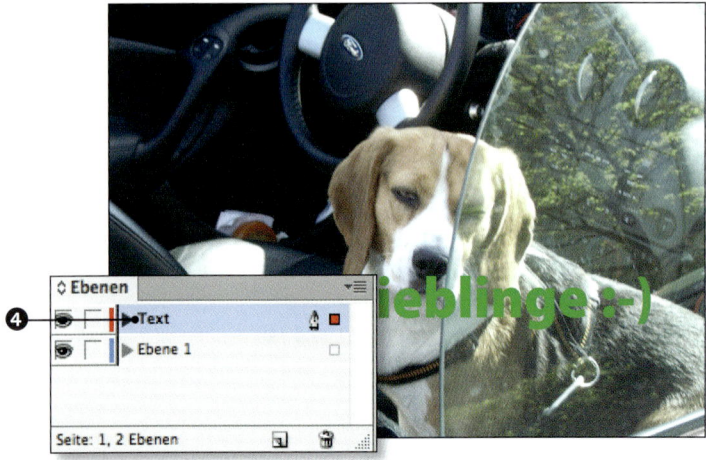

9 Wie kann der Text verschont bleiben?

Die Antwort ist einfach: Erstellen Sie im Ebenen-Bedienfeld eine neue Ebene, und ziehen Sie den Text darauf ❹.

Wichtig ist dann nur noch, dass sich die Text-Ebene über der Ebene mit dem transparenten Objekt befindet. Dann wird der Text nicht in Pfade umgewandelt. Denn wird dieser in Pfade umgewandelt, dann kann es passieren, dass er im Druck fetter erscheint. Ihre Layoutarbeit wäre zerstört. Schauen Sie sich das Bild in Schritt 8 noch einmal genau an.

Tipp: Arbeiten Sie gleich mit Ebenen, denn so ersparen Sie sich später unnötige Arbeit.

Die Überfüllungen

Wer sich auskennt, darf hier steuern

Ich habe einmal bei einem FreeHand-Dokument an der Überfüllung arbeiten müssen – glauben Sie mir: Es war kein Vergnügen. Wenn es also nicht unbedingt notwendig ist, dann überlassen Sie diesen Job Ihrem Druckdienstleister, denn er kennt seine Maschinen und die dafür erforderlichen Überfüllungsvorgaben genau.

Wozu dient die Überfüllung?

Haben Sie z.B. einen roten Hintergrund und eine cyan-farbene Schrift ❺, sieht das am Monitor sauber aus. Würde man jedoch die Schrift z.B. im Offsetdruck auf die rote Fläche drucken, entstünde für die Schrift eine neue, deutlich dunklere Farbe ❻. Das liegt daran, dass sich die Druckfarben subtraktiv miteinander vermischen.

Damit nun aber das Cyan auch Cyan bleibt, muss in der roten Fläche der Überlappungsbereich ausgespart werden ❼.

Keine Druckmaschine arbeitet jedoch 100%ig. Auch das Papier verändert seine Größe, wenn auch nur minimal. Wie soll nun die Schrift genau auf die Aussparung passen? Die Antwort ist: Es geht nicht. Das Zauberwort lautet hier »Überfüllung«.

Die durch die Druckmaschine und den Papierzuwachs entstandenen und für unser Auge deutlich sichtbaren hässlichen Blitzer ❽ werden nämlich durch die Überfüllung verhindert.

Dabei wachsen Objekte mit helleren Farben leicht in die dunklere Farbfläche hinein. Wenn z.B. Gelb auf Blau stößt, überfüllt die gelbe Fläche die blaue bzw. die blaue wird von der gelben unterfüllt.

Die Überfüllungsvorgaben

Durch Überfüllungsvorgaben sucht InDesign selbsttätig nach Überlappungsbereichen und entscheidet dann, wo über- ❾ und wo unterfüllt werden soll. Aber Vorsicht: Richten Sie nur in Absprache mit Ihrem Druckdienstleister eine von ihm gewünschte Überfüllung ein – oder besser noch, lassen Sie sich die Vorgaben als Datei geben.

Sie finden die Überfüllungsvorgaben über FENSTER • AUSGABE • ÜBERFÜLLUNGSVORGABEN. Wählen Sie dort über die Bedienfeldoptionen ÜBERFÜLLUNGSVORGABE LADEN, und markieren Sie anschließend das Ihnen zur Verfügung gestellte Dokument. Nun haben Sie die Einstellungen Ihres Druckdienstleisters übernommen.

Müssen Sie selbst Hand anlegen, wählen Sie aus den Bedienfeldoptionen NEUE VORGABE, und stellen Sie dort die vorgegebenen Werte ein. Druckereien schicken Ihnen meistens eine Abbildung der Vorgaben, sodass ich hier auf genauere Ausführungen zum Thema verzichte.

Farben verstehen

Was sind RGB und CMYK, und woher kommen sie?

Stellen Sie sich vor, Sie lassen Sonnenlicht durch ein Prisma fallen. Das Ergebnis ist bunt wie ein Regenbogen. Das nun sichtbare Spektrum besteht aus den farbigen Lichtwellen Rot (R), Grün (G) und Blau (B) sowie aus deren Mischung.

Addiert man rotes, grünes und blaues Licht, so erhält man wieder Weiß. Diesen Effekt nennt man »additive Farbmischung«. Sowohl die Farbwahrnehmung unserer Augen als auch ein Farbmonitor funktionieren so.

Nehmen Sie nun buntes Transparentpapier – Himmelblau, Pink und Gelb – und legen Sie die Bögen übereinander. Sie erhalten in der Überschneidung von je zwei Papieren Rot, Grün und Dunkelblau. Und dort, wo alle drei Papiere übereinanderliegen, entsteht ein ziemlich schmutziges, bräunliches Schwarz. Das gleiche Ergebnis können Sie auch mit Malfarben oder Druckfarben erreichen. Diesen Effekt nennt man »subtraktive Farbmischung«.

Subtraktiv bedeutet »abziehen«. Farbpigmente haben die Fähigkeit, bestimmte Anteile der auftreffenden Lichtwellen zu verschlucken (absorbieren). Was nicht absorbiert wird, wird zurückgeworfen (reflektiert) und gibt dem Pigment seine Farbanmutung. Schluckt ein Pigment alle Lichtwellen, sieht es schwarz aus.

Beim Druck eines Bildes wird durch geschicktes Mischen der drei Primärfarben Cyan (Himmelblau), Magenta (Pink) und Yellow (Gelb) fast jeder Farbeindruck erzielt.

Damit das Ergebnis voller wird, kommt noch ein tiefes Schwarz, kurz »K« (für »Key Color«, also Schlüsselfarbe), hinzu.

CMYK steht als Kürzel somit für die Druckfarben und gleichzeitig auch für den Druckprozess mit vier Farben.

Foto: Andrea Forst

In der Praxis wäre es natürlich schön, wenn der Apfel, den Sie mit der Digitalkamera aufgenommen haben, sowohl auf dem Monitor als auch im Ausdruck genauso knackig aussähe wie das Original. Leider ist das oft nicht der Fall. Das liegt an unterschiedlich großen Farbräumen.

Achtung: Wenn Sie ein Bild in einen der kleineren Farbräume (siehe Abbildungen unten) konvertieren, ist dieser Weg nicht ohne Qualitätsverluste rückgängig zu machen. Speichern Sie daher immer eine Kopie Ihrer Datei ab, um eventuell nachbessern zu können.

Was ist ein Farbraum?

Ein Farbraum ist die Summe und Leuchtkraft aller Farben, wie diese von den unterschiedlichen Ein- und Ausgabegeräten interpretiert werden. RGB hat drei Farben, aber einen größeren Farbraum als CMYK mit vier Farben. Deshalb erscheint die Blume auf dem Monitor brillanter als auf dem Ausdruck. Daran kann leider nichts geändert werden. Um aber möglichst nahe an den Eindruck des Originals heranzukommen und Farbverschiebungen in den Griff zu bekommen, lohnt sich ein kleiner Ausflug ins Farbmanagement.

Farbmanagement mit Profilen

Profile beschreiben, wie Farben der unterschiedlichen Geräte umgewandelt werden, denn die Geräte, die Sie benutzen (sei es die Digicam, der Scanner, der Monitor oder der Drucker), sprechen leider nicht die gleiche Sprache. Damit sie aber trotzdem untereinander kommunizieren können, müssen Sie Profile einsetzen. Denn diese dienen als Übersetzer. Wie das funktioniert erfahren Sie im folgenden Workshop.

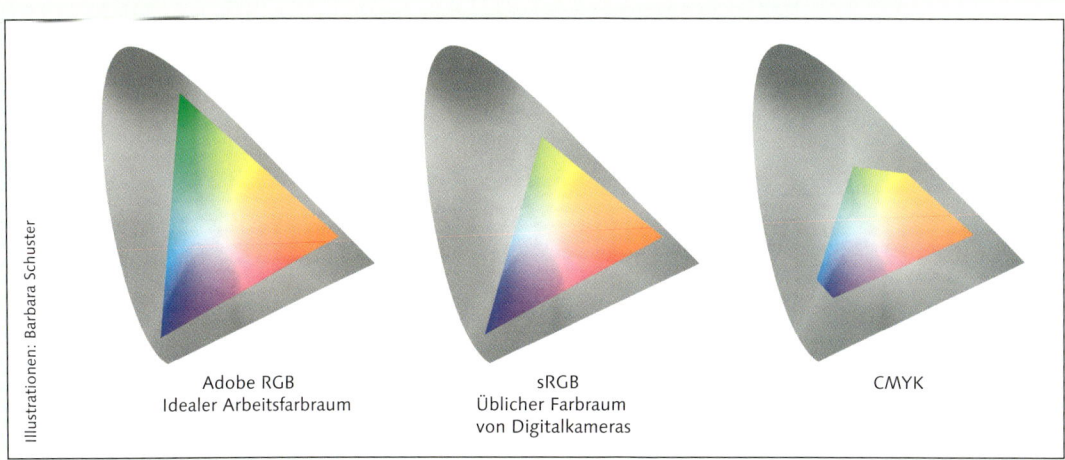

Illustrationen: Barbara Schuster

Adobe RGB
Idealer Arbeitsfarbraum

sRGB
Üblicher Farbraum
von Digitalkameras

CMYK

Das kleine Farbmanagement

Nehmen Sie die Farbeinstellungen vor

Farbmanagement beschäftigt sich damit, Bildinformationen so von einem Farbraum in einen anderen zu übertragen, dass die Bilder überall gleich aussehen. Das Thema Farbmanagement füllt ganze Bücherregale und ist sehr komplex. Daher beschränke ich mich in diesem Workshop darauf, Ihnen zu zeigen, wie Sie Farbeinstellungen in InDesign vornehmen und Profile handhaben.

Ausgangsdatei

- Die Farbeinstellungen stimmen nicht.

Bearbeitungsschritte

- Monitor kalibrieren
- Farbeinstellungen treffen
- Farben synchronisieren
- Mit Profilen arbeiten

Vorher

Nachh

Foto: Tina Baumann

1 Den Monitor kalibrieren

Wenn Sie kein externes Kalibrierungsgerät und die dazugehörige Software besitzen, können Sie Ihren Monitor über die Systemeinstellungen kalibrieren – zumindest, wenn Sie an einem Mac arbeiten.

Für ein professionelles Arbeiten ist immer eine Kalibrierung mit externen Messgeräten anzuraten, denn es müssen alle Ein- und Ausgabegeräte, wie z. B. Scanner, Digitalkamera und Drucker, kalibriert werden.

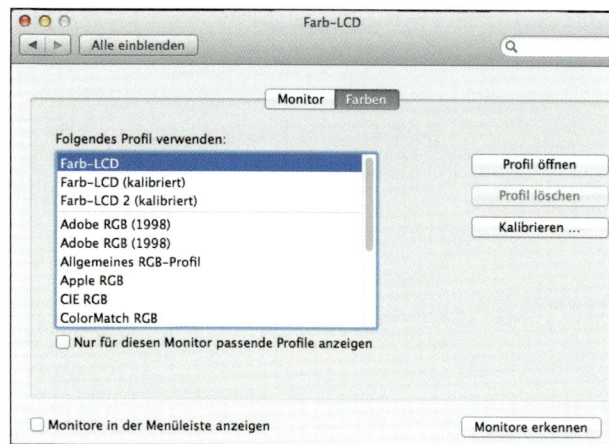

2 Der Kalibrierungsassistent am Mac

Gehen Sie in die Systemeinstellungen, und klicken Sie dort auf MONITORE und dann auf FARBEN • KALIBRIEREN.

Diesem Assistenten können Sie nun folgen. Lesen Sie sich jedoch die Informationen in den Fenstern durch, bevor Sie auf die Schaltfläche FORTFAHREN klicken. Dann sehen und verstehen Sie auch, was eingestellt wird.

Wenn Sie am Ende auf FERTIG klicken, wird ein Monitorprofil erstellt und auf Ihrem Computer gespeichert.

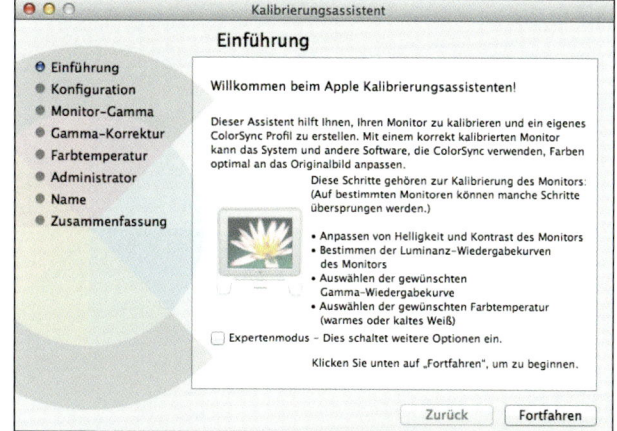

3 Kein Windows-Assistent

Leider gibt es für Windows-User keinen solchen Assistenten. Wollen Sie also hier wirklich professionell mit InDesign arbeiten und Farben am Monitor beurteilen, kommen Sie um die Anschaffung eines externen Messgeräts nicht herum.

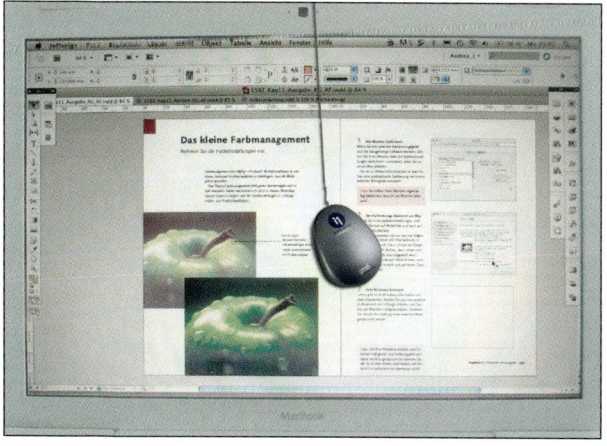

Tipp: Sie sollten Ihren Monitor regelmäßig kalibrieren, da auch ein Monitor älter wird. Der Kalibrierungsassistent ist zwar nicht das Gelbe vom Ei, aber besser als gar nichts.

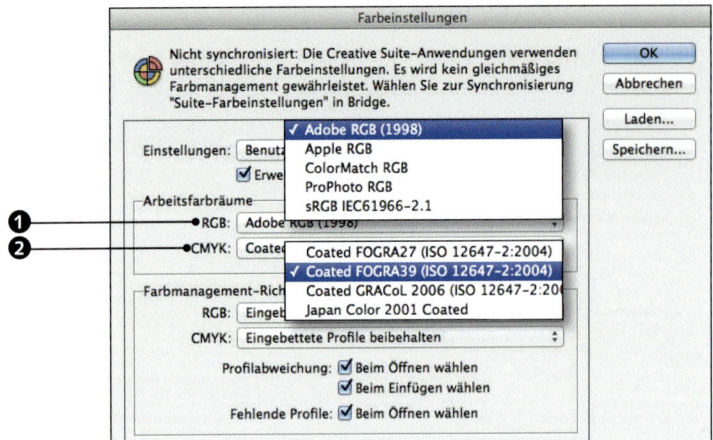

4 Erstellen Sie die Arbeitsfarbräume

Öffnen Sie InDesign, und gehen Sie in das Menü BEARBEITEN • FARBEINSTELLUNGEN.

Wählen Sie unter ARBEITSFARBRÄUME für RGB »Adobe RGB (1998)« ❶ und für CMYK »Coated FOGRA39« ❷ aus den Pop-up-Menüs aus. Diese Farbräume können für die meisten Workflows eingesetzt werden.

Die European Color Initiative, kurz ECI, stellt Ihnen weitere Farbräume für den europäischen Standard, wie z. B. »ISO Coated v2«, zum Download bereit.

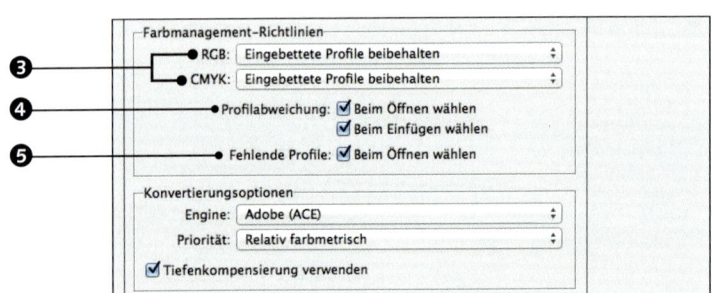

5 Legen Sie Richtlinien fest

Unter FARBMANAGEMENT-RICHTLINIEN können Sie bestimmen, wie sich InDesign verhalten soll, wenn Sie ein fremdes Dokument öffnen. Damit Ihr Rechner nicht unbemerkt die Farbeinstellungen ändert, stellen Sie unter RGB und CMYK ❸ die Option EINGEBETTETE PROFILE BEIBEHALTEN ein.

Aktivieren Sie unter PROFILABWEICHUNG ❹ und FEHLENDE PROFILE ❺ alle Optionen, damit Sie beim Öffnen fremder Dateien eine Kontrolle über das Farbmanagement behalten.

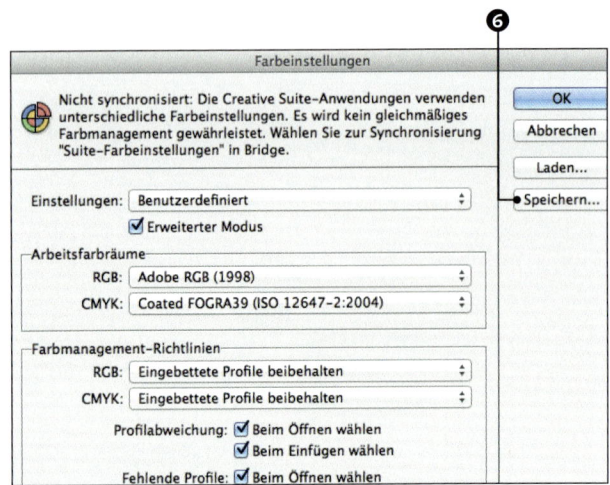

6 Speichern Sie Ihre Einstellungen ab

Klicken Sie auf die Schaltfläche SPEICHERN ❻. InDesign legt nun auf dem Mac im Ordner PRIVAT\LIBRARY\APPLICATIONS SUPPORT\ADOBE\ COLORS\SETTINGS oder für Windows unter C:\ USERS\[NAME]\APPDATA\ROAMING\ADOBE\ COLOR\SETTINGS eine CSF-Datei mit dem von Ihnen angegebenen Namen ab. Über diese Datei können Sie nun jederzeit mittels LADEN verfügen.

7 Benutzen Sie die Bridge

Adobe Bridge bietet Ihnen vorinstallierte Einstellungen für Europa an und synchronisiert die Farbeinstellungen für alle Anwendungen der Creative Suite.

Wenn Sie nicht mit Bridge arbeiten, achten Sie darauf, dass Sie in allen Programmen die gleichen Farbeinstellungen vornehmen. Das gilt für die Programme InDesign, Illustrator, Photoshop und Acrobat.

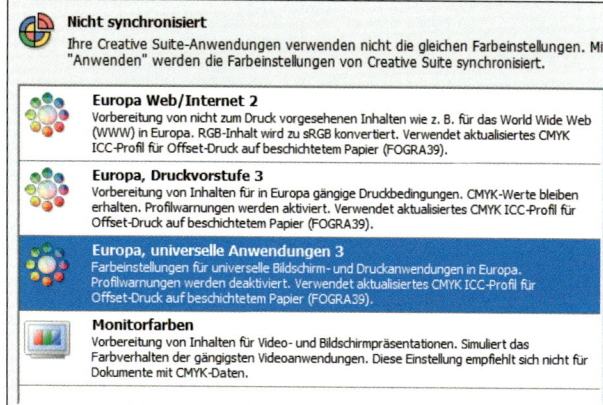

8 Synchronisieren Sie die Einstellungen

Sie können natürlich auch über die Bridge Ihre eigenen Einstellungen aufrufen und für alle Creative Suite-Programme synchronisieren. Wählen Sie unter BEARBEITEN • CREATIVE SUITE-FARBEINSTELLUNGEN, und stellen Sie in dem Dialog die von Ihnen abgespeicherten Farbeinstellungen ein. Klicken Sie auf ANWENDEN. Nun arbeiten Sie in InDesign, Illustrator, Photoshop und Acrobat mit denselben Farbeinstellungen.

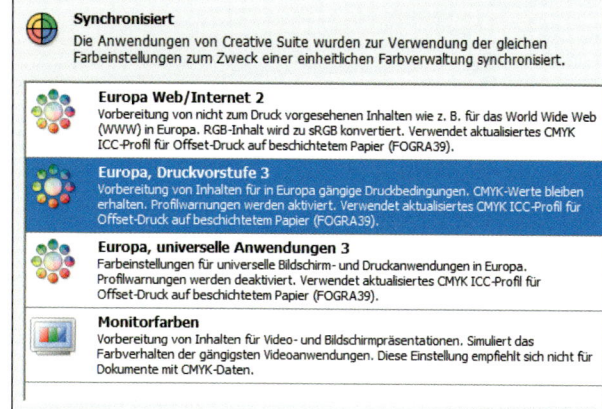

9 Sie müssen Profile speichern?

Sie können die aktuellen ICC-Profile unter *www.eci.org* herunterladen. Der Windows-User speichert die Profile unter C:\WINDOWS\SYSTEM32\SPOOL\DRIVERS\COLOR.

Für den Mac-User wird es komplizierter, da dieser Ordner versteckt liegt. Sie müssen über den Finder das Menü GEHE ZU • GEHE ZUM ORDNER wählen. In dem Fenster sollte »~/Library« stehen. Klicken Sie auf ÖFFNEN.

Automatisch gelangen Sie in den Ordner LIBRARY. Wählen Sie hier COLORSYNC • PROFILES aus, und ziehen Sie das gewünschte Profil in den Ordner hinein.

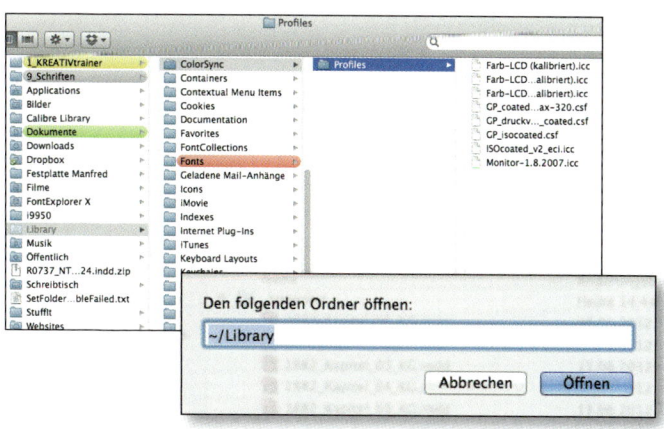

Tipp: Hat das Fenster keinen Eintrag, dann müssen Sie hinter der Tilde ein Leerzeichen einsetzen und danach »/Library«.

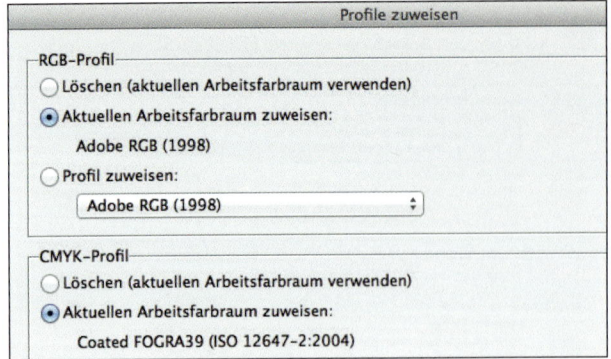

10 Profil zuweisen oder konvertieren?

Egal was Sie wählen, das Dokument hat hinterher ein anderes Quellprofil.

Auch wenn Sie mehrfach ein anderes Profil zuweisen, bleiben die Farbwerte erhalten, und Sie können jederzeit zum Ausgangsprofil zurückkehren. Konvertieren Sie das Dokument, werden die Farbwerte entsprechend geändert. Auch wenn Sie wieder zum Ausgangsprofil zurückkehren, bleiben die Farbwerte des neuen Profils erhalten.

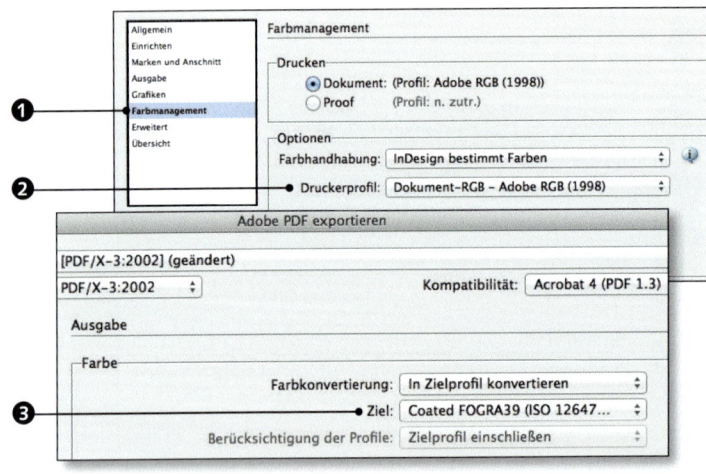

11 Profile für Drucker oder PDF

Die meisten Laser- oder Tintenstrahldrucker verfügen über eigene Profile, die bei der Installation automatisch am richtigen Speicherort angelegt werden. Wählen Sie im Druck-Dialog das Fenster FARBMANAGEMENT ❶ aus, und stellen Sie unter DRUCKERPROFIL ❷ eines Ihrer Druckerprofile ein.

Beim PDF-Export sind Sie stärker festgelegt. Hier müssen Sie unter ZIEL ❸ ein Profil auswählen, sollte Ihr Druckdienstleister explizit ein anderes gewünscht haben.

12 Fazit

Ihr Ausdruck sieht nun fast so aus wie das Bild am Monitor. Und dieses »fast« müssen Sie akzeptieren, denn wir arbeiten hier mit dem »kleinen« Farbmanagement.

Möchten Sie ein perfektes Farbmanagement betreiben, kann ich Ihnen nur externe Messgeräte mit der entsprechenden Software und gezielte Fachberatung empfehlen.

Das Überdrucken
Wann ist es sinnvoll und wann nicht?

Was bedeutet Überdrucken?

Wenn Sie mindestens zwei Objekte überlappen lassen, dann wird generell die Überlappung ausgespart. Sie sehen alle Flächen als deckend ❶.

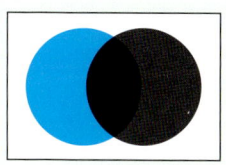
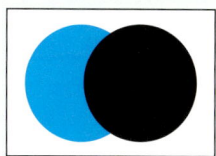

Aktivieren Sie jedoch über FENSTER • ATTRIBUTE im Attribute-Bedienfeld die Option FLÄCHE ÜBERDRUCKEN, dann vermischen sich die Überlappungsbereiche und es erscheint eine neue Farbe ❷.

Dies ist vergleichbar mit der Transparenz-Füllmethode MULTIPLIZIEREN aus dem Effekte-Bedienfeld.

Schwarz überdruckt immer

Schwarz, also 100 % K, ist standardmäßig immer auf Überdrucken gestellt. So vermeidet man z. B. bei Text oder Konturen Passungenauigkeiten.

Doch wie sieht es aus, wenn Sie eine schwarze Fläche auf z. B. eine cyan-farbene Fläche stellen? Stimmt, Sie erhalten in dem Überlappungsbereich ein Tiefschwarz, und das ist nicht immer gewünscht.

Dieses können Sie umgehen, wenn Sie die Farbe Schwarz im Farbfelder-Bedienfeld duplizieren und 50 % der Farbe Cyan zuweisen. So erreichen Sie eine gleichmäßige Farbigkeit.

Überdrucken von Metallic-Farben

Viele meiner Schulungsteilnehmer fragen mich, ob die Schmuckfarbe Silber auf Überdrucken gestellt werden soll. In der Regel ist das richtig, denn Metallic-Farben sind deckend, aber leider doch nicht so deckend, wie sie es versprechen.

Ich kann Ihnen das Ergebnis nur simuliert darstellen, aber so dürfte Silber auf einer schwarzen Fläche aussehen:

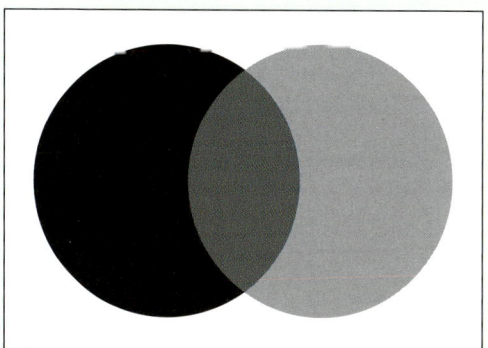

Offen oder geschlossen?

Wie Sie Ihre Dokumente weitergeben können

Hier scheiden sich die Geister. Der eine sagt: »Ich will nur offene Dateien haben, damit ich dort noch eingreifen kann, und außerdem erstelle ich das PDF lieber selbst.« Der andere meint: »Nur PDF, dann kann ich sofort drucken.«

Welche Wahl sollen Sie treffen? Nun, da gibt es keine allgemeingültige Antwort. Nur Ihr Druckdienstleister kann Ihnen dazu etwas sagen. Die meisten Druckereien bevorzugen eine PDF-Datei, ich persönlich habe damit auch bessere Erfahrungen gemacht.

Die offenen Dateien

Mit diesen Dateien stellen Sie dem Druckdienstleister Ihre Arbeitsdateien für eine Weiterbearbeitung zur Verfügung. Der Nachteil ist, dass Sie alle Bilder und Schriften mitgeben müssen – das sollten Sie nicht vergessen.

Verpacken Sie Ihre Dateien

Damit Ihr Druckdienstleister nicht gleich nach der Übertragung der Daten bei Ihnen anruft, hat InDesign die Funktion DATEI • VERPACKEN für Sie bereitgestellt.

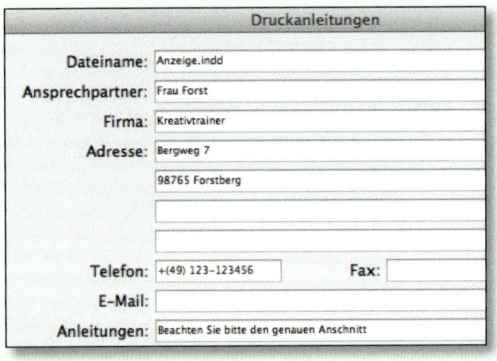

Den Dialog DRUCKANLEITUNGEN der Verpacken-Funktion füllen Sie bitte immer aus, damit man Sie bei Fragen erreichen kann, denn es gibt für einen Druckdienstleister nichts Schlimmeres, als wenn die Daten verspätet kommen und er dann keinen Ansprechpartner hat. Gehen Sie auf FORTFAHREN, bestimmen Sie den Ablageort für den neuen Ordner, und klicken Sie auf OK.

InDesign erstellt nun einen weiteren Ordner, in dem die Druckanleitungen, die Schriften, die Links und das Dokument gespeichert werden. Diesen Ordner können Sie an Ihren Druckdienstleister verschicken; er wird sich nicht mehr beschweren.

Die geschlossenen Dateien

Als geschlossene Dateien bezeichnet man PDF-Dateien. In diesen Dokumenten sind alle Bilder und Schriften eingebettet. Lesen Sie dazu mehr im folgenden Workshop.

Eine PDF-Datei erstellen

Der Export aus InDesign

InDesign bietet Ihnen zwei Möglichkeiten, wie Sie ein PDF erstellen können. Da gibt es einerseits den herkömmlichen Weg über das Drucken einer PostScript-Datei und die anschließende Umwandlung über den Acrobat Distiller. Andererseits gibt es seit der ersten Creative Suite auch den direkten Export aus InDesign heraus, mit vielen PDF-Vorgaben von Adobe. Ich zeige Ihnen daher in diesem Workshop, wie Sie ein PDF über den Export erstellen.

Ausgangsdatei

- Aus InDesign wird PDF

[Ordner: 03_Druck_PDF]

Bearbeitungsschritte

- Den PDF-Export kennenlernen
- PDF-Vorgaben speichern

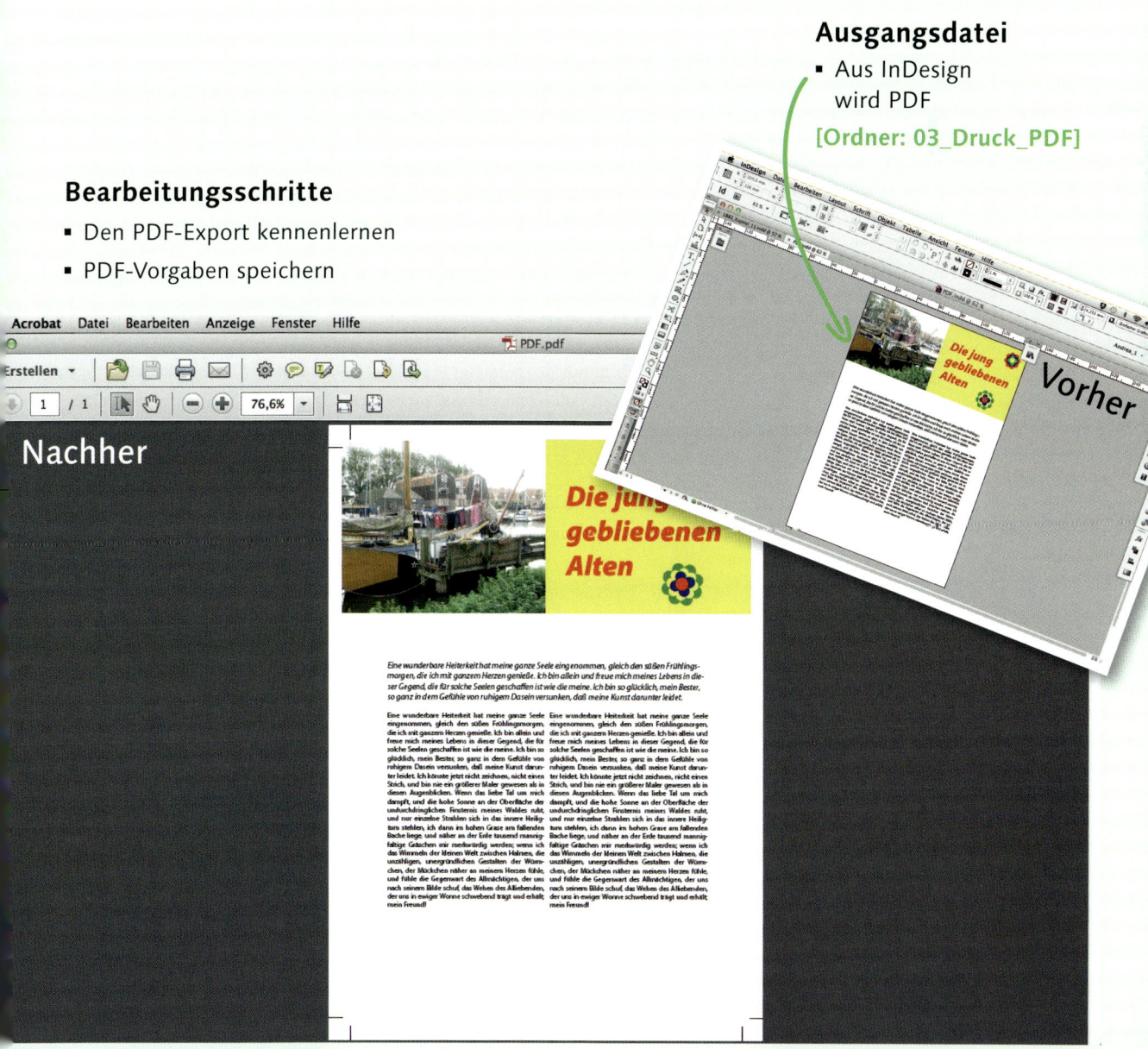

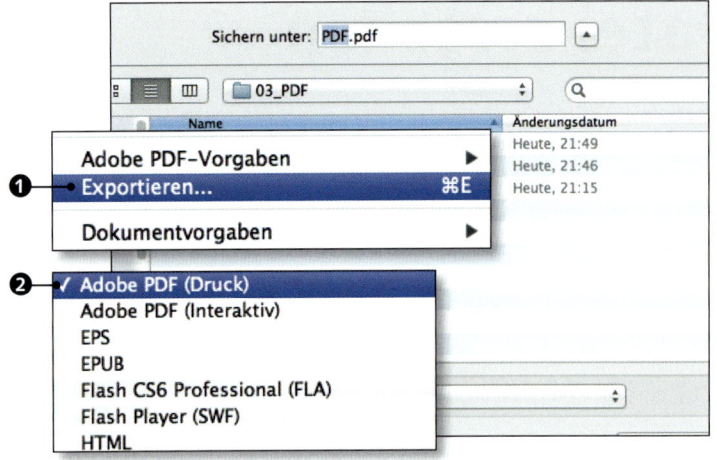

1 Ein PDF erstellen

Sie können meine Beispieldatei »PDF.indd« wählen, oder Sie verwenden eines Ihrer Dokumente.

Wählen Sie anschließend das Menü DATEI • EXPORTIEREN oder ⌘/Strg+E ❶. Sie werden sofort aufgefordert, den gewünschten Speicherort anzugeben. Suchen Sie im Dialog einen Ordner aus, stellen Sie unter FORMAT (Mac) bzw. DATEITYP (Windows) »Adobe PDF (Druck)« ❷ ein, und klicken Sie auf OK.

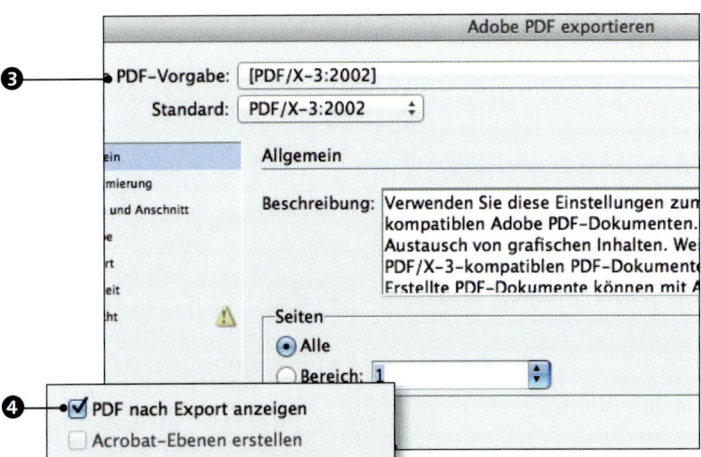

2 Der Dialog

Im ersten Dialogfenster wählen Sie unter ADOBE PDF-VORGABE aus dem Pop-up-Menü »PDF/X-3:2002« ❸ aus. Das ist gerade für den Offsetdruck die am häufigsten genutzte Vorgabe. Sie garantiert einen reibungslosen PDF-Workflow.

Die Rubrik SEITEN ist selbsterklärend und wird nicht weiter beschrieben. Interessant ist aber unter OPTIONEN die Einstellung PDF NACH EXPORT ANZEIGEN ❹. Haben Sie dort den Haken gemacht, wird das PDF nach der Erstellung automatisch in Acrobat geöffnet.

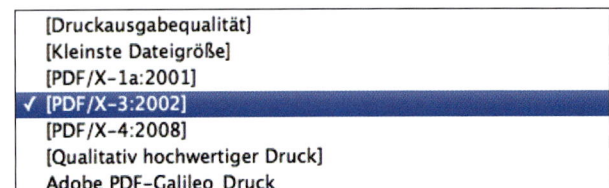

3 Qualität der PDF-Vorgaben

Mit DRUCKAUSGABEQUALITÄT erzeugen Sie PDF-Dateien, die für den Offsetdruck geeignet sind. Diese Vorgabe ist jedoch nicht so hochwertig wie die in Schritt 2 empfohlene.

KLEINSTE DATEIGRÖSSE ist nur für den E-Mail-Verkehr zwischen Ihnen und Ihrem Kunden bestimmt.

Die Vorgabe QUALITATIV HOCHWERTIGER DRUCK lässt mehr vermuten, als tatsächlich dahintersteckt: Damit erstellen Sie ein PDF für Ihren Laser- oder Tintenstrahldrucker.

Tipp: Jede Änderung der PDF-Vorgaben wird Ihnen durch (GEÄNDERT) angezeigt. Lassen Sie sich dadurch nicht verunsichern.

4 Was sind PDF/X-Dateien?

Diese PDF-Dateien beinhalten ISO-Normen, die internationale Standards vorgeben. Da dieses Thema sehr komplex ist, möchte ich hier nicht weiter darauf eingehen. Nur eins möchte ich Ihnen noch mit auf den Weg geben: Alle PDF/X-Dateien werden mit ganz konkreten Vorgaben erstellt, die bestimmen, was in dem PDF erlaubt ist und was nicht erlaubt ist: Nicht erlaubt sind z. B. alle interaktiven Elemente. Weitere Informationen zu PDF/X finden Sie auf der ISO-Website unter *www. eci.org* und auf der Adobe-Website.

5 Komprimierung

Haben Sie eine der Adobe-Vorgaben gewählt, können Sie dieses Fenster überspringen, da die Einstellungen völlig in Ordnung sind.

Achten Sie jedoch darauf, dass die Option BILDDATEN AUF RAHMEN BESCHNEIDEN ❺ ganz unten im Fenster aktiviert ist. Dadurch werden, wenn Sie nur einen Ausschnitt eines Bildes gewählt haben, die nicht sichtbaren Daten für das PDF gelöscht. Dies kann die Dateigröße und die Ausgabezeit deutlich reduzieren.

❺

6 Marken und Anschnitt

Wenn Sie unter MARKEN ❻ etwas einstellen möchten, wie ich es gemacht habe, fragen Sie vorher Ihren Druckdienstleister, denn in den meisten Fällen wünschen die Drucker weder Schnittmarken noch andere eigene Einstellungen.

Unter ANSCHNITT UND INFOBEREICH ❼ stellen Sie einen Anschnitt ein, der Ihnen meistens ebenfalls vorgegeben wird. Wählen Sie hier jedoch mindestens »3 mm«. Haben Sie in Ihrem Dokument eigene Informationen wie z. B. eine Job-Nummer eingegeben, können Sie INFOBEREICH EINSCHLIESSEN anklicken.

❻

❼

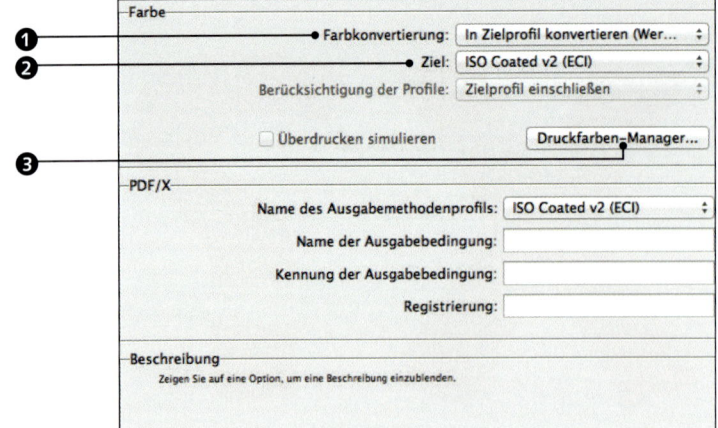

7 Das Fenster »Ausgabe«

Hier finden Sie die Farbeinstellungen für das PDF. Wählen Sie unter FARBKONVERTIERUNG • IN ZIELPROFIL KONVERTIEREN (WERTE BEIBEHALTEN) ❶ und als ZIEL ❷ das von Ihrem Druckdienstleister zur Verfügung gestellte Profil. Wie Sie ein Profil einstellen, lesen Sie im Workshop »Das kleine Farbmanagement« weiter vorn in diesem Kapitel nach.

Sie finden hier noch einmal den DRUCKFARBEN-MANAGER ❸, den ich bereits im Workshop »Ein Dokument überprüfen«, ebenfalls in diesem Kapitel, beschrieben habe.

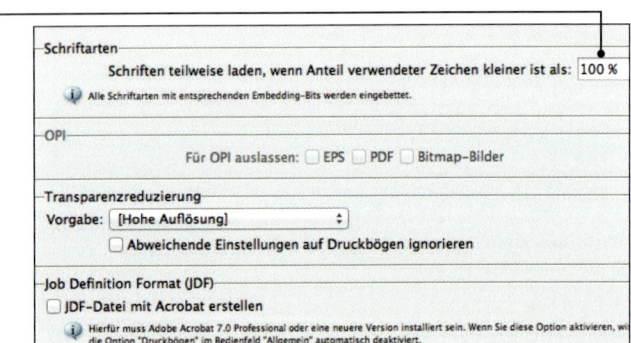

8 Das Fenster »Erweitert«

Auch wenn sie standardmäßig vorgegeben ist, möchte ich gern eine Einstellung in der Rubrik SCHRIFTARTEN erwähnen. Wenn Sie in Ihrem Dokument mit Open-Type-Fonts gearbeitet haben, können diese mehrere Tausend Glyphen enthalten. Eine solche Summe an Glyphen setzt aber niemand ein. Deshalb wählen Sie SCHRIFTEN TEILWEISE LADEN, WENN ANTEIL VERWENDETER ZEICHEN KLEINER IST ALS »100 %« ❹. Dadurch werden nur die Zeichen eingebettet, die Sie auch wirklich eingesetzt haben.

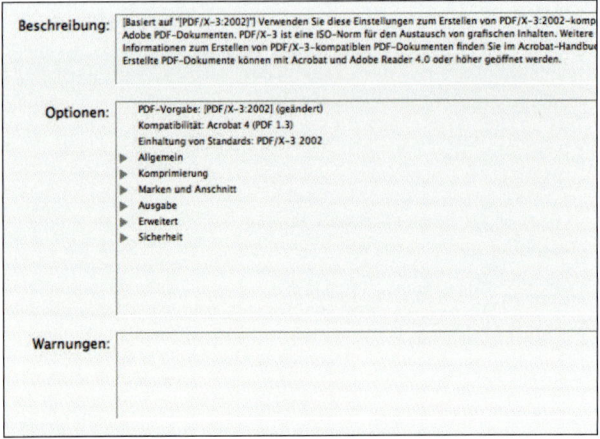

9 Weitere Einstellungen

Da Sicherheitseinstellungen für ein Druck-PDF aufgrund der PDF/X-Norm nicht erlaubt sind, überspringe ich sie.

Im Fenster ÜBERSICHT können Sie Ihre Einstellungen nochmals überprüfen und gegebenenfalls noch Korrekturen an Ihrem Dokument vornehmen. Dafür müssen Sie jedoch auf ABBRECHEN klicken.

Bestätigen Sie nun den Dialog mit OK, so wird eine PDF-Datei erstellt.

10 Eine eigene Vorgabe speichern

Sie können Ihre PDF-Einstellungen als Vorgabe speichern, damit sie Ihnen immer wieder zur Verfügung stehen.

Wählen Sie dazu VORGABE SPEICHERN ❺ aus, bevor Sie den Dialog bestätigen.

Ihre Vorgabe wird automatisch unter den Adobe PDF-Vorgaben abgelegt.

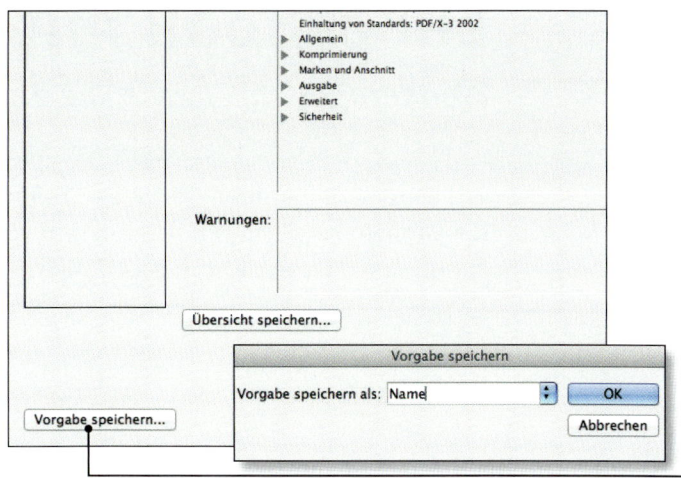

11 Die eigene Vorgabe bearbeiten

Haben Sie eine eigene Vorgabe erstellt, kann es vorkommen, dass diese Vorgabe verändert werden muss. Sie finden Ihre erstellte Vorgabe unter DATEI • ADOBE PDF VORGABEN • DEFINIEREN ❻.

Wählen Sie im nächsten Fenster ADOBE PDF-VORGABEN Ihre Vorgabe aus, und klicken Sie auf die Schaltfläche BEARBEITEN. Nun können Sie die gewünschten Einstellungen vornehmen und die Vorgabe erneut abspeichern.

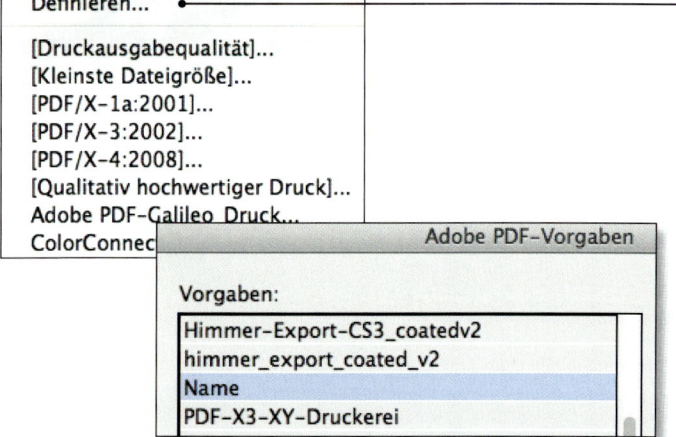

12 Die PDF-Datei überprüfen

Sie können die PDF-Datei überprüfen lassen, nachdem sie in Acrobat geöffnet wurde.

Wählen Sie dazu das Menü ERWEITERT • PREFLIGHT aus bzw. drücken Sie ⌂+⌘/ Strg+X. Im Dialog wählen Sie anschließend PDF/X-STANDARD • KONFORMITÄT MIT PDF/X-3 PRÜFEN ❼ aus und klicken auf die Schaltfläche PRÜFEN.

Acrobat überprüft, ob Ihre Datei alle Normen einer PDF/X-Datei eingehalten hat. Ist alles in Ordnung, sehen Sie nach der Überprüfung einen grünen Haken.

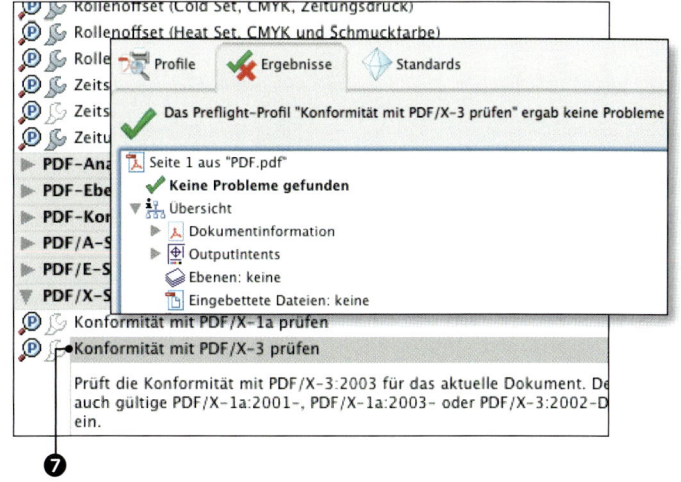

Ein E-Book mit Text erstellen

Wandern Sie mit mir in die Zukunft

Wir werden immer mehr mit Apps, E-Books etc. konfrontiert. Damit Sie mithalten können, zeige ich Ihnen in diesem Workshop, wie einfach es ist, ein E-Book, das nur aus Text besteht, mit InDesign zu erstellen.

Ausgangsdatei

- Headline grenzt sich nicht ab.
- Absätze sollen sich besser trennen.

[Ordner: 04_E-Book-Text]

Vorher

Nachher

Bearbeitungsschritte

- Absatzformate einrichten
- Ansicht auf dem Tablet-PC

11_eBook-Text_2

Erlebnisse einer kleinen Blindtextzeile

Weit hinten, hinter den Wortbergen, fern der Länder Vokalien und Konsonantien leben die Blindtexte. Abgeschieden wohnen Sie in Buchstabhausen an der Küste des Semantik, eines großen Sprachozeans. Ein kleines Bächlein namens Duden fließt durch ihren Ort und versorgt sie mit den nötigen Regelialien. Es ist ein paradiesmatisches Land, in dem einem gebratene Satzteile in den Mund fliegen. Nicht einmal von der allmächtigen Interpunktion werden die Blindtexte beherrscht – ein geradezu unorthographisches Leben. Eines Tages aber beschloß eine kleine Zeile Blindtext, ihr Name war Lorem Ipsum, hinaus zu gehen in die weite Grammatik. Der große Oxmox riet ihr davon ab, da es dort wimmele von bösen Kommata, wilden Fragezeichen und hinterhältigen Semikoli, doch das Blindtextchen ließ sich nicht beirren. Es packte seine sieben Versalien, schob sich sein Initial in den Gürtel und machte sich auf den Weg. Als es die ersten Hügel des Kursivgebirges erklommen hatte, warf es einen letzten Blick zurück auf die Skyline seiner Heimatstadt Buchstabhausen, die Headline von Alphabetdorf und die Subline seiner eigenen Straße, der Zeilengasse.

Wehmütig lief ihm eine rhetorische Frage über die Wange, dann setzte es seinen Weg fort. Unterwegs traf es eine Copy. Die Copy warnte das Blindtextchen, da, wo sie herkäme wäre

1 Hilfreiches zum E-Publishing

Mit dem EPUB-Format verabschieden Sie sich aus dem Printbereich. Eine genaue Positionierung von Gestaltungselementen, wie z. B. mehrere Spalten, Elemente auf Musterseiten und die aktuelle Seitenzahl sind derzeit noch nicht möglich.

Auch die Verteilung des Textumbruches und die Darstellung der Schriftart variieren zwischen den unterschiedlichen Tablet-PCs und sind zudem abhängig von den Einstellungen der Benutzer.

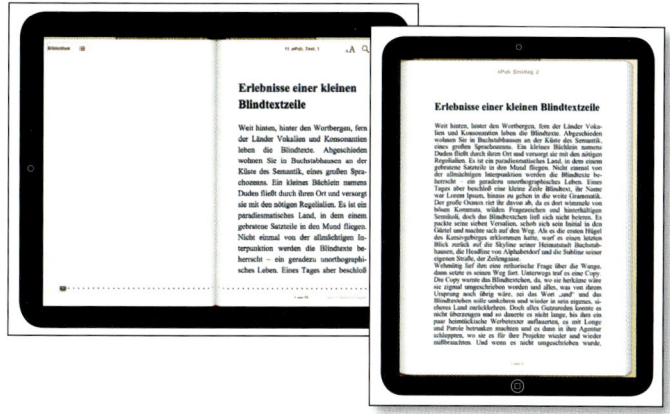

2 Welche Schrift ist sinnvoll?

Egal, ob es ein gedrucktes Buch oder ein E-Book sein soll, Sie sollten bei der Schriftauswahl möglichst Schriften mit Serifen einsetzen. Denn diese lassen sich besser und schneller lesen.

Weiter muss man bedenken, dass jeder Tablet-PC zuerst auf seine Systemschrift zugreifen möchte. Daher wähle ich bei der Gestaltung von E-Books immer eine Schrift, die auch von dem Tablet-PC verwendet werden könnte.

3 Zusätzliche Programme

Um Ihre Arbeit auf das iPad zu übertragen, benötigen Sie iTunes. Am Mac ist dieses Programm bereits installiert, Windows-Nutzer können es bei Apple herunterladen.

Um die EPUB-Datei weiterbearbeiten zu können, empfehle ich das Programm Sigil (*http://code.google.com/p/sigil*).

Eine Vorschau Ihres E-Books am Rechner erhalten Sie mit Adobe Digital Editions (*www.adobe.com/de/products/digitaleditions*). So entfällt der Umweg über iTunes.

Installieren Sie bitte diese drei Programme auf Ihrem Rechner.

Tipp: Haben Sei einen anderen Tablet-PC als das iPad, benötigen Sie statt iTunes das für Ihr Tablet passende Programm.

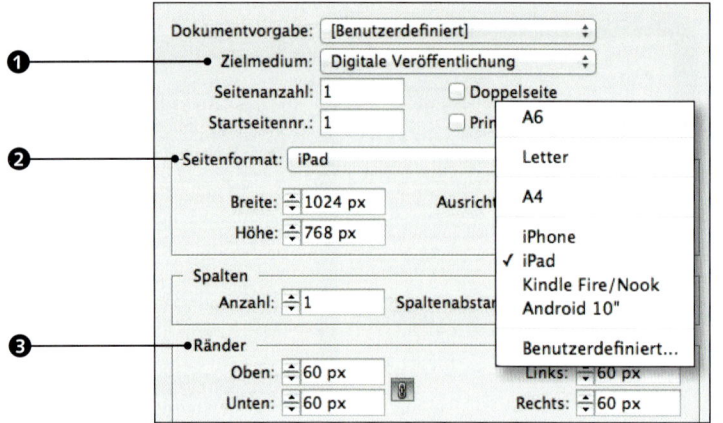

4 Das Dokument einrichten

Erstellen Sie ein neues Dokument, und wählen Sie unter ZIELMEDIUM »Digitale Veröffentlichung« ❶. Unter SEITENFORMAT wählen Sie eines Ihrer Zielgeräte ❷ aus.

Die Breite und Höhe wird automatisch eingestellt. In meinem Fall sind es »1024 px x 768 px«, da ich das Seitenformat für das iPad genommen habe.

Unter RÄNDER ❸ bestimmen Sie den Abstand zwischen der Seitengröße und dem Inhalt. Geben Sie hier den Wert »60 px« ein.

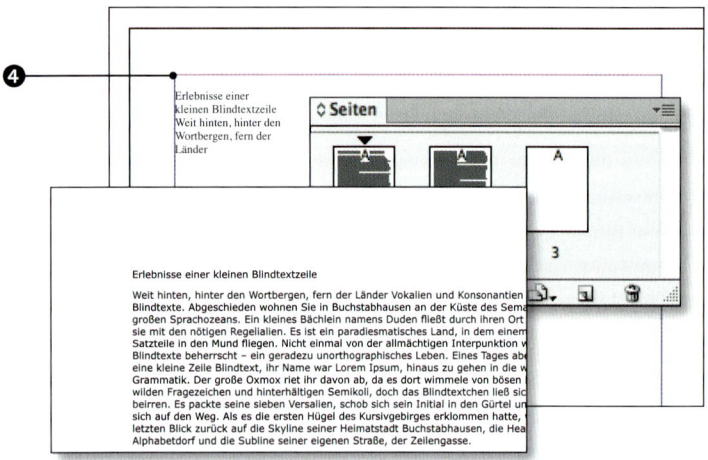

5 Den Text laden

Über ⌘/Strg+D platzieren Sie den Text »3_kleine_Blindtextzeilen.doc« aus dem Übungsordner. Bevor Sie jedoch auf die Seite klicken, positionieren Sie den Cursor an der oberen linken Ecke der Ränder ❹, damit sich der Text auf allen Seiten immer an den Stegen ausrichtet. Halten Sie beim Klicken die ⇧-Taste gedrückt, damit der gesamte Text geladen wird und zusätzlich erforderliche Seiten erstellt werden.

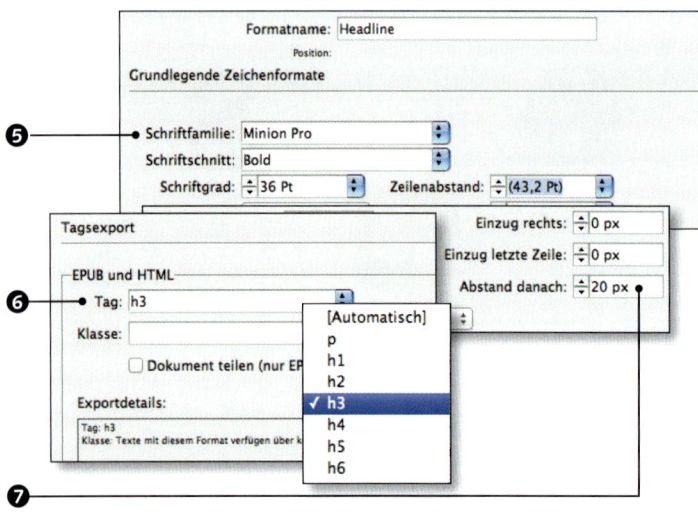

6 Die Headline einrichten

Für den EPUB-Export benötigen Sie Absatzformate. Erstellen Sie daher ein neues Absatzformat »Headline«. Für die SCHRIFT-FAMILIE ❺ wählen Sie eine geeignete Systemschrift aus und stellen den SCHRIFTGRAD auf »36 Pt« ein. Im Fenster EINZÜGE UND ABSTÄNDE stellen Sie für ABSTAND DANACH ❼ den Wert »20 px« ein. Gehen Sie in das Fenster TAGSEXPORT, und wählen Sie unter TAG ❻ den Eintrag »h3« aus. Wenden Sie nun das Absatzformat an. »h1« bis »h6« stehen für die sechs verschiedenen Überschriftgrößen.

Tipp: HTML-Tags sind in spitze Klammern eingeschlossene Kürzel, die dazu dienen, Textelemente auszuzeichnen.

7 Den Text formatieren

Auch für den Text brauchen wir ein Absatzformat. Nennen Sie es »Copy«. Wählen Sie wieder eine Systemschrift aus, und geben Sie dieser den Schriftgrad »14 Pt«. Geben Sie im Fenster Einzüge und Abstände für den Abstand danach »16 px« ein.

Im Fenster Tagsexport wählen Sie unter Tag diesmal »Automatisch« ❽ aus.

Vergeben Sie dieses Format für den ersten Absatz des Textes.

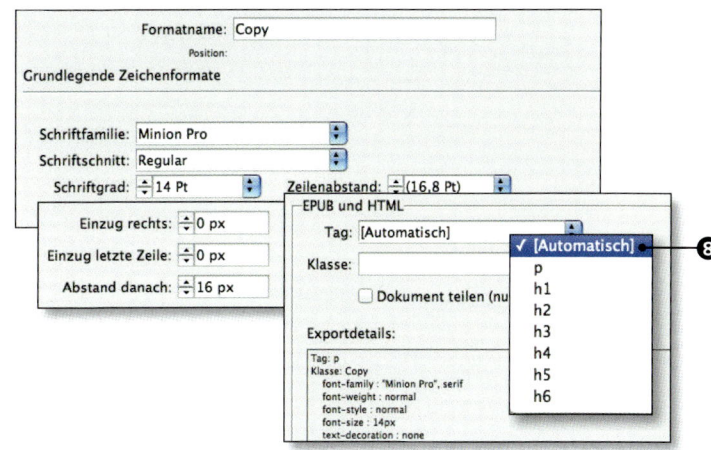

8 Eine Klasse erstellen

Um den weiteren Text mit z. B. einem Einzug zu erstellen, bauchen Sie eine sogenannte Klasse. Erstellen Sie ein neues Absatzformat »Copy_mit_Einzug«, und wählen Sie im Fenster Allgemein unter Basiert auf ❾ »Copy«. Im Fenster Einzüge und Abstände stellen Sie unter Einzug erste Zeile ❿ den Wert »12 px« ein.

Im Fenster Tagsexport geben Sie unter Tag wieder das Kürzel »p« ein und geben unter Klasse in das Eingabefeld ⓫ den Namen des neu erstellten Absatzformats ein.

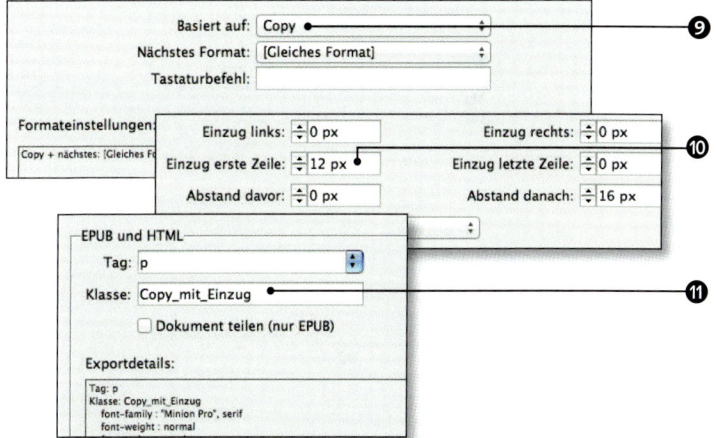

9 Der Export

Über das Menü Datei • Exportieren oder ⌘/Strg+E wählen Sie unter Format »EPUB« ⓬ und speichern das Dokument auf Ihrem Rechner.

Anschließend öffnet sich das Dialogfenster mit den EPUB-Exportoptionen. Dort finden Sie die Fenster Allgemein, Bild und Inhalt. Schauen Sie sich die Fenster schon einmal an, denn diese kommen in den nächsten Workshops zum Einsatz. Hier können Sie einfach auf OK klicken.

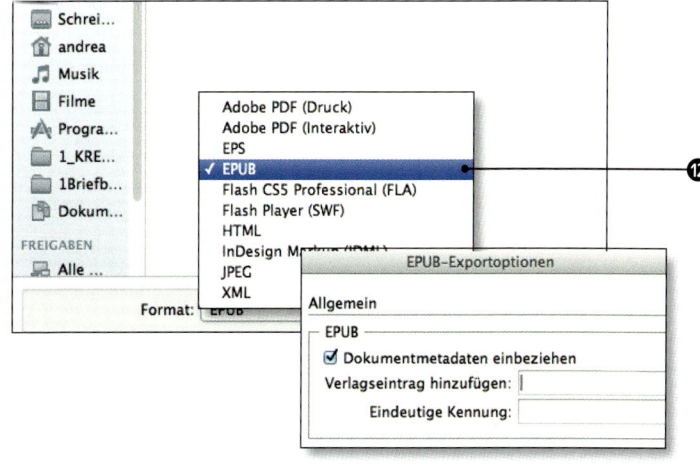

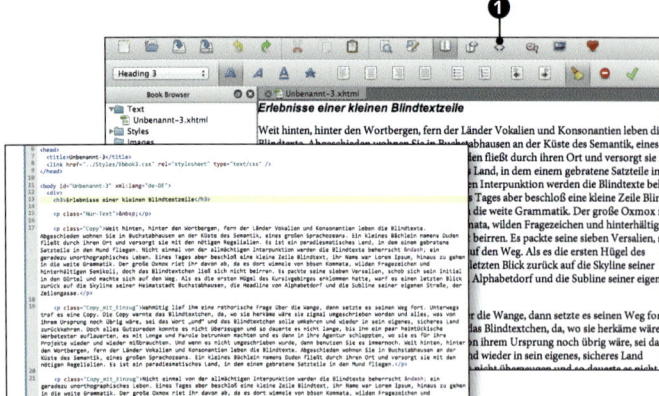

10 Das Programm Sigil

Nun komm Sigil zum Einsatz. Öffnen Sie in Sigil die eben exportierte EPUB-Datei über DATEI • ÖFFNEN. Die Vorschau in Sigil sieht zwar wirklich nicht so aus, wie wir das Layout erstellt haben. Doch das Programm hat seine Vorteile: Über den sogenannten Quelltext können Sie überprüfen, ob die von InDesign erstellte Absatzformatierung richtig ist. Klicken Sie dafür auf die Schaltfläche CODE VIEW ❶. Der Qelltext wird Ihnen nun angezeigt.

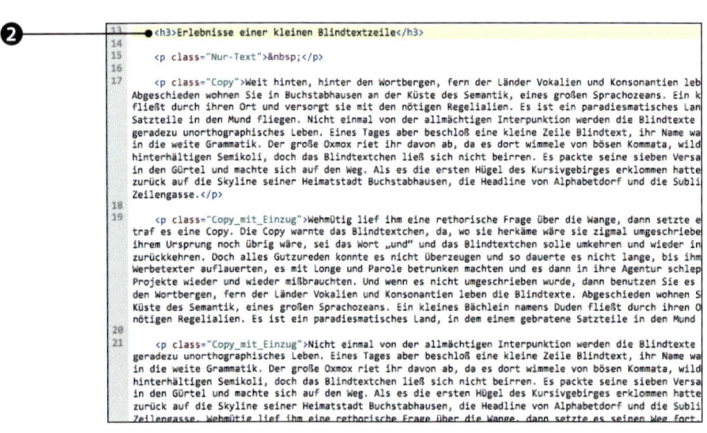

11 Die Überprüfung

Ich prüfe immer meine Dokumente, ob sich doch ein Fehler eingeschlichen hat.

Suchen Sie in dem Quelltext die Headline ❷, und sehen Sie sich diese Zeile an.

InDesign hat automatisch Cascading Style Sheets angewendet und somit auch die dazugehörigen HTML-Tags erstellt. Diese erkennen Sie durch <h3> am Anfang des Absatzes und </h3> am Ende. Innerhalb des Tag-Paars können Sie den Text beliebig ändern, achten Sie jedoch darauf, dass Sie keine Zeilenschaltung machen.

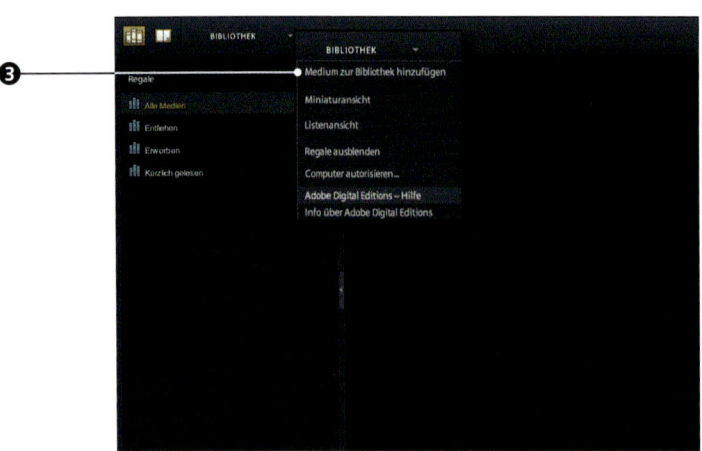

12 Adobe Digital Editions

Stellen Sie sich vor, Sie müssten nach jeder Änderung der EPUB-Datei diese immer wieder über iTunes auf Ihren Tablet-PC hochladen. Sie hätten keinen Spaß daran.

Das Programm Adobe Digital Editions spart Ihnen Zeit und Mühe.

Fügen Sie Ihre EPUB-Datei über BIBLIOTHEK • MEDIUM ZUR BIBLIOTHEK HINZUFÜGEN ❸ zur Ansicht ein, und doppelklicken Sie anschließend auf die Miniatur. Dadurch wird die Leseansicht geöffnet.

Tipp: Cascading Style Sheets, kurz CSS, sind stufenförmige oder verschachtelte Stilvorlagen von strukturierten Dokumenten.

13 Das bietet das Programm

Hier sehen Sie, wie Ihre Arbeit auf einem Tablet-PC angezeigt wird. Einen Zugriff auf den Text und seine Formate haben Sie hier nicht. Das ist allerdings auch nicht der Sinn des Programms.

Wie an einem Tablet-PC können Sie die Schriftgröße verkleinern, ein Lesezeichen einsetzen etc. Für unsere Arbeit jedoch ist etwas anderes wichtig: Ziehen Sie das Fenster an der unteren rechten Ecke ❹ kleiner oder größer, und achten Sie auf den Text. Dieser passt sich der Fenstergröße an.

14 iTunes

Wenn Sie EPUBs auf das iPad laden möchten, muss dort iBooks installiert sein. Auf Ihrem Rechner benötigen Sie iTunes für die anschließende Übertragung der Daten. In iTunes fügen Sie Ihre Arbeit über ABLAGE • ZUR MEDIATHEK HINZUFÜGEN (Mac) ❺ bzw. DATEI • DATEI ZUR MEDIATHEK HINZUFÜGEN (Windows) in iTunes ein.

15 Bücher synchronisieren

Nachdem Sie Ihr Buch in iTunes geladen haben, müssen Sie den Computer mit dem Tablet-PC verbinden. Stecken Sie dafür einfach das Übertragungskabel in beide Geräte.

Danach wählen Sie ABLAGE • [NAME DES TABLETS] SYNCHRONISIEREN ❻. Die Synchronisation wird gestartet, und Ihre EPUB-Datei erscheint auf dem Tablet-PC in Ihrem Bücherregal.

Tipp: Fragen Sie Ihren Systemadministrator, welche App für Ihren Tablet-PC geeignet ist.

Einen Buchtitel erstellen

Erleichtern Sie Ihren Lesern die Auswahl des Buches

Jedes Buch gewinnt seinen Leser nur, wenn das Titelbild ansprechend ist. Auch möchte der Leser über das Inhaltsverzeichnis schnell von einem Kapitel zum nächsten wandern. In diesem Workshop zeige ich Ihnen, wie Sie ein Titelbild in InDesign erstellen und auch ein interaktives Inhaltsverzeichnis erstellen können.

Bearbeitungsschritte

- Ein Inhaltsverzeichnis einrichten
- Den Schmutztitel einfügen
- Die Datei mit Titel und interaktivem Inhaltsverzeichnis exportieren

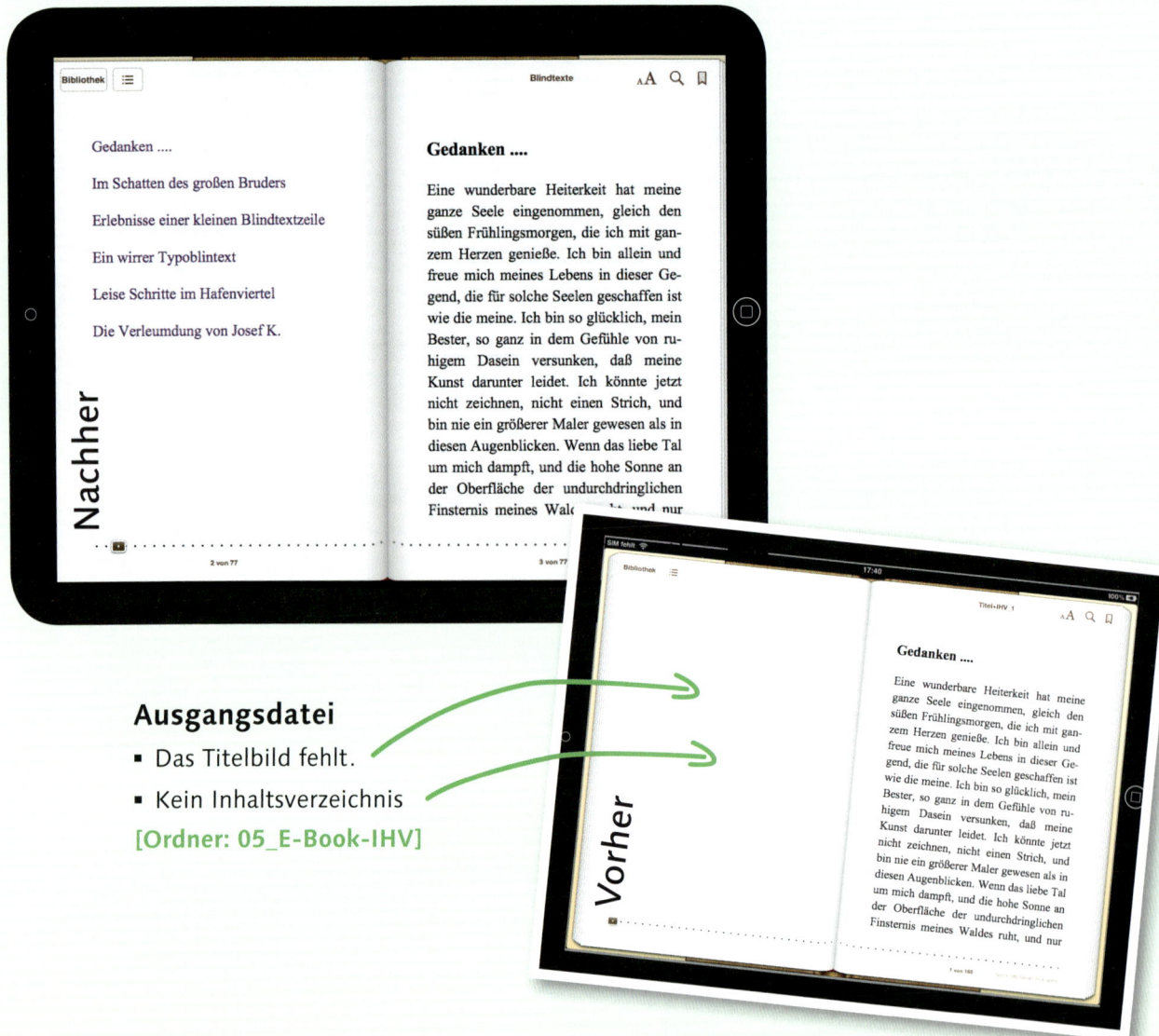

Ausgangsdatei

- Das Titelbild fehlt.
- Kein Inhaltsverzeichnis

[Ordner: 05_E-Book-IHV]

1 Was brauchen Sie?

Ich möchte Sie nicht wieder mit den Absatzformaten quälen, daher habe ich Ihnen in dieser Datei, die für das iPad eingerichtet wurde, bereits alles Notwendige angelegt und auch angewendet.

Doch wenn Sie Ihre eigenen Dateien verwenden möchten, brauchen Sie Absatzformate für die Headlines, den Text und das Inhaltsverzeichnis sowie zusätzliche Seiten für das Inhaltsverzeichnis und für den Schmutztitel, die Sie als erste und zweite Seite einrichten müssen.

2 Inhaltsverzeichnis

Öffnen Sie die Übungsdatei »Titel+IHV.indd« aus dem Übungsordner.

Wählen Sie LAYOUT • INHALTSVERZEICHNIS.

Ich habe für Sie unter ABSATZFORMATE EINSCHLIESSEN das Absatzformat »Headline« ❶ hinzugefügt und unter EINTRAGSFORMAT »IHV« ❷ ausgewählt. Unter SEITENZAHL wurde »keine Seitenzahl« ❸ eingestellt.

Nachdem Sie meine Einstellungen geprüft haben, klicken Sie auf OK. Das Inhaltsverzeichnis wird automatisch aktualisiert.

3 Das Inhaltsverzeichnis prüfen

Prüfen Sie nun das Inhaltsverzeichnis auf Ihrem Tablet-PC. Exportieren Sie dafür Ihre Arbeit im EPUB-Format, und folgen Sie den Schritten 14 und 15 im vorhergehenden Workshop.

Alle Tablet-PCs reagieren durch einen Fingerdruck. Und so lässt sich auch das in InDesign erstellte Inhaltsverzeichnis durch einen Fingerdruck auf einen Eintrag ❹ auf Ihrem Tablet-PC anwenden.

Tippen Sie auf einen Eintrag, sollte Ihnen das entsprechende Kapitel angezeigt werden.

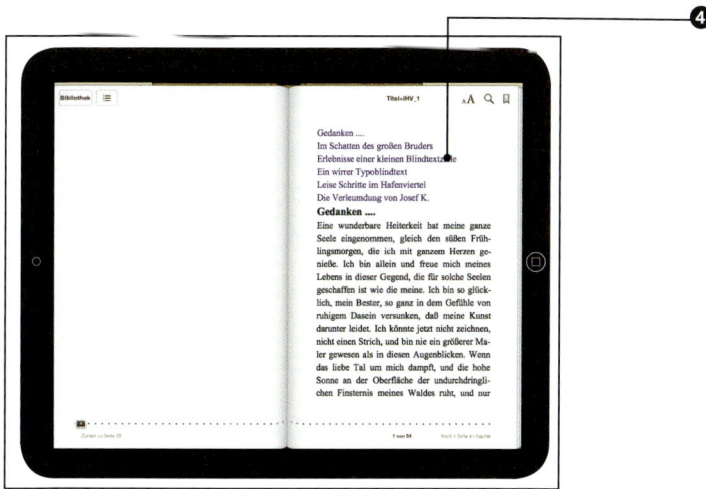

Tipp: Die Seitenzahlen werden von Ihrem Tablet-PC generiert.

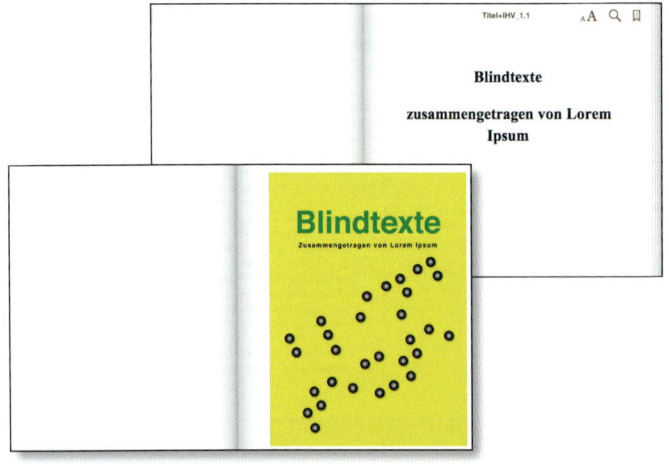

4 Schmutztitel oder Cover?

Ein E-Book braucht, wie jedes gedruckte Buch, auch einen Schmutztitel.

Der Schmutztitel ist in einem gedruckten Buch die Wiederholung des Titels als Text auf einer gesonderten Seite. In einem E-Book finde ich es schöner, wenn sich das Cover wiederholt. So sehen Sie nicht nur in Ihrem Bücherregal den Titel, sondern auch dann, wenn Sie das Buch geöffnet haben.

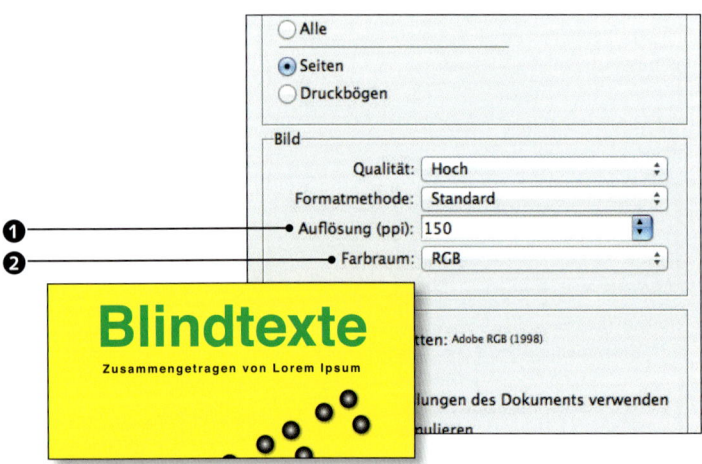

5 Das Cover erstellen

Sie können Ihre Titelseite in InDesign erstellen oder die Datei »eBook_Titel.jpg« aus dem Übungsordner nutzen. Springen Sie in diesem Fall zu Schritt 7. Wer selbst kreativ werden will, richtet sich eine NEUE DATEI in dem Format 768 px (BREITE) x 1024 px (HÖHE) ein und gestaltet das Cover.

Danach exportieren Sie das Cover über ⌘/Strg + E als »JPEG«. Im folgenden Dialogfenster wählen Sie unter BILD die AUFLÖSUNG ❶ »150 ppi«, und unter FARBRAUM ❷ stellen Sie »RGB« ein.

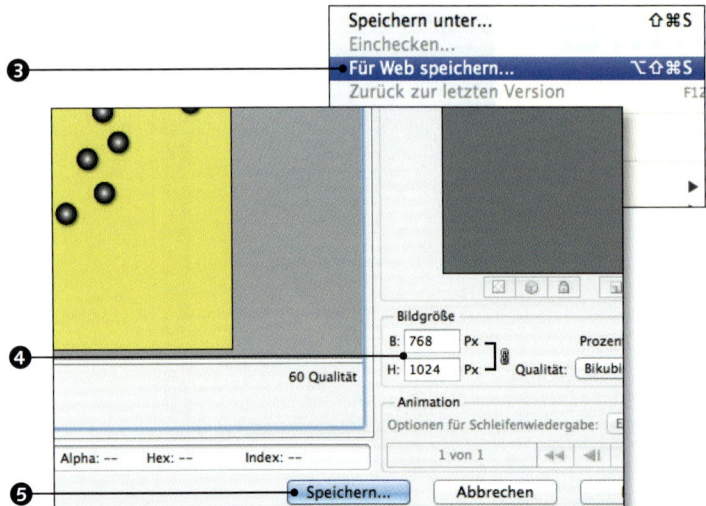

6 Web und Geräte

Öffnen Sie die gerade gespeicherte Datei in Photoshop, um diese zu optimieren.

Gehen Sie dafür in das Menü DATEI • FÜR WEB SPEICHERN ❸. Hier stellen Sie im Dialogfenster unter BILDGRÖSSE ❹ nochmals »768 x 1024 px« ein und SPEICHERN ❺ dann diese Änderung.

Dadurch erhalten Sie eine hochoptimierte Bilddatei ohne eine zu große Datenmenge.

7 Das Titelbild einfügen

Gehen Sie nun auf Seite 1 der Datei »Titel+IHV.indd«, und platzieren Sie Ihr Titelbild mit ⌘/Strg+D. Alternativ nutzen Sie das Bild »eBook_Titel.jpg« aus dem Übungsordner

Durch die Optimierung sollte Ihr Bild nun exakt die gleiche Größe haben wie das Dokument auch.

.

8 Das E-Book exportieren

Nachdem alle zusätzlichen Elemente eingefügt worden sind, wollen wir uns unsere Arbeit ansehen.

Speichern Sie das E-Book über DATEI • EXPORTIEREN auf Ihrem Rechner. Im nachfolgenden Dialog wählen Sie unter EINRICHTEN • DECKBLATT • BILD AUSWÄHLEN ❻, und wählen Sie das Titelbild »eBook_Titel.jpg« oder Ihr eigenes Bild aus.

Aktivieren Sie unten im Fenster die Option EPUB NACH EXPORT ANZEIGEN, und klicken Sie auf OK.

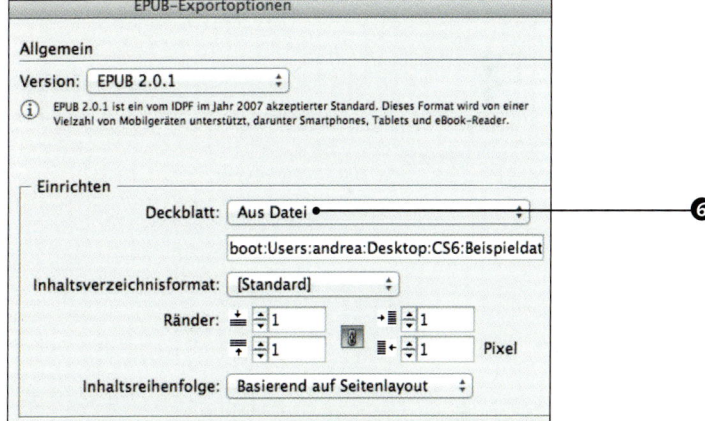

9 Ansicht in Sigil

Falls die EPUB-Datei nicht automatisch in Sigil geöffnet wird, sondern in Adobe Digital Editions, öffnen Sie die Datei in Sigil. Öffnen Sie per Doppelklick auf ❼ die Datei mit den Inhalten.

Sie sehen in der rechten Spalte, dass die Elemente (wie Schmutztitel ❽, Inhaltsverzeichnis ❾ und Kapitel ❿) nicht voneinander getrennt sind, sprich: sich nicht auf andere Seiten verteilt haben, wie ich es in InDesign erstellt habe.

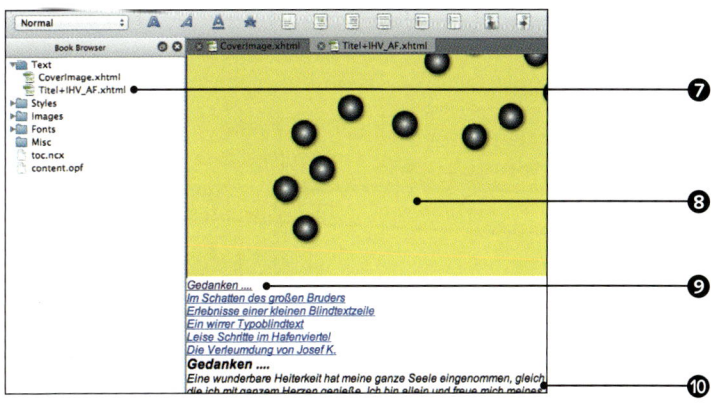

Tipp: Sollten Sie beim Export des EPUBs eine Fehlermeldung erhalten, können Sie diese ignorieren. Mein E-Book wurde trotzdem ordnungsgemäß dargestellt.

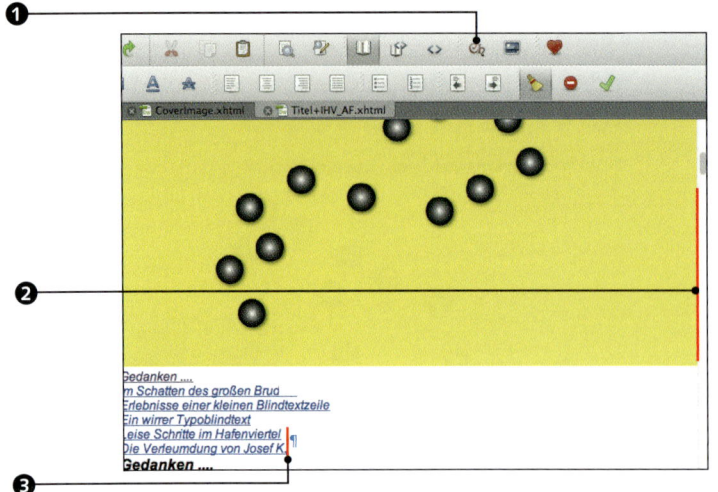

10 Korrektur in Sigil

Um die einzelnen Bereiche trennen zu können, müssen Sie Sigil nutzen.

Klicken Sie neben dem Schmutztitel ❷ in das Dokument, so dass der Textcursor blinkt. Dann klicken Sie auf die Schaltfläche CHAPTER BREAK ❶. Danach wiederholen Sie diesen Schritt nach dem Inhaltsverzeichnis ❸ und nach jedem Kapitel, um die einzelnen Bereiche in separate .xhtml-Dateien zu trenen.

Achten Sie darauf, dass der Textcursor immer direkt hinter dem letzten Zeichen blinkt.

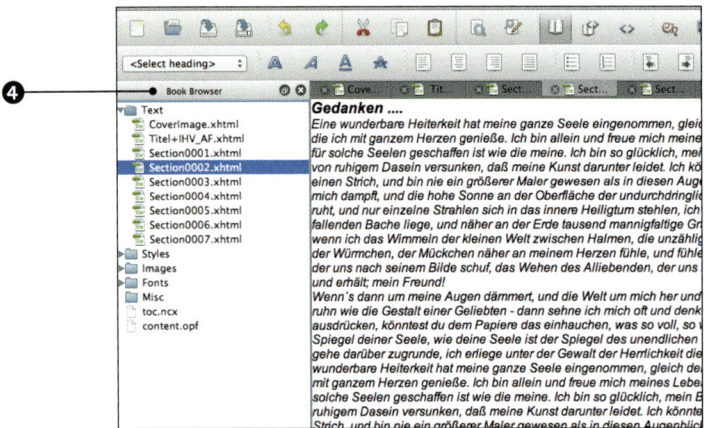

11 Book Browser in Sigil

In der linken Spalte, dem Book Browser ❹, können Sie jetzt ablesen, ob Sie alle Bereiche bzw. Kapitel voneinander getrennt haben.

Durch den Chapter Break, sprich eine Kapitelaufteilung, finden Sie nun in der linken Spalte alle getrennten Kapitel als separate .xhtml-Dateien. In unserem Beispiel sollten Sie nun die Dateien »Section0001« bis »Section000721« sehen.

Speichern Sie die Änderungen.

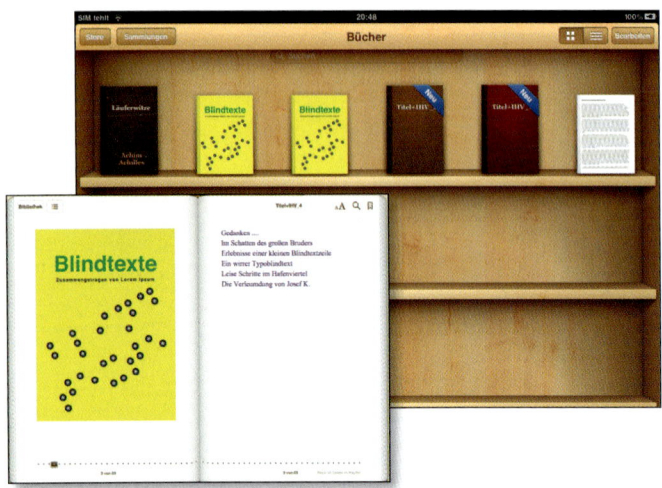

12 Das Ergebnis betrachten

Ich finde, dass man sich die fertige Arbeit nochmals auf dem Tablet-PC ansehen sollte.

Laden Sie sich dafür Ihre Arbeit erneut Ihr den Tablet, und seien Sie danach stolz, wenn alles funktioniert.

Tipp: Sollte das Unterteilen in Kapitel nicht klappen, wechseln Sie in die Code-Ansicht, und positionieren Sie den Cursor. Klicken Sie dann die Schaltfläche ❶ an.

Ein Bild im E-Book

Peppen Sie das E-Book mit Bildern auf

In diesem Workshop möchte ich Ihnen zeigen, dass Sie auch Bilder in ein E-Book einbinden können. Einschränkungen müssen Sie jedoch hinnehmen. Layouten Sie besser gleich sehr einfach. Schauen Sie sich danach Ihre Arbeit in Adobe Digital Editions an.

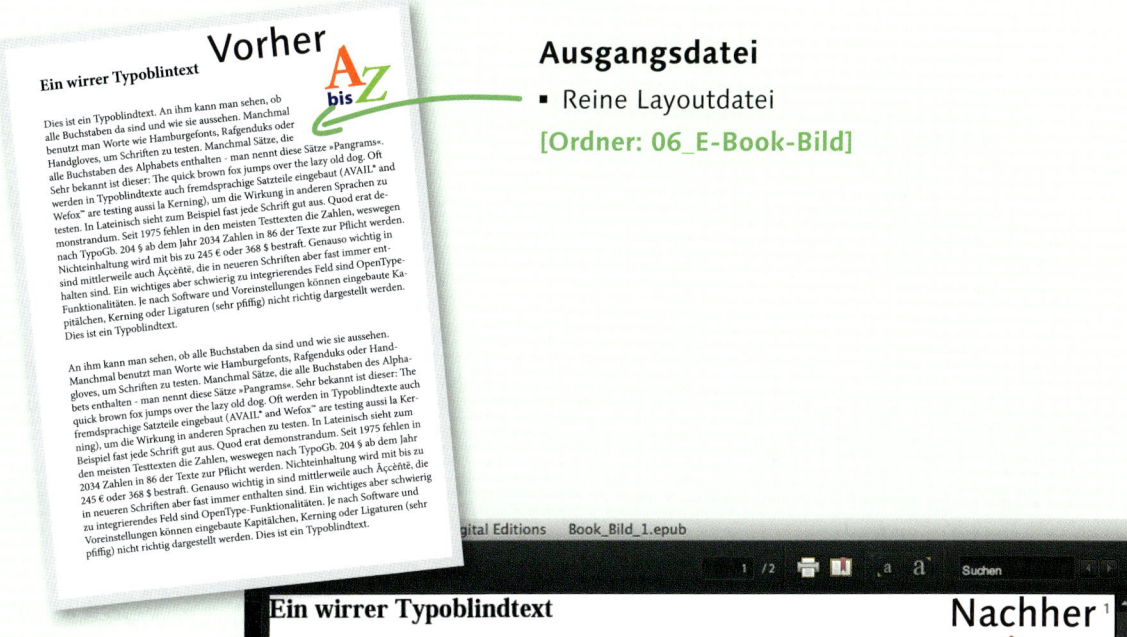

Ausgangsdatei

- Reine Layoutdatei
- **[Ordner: 06_E-Book-Bild]**

Bearbeitungsschritte

- Grafik verankern
- Ansicht in
  Adobe Digital Editions

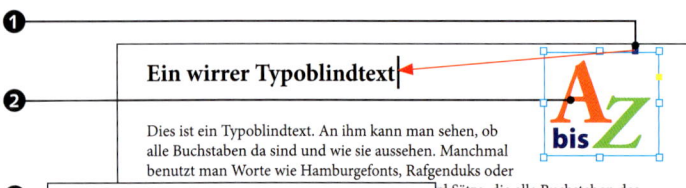

1 Das E-Book und die Bilder

Das E-Book kümmert sich vordergründig erst einmal nur um den Text.

Kommen jedoch noch Bilder oder Grafiken hinzu, die nicht mit dem Text in Verbindung stehen, nimmt sich das E-Book das Recht, diese an das Textende zu verschieben.

Das ist eine Tatsache, die Sie jedoch nicht unbedingt akzeptieren müssen.

2 Bild mit dem Text verankern

Öffnen Sie die Datei »E-Book_Bild. indd«, und wählen Sie die Grafik auf Seite 1 aus ❷.

Klicken Sie danach oben rechts in das blaue Quadrat ❶, und ziehen Sie dieses mit gedrückter Maustaste an das Ende der Headline. Lassen Sie dann die Maustaste los. An dem Logo finden Sie nun anstelle des blauen Quadrates einen Anker ❸.

Jetzt ist das Logo mit dem Text verankert und wird im E-Book nicht an das Textende versetzt.

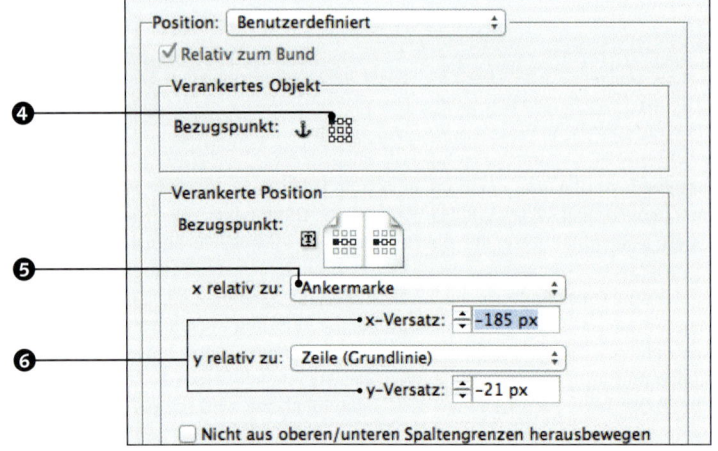

3 Optionen für verankertes Objekt

Wählen Sie das Logo aus, und gehen Sie dann in OBJEKT • VERANKERTES OBJEKT • OPTIONEN.

Den BEZUGSPUNKT stellen Sie an die obere linke Ecke ❹. Unter X RELATIV ZU ❺ wählen Sie ANKERMARKE aus. Für den jeweiligen Versatz ❻ stellen Sie unter X-VERSATZ »-185 px« und unter Y-VERSATZ »-21 px« ein.

Bestätigen Sie den Dialog mit OK.

4 Der Export als EPUB

Exportieren Sie Ihre Arbeit wie in den Workshops zuvor.

Das Fenster ALLGEMEIN können Sie ignorieren. Im Fenster BILD wählen Sie unter BILDGRÖSSE ❼ RELATIV ZUR SEITE aus. Dadurch passt sich die Grafik an jede neue Ansicht auf dem Tablet-PC an.

Unter BILDAUSRICHTUNG UND –ABSTÄNDE ❽ wählen Sie RECHTSBÜNDIG AUSRICHTEN aus.

Speichern Sie Ihre Datei auf Ihrem Rechner.

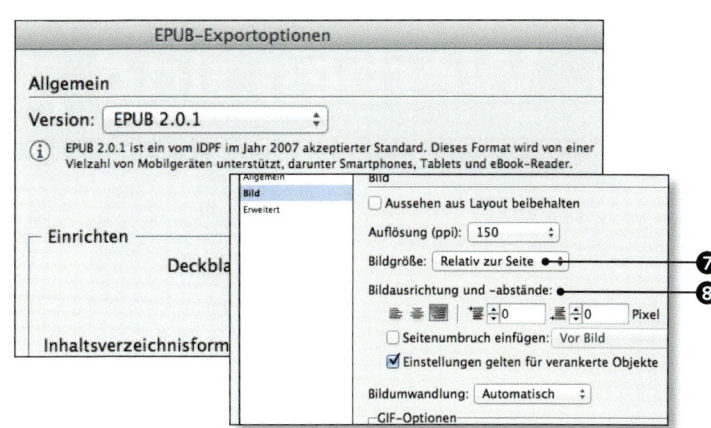

5 In Adobe Digital Editions öffnen

Falls das EPUB nicht automatisch geöffnet wird, wechseln Sie nun zu Adobe Digital Editions und klicken unter BIBLIOTHEK auf den kleinen Pfeil ❾. Es öffnet sich ein Menü, in dem Sie MEDIUM ZUR BIBLIOTHEK HINZUFÜGEN wählen. Im folgenden Fenster wählen Sie die zuvor gespeicherte Datei aus. Bestätigen Sie danach Ihre Wahl mit einem Klick auf FÜGEN ❿. Mit einem Doppelklick auf die Miniatur öffnet sich die Datei und wird im Fenster rechts angezeigt.

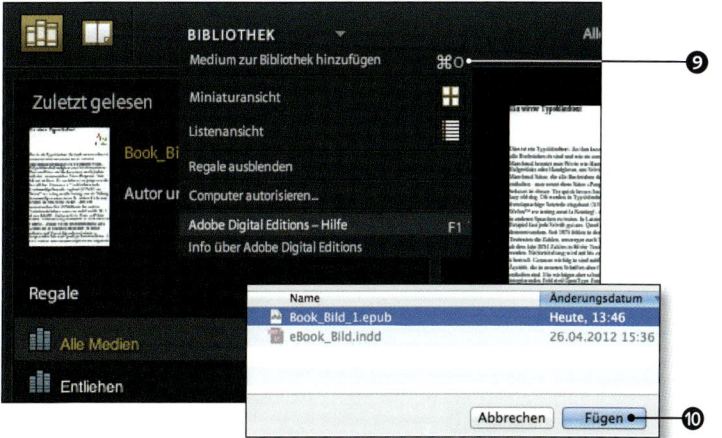

6 Die Ansicht in Adobe Digital Editions

Der Vorteil des Programms ist, dass Sie, ohne einen Tablet-PC zu besitzen, sehen, was Sie später auf dem Tablet-PC zu sehen bekommen, also das berühmte WYSIWYG (»What you see is what you get«).

Wie in Schritt 4 versprochen, passt sich die Grafik auf Ihrem Tablet-PC an.

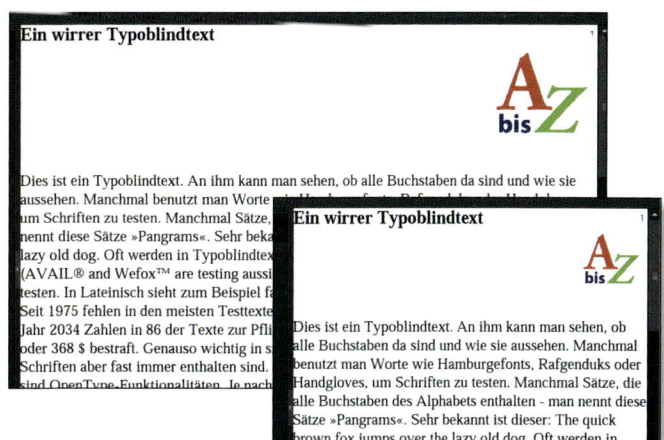

Werben und präsentieren

In diesem Kapitel umwerben Sie Ihre Kunden. Denn InDesign CS6 ist nicht nur für statische Layouts geeignet, sondern bietet auch eine Fülle an Animationsmöglichkeiten. Zuerst nutzen Sie die Datenzusammenführung, und erstellen Sie personalisierte Anschreiben. Setzen Sie danach automatisch mehrere Visitenkarten auf einen Bogen, und sparen Sie so Zeit und Geld. Zuletzt präsentieren Sie Ihre Werke in einem interaktiven PDF und überraschen Ihre Kunden mit überzeugendem Ton und Film in Ihrer Präsentation. Animieren Sie Bilder und Texte, und lassen Sie so Ihre Kunden staunen!

Das personalisierte Anschreiben

In sechs Schritten sprechen Sie all Ihre Kunden an

Sicher, ein wenig Vorarbeit müssen Sie leisten. Sie brauchen ein Briefbogen-Layout und – ganz wichtig – die Adressen Ihrer Kunden als Datei. Doch danach haben Sie in nur wenigen Schritten ein personalisiertes Anschreiben für Ihre Kunden erstellt. Folgen Sie mir einfach. Es ist gar nicht schwer.

Ausgangsdatei

- Der Brief soll personalisiert werden.

[Ordner: 01_Datenzusam-menfuehrung]

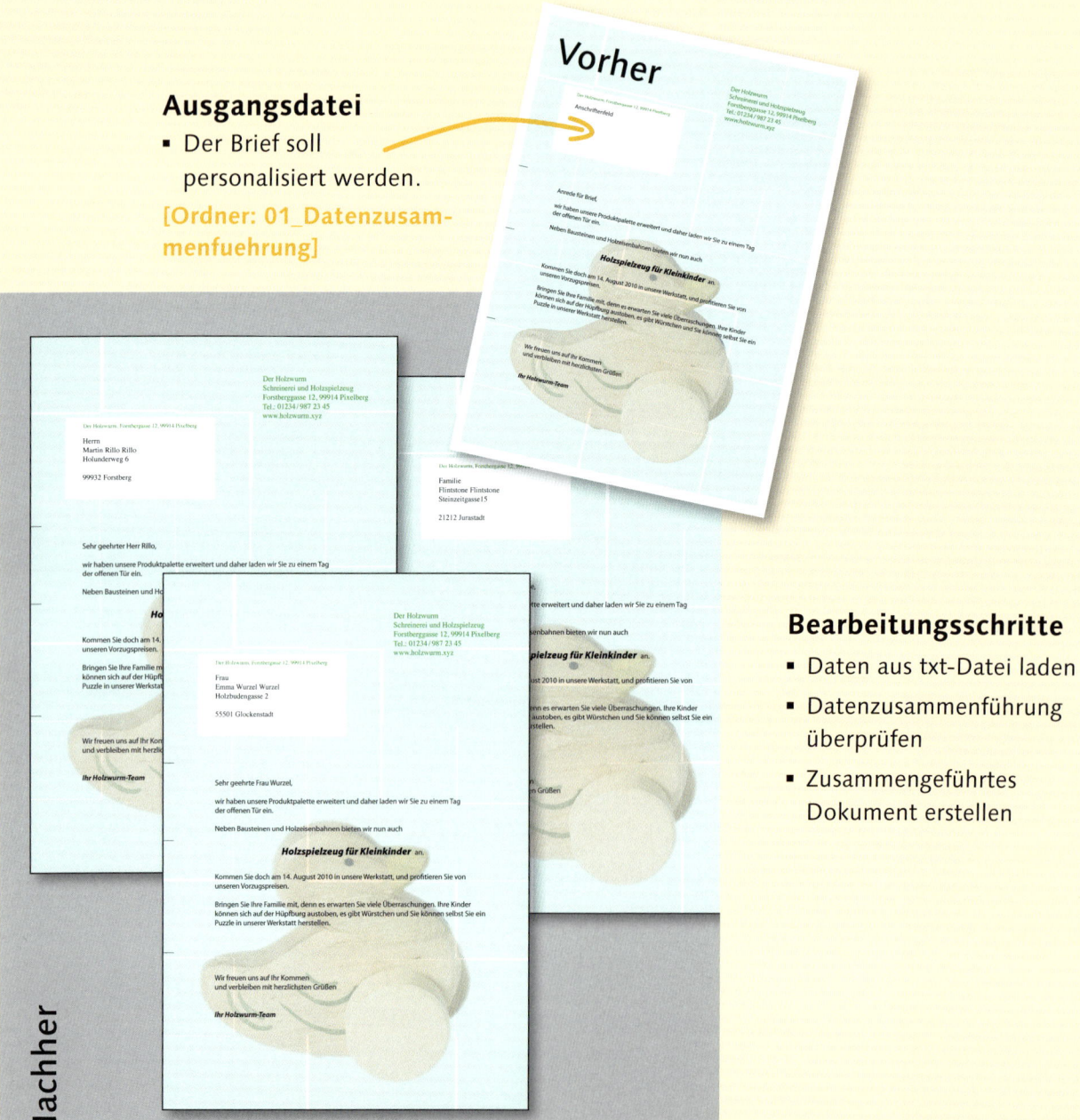

Bearbeitungsschritte

- Daten aus txt-Datei laden
- Datenzusammenführung überprüfen
- Zusammengeführtes Dokument erstellen

Nachher

Foto: Oliver Rösler – www.oro-photography.com

1 Die Datenquelle erstellen

Damit Sie Daten zusammenführen können, benötigen Sie als Basis eine z. B. in Excel erstellte Tabelle.

Die Excel-Datei muss wie folgt aufgebaut sein: Die erste Zeile enthält die Kopfzeile ❶, in der Sie jeder Spalte eine eindeutige Spaltenüberschrift geben. In die folgenden Zeilen können Sie dann z. B. die Adressen Ihrer Kunden einfügen.

Speichern Sie diese Datei anschließend über DATEI • SPEICHERN UNTER als »Tabstoppgetrennter Text (.txt)« ❷ ab.

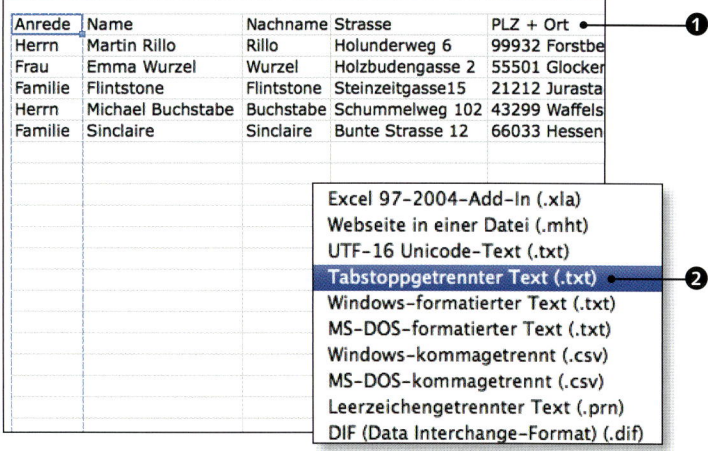

2 Die Datenquelle auswählen

Ich habe bereits eine Datenquelle erstellt, daher können Sie sich das Anlegen der Excel-Datei für diesen Workshop sparen. Öffnen Sie die Datei »Anschreiben.indd«.

Gehen Sie nun in das Menü FENSTER • HILFSPROGRAMME • DATENZUSAMMENFÜHRUNG, und öffnen Sie so das Bedienfeld.

Über das Bedienfeldmenü entscheiden Sie sich für DATENQUELLE AUSWÄHLEN und markieren im sich öffnenden Dialog die Datei »Adressen-Workshop.txt«. Nach einem Klick auf ÖFFNEN füllt sich das Bedienfeld.

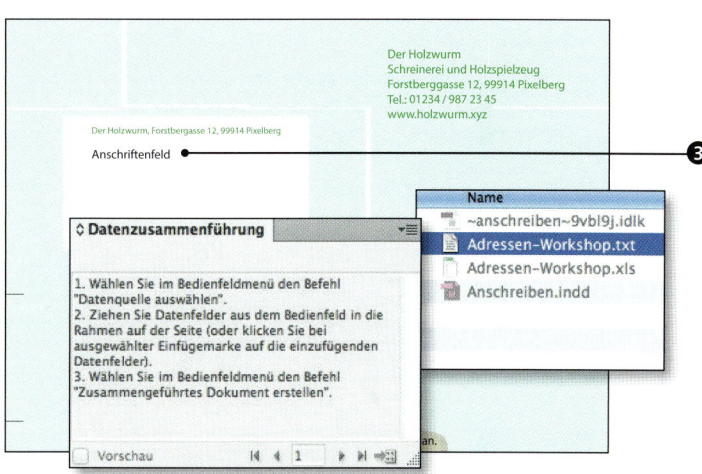

3 Die Kopfzellen aus Excel zuweisen

Markieren Sie den Text »Anschriftenfeld« ❸ mit dem Textwerkzeug, und klicken Sie im Datenzusammenführung-Bedienfeld auf ANREDE ❹. Das Kopfelement wird automatisch in den Textrahmen eingefügt.

Geben Sie danach einen Zeilenumbruch über ⏎ ein, und klicken Sie auf NAME. Fahren Sie weiter so fort, bis Sie auch STRASSE und PLZ + ORT in das Anschriftenfeld eingegeben haben. Für die persönliche Anrede im Brief wählen Sie ANREDE 2. Denken Sie auch an das Leerzeichen vor NACHNAME.

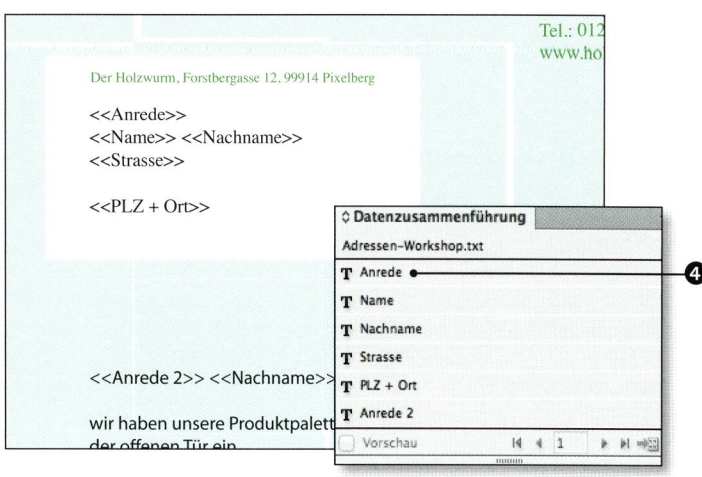

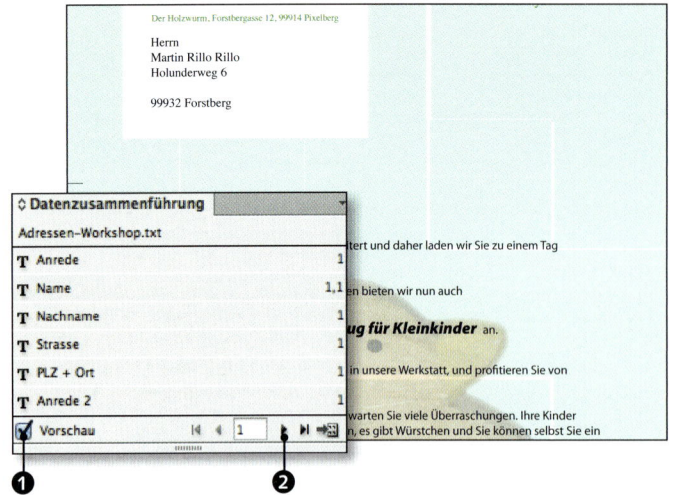

4 Vorschau anzeigen lassen

Kontrollieren Sie die Datenzusammenführung, bevor Sie ein zusammengeführtes Dokument erstellen, denn teilweise kann z. B. bei Doppelnamen oder Orten der Textrahmen zu schmal sein.

Aktivieren Sie dafür die VORSCHAU ❶ unten in dem Bedienfeld, und klicken Sie mit den Pfeilen ❷ durch die Daten Ihres Quelldokuments.

Hier können Sie jetzt leider keine Korrekturen vornehmen, dazu müssen Sie in die Datenquelle zurückgehen.

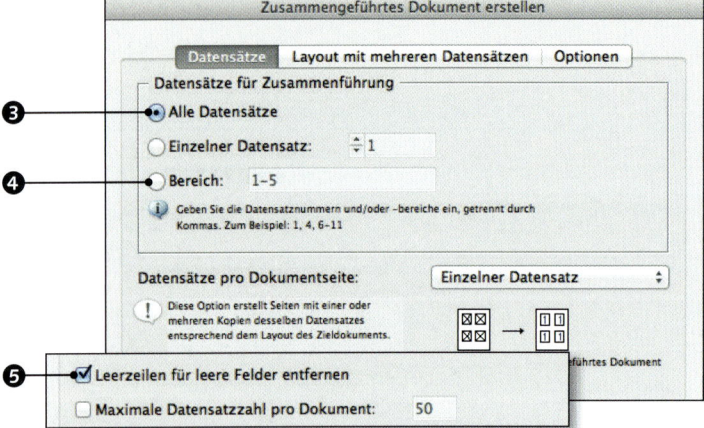

5 Die Daten zusammenführen

Wählen Sie nach der Überprüfung der Datenzusammenführung über das Bedienfeldmenü die Option ZUSAMMENGEFÜHRTES DOKUMENT ERSTELLEN aus. In unserem Beispiel können wir alles so belassen, wie es ist. Im Fenster DATENSÄTZE können Sie auswählen, ob Sie ALLE DATENSÄTZE ❸ verwenden wollen oder ob Sie nur einen BEREICH ❹ der Datensätze laden möchten. Sinnvoll ist besonders auch die Option LEERZEILEN FÜR LEERE FELDER ENTFERNEN ❺ im Fenster OPTIONEN.

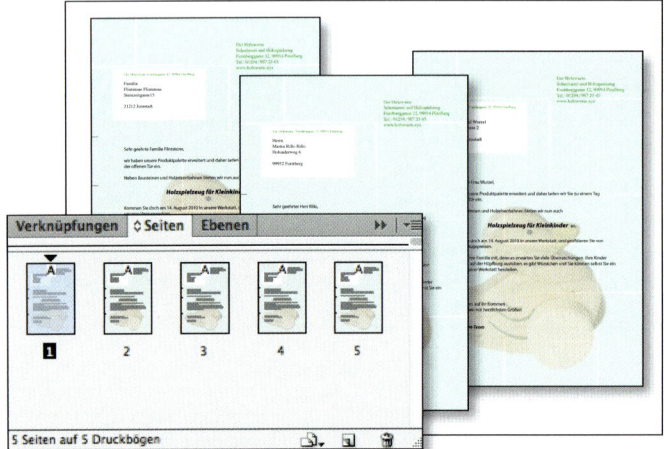

6 Ernten Sie die Früchte

Klicken Sie nun auf OK, und bewundern Sie die automatisch erstellten Dokumente.

Geben Sie zu, diese Funktion ist genial. Ich nutze sie beispielsweise auch, wenn ich mehrere Adressaufkleber benötige.

Einen Nutzenbogen erstellen

Datenzusammenführung für die Visitenkartenerstellung

So einfach, wie es im vorangegangenen Workshop funktionierte, wird es auch in diesem Workshop sein. Gestalten Sie z. B. eine Visitenkarte oder einen Adressaufkleber, und erstellen Sie über die Datenzusammenführung einen Nutzenbogen. Das bedeutet: Mehrere Visitenkarten befinden sich auf einem Druckbogen.

Ausgangsbild

- Visitenkarte personalisieren und mehrfach platzieren

[Ordner: 02_Nutzenbogen]

Bearbeitungsschritte

- Schnittmarken anlegen
- Datenquelle laden
- Nutzenbogen erstellen

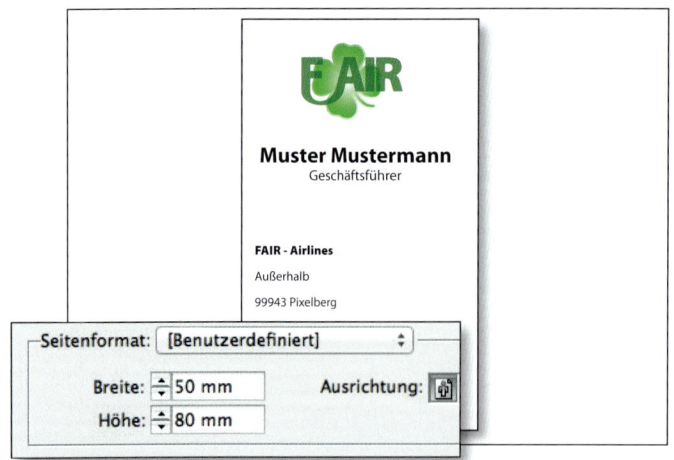

1 Eine Visitenkarte gestalten

Gestalten Sie eine eigene Visitenkarte im Format »50 x 80 mm«, oder wählen Sie meine Datei »Visitenkarte-Nutzen.indd«.

Wenn Sie mit Ihrer Layoutdatei zufrieden sind, speichern Sie sie ab, damit Sie später darauf zugreifen können. Kopieren Sie alle Bestandteile der Visitenkarte über ⌘/ Strg + C in die Zwischenablage.

2 Druckbogen vorbereiten

Erstellen Sie über DATEI • NEU • DOKU-MENT ein neues Dokument im FORMAT »200 x 240 mm« als Hochformat.

Stellen Sie unter SEITENZAHL nur eine Seite ein, da die Datenzusammenführung automatisch Seiten anlegt.

Fügen Sie die Kopie aus der Zwischenablage über ⌘/ Strg + V in das Dokument ein, und positionieren Sie die Kopie auf den X/Y-Koordinaten von jeweils »0 mm« oben links. Stellen Sie dazu den Bezugspunkt auf die linke obere Ecke.

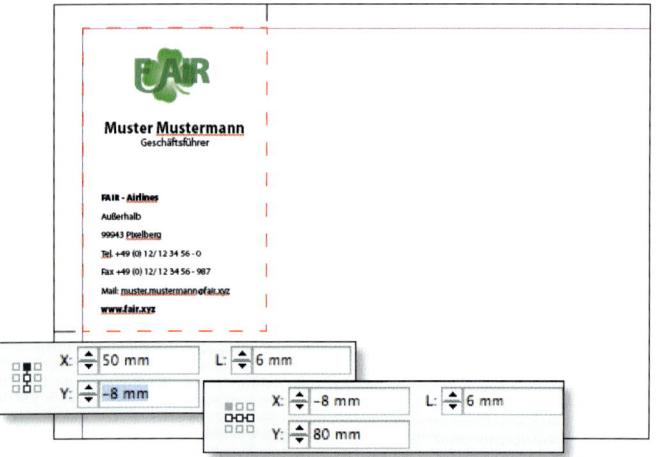

3 Erstellen Sie eigene Schnitt-marken

Damit Sie später die Visitenkarten leichter ausschneiden können, müssen Sie manuell erzeugte Schnittmarken anlegen.

Wählen Sie dafür das Linienzeichner-Werkzeug ▱ aus, und ziehen Sie je eine vertikale Linie auf. Positionieren Sie diese auf die X/Y-Koordinaten »50 mm« und »–8 mm«, und stellen Sie eine Länge von »6 mm« ein.

Danach ziehen Sie eine 6 mm lange, horizontale Linie auf den X/Y-Koordinaten »–8 mm« und »80 mm« auf.

4 Duplizieren und versetzt einfügen

Wählen Sie die vertikale Linie aus. Gehen Sie in das Menü BEARBEITEN • DUPLIZIEREN UND VERSETZT EINFÜGEN, und stellen Sie unter WIEDERHOLEN »2« ❶ und unter VERSATZ • HORIZONTAL »50 mm« ❷ ein. VERSATZ • VERTIKAL ist hier »0 mm«. Diesen Schritt wiederholen Sie für die horizontale Linie, nur dass Sie unter VERSATZ • VERTIKAL den Wert »80 mm« ❸ eingeben, VERSATZ • HORIZONTAL ist »0 mm«. Duplizieren Sie jeweils die vertikalen und horizontalen Linien nach unten bzw. rechts.

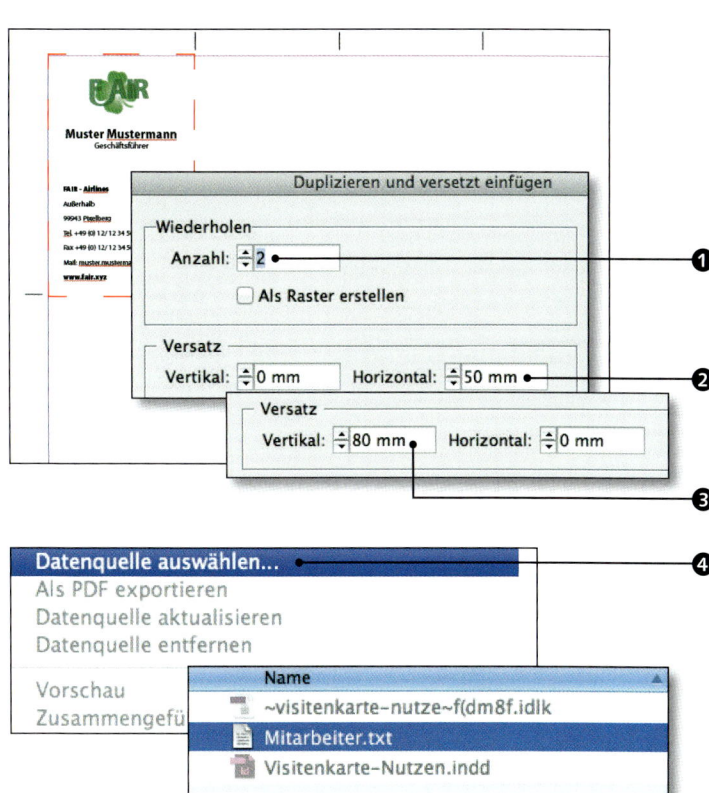

5 Die Datenquelle auswählen

Ich habe bereits eine Excel-Datei »Mitarbeiter.txt« erstellt. Wählen Sie diese Datei jetzt über das Bedienfeldmenü des Datenzusammenführung-Bedienfelds ❹ aus, und bestätigen Sie den Dialog einfach mit ÖFFNEN.

6 Weisen Sie die Quellen zu

Wählen Sie mit dem Textwerkzeug [T] den Musternamen aus, und klicken Sie im Datenzusammenführung-Bedienfeld auf NAME. Danach wählen Sie das Wort »Geschäftsführer« aus und weisen ihm die Quelle FUNKTION zu. Zum Schluss wählen Sie noch den Musternamen der Mail-Adresse aus und klicken auf den Eintrag MAIL.

Sollte Ihnen bei der Zuweisung die Textformatierung verloren gehen, weisen Sie dem Namen wieder den Schriftschnitt »Bold« zu.

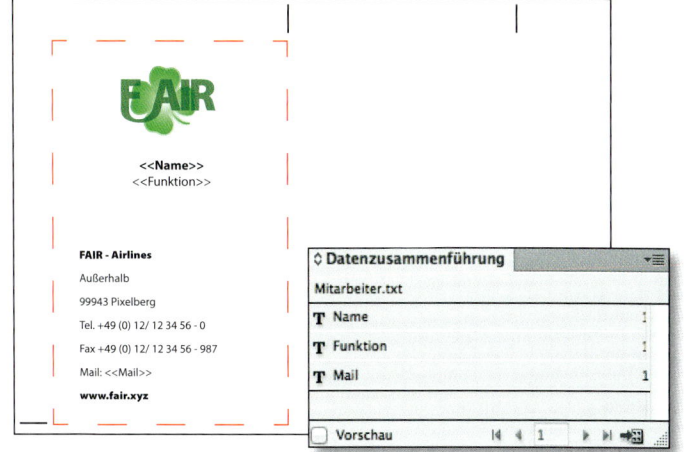

Tipp: Über DUPLIZIEREN UND VERSETZT EINFÜGEN können Sie auch eine einzelne Visitenkarte auf dem Druckbogen verteilen.

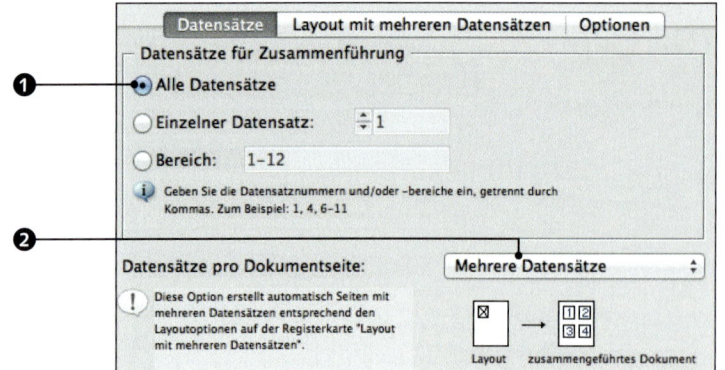

7 Daten zusammenführen

Gehen Sie in das Bedienfeldmenü des Datenzusammenführung-Bedienfelds, und wählen Sie ZUSAMMENGEFÜHRTES DOKUMENT ERSTELLEN.

Im Dialog wählen Sie ALLE DATENSÄTZE ❶, und unter DATENSÄTZE PRO DOKUMENTSEITE • MEHRERE DATENSÄTZE ❷ aus.

	A	B	
1	Name	Funktion	Mail
2	Martin Rillo	Aufsichtsrat	martin.rillo
3	Michael Gelbbein	Prokurist	michael.gelb
4	Hans Muster	Sevicemanager	hans.muster
5	Alma Hose	Technischer Leiter	alma.hose
6	Charles Sinclaire	Supporter	charles.sincl
7	Judith Rosmarin	Flugsicherung	judith.olean
8	Andreas Wutz	Technink	andreas.wut
9	Ansgar von Burg	Seviceleiter	ansgarv.fors
10	Gideon Tom	Seviceleiter	gideon.tom
11	Marvin Dunkler	Abteilungsleiter	marvin.dunk
12	Leon Klappe	Abteilungsleiter	leon.klappe
13	Helgard Sonne	Betriebsrat	helgard.sonr

8 Die Datenquelle ändern

Es kann vorkommen, dass Sie die Datenquelle nach einiger Zeit verändern müssen. So hat z. B. Frau Oleander geheiratet und Herr Rillo ist nur noch im Aufsichtsrat tätig.

Ändern Sie die Datenquelle »Mitarbeiter.txt«, wie oben beschrieben, dann können Sie sie nur in der Basisdatei über das Bedienfeldmenü aktualisieren. Ist das Dokument zusammengeführt, geht es leider nicht mehr.

9 Richten Sie das Layout ein

In unserem Beispiel ist es nicht erforderlich, aber bei Ihrer eigenen Arbeit kann es vorkommen: Sie können im Fenster LAYOUT MIT MEHREREN DATENSÄTZEN einen ABSTAND ❸ ZWISCHEN SPALTEN und ZWISCHEN ZEILEN eingeben. Dadurch verringern Sie das Risiko, dass beim Ausschneiden kleine Teile der nächsten Visitenkarte auf der aktuellen vorhanden sind.

Ein interaktives PDF gestalten

Bringen Sie Bewegung in Ihre Präsentation

Erstellen Sie Ihre Präsentation einmal nicht in PowerPoint, sondern mit In-Design CS6 und Acrobat. Das Beste ist: Sie können wie gewohnt gestalten, ohne sich einschränken zu müssen. In diesem Workshop zeige ich Ihnen, wie Sie Schaltflächen erstellen bzw. anwenden und Seitenübergänge einsetzen. Lassen Sie uns hier die Präsentation starten, und nach den darauffolgenden Workshops haben Sie einen perfekten Auftritt bei Ihrem Kunden.

Ausgangsdatei

- Eine statische Präsentaion wird interaktiv.

[Ordner: 03_PDF_interaktiv]

Werbliche Maßnahmen zur Produkterweiterung der Marke

Bearbeitungsschritte

- Schaltflächen anwenden
- Seitenübergänge einstellen
- PDF exportieren und prüfen

Die Litfaßsäule so... werden, damit für den sp... onalen Vertrieb die Marke bereit... ist.

Das Plakat

Das Plakat soll in den Bord-Bistros bzw. Bord-Restaurants in allen Zügen des ICE's n Deutschland eingesetzt werden.

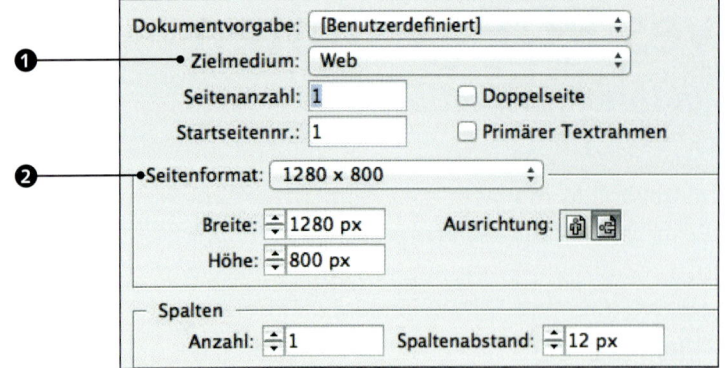

1 Die Dokumentgröße für den Beamer

Möchten Sie eine PDF-Präsentation für einen Beamer erstellen, dann sollten Sie für Ihre Gestaltung das Format »1280×800« Pixel wählen. Ansonsten werden Sie einen unschönen Rand in Ihrer Beamer-Präsentation haben. Stellen Sie also im Dialog NEUES DOKUMENT zunächst unter ZIELMEDIUM • WEB ❶ und dann unter SEITENFORMAT ❷ »1280×800« Pixel ein. Hierfür habe ich eine Datei vorbereitet. Öffnen Sie die Datei »Interaktiv.indd«.

2 Die Beispielschaltflächen

Adobe hat in InDesign bereits über 150 Schaltflächen angelegt. Sie finden diese Schaltflächen über das Bedienfeldmenü des Schaltflächen-Bedienfelds (FENSTER • INTERAKTIV • SCHALTFLÄCHEN UND FORMULARE). Wählen Sie hier BEISPIELSCHALTFLÄCHEN, und es öffnet sich eine Bibliotheksdatei mit vielen Beispielen.

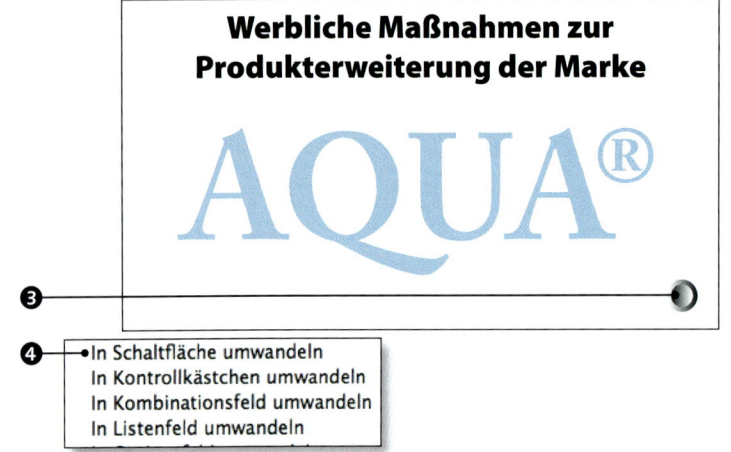

3 Eigene Schaltflächen gestalten

Bei dieser Auswahl fällt es schwer, noch eine andere Idee zu finden. Ich möchte Ihnen aber gerne zeigen, wie Sie selbst Schaltflächen anlegen können. Sie können jedes beliebige Objekt ❸, wie hier einen Kreis mit einem Verlauf in eine Schaltfläche umwandeln.

Wählen Sie es aus, und gehen Sie in das Menü OBJEKT • INTERAKTIV • IN SCHALTFLÄCHE UMWANDELN ❹.

Tipp: Wir haben hier das Dokument für moderne Monitore und Beamer eingestellt. Sollten Sie oder Ihr Kunde noch einen älteren Monitor besitzen, müssen Sie die Seitengröße auf 1024 x 768 Pixel einstellen.

4 Nutzen Sie die Mustervorlage

Sie können immer wiederkehrende Navigationsschaltflächen auch in eine Mustervorlage einfügen. So ersparen Sie sich das wiederholte Einfügen auf den Dokumentseiten.

Erstellen Sie eine neue Mustervorlage, und fügen Sie unten rechts auf der Seite zwei Schaltflächen ein. Ich habe mich für die grünen Pfeile aus den Beispielschaltflächen entschieden, denn diese zeigen deutlich an, in welche Richtung geblättert werden soll.

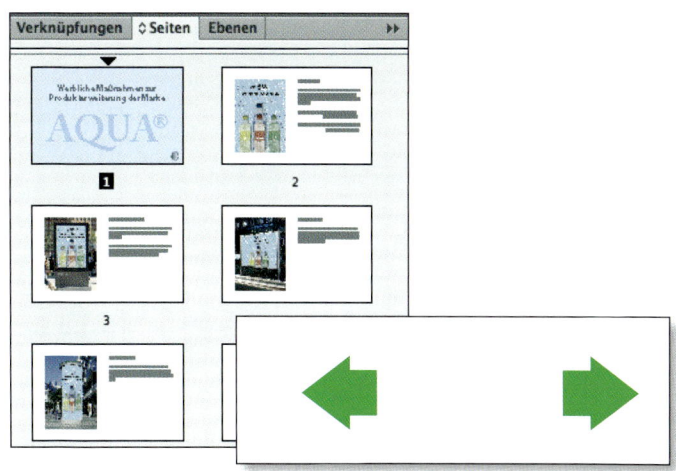

5 Weisen Sie Aktionen zu

Der Vorteil der Beispielschaltflächen ist, dass bereits Aktionen eingerichtet wurden.

Wählen Sie den Pfeil nach links aus, und gehen Sie in das Schaltflächen-Bedienfeld. Ändern Sie hier das EREIGNIS zu BEI KLICK ❺, und fügen Sie über das Plus-Symbol die Aktion GEHE ZU VORHERIGER SEITE ❻ hinzu. Achten Sie dabei darauf, dass Sie unten in dem Bedienfeld NORMAL ❼ ausgewählt haben.

Dann wählen Sie den Pfeil nach rechts aus und stellen unter EREIGNIS • BEI KLICK und als Aktion GEHE ZU NÄCHSTER SEITE ein.

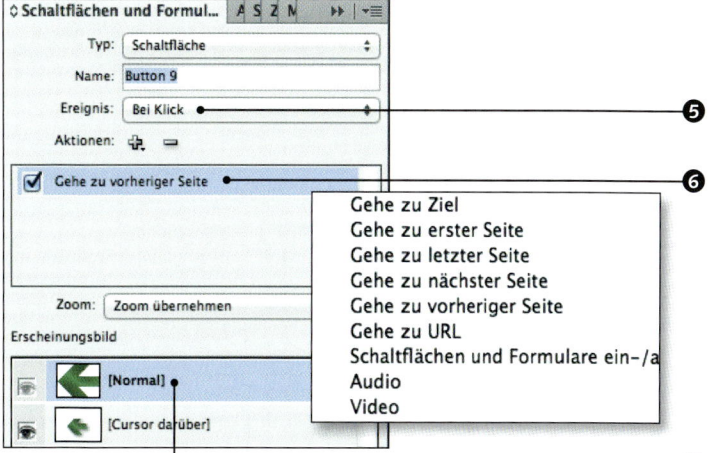

6 Geben Sie den Pfeilen einen Effekt

Was früher umständlich war, können Sie heute mit zwei Mausklicks erledigen. Ich spreche von den Rollover-Effekten.

Klicken Sie nacheinander die Pfeile an, und wählen Sie jeweils CURSOR DARÜBER ❽ aus. Dann gehen Sie einfach in das Farbfelder-Bedienfeld und ändern die Farbe, z. B. in »Rot«.

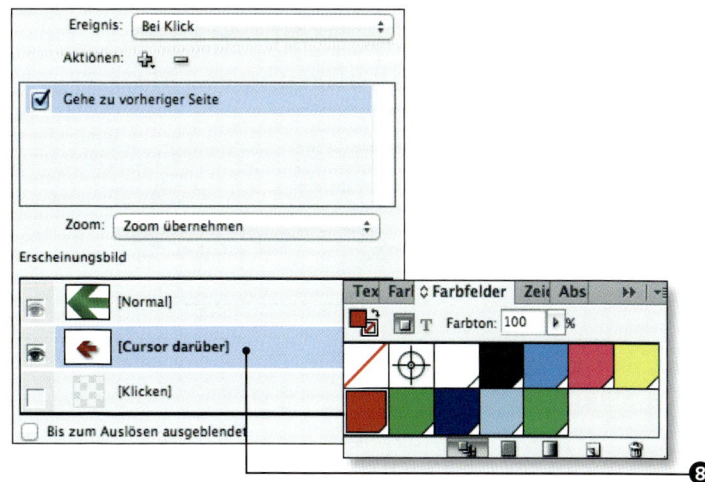

Tipp: Navigationsschaltflächen sind Schaltflächen, mit denen Sie in der PDF-Präsentation blättern können.

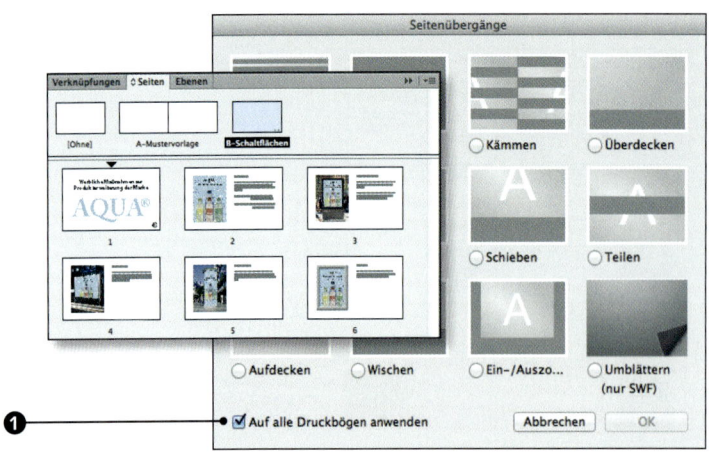

7 Seitenübergänge einrichten

Gehen Sie in das Bedienfeldmenü des Seiten-Bedienfelds, und wählen Sie SEITEN-ATTRIBUTE • SEITENÜBERGÄNGE • WÄHLEN aus. In dem Fenster können Sie sich den gewünschten Seitenübergang aussuchen. Sie müssen nur mit der Maus auf einen Effekt gehen, und schon wird dieser angezeigt. Aktivieren Sie AUF ALLE DRUCKBÖGEN ANWENDEN ❶, so haben Sie für jede Seite gleichzeitig den Übergang zugewiesen.

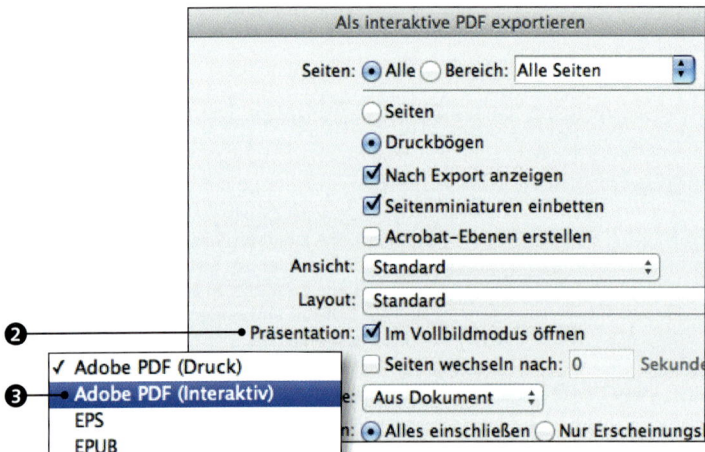

8 Testen Sie Ihre Arbeit

Alle in InDesign erstellten Seitenübergänge können Sie nur in Acrobat ansehen, und zwar auch nur im sogenannten Vollbildmodus. Wählen Sie dafür DATEI • EXPORTIEREN und unter FORMAT/DATEITYP • ADOBE PDF (INTERAKTIV) ❸ aus. Im neuen Dialog können Sie alle Einstellungen beibehalten. Nur unter PRÄSENTATION ❷ aktivieren Sie IM VOLLBILD-MODUS ÖFFNEN.

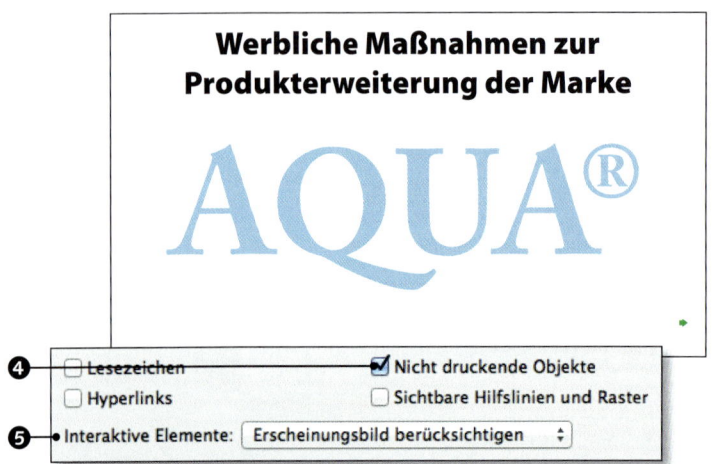

9 Das interaktive PDF drucken

Leider sind interaktive Elemente nicht druckbar. Wenn Sie also Ihre Präsentation in gedruckter Form Ihrem Kunden zur Verfügung stellen möchten, dann müssen Sie das Dokument noch einmal als ADOBE PDF (DRUCK) exportieren.

Aktivieren Sie hier unter ALLGEMEIN • EIN-SCHLIESSEN • NICHT DRUCKENDE OBJEKTE ❹ und unter INTERAKTIVE ELEMENTE • ERSCHEI-NUNGSBILD BERÜCKSICHTIGEN ❺ .

Tipp: Jeder Schaltflächen-Test erzeugt einen neuen Eintrag in den Dateieigenschaften. Wundern Sie sich deshalb nicht, wenn nach mehreren Versuchen eine Schaltfläche »Button 102« heißt.

Ton und Film in PDF integrieren

Erweitern Sie Ihre Präsentation

Wenn Sie denken, man könne Ton und Film nur mit PowerPoint einbinden, dann beweise ich Ihnen hier das Gegenteil. Sie können auch in InDesign Ton und Film platzieren und die Schaltflächen von InDesign für die Aktivierung einfügen. Lassen Sie uns die Präsentation aus dem vorangegangenen Workshop um Ton und Film erweitern.

Ausgangsdatei

- Film und Ton einfügen
[Ordner: 04_PDF_Bild_Ton]

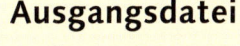

Bearbeitungsschritte

- Audio platzieren
- Video platzieren und Standbild ändern
- Verhalten über die Schaltflächen einstellen

Die Radiowerbung

Die Funkspots sollen in der
Hörfunksendern, wie z. B. H
und Rockland Radio, gesch

Geplant ist eine Dauer von
den Zeiten zwischen 7 bis
lichen Abständen.

1 Eine Audio-Datei einfügen

Öffnen Sie die Datei »Film+Ton.indd«.
Hier habe ich bereits zwei Seiten erstellt und
Schaltflächen platziert. Gehen Sie auf Seite
1, und platzieren Sie über das Menü Datei •
Platzieren die Datei »filling_glas.wav«.

Klicken Sie auf die Seite. Die Position sollten Sie sich merken, denn wir brauchen die
Datei später. Es erscheint das Audio-Symbol
❶ an Ihrem Cursor. Er verschwindet sofort,
wenn Sie auf die Seite klicken.

Ich habe es in den Abbildungen extra sichtbar gemacht (siehe Schritt 5).

Die Radiowerbung

Die Funkspots sollen in der
Hörfunksendern, wie z. B. H
und Rockland Radio, gesch

Geplant ist eine Dauer von
den Zeiten zwischen 7 bis
lichen Abständen.

2 Welche Audio-Dateien einfügen?

In InDesign können Sie neben herkömmli-
chen Dateiformaten, wie z. B. WAV, AIF und
AU-Audioclips, nun auch MP3-Dateien in
Ihrem Dokument platzieren.

Löschen Sie die Datei »filling_glas.wav« in
Ihrem Dokument, und platzieren Sie nun die
Datei »filling_glas.mp3«. Da diese Datei von
Adobe Flash unterstützt wird, bleibt Ihnen
der Warndialog erspart.

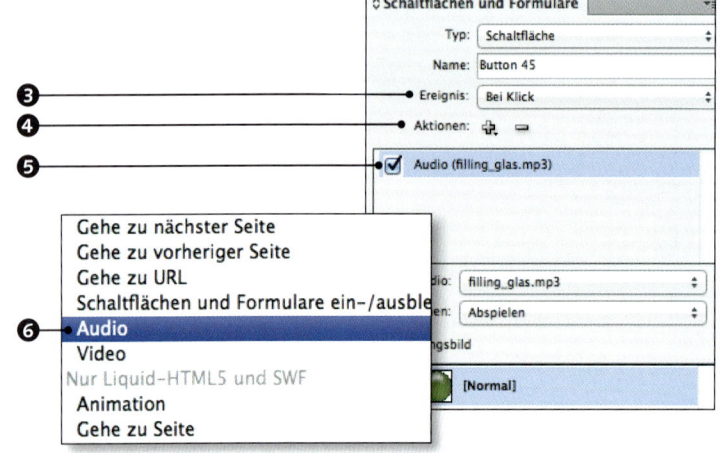

3 Eine Aktion zuweisen

Wählen Sie auf Seite 1 die grüne Schaltfläche ❷ aus, und gehen Sie in das Schaltflächen-Bedienfeld. Die Schaltfläche hat bereits
eine Aktion zugewiesen bekommen, die Sie
zunächst über das Minussymbol ❹ löschen.

Unter Ereignis ❸ wählen Sie dann das Er-
eignis Bei Klick. Danach können Sie über das
Pluszeichen ❹ aus dem Pop-up-Menü die
Aktion Audio ❻ aus der Vorgabe auswählen.
Die Datei ❺ erscheint nun in dem Bedien-
feld-Fenster.

> **Tipp:** Sollte die WAV-Datei im Platzieren-
> Dialog nicht angezeigt werden, stellen Sie
> unter Dateityp um auf Alle Dateien.

4 Das Verhalten hinzufügen

InDesign erkennt jetzt das platzierten Audioclip und stellt Ihnen dieses unter Audio ❼ für weitere Optionen bereit.

Wählen Sie nun unter Optionen ❽ für den grünen Button die Option Abspielen aus.

Wiederholen Sie nun den Schritt 3 für die rote Schaltfläche. Weisen Sie diesem über die Optionen aus dem Pop-up-Menü das Verhalten Anhalten zu.

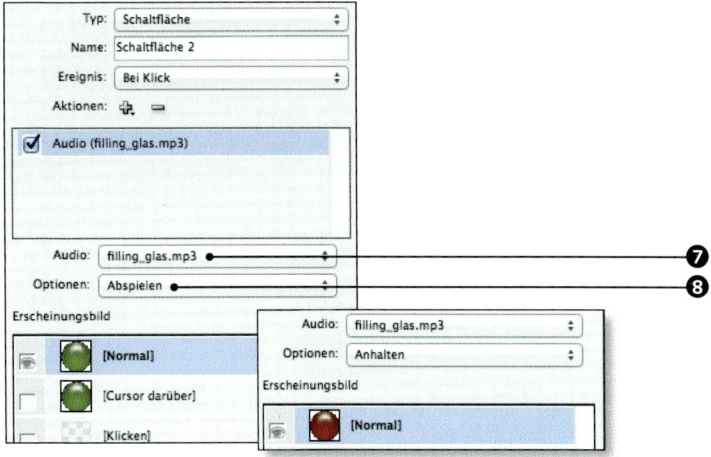

5 Medienoptionen einstellen

Wählen Sie die Audio-Datei in Ihrem Dokument aus, und öffnen Sie über Fenster • Interaktiv • Medien das Medien-Bedienfeld.

Das Audio-Symbol sieht zwar wirklich nicht hübsch aus, Sie können es aber dennoch einblenden lassen. Wählen Sie dafür unter Standbild die Einstellung Standard ❾ aus.

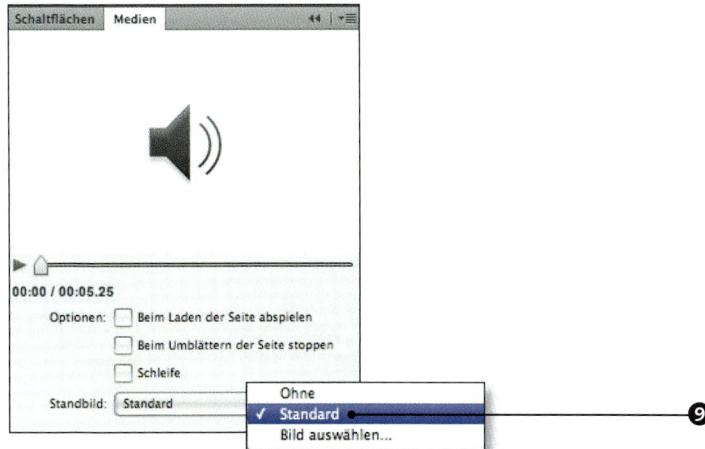

6 Die Schaltflächen überprüfen

Um die Schaltflächen überprüfen zu können, wählen Sie unter Fenster das Bedienfeld Interaktiv • SWF-Vorschau aus.

Hier können Sie Ihre eingestellten Aktionen überprüfen. Gehen Sie mit dem Cursor nacheinander auf die angelegten Schaltflächen. Die Aktionen sollten abgespielt werden.

Ich gebe zu, etwas Fingerspitzengefühl ist in dem kleinen Fenster vonnöten. Doch lieber feinfühlig arbeiten, als ständig ein neues PDF erstellen.

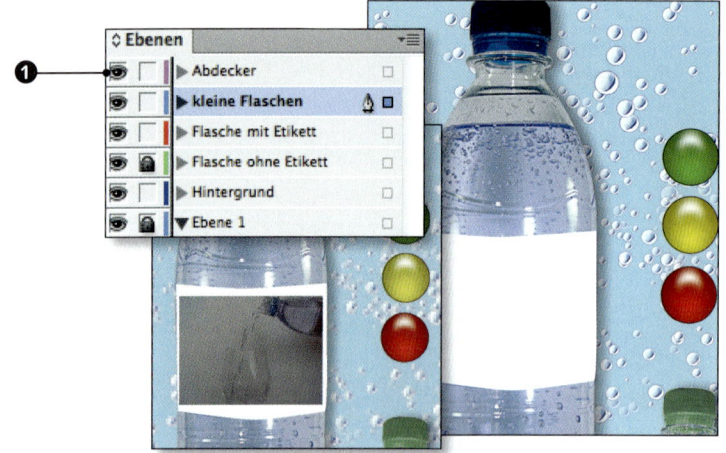

7 Bauen Sie bewegte Bilder ein

Gehen Sie auf Seite 2, und blenden Sie die Ebene »Abdecker« **❶** ein, denn das Etikett der Flasche wird nur stören.

Danach platzieren Sie die Datei » Aqua-Spot.f4v«. Mit gedrückter ⌘/[Strg]+[⇧]-Taste skalieren Sie den Film auf die Größe des Abdeckers. Das Skalieren setzen Sie aber bitte nur in diesem Workshop ein, denn ein Qualitätsverlust ist vorprogrammiert. Benutzen Sie nur Filme in 1:1.

8 Welche Film-Dateien einfügen?

Sie können Filme im Flash-Videoformat FLV und F4V oder MP4-Dateien einfügen. Mit diesen Formaten haben Sie die meisten Export-Möglichkeiten. Aber auch MOV, AVI und MPEG können Sie platzieren. Diese können Sie dann zwar auch als interaktives PDF, nicht jedoch in Flash-Dateien exportieren.

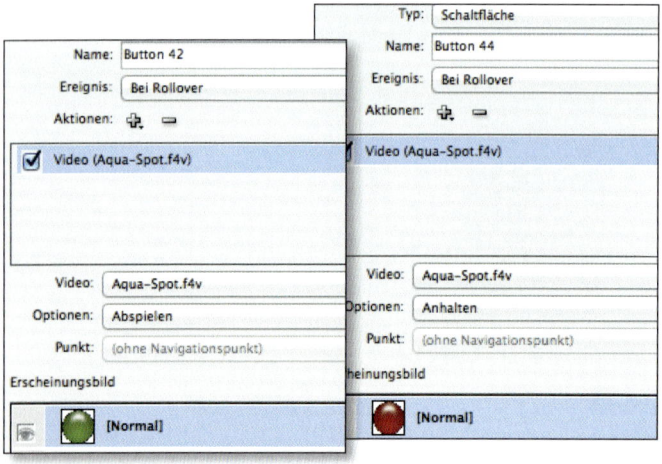

9 Verhalten für Schaltflächen

Wiederholen Sie die Schritte 3 und 4 für die grüne und rote Schaltfläche auf dieser Seite, nur dass Sie jetzt die Aktion für einen Film zuweisen, den Sie über das Pluszeichen als VIDEO ausgewählt haben. Für beide Schaltflächen wählen Sie über EREIGNIS die Option BEI ROLLOVER aus.

Wählen Sie unter OPTIONEN für den grünen Button die Option ABSPIELEN und für den roten Button die Option ANHALTEN.

Tipp: Beim Skalieren eines Films können Sie ihn zwar optisch kleiner machen, aber die Dateigröße bleibt dieselbe.

10 Ein zweifaches Verhalten

Wählen Sie den gelbem Button aus, und gehen Sie in das Schaltflächen-Bedienfeld. Für das erste Verhalten wählen Sie unter ERSCHEINUNGSBILD die Option NORMAL ❸ aus. Stellen Sie unter EREIGNIS • BEI ROLLOVER ein, wählen Sie wieder den Film aus, und stellen Sie unter OPTIONEN • PAUSE ein.

Danach wählen Sie für das zweite Verhalten CURSOR DARÜBER ❷ aus und unter EREIGNIS • BEI ROLLOFF. Unter OPTIONEN stellen Sie aus dem Pop-up-Menü FORTSETZEN ein.

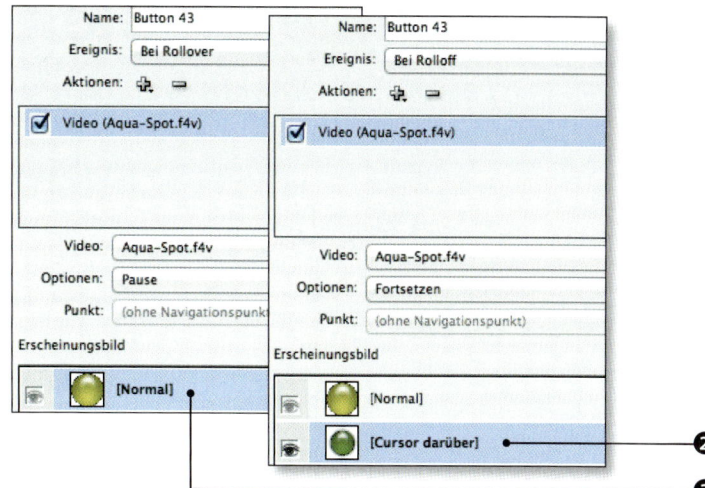

11 Ein Standbild einsetzen

Nachdem Sie den drei Schaltflächen ein Verhalten zugewiesen haben, schauen Sie sich die Arbeit einmal an. Gefällt Ihnen das erste Bild des Videos? Nicht wirklich, oder? Wählen Sie daher den Film aus, und gehen Sie in das Medien-Bedienfeld. Unter STANDBILD ❹ wählen Sie BILD AUSWÄHLEN und dann die Datei »Aqua_Filmstart.tif« aus.

Jetzt haben wir auch den Filmstart etwas hübscher gemacht.

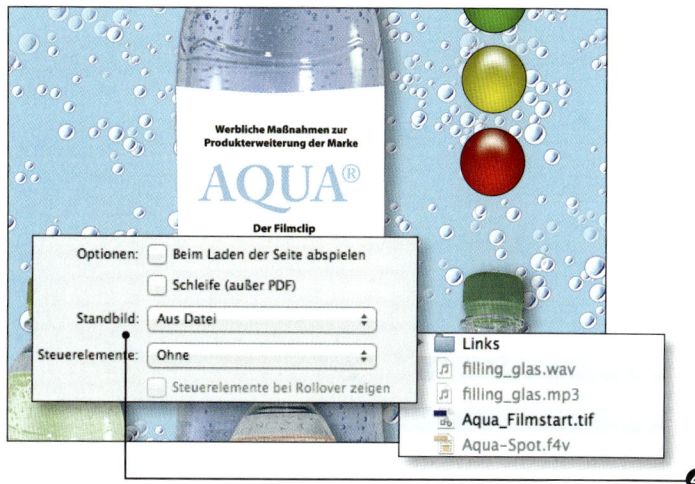

12 Eine weitere Überprüfung

Auch in diesem Stadium sollten Sie Ihre Arbeit überprüfen. Gehen Sie in dafür das Bedienfeld SWF-Vorschau, und klicken Sie auf die Schaltfläche VORSCHAU ABSPIELEN ❺.

Hier können Sie Ihre eingestellten Aktionen überprüfen. Gehen Sie mit dem Cursor nacheinander auf die angelegten Schaltflächen. Die Aktionen sollten abgespielt werden.

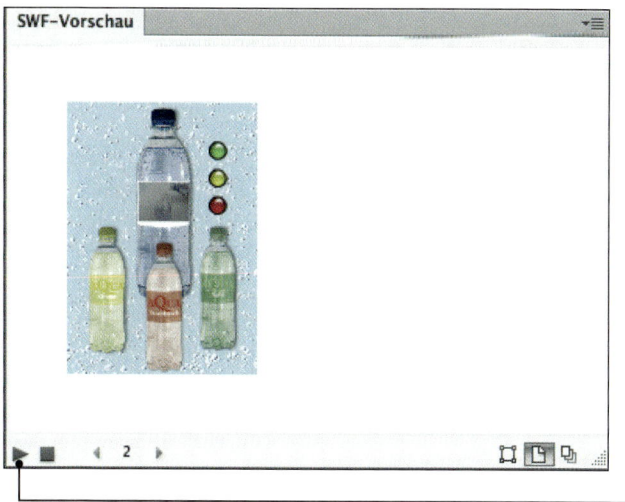

Tipp: Wenn Sie das PDF verschicken möchten, dann fügen Sie auch alle eingefügten Mediendateien hinzu.

Animieren Sie Objekte

Lassen Sie Objekte wachsen und einfliegen

Auch wenn Sie noch nie oder selten mit Flash gearbeitet haben, werden Sie begeistert sein. Einfacher geht es wirklich nicht mehr. Wir werden Flaschen austauschen, sie wachsen lassen, Schrift ausblenden und eine Zeile einfliegen lassen. Zuletzt exportieren Sie Ihre Animation als interaktives PDF.

Ausgangsbild

- Die Flaschen sollen animiert werden.

[Ordner: 05_Animationen]

Bearbeitungsschritte

- Schrift ausblenden
- Objekte verschieben und wachsen lassen
- Zeile hereinfliegen lassen

1 Vorbereitungen müssen sein

Eine Animation steht und fällt mit der Vorbereitung. Überlegen Sie sich, wie und in welcher Reihenfolge die Objekte animiert werden sollen. Erstellen Sie sich also vorher ein sogenanntes Storyboard. Legen Sie hier fest, welches Objekt beginnen soll, welches Verhalten es haben soll und wie lange dieses dauern darf. Kurz gesagt: Schreiben Sie sich vorher die Regieanweisungen auf.

Ich hoffe, Sie haben jetzt keinen Schreck bekommen, denn die nächsten Schritte machen Spaß.

2 Eine Animation zuweisen

Öffnen Sie die Datei » Animationen. indd«. Hier habe ich bereits ein Layout für Sie vorbereitet.

Wählen Sie die blaue Flasche aus, und öffnen Sie über FENSTER • INTERAKTIV • ANIMATION dieses Bedienfeld. Im Anschluss, wenn es nicht automatisch mit geöffnet wird, öffnen Sie auch das Bedienfeld SWF-VORSCHAU.

Wählen Sie unter VORGABE in der Rubrik VERSCHIEBEN UND SKALIEREN das Verhalten NACH RECHTS UND VERKLEINERN ❷ aus. Der Schmetterling ❶ zeigt das Verhalten an.

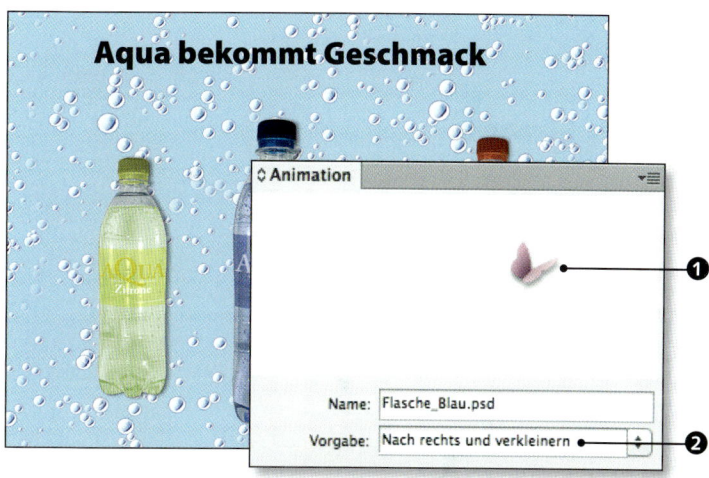

3 Die Animation einstellen

Stellen Sie unter DAUER ❸ »5« Sekunden ein, und skalieren Sie die Flasche unter SKALIEREN ❹ in der BREITE und HÖHE auf »50 %«.

Jetzt wird die Flasche gemäß der voreingestellten Vorgaben animiert. Doch damit wollen wir uns nicht zufriedengeben, denn die Flasche wandert nicht dahin, wo ich sie haben möchte. Dieses Geheimnis lüfte ich im nächsten Schritt.

4 Die Animation manipulieren

Haben Sie dem Objekt eine Animation zugewiesen, dann zeigt Ihnen InDesign eine grüne gestrichelte Linie mit Pfeil ❶ in die ausgewählte Richtung an. In den Abbildungen habe ich sie rot dargestellt.

Klicken Sie auf diese Linie, so können Sie sie bearbeiten. Ziehen Sie nun an dem Pfeil ❷ die Linie mit gedrückter ⬆-Taste nach rechts. Wenn Sie im Animation-Bedienfeld ANIMATIONSVERSION ANZEIGEN ❹ aktivieren, dann zeigt Ihnen InDesign schemenhaft ❸ die neue Position der Animation an.

5 Weitere Animationen

Wählen Sie nun die rote Flasche aus, und gehen Sie wieder in das Animation-Be-dienfeld. Stellen Sie unter VORGABE nun NACH LINKS UND VERGRÖSSERN ein, und skalieren Sie die Flasche um je »130%«.

Danach wählen Sie nacheinander die grüne und die gelbe Flasche aus. Wählen Sie jeweils die Vorgabe WACHSEN aus, und stellen Sie den Bezugspunkt in den EIGENSCHAFTEN ❻ je Flasche nach unten ❻. Für die gelbe Flasche wählen Sie unter SKALIEREN je »130%« und für die grüne Flasche »150%«.

6 Eine Vorschau ansehen

Sie sind bestimmt genauso gespannt wie ich, wie unsere Arbeit jetzt aussieht. Gehen Sie in das SWF-Vorschau-Bedienfeld, und klicken Sie auf die Schaltfläche VORSCHAU ABSPIELEN ❼. Es kann einige Minuten dauern, aber danach wird Ihnen die Animation im Be-dienfeld angezeigt.

Tipp: Achten Sie immer unter DAUER auf die Zeit, denn bei mir wurde diese immer wieder auf 1 Sekunde gestellt, obwohl ich 5 Sekunden eingestellt hatte.

7 Die Schrift ausblenden

Ich möchte Ihnen nicht alle Animations-
vorgaben zeigen, denn die Liste ist sehr lang.
Wir wollen uns in dieser Arbeit etwas bedeck-
ter halten.

Wählen Sie den Textrahmen »Aqua bekommt Geschmack« ❽ mit dem Auswahlwerkzeug ▶ aus, und gehen Sie in das Animation-
Bedienfeld. Hier stellen Sie unter VORGABE
die Option AUSBLENDEN ein, und unter DAUER
»10« Sekunden.

8 Text in die Seite einfliegen lassen

Sie finden die Textzeile ❾ auf der Montagefläche rechts neben der Seite. Wählen Sie sie
nun aus, und gehen Sie in das Animation-
Bedienfeld.

Stellen Sie unter VORGABE • HEREINFLIE-
GEN VON RECHTS ein, und geben Sie unter
DAUER »20« Sekunden ein. Ziehen Sie nun die
Zeile mit gedrückter ⇧ -Taste nach links auf
die Seite zu der Stelle, an der sie halten soll.

Wenn Sie möchten, dann können Sie sich
die Animation wie in Schritt 6 beschrieben
anzeigen lassen.

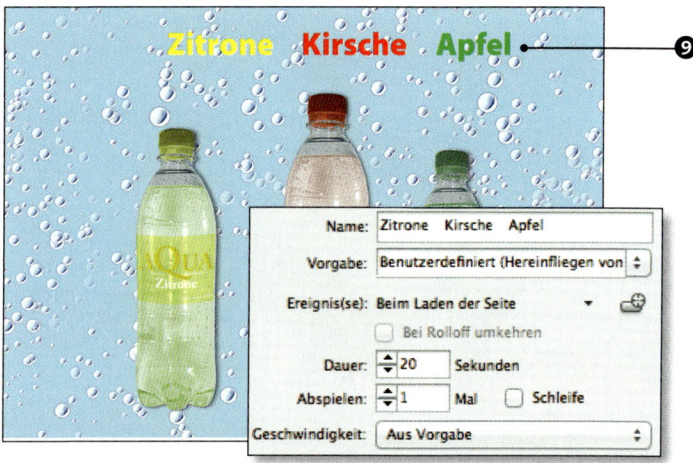

9 Exportieren und wieder einfügen

Sie können diese Animation nicht so ohne
Weiteres in ein interaktives PDF integrieren.
Hier müssen Sie einen kleinen Umweg gehen.

Exportieren Sie die Seite 1 in das Format
»Flash Player (SWF)« auf Ihren Schreibtisch.

Danach platzieren Sie die gespeicherte Datei
»Animation.swf« auf Seite 2 in Ihrem Dokument. Nun exportieren Sie die Seite 2 als
ADOBE PDF (INTERAKTIV). Mit einem Klick
starten Sie die Animation im PDF.

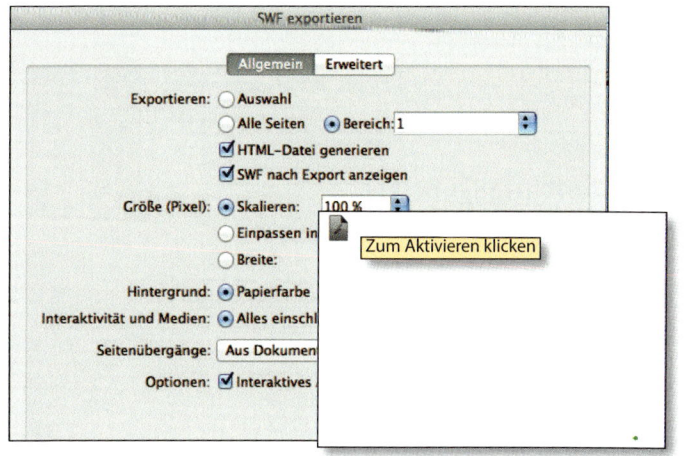

Eine Diashow erstellen

Lassen Sie uns noch weitere Animationen anwenden

Das interaktive PDF mit der Animation aus dem vorherigen Workshop ist schon klasse, aber was halten Sie davon, auch noch eine Diashow zu erstellen? Und wie gefällt Ihnen die Idee, dass ein Objekt an einem geschwungenen Pfad in Ihre Seite fliegt? Lassen Sie uns diese Zaubereien starten, indem Sie die Datei »Diashow.indd« öffnen. Glauben Sie mir, Sie werden staunen, wie einfach auch diese Funktionen zu bedienen sind.

Ausgangsdatei

- Hier werden weitere Elemente per Animation eingeblendet.

[Ordner: 06_Diashow]

Vorher

Nachher

Bearbeitungsschritte

- Diashow erstellen
- Objekte an Pfad animieren
- Film und Steuerelemente einbinden

Fotos: Thomas, Film: Andrea Forst

1 Einen Film umwandeln

Es empfiehlt sich, Dateiformate wie FLV, F4V, SWF oder MP4 zu verwenden, um alle Einstellmöglichkeiten nutzen zu können. Liegen Ihre Filme in den Formaten AVI oder MOV vor, so können Sie diese über den »Adobe Media Encoder« umwandeln.

Öffnen Sie das Programm, und ziehen Sie einfach Ihren Film in das Fenster ❶. Klicken Sie dann auf die Schaltfläche WARTESCHLANGE STARTEN ❷. Die neue Datei wird dahin gespeichert, wo sich auch die Originaldatei befindet.

2 Bild als Standbild auswählen

Wechseln Sie nun zu InDesign in die Datei »Diashow.indd«. Wählen Sie den Grafikrahmen in der Mitte der Seite aus, und platzieren Sie den Film »Molly.F4V« aus dem Ordner BILDER. Skalieren Sie den Film in den Rahmen hinein, indem Sie den Inhalt über die Ecken verkleinern. Vorerst sehen Sie den Film nicht.

Gehen Sie nun in das Medien-Bedienfeld, und wählen Sie unter STANDBILD • AUS AKTUELLEM BILD ❹ aus. Über den Regler ❸ können Sie ein anderes Bild aus dem Film auswählen, das als Startbild angezeigt werden soll.

3 Bilder einfügen und ausrichten

Gehen Sie in die Mini Bridge, und öffnen Sie hier den Ordner »Bilder«. Wählen Sie hier 7 von 10 Bildern aus, und ziehen Sie diese in Ihr Dokument. Danach fügen Sie sie nacheinander mit je einem Klick in die vorgefertigten weißen Rahmen ein.

Wählen Sie nun die Bilder mit gedrückter ⓐ-Taste aus, und gehen Sie in das Ausrichten-Bedienfeld. Stellen Sie unter OBJEKTE VERTEILEN die Option AN AUSWAHL AUSRICHTEN ❽ ein. Danach richten Sie die Objekte nach rechts ❼ und nach oben ❻ aus. Sie liegen dadurch alle übereinander ❺.

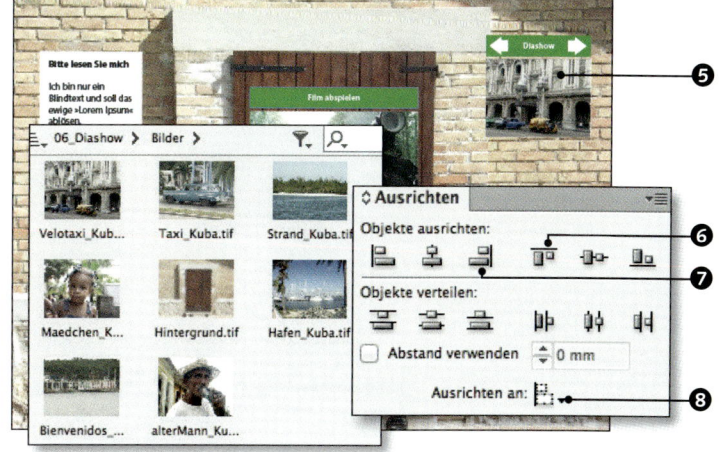

4 Einen Objektstatus erstellen

Wählen Sie den Hintergrund aus, und sperren Sie diesen über das Menü OBJEKT • SPERREN oder ⌘/Strg+L. Wählen Sie nun die übereinandergestellten Bilder aus, indem Sie mit dem Auswahlwerkzeug ▶ einen Auswahlrahmen aufziehen. So stellen Sie sicher, dass wirklich alle Bilder ausgewählt wurden und nicht etwa nur das oberste. Im Objektstatus-Bedienfeld (FENSTER • INTERAKTIV) wählen Sie im Bedienfeldmeü NEUER STATUS. Die Bilder erscheinen nun im Bedienfeld. Jetzt können Sie einen Status bzw. ein Bild ❶ wählen und in der Reihenfolge verschieben.

5 Die Schaltflächen einrichten

Wählen Sie nacheinander die Pfeile der Diashow mit dem Auswahlwerkzeug ▶ aus.

Geben Sie dem rechten Pfeil im Schaltflächen-Bedienfeld den Namen »Film vor«, und geben Sie ihm über das Pluszeichen die Aktion GEHE ZU NÄCHSTEM STATUS ❷. Für den linken Pfeil wiederholen Sie den Schritt, nur dass er einen anderen Namen bekommt, und als Aktion GEHE ZU VORHERIGEM STATUS ❸ festlegen.

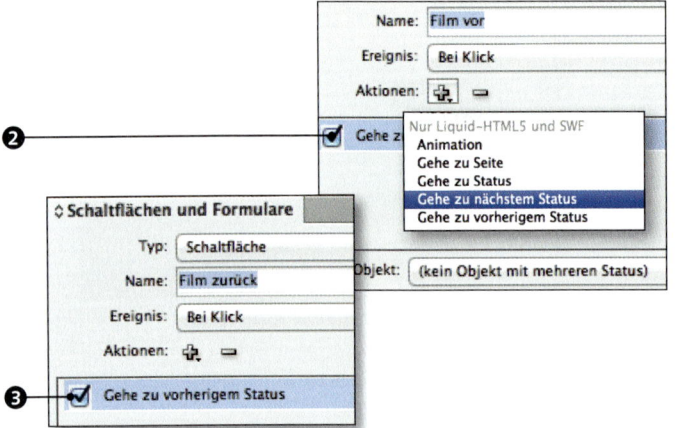

6 Das Verhalten für den Film einrichten

Der Schaltfläche »Film abspielen« weisen Sie im Schaltflächen-Bedienfeld nun die Aktion VIDEO (MOLLY.F4V) ❹ und als Option ABSPIELEN ❺ zu.

Jetzt kommt eine ganz tolle Spielerei. Wählen Sie nun den Film aus, und gehen Sie in das Medien-Bedienfeld. Hier wählen Sie unter STEUERELEMENTE die Option SKINOVERALLNOVOLNOCAPTIONNOFULL aus. Die Wirkung sehen Sie am Ende des Workshops; bleiben Sie also dabei.

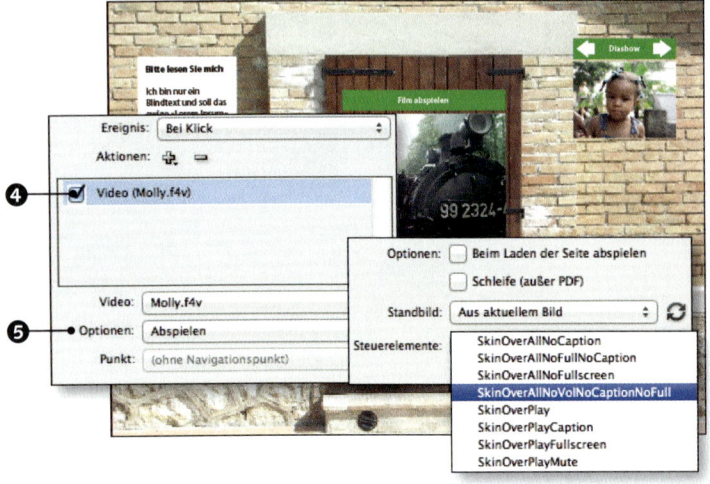

7 Ein Objekt einfliegen lassen

Wählen Sie den Smiley links neben der Seite aus, und gehen Sie in das Animation-Bedienfeld. Hier stellen Sie unter VORGABE • HEREINFLIEGEN VON LINKS ein. Als DAUER schlage ich »30« Sekunden vor.

Doppelklicken Sie auf den grünen Pfad. Mit dem Zeichenstift ![icon] fügen Sie dem Pfad im letzten Drittel einen Ankerpunkt hinzu und wandeln ihn über das Pathfinder-Bedienfeld und ❻ in eine Kurve um. Spielen Sie mit dem Pfad. Ich habe eine geschwungene Linie erstellt.

8 Überprüfen Sie Ihre Arbeit

Bevor Sie Ihre Arbeit exportieren, sollten Sie sich diese über das SWF-Vorschau-Bedienfeld anzeigen lassen und abspielen. Alle eingebauten Elemente wie Film, Diashow oder Animation sind über dieses Bedienfeld verfügbar.

Aktivieren Sie den Button VORSCHAU ABSPIELEN ❼, und klicken Sie sich mit den Pfeilen ❽ durch Ihre eingebauten Elemente.

9 Zum Schluss noch der Export

Sie möchten bestimmt noch sehen, was wir in Schritt 6 eingebaut haben. Ich rede von der kryptischen Option »SkinOverAllNoVolNoCaptionNoFull«.

Exportieren Sie dafür Ihr Dokument über DATEI • EXPORTIEREN • FLASH PLAYER (SWF), und lassen Sie sich das Dokument in dem Programm »Flash Player« sofort anzeigen.

Unten im Film finden Sie nun die Steuerleiste ❾ für Ihren Film. Ein richtig schönes Bonbon am Ende. Finden Sie nicht auch?

Glossar

Absatzlinie Absatzlinien sind Bestandteil eines Absatzes und wandern bei einem neuen Textumbruch auch mit diesem mit. Die Absatzlinie kann oberhalb oder unterhalb des Absatzes stehen.

Adobe-Absatzsetzer Algorithmus, der den gesamten Textinhalt eines Rahmens betrachtet und ermittelt, wie mit möglichst wenigen Trennstrichen der Textfluss optimal umbrochen werden kann.

Adobe-Einzeilensetzer Standardabsatzmethode, die für den Textumbruch jede Zeile separat betrachtet. Textkorrekturen in den Absätzen führen hierbei zu weniger großen Änderungen des Textbildes als beim → Adobe-Absatzsetzer.

Ankerpunkt Es gibt zwei Typen von Ankerpunkten: Eckpunkte, an denen der Pfad seine Richtung abrupt ändert, also eine Ecke ausbildet, und Übergangspunkte, an denen der Pfad kontinuierlich ins benachbarte Pfadsegment übergeht (Kurvenpunkte). Den Kurvenverlauf zwischen den Ankerpunkten bestimmen Kurventangenten, die Grifflinien, deren Länge und Ausrichtung durch Bewegen der Griffpunkte an ihrem Ende beeinflusst werden kann (→ Pfad).

Anschnitt Elemente auf den Seiten eines Layouts (Bilder, farbige Kästen, Linien), die über den eigentlichen Seitenbereich hinausragen und nach dem Binden abgeschnitten werden. Damit sollen Ungenauigkeiten beim Druck ausgeglichen werden, sodass die Elemente im Endprodukt auch wirklich bis zum Seitenrand reichen. Man nennt solche Seitenelemente auch randabfallende Objekte.

Anzeigeschwellenwert Der Anzeigeschwellenwert wird im Zusammenhang mit der Anzeige des → Grundlinienrasters angegeben und blendet das Raster in Abhängigkeit von der Ansichtsgröße des Dokuments ein.

Auflösung Eigenschaft von Grafikdateien (Bitmap), aber auch von Geräten wie Monitoren, Druckern, Scannern u.a. Wichtiges Kriterium für die technische Qualität eines Bildes und die Leistungsfähigkeit eines Ausgabegerätes: Die Auflösung legt fest, wie viele Bildpunkte sich auf der Strecke von einem Inch (Zoll) befinden. Bezeichnet wird die Auflösung mit den Kürzeln ppi – Pixel per Inch – (bei Bildern) und dpi – Dots per Inch – (bei Geräten). In der Praxis werden die Begriffe nicht mehr so sauber getrennt – »dpi« hat sich längst als universelle Maßeinheit eingeschlichen.

Ausschießen Der Begriff »Ausschießen« bezeichnet den Vorgang, einzelne Dokumentseiten in der richtigen Reihenfolge und Ausrichtung für den Druckbogen zu sortieren.

Auszeichnung Hervorhebung von Textteilen. Möglichkeiten hierzu sind z. B. **fette** oder *kursive* Schrift, S p e r r e n oder KAPITÄLCHEN.

Ausgabeprofil Wichtiger Baustein für ein geräteunabhängiges, aber auch programm- und plattformunabhängiges Farbmanagement. Die Farbausgabeeigenschaften von Geräten werden in Profilen beschrieben.

Beschneidungspfad Photoshop-Beschneidungspfade setzen bei Bildern, die für die Weitergabe an Layoutprogramme gedacht sind, diejenigen Bildbereiche transparent, die im Layoutprogramm nicht angezeigt werden sollen.

Beschnittmarken   5 bis 10 mm lange feine Linien außerhalb des Endformates einer Drucksache, die die Verlängerung der Endformatkanten darstellen und bei randabfallendem oder angeschnittenem Druck auf dem größeren unbeschnittenen Format als Markierung für den Stapelschnitt mitgedruckt werden.

Blindtext   Neutraler Text, der der Visualisierung für ein Layout dient, wobei es nicht um Inhalte, sondern um den ersten visuellen Eindruck eines Entwurfs geht.

Blocksatz   Den Blocksatz kennen wir aus Büchern, Zeitschriften und Zeitungen. Vorn und hinten bündig, sieht Blocksatz ausgesprochen ordentlich aus, zumindest von Weitem. Bei näherem Hinsehen jedoch entdeckt man die mehr oder weniger großen Löcher, die jeden Blocksatz auszeichnen.

CMYK   Gebräuchliche Abkürzung für die vier Prozessfarben Cyan, Magenta, Gelb (Yellow) und Schwarz (Key Color). Im Vierfarbdruck werden alle anderen Farben aus diesen vier Grundfarben erzeugt.

Digitalproof   Hochwertiger Farbdruck ohne vorherige Herstellung der Filmvorlagen, der das spätere Druckergebnis simuliert. Der Nachteil des Digitalproofs gegenüber den herkömmlichen Proof-Verfahren oder einem Andruck ist, dass Fehler durch falsche Rasterung der Filme nicht erkannt werden können.

Druckbogen   Großformatiger Papierbogen, auf den mehrere Seiten gedruckt werden. Dieser Bogen wird gefalzt und beschnitten und somit ein Teil des Buchblocks.

Druckverfahren   Grundsätzlich unterscheidet man zwischen Hoch-, Flach-, Tief- und Durchdruck. Das heute verbreitetste Verfahren ist der Flachdruck (Offsetdruck), weil es ausgezeichnete Qualität mit hoher Flexibilität und einfacher Druckvorlagenherstellung verbindet. Der Hochdruck hat immens an Bedeutung verloren und ist in der Praxis außer im Akzidenzbereich nur noch im Flexodruck vertreten. Der Tiefdruck ist qualitativ sehr hochwertig, aber wegen der äußerst komplizierten und teuren Druckformherstellung nur für hohe Auflagen geeignet. Der Durchdruck wird durch den Siebdruck repräsentiert, dessen Vorteil darin besteht, mit unterschiedlichsten Farben die unterschiedlichsten Materialien bedrucken zu können.

Duplex   Graustufenbild, dem man eine zweite Farbe zur Verstärkung der Zeichnung und zum Erzielen einer gewissen Farbigkeit zuweist. Wird vor allem bei Druckaufträgen verwendet, die nur Schwarz und eine Sonderfarbe oder Schwarz und eine weitere Prozessfarbe einsetzen.

Farbauszüge   Für den Vierfarbdruck werden alle in einem Dokument vorkommenden Farben in die vier Prozessfarben Cyan, Magenta, Gelb und Schwarz seitenweise aufgetrennt (separiert). Jeder Farbauszug umfasst nur die Elemente in einer dieser Farben auf der jeweiligen Dokumentseite. Je Auszug entsteht dann ein eigener Film für die Belichtung der Druckplatten, oder die Druckplatten werden direkt belichtet. Erst durch den Zusammendruck der vier Prozessfarben in der Druckmaschine entstehen dann im fertigen Ausdruck wieder die eigentlichen Farben.

Farbmodell   Ein Farbmodell beschreibt den Farbraum, der von Ein- oder Ausgabegeräten wie Kameras, Scannern, Monitoren, Druckern und Druckmaschinen, aber auch dem menschlichen Sehsinn unter spezifischen Bedingungen dargestellt bzw. erkannt werden kann. Bekannte und oft gebrauchte Farbmodelle sind RGB, CMYK und Lab.

Farbprofil Beschreibungsdateien des Farbverhaltens von Eingabe-, Betrachtungs- und Ausgabegeräten, um eine einheitliche Farbdarstellung zu erreichen.

Farbseparation Zerlegung eines Farbbildes in die für den Mehrfarbdruck erforderlichen subtraktiven Grundfarben Cyan, Magenta, Gelb und Schwarz. Das Schwarz wird als Zusatzfarbe für eine bessere Tiefenwirkung mitgedruckt. Für die Umrechnung sind Farbraumtransformationen erforderlich.

Flattersatz Der Satz ist nur auf einer Seite (rechts- oder linksbündig) an einer vorgegebenen Kante ausgerichtet, auf der anderen Seite aber laufen die Zeilen unterschiedlich lang aus. Der Wortabstand ist gleichmäßig.

Font Schriftart innerhalb einer Schriftfamilie. Meistens besitzen Schriftfamilien Fonts/Schriftarten wie: Normal, Kursiv, Fett etc.

Geviert Größe zur Beschreibung eines Zwischenraums beim Setzen von Text. Entspricht der jeweiligen Schrifthöhe (Kegelgröße). Es gibt auch Halbgeviert, Viertelgeviert, Achtelgeviert und Sechstelgeviert.

Glyphen-Palette Für alle Zeichen, die im Font vorliegen, aber nur schwer über die Tastatur aufgerufen werden können, steht in InDesign die Glyphen-Palette zur Verfügung. In der Typografie ist eine Glyphe die grafische Darstellung eines beliebigen Schriftzeichens.

Grifflinie → Pfad

Grundlinienraster Das Grundlinienraster dient einerseits dazu, die Textgrundlinien automatisch an ihm auszurichten, es kann andererseits aber wie alle anderen Hilfslinien zur Positionierung von Objekten verwendet werden.

Haarlinie Die dünnste auflösbare Linie, die noch durch einen belichteten Rasterpunkt dargestellt werden kann.

HKS → Sonderfarben

Hurenkind Wenn die letzte Zeile eines Absatzes durch den Seitenumbruch an den Anfang einer neuen Seite oder Spalte gerät, nennt man diese Zeile traditionell ein Hurenkind. Sein Gegenteil ist ein → Schusterjunge. Beide Erscheinungen gelten als Satzfehler und können durch Voreinstellungen in der Satz-Software meist vermieden werden.

JPEG Joint Photographic Experts Group; verlustbehaftetes Kompressionsformat für digitale Bilder, das bei niedrigen Kompressionsraten einen guten Kompromiss zwischen Qualität und Größe bietet. Standardformat bei Digitalkameras und im Web.

Kalibrierung Eichen von Geräten auf Standardmaße, um zuverlässige Ergebnisse zu produzieren. Ein Beispiel sind auf bestimmte Standardeinstellungen kalibrierte Farbmonitore.

Kapitälchen Eine Schrift, bei der die Kleinbuchstaben wie Großbuchstaben aussehen, aber die Höhe von normalen Kleinbuchstaben ohne Ober- und Unterlänge haben: KAPITÄLCHEN.

Kegel Metallblock, auf dem im Bleisatz die Letter (spiegelverkehrt) steht. Die Höhe des Kegels ist auch die angegebene Schriftgröße.

Kerning Individuelle Zurichtung von Buchstabenpaaren zur Erzielung eines besseren, ausgeglicheneren Schriftbildes. Früher eine sehr anspruchsvolle, manuelle Tätigkeit, heute bei den wirklich hochwertigen Schriften entbehrlich. Auch hier hat DTP den traditionellen Schriftsatz qualitativ längst abgehängt.

Lab   Geräteunabhängiger Farbmodus, bei dem Farben durch einen Kanal für die Helligkeit (L für Lightness) und zwei Buntheitskomponenten (Kanal a von Grün bis Magenta und Kanal b von Blau bis Gelb) dargestellt werden. Er umfasst das gesamte Spektrum der sichtbaren Farben.

Ligaturen   Kombination von zwei Buchstaben zu einer Einheit. In vielen Zeichensätzen gibt es standardmäßig Ligaturen für die Buchstabenkombinationen »fi « und »fl «. Auch das »ß« ist eigentlich eine Ligatur.

Montagefläche   Eine virtuelle Ablagefläche, die sich rund um das Dokument befindet. Hier können Elemente abgelegt werden, bis sie gebraucht werden. Elemente, die auf der Montagefläche außerhalb des Druckbogens liegen, werden nicht ausgegeben.

Mustervorlage   Eine Mustervorlage ist eine Seite, auf die Sie alle Grafiken, Bilder und Texte platzieren, die auf mehreren Seiten im Dokument in derselben Weise passgenau dargestellt werden sollen, z.B. Seitenzahlen oder ein Firmen-Logo.

Nutzen   Als »Nutzen« wird die größtmögliche Anzahl darstellbarer Seiten inklusive Anschnitt und weiterer Druckmarken pro Seite oder Doppelseite auf einem Druckbogen bezeichnet.

Oberlänge   Oberer Teil eines Zeichens.

Open-Type   Von Adobe und Microsoft auf der Basis von True-Type entwickeltes Dateiformat für Schriften, bei dem sich in einer Schriftdatei mehrere Tausend unterschiedliche Zeichen speichern

lassen. Intern verwendet eine Open-Type-Schrift entweder die PostScript- oder die True-Type-Technologie zur Beschreibung der einzelnen Zeichen. Die Schriften lassen sich sowohl auf dem Mac als auch unter Windows einsetzen.

Pantone   → Sonderfarben

PDF   Portable Document Format. Ein von Adobe auf der Basis von PostScript entwickeltes Dateiformat, das den plattformübergreifenden Austausch von Dokumenten bei gleichzeitiger Beibehaltung aller Gestaltungsmerkmale erleichtern soll, was unter anderem durch die Einbettung der Schriften möglich ist. PDF-Dateien sind durch die Komprimierungsmöglichkeiten für Bilder und Schriften vergleichsweise klein. Ursprünglich nicht mit Blick auf die Druckindustrie entwickelt, ist PDF inzwischen zu einem Standardaustauschformat in der Druckvorstufe geworden.

Pfad   Pfade sind vektorbasierte, zunächst einmal nicht-druckende Linien innerhalb eines Bildes, die mit der Datei gespeichert werden können und als Hilfs- und Arbeitsmittel verschiedene Funktionen erfüllen. Ein Pfad setzt sich nicht aus einzelnen Pixeln, sondern aus (Vektor-)Kurvenzügen zusammen. Die wesentlichen Bestandteile eines Pfads sind die Ankerpunkte, durch die er geformt wird.

Pixelgrafik   Auch Bitmap genannt. Aus farbigen Flächen bestehende Bilder. Jede Fläche entspricht einem Pixel und ist in einem gedachten Raster angeordnet. Pixelgrafiken wirken natürlicher als → Vektorgrafiken, ihr Dateivolumen ist aber auch deutlich größer.

PostScript   Programmiersprache zur Beschreibung von Text, Grafik und Bildern in einem Layout, weshalb man PostScript auch als Seitenbeschreibungssprache bezeichnet. Der Vorteil von

PostScript liegt darin, dass bis auf die Pixelbilder alle Elemente rein mathematisch definiert und deshalb auflösungsunabhängig sind.

Prozessfarben   Die vier Farben Cyan, Magenta, Gelb und Schwarz (CMYK), aus denen im Vierfarbdruck alle anderen Farben erzeugt werden. Es gibt auch den Sechsfarbdruck, bei dem als zusätzliche Prozessfarben noch Grün und Orange hinzukommen.

PSD   Photoshop-Dokument: Das hauseigene Photoshop-Dateiformat. Es unterstützt durchweg alle (Photoshop-)Spezialfunktionen wie Ebenen, Kanäle und Transparenzen.

Registerhaltigkeit   Wenn die Grundlinien des Textes in einem Buch oder einer Zeitschrift in den Spalten und auf Vorder- und Rückseite jeweils auf der gleichen Linie liegen, spricht man von Registerhaltigkeit. In Layoutprogrammen erreicht man dies durch das → Grundlinienraster.

RGB   Rot, Grün, Blau: Farbraum aus Selbstleuchterfarben, die sich additiv zu Weiß mischen, beispielsweise beim Farbmonitor.

Satzspiegel   Wichtige Größe bei der Planung eines Seitenlayouts. Der Satzspiegel gibt vor, wie groß der zu bedruckende Raum einer Seite sein soll.

Schmuckfarbe   → Sonderfarben

Schmutztitel   Die erste Seite eines Buches. In der Regel steht hierauf der Kurztitel und der Name des Autors. Der Begriff stammt aus der Zeit, als Bücher nur nach Bedarf gebunden wurden. Der Schmutztitel schützte den eigentlichen Innentitel vor dem Verschmutzen.

Schusterjunge   Die erste Zeile eines Absatzes, die beim Umbruch an das Ende der vorhergehenden Spalte geraten ist (→ Hurenkind).

Schrifthöhe   Die Höhe des Kegels (im Bleisatz), was im Fotosatz und Computersatz übernommen wurde. Die Schrift selbst ist kleiner, hat also keine absolute Höhe.

Separation   Trennung der im Layout verwendeten Farben in die Farbauszüge der Prozessfarben und der gegebenenfalls verwendeten Sonderfarben. Die Separation kann entweder durch das jeweilige Grafik- oder Layoutprogramm erfolgen oder bei modernen Geräten auch direkt im RIP (In-RIP-Separation).

Softproof   Ungefähre Vorschau des zu erwartenden Druckergebnisses auf dem Bildschirm.

Sonderfarben   Diese Farben werden als gesonderte, vorgemischte Farben über ein separates Farbwerk aufgetragen. Man benötigt sie zum Drucken von Farben, die sich nicht durch die Prozessfarben darstellen lassen. Es gibt standardisierte Sonderfarbensysteme wie HKS und Pantone.

Steg   Frei bleibende Ränder einer bedruckten Seite; man unterscheidet jeweils: Kopfsteg = oben; Fußsteg = unten; Außensteg = rechts/links außen; Bundsteg = innen bis zur Bindung.

TIFF   Dateiformat für Bilder, das plattformübergreifend von vielen Programmen verstanden wird und alle Farbmodelle und Farbtiefen unterstützt. In einem TIFF lassen sich außerdem Masken und → Pfade zur Freistellung und Ebenen speichern.

True-Type   Von Apple und Microsoft als Gegenstück zu den PostScript-Schriften von Adobe entwickeltes Schriftenformat, bei dem die Zeichen auflösungsunabhängig durch eine mathematische Beschreibung definiert sind und sich deshalb stufenlos skalieren lassen. Hat sich als Standardschriftformat der Betriebssysteme Mac OS und Windows sowie im Office-Bereich durchgesetzt. True-Type-Schriften können anders als PostScript-Schriften mehr als 256 unterschiedliche Zeichen umfassen.

Überdrucken   Normalerweise muss ein in einer bestimmten Farbe definiertes Gestaltungselement einer Drucksache auf einem Untergrund, der mit von dem Element nicht benutzten Farben definiert wurde, ausgespart werden, damit die Farbe des Elements nicht durch die Farbe des Untergrundes verfälscht wird. Es gibt jedoch Fälle, wo dies nicht sinnvoll ist, beispielsweise bei schwarzer Schrift vor einem farbigen Hintergrund. Hier spricht man davon, dass das Objekt den Hintergrund überdrucken muss, also aus diesem nicht ausgespart wird, denn Schwarz kann durch einen hinterlegten Grund nicht mehr nennenswert verändert werden.

Überfüllen   Vorgang, der normalerweise auf fotomechanische Weise ausgeführt wird, indem von einem Negativ wiederholt Kontaktdrucke angefertigt werden, wobei die Strichvorlage vergrößert wird. Der Vorgang wird ausgeführt, um sicherzustellen, dass zwischen der Strichvorlage und dem umgebenden Bereich keine Lücke vorhanden ist, durch die das Papier scheint (Blitzer). Die Strichvorlage, die leicht vergrößert ist, tritt etwas über den Originalbereich hinaus. Hierdurch wird der Druckprozess vereinfacht, da die Druckpresse nicht absolut genau eingestellt sein muss.

Übersatz   Übersatz ist Text, der in einem Textrahmen nicht genügend Platz hat und nicht mehr im Textrahmen dargestellt werden kann.

Unterfüllen   Dieser Vorgang, bei dem Strichvorlagen verkleinert werden, wird normalerweise fotomechanisch ausgeführt, indem von einem Positiv wiederholt Kontaktabzüge erstellt werden. Die Gegenfunktion, das → Überfüllen, wird verwendet, um Strichvorlagen mit demselben Verfahren (allerdings mit Hilfe eines Negativs) zu vergrößern.

Unterschneiden   Verringern des Abstandes zwischen zwei Buchstaben, um optische Löcher zu vermeiden. Wird auch mit dem Begriff Kerning bezeichnet. Gut gemachte Schriften enthalten viele Zeichenkombinationen mit schon vordefinierten Unterschneidungswerten, die so genannten Kerning-Paare, die von Publishing-Programmen automatisch erkannt und verwendet werden.

Vektor   Vektor ist ein allgemeiner Ausdruck für eine bestimmte Klasse von Grafiksystemen. Innerhalb eines solchen Grafiksystems wird ein Vektor durch eine Linie beschrieben, die durch Farbe, Start- und Endpunkt definiert ist. Vektoren werden daher im Normalfall bei der Erstellung von Strichvorlagen, typografischen Zeichen und Farbverläufen verwendet.

Vektorgrafik   Aus mathematischen Formeln beschriebene Bilder. Programme wie Flash und Illustrator sind auf Vektorgrafiken basierende Zeichen- bzw. Animationsprogramme.
Siehe auch → Pixelgrafik.

Volltonfarben   Alle → Sonderfarben wie HKS- oder Pantone-Farben sowie Gold, Silber oder eine Lackform.

Bildnachweis & Dank

Meinen Männern

Meinem Mann danke ich dafür, dass er sich über Wochen um den Haushalt gekümmert hat. Meinem Hund Dennis danke ich für seine Geduld, weil sich die Spaziergänge nicht nur verkürzt haben, sondern auch die Uhrzeiten für den Spaziergang teilweise deutlich verschoben wurden.

Barbara Schuster

Barbara Schuster ist Dipl. Kommunikationsdesignerin AGD *(www.standby-kreativpool. de)*. Ihr gehört ein besonderer Dank, sie hat mir mal wieder mit ihrer Kenntnis über das Farbmanagement unter die Arme gegriffen.

Dr. Petra Wenzel

Dr. Petra Wenzel *(www.petrawenzel.de)* hat mir geholfen, als es um die Unterschiede zwischen Mac und PC ging. Petra ich danke Dir, dass Du einige Workshops via Telefon mit mir abgearbeitet hast.

Fotolia (www.fotolia.com)

Herzlichen Dank den Fotografen der Bildagentur Fotolia, ohne sie wäre meine Bildauswahl sehr einseitig geworden. Zu erwähnen ist bei Fotolia die Tatsache, dass Sie bei einem Anruf dort nicht in einer Warteschleife landen, sondern sofort eine echte Hotline am Telefon haben.

Katharina Geißler

Solch eine Lektorin wünscht sich jeder Autor. Frau Geißler hat mich schalten und walten lassen, wie ich es für richtig hielt. Sie hat trotz der vielen anderen Projekte auch mein Buch voll im Griff gehabt.

Die DVD zum Buch

Die DVD zum Buch

Die DVD zum Buch ist eine wahre Fundgrube, die Ihnen viel Freude bei der Arbeit mit InDesign CS6 bereiten wird. Sie finden neben einer Testversion von Adobe InDesign CS6 für Mac und Windows alle Beispieldateien, die Sie zum Nachbauen der Workshops des Buches benötigen.

Im Ordner VIDEO-LEKTIONEN finden Sie einige Lernfilme, die die Inhalte des Buchs ergänzen und Ihnen einen Zugang zu diesem neuen Lernmedium zeigen wollen. Die DVD setzt sich aus folgenden Verzeichnissen zusammen:

▶ InDesign-CS6-Testversion
▶ Beispielmaterial
▶ Video-Lektionen

Damit Sie einen Überblick über die einzelnen Ordner bekommen, möchte ich Ihnen die Inhalte kurz vorstellen.

InDesign-CS6-Testversion

Das Verzeichnis enthält eine Testversion von InDesign CS6 für Mac und Windows. Die Version liegt in deutscher Sprache vor. Um das Programm zu installieren, sollten Sie die komplette Installationsdatei auf Ihre Festplatte kopieren. Sollten Sie bereits einmal eine Testversion von InDesign CS6 auf Ihrem Rechner installiert gehabt haben, so ist die erneute Installation einer Testversion nicht mehr möglich.

Beispielmaterial

In diesem Ordner finden Sie das komplette Workshopmaterial, das Sie für die Arbeit mit diesem Buch benötigen. Das Beispielmaterial ist nach Kapiteln gegliedert, innerhalb der Kapitel-Ordner wiederum finden Sie Ordner, die nach den einzelnen Workshops benannt sind. Darin liegen die Workshop-Dateien. Zu Beginn der einzelnen Workshops werden Sie auf den Ordner hingewiesen, in dem Sie das Beispielmaterial finden.

Fehlende Schriften

Im Ordner BEISPIELMATERIAL finden Sie auch die benötigten Schriften für die Workshops. Sollten bei Ihnen Schriften als fehlend angezeigt werden, wenn Sie die Beispieldateien öffnen, kopieren Sie einfach die von InDesign bemängelten Schriften aus dem Ordner SCHRIFTEN auf der DVD in den Schriften-Ordner auf Ihrem Computer. Am PC finden Sie ihn unter SYSTEMSTEUE-RUNG • SCHRIFTARTEN, am Mac nutzen Sie das Programm Schriftsammlung.

Beim Öffnen der Dokumente zeigt InDesign an, wenn Schriften fehlen. Mit einem Klick auf den Button SCHRIFTART SUCHEN ❷ öffnet sich automatisch das dazugehörige Dialogfenster. Hier wird Ihnen die fehlende Schriftart mit einem Ausrufezeichen ❷ angezeigt. Wählen Sie diese Schriftart aus, und wählen Sie unter ERSETZEN DURCH ❹ eine Schriftfamilie und einen Schriftschnitt aus. Klicken Sie danach auf ALLE ÄNDERN ❸.

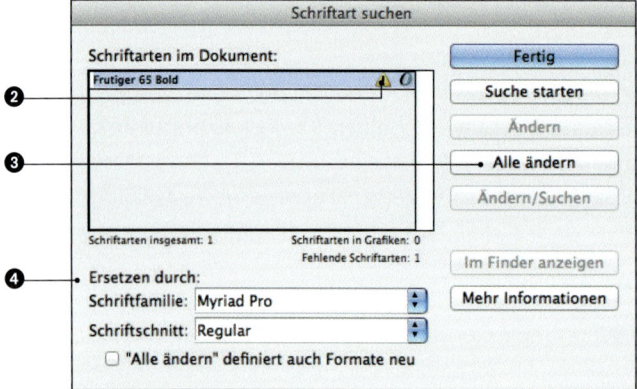

Video-Lektionen

In diesem Ordner finden Sie ein attraktives Special: Als Ergänzung zum Buch möchten wir Ihnen relevante Lehrfilme zur Verfügung stellen. So haben Sie die Möglichkeit, dieses Lernmedium kennenzulernen und gleichzeitig Ihr Wissen um InDesign CS6 zu vertiefen. Sie schauen dem Trainer bei der Arbeit zu und verstehen intuitiv, wie man die erklärten Funktionen anwendet.

Die Video-Lektionen entstammen dem VideoTraining »Adobe InDesign CS6. Das umfassende Training« von Orhan Tançgil, ISBN 978-3-8362-1902-0.

Um das Video-Training zu starten, legen Sie bitte die DVD-ROM in das DVD-Laufwerk Ihres Rechners ein. Führen Sie im Ordner VIDEO-LEKTIONEN die Anwendungsdatei »start.exe« (Windows) bzw. »start.app« (Mac) mit einem Doppelklick aus. Das Video-Training sollte nun starten. Bitte vergessen Sie nicht, die Lautsprecher zu aktivieren oder gegebenenfalls die Lautstärke zu erhöhen. Sollten Sie Probleme mit der Leistung Ihres Rechners feststellen, können Sie alternativ die Datei »start.html« aufrufen. Ein kurzes Wort zu den verwendeten Schriften der Video-Beispiele. Aus lizenzrechtlichen Gründen dürfen wir einige Schriften auf der DVD nicht zur Verfügung stellen. Die Myriad Pro und die Minion Pro, die beide mit InDesign CS6 installiert werden, sind ein guter Ersatz, sodass Sie diese Schriften in den Workshops verwenden können. Sie finden folgende Filme:

Kapitel 1: Dokumente anlegen und bearbeiten
1.1 Dokumente und Publikationen einrichten (06:02 Min.)
1.2 Liquid Layouts erzeugen (10:06 Min.)

Kapitel 2: Mit Text arbeiten
2.1 Textrahmen konfigurieren (09:38 Min.)
2.2 Mikrotypografie mit InDesign (13:09 Min.)
2.3 Spalten- und Silbentrennung (10:46 Min.)

Kapitel 3: E-Books erstellen
3.1 Artikel und Objekte für EPUB markieren (09:57 Min.)
3.2 Ein EPUB exportieren (08:41 Min.)

Index

Hans Peter Schneeberger, Robert Feix

Adobe InDesign CS6

Das umfassende Handbuch

Endlich das ganze Wissen rund um InDesign CS6 in einem Buch: 1200 Seiten randvoll gefüllt mit Insiderwissen des bekannten Autoren-Duos Schneeberger/Feix, die sich besonders auch den neuen Themen Liquid Layout, EPUB, PDF-Formulare und Tablet Publishing widmen. Arbeiten Sie jetzt noch produktiver mit dem Standardwerk!

Aus dem Inhalt:

- InDesign einrichten
- Layouts anlegen und organisieren
- Professioneller Umgang mit Text
- Lange Dokumente meistern
- Printproduktion: prüfen und ausgeben
- Layout multimedial: E-Books, Tablet-Publishing
- InDesign automatisieren

Wer InDesign in vollem Umfang nutzen will, sollte sich auf dieses Handbuch verlassen! Publisher

1.200 S., mit DVD, 59,90 €
ISBN 978-3-8362-1880-1, September 2012
www.galileodesign.de/3060

Karsten Geisler

Einstieg in Adobe InDesign CS6

Werkzeuge und Funktionen verständlich erklärt

Flyer, Broschüren, Magazine und Co. Dieses Buch führt Sie kompetent und leicht verständlich in die Arbeit mit InDesign CS6 ein und begleitet Sie bis zur perfekten Ausgabe für den Druck, das Web oder auf iPad und E-Book-Reader. Mit zahlreichen Tipps und Praxisworkshops!

450 S., 2012
mit DVD
29,90 €

ISBN 978-3-8362-1881-8
www.galileodesign.de/3065

Video-Training

Orhan Tançgil

Adobe InDesign CS6

Das umfassende Training

Mit InDesign CS6 zum perfekten Layout – in diesem Training lernen Sie es! Druckvorstufe-Experte Orhan Tançgil zeigt Ihnen, wie Sie Adobe InDesign CS6 richtig einsetzen und erklärt Ihnen alle Funktionen und Werkzeuge an anschaulichen Beispielen aus der Praxis. Inkl. Workshops zur Ausgabe auf Tablet-PCs und mobilen Endgeräten.

DVD für PC und Mac
14 Stunden Spielzeit
39,90 €

ISBN 978-3-8362-1902-0
www.galileodesign.de/3081

Monika Gause

Adobe Illustrator CS6

Das umfassende Handbuch

Das Standardwerk zu Illustrator, das seinen Stammplatz auf Ihrem Schreibtisch finden wird: Das Handbuch bietet Informationen zu wirklich allen Funktionen des Programms, zahlreiche Praxisworkshops helfen beim Erlernen der Werkzeuge. Ein Lesestoff, der inspiriert!

800 S., mit DVD
59,90 €

Klar strukturiert und leicht verständlich: Erläuterungen zu allen wichtigen Funktionen.
Publisher

ISBN 978-3-8362-1886-3, September 2012
www.galileodesign.de/3055

Kai Flemming

Adobe Illustrator CS6

Der professionelle Einstieg

Greifen Sie zu Maus oder Tablett! Mit Workshops und verständlichen Erklärungen begleitet dieses Praxisbuch Sie auch bei der Erstellung von Diagrammen, beim interaktiven Malen, bei der perfekten Ausgabe u. v. m. So werden Sie mit Adobe Illustrator CS6 kreativ!

380 S., mit DVD
34,90 €

ISBN 978-3-8362-1887-0, September 2012
www.galileodesign.de/3064

Markus Wäger

Grafik und Gestaltung
Das umfassende Handbuch

Was macht eine Gestaltung perfekt? Dieses umfassende Praxisbuch zeigt Ihnen im Detail, wie Sie mit Form, Farbe, Schrift und Bildern ansprechende Layouts erstellen. Markus Wäger verrät so manchen Tipp aus der Praxis und wertvolles Hintergrundwissen. Nutzen Sie das Buch als Nachschlagewerk und Inspirationsquelle – und perfektionieren Sie Ihre Designs.

620 S., 2010, 39,90 €
ISBN 978-3-8362-1206-9
www.galileodesign.de/1812

Ein Muss für jeden spezialisierten Kreativen, der über den Tellerrand seiner Disziplin hinausblicken will. DOCMA

319 S.
3. Auflage 2012
24,90 €

Claudia Runk

Grundkurs Typografie und Layout
Für Ausbildung und Praxis

Diese liebevoll gestaltete Einführung zeigt Ihnen, wie Ihre Entwürfe durch den richtigen Umgang mit Schrift gewinnen können – von der passenden Schriftwahl über Abstände bis hin zu Grundlinienrastern und dem optimalen Seitenformat. Beispiele aus Print und Web, umgesetzt mit InDesign und QuarkXPress, vervollständigen das Buch.

ISBN 978-3-8362-1794-1
www.galileodesign.de/2627

314 S., 2010
24,90 €

Claudia Runk

Grundkurs Grafik und Gestaltung
Mit konkreten Praxislösungen

Dieses Buch führt Sie Schritt für Schritt in die Geheimnisse guter Gestaltung ein. Es zeigt Ihnen, welche Grundregeln es zu beachten gilt und wie Sie mit den richtigen Farben, Bildern und Schriften Layouts entwerfen, die im Gedächtnis bleiben. Mit zahlreichen Beispielen, Vorher-nachher-Vergleichen und praktischen Checklisten!

ISBN 978-3-8362-1437-7
www.galileodesign.de/2157

439 S.
10. Auflage 2012
49,90 €

Uwe Koch, Dirk Otto, Mark Rüdlin

Recht für Grafiker und Webdesigner
Der praktische Ratgeber für Kreative

Das Standardwerk für Kreative in der 10. Auflage! Drei Anwälte beantworten Ihre dringendsten Fragen: Wie kann ich meine kreativen Arbeiten schützen? Wie gelingt der Schritt in die Selbstständigkeit? Wie sollten Verträge formuliert sein? Dieses Buch schafft Klarheit – mit Vertragsmustern und Checklisten zum Download.

ISBN 978-3-8362-1844-3
www.galileodesign.de/3001

DVD für PC und Mac
9 Stunden Spielzeit
39,90 €

Orhan Tançgil

Grafik und Gestaltung
Das umfassende Training

Sie suchen eine Designschule, in der Sie anschaulich und praxisnah die Prinzipien guter Gestaltung lernen? Dieses Training zeigt direkt am Bildschirm, wie Sie Farben, Schriften und Bilder wirkungsvoll einsetzen können, und schult mit zahlreichen Vorher-nachher-Beispielen Ihren Blick für eine gute Gestaltung.

ISBN 978-3-8362-1743-9
www.galileo-videotrainings.de/2837

Robert Mertens

Kreative Fotopraxis
Bewusst sehen, außergewöhnlich fotografieren

Mangelt es Ihnen an Bildideen, und wünschen Sie sich, »anders« zu fotografieren? Das können Sie lernen! Robert Mertens zeigt Ihnen in diesem einzigartigen Buch, wie Sie Ihr kreatives fotografisches Potenzial entwickeln können. So lernen Sie, mit frischem Blick an die Fotografie heranzugehen – Motive sehen und wahrnehmen, neu interpretieren und gestalten!

Sehr lesenswert für jeden, der fotografisch weiterkommen möchte. NaturFoto

Kreative Techniken – fotografisch angewendet

240 S., 2012, 39,90 €
ISBN 978-3-8362-1676-0
www.galileodesign.de/2479

Jacqueline Esen

Der große Fotokurs
Besser fotografieren lernen

Diese Fotoschule ist Ihr umfassender und aktueller Einstieg in die digitale Fotografie! Jacqueline Esen erklärt Ihnen leicht und verständlich die Grundlagen der Fotografie. Zusätzlich gibt sie Ihnen zahlreiche Praxistipps und Übungsbeispiele an die Hand. Sie lernen so genau die Fototechniken kennen, die Sie brauchen, um erfolgreich zu fotografieren.

443 S., 2011
19,90 €

ISBN 978-3-8362-1624-1
www.galileodesign.de/2404

Christian Westphalen

Die große Fotoschule
Digitale Fotopraxis

Vollständig und verständlich präsentiert dieses Schwergewicht unter den Fotoschulen Kamera- und Objektivtechnik, Regeln und Prinzipien der Bildgestaltung, Umgang mit Licht und Beleuchtung, Blitzfotografie, Techniken der Scharfstellung und vieles mehr. Die großen Fotogenres werden vorgestellt, und Sie erhalten Anregungen und Kniffe für Ihre tägliche Fotopraxis!

602 S., 2011
mit DVD
39,90 €

ISBN 978-3-8362-1311-0
www.galileodesign.de/1950

Wolfgang Rau

Recht für Fotografen
Der Ratgeber
für die fotografische Praxis

Wolfgang Rau erklärt anhand zahlreicher Beispiele Ihre Rechte und Grenzen beim Fotografieren! Ob es um Fotos von Natur, Architektur oder Menschen geht, um Begriffe wie Urheberrecht, Panoramafreiheit oder das Recht am eigenen Bild, um die Frage, wie Sie Ihre Rechte schützen oder selbst Verträge aufsetzen – alles wird kompetent und verständlich erklärt.

352 S., 2012
34,90 €

ISBN 978-3-8362-1795-8
www.galileodesign.de/2904

Steffen »Stilpirat« Böttcher

Abenteuer Fotografie
Aus dem Logbuch eines Fotografen

Sie brennen für die Fotografie? Dann sind Sie hier genau richtig! Steffen »Stilpirat« Böttcher berichtet in diesem Logbuch von seinen Erfahrungen: Photoshop-Experimente bis hin zur Entwicklung der eigenen Bildsprache. Begleiten Sie den Stilpiraten auf seiner fotografischen Entdeckungsreise.

209 S., 2012
19,90 €

ISBN 978-3-8362-1821-4
www.galileodesign.de/2960

Markus Wäger

Adobe Photoshop CS6
Schritt für Schritt zum perfekten Bild

Vergessen Sie die graue Photoshop-Theorie! Unterhaltsam und kompetent lotst Sie unser Autor Markus Wäger in attraktiven Workshops durch Photoshop CS6. Dabei finden alle wichtigen Themen ihren Platz: Fotofunktionen, Retusche, Freistellen, Masken, Effekte, Montagen, Filter, Camera Raw u. v. m. Jede Menge Aha-Erlebnisse und schneller Lernerfolg garantiert!

Eine klare Kaufempfehlung!
Advanced Photoshop

440 S., mit DVD, 39,90 €
ISBN 978-3-8362-1885-6, August 2012
www.galileodesign.de/3061

  **Video-Training**

Sven Fischer

Adobe Photoshop CS6
Die Grundlagen

Der sichere Einstieg in Photoshop CS6! Dieses Training zeigt Ihnen, wie Sie Photoshop CS6 richtig bedienen. Sie lernen die Konzepte von Ebenen, Masken und Filtern kennen und erfahren, wie Sie die Werkzeuge von Photoshop effektiv einsetzen. Inkl. Photoshop CS6 als Testversion auf DVD.

DVD für PC und Mac
13 Stunden Spielzeit
29,90 €

ISBN 978-3-8362-1900-6
www.galileo-videotrainings.de/3079

  **Video-Training**

Pavel Kaplun, Orhan Tançgil

Adobe Photoshop CS6
für Fortgeschrittene

Das Training für alle, die mit Photoshop CS6 richtig durchstarten wollen. Erfahren Sie alles über Farbmanagement und Druckvorstufe, lernen Sie, komplexe Freisteller und Farbkorrekturen in den Griff zu bekommen und betreten Sie die Welt der Composings und 3D-Grafiken.

DVD für PC und Mac
12 Stunden Spielzeit
39,90 €

ISBN 978-3-8362-1901-3
www.galileo-videotrainings.de/3080

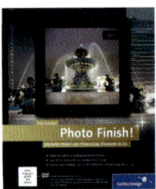

Tilo Gockel

Photo Finish!
Perfekte Bilder mit Photoshop & Co.

Sie wollen wissen, wie Sie aus Ihren Fotos echte Hingucker machen? Dann werfen Sie einen Blick in Tilo Gockels Trickkiste! In über 30 Workshops zeigt er Ihnen, wie Sie stylische Bildlooks für Porträt, Fashion, Architektur, Produktfotos u. v. m. realisieren. Peppen Sie Ihre Bilder mit Photoshop oder Photoshop Elements ordentlich auf.

326 S., 2012
mit DVD
39,90 €

ISBN 978-3-8362-1770-5
www.galileodesign.de/2874

DER PHOTOSHOP-PODCAST
www.photoshop-profis.de

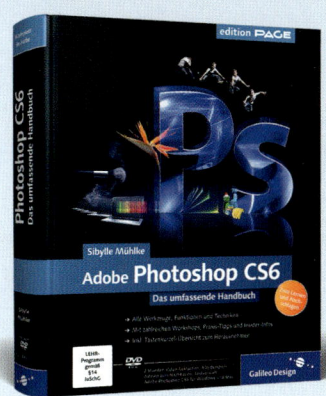

Sibylle Mühlke

Adobe Photoshop CS6
Das umfassende Handbuch

Sie wollen fundiertes Photoshop CS6-Wissen stets griffbereit? Dann sind Sie hier richtig! Mit dem Buch unserer Autorin Sibylle Mühlke halten Sie geballtes Photoshop-Know-how in Ihren Händen: Bewährt, praxisnah und randvoll mit Informationen finden Sie hier immer, was Sie brauchen. Inkl. DVD mit Video-Lektionen

1.200 S., mit DVD, 49,90 €
ISBN 978-3-8362-1883-2, Oktober 2012
www.galileodesign.de/3058

Photoshop von A bis Z:

- CS6-Neuheiten
- Arbeitsoberfläche, alle Werkzeuge
- Kontraste, Helligkeit und Schärfe
- Farbkorrektur, Schwarzweiß
- Inhaltsbasierte Retusche
- Bild- und Objektivfehler beheben
- Camera Raw, Bridge, Mini Bridge
- Ebenenmasken, Auswahlen, Kanäle
- Smart-Objekte, Texte, Pfade
- Füllmethoden, Ebenenstile, Filter
- Malen mit Mischpinsel und Co.
- Farbmanagement
- Druck- und Webausgabe
- Troubleshooting, Glossar

Robert Klaßen

Adobe Photoshop CS6
Der professionelle Einstieg

Mit diesem Buch legen Sie sofort in Photoshop CS6 los. Gespickt mit zahlreichen Tipps aus der Praxis lernen Sie alle wichtigen Grundlagen und Photoshop-Techniken kennen. Von der Arbeit mit Ebenen über Bildkorrekturen und Fotomontagen auf Profi-Niveau – hier erfahren Sie, wie es geht!

460 S., 2012
mit DVD
24,90 €

ISBN 978-3-8362-1884-9
www.galileodesign.de/3063

Maike Jarsetz

Das Photoshop-Buch
People & Porträt
Aktuell zu Photoshop CS5

Der Intensivkurs für die Bearbeitung von Peoplefotos und Porträts in Photoshop! Lernen Sie anhand vieler kleiner Praxisbeispiele Schritt für Schritt alle Retuschetechniken kennen. So entwickeln Sie das nötige Fingerspitzengefühl für die Porträtretusche und geben Ihren Bildern den optimalen Feinschliff. Dieses Buch macht Sie zum Retusche-Experten!

443 S.
2. Auflage 2011
mit DVD
39,90 €

ISBN 978-3-8362-1710-1
www.galileodesign.de/2528

Maike Jarsetz

Photoshop CS6
für digitale Fotografen
Schritt für Schritt zum perfekten Foto

Photoshop für Fotografen: Maike Jarsetz stellt in diesem Buch immer ein konkretes Bild und die damit verbundenen Bearbeitungsfragen in den Vordergrund. Mit den Bildern von der DVD können Sie jeden Workshop nacharbeiten und so ganz praktisch Photoshop erlernen. Und zwar den gesamten Workflow: von der Bildorganisation über die Bearbeitung bis zur Ausgabe der Fotos.

500 S., mit DVD, 39,90 €
ISBN 978-3-8362-1896-2, Oktober 2012
www.galileodesign.de/3070

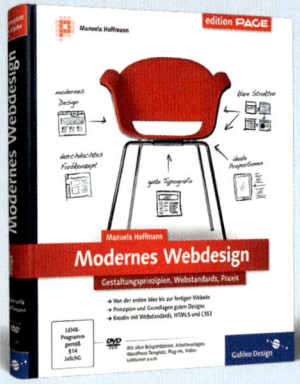

Manuela Hoffmann

Modernes Webdesign

Gestaltungsprinzipien, Webstandards, und Praxisbeispiele

Die 3. Auflage des erfolgreichen Praxisbuchs, komplett überarbeitet: HTML5 und CSS3 im Überblick, neue Beispiele und Arbeitsvorlagen u. v. m. Die Grafikerin und Webdesignerin Manuela Hoffmann führt Sie von der Idee über erste Entwürfe bis hin zur technischen Umsetzung: Ein Wegweiser für modernes Webdesign, der gleichzeitig Praxis, Anleitung und Inspiration liefert.

430 S., mit DVD, 39,90 €
ISBN 978-3-8362-1796-5, Oktober 2012
www.galileodesign.de/2907

Manuela Hoffmann versteht nicht nur etwas von Webdesign, sie ist auch in der Lage, Ihr Wissen strukturiert und verständlich zu vermitteln.
Website Boosting

444 S., 2011
mit DVD
39,90 €

Heiko Stiegert

Modernes Webdesign mit CSS
Schritt für Schritt zur perfekten Website

In ausführlichen Praxisworkshops zeigt Ihnen Heiko Stiegert, wie Sie moderne und professionelle Webdesigns standardkonform mit CSS realisieren. Attraktive Beispiele demonstrieren dazu sowohl die Gestaltung einzelner Seitenelemente als auch das Layout ganzer Websites. Zahlreiche Profi-Tipps und -Tricks zu CSS3 lassen garantiert keine Fragen offen!

ISBN 978-3-8362-1666-1
www.galileodesign.de/2455

641 S.
2. Auflage 2011
mit DVD
39,90 €

Nils Pooker

Der erfolgreiche Webdesigner
Der Praxisleitfaden für Selbstständige

Sie möchten wissen, wie Sie als Webdesigner noch erfolgreicher werden können? Nils Pooker hält in diesem Buch die passenden Antworten parat. Er vermittelt praxiserprobte Strategien und Lösungen zu allen Themen, die bei der täglichen Arbeit eines Webdesigners eine Rolle spielen, wie z. B. Kundengewinnung, Marketing, SEO, Usability und Konzeption u. v. m.

ISBN 978-3-8362-1529-9
www.galileodesign.de/2287

538 S.
2. Auflage 2012
29,90 €

Anne Grabs, Karim-Patrick Bannour

Follow me!
Erfolgreiches Social Media Marketing mit Facebook, Twitter und Co.

Für Unternehmen jeder Branche und jeder Größe ist es interessant, in Social Media aktiv zu werden. Folgen Sie der Erfolgsstrategie: Was ist Social Media? Welche Schritte müssen in welcher Reihenfolge erfolgen? Welche Gefahren drohen und wie können Sie diese Gefahren minimieren? Inkl. Strategien zum mobilen Marketing, Empfehlungsmarketing, Crowdsourcing, Social Commerce, Google+, Rechtstipps u. v. m.

ISBN 978-3-8362-1862-7
www.galileocomputing.de/3028

900 S.
mit DVD
34,90 €

Esther Düweke, Stefan Rabsch

Erfolgreiche Websites
SEO, SEM, Online-Marketing, Usability

Alles, was Sie für Ihren erfolgreichen Webauftritt benötigen. Zahlreiche Praxisbeispiele zeigen Ihnen anschaulich den Weg zu einer besseren Webpräsenz. Inkl. SEO, SEM, Online-Marketing, Affiliate-Programme, Google AdWords, Web Analytics, Social Media-, E-Mail-, Newsletter- und Video-Marketing, Mobiles Marketing u. v. m.

Das Buch ist sehr empfehlenswert und sollte zur Pflichtlektüre gehören! eStrategy

ISBN 978-3-8362-1871-9, August 2012
www.galileocomputing.de/1871

Richard Beer, Susann Gailus

Adobe Dreamweaver CS6

Das umfassende Handbuch

Wollen Sie mit Dreamweaver eine Website erstellen oder eine bestehende bearbeiten? Planen Sie, eine Website für Smartphones und Tablets zu publizieren? Wollen Sie dynamische Webseiten oder Apps erstellen? All das und vieles mehr finden Sie in diesem praxisorientierten Handbuch. So bekommen Sie Dreamweaver CS6 schnell in den Griff!

864 S.
mit DVD
39,90 €

ISBN 978-3-8362-1889-4, September 2012
www.galileodesign.de/3059

Hussein Morsy

Adobe Dreamweaver CS6

Der praktische Einstieg

Sie möchten Ihre eigene Website mit Dreamweaver CS6 erstellen? Dann starten Sie mit diesem Buch durch: Vorlage anlegen, Seite füllen, Navigation hinzufügen, Website veröffentlichen. Auch zu Formularen, der Ausgabe auf mobilen Geräten, Bloggen u. v. m.

408 S.; 2012
24,90 €

Ein gelungener Einstieg! Mac Life

ISBN 978-3-8362-1890-0
www.galileodesign.de/3066

Weschkalnies, Shabanov, Ahmadi

Adobe Flash CS6

Das umfassende Handbuch

Alles zu Adobe Flash CS6! Lernen Sie mit diesem Buch die vielfältigen Anwendungsmöglichkeiten von Flash kennen. Von allen wichtigen Grundlagen über Zeichnen, Animation, Sound und Video bis hin zu professioneller Spieleentwicklung und dem Einsatz von PHP, XML und ActionScript – hier steckt alles drin, was Sie für moderne Flash-Anwendungen wissen müssen!

895 S.
mit DVD
49,90 €

ISBN 978-3-8362-1888-7, Oktober 2012
www.galileodesign.de/3054

Anne Grabs, Nicole Simon

Facebook, Twitter & Co.

Erfolgreiches Social Media Marketing

Dieser Lernkurs vermittelt Ihnen auf kompakte und praxisorientierte Weise, wie Sie Social Media Marketing erfolgreich für Ihr Unternehmen einsetzen. Dabei lernen Sie, wie Sie die verschiedenen Plattformen und Tools nutzen und Ihre eigene Social-Media-Strategie entwickeln.

DVD für PC und Mac
10 Stunden Spielzeit
39,90 €

ISBN 978-3-8362-1927-3
www.galileo-videotrainings.de/3130

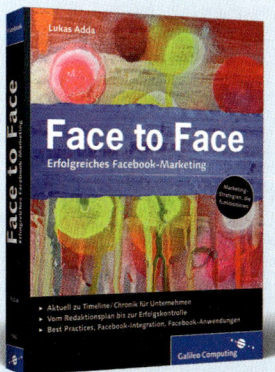

Lukas Adda

Face to Face

Erfolgreiches Facebook-Marketing

Face to Face bietet einen umfassenden Überblick zum Einsatz von Facebook als Marketing-Instrument. Inkl. Definition von Zielen, Strategien und zahlreichen Best Practices. Lukas Adda stellt Ihnen auf unterhaltsame Weise Facebook vor und gibt Ihnen erprobte Strategien und kreative Denkanstöße an die Hand, um selbstständig erfolgreiche Social-Media-Kampagnen auf Facebook zu planen oder Dritte (z. B. eine Agentur) effektiv briefen zu können.

433 S., 2012, 29,90 €
ISBN 978-3-8362-1842-9
www.galileocomputing.de/2992

Aus dem Inhalt:

- Erfolgreiche Marketingstrategien entwickeln
- User kennen und verstehen
- Facebook-Präsenzen im Überblick
- Ein Facebook-Profil erstellen
- Wichtige Nutzungsbedingungen von Facebook
- Die eigene Seite betreuen
- Facebook Ads
- Plugins und Applikationen
- Facebook-Kampagnen
- Monitoring und Krisenkommunikation

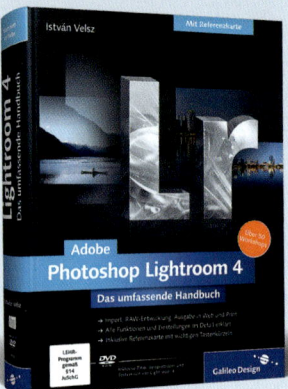

István Velsz

Adobe Photoshop Lightroom 4

Das umfassende Handbuch

Dieses umfassende Buch zu Lightroom 4 lässt keine Frage offen! Sie erfahren, wie Sie Ihre Bildbestände sinnvoll archivieren und verwalten, RAW-Bilder umwandeln und bearbeiten, Ihre Bilder ansprechend präsentieren, veröffentlichen und drucken. Viele Schritt-für-Schritt-Anleitungen erleichtern den Einstieg in die Arbeit mit Lightroom.

760 S.,mit Referenzkarte und DVD, 39,90 €
ISBN 978-3-8362-1893-1, August 2012
www.galileodesign.de/3067

Lightroom von A bis Z:

- Aufnahmen importieren
- Bilder ordnen und vergleichen
- Metadaten nutzen und pflegen
- Geotagging
- Sammlungen einrichten
- Per Tether-Aufnahme importieren
- RAW-Basisentwicklung
- Schwarzweiß, Farbe, Tonungen
- Objektivfehler entfernen
- Lokale Korrekturen, Verlaufsfilter
- Freistellen und schärfen
- Videos verwalten und bearbeiten
- Stapelverarbeitung und Vorgaben
- Weiterarbeiten in Photoshop
- Diashows, Fotogalerien und Fotobücher

Torsten Kieslich

Einstieg in Lightroom 4

Bilder bearbeiten und organisieren

Mit diesem Buch gelingt Ihnen der Einstieg in Lightroom 4! Der Autor vermittelt Ihnen leicht verständlich, wie Sie Ihre Bilder verwalten, bearbeiten und präsentieren. Schritt-für-Schritt-Anleitungen helfen Ihnen dabei, den Funktionsumfang von Lightroom zu meistern. Und mit den Beispielbildern auf der Buch-DVD können Sie gleich loslegen!

421 S
2. Auflage 2012
mit DVD
24,90 €

ISBN 978-3-8362-1895-5
www.galileodesign.de/3069

DVD für PC und Mac
12 Stunden Spielzeit
39,90 €

Video-Training

Maike Jarsetz

Adobe Photoshop Lightroom 4

Das umfassende Training

Lassen Sie sich von der Foto-Expertin Maike Jarsetz Film für Film zeigen, wie Sie Ihre Bilder mit Lightroom 4 verwalten und entwickeln. Lernen Sie den Einsatz von allen Reglern und Werkzeugen durch Zuschauen, und probieren Sie die Beispiele selbst aus – der Katalog mit allen Übungsbildern liegt dem Training bei.

ISBN 978-3-8362-1908-2
www.galileodesign.de/3087

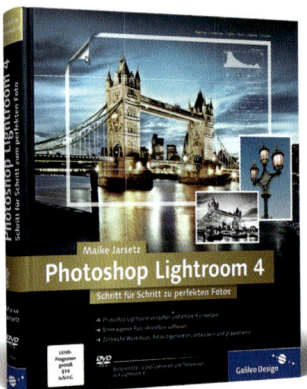

Maike Jarsetz

Photoshop Lightroom 4

Schritt für Schritt zu perfekten Fotos

Legen Sie direkt mit Lightroom 4 los! Maike Jarsetz zeigt Ihnen Schritt für Schritt, wie Sie Ihre Bilder und Videos am besten organisieren, entwickeln und ausgeben. In kurzen Lektionen ohne Umwege, lernen Sie, wie Sie Lightroom effizient einsetzen und Ihren fotografischen Workflow gestalten können. Spannende Projekte zeigen Ihnen, wie Sie Lightroom für Ihr Lieblingsgenre ausreizen.

528 S., 2012, mit DVD, 34,90 €
ISBN 978-3-8362-1894-8
www.galileodesign.de/3068

Lightroom 4 Schritt für Schritt erklärt –
zum direkten Mitmachen

Jürgen Wolf

Adobe Photoshop Elements 10
Das umfassende Handbuch

Mit diesem umfassenden Handbuch haben Sie Adobe Photoshop Elements 10 komplett im Griff. Ihre Bilder erstrahlen in leuchtenderen Farben, Fotomontagen werden Schritt für Schritt erklärt und auch die Verwaltung Ihrer Bilder erledigen Sie im Handumdrehen. Zahlreiche Workshops, Tipps und Tricks helfen Ihnen dabei, auch knifflige Aufgaben zu bewältigen.

921 S., 2012, mit DVD, 39,90 €
ISBN 978-3-8362-1850-4
www.galileodesign.de/3008

Alles zu Photoshop Elements:
- Bilder organisieren und verwalten
- Bilder freistellen und skalieren
- Perspektive korrigieren
- Helligkeit und Kontrast anpassen
- Farbkorrektur, Farbverfremdung
- Schwarzweißbilder erstellen
- Schärfen und Weichzeichnen
- Retuschen, Montagen, Texteffekte
- Panoramen mit Photomerge
- Raw-Bilder, (H)DRI
- Ebenen, Masken und Auswahlen
- Ebenenstile, Füllmethoden
- Formen, Farben und Text
- Online-Galerie, Bilder fürs Web
- Plug-ins, Zusatzmodule

Robert Klaßen

Photoshop Elements 10 für digitale Fotos

So macht Bildbearbeitung Spaß! Dieses Praxisbuch zeigt Ihnen, wie Sie Ihren Fotos mit Photoshop Elements 10 den letzten Schliff geben. Belichtung und Farben optimieren, Motive freistellen und neu kombinieren, Porträts verschönern, Fehler verschwinden lassen: 70 Workshops helfen Ihnen dabei, diese und andere Aufgaben sicher und gekonnt zu lösen.

410 S., 2012
mit DVD
19,90 €

ISBN 978-3-8362-1853-5
www.galileodesign.de/3012

Christian Westphalen

Photoshop Elements 10
Schritt für Schritt zum perfekten Foto

Dieses Workshop-Buch bietet Ihnen den passenden Einstieg in Photoshop Elements 10! Sie entwickeln Ihre RAW-Bilder, retuschieren Porträtaufnahmen oder entfernen störende Elemente. Auch anspruchsvolle Aufgaben wie Panoramen meistern Sie mit Hilfe des Buches schnell.

414 S., 2012
mit DVD
29,90 €

ISBN 978-3-8362-1851-1
www.galileodesign.de/3009

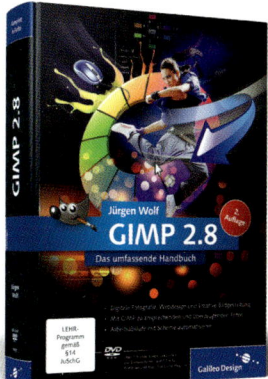

Jürgen Wolf

GIMP 2.8
Das umfassende Handbuch

Mit diesem Arbeitsbuch bleiben keine Fragen offen: Sie lernen GIMP von A bis Z kennen und erfahren, was wirklich in der Software steckt. Egal, ob Sie Ihre Fotos bearbeiten, Montagen erstellen oder Grafiken für die eigene Website gestalten wollen, hier finden Sie schnell und zuverlässig Antwort auf Ihre Fragen. Mit Einführung in Scheme!

920 S., 2012, mit DVD, 39,90 €
ISBN 978-3-8362-1721-7
www.galileodesign.de/2548

Aus dem Inhalt:
- Einführung in die Arbeitsoberfläche
- Alle Werkzeuge ausführlich erklärt
- Oberfläche individuell einrichten
- Grundlegendes zu Farbe, Ebenen, Auswahlen und Pfaden
- Farbkorrektur und -verfremdung
- Belichtung, Kontrast, Schärfen und Weichzeichnen
- RAW-Bilder mit UFRaw bearbeiten
- Schwarzweißbilder erstellen
- Motive freistellen und retuschieren
- GIMPs Filter für Effekte nutzen
- Buttons, Banner, Image-Maps
- Plugins und Skript-Fus installieren

Wir hoffen sehr, dass Ihnen dieses Buch gefallen hat. Bitte teilen Sie uns doch Ihre Meinung mit. Eine E-Mail mit Ihrem Lob oder Tadel senden Sie direkt an die Lektorin des Buches: *katharina. geissler@galileo-press.de*. Im Falle einer Reklamation steht Ihnen gerne unser Leserservice zur Verfügung: *service@galileo-press.de*. Informationen über Rezensions- und Schulungsexemplare erhalten sie von: *julia.mueller@galileo-press.de*.

Informationen zum Verlag und weitere Kontaktmöglichkeiten finden Sie auf unserer Verlags-website *www.galileo-press.de*. Dort können Sie sich auch umfassend und aus erster Hand über unser aktuelles Verlagsprogramm informieren und alle unsere Bücher versandkostenfrei bestellen.

An diesem Buch haben viele mitgewirkt, insbesondere:

Lektorat Katharina Geißler
Korrektorat Friederike Daenecke, Zülpich
Herstellung Iris Warkus
Einbandgestaltung Klasse 3b, Hamburg
Coverfoto Fotolia.com: Joachim Wendler #26655596, cofeman #21388627, sdmix #39009591, DouDou #28878545, Bart Kowski #28044513, xalex #14079511
Satz Andrea Forst, Rüsselsheim
Druck Offizin Andersen Nexö, Leipzig

Dieses Buch wurde gesetzt aus der Linotype Syntax in Adobe InDesign CS6.
Gedruckt wurde es auf mattgestrichenem Bilderdruckpapier (115 g/m^2).

Der Name Galileo Press geht auf den italienischen Mathematiker und Philosophen Galileo Galilei (1564–1642) zurück. Er gilt als Gründungsfigur der neuzeitlichen Wissenschaft und wurde berühmt als Verfechter des modernen, heliozentrischen Weltbilds. Legendär ist sein Ausspruch *Eppur si muove* (Und sie bewegt sich doch). Das Emblem von Galileo Press ist der Jupiter, umkreist von den vier Galileischen Monden. Galilei entdeckte die nach ihm benannten Monde 1610.

Bibliografische Information der Deutschen Nationalbibliothek:
Die Deutsche Nationalbibliothek verzeichnet diese Publikation in der Deutschen National-bibliografie; detaillierte bibliografische Daten sind im Internet über *http://dnb.d-nb.de* abrufbar.

ISBN 978-3-8362-1882-5
1. Auflage 2012
© Galileo Press, Bonn, 2012

In unserem Webshop finden Sie unser aktuelles
Programm mit ausführlichen Informationen,
umfassenden Leseproben, kostenlosen Video-Lektionen –
und dazu die Möglichkeit der Volltextsuche in allen Büchern.

www.galileodesign.de

Galileo Design

Know-how für Kreative.